U0464155

面对青春期男孩出现的各种问题，父母必须认真分析原因，有的放矢地解决问题，在孩子的青春期与孩子一起成长。

妈妈写给
青春期男孩
的书

闫　晗◎编著

中国华侨出版社
北京

图书在版编目(CIP)数据

妈妈写给青春期男孩的书 / 闫晗编著. —北京：中国华侨出版社, 2015.1
（2018.12重印）

ISBN 978-7-5113-5111-1

Ⅰ.①妈… Ⅱ.①闫… Ⅲ.①青春期—家庭教育 Ⅳ.①G78

中国版本图书馆CIP数据核字（2015）第010280号

妈妈写给青春期男孩的书

编　　著：闫　晗

出 版 人：方　鸣

责任编辑：伊　一

封面设计：李艾红

文字编辑：宋　媛

美术编辑：吴秀侠

经　　销：新华书店

开　　本：720 mm × 1020 mm　1/16　印张：28　字数：550千字

印　　刷：北京市松源印刷有限公司

版　　次：2015年3月第1版　2018年12月第2次印刷

书　　号：ISBN 978-7-5113-5111-1

定　　价：68.00元

中国华侨出版社　北京市朝阳区静安里 26 号通成达大厦 3 层　邮编：100028

法律顾问：陈鹰律师事务所

发 行 部：（010）58815874　　　传　　真：（010）58815857

网　　址：www.oveaschin.com　　E-mail：oveaschin@sina.com

如果发现印装质量问题，影响阅读，请与印刷厂联系调换。

前言

　　对每一位父母来讲，看着自己的儿子一天天长大，一定是非常骄傲与自豪的。然而，步入青春期的男孩，却让不少父母感到不知所措。尽管孩子心理上的变化父母没那么迅速察觉，但身体上那些悄悄的变化却是想掩盖也掩盖不了的：个子高了，身材魁梧了，手腕更有力了……不断滋生的青春痘和刚刚露头的小胡子，这些变化和表现都在意味着儿子已经进入青春期了，已经是一个"男子汉"了。

　　青春期，一个听上去充满朝气与活力的词语，然而对很多父母来说简直就是一道令人头疼的紧箍咒。它的科学定义是由儿童发育成为成年人的过渡时期。这个时期的孩子生理上逐渐发育成熟，同时也有了与儿童明显不同的社会心理特征，但他们又不同于真正的成年人，他们虽然有一定的独立性，但还没有完全独立，这种介于儿童和成人的过渡阶段的地位，使得青春期的孩子成为社会学上所说的"边缘人"。他们的地位的不确定性和社会向他们提出的要求的不确认性，使他们面临着前所未有的生理变化和诸多特殊的心理问题。他们对有关于"性"的话题充满好奇甚至跃跃欲试，他们对师长、对社会总是怀有莫名的反叛情绪甚至充满敌意。在这成长的关键时期，如果师长因为无所适从而听之任之，或是因为恨铁不成钢而简单粗暴的对待孩子，很容易亲手把花季少年变成问题少年；如果孩子们得不到科学、有效的指导与帮助，也许会因一念之差而毁了自己的人生。因此青春期教育已经不仅仅是一个简单的教育问题，而变成了不可逃避、亟待解决的社会问题。

　　进入青春期的男孩，随着知识的不断积累，生活经验的不断丰富和心理素质的不断提升，他们的需要、动机、兴趣、能力、气质等人格特点也在不断地发生变化。他们开始学会了关注、分析、反思；开始带着怀疑、警觉的态度认识、评价每一个人、每一件事；开始有了"初生牛犊不怕虎"的气势；开始有了"欲与天空试比高"的志向……与此同时，他们也开始时不时地顶撞父母，不再像过去那么听话了，甚至会公开地向父母叫板："别管我，将来有没有出息是我自己的事！"他们的自我意识迅速发展，独立意识越来越强，他们认为自己已经成熟，长成大人了，有能力独立地处理一些事情。他们渴望别人把他们看作大人，当成朋友，尊重他们、理解他们；

希望父母给予他们足够宽松与自由的空间。然而父母却并不一定能认识和理解他们，所以他们跟父母较劲了、疏远了，可是他们内心还有自卑、虚荣与嫉妒。

作为曾经同样经历过这段"成长的烦恼"的人，父母应该最能理解儿子面临各种情形时心中的不安与困惑，了解儿子充满疑问，却又无人可问的无助与迷茫。可以说父母是青春期儿子最合适的老师。但事实上，并不是每个父母都是合格的老师。一方面是因为面对儿子突然的变化，自己没有做好充分的准备，所以在与儿子沟通时往往还是简单而粗暴，只能端起家长的架子强硬管教。这种方式对于敏感、叛逆的青春期孩子简直是火上浇油，不但不会起到帮助儿子的作用，反而会导致儿子与父母更加疏离，甚至针锋相对；另一方面，儿子进入青春期后，面对自身产生的种种变化，或紧张、或尴尬，很多问题即使面对父母也羞于启齿，再加上那种自以为成年的心理让他们开始有意识地保护起了自己的隐私，跟父母的知心话也越来越少了。这两方面的原因导致原本亲密的父子或者母子，在最需要沟通交流的时候却产生了严重的障碍。父母应该以最恰当的方式教育儿子。

其实，很多时候方法决定效果。换一种交流方式也许会有一个意想不到的结果。既然口传心授不适用，不如把所有我们经历过的、我们想到的、我们看到的困扰儿子的种种情形和问题列举写出来，并给出最佳答案和解决方法，作为一份礼物，送给青春期的男孩。

《妈妈写给青春期男孩的书》是一本专属于青春期男孩的百科全书，从生理变化到成长烦恼，从自我防卫到心理剖析，从学业指点到修养提升，从形象气质到礼仪交往，几乎无所不包，面面俱到；它也是一本能够让父母和儿子一起阅读的亲子书，一字一句都凝结着父母的疼爱与呵护，让孩子感受到父母的浓浓爱意与细致入微的关怀；它还是一本送给天下父母的青春期男孩成长笔记，让父母可以从中得知儿子那些不肯讲出来的烦恼和秘密，理解儿子产生种种变化的原因，面对儿子的教育时不再束手无策，成为男孩青春期最知心的良师益友。

青春期是人生中最重要、最宝贵的阶段，只有经过青春期，才能使男孩从童年过渡到成年，从幼稚变为基本成熟，从家庭走向社会，最终成为一个成熟的社会上的人。面对青春期男孩出现的各种问题，父母必须认真分析原因，有的放矢地解决问题，在孩子的青春期与孩子一起成长！

目录

第一章

生理 & 变化——你的身体正在成熟

身体变化的小秘密

大家有没有注意我的身体变化

近来，班上的汪辉变得越来越奇怪了。从前下课经常能听见他在教室里高歌一曲，声音洪亮而高亢，同学们十分喜欢听他唱歌。为此，他也被班上同学誉为"班级歌唱家"。可是，最近汪辉像变了一个人似的，课后再也听不到他的歌声了。他总是一个人低着头趴在桌子上，任凭同学怎么说他，跟他开玩笑，他都不理会。

班主任李老师知道后，把汪辉找来，关心地问："汪辉，最近怎么了，我可是很久没有听你唱歌了，什么时候为我们献上一首啊？"

"老师，我，我……我不会再唱歌了。"

老师惊讶地问："怎么啦？出什么事了吗？"

"老师，我……我也不知道为什么，我的声音近来变了，连说话时都觉得怪怪的，唱歌时声音更加难听。"

李老师听后，笑着说："就这啊！声音的变化，对你们这个年龄段的男孩子来说再正常不过了，你摸摸自己的喉咙，是不是觉得有一块突出来了？"

汪辉用手指摸了一下喉咙，连说道："嗯！真的有一块突出来了！"

"呵呵，不用担心，这是你成长的一大特征，每个男孩子长大后都会有喉结，声音也

1

会产生变化，随后，你身体其他地方也会慢慢地发生变化，这些都不必恐慌，不用害羞，老师会慢慢告诉你们的。等你完全变声后，还要继续唱歌给我们听啊！"

汪辉低着头，低声说："谢谢老师，我知道是怎么回事了，等我声音变好后，我还会继续唱歌的。"说完，汪辉一脸轻松地回教室了。

🚢 给男孩的悄悄话

男孩在十一二岁时，身体会发生很多变化，上面故事中，汪辉出现的声音变化就是其中很典型的一种。男孩们面对这些变化，会表现出不同的心理，如羞涩或焦虑心理等。这个时候，了解一些自身发育的基本知识，男孩们就能坦然面对自己第二性征的出现了。

根据生理学的相关知识，男孩一般在 11 岁就开始进入青春期了，进入青春期的第一个表现就是睾丸的长度突增 1 厘米，宽度会增加 0.8 厘米。随之，雄性激素开始分泌，刺激阴茎开始变长变粗。而身高会在 12 岁时呈现突增高峰，男孩们看到的同学突然长高一般是这个时候。13 岁，男孩会发现阴茎根部的两侧长出颜色浅而且细的毛毛，我们称之为阴毛。14 岁时，男孩的喉结会慢慢突出来，要进入变声期了，说话的声音会变粗。乳房也会和女孩子一样开始发育，有时还伴随着疼痛感，但这并不是什么病痛，会渐渐消失。

就这样随着年龄的增长，慢慢地你会发现，身上其他部位，比如：腋窝、嘴唇、腿部等都长出体毛来。当然，在此过程中，睾丸和阴茎一直在生长。15 岁左右时，由于阴茎增长，阴茎头突出来，睾丸增长基本完成，直到有一天出现遗精，这时你就长成真正的"男子汉"了。

16 岁时，男孩的阴茎、睾丸已与成人相同。身体发育会舒缓下来，各项发育渐趋平衡。再过一两年，男孩就会长出可爱又恼人的青春痘。

等到 19 岁时，男孩基本完成了青春期身体的发育，就会告别曾经的天真和无知，变得身材高大、强壮，声音低沉、有力，成为真正的男人了。

所以，这些身体上的变化是男孩子成长的见证，是成为"男子汉"的必由之路，当青春期的男孩了解了身体发育的规律后，就不必因身体的变化而焦虑或羞涩了，为自己将成为"男子汉"而欣喜吧！

青春期有人开始得早，有人开始得晚

刘强是个多才多艺的学生，不光美术拿过奖，从小学三年级开始，就进入了少年合唱团，还成了合唱团的队长。可是现在已经上初中的刘强，觉得当合唱团队长领着大家唱歌，是很没面子的事情。因为进入初中后，合唱团里的人因为青春期变声，开始陆陆续续地离开合唱团了。而刘强不但声音一直没变，就是个子也没长多少。有时新来的小学生一不小心还会喊他同学，而不是哥哥。

为此刘强跑到音乐老师那里，请求退出合唱团。老师因为熟练的学生越来越少，人手不够，希望刘强能再帮他一段时间，刘强也只能罢休了。可是每次在学校见到从前在一起的队员时，都会觉得不好意思。那些从前的队友每次见到他都会羡慕地说："刘强，你真幸福，我现在想回去都不行。"这话刘强听了觉得刺耳，也没办法，只好笑笑，真是有苦说不出。

有时，刘强看到那些嘴唇上已经有些淡淡的茸毛的男生，觉得好羡慕。虽然不好看，可是那是变成男子汉的象征呀。刘强很担心，怕自己长不高，长不大。他把自己的心事告诉了好朋友。他的好朋友的妈妈正好是医生，知道刘强的苦恼后，便约他到家里玩。

刘强和好朋友在院子里玩儿，好朋友的妈妈走过来，指着院子里的一丛月季花说："刘强，你看这些花蕾有的大有的小，你知道哪个花苞会开得最漂亮吗？"刘强摇摇头问："您知道吗，阿姨？""我也不知道。不过我知道它们都在努力让自己健康成长，努力让自己开得最美。"刘强好像明白了什么。

🍁 给男孩的悄悄话

男孩也许会发现，有的同学青春期来得比较早，在别的孩子还没有进入青春期时，他就已经长出了小胡子；而有的同学青春期又来得晚些，别的孩子都变声了，他还保持着童音。

科学研究得出，青春期是指性器官发育成熟、出现第二性征的年龄阶段。世界卫生组织规定将青春期规定为 10～20 岁。在中国青春期一般是指 11～17 岁。但是，具体到每个孩子，青春期又有着"个体差异"，就是说每个同学的青春期有着迟早快慢的差异。相关资料表明，青春期的早晚快慢受遗传、营养、生活习惯、情绪及周围环境等因素的影响。

医学上将青春期发育的早晚归为不同的发育类型。一般来说，分为早熟型、均衡型和晚熟型。早熟型的孩子青春期开始最早，八九岁就进入了青春期；均衡型一般是12～16 岁进入青春期；而晚熟型在 14～15 岁才进入青春期。

所以，不同的发育类型直接关系着青春期的早晚，青春期的早晚没有优劣之分，不过会带来一些身材的千差万别，不是影响健康的因素，不需要有此方面的担忧。至于，有些孩子在很晚的时候，第二性征还迟迟不发育的，就需要进行咨询和治疗了。

什么原因导致青春期肥胖

四班班主任刘老师刚走进办公室，班长就急急忙忙跑进来，说："刘老师，你快去看看吧，夏威和杨涛打起来了！"刘老师一听，赶紧放下课本跟班长去了教室。

夏威和杨涛已经被大家拉开了，不过两个人还不罢休，刘老师很生气，"还打！都跟我去办公室！"夏威杨涛看到班主任来了，都不敢再动，乖乖跟着班主任去办公室了。

"为什么打架？"

"杨涛给我起外号，叫我'胖墩'！"

"那也不能跟同学打架！"

"他还偷拿我的减肥药，丢给同学看，取笑我。"

"是不是，杨涛？"

"我没取笑他，只是跟他开玩笑的。减肥药有什么，看看怎么啦？"

听了杨涛的话，夏威很气愤，差点哭出来。刘老师还有事情，看两个人都不认错，只好让他俩先回去反省写检查。夏威很委屈，想自己因为胖被同学开玩笑，老师不但不理解还罚自己写检查。

回到家后，妈妈又做了很多好吃的。夏威看了看饭菜，跟妈妈说不想吃，就回房间做作业去了。妈妈很纳闷，晚饭后，又端来水果点心给夏威。夏威生气地让妈妈把水果点心端走，他下决心，一定要减肥。可是过了一段时间就坚持不住生病了，妈妈带夏威去看医生。医生听了夏威的烦恼后，对夏威说："这样不但不能减肥，还会伤身体。你现在正是身体发育的时候，节食会让身体发育不良。以后应该多注意锻炼才对，饮食要规律，少吃热量很高又没营养的东西。"

回家后，夏威按照医生的话，给自己制定了一个减肥计划，每天跑步，吃饭休息很规律，不再买大堆的高热量零食。一个暑假过完后，同学都说夏威瘦了好多，人也精神自信了。班上其他几个胖胖的同学不停地问他怎么做到的。他把自己的计划告诉大家后，大家都说要跟夏威一起做，让夏威做他们的小队长，监督他们，夏威高兴极了。班主任听到这件事，还在班上表扬了夏威，说他克服困难的精神值得所有同学学习。

给男孩的悄悄话

细心的男孩会发现，班里的同学肥胖率很高，在街上、学校和很多孩子常去的场合，也经常见到肥胖的孩子，其他孩子会因为好玩送给这些孩子一个叫作"小胖墩儿"的绰号，这给肥胖的孩子带来不小的心理负担。到底是什么原因导致青春期肥胖呢？科学研究表明，引起肥胖的原因很多，而青春期的孩子肥胖主要由于遗传、饮食不合理、运动少，情绪不稳定等原因造成的。

若要告别青春期肥胖得从原因找起。专家认为，引起青春期肥胖的原因主要有以下几个方面：首先，遗传因素会造成肥胖。如果，父母都胖的话，那么孩子胖的概率是非常高的，但科学研究表明，遗传不是形成肥胖的主要原因。专家认为引起肥胖的主要原因是饮食不合理、缺乏体育锻炼、青春期情绪波动大等。

我们经常发现，很多父母并不胖，孩子却很胖。如果仔细观察，你会发现这样的孩子一般都是手里零食不断。现在人们的物质生活水平提高了，一日三餐中的营养基本就能满足需要了，而面对青春期的孩子，父母又会为了让孩子长身体，源源不断地提供高营养、高热量的食物。此时孩子的食欲又很旺盛，所以，对父母提供的美食，会不加节制地吃。这样，人体所需的营养严重过剩时，就会转化为脂肪在体内堆积，就会造成肥胖。

青春期的孩子学习压力很大，体育锻炼对青春期的男孩来说更是重要，但是现实是除了吃饭睡觉外，一般都会坐在教室里读书，就连每周的体育课也因怕耽误学习懒得上，专门去健身的可能性更是很小了，身体多余的热量也就会转化脂肪堆积，形成肥胖。

情绪的不稳定也会导致肥胖。很多男孩，在青春期，由于要适应身体第二性征的出现，还要承受家长、老师的期望，情绪波动很大。情绪不稳定就会出现暴饮暴食的情况，为了缓解情绪很多人会不加节制地吃零食，这样也会增加肥胖的概率。

导致青春期肥胖的原因很多，青春期男孩正是长身体的时候，要适当控制一下体重，多锻炼身体，为好好学习做好身体的保证。

青春期长个子也有早晚

体育课上，陈老师点完名后不动声色地把花名册放在一旁，一边看体委带着同学们做准备活动，一边想陆欢又请病假的事儿。陆欢是个开朗大方的学生，不光成绩好，其他方面也很优秀，各科老师都很喜欢他，陈老师也不例外。以前体育课上，陆欢一直很积极，喜欢各种运动，从来没有请假或旷课，可是最近陆欢几乎不上体育课了，这个学期的体育课，陆欢几乎都请了病假，这让陈老师很不满，难道他的体育课就不是课了，一星期才一节，好好学习也不差这点时间。

下课后，陈老师顺路走过三班教室，向里望了望，看见陆欢正在认真做习题，陈老师皱了皱眉，轻轻走过去敲了敲陆欢的桌子，"陆欢，哪里不舒服了，又没去上体育课，学习很忙吗？"陆欢看见陈老师突然站在自己面前，惊慌地站起来："陈老师，对不起，我昨天把脚扭了。""哦，是吗？"看着陈老师有些不满地离开了，陆欢很难过，知道自己这样做太过分了。

快放学的时候，班主任通知大家明天要体检，告诉大家好多注意事项。陆欢低着头，一边听一边想事情。班主任通知完大家后，对陆欢说："陆欢，到我办公室来一下。"陆欢低下头没说什么，跟着班主任进了办公室。

"陆欢，老师知道你是个爱学习的好学生，这些值得表扬，但除了学习好，其他方面也很重要。听陈老师说，你最近体育课一直在请假，是不是因为学习呀？以后不能这样子了，体育除了能锻炼身体，还能锻炼人的意志，这也是需要好好学习的呀，应该更重视才对，你说对不对？"陆欢看着班主任没说话点了点头。

第二天，早晨8点钟开始体检，直到下午5点快要结束时，都没见到陆欢的人影，老师很着急，给陆欢的妈妈打电话，陆欢的妈妈说陆欢没在家，去上学了，大家一听就急了，分头找，最后在体育用品室找到了他。在老师的询问下，陆欢说出了原因。

原来陆欢一直为自己的身高烦恼，他不上体育课，是因为每次体育课排队时，他都站在最前面，是个头最矮的一个。为此，家里给他买了好多增高的补品，想了好多办法都不管用，这让陆欢很烦恼，慢慢有些自卑。这次体检，他想等大家都走了再去，免得量身高时被同学取笑。老师带着陆欢去问体检的医生，医生一听笑了，说："要想长高，就更应该好好锻炼身体、上好体育课呀。别担心，你们现在都还小，好好锻炼，都会长成大个子的。"大家一听都笑了，陆欢也不好意思地笑了。

🚢 给男孩的悄悄话

一群年龄相当的中学生，有的个子要比其他人高很多，而有个别的要矮很多，这是为什么呢？是长得早就会长得高，还是长得晚才长得高呢？这是个困惑许多学生的问题，他们往往担心长个子早晚对自己最终身高的影响。

医学研究表明，影响身高的因素有很多，遗传、营养和运动等都会影响到中学生的身高。在这些因素都相当的情况下，还有每个同学的体质不同，长个子时间也会不同。长个早晚并不会决定身高的最终高度。个子长得过早的孩子要警惕性早熟。性早熟是性激素释放异常引起的，这样会导致孩子身高早期发育快，后期身高发育迟滞。

青春期无疑是身高发展的重要时期，在此期间为了给身高增长提供一个优越的条件，男孩们要合理安排自己的生活，从饮食、睡眠、运动等各个方面都加以注意，才不至于错过身高增长的最佳时期。

每个人的身高发育时段都不同。青春期时，每个人最先发育的部位也不一致，生殖器、体毛、身高等的发育会呈现不同的顺序，因人而异。所以，长个早晚不重要，重要的是为长个做好各方面的准备，提供各种有利于长个的条件。

男孩们也许发现了，那些喜欢户外运动的同学个子会比不爱运动的同学高，这是有科学道理的。经常参加体育运动的男孩身高普遍要高于不运动者。所以，在学校里经常参加单杠、弹跳、游泳、吊环、自由体操、打篮球和引体向上等运动，对长个子很有帮助。

为什么到了青春期就会长毛毛

洗澡时，逸飞突然发现在自己私部长出了怪异的毛毛，他被自己的这一发现惊吓了。他突然想起去公共澡堂时曾见到大人们身上有很多毛毛，以为只有大人才会有的东西怎么在自己身上也有了呢？他很不理解，每一次去厕所时也开始感到不好意思，偷偷看同学一眼，发现同学的身体并没有变化，而自己是怎么回事呢？他百思不得其解。

后来班里的其他孩子也出现了这些问题，有的嘴唇旁边长出了小胡子，看上去上嘴唇脏乎乎的。也有的人腿上长了汗毛，毛茸茸的，看着自己也感到很困惑。

"我感觉到了自己身体的变化，我不愿意让别人看到我那茸茸的东西，我开始拒绝洗公共浴池。

"我不喜欢别人用开玩笑的语气对我说：小家伙你长胡子了！这让我感到自己特别的透明，我自己的身体他们好像了如指掌似的。

"难看死了，我要拔掉它……这东西太讨厌了。"

给男孩的悄悄话

进入青春期以后，男孩子突然发现自己从内到外都变了，变得连自己都不太敢认识了。似乎是一夜之间，自己身上多出了很多毛毛，阴部、腋部、胸部、腿部、唇边，甚至脚上都会出现毛茸茸的细毛，"我是怎么了"，相信很多男孩子在当时都存在这样的困惑。

那么，这些毛毛究竟是怎么出来的？

其实，这些毛毛的到来是一个好的音讯，它告诉正在成长的你其实已经不知不觉踏上了通往成熟男性的路途。一般来说，男孩子到13岁左右，会从阴茎根部的两侧长出体毛，也就是阴毛。这时候的阴毛往往颜色浅且细，随着青春期的发育，这些阴毛会逐渐增多，逐渐覆盖阴部，毛毛颜色逐渐加深，加粗，并开始变得有些卷曲。这些毛毛其实都是在青春期男孩体内分泌的雄性激素的刺激下产生的，在长出阴毛的同时，男孩子还会陆续长出腋毛、胡子，身体上的体毛也会变得长且浓重。这些都属于正常现象，男孩子没有必要为此而烦恼和担心。这反而证明了自己在外形上开始变得成熟。

在很多电视电影上，我们能够看到那些勇猛无比的男性，腋毛、胳膊和胸部的汗毛又浓又黑，很有男子汉的气概，似乎给他们的魅力增值不少，这就引起那些体毛少的男孩的羡慕和接下来的焦虑了。其实，这样的焦虑也完全没有必要。因为汗毛的密度和颜色本来就是因人而异的，并没有一个标准，也受遗传因素的影响。体内毛囊基的色素细胞决定了体毛的颜色，毛囊的数量决定了汗毛的数量，而毛囊细胞是先天生成的，是没有办法增减的。当然，后天的生长环境如地域、气候、营养、情绪等会在一定程度上影响体毛的生长，但是在最根本上讲，体毛的疏密和颜色的浓淡是先天就已经注定了的，而且不管是密还是疏，一般都属于正常现象，并不影响自己的生活和学习，而且是不是男子汉也不是由体毛多少决定的，而是看他是否有责任心、正义感，因此，那些怀疑自己不是男子汉的男孩子真的不必担心，自己还是有能力通过自己的努力而成为真正的男子汉的。

男孩子应该注意，对于这些自己并不十分喜欢的毛毛，也不要用镊子或手拔掉，也不要用刮胡刀刮，否则很容易破坏毛毛周边的毛囊，容易感染毛囊炎或引起皮肤感染。

其实，男孩应该正确看待这些毛毛，并且认识到它们的出现是青春期男孩第二性征的表现，并不会对自己构成伤害，所以，对于自己突然变成满身长毛的"小泰山"，男孩也不必有太多的顾虑，顺其自然就好了，因为健康最重要。

男孩子的胸部也会增大吗

高君打篮球的时候，被同学手肘碰了一下，当时挺疼。大家一起玩儿，难免会有碰撞，加上过了一会儿就不疼了，所以高君就没太注意。

几天过去了，高君洗澡时偶然发现，自己的乳头部位突起，有时候碰到会疼，揉一揉，觉得里面好像有肿块。高君以为是打篮球时碰的，就去药店买了些消炎药。可是几天后肿块还在，并没有消失，并且又大了一些，高君有些害怕，就让爸爸带自己去医院检查。医生看了看说，不是肿块，是乳房发育。高君和爸爸听后吃了一惊。不是女生才乳房发育吗，怎么自己一个大男生乳房还会发育，真不可思议。医生说，青春期男孩分泌雄性激素时也分泌雌性激素，导致乳房发育。这是很正常的现象，没什么，过一段时间就好了。但要注意不要过度使用补品，因为有些补品含有激素，会影响乳房异常发育。

高君回家后，把这事情告诉了妈妈。妈妈听了也很吃惊，说："以后不再随便给高君买补品补身体了。还以为多吃些补品，对正在长身体学习压力又大的高君是好事儿，没想到反会弄巧成拙，以后可要注意。"

🚢 给男孩的悄悄话

青春期，与高君有着同样烦恼的男孩并不在少数。有个男孩担心地说：我的乳房很肿，摸上去感觉乳房内有一个硬块，并伴随有疼痛感。还有的男孩之间会开玩笑说某同学乳房变大了要变成女孩子了。可以看出，很多男孩会有这样的疑惑：乳房发育不是一般指女孩吗，难道男孩子的乳房在青春期也会发育？其实这是一些认识上的误区，男孩子在青春期也会有乳房的发育，这属于正常现象。

其实，男性青春发育期的乳房发育也是第二性征的表现，也会出现硬块，这是正常的生理变化。乳房主要是由乳腺组织和脂肪及结缔组织构成的，乳腺细胞能识别和接受雌性激素，当二者结合后就会使乳腺细胞增生，乳房发育隆起，乳晕可能会变得更宽，颜色更深，乳头变得稍大等等。

男孩进入青春发育期后，睾丸在产生分泌雄性激素的同时，也分泌极少量的雌性激素。雌性激素便使乳头部位的乳腺细胞不断增殖，导致乳房形成硬块，肿块一般不会超过乳晕。当然并不是每一个男孩都会乳房明显增大，有的男孩子雌性激素分泌微乎其微时就看不出变化，形成的硬块几个月后就会随着内分泌的调节自然消退，所以一般不需要治疗，不影响其他第二性征的继续发育。

需要注意的是，在青春期学习压力很大，但也不要过度食用补品，有的补品中含有激素，这样造成的乳房发育将不利于男孩子的健康，属于异常发育。

青春期，我成了"沙嘶劈哑"

韩冲是一个初二的男生，已经开始身体发育的他比同班的其他男生都高了半头还要多，他一直都是班里的活跃分子，什么歌咏比赛，朗诵会都积极参加，还因为自己清脆的嗓音一度想等到高考了之后考取播音主持专业，成为一名新闻联播的主持人呢。

但是自从寒假过后，大家眼里活跃的韩冲开始变得沉默，他不爱参加集体活动了，也不爱和同学们一起玩，总是在自己的座位上低着头忙忙碌碌，而且好像不太开心的样子。

有时候说句话，也不是清脆的声音了，而是有点瓮声瓮气的，班里的同学关心地问他是不是感冒了，他摇摇头，但是也不说什么。

韩冲究竟怎么了？班主任李老师也注意到了韩冲的变化。有着多年班主任工作经验的李老师抽了一个自习课的时间，把韩冲约到了操场上。

"小伙子，这次学校的朗诵比赛怎么没有报名呀？"

"恩，恩，我不太想去，我，我……"他吞吞吐吐，也没有说明白自己为啥不想去。

李老师耐心地看着他，听着他瓮声瓮气的回答，微笑着说："是不是觉得自己声音不如以前好听啦？"

韩冲本来低着头，看着自己的鞋子，突然抬起头，跟老师说："是呀，我的嗓子突然毁了，天天哑，开始以为感冒了，后来一直这样。说起话来就跟鸭子叫一样，别的同学都问我是不是嗓子不舒服，我一听到自己这么难听的声音，就再也不想说话了，怎么能参加朗诵比赛呢？还不够丢人呢！"说到最后的时候，他的眼睛里已经闪出泪花。韩冲为了嗓子的事情已经苦恼了好久了，经李老师这么一问，禁不住难受，都快要掉下眼泪了。

李老师耐心地给他讲解了青春期男孩发育时候关于变声的问题，李老师的话为他解开了心中的困惑，他的脸上重新绽放了笑容，李老师看着他雀跃的背影，由衷地笑了。这些青春期的孩子们……

🚢 给男孩的悄悄话

相信很多男孩子经历过这样的苦闷，那就是自己的金嗓子在不知不觉中变成了公鸭嗓，还有可能曾经被女孩起过"破嗓子""唐老鸭"这样的绰号，还真是郁闷。"为什么我变她不变？为什么自己有种沙哑带磁性的感觉？"要想解决这些疑问，就有必要来了解男孩子的"变声"这一生理现象。

变声指的是人的声音由童音变为成人声音的过程，这是人成长成熟的一个必经阶段，不仅是男孩，女孩也会经历一个变声的过程，只不过女孩子变声不如男孩子明显罢了。那么进入青春期后声音为什么会变呢？这是因为人的声音主要是由声带的震动引起的，而声带的震动又与喉头的发育直接相关。进入青春期之后，由于雄性激素的分泌增多，会刺激男孩子喉头的快速发育，喉头逐渐变得突出，形成男性特有的喉结。与此同时，声带也跟着增长、增宽和增厚，这样经由声带的震动而发出的声音就逐渐变得低沉，由此，男孩子曾经细而高的童声就逐渐被粗而低沉且略带磁性的音质所代替。这也就是所谓的青春期变声。变声是青春期十分正常的生理现象，男孩子没有必要为自己好嗓子的丧失而悲伤。

青少年一般会在 14～16 岁进入变声期，变声期一般会持续半年或一年，而这一时期的嗓子最容易受到损伤，所以，处于变声期的男孩一定要学会科学合理地使用并保护嗓子，不要让它太劳累，同时在食物的摄入方面要注意以下几点：

1. 平时多吃些富含胶原蛋白和弹性蛋白质的食物，如猪蹄、猪皮、蹄筋、鱼类、豆类、海产品等。因为这些胶原蛋白和弹性蛋白质有利于发声器官的发育。

2. 主食及副食要吃些软质、精细的食物，炒花生仁、爆米花、锅巴、坚果类及油炸类硬且干燥的食物尽量不吃或少吃，这样能够最大限度地减少对喉咙造成的损伤。

3. 平时尽量少吃辛酸苦辣的刺激性食物，不要喝过冷或过热的水，这些都会刺激声带。忌烟酒。

4. 吃饭时要细嚼慢咽，防止食物中可能存在的砂粒、鱼骨等刺伤咽喉部的组织。

5. 平时不要大声嘶叫，不要长时间地大声说话。

变声期对进入青少年时期的男性来说是一个很特殊的时期，声音正在经历童声的柔和向成人低沉的转变阶段，这一时期的声带也显得极为敏感，需要特殊的呵护。同时，不要被变了的音质吓到，这是男性的正常生理变化，是男孩子摆脱稚嫩走向成人的一个中转站。所以，处于这一时期的男孩子，没有必要害羞或是焦虑，需要的是细心，这样才能帮助自己成功度过变声期，为自己以后的健康音质打下基础。相信这也是每个男孩子所期望的。

我的外号叫"骆驼"

林远涛的妈妈一直为林远涛的小驼背烦心。林远涛的爸爸妈妈身材都很好，高而挺拔，显得很精神。林远涛虽然个子没问题，但是驼背弯腰的，看着没精神。奶奶也说小小年纪，应该朝气蓬勃的像个小马驹似的才对。所以林远涛只要在家里一弯腰，大家谁见到谁就会过去给他拍直，有时会吓林远涛一跳，弄得林远涛很气愤。

林远涛的妈妈跟爸爸商量，想带着林远涛去医院检查一下，看能不能给孩子纠正过来。远涛的爸爸说："现在的孩子书包那样重，天天闷着头看书，你就是纠正了，不注意也是不行。"远涛的妈妈想了想觉得也对，不过也不能不管呀。于是跑到商场给远涛买了有助于脊柱健康的书桌、书包，还有矫正姿势的用品，等远涛回家拿给远涛用。

可是看着远涛跳进家门的时候，妈妈觉得，其实这孩子用不着这些东西。原来远涛考试得了第一名，所以高兴得背也不驼了，精神也抖擞了，真像奶奶说的，像个撒欢的小马驹。林远涛的爸爸妈妈互相看了一眼，想到平时可能是给远涛的压力太大了，只注意孩子的学习和身体健康，没照顾好孩子心灵上的健康，于是决定星期天带远涛出去玩，好好跟远涛谈谈成长的事情，告诉他怎样面对困难与压力。

🚢 给男孩的悄悄话

青春期男孩出现驼背是很常见的，至于驼背的原因，科学研究还没明确告知，但是根据观察和分析，一般认为这是由于脊椎承受的负荷超出其负载能力而导致平衡失调引起的。有的同学会因此得来"骆驼"的绰号。所以了解一下驼背的原因，有助于同学们远离驼背。

专家指出，青少年驼背除了遗传或外伤导致的脊柱变形外，更多的是由于平时身姿不对等后天原因造成脊柱变形而形成的。青春期的同学，由于要适应身体和心理的各方面变化，情绪不稳定，挑食、偏食等现象很普遍，这样会造成营养的不充足、不均衡，再加上体育锻炼过少，就会出现驼背现象。

当然，处于青春期的男孩驼背和年龄阶段也有很大的关系，因为，青春期男孩的身高增长很快，有的男孩可能在 12 ~ 13 岁的一年里就增高 12 厘米，但是，在身高增长时也会出现"慢"的问题，比如，肌肉增长慢，身体横向增长慢等，这就造成，身体纵向拉长，而横向的增长却跟不上纵向的增长。男孩与女孩相比个子增幅会更大，再加上天天坐在教室学习，如果坐姿不正确，就会驼背。

青春期的男孩，由于没有完全适应身体和心理的变化，会出现缺乏自信心、性格孤僻、怯懦等心理问题，导致男孩形成低着头含胸走路的习惯，久而久之也会形成驼背。此外，现在学生的负担还是很重，沉重的书包，也是造成驼背的因素。

为什么我的脚那么臭

快放暑假了，许阳想报名参加一个少年夏令营，跟大家一起去野外探险，那样能锻炼自己，还能认识更多的好朋友。夏令营的名额得来不易，是许阳通过比赛取得的。可是夏令营要求大家住集体宿舍，这让许阳很烦恼，一直犹豫不决。现在离报名结束还有一星期，许阳下决心，如果自己想的办法能有效，就报名参加；如果无效，就狠狠心把名额让给其他同学。

许阳放学回到家后，马上跑到厨房里找妈妈问自己要的东西买回来了没。妈妈说买那些东西转了一天，还打听了好多有经验的人。许阳一听就乐了，催着妈妈赶紧拿给他。许阳的妈妈打开柜子，大包小包的拿出来一大堆东西，什么去脚臭的保健鞋垫，泡脚片，防臭运动鞋，甚至还有膏药帖子。

许阳赶紧打水泡脚，妈妈说："着什么急呀，等睡觉前洗漱的时候再泡嘛。"

许阳说："现在泡一次，睡觉再前泡一次呗。"

"呵，你这孩子，平常洗脚都嫌麻烦，不催不去，这下夏令营的事儿倒不错，催的你自己主动洗脚了。"许阳挠挠头皮，不好意思地笑笑，开玩笑地说："要有集体意识嘛，不然到时候鞋一脱，集体宿舍就成了我的单间了。"妈妈摇摇头，笑呵呵的又回厨房做饭了。

原来许阳的脚是汗脚，每次体育课下来，大家都会说许阳的脚臭得让人受不了。就算没有体育课，许阳也要一天换两双鞋子，不然下午同桌总会时不时地捂鼻子，弄得许阳很不好意思。

可是脚泡了一星期，防臭鞋垫防臭运动鞋都用上了，还是没管用。许阳怕住集体宿舍别人受不了，只好很沮丧地打算放弃夏令营了。许阳难过极了，妈妈不忍心，就打电话给许阳的班主任，班主任说："夏令营的宿舍里洗漱室是和宿舍是分开的，许阳可以多带些洗漱用品多注意清洁就好，没必要放弃。"许阳知道后一下子跳了起来，可是还是觉得脚臭给自己带来了很多麻烦，不知道能不能去掉。老师说这是身体正常代谢，不要太担心，别偷懒，多洗洗就好了。许阳妈妈说："小懒猪，听见老师说了没？"许阳吐吐舌头，心里美滋滋地跑回房间收拾夏令营的行装去了，兴奋地期待着三天后的野外探险。

🚢 给男孩的悄悄话

中学生的生活一般都是父母帮助料理的，我们经常听到父母抱怨孩子的鞋子怎么那么臭；在班里，刚上过体育课的话，周围同学也会抱怨臭脚的男生。脚臭不但给周围的人带去了麻烦，也让男孩子自己难以理解，自己的脚到底为什么会那么臭呢？

其实，很简单，脚臭是由于脚部出汗过多造成的。每个人身上都有许多汗腺，分泌汗液，带走体内杂质。特别是脚部的汗腺非常发达，所以出汗也自然多于其他部位，形成臭脚也不足为奇了。

我们都知道人在运动的时候，出汗会多些。而处于青春期的男孩子正是好动的时候，好动一方面有利于男孩长身体，也会排除大量的汗液。并且，其他部位，比如手上的汗腺也发达，但是，由于手部便于清洗，汗液及时地除去了，也就降低了细菌的繁殖。但是脚部无法及时清洗，如果穿的运动鞋的透气性能比较差的话，汗液就很难散发出去，这给细菌的繁殖创造了条件。细菌和汗液中的尿素和乳酸相遇后，会将其分解，这时就会散发出难闻的臭味。

此外，青春期，特别是 14 ~ 18 岁期间脚最臭，原因是这时是青春期发育高峰时期，此时无论是内分泌还是新陈代谢都是最旺盛的时期，所以这个时候的男孩的排汗量也是最大的，所以这个时候脚臭是最严重的。不过，脚臭也不是什么病症，尽量穿透气性好的运动鞋，多注意些个人卫生就会好些。

青春期的尴尬事

什么是包皮过长

小飞是一个活泼好动的初一学生，他刚入学就被老师选为班长，而后又因为擅长打篮球，学习成绩好，成了同学们都喜欢结交的男孩。小飞的父母很以他为傲，小飞自己也一直认为自己是个各方面都很突出的孩子。

这天课间，小飞和一名男同学去厕所，小便的时候，那名男同学无意地看了小飞一眼，眼睛随后便瞪得很大，他指着小飞大叫起来："小飞，你，你这个……"

其他男生闻声也围了过来，大家都盯着小飞的"小弟弟"，小飞莫名其妙地问："怎么了，有什么问题吗？"

"是包起来的！怎么没有'头儿'啊？跟我们的怎么不一样啊？"男生们指着小飞的"小弟弟"窃窃私语，小飞羞红了脸，他迅速地拉上裤子，跑回了教室。

回到家里，小飞关上门拉开裤子看看，自己的"小弟弟"好像真的和其他同学的不太一样……这个发现让小飞很伤自尊心，他觉得样样出色的自己，这下子脸面丢大了。

小飞的闷闷不乐引起了父母的注意，爸爸问了他好几遍，他才吞吞吐吐地告诉了爸爸原因。爸爸听后哈哈大笑。

爸爸拿出生理方面的书籍，耐心地为小飞讲解生理知识。让小飞知道这并不是什么难以解决的事情。

放暑假到时候，爸爸带小飞去医院做了割包皮手术。开学之后，小飞已经又恢复成了那个活泼开朗的男生了。

给男孩的悄悄话

所谓包皮，是指阴茎皮肤在阴茎头处褶成双层的皮肤。男孩的包皮会呈现出不同的差异，有的显得长些，有的则刚盖住龟头。包皮的功过自有不同的说法，有的人认为，包皮能保护阴茎，而有的认为过长会藏污垢，不利于健康；现在关于包皮的广告纷飞，讲述着包皮过长给成年人造成的负面影响。但是，到底什么样的状态才称得上包皮过长呢？

一般在青春期期间，阴茎会猛增，龟头也开始膨胀，勃起时龟头就会暴露出来。正常的情况下，此时能将包皮轻易地拉到龟头后面去，并不再完全盖住龟头。但是，也有一部分男孩子进入青春期后，阴茎头仍然被包皮严实地覆盖不能显露出来，这就是所谓的包皮过长。严重者则包皮无法往后拉，龟头也无法完全显露时，这样的被称为完全性包茎。

包皮过长会窝藏分泌物，给细菌提供滋生的环境，从而引起包皮和阴茎头发炎，导致龟头红肿、痒痛，严重者会糜烂、溃疡、有异味，诱发阴茎癌等。青春期是男孩转为男人的过渡期，为了成年后的健康，包皮过长要给予重视。

一般来说，如果包皮稍微长点，开口宽大易于上翻，这样也便于清洗，只要多注意清洁，经常将包皮翻过来彻底清洗并保持干燥就不会影响正常的生活。但是，如果开口过小，不便于清洗，并且曾引起过阴茎发炎等情况的话，就应该考虑进行包皮环状切除手术。

睾丸为什么不长在身体里

陆路和体育老师的关系很好，两个人情同父子，常常一起运动完后，洗澡吃饭，两个人无话不谈。

这天，洗澡的时候，体育老师让陆路给他搓背，陆路搓着搓着，发现了一个让他很不好意思的事情。

他从体育老师的背后，两腿之间，能看到体育老师的"蛋蛋"在晃动。对于这个发现，陆路显得很不好意思。

后来从澡堂出来，陆路把自己刚才看到的告诉了体育老师，并且担忧地问道："老师，我以后也会这样吗，这样多难看啊？"

体育老师哈哈大笑，他回答道："对啊，等你长大了，成为一个男人，就会这样了。"

陆路沮丧地低下头："要是'蛋蛋'能长到身体里就好了，这样别人就看不出来，自己也不会觉得不好意思了。"

"傻孩子，这有什么不好意思的，这是很正常的生理现象啊。"体育老师的安慰，还是让陆路觉得，这个问题很棘手，他担心自己以后会像体育老师那样，进到澡堂里，会被其他人围观，那是非常害羞的一件事。

给男孩的悄悄话

在孩子初步具有性别意识时，就对异性和自己身体的差异很是好奇，随着年龄的增长，到青春期面对身体第二性征时就会有更多猜想，为什么"蛋蛋"不长在身体内是很多中学生提出的疑惑。因为在小时候男孩也许曾看到女孩的生殖器在身体里面，所以有这样的疑惑是很正常的。就像上文故事里提到的男孩那样，对自己身体给予关注能帮助男孩更健康的成长。

男孩知道睾丸，也就是"蛋蛋"，是男性非常重要的生殖器官，它产出精子，分泌雄性激素，是男女性别区分的重要标志。科学显示睾丸处于35℃左右时才能维持它的功能，但是人体温度一般在37℃，如睾丸长在身体内的话它的功能就会造成损害。

可以说，睾丸在体外就是进化的一种结果，历史上有人做过相关的实验，尝试把睾丸放到温度高的地方，发现精子的质量会下降很多。所以，为了种族的繁衍，根据"物竞天择，适者生存"的进化论，男性的睾丸没有长在身体内。

睾丸这种对温度的高要求，即使在体外，温度的适中与否也是需要调节的，这就有了阴囊负责调节睾丸温度。当睾丸的温度低于最佳状态时，阴囊皮肤就会收缩，从而阻止热量的散失，反之当睾丸过热时，阴囊皮肤就会松弛下来，以便散热。但是任何调节都是有一定限度的，所以男孩一定要注意给睾丸提供一个舒适宽松的环境，比如不要穿过紧的内衣。

为什么"小弟弟"总偏向一侧

小文是个内向的男孩子，他喜欢读书，喜欢写文章，更喜欢思考，钻研问题。但就是这几天，小文发现了一个让自己很困惑的问题，那就是他的"小弟弟"总是偏向一边，他把它拨过去另一侧，"小弟弟"又会自己歪向那一侧。

"我不会是有什么问题吧？"读过很多书的小文虽然年纪小，生理方面的知识有限，但是他隐约记得一些书上对"小弟弟"的描述。

越来越担忧的小文不敢把自己的害怕告诉父母，他怕父母以为自己不好好学习，整天胡思乱想。他也不敢和同学们说，担心同学们笑话他。

"小文，我们去游泳吧。"同学叫小文。小文慌乱地摇头，他说自己还有事，就赶紧跑了。泳裤那么贴身，万一被同学们看到，岂不是要笑话自己。

怀揣心事的小文在回家的路上，遇到了另一位同学小凯。"小凯，你怎么没去游泳，大家都去了。"小文问道。

"我，我有事。"小凯吞吞吐吐地答道。

小文也有自己的心事，没有多问，二人就各自回家了，其实小凯也正是有着小文一样的担忧才没去游泳。

这件事情让这两位青春期的少年陷入深深的隐忧之中，而又不知道该向谁诉说。

给男孩的悄悄话 ━━━━━━━━━━━━━━━━━━━━━━━━━━

小文发现自己的"小弟弟"总偏向一边,以为是自己身体不健康,这样由于阴茎偏向一边给男孩带来尴尬的案例很多。事实上,许多男孩发现自己的"小弟弟"在勃起时总会偏向一边,这些男孩子会担心弯曲的"小弟弟"对他们成人后的生活不利。其实,阴茎弯向一边的问题是大多数男孩都会遇到的情况。一般情况下阴茎偏向一边是正常的现象,如果不是由于包皮系带过短,导致勃起后发生的上偏向一边,就不需要过度担心。

在医学上,阴茎弯曲称为"阴茎海绵体白膜异常",也就是左边部分白膜较多,于是就会把阴茎拉向右边,如果右边部分白膜过多,就会把阴茎拉向左边。有人经过观察和调查,发现那些习惯用右手触摸阴茎的人,其右侧的阴茎海绵体的发育就较快,在勃起的时候阴茎就会向左侧偏,反之也是这样。

目前,还没发现阴茎弯曲和穿过紧的衣服有关,但是处于青春期的男孩,阴茎处于发育速度较快的阶段,最好还是选择宽松的裤子,这样可以给阴茎提供一个相对自由宽松的环境。如果,你很介意阴茎总是偏向一边,不妨在触摸阴茎时经常左右手交替使用。其实阴茎偏向一边是正常的生理现象,只有极少数男性的阴茎是直立的,并且阴茎弯曲也不会影响日后的生活。

罚任意球为什么运动员要挡住"那里"

小强喜欢踢足球,他是前锋,总是能为自己的队伍进球而带来胜利。这天是周末,小强和同学们相约去操场踢球。

比赛进行得如火如荼,小强一个大脚飞射,球就向对方球门飞了过去,守门员去扑救,却不料被球砸到了下体。

看到对方守门员痛苦地倒在地上,小强他们赶紧围上去,"你怎么了,不要紧吧?"小强紧张地问道,毕竟刚才那个球是自己踢出去的。

守门员紧闭着双目,不断摇头,小强他们正不知所措的时候,一位老师经过操场,看到他们,便过去一看究竟。

听说了缘由,这位老师赶紧抱着守门员去了学校的医务室,医务室的校医为守门员同学诊断了一番后说他并没有什么大碍,小强他们才放下心来。

老师严肃地对小强他们说:"踢球锻炼身体是好事,但也要注意安全,刚才多危险啊,这要出了事情可怎么办?"

小强偷偷地问:"老师,他怎么会这样?"

老师将同学们聚拢在一起,"以后踢球要护住这里,"老师指着大家的"小弟弟"部位,"这里是男孩子最脆弱的地方,一旦受到外力的伤害,很容易出问题,你们以后玩儿的时候,一定要注意这个问题。"

小强他们赶紧点头。

给男孩的悄悄话

看世界杯时，有的男孩或许注意到了这样一个动作，那就是，在罚任意球时运动员总会挡住自己的"那里"，这是他们的个人习惯呢，还是有科学的道理？

一般来说，男孩的外阴，包括睾丸、阴茎等都被称为他们的要害部位。球场上在罚任意球时，守方人员站成一排，会自觉地护住要害部位。那是因为要害部位上面的神经极其丰富，所以对压力极其敏感，遭到撞击的话，就会疼痛难忍。

阴茎海绵体内血管窦非常丰富，白膜包裹在外面。阴茎这样的特殊构造和结构，决定了它是很脆弱的，在球场上，如果运动员的阴茎处于勃起状态，外来的撞击会导致海绵体的破裂，出现肿胀、淤血等症状，严重者会出现阴茎骨折，导致不能再勃起。

睾丸是最娇嫩的部位，是连手都不能任意碰的地方。睾丸的上面有层厚而韧的白膜，限制了它不能轻易改变形状。如果遇到撞击会造成阴囊血肿或睾丸裂伤等，愈合非常慢，愈合后睾丸也会长期处于供血不足，发生萎缩现象。如果受伤严重的话，就会造成不堪设想的后果。更甚者，会出现神经性休克，会影响到生育。

所以，对于男孩的要害部位一定要做好保护措施，特别是在运动过程中，以防不小心造成严重的后果。球场上的运动员在罚任意球时护住自己的"那里"是很有道理的，也是必需的。

"蛋蛋"怎么不见了

胖胖是初二的学生，他的成绩不太好，处于中下游水平。而望子成龙的胖胖爸爸一直希望儿子能够考上重点高中，为自己争光，所以每次发成绩单的时候，都是胖胖最害怕的时候，一旦考得不理想，爸爸轻则对他一顿责骂，重则要打上一顿。

这天又是发成绩单的日子，胖胖又考得不理想。他放学后迟迟不敢回家，害怕回去挨揍。可是天越来越黑，如果他再不回去，爸爸肯定会发火的。就这样，担忧害怕的胖胖一路磨蹭着往家走。

经过一个小胡同的公厕时，胖胖想尿尿，他进去拉下裤子拉链，忽然发现了一个大问题，自己的"蛋蛋"不见了。

胖胖吓坏了，他确认了好几次，自己的"蛋蛋"真的是不见了。这是怎么回事呢？本来就没考好，心里很懊恼，这下"蛋蛋"也不见了，他觉得自己今天真是倒霉到家了，怎么办呢？

越想越害怕的胖胖哭哭啼啼地回到家，爸爸正准备责备他怎么才回来，看到一脸恐惧的胖胖，他也吓了一跳。

听完胖胖的话，爸爸带他去了医院，医生听后笑着对胖胖爸爸说："没关系，青春期男孩是容易这样，而且他这样，也多半是因为紧张造成的。"

听到医生的话，胖胖才算放下心来。

🚢 给男孩的悄悄话

在青春期里，身体稍微的变化都会让孩子们好奇。有的男孩就发现自己的"蛋蛋"突然不见了，并为此担心。"蛋蛋"就是睾丸，其实它是处于变动中的，在睾丸的上面有提睾肌，提睾肌的收缩就牵动睾丸的移动，一旦移动幅度大时就会不容易被发现，就是胖胖说的"蛋蛋不见了"。

那么提睾肌为什么会收缩呢？一般是由于心理紧张造成的。科学研究发现，向男性阴囊发出信号的是大脑内部的神经中枢，男人在紧张、愤怒、恐惧或性兴奋时，阴囊就会出现回缩和下垂的现象，将睾丸和附睾悬吊于阴囊之内保护起来。一般来说，男孩在情绪低落时阴囊就会缩回。因为，心理紧张会导致肌肉紧张，肌肉紧张时收缩，连锁反应到提睾肌，就会使提睾肌收缩，进而牵动睾丸。

还有一种情况就是外界刺激，睾丸对温度的变化很敏感，阴囊也有调节温度的作用，使其内部温度利于精子的生长发育。当温度过高时，阴囊是松弛的，平滑肌就会伸长，睾丸就会在原位，有利于散热。但是，当突然遭受刺激时阴囊壁就收缩，保护睾丸的温度。此时，提睾肌也会收缩，就会"藏"起来。这是一种正常的生理现象。在洗澡时男孩也会发现睾丸会随着水温的变化而显现和隐藏。"蛋蛋"不见了，是一种生理现象，是睾丸对自身的一种保护。

越紧张越结巴怎么办

步步的爸爸是外交官，总是出席重大场合，和外宾一起侃侃而谈，同学们都很羡慕步步有这样一个爸爸。

步步也为此自豪，可是步步本人却是不善言辞，这天，学校通知要举办一场演讲比赛，步步想报名，他想像爸爸那样。可是步步又担心自己到时候会出丑。满心矛盾的步步回到家后，将担忧告诉了爸爸，爸爸鼓励他，让他相信自己。

有了爸爸的鼓励，步步终于报名了，在准备期间，步步对着镜子练习，总是能很流畅地将内容讲述下来。

可是到了比赛的前一晚，步步忽然发现自己说话磕磕绊绊，一点也不流畅了。他担心这样影响比赛成绩，可是他越担心就越结巴，紧张得一晚上没睡的步步第二天神情恍惚地去了学校。

老师和同学们为他打气，但这反而越发让步步紧张。

演讲开始了，眼看马上要轮到自己了，步步不停地回想演讲的内容，可是他的大脑一片空白。

上台后，步步看到底下黑压压的一片人影，心里紧张到了极致。

"各位，各位老师，同，同学们……"步步结结巴巴地开始了演讲，他之前准备时候的状态全没了。

好不容易结结巴巴地将这次比赛进行完，步步难过地回到教室哭了起来，他不明白自己怎么就在关键时刻结巴了起来。

🚢 给男孩的悄悄话

青春期的男孩会更注重表现自己，于是有的男孩很希望在班里、在演讲比赛上吸引他人的注意力，但是因为一紧张结巴，无法流畅地表达自己，所以，他们一直躲在角落里，做那个没人注意的"壁花草"。长此以往，会形成自卑、闭塞的性格。紧张是一种普遍现象，只是每个男孩的表现不同。

在医学上，结巴也叫口吃，是一种常见的语音节律障碍现象，这些人并不是发音系统出现了问题，他们的发音系统是正常的。在青春期，这种源于紧张的结巴主要由以下原因导致的：

首先是模仿。小孩子的好奇心强，听到别的男孩结巴，出于好玩的原因就会去模仿结巴。当这种模仿成为经常性的时候，就会变成一种自然的行为，自己也就会结巴起来。特别是紧张时，思考跟不上，就会以结巴的方式给自己提供思考的时间。

其次，青春期的男孩比较敏感，会更注意别人对自己的评价，当这种自我意识发展到一定程度时，他既希望自己在公共场合有所表现，但又过于在乎和担心别人的反应，因而心里会十分紧张。这时，就会出现思维和语言方面的不协调。于是流畅地表达自己的可能性就很小了。一旦有了第一次这样的挫败感，就会有下一次的担心，长此以往，将会造成结巴的恶性循环。于是就结巴起来。

那么，一紧张就结巴的男孩，就没有流畅表达自己的希望了吗？当然不是。心理学家侧重调节心理紧张，改变结巴。他们建议，结巴的青春期男孩首先要试着忘记自我，这样就会看淡别人对自己的评价，这是在自己为发言做好充分的准备的前提下进行的。第二是，只有在放松的状态下，你才能顺利地克服紧张情绪。所以，心理学家建议结巴的男孩要学会掌控自己的情绪，此外，还可以进行专门的语言训练，改变结巴的状况。

为什么我 16 岁了还尿床

丁丁是个 16 岁的阳光大男孩，父母长期在外做生意，家里只有年迈的奶奶照顾他。这天，丁丁一觉起来，觉得褥子上湿湿的，他起身一看，竟然是自己尿床了。这下丁丁慌了，已经 16 岁的高中生了，怎么还会尿床呢。

"丁丁，下来吃饭了。"奶奶的声音从楼下传来。

"哎，马上就去。"丁丁慌乱中将褥子卷起来塞到床底下，一早上他都心不在焉的，在学校也没有听好课。

晚上回家来，看到奶奶正在阳台上，他冲了过去，奶奶正收他的褥子呢，"你这孩子，尿床了就把褥子塞床底，那褥子能干吗？"

"奶奶，我那不是不好意思吗？"丁丁挠了挠头。

奶奶笑了："这有啥，你爸 16 岁的时候也尿床，正常。"

听到奶奶这样说，丁丁释怀了。没过几天，他又尿床了，这次他自己去把褥子晾在了阳台上。正巧被他的邻居小飞看到。

"丁丁，你尿床了？"小飞惊讶地叫道。

丁丁点点头，小飞大笑起来："真不害羞，这么大了还尿床，真不害羞。"

丁丁不服气地说："这有什么，男孩子都会这样的。"

小飞说："谁说的，长不大的小孩才这样呢。"

到底 16 岁还尿床是正常还是不正常呢，丁丁想不明白了。

🚢 给男孩的悄悄话

丁丁因为 16 岁了还尿床而苦恼，到底尿床是正常现象还是病症，对此，说法很多。

在医学上，把小孩子在熟睡时不由自主地排尿称为遗尿，即尿床，一般来说是机能性的，是可以纠正的。但是，在婴幼儿时尿床是很正常的，婴幼儿还还不能自主地控制排尿的动作。但是对已处于青春期的 16 岁学生来说，遗尿的确切原因目前仍不完全清楚，一般认为下列因素影响到青春期孩子尿床，比如遗传、睡眠过深、膀胱功能不成熟、精神紧张等等。

遗传因素影响尿床，就是父母如果尿床的话，孩子尿床的可能性就大些，如果父母又尿床到很大的话，那孩子 16 岁尿床也是很正常的。

睡眠过深，对于青春期的学生来说是很普遍的，因为父母和老师的期望会给他们很大的学习压力，整天的学习会让他们很累，所以在熟睡时需要尿尿，却由于过度劳累，无法醒来。

精神紧张，在青春期里是最常见的，升学的压力、身体第二性征的出现，会给他们心理上造成很大的负担，如果孩子再遭受其他的压力，比如父母不和、失去亲人等，他们的精神就会非常紧张，紧张时排尿次数会增多，会带来尿床现象。

最后，膀胱功能不成熟也是一个因素，青春期里，一般孩子的膀胱功能比较健全了，但是个别孩子膀胱功能尚未健全，尿床也是正常的。

因此，一般情况下青春期里的尿床现象没什么可怕的。只需稍加注意就行，比如晚上少喝水，学会调节自己的紧张心理。

"流白" 是怎么回事

城城和光光是孪生兄弟，两个人的感情很好，从小一个床上睡觉，一个碗里吃饭，形影不离。

这日，光光从外面玩耍回来，发现城城满脸担忧地坐在床边："你怎么了，刚才叫你你也不出去玩儿。"

城城不好意思地看着光光："我，我有点不舒服。"

"你怎么了，是不是病了，我叫妈妈去。"光光准备去把客厅看电视的妈妈叫进来，却被城城一把拉住。

"别叫妈妈，"城城一脸紧张，"我告诉你，我，我可能得什么奇怪的病了。"

城城弄得光光也很紧张，原来，城城这几天，总是发现自己的尿道口有白色的分泌物。这在以前从来没有发现过。城城在学校上厕所的时候故意观察了其他男孩，却没发现和他一样的人。

城城认为自己得病了，光光也摸不着头脑："要不，我们还是问问妈妈吧，让她带你去医院看看。"

"我不去，不要告诉妈妈，这太丢人了。"城城把自己埋到被子里。

看到弟弟这么难受，光光也手足无措，他不明白，为什么弟弟会出现白色的尿，两兄弟就这样惊恐不安地过了好几天。

直到有一天上生理课，生物老师讲解生理知识的时候，两兄弟才明白，原来这叫"流白"，属于正常的生理现象。两个人才松了口气。

给男孩的悄悄话

就上面故事中那个男孩遇到的那样，青春期的不少男孩子的尿道口会产出白色的分泌物，有时候被同学们误认为是遗精，这到底是怎么回事呢？其实，进入青春期后，男孩子便会对性刺激敏感了。当男孩接受到视听上的性刺激时便由尿道口流出一些清凉的分泌物，分泌物有时还会略带乳白色，这在医学上称为"流白"。

一般情况下，男孩子性成熟后便具备了生育的能力，尿道后端膀胱颈处的前列腺便会分泌前列腺液，腺液具有润滑、养护精子增强其活性的作用，这也是人类进化过程中保留下来的。

上文所说的腺液就是男孩"流白"中的分泌物。因为尿液和精液都是经由尿道排出，所以，"流白"发生在尿道口。这是一种正常的生理反应，但这种润滑剂里面没有精子，当阴茎勃起海绵体充血时"流白"就会更多，是为夫妻生活做准备的。有人认为"流白"是肾亏的原因，这是一种错误的认识。

因此，青春期的男孩子"流白"是正常的生理现象，是为成人后生育后代做准备的。如果，男孩因"流白"困扰，可以尽量避开一些视听方面的性刺激，自己意识里也要适当控制关于性刺激的事情，与异性交往适度，专心于学习，转移注意力即可。其实，"流白"对身体没有什么损害，也不会影响到生活和学习，无须为此担忧。

我的"小弟弟"比别人的小

李明是个奇怪的男孩，他从不和大家一起洗澡，就算是夏天热的受不了的时候，男孩子们跳进河里，打水仗嬉戏玩耍，李明也是躲在岸上，不肯下水。

开始男孩子们还会叫李明，时间一久，大家也就渐渐遗忘了李明的存在。李明的妈妈看在眼里，很是担忧，她害怕李明有忧郁症，不合群。

于是，她和李明爸爸说了李明的情况，李明爸爸是个内科医生，平时工作很忙，不常关心儿子。听说儿子最近表现得很抑郁，他很是担心。

这天，他故意提早下班，在李明放学路上等着李明。"爸爸，你怎么来接我了？"看到忙碌的爸爸专门来学校等他，李明很是吃惊。

爸爸笑着搂住李明的肩膀，"咱们父子俩好久没一起散散步了，爸爸来接你正好和你散散步，谈谈心。"

在散步的途中，爸爸知道了李明忧郁的原因，原来，李明有一次洗澡，一个男孩无意嘲笑李明的"小弟弟"小，李明不服气，于是，澡堂里几个男孩子就纷纷比了起来，果然，李明是最小的。

这给李明带来了不小的打击，从此后他便拒绝和男孩子们一起洗澡，玩耍，他害怕遭到嘲笑。

"爸爸，我是不是有什么病啊。"李明终于将内心的担忧问出。

爸爸哈哈大笑，"你还小，发育还没完全，等你长大了，就不会存在这个问题了。"

给男孩的悄悄话

进入青春期的男孩子，会对自己的身体，特别是性器官有个初步的认识，但是有时会存在这一些误解。很多男孩子在一起比较阴茎的大小，比别人的大了就会很高兴，比别人的小的男孩就会产生自卑感。其实，男孩子们对阴茎的大小不用这么在意，到底是多大为大，多小算是小不能武断定义。在现实生活里，阴茎的大小是不会影响夫妻生活的。所以，阴茎比别人小的男孩，不必为此担忧。

男孩在青春期，会把阴茎的大小看成自己未来生命力的标志，最容易忧虑阴茎的大小。为什么男孩一般会认为阴茎大了好呢？因为男孩误把阴茎的大小等价于自身的性能力。其实，认为阴茎大性能力就强的是不科学的。

青春期的男孩必须明白阴茎的大小不影响性能力，因为自己的"小弟弟"比别人的小而自卑是没有必要的。男孩要摒弃那种错误的认识，拒绝受某些广告与偏见的影响。摆正自己的心态，因为，男子汉的气概是多方面的综合气质，提升自己的人格修养，增加自己的学识才是最重要的。

再说了，处于青春期的男孩，阴茎正是迅速发育的时候，有的增长得较早，有的可能会晚些，所以，不必过早在意。

喉结不明显就不是"男人"吗

"呦，这小姑娘，长得真俊，就好像个假小子一样。"居委会大妈拍着李威的头，爱怜地说道。

"大妈，我就是个小子。"

李威的话让居委会大妈大吃一惊，赶忙道歉："真是不好意思，我还以为你是个姑娘呢。"大妈仔细端详着李威："原来真是个小子，这事闹的，喉结怎么不明显啊？"

居委会大妈的疑惑不是李威第一次听到了，他总被人误以为是中性打扮的小姑娘，就是因为他的喉结不突出。

可是喉结不突出就不是男生了吗？李威常照着镜子，看着镜子里的自己，除了喉结不突出之外，其余地方都很男人嘛。

但是李威还是有着隐隐的担忧，他观察周围的男同学，和自己同龄的人，喉结大部分都已经很突出了。就算是比自己小的男孩，喉结有的也比自己的要大。那为什么自己的喉结就会这么小，以至于被人误认为是个"假小子"呢？

给男孩的悄悄话

喉结是青春期男孩的一个标志，突出的喉结，是男性的性征之一。由于雄性激素的作用，喉结向前突出，但是突出程度是因人而异的。在学校里，男孩会感觉喉结明显的人很男人，但是喉结不明显是什么原因呢？喉结不明显的学生会质疑自己是否是真正的男人，这样的想法值得商榷。

医学专家根据临床经验，得出这样的结论：喉结的不明显对男性并无任何实质性的影响。并且，还发现喉结不明显的人很多是非常健壮的运动员。他们肌体发达，无任何异常表现。

究竟是什么原因导致有的人喉结不明显呢，通过调查发现，这些喉结小的男孩一般喜欢大运动量的训练，消耗掉了很多雄性激素，从而使喉结未能突出。有着过早手淫的男孩的喉结也会看起来不明显，因为手淫也让他们消耗去很多雄性激素。此外，偏胖的男孩的喉结也会不明显，这个原因就不具体阐述了。

目前，有些医生已不把喉结的明显与否和第二性征的健康联系到一起了。至于，男孩们会认为喉结明显就很男人，喉结不明显男人味就会少些，也是没有道理的。因为，研究发现，喉结的明显与否和睾丸及阴茎的发育没有直接的联系。而男孩的性成熟，主要取决于睾丸和阴茎的发育程度。有些男孩喉结基本上看不出来向外突出，但是其他性器官发育得非常好就是这个道理。因此，喉结不明显也不一定不是"男人"。

男子汉的"面子"事

青春期脸上为什么会长痘痘

李新最近总是一副战战兢兢的样子，满脸的不自信，连走路都要低着头。甚至说话的时候，也要用手遮着鼻梁，好像生怕做错了事情一般。班主任王老师察觉到这现象以后，起先只是疑惑，是否是青春期的孩子都愿意玩所谓的"低调"，试图模仿明星风范：头发长了，不愿剪，红着脸说，这发型帅气；上课不抬头，说是在"思考"；本来活泼风趣的孩子，突然在女生面前羞怯起来……王老师仔细回想，越发觉得这不可能仅仅是所谓的"明星效应"。

他找来李新的父母，与他们聊了一些日常发现的问题，希望父母在家多关注孩子这方面习惯形成的原因。

"他在家的时候也好像和从前不太一样，开始爱照镜子了。这男孩本来大大咧咧的，挺活泼，现在却变了一个人似的，不爱说话，答话也是含含糊糊，心不在焉。"李新的妈妈回忆他在家时的表现说道。

李新回家后，吃过饭，妈妈与他坐下谈心。和王老师一样迷惑的妈妈，也试图让孩子说出心事，却依旧落了个"无趣"的下场。多问上几句，孩子就烦躁不安起来，生怕秘密都被打听走了似的，匆匆搪塞了几句就回屋去了。

在接下来的几天，依旧是天天揣一个小镜子，不时偷偷瞄上几眼，干什么事情都低着头，成绩也不见起色。

妈妈想，孩子这么在意形象，是谈恋爱了吗？可是这也不应该与女生说话脸红啊……越来越迷惑的妈妈询问多次失败，终于留意到每天晚上孩子都会跑到卫生间里照镜子洗脸，便在一旁偷偷留意起来。终于有一天，她走到卫生间门口，李新正撩着额上留长了的头发，对着镜子涂药膏呢……

给男孩的悄悄话

很多刚刚步入青春期的男孩都会有这样的烦恼："既然给了我青春的美好，为什么又让我遭遇到这么多讨厌的小痘痘？"继而发出这样的疑问："我可不可以只要青春不要痘？"

青春痘，虽然挂着"青春"的头衔，可相信不会有人喜欢它的到来。让人懊恼的是，青春期也恰恰是这些痘痘生长的黄金时段。男孩在步入青春期以后，体内的荷尔蒙分泌急剧增多，会刺激体内毛发的增长，从而促进体内皮脂腺分泌更多的油脂，毛发和皮脂腺因此会堆积许多物质，使油脂和细菌附着，引发皮肤红肿，这也就是青春痘的出现。

当然，并不是每个青春期的男孩都会长痘痘，痘痘也不是只长在青春期的青少年身上。

青春痘的出现除了与青春期的生理特征有关外，青少年平时的生活环境和习惯也会对青春痘的出现产生影响。如果长时间生活不规律，经常熬夜导致睡眠不足，或是平时压力过大使得心情长期处于低谷，或是饮食习惯不好等情况都会加剧青春痘的生长。

虽然在很多时候并不能够完全控制青春痘的出现，但是还是有很多方法能够帮助男孩们正确应对。这里介绍一些"战痘秘招"，会对爱美的男孩们有所帮助。

早起、晚睡前清洗面部，保持脸部干净清爽，避免污物堵塞毛孔。洗脸后，可以选择对脸部进行一定的保养，这就要在挑选护肤品时注意选择适合自己的。一般来讲，油性皮肤的人如果选择油腻性质的护肤品无疑是雪上加霜，这样反而给痘痘铺设了一个温床。皮肤油性较大的人还是适宜选用稀薄奶液状的护肤品。同时需要注意，晚睡前一定要认真洗脸。

喜欢长发飘飘的男孩子应该了解，长头发很容易披散到脸上，容易刺激皮肤从而引起痘痘的出现。

没事的时候不要用手碰触脸部，即使已经长出了痘痘，也不要用手挤压，这样很容易引起皮肤化脓发炎，同时脓疱破溃后往往会形成疤痕和色素沉着，而且很多时候会留下一些凹洞，这样就真的是得不偿失了。

养成健康的饮食习惯，对预防青春痘是有很大好处的。平时吃饭的时候，尽量挑选清淡的食物，多饮水，多吃蔬菜和水果。浓茶、咖啡、可可、巧克力等极容易激发油脂及内分泌不平衡，这样会刺激皮肤形成更严重的青春痘，因此，平时尽量少接触这些食物。

同时，吸烟和酗酒的一个很坏的后果便是痘痘的频繁冒出，因此，爱美的男孩子可要加倍小心了。

容易在嘴边长青春痘的人要留意一下，牙膏中的氟化物容易诱发青春痘，所以这些人可以选择不含氟的牙膏来使用，或是刷完牙以后一定要将嘴边残留的牙膏清干净。

还有一点很重要，那就是每天保持良好的睡眠和愉快的心情。心情好了，痘痘也就不是回事了。其实痘痘也很有意思，如果你一直与它纠缠，它也就来劲了，会与你展开持久战。很多时候不妨轻视它，那么失去斗志的它可能在不久后就灰溜溜地消失了。

其实对于这些讨厌的痘痘，正处在青春期发育的男孩们也没有必要太过恐慌，只要平时多注意自身的清洁卫生，养成良好的生活习惯，每天保持好的心情，那么这些痘痘也就不会长时间为难你了。

为什么不能挤痘痘

陈英青一到青春期，从额头到下巴层出不穷地冒痘痘。他按照老爸传授的经验认真洗脸，一周过去之后，脸上的那些痘眼看就要"退隐"，陈英青大喜过望。谁知，今天早上起来一照镜子，哎，新一代的痘痘"重出江湖"，呈饱满圆润状。

这回陈英青真有些气急败坏了，这么细心地照顾这张脸，痘痘倒长得更嚣张了。他决定要下狠手挤掉它们。

轻轻一挤，发现有一小颗白色的像豆腐渣一样的东西被挤出来。随后还有很多透明的液体被挤了出来，这样，脸上的小痘痘变平坦了。

陈英青暗自窃喜，原来祛痘有这样立竿见影的方法啊！

不过，结果并不是像他想象的那样好。虽然痘被挤掉了，但是有一个和痘痘大小相同的疤痕留在脸上，一样很难看。

陈英青十分无奈。

给男孩的悄悄话

像陈英青那样把痘痘挤掉实在不是聪明的做法。

通过"挤"的方法，可以使痘痘看起来小很多。但是不知道你注意过吗？挤过的痘痘，会在挤掉的地方出现一个小孔，为细菌的进入提供了捷径。双手通常都有细菌，空气中也有很多的灰尘和污染物。手上和空气中的细菌可以轻而易举地进入这些小孔，造成面部皮肤的感染，不仅不能达到祛痘的效果，还会使痘痘变得更红、更肿，严重的时候甚至会化脓，即便是伤口恢复后也常常会留下褐色的疤痕。

所以，挤痘实在是一件很危险的事情。

有不少成年人在年轻的时候长过痘，一些人很在意自己的"面子"，生怕别人看到他脸上的痘痘，所以经常用手去挤。这样做不仅使挤破的地方发炎，甚至还落下一个个小痘疤，更影响脸部的美观。所以，青春期男孩千万要管住自己的手，不要去挤压脸上的痘。

男孩子护肤会被别人笑话

小李是个秀气白净的男生，他妈妈是著名的造型师，小李从小就在各种化妆品，名牌服饰中长大，耳濡目染，小李对打扮很在行。

读初中后，小李选择了住校，不几天，他发现宿舍的男生都用一种很奇怪的眼神看着他，大家是怎么了？小李有些纳闷。

这天，班主任忽然把小李叫到了办公室："小李，听同学们说，你每天在宿舍里化妆是吗？"

小李摇头："我没有化妆，我只是用一些护肤品。"小李对老师讲了妈妈的职业，还有妈妈从小就教给他如何护理皮肤的事情。

老师理解地点点头，后来，老师在教室里也将小李这件事情给同学们做了解释。但有些男同学还是不能够接受。

有次，小李去厕所，无意听到几个男生聊他。

"男生还擦这个擦那个，娘娘腔，你看他长那样子，真不像男生。"

"就是，男生还在乎这个？"

"最讨厌娘娘腔了。"

小李很苦闷，自己不过就是对皮肤比较在乎，怎么就成了娘娘腔了呢？男生就不能护肤了吗？

给男孩的悄悄话

男孩子应当是具有男人味的，不能涂脂抹粉的，那样就和女孩子一样了。所以，许多男孩子从不护肤，他们认为男孩就应当粗犷些，就算脸上皮肤干燥些，长些痘痘，那也是无所谓的事情。

如果有的男孩喜欢擦护肤品，或是对皮肤做些保养，就会被其他男孩所看不起，其实这样的观念是不对的。护肤并不是女孩的专利，男孩子同样有护肤的权利，青春期的孩子皮肤虽然很年轻，但处于成长发展的时期，这个时期的男孩子皮肤会发生一些变化，出油，长痘痘，如果不认真对待，将来脸上就可能会留下痘痕，这是一辈子也无法抹去的痕迹，对将来求职，恋爱都会有影响。

男孩应该大大咧咧有男孩的样子，这样没错，但这并不意味着男孩就要忽视一些细节，认真对待自己的皮肤，也是男孩子应该做的。

不能拔胡子

少华看着镜子里自己的下巴，又皱着眉头摇了摇头，那三五根刚冒出来的胡子就像是长在心里的刺，看着别扭。今年刚上高中的少华开学前两天洗脸的时候，手在下巴的地方突然碰到了几根茸茸的毛，赶紧照镜子，是胡须，跟老山羊的胡子一样稀稀拉拉地分布在下巴的几个方位。

他盯着镜子的自己看，真丑，像个老头，他开始在心里嘀咕解决方法：用老爸的刮胡刀？听说用了刮胡刀之后，胡子就会长得更快，更密，而且必须要天天刮才行，否则就会很快长出茂密的胡子来。到时候就不可收拾了。就这么留着？跟老山羊一样，本来就瘦，再加上这几根胡子，去了高中，同学们肯定给我起外号，没准就是老山羊之类的名字，多难听呀！胡子不能留，也不能让它长的更旺盛，只有一个方法了：拔！

少华思前想后，作了这个自认为十全十美的决定，他进了卫生间之后，为了防止老爸老妈发现自己的小秘密，还把卫生间的门从里面反锁起来。这才开始安心地拔胡子。揪住了一根最长的胡子一端，使劲拽了下来，好疼，他捂着下巴揉了半天，强忍着才没有喊出声来。胡子是没了，周围的皮肤都红了，而且很疼。但是为了美，少华不顾疼痛难忍，又一一拔下了剩下的几根。

没过几天，就开学了，胡子的事情也被少华甩到了脑后，但是，一次早晨起来洗漱的时候，突然发现下巴上起了好几个大大的包，跟青春痘似的，但是都在下巴周围。他也没在意，以为是青春痘。可是为啥只有下巴上有呢？

拔胡子的事情继续着，他坚决要清除掉那些长出来的胡子，可是下巴上的痘痘也层出不穷，他终于忍不住，去问了教生理课的生物老师，那个男老师是个刚从大学分配来的老师，跟他们也差不了几岁。那个男老师听了少华的问题之后，笑着问："你拔胡子了吧？"少华惊诧地说："老师，你怎么知道？"老师笑着告诉少华胡子是不能乱拔的，不仅疼，而且影响美观，还会带来感染……

🚢 给男孩的悄悄话

如果男孩子细心的话，会注意到一些很有特色的胡子造型，如鲁迅先生的八字胡，阿凡提的山羊胡，抑或是中东地区男性的两鬓连至下巴的络腮胡，这些胡子似乎已经成为某些人或某些种族的标志，当然，胡须也是男性的一项专属。

刚刚步入青春期的男孩，对于初次到来的"胡须先生"，在如何处理方面会存在一些盲点或误区，而这误区往往会对自己造成一定的伤害，因此，男孩子有必要对自己的胡须有更充分的认识，并掌握一定的保健常识，以使自己能够正确地善待胡须。

男孩子在进入青春期后才会长出胡子，这是体内分泌出来的雄性激素激发出来的，而且刚开始出现的胡子通常比较稀疏，比较细，有种茸茸的感觉，因此有些男孩子就会觉得很难看，于是他们就学着大人那样每天起来都将胡子剃掉。其实这样做完全没有必要，随着青春期的发育，胡须会自己慢慢变得茂盛起来的。

但是有些男孩子会对着镜子拔胡子，这样的做法可就要不得了。因为胡须周围有丰富的血管和组织，如果用手拔的话很容易损伤这些组织，不仅自己感到疼痛，而且很有可能因为手的不洁净而使得细菌侵入皮肤而损伤毛囊，引起炎症，如果情况更严重的话很有可能会导致永久性的脱毛症状。而在另一方面，如果拔胡子这种行为进行得很频繁，那么会使新长出来的胡须长短不一、参差不齐，在颜色和形状方面会变得很奇怪。所以，男孩子可一定要记住，千万不要用手拔自己的胡子，这样子会伤害到自己的。

当然，也有些男孩子喜欢把胡须留起来，因为他们可能觉得这样看起来很另类。那么，蓄须究竟是好还是不好？国外专家曾经做过这样的实验，他们将男性刮下的胡须放在气相色谱仪下进行分析，发现里面有数十种有害物质，如二氧化碳、氮氧化物和铅等重金属元素，在显微镜下还发现胡须上存留有很多微生物，因此他们得出结论，胡须有吸附有害物质的特性。而且人每天自己的呼吸中就能排出很多有害气体，这些气体很有可能会滞留在胡须里，当人进行呼吸的时候很有可能再次被吸入呼吸道，危害自己的健康。因此，如果胡须长得长了还是清洁掉比较好。

当男孩子的胡须逐渐长长并已经形成一定气候的时候，也就到了需要剃须的时候。而剃须也需要注意一些事项：

剃须前需要用中性肥皂将脸部清洗干净，这样能够防止刀片碰伤皮肤。在剃须前最好用热水将胡须软化，稍停片刻再涂上一层肥皂液，准备工作做好以后再进行正式的剃须动作，这样能够有效地对减少对皮肤的刺激和伤害。在剃须时可以用一只手帮助紧绷脸上的皮肤，这样能减少刀片受到的阻力，且有助于将胡须刮净，这对于那些皮肤并不光滑的男性的来说大有好处。还有一点需要注意，当刮须动作结束后，可以用热毛巾敷几分钟，然后再涂抹一些护肤品，这样能对皮肤起到一定的安抚作用。

初入青春期的男孩子一定要细心呵护自己的胡须，善待自己这位必然会到来的客人，这样是会增加自己的魅力值的。

帅哥嘴里怎能长满烂牙

明昱一边捂着腮帮子，一边呻吟："牙疼不是病，疼起来真要命。"从医院回来的路上，他就一直这么哼哼着，因为龋齿，去医院开药。妈妈帮他拎着从医院拿回来的漱口液和消炎药，边走边数落他："你看看你，每天晚上睡觉前叮嘱半天，要刷牙，总是不听话。睡前还吃东西，还吃零食，现在把牙坏成这样，这幸好是还没有坏个大窟窿，要是回头你的门牙上有两大黑洞，看你怎么出门？"妈妈虽然心疼儿子，但是看着儿子因为不好的习惯而牙疼成这样，不由得加重了说话的语气。

明昱捂着因为牙疼而肿起来的脸，小声地嘀咕着，"我这么玉树临风，不能被门牙上的俩大洞吓到吧？"

"还玉树临风呢，到你的门牙也变成龋齿了之后，我看你就不是玉树临风了，而是门前漏风了？"

"老妈，你现在还挺幽默，对仗工整嘛！"

妈妈不理他的调侃，继续叮嘱每天要早晚刷牙，饭后漱口的事情。明昱虽然是高中生了，但还是一个调皮小子的样子，没事就跟老妈逗贫。但这次，老妈很严肃的要明昱纠正自己的卫生习惯，不能让儿子因为不良的卫生习惯而影响了他的以后。牙齿也算是门面了，现在儿子才刚上中学，以后的路还长着呢。孩子现在不注意，以后一辈子都受影响，虽然说牙齿是看起来不大的事情，但是一旦变成坏牙，就再也换不回来了。妈妈想着都忧心忡忡，看到儿子满不在乎的样子就忍不住多说几句。

回到家，去镜子前张开嘴照着自己嘴里的那颗正在发作疼痛的黑黑的牙齿，明昱也倒吸一口凉气，如果哪天所有的牙齿都坏掉了，都这么黑乎乎的，甚至一颗颗脱落，那该是多难看呀。一个堂堂的大帅哥就被牙齿毁掉了。

明昱在镜子前暗暗发誓，一定要注意早晚刷牙，爱护自己的牙齿，否则，以后就没法出门见人了……

给男孩的悄悄话

明昱的烦恼，相信不少男孩子都遇到过。俗语说，"牙疼不是病，疼起要人命"。在众多引起牙疼的因素中，龋齿应该属于最常见的一种。

龋齿是牙齿硬组织逐渐被破坏的一种疾病，发病开始在牙冠，如不及时治疗，病变继续发展，形成龋洞，终至牙冠完全破坏消失。而龋齿疾病的发生是没有年龄限制的，因此，应该从儿童开始就注意预防龋齿病症的发生。

预防龋齿的发生，最重要的一点就是保持口腔清洁，最实际的办法是刷牙和漱口。青少年应该从小养成口腔卫生习惯，尽可能做到早晚各刷一次，饭后漱口。睡前刷牙更重要，因为夜间间隔时间长，细菌容易大量繁殖。刷牙的时候要顺刷，即"上牙由上往下刷，下牙由下往上刷"，"里里外外都刷到"，还要注意刷后牙的咬面。这样就可把牙缝和各个牙面上的食物残渣刷洗干净，刷牙后要漱口。不要横刷，横刷容易损伤牙龈，也刷不净牙缝里的残渣。

合理的饮食习惯也有助于预防龋齿的发生。平时可以多吃些粗糙、硬质和含纤维质的食物，因为这些食物对牙面有摩擦洁净的作用，可以有效减少食物残屑堆积。硬质食物需要充分咀嚼，既增强牙周组织，又能摩擦牙齿咬面，可能使窝沟变浅，这样就有利减少窝沟龋。同时还要注意减少或控制饮食中的糖。

多喝茶对预防龋齿有很好的帮助。茶中含有氟，而氟离子与牙齿的钙质有很大的亲和力，能形成一种较为难溶于酸的"氟磷灰石"，这就像给牙齿加上了一个保护层，能够有效提高牙齿防酸抗龋能力。

平时要定期做牙齿的全面检查，这样能够及时发现牙齿可能出现的病变，对预防龋齿的发生也很有帮助。一旦发现自己得了龋齿，一定要及时到牙医那里医治，因为龋齿发生的早期治疗起来还相对容易，如果出现了龋齿而不进行治疗，那么慢慢地龋齿就会发展成龋洞，久而久之整颗牙齿就会脱落。

因此，对于龋齿，一定要早预防，早发现，早治疗。

如何防止大油脸

波波有个心病，那就是自己的皮肤。波波是油性皮肤，总是出油，冬天还行，一到夏天，尤其是运动完，满脸油光光的，看起来让人很不舒服。

虽然超市里有卖去油纸巾，还有一些其他的化妆品，但波波觉得那是女孩子用的，自己是男生，用这种东西太不像话了。

但是满脸冒油光的事情又让他很苦恼。一天，波波去商场买衣服，他看中一件 T 恤，便让服务员给自己拿一件试试。

服务员问道："同学，你看好了就要买这一件吗？"

波波说："我要试过才能决定买不买啊。"

服务员磨磨蹭蹭的，不一会儿给波波衣服的同时，递给他一张纸巾，说："同学，试穿衣服前，你能先把脸擦擦吗？"

波波这才恍然大悟，服务员是怕自己脸上的油蹭到衣服上，到时候自己不买，这件衣服卖不出去。

满心郁闷的波波走出商店，回到家，姑姑带着小表妹来家里玩儿。波波很喜欢这个小表妹，他抱着小表妹："快，让我亲一口。"

小表妹却哇哇大哭，指着波波的脸。

"她这是怕你脸上的油蹭她身上呢。"姑姑赶忙出来解围。

连自己的小表妹都嫌弃自己，到底该怎么样才能防止这个大油脸呢？波波很是苦恼。

给男孩的悄悄话

我们经常见到班里同学的脸看上去很油，让人感觉到不够清爽，怎样才能够告别大油脸、做清爽的青春少年成了很多男孩关注的问题。其实，皮肤出油是正常的，它与以下几个因素有关，第一温度，温度上升会让我们看起来油光满面。第二荷尔蒙的分泌，也会造成皮肤油腻的。第三皮肤油和水的不平衡，也会造成皮肤油腻。第四情绪不稳定，生活不规律。因此，告别大油脸，对于我们处于青春期的学生来说，可有针对性了。

青春期的男孩，要特别注意的是水油平衡和生活规律的问题。因为，温度不在我们的掌握之中；荷尔蒙的分泌，我们也无法控制。所以我们可以采取以下几种办法告别大油脸：

1. 处于青春期的孩子不要吃太多油腻的食物，控制身体吸取的油脂，这样不但可以减肥，还可以控制皮肤油脂的分泌。

2. 要养成多喝水的习惯。男孩都知道水是生命之源，水分充足可以冲淡油脂，保持水油平衡，就能减少油脂的分泌。因为一般是皮肤缺水时，才会有油脂分泌出来滋润皮肤。

3. 多吃瓜果蔬菜，科学研究发现，维生素有减少油脂分泌的功效，而瓜果蔬菜里面含有大量的维生素。

4. 最重要的是综合调理。做一个心情愉快的青春期男孩，按时作息，饮食也以健康为方向，做好皮肤的清洁工作，拒绝油脂堆积在面部，令皮肤洁净清爽。

难闻的汗臭味

成军是个热爱运动的男生，上了初中后，他加入了校篮球队，校足球队，校羽毛球队。每天都活动在操场上，挥汗如雨。

本来，男孩子喜欢运动这是好事，锻炼身体，强健体格。但是成军渐渐发现，自己开始被同学们疏远，他不明白这是为什么。

有一天，他打球回来，满头大汗地坐到座位上，同桌捂着鼻子，一脸厌恶地看了他一眼，把凳子往另一边移了移。

"你怎么了？不舒服吗？"成军关心的凑了上去。

"没，没什么。"同学嘴上虽然这么说着，但还是躲着成军。

摸不着头脑的成军闷闷不乐地打开书本，放学后，成军走在回家的路上，遇到了之前的邻居小伟，二人亲热地打着招呼。小伟刚运动完，一头大汗，成军闻到小伟身上的汗臭味："你这汗臭味太重了啊，得赶紧洗澡去。"

小伟哈哈大笑："你还笑话我，你运动完，比我还严重呢，你忘记了？"

小伟的话提醒了成军，他忽然明白过来同学们的反应是怎么回事了，原来是嫌弃自己身上的汗臭味。

"谢谢，谢谢，我终于知道了。"成军向一脸莫名其妙的小伟道谢后就跑回家了，困扰他很久的心结终于解开了。

给男孩的悄悄话

随着青春期的到来，男孩迎来了人生的转折，有许多惊喜不断出现，但是也会出现一些让人烦恼的事情。有的男孩会发现自己身上开始有一种很难闻的汗臭味，特别是那些爱运动的男孩子，就会觉得很自卑，怕给别人带去不舒服，不敢和别人走得太近。很多男孩还会认为这是一种不会影响身体健康但又挥之不去的病。

到底这可恶的汗臭味是什么原因造成的呢？根据医生的解释，青春期的汗臭是一种正常现象，不是什么病症，它主要是由于青春期的孩子腺体分泌旺盛，大汗腺分泌增加，就会出大量的汗液。大汗腺主要分部在腋窝等处，不便于立即清洗的地方，这些汗液分泌多的部位，就会有大量的细菌在这里繁殖。而细菌则会把汗液分泌物分解成不饱和的脂肪酸和氨就会散发出难闻的汗臭味。

一般来说，出汗对身体是很有好处的。它是人体正常的新陈代谢，可以把杂质带出体外，还可以调节体温，是机体的一种体液调节。由上文可以看出，汗臭味并不是有出汗多直接引起的，汗液不会散发出臭味。其实，只要多注意个人卫生，及时清洗汗液分泌多的地方就会减少汗臭味。

青春期的学生正是爱美的时候，觉得汗臭味让人不喜欢自己，这种心态也是正常的。但是，不能为此就不去运动，人为地减少出汗或抑制出汗，这种做法是不科学的。下面给出几点减轻汗臭味的方法，以供参考。

1. 锻炼汗腺：专家指出锻炼汗腺对消除汗臭味有帮助。在闷热的时期，人坐在水温43℃～44℃的浴池里，腰部以下浸在水里，10多分钟后，等汗液从胸、腹、背部流出后在洗澡，最后再喝些姜汤补充水分。

2. 勤洗澡，不让汗液在身上停留时间过长。汗液停留在身上就会滋生细菌，分解出难闻的气味，在运动后要及时洗澡，不让细菌滋生，就会减少汗臭味。

总之，只要我们多注意些个人卫生，不让细菌在身体上大量繁殖，汗臭就不会成为男孩的大困扰的。

男子没有胡须是不是病

东东是走读生，可是最近他父母因为工作原因，需要经常出差。为了东东的安全着想，他们将东东送进了一所寄宿学校。

刚开始住校，东东对什么都很好奇。很快，他和宿舍的几个男孩子就混熟了，大家一起上课下课，相处得很融洽。

一天晚上，从浴室洗漱回来的东东看到宿舍的几个男生围在镜子前面讨论着什么，他放下脸盆凑了上去："你们在讨论什么呢？"

"我们在比谁的胡子长。"其中一个男孩子自豪地仰着下巴："我的胡子比你们的都长，我是真正的男人。"

看着那个男孩子嘴周围的绒毛，东东羡慕地看着。忽然一个男生指着东东说："东东，你怎么没有胡子呀？"

其他几个男孩子纷纷向东东的脸看去，纷纷附和："是啊，东东怎么没胡子，那么白净，像个女孩子。"

东东羞红了脸，他端着镜子自信观察，果然，自己不像其他男生那样，嘴周围干干净净，一点长胡子的迹象也没有。

到底怎么回事，为什么别的男孩子都长胡子，可是自己却没有胡子，东东被这个问题困扰着，难道自己真的不是个男子汉吗？

🚢 给男孩的悄悄话

一般进入青春期的男孩子随着睾丸渐渐发育成熟，就能产生精子，雄性激素也就旺盛起来。在雄性激素的刺激下，第二性征就更加明显，比如喉结隆起、开始变声等，此时，也就会慢慢地长出胡须来。但是，性成熟是个过程，只有当青春期基本完成时，男子体内的雄性激素才能达到正常人的状态，胡须才会像成年人那样。

但是，我们会发现，一些男孩的胡须根本看不出来，他们会被其他男孩说成不是男子汉，还要忍受一些过分的嘲笑。那么，没有胡须或者胡须不明显真的就不是男子汉吗？真是一种病吗？为了让男孩对此问题有个正确的认识，减少心理上的负担，我们来看看医生怎么说。

在医学上，胡须的有无和多少与民族、遗传、身体发育状况等因素有关。并且，每个人的胡须都不一样，有的浓密一些，有的稀疏一些，胡须的形状也不同。我们在课本见到的艺术家达·芬奇的胡须非常多，并且分布广，而我们身边的大部分人的胡须没有那么茂密的。

男子胡须的多少并不会影响到他们是否健康，如果从整个身体的发育来看，只要生殖器官以及其他第二性征发育正常的话，就没有什么可担心的。

而对于处于青春期的男孩来说，胡须的生长的时间也不一致，速度也有差异，所以有的人胡须自然会旺盛些，有的人胡须也会少些，这些都是自然现象，不是异常，不必为此担心。

我会不会秃顶

这两天，总是看到徐立闷闷不乐的样子，同桌卞杰不禁为他感到担忧。

"徐立，你怎么了？"他不禁关切地问徐立。

"卡杰，你看我的头发，每天都会掉一把。再这样掉下去，我的头发没有了怎么办？那样秃顶的脑袋多难看啊！"徐立说着说着带哭腔了。

其实徐立多虑了，再怎么掉头发，也不置于秃顶啊。

晚上回到家，卡杰从电脑里翻出一张徐立的照片，用方法把他的头发去掉，得到一个谢顶的徐立，然后独自欣赏了好半天，伴有傻笑……

千万不要叫卡杰是"坏小子"，谁叫徐立他总是杞人忧天呢。

"卡杰，你在干吗？"妈妈可能是听到卡杰傻乎乎的笑声，所以进屋来看看。

"妈妈，你看，如果徐立没有头发了，他就会变成这个样子。"卡杰指着自己的"杰作"对妈妈说，"徐立这几天可郁闷了，就因为掉了几根头发，居然担心自己会秃顶。"

"卡杰，你真是太淘气了。"妈妈对卡杰的行为感到很无奈，"徐立爱美，掉了头发心里当然难过啦。你呀，要体谅他才对。"

"嗯，我也没有说他什么啊。"卡杰明白妈妈的意思，同学之间不可以开过头的玩笑，何况徐立还是他的好朋友。

给男孩的悄悄话

浓密乌黑的头发是男孩英俊帅气、生机盎然的象征。处于青春期的男孩，导致脱发的原因有很多，也很复杂。根据现代医学的研究，青春期脱发主要是由以下原因所引起的：

1.遗传因素。脱发与遗传因素有一定的关系，如果父母脱发，其子女也会出现脱发的现象。

2.营养失调。头发的生长发育状况与蛋白质、维生素和矿物质有着密切的关系。有的男孩喜欢挑食，很容易使机体内营养失衡，某些必要元素的摄入不足是导致脱发的一大致因。

3.内分泌紊乱。男孩进入青春期之后，体内的各种激素水平开始发生重大变化，无论是雄性激素分泌过多，还是雌性激素分泌过少，都会引起脱发。

4.过度用脑。青春期的男孩一般都有很大的课业负担，以至用脑过度。大脑长久处于紧张状态，致使头部血液主要集中于脑部，头皮的血液相对减少引起脱发。

5.疾病因素。如果患有真菌感染、头发湿疹、贫血等症状都会导致脱发、秃发。

基本上所有青春期的男孩都有脱发的现象，因为一个人的头发大约有10万根左右，时时处于新陈代谢之中，每昼夜脱落20～40根头发仍是很正常的。即使头发脱落得过多，有些也是暂时性的。

对于脱发的男孩，应该注意的是要保持健康心理，学习之余注意休息，多吃一些富含铜、铁、氨基酸的食物。

富含铜的食物有核桃、榛子等；含铁的食物有蛋类、菠菜等；芝麻、核桃、花生等食物富含硫氨酸和胱氨酸，多食用可以毛发迅速生长。

不做 "豆芽菜"

江江是个瘦弱的男生，从小体弱多病的他是父母的一块心病。每次妈妈带江江出去，邻居们都会说："江江这孩子太瘦了，得多加强营养才行。"

江江妈妈总是给江江买许多鸡鸭鱼肉，但是江江却不喜欢这个，不喜欢那个，挑食不说，一不高兴了还什么都不吃，不论妈妈怎么劝都不听。

升了初中，男孩子们正是长身体到时候，原本许多跟江江体格差不多的男孩子，仿佛一夜之间就长大了似的，嗖嗖地往高长。

体育课是江江最不愿意上的课，每次看到同学们在篮球场上，足球场上飞奔的时候，江江就很羡慕。但是他一上场，男生们都会起哄的叫他 "豆芽菜"。有些喜欢恶作剧的男生还会故意推他，绊他。

体育老师也总是捏着江江的小胳膊，说："你这样哪像个男子汉呢！"

江江做梦都想长高长壮，能够和其他男孩子一样奔驰在球场上。可是每每照镜子，江江都只能看到一个又瘦又小的小矮子。这样的形象让江江变得越来越自卑，他越来越不愿意和同龄人出去玩了。

每天放学，江江就回家把自己锁在自己的小卧室里。妈妈看在眼里，急在心里。正巧有一天，江江远在外地做生意的舅舅来了。

江江从小就喜欢和舅舅玩，因为舅舅总能给他讲好多好多的新鲜事。这天，江江放学一回家，就看到舅舅和妈妈在客厅说话。

"舅舅。"江江高兴地扑了过去。

舅舅一把就把江江举了起来，"江江，怎么这么久没见，你还是没长高啊？"

江江不好意思地笑了。后来舅舅发现江江总是放学后，偷偷从窗户里往外看外面公园里的男孩子们打球。

"江江，想出去玩吗？"舅舅摸着他的头问。

江江点点头，随后又黯然地低下脑袋："我不出去，他们都不愿意和我玩儿，我一出去，他们就喊我豆芽菜。"

看到江江不乐意的神情，舅舅坐到他身旁，安慰起他来。在舅舅的鼓励下，江江开始积极地锻炼身体，也不挑食了。他要脱离豆芽菜的外号，做一个健康的男孩，果然，在积极的锻炼下，江江体格和以前不一样了。

看到自己慢慢地成长，江江高兴极了。

给男孩的悄悄话

现在大家的生活水平提高了，爸爸妈妈也都把孩子们当宝贝，都是把最好的给他们吃，按理说，男孩应该长得很壮实有力，然而，由于各方面的原因，有些男孩却特别瘦弱，一副弱不禁风的样子，大家给这样体型的男孩起了个有意思的外号，叫他们"豆芽菜"。

"豆芽菜"体型是比喻其身体过分瘦高，四肢细长，头颅和其他部位的围径相比大得不协调的体型。身体过分瘦弱，身材失去比例，肌肉力量不足，看上去感觉身体不健康，这样的学生就像豆芽一样，习惯弯曲着头、弓着背走路，所以"豆芽菜"体形是一种不健康的标志。

"豆芽菜"体型是各个方面的原因造成的，有的学生是因为过于挑食、偏食造成长期营养供给不充足、不均衡，而有的学生则可能是因为缺乏体育锻炼而成为"豆芽菜"的。不管是哪种情况，都是对男孩的身体健康不利，而且还会影响男孩自身的形象。

经调查发现，"豆芽菜"体型的青少年大多数肌肉力量较差，特别是腰背肌群，因此常易出现脊柱变形，由于身体各部位的围径小，支撑内脏的肌肉力量也差，限制了各内脏器官的发育，导致体质较弱，因此爱生病。

所以，处于青春期的男孩，要拒绝做别人眼中的"豆芽菜"，练就一个健康的体魄。应该注意以下问题：第一，要注意加强营养，增加进食的热量，选用高热量、高蛋白的食品，要荤素搭配，保证营养均衡，此外，不挑食，饮食有规律。第二，就是要加强锻炼身体，生活有规律。青春期的男孩们都把乔丹和贝克汉姆作为自己的偶像，梦想自己能拥有像他们一样健美结实的肌肉，锻炼是很有必要的。从现在开始，努力和"豆芽菜"说拜拜。

健康走过青春期

遗精了！我很下流吗

张老师正在讲台上滔滔不绝地向同学们讲述八国联军侵华的史实，同学们都被老师感染了，似乎回到了那个风雨飘摇的年代。张老师漫不经心地朝底下的座位瞟了一眼，却发现林扬有点心不在焉，完全没有在听讲。

"林扬，对于八国联军侵华，你有什么看法？"

很明显，林扬被张老师吓到了，他慌慌张张地站起来，"我认为，八国联军侵华……"吐出了这几个字，下面林扬不知道该怎么说了。

张老师很生气，"上课不好好听讲，你到底在想什么？坐下吧。"

课后，张老师将林扬在课堂上的表现告诉了班主任秦老师。秦老师也发现了，最近两个星期，林扬上课经常走神，脸色也不是很好，还经常称不舒服请假。秦老师几次关心地询问林扬是不是生病了，要不要去看医生，每次林扬都涨红了脸，连连摇头。秦老师觉得很奇怪，以前他可不是这样的，上课的时候很活跃，就是在课下，也经常和同学们打成一片。最近是怎么了？秦老师决定找林扬的父母谈谈。

林扬的父母跟老师说了一些林扬在家的反常表现：经常锁着房门不让父母进去，甚至还自己洗床单、被套，这在以前可是从来没有的。细心的爸爸似乎明白了什么，问妈妈："你是否发现林扬有过遗精的现象呢？"妈妈愣了一下，不好意思地说："上个月我给他叠被子时，发现床单上有块污渍，你刚好出差，我忘记和你说了。"

"那当时林扬怎么样？"爸爸又问。

"很不好意思，什么话也没说。唉，现在的孩子，才12岁，就……"妈妈觉得不可理解。

"那他锁门，洗被子是不是那次遗精以后的事情？"

在爸爸的追问下，林扬的妈妈才意识到儿子最近一段时间的异常表现：不太爱和父母说话，晚上睡得很晚，早晨很早就起来了。而且，也不让爸爸给他擦背了……

"儿子已经是个男子汉了，看来需要给他讲讲这方面的知识了。"爸爸笑着说。

爸爸的谈话对林扬来说非常重要。最近一段时间，他已经陷入了深深的自责之中，他为自己的行为感到很愧疚，有一种罪恶感，甚至，他觉得自己很下流……

🚢 给男孩的悄悄话

通常而言，12岁以下的男孩子很少会遭遇到遗精的烦恼，因为遗精这样的现象往往发生在14岁以后。用科学的眼光看，遗精其实是一个正常的生理现象，指的是不经性交而精液自行泄出的现象，通常发生在睡梦中，当然，也可能是无梦而遗。遗精现象可以分为两种情况，即生理性遗精和病理性遗精。如果遗精次数为一周两次或是更长时间一次，身体没有伴随任何不适症状，那么基本上属于生理性遗精。生理性遗精对身体没有任何损害，也不影响学习和生活。但是，如果遗精次数过于频繁，一周数次或是一夜数次，清醒状态下因为性意念而引发遗精，这样的遗精现象就属于病理性遗精，应该引起足够的重视并应该及时接受相应的治疗。

当然，遗精这种现象没有规律可循，也并不是每一个进入青春期的男孩子都会遗精。有人曾经做过调查，遗精现象因人而异，与不同人的家庭经济状况或是受教育程度有一定的关系。14 ~ 45岁的男性人群中，高达90%的男子在某一境遇下发生过遗精现象。虽然每个人遭遇的遗精状况不同，但是有一点大家一定要认识清楚，那就是遗精不是不道德的事情，不要遮遮掩掩，更没有必要恐慌。

遗精现象非但不是一件坏事，相反，它在某些方面对逐渐成长起来的男子汉来说还有不少好处呢。这主要表现在以下几个方面：

首先，遗精在某种程度上可以解除体内的性紧张，使得男孩在心理和生理上找到一些平衡，这一方面已经得到了医学界的普遍共识。这一点对男孩子性的成熟方面起着很重要的作用。

其次，遗精还有利于种族繁衍。这是因为精液周期性地排出能够提高精子的质量，也就是增强精子的生育能力。

最后，青春期的遗精现象还有助于男孩子的性别分辨和认同，遗精现象的发生正说明男孩子开始走向了成熟。

虽然遗精属于男性性发育的正常生理现象，但是这一时期的男孩子依然需要进行一些保健工作，这样能更好地保证性发育的正常进行。这里给小男子汉们介绍一些相关的保健常识：

要正确认识遗精现象，不要为此忧心忡忡，继而给自己增加精神负担。即使真的属于病理性遗精，也依然有方法能够帮助治疗。千万不要听信别人的传言而遮遮掩掩，或是病急乱投医，在某些隐蔽地方的墙上找来一些小广告而慌乱地接受不正规的治疗，这样的后果是很严重的。

睡觉时可以采取侧卧位，避免仰卧，这样能够减少手或被子对生殖器的压力。

尽量不要穿过于紧的裤子，因为裤子过紧生殖器容易收到刺激，这样容易引起性兴奋而遗精。

养成良好的生活习惯，不要频繁地与烟、酒、茶、咖啡、葱、蒜等接触。

消除杂念，不要看黄色书刊、电影、电视或碟片，要通过正当的途径了解性知识。

晚上睡觉之前尽量不要用热水洗澡，条件允许的话可选择冷水浴，这样可以降低性神经的兴奋度。

进入青春期后，对于发生在自己身上的新的状况要给予及时的关注，切不可随意听信他人的说法，也不要觉得遗精是多么见不得人的事情，相反，自己正伴随遗精而走进了青春的门槛，而行走在通往成熟的大道上。认识到了这一点，相信那个曾经阳光的你依然会自信地走下去。

隐秘部位要呵护

肖腾是个 15 岁的男孩，也像这个年纪的其他男孩一样，他腼腆沉默，在班里是那种默默无闻的男生，由于比较高，座位也在后排，只是和周围的几个人比较熟悉，跟前排的同学很少来往。最近，他变得更加沉默了，他有了自己的小心事，也有了自己的小秘密。而最苦恼的是，他不能跟任何人分享这个秘密，但是他面对这个秘密又不知道该怎么办。

肖腾怎么了？原来，他洗澡的时候，猛然间发现自己的那个部位不像以前那样了，它长大了许多，自己以前怎么没注意呢？什么时候变成了这样？洗澡的时候，不断地想，它怎么变得这么大了？而且周围还有了黑色的茸毛，弯弯曲曲地围绕在四周，跟往常自己对自己身体的印象有了很大的变化。别的男同学也是这样的吗？好几次，他都想问问班上那几个要好的男同学，他们的"小弟弟"是不是也发生了这样的变化，但是一直都开不了口，觉得很不好意思。自觉地或者不自觉地，他发现自己的隐秘部位有了跟以前不一样的感觉，他觉得这样很邪恶，好像想了自己不该想的事情，夏天穿牛仔裤的时候还发现，很不舒服，热而且不透气的牛仔裤让他的隐秘部位变得不太舒服。但是为了跟大家保持一致，他也只能这样，他才不想任何人发现他的秘密，即使爸爸妈妈，他也不想告诉。这件事情很难说出口的。

还是老爸敏锐的观察力帮他发现了肖腾的小秘密，老爸神秘地走进他的房间，还避开了老妈在家的时间。

老爸说："儿子，跟你说点咱男人的事情！"

肖腾看着老爸神秘到有点鬼鬼祟祟的样子，也来了好奇心："什么男人的事情呢？"

老爸说："到了你这个年纪，就该是某些部位开始发育的时候了，你那有变化吗？"说完指了指肖腾的裤裆。

肖腾点点头。

老爸继续说，"这个事跟老爸聊聊没啥不好意思的，我也是从你那个年纪过来的，但是由于当时不注意，走了很多弯路，现在老爸以过来人的身份给你讲点注意事项。"

父子俩开诚布公地谈论起身体的事情，肖腾开始觉得不好意思，老爸一再劝解，两父子开始了一场关于隐秘部位的呵护的探讨。

肖腾的小秘密也就此宣告破解。

🚢 给男孩的悄悄话

肖腾的小秘密，是无数青少年男孩曾经拥有过的秘密。对于步入青春期的男孩，有必要认识自己身体上的至关重要的器官——生殖器。

生殖器，也叫性器官，顾名思义，也就是用以繁殖后代的器官，因此，它对人类所起的重要作用也就不言而喻。

男性的生殖系统主要由内生殖器和外生殖器两部分构成，外生殖器包括阴囊和阴茎，内生殖器包括生殖腺体也就是睾丸、排精管道（附睾、输精管、射精管和尿道）以及附属腺体（精囊腺、前列腺和尿道球腺）。当男孩子出生开始的几年内，阴茎、阴囊和睾丸变化不大，当进入青春期后，阴茎开始逐渐边长变粗，阴囊和睾丸逐渐增长，且附近的皮肤颜色逐渐变黑，并在附近长出阴毛。

青春期正是男孩性器官成长的敏感时期，青春期又被称为"是非期"或是"朦胧期"，但是对性器官的保护却不能朦胧，因为这关系到男性一辈子的健康和幸福。

处于青春期性器官发育关键时期的男孩子需要注意以下几点：

1.每天清洗性器官，可以翻起覆盖在阴茎头上方的包皮，洗净阴茎头颈部的污垢。

2.在洗浴时切勿用热水冲洗下身，特别不能在热水浴盆中泡浴，且在清洗的过程中尽量少用皂，多用清水冲洗，这样才能保证正常精子的生成和发育。

3.尽量远离烟酒。有研究表明，频繁地接触烟酒的男性对生殖器的损伤尤其严重。

生殖器对人的生命如此重要，男孩在步入青春期尚且有些许朦胧的时候，一定要及早认识到保护生殖器的重要性和必要性。只有这样，才能许诺自己一个健康的身体和未来。

性自慰并不是罪恶

晚上宿舍熄灯后，小李翻来覆去的睡不着觉，他掏出一本小说，躲在被子里，打开手电筒看了起来。正看到紧要关头，忽然觉得床在晃动，他开始没在意，后来觉得床晃得厉害，便从被子里探出脑袋。

仔细观察了一下，是上铺的小张晃的，他是不是在做梦，小李刚想叫醒小张，让他不要晃了，却听到小张发出哼哼唧唧的声音。

"小张，小张，你是不是做噩梦了？"小李拍醒小张。

小张探出头，脑门上有汗珠："没，没有，我，我没事，你赶紧睡觉吧。别管我了，我没事。"

小李丈二和尚摸不着头脑。

第二天，他又问小张，小张偷偷摸摸地告诉小李，他昨天晚上其实是在自慰。

小李吓了一跳："小张，我们才14岁啊，你怎么……"在小李的心目中，这种事情只有成年男人才会干。

小张红着脸对小李央求："别告诉别人，我也是，也是第一次。"

小李当天晚上想着小张说过的话，想不通为什么他身边的同龄人会出现这样的情况，这在小李看来是很罪恶，甚至有些肮脏的事情。

给男孩的悄悄话

很多男孩子都有性自慰的经历，他们的身体在慢慢走向成熟，但是很多孩子却会对此有种犯罪感。这样的心理，让他们无法正确地面对自己的成长，严重时还会影响学习和生活。

青春期是一个人身体变化巨大的阶段，在此期间，性器官的发育是最重大的变化。青春期的男孩，在对异性有着朦胧的渴望时，自己在大脑里构思与自己喜欢的异性在一起的种种场面是很常见的事。当然很多男孩都会把这种念头埋在自己的心中，只有一部分人才会告诉别人，其中，男孩或许会多些。这些常见的性幻想、手淫、性梦通常被称为"性自慰"。

随着男孩进入青春期，性器官会慢慢发育成熟，性激素的水平会渐渐上升，他们的内心开始萌动对异性的欲望。加上外界的视听的影响，这种欲望就更强烈了。于是就会不自觉地用性自慰的方式来满足这种欲望，这并不是罪恶的，是一种正常的生理和心理反应。所以，这些小小的性自慰在青春期的孩子中比较常见的。男孩要正确看待这些发生在自己和他人身上的现象。这是男孩成长的表现之一，只要合理地把握就行。

凡事有个度，超过了合适的度就会带来负面效果。比如，你上课时在构想和自己喜欢的女孩在一起花前月下就会影响学习了。过度的手淫会分散精力影响学习，造成很大的精神压力。在青春期，除了长身体之外，学习就是最重要的了。在身体健康的条件下，男孩要学会转移自己的注意力，把学习放在首位，为自己的未来打基础。性自慰是正常的，与罪恶无关，但是男孩们要适度而为。

怎样做才能少做性梦

刘星最近表现的很低迷，上课无精打采，下课也不爱和同学们在一起玩儿。老师看到他这样，便主动找他了解情况，可是刘星支支吾吾地说他没事，就是最近太累了。老师感到很担心，他主动联系了刘星的家长。

听到刘星最近的表现，刘星的父母也很担心，他们在刘星回家后，对刘星问了半天，可是刘星总说自己没事。

有一天晚上，刘星爸爸因为在书房里加班，睡得很晚，晚上上厕所路过刘星屋子的时候，看到里头亮着灯光。刘星爸爸推门进去，看到刘星呆坐在床上，刘星爸爸关切地过去问道："怎么了，儿子，怎么大半夜的不睡觉？"

刘星看着爸爸，可怜巴巴地问："爸爸，我是不是不纯洁了，我感觉我不是个好孩子了，我很难过。"

爸爸吃惊地听着刘星的话，原来刘星最近总是梦到自己和女孩子拉手，有时候还会亲吻，今天，他甚至还梦到了自己和女孩子……

"爸爸，我怎么会这样啊，我跟你保证，我没有早恋。"刘星难过的眼眶都红了。

刘星爸爸拍着刘星的肩膀，"不要担心，儿子，你没有变坏，你还是爸爸的好儿子。"

第二天，刘星爸爸把刘星的情况告诉了刘星妈妈，他们一起对刘星讲解了青春期男孩子的变化，让刘星知道，做性梦并不是可耻的行为，只要保持日常生活的健康快乐，不要总把注意力放在性梦上，这样就能放松心情了。

🚢 给男孩的悄悄话

青春期的男孩很多都有性梦，这是一种伴随性成熟出现的正常的生理现象。很多男孩为此觉得自己不纯洁，甚至有罪恶感，我们要消除这种误解。大多数男孩都有做过性梦的经历。性梦内容五花八门，有的是一些带有色情的凌乱片段，男孩子出现遗精。不必为此困扰，它其实是进入青春期一种潜在性意识活动，也是男孩身体发育成熟的表现，是正常生理现象。不过，如果性梦若过于频繁，并伴有频发梦遗者，就会影响到他的精力，所以，我们要合理避免性梦的频繁发生。

进入青春期后，性器官逐渐发育成熟，青春期男孩的心理也在发生微妙的变化，此时，他们不仅对异性开始产生亲近的意识，而且对两性的奥妙比较好奇。又由于日常生活中性文化和电影书刊对青春期孩子会有不同程度的影响，会在意识层面让他们渴望异性，这种欲求就以性梦的形式表现出来了。其实按照心理学家弗洛伊德的说法，这是人的性本能的反映。而男孩子的荷尔蒙多些，所以男孩子做性梦的可能性非常大。

所以，我们要正确认识这种现象，打破传统关于性梦有害的误解，相反，性梦还有助于消除紧张的性心理，只要在适度的范围内，性梦对身体反而是有益的。

当然，性梦过多也会伤害身体。要少做性梦，首先要从净化生活环境着手，尽量不要接触黄色书刊和色情文化，从而减少这些性暗示。此外，和女孩要交往适度，减少性梦产生的土壤。良好的生活习惯也很重要，不赖在床上不起，不趴睡，不穿过紧的内裤等等，在一定程度上可以避免对性器官产生过多的刺激也可以减少性梦的频率。

青春期的男孩，要正确对待性梦，把精力用在学习上，从学习中得到乐趣，同时，积极和人交流，参加适当的体育活动，阅读一些有益的书籍，从而放松心情，娱乐身心，这样可以转移注意力，让性梦自然适量存在。

盲目用脑事倍功半

晓宁是个勤奋的学生，在每天学校安排的功课之外，他还学着奥数和外语，作为一个初中生，他还广泛地阅读文学名著和其他科学著作，爸爸妈妈都是科研工作者，他们对晓宁的要求高于一般的父母，一般父母对学业上也就要求掌握了学校的功课基本就能完成任务，顶多有的家长会让自己的孩子根据他的兴趣爱好选择一些辅导班，在周末的时候去那些辅导班提高一下自己。但是晓宁不一样，他的时间从来都被排得满满当当。

成绩当然是显赫的，他在学校的大小考试中都能获得很好的成绩，还参加各项竞赛，都能凭借着他的实力取得优异成绩，但是，晓宁最近的状况不大好。

他总是觉得自己有些头晕，看书或者上课的时候总是昏昏沉沉的，就像是没睡醒，但是作息时间一直都没有改变呀，虽然在别人看起来是很满的时间安排，但是对他来说，已经是适应了的呀？这究竟是怎么了？

在一次过马路迷迷糊糊，差点出现意外之后，晓宁的状况引起了妈妈的注意。孩子究竟怎么了？虽然平时对晓宁严加要求，但是也是为了让他早日成才，一旦孩子的健康出了问题，母子连心，晓宁妈妈也慌了神。

她带着儿子去医院检查，大夫仔细检查了晓宁的身体，也为晓宁的头部做了全面的检查，没有什么器质性病变，医生大概问了晓宁的日常安排和作息时间之后，语重心长地跟晓宁妈妈说："你打算让孩子早日成才，望子成龙的心情我能理解，可是您也不能为了让孩子成才，就这么高负荷的要求一个十几岁的孩子呀！他因为用脑过度才总是觉得自己头昏眼花的。"

医生的一席话惊醒了晓宁妈妈，为了儿子的健康成长，她回家之后召开了三人家庭会议，决定让晓宁科学用脑，而且他们的第一目标不再是让晓宁成才，而是让晓宁健康快乐地成长。给孩子一个宽松的学习环境，让孩子科学用脑，不再那样高强度地消耗脑力。

🚢 给男孩的悄悄话

俗话说："脑子越用越灵。"根据调查资料显示，多用脑的人，智力比懒散者高50%；平常智力负荷很少，没有学习和思考方面的压力，甚至整天无所事事、思想懒惰者，智力衰退较早，老年时易出现反应迟钝、脑力不济，以至老年性痴呆。儿童少年期、青年壮年期是否努力学习、记忆、思考，不仅关系到事业的成败，也关系到脑的健康。

要多用脑，这是从整体来说的，但就每天、每次的脑力活动来说，又必须注意保护脑，不可使脑过度疲劳。晓宁的问题就是用脑过度造成的。脑力活动是脑内旺盛的代谢过程，时间长了，消耗的营养物质和堆积的代谢废物增多，达到一定程度，就会感到疲劳。一般说来，大脑连续进行紧张智力活动的时间不宜太长——学龄前儿童15分钟左右，中学生 0.5～1 小时，成年人约 1.5 小时，便应当有一小段休息时间。

科学用脑了，生活要有规律。避免过度的精神紧张，合理地安排工作、学习和娱乐，使大脑皮层兴奋部位轮流得到休息，防止过度兴奋而加重神经系统负担。神经细胞是否萎缩，对人的衰老变化起着重要作用。

此外，睡眠是使大脑休息的重要方法，人在睡眠时，大脑皮层处于抑制状态，体内被消耗的能量物质重新合成，使经过兴奋之后变得疲劳的神经中枢，重新获得工作能力。睡眠的好坏，不全在于时间的长短，更重要的是睡眠的深度。深沉的熟睡，消除疲劳快，睡眠时间可相应减少。

每日清晨起床后，到户外散步，或做保健操。清晨空气新鲜，大脑可得到充分的氧气。唤醒尚处于抑制状态的各种神经机制，在学习、工作疲劳时，应调节一下环境，如听听悦耳的音乐、美好动听的鸟语，或观赏一下绿草、鲜花等，这些活动能使人心情愉快，精神振奋，提高大脑的活动功能。

平时要多吃些补脑食品。如鱼类、香蕉、海带、大蒜、鸡蛋、水果、豆类及其制品、核桃、芝麻、全麦制品和糙米、红枣、蜂蜜等。

保持眼睛健康

卓然是个 17 岁的男生，现在在离家很近的高中念高二，父母的工作都很忙，每天很晚才到家。每天放学回来，卓然都是照例地打开电脑，在电脑前玩游戏，为了专心致志地玩，很多时候都趴在桌子上，离电脑很近。妈妈有一次看见卓然玩电脑，就让他离远点，但是，远了之后影响游戏效果，卓然坐着坐着，就又靠到了电脑前面。暑假的时候，没有其他的活动，外面又是酷热难耐，每天从早晨起来就开始坐到电脑前上网、玩游戏或者看电影。直到晚上和爸妈一起吃饭才会离开电脑桌。

一个多月的暑假结束了，卓然发现了一个不幸的事情，本来，可以在自己的窗前清楚地看见远处那个商业大楼上的广告牌，但是现在看不清楚了，第一次看不清楚，他以为是光线的问题。第二天早晨起来，他又去看那个大楼的广告牌，依然看不清楚。难道是我近视了？他内心开始忐忑。这么大的男孩子，很讨厌戴眼镜，运动的时候很不方便。隔壁班的一个男孩在打篮球的时候眼镜就被打掉了，摔到地上，然后他连球在哪都看不清楚了。

难道我也近视了吗？卓然反复地问自己。为了验证一下，他还是去了医院验光。验光的结果是，假性近视。他叹了口气。医生告诉他这是用眼过度和用眼不卫生造成的，又详细地给他解释了如何科学的用眼。他慢慢地舒缓了自己的情绪，专心地听医生讲所有的注意事项，认真地记录下来。

回到家以后，他开始严格控制自己上网的时间，每隔一段时间之后就做一次眼保健操，还戒掉了自己睡前躺着看书的习惯，慢慢地，他感到自己视力得到了恢复。

几个月之后，他的视力终于又恢复到暑假前的状态了，又能见到他在篮球场上生龙活虎的拼抢了。

🚢 给男孩的悄悄话

通过自己改变用眼习惯，卓然保持了自己的好视力。

一位名人曾经说过这么一句话："健康是一种自由——在一切自由中首屈一指。"如果健康不在了，那么自由也就没有意义了。况且眼睛是要陪伴我们走完一辈子的，因此我们也有必要对它们进行细心呵护。

读书、看电视时注意距离、光线。尽量不在乘车、走路时看书，同时要注意眼病的预防和治疗。多做转眼运动，可锻炼眼肌，改善营养，使眼睛灵活自如。将双手摩擦暖和，闭上双眼，用手掌盖住眼圈，再深缓地呼吸。每天做一做眼保健操，如按太阳穴，轮刮眼眶。

在微暗的灯光下阅读，不会伤害眼睛，但若光线未提供足够的明暗对比，将使眼睛容易疲劳。使用能提供明暗对比的柔和灯光（不刺眼的光线），勿使用直接将光线反射入眼睛的电灯。

缓解眼睛疲劳的最佳方式是让眼睛休息。这比你想象的还简单，你可以一边打电话，一边闭着眼睛。你若无需读什么或写什么，那么大可以在聊天时闭上眼睛休息。在打电话时练习此方法的人都说，眼睛的确舒服许多，而且有助于消除眼睛疲劳。

青春期的男孩的大部分视力问题与使用电脑有关。如果你连续使用电脑 6 ~ 8 小时，应每 2 ~ 3 小时休息一次。喝杯咖啡、上个厕所或只是让眼睛离开电脑 10 ~ 15 分钟。

电脑屏幕上的字体及数字就像小灯泡，直接将光线打入你的眼睛。因此，你需要降低荧幕的亮度，并调整反差（明暗对比）使字体清晰。要缓解眼睛疲劳，最好是将电脑置于黑暗中。买一块全黑的厚纸板，放在屏幕顶端，将多出来的两边向下折，如此可以方便地伸缩这头罩。这样作用相当于将电脑放入黑盒子内，使你能将屏幕光线调到很低，以保护眼睛。

蒸桑拿对睾丸不好

小伟的爸爸是个大老板，总有人请他吃饭喝酒蒸桑拿，每次小伟爸爸回来舒服地往沙发一躺，小伟就听见妈妈问他："今天又去蒸桑拿了？"

小伟爸爸就惬意地回答道："当然啊，蒸一蒸，就是舒服百倍啊！"

后来，小伟出于好奇，他便央求爸爸带他也去蒸一次桑拿，拧不过小伟，爸爸便带他去了一次。桑拿室里热气腾腾，闷的小伟喘不过气来。但爸爸告诉他，坚持个十几分钟，让全身出出汗，出去后再冲个凉，会感觉很舒服。

小伟咬着牙坚持了十分钟，走出桑拿室后，果然感觉舒服不少。后来，小伟爸爸隔三岔五就带小伟去蒸桑拿，小伟渐渐对此上了瘾。

一天，小伟在学校里向同学们讲蒸桑拿的感觉。同学们都羡慕地看着他，正巧生物老师从旁经过，听到小伟的话皱起了眉头。

后来，小伟再央求爸爸带他去蒸桑拿，爸爸便不再答应了。小伟很奇怪，其实是生物老师给他爸爸打了电话，告诉他青春期的男孩子不能总去蒸桑拿，那样会影响睾丸的发育，将来会影响到男孩子的生活。

给男孩的悄悄话

现在生活条件好了，很多男孩也去洗桑拿，因为在芬兰有个流行的说法，那就是"如果桑拿也治不好你的病，那你就没治了。"洗桑拿对身体很有好处，它能缓解疲劳、恢复体力，促进血液循环，还具有美容的作用。

但是，凡事都有个利弊，经专家研究发现，桑拿对青春期男孩有着很大的弊端。因为，青春期男孩的睾丸正处于发育高峰期，而睾丸对温度的要求非常高，如果外界温度不合适的话，就会影响其发育。洗过桑拿的男孩知道，洗桑拿时温度是高于人的体温的，而睾丸所需要的温度要低于人的体温，所以，洗桑拿会影响睾丸的发育。

精子的健康成长也对温度要求很苛刻，温度过高和过低都会影响到它的健康生长，否则，精子的活力就会下降。而专家指出，洗桑拿时的温度是会杀死精子的。

处于青春期的男孩子，身体正处于快速发育阶段，睾丸产生精子的能力还是比较低的，如果，洗桑拿过多的话，有可能影响生殖器官的发育，进而影响到以后的生育能力。所以男孩不要过于频繁、长时间地洗桑拿，以保证睾丸有一个良好的生长环境。

对于正处在青春期的男孩子来说，能够使睾丸温度升高的因素都要尽量避免，如长时间骑车、泡热水澡、久坐不动、穿紧身牛仔裤等。为了保证身体健康成长，一定要给睾丸提供一个好的发育环境。

父母个子高，孩子就高吗

小利是个矮个子男生，每当有男生笑话他个子矮小到时候，他就告诉别人："你们懂什么？我爸爸一米九，我妈妈一米七，我爸妈的个子都那么高，我也不会矮的，我现在不长个子，以后总会长的，到时候会比你们都高。"

一年比一年长大的小利的个子总是不见起色，他和爸爸出门，别人会问："这是你儿子吧，长这么高了，快上初中了吧。"听到这样的话，小利就很伤心，他那时已经初三了，还被人误以为是小学生。

但随后小利又开始安慰自己，没事，爸爸妈妈的个子高，自己迟早也会长高的，就算长不到爸爸那么高，像妈妈一样也行。

这天，小利见到了一个小学同学，小利记得上小学的时候，他们两个差不多高，可是现在那个男同学已经要比他高一头了。

小利羡慕地聊起了他的身高："你的父母一定也很高吧？"

那个男同学摇摇头："我爸妈都不高，可以说有点矮呢，我就是怕我自己也像他们一样，所以我很注重锻炼，你看，还是挺有效果的。"

原来矮个子的父母也能生出高个子的孩子啊，小利忽然明白了，等着长个子是不行的，要想有一个好身材，还得坚持锻炼。乘他还在发育期，不能荒废了这段好时候，于是，小利也常常活跃在篮球场上，他可不想等成年后，还是像现在这么矮。

给男孩的悄悄话

在班里面，有的男孩个子高，有的男孩个子矮。到底个子的高矮和什么有关呢？你是不是也经常想这个问题。大多数男孩认为，父母个子高的话，他们的孩子个子就高，于是有些父母不高的男孩就会担心自己一定也长不高。其实，这种猜测是不科学的，也是不全面的。咱们看一下专家是怎么看待影响个子高矮的因素的。

专家认为，父母个子高，孩子的个子不一定高，因为孩子的身高有一部分来自父母遗传，另一方面就是后天培养的。进入青春期后，男孩身体的各个方面都开始发育，特别是身高发展空间很大，这个时候，要注意营养一定要跟得上，这样才能更大地开发身体发育的空间，使自己的个子长得高。如果认为"父母个子高，孩子也就高"，在青春期长个的黄金时期，有的家长不注意小孩的偏食、挑食、营养不均衡等坏习惯，会导致孩子体弱多病，影响长个子，就会出现父母虽然高，孩子却不高的现象。

同时，身高还与出生时候的婴儿体重有关，如果出生时矮小，到二岁时仍未能追赶上同龄小朋友，那以后能达到正常身高的机会就很微小。同时，应该注意，身体过于肥胖也会影响长个。其实，单纯从视觉上，胖的人就会比同等高度的瘦人看着要矮些。

影响身高的另一方面的因素也是不可忽视的，那就是男孩进入青春期的早晚，有的男孩进入青春期比较早，那么他发育的就会全面一些，身体各个方面的发育就会相对棒一些，而那些进入青春期比较晚的男孩，身体发育就会迟一些。准确把握自己的青春期，多注意营养和锻炼，只有这样才能发育得完全，长得高而壮实。

半夜醒来"小弟弟"会勃起

小可晚上一向睡得很好，一觉睡到大天亮。昨天他睡前喝水喝多了，睡到半夜被尿憋醒，摸索着打开台灯，迷迷糊糊走去卫生间。

在打开卫生间的灯时，小可在镜子里看到了古怪的现象，自己的"小弟弟"居然胀了起来，在内裤里支撑起了一个小帐篷。

这是怎么回事？小可回忆自己没有做性梦，也没有关于这方面的想法，那为什么自己的"小弟弟"会这样呢？

小可厕所也不上了，赶紧回到自己的屋里，打开电脑，百度了起来。查过之后，他放下心来，原来这是很正常的生理现象，并没有什么值得大惊小怪的。

后来，小可和其他男孩子聊天的时候，发现其他男孩子也会有这样的情况，大家都说，有时候半夜迷迷糊糊的，会发现自己的"小弟弟"勃起了，不过过不了一会儿，就会软下去了。

青春期男孩都经历过这样的事情，这更让小可放心，自己是个身心健康的男孩，并没有什么可担心的。

🌸 给男孩的悄悄话

男孩们在一起会谈论到话题就是"小弟弟"勃起的事，但是，一般都是在受到外界刺激，特别是性刺激时才会那样，为什么半夜醒来"小弟弟"也会勃起呢？

这是因为随着青春期的到来，男性的阴茎增大，逐渐发育成熟，在这时，由于性激素的大量分泌，会带来一些生理上的不平衡，同时也使男孩们心理上也发生变化。这个阶段，大多数男孩醒来会发现阴茎不自觉地硬邦邦的，想方设法让它变软都不行，他们就为这种现象感觉不安和欠疚，以为这是不正常的，便生出很多烦恼，就连白天看女孩的眼神里也充满着欠疚。专家认为青春期男孩每晚平均可勃起 6 次左右，每次勃起的时间可达 20 ～ 30 分钟，这是很正常的现象。

为什么阴茎会在半夜或醒来勃起呢？这就得从我们的睡眠谈起，从我们躺到床上到入睡，来回不停地改变睡姿的时候，阴茎就会勃起，而通常我们一个晚上要周而复始地改变四五次睡姿，这也正是阴茎一晚要勃起好几次的原因所在。而在这四五次之外的时间，阴茎通常是缩小的、柔软的。这时发生阴茎勃起现象时，不必慌张，也不必刻意去控制，这是很正常的，往往在一段时间过后，它就会很自然地软下去。

从另一点来说，白天男孩所接触的东西也会刺激分泌雄性激素。青少年在心理、视觉、触觉等刺激下都可以迅速产生阴茎勃起，雄性激素的作用使阴茎对上述刺激十分敏感，这种情况在睡眠的时候也会继续刺激男孩的大脑，从而触及雄性激素，这时阴茎海绵体内的血液迅速增加到平时的很多倍，就会勃起。男孩控制外在的刺激，对青春期的健康是很重要的，比如不看黄色的书刊和电影，和女孩保持适度的交往等。

半夜醒来阴茎会勃起，这是青春期正常的生理现象。青少年在成熟过程中是会慢慢控制自己的好奇心理和正确对待自身的生理变化，慢慢适应这种反应，从而使自己的身心都健康地发展。

青少年能否素食

球球，人如其名，是个胖乎乎的小男生，他走到哪，都会招来大妈的喜爱，"这小胖子谁家的啊？真可爱。"

可是球球并不喜欢自己的身材，他觉得自己这样一点也不帅气，在班上，总有女生开玩笑的喊球球是国宝。球球知道，她们在笑话自己和熊猫一样胖。球球想去操场上打篮球，但是那些健壮的男生总是看着他说："你这么胖，跳得起来吗？"

球球很受伤，他想到了减肥。可是不让他吃饭，球球可是受不了的，怎么才能既舒服又不用大量运动就把肥减了呢？球球绞尽脑汁也想不出办法来。

正巧球球的表姑到球球家做客，饭桌上，表姑只吃青菜萝卜，球球问："表姑，你怎么不吃肉？"

表姑说："我在减肥啊，吃素有助于我减肥。"

原来吃素就能减肥啊，球球如获至宝，从那以后，球球只吃素食，其他什么也不吃，不论球球妈妈做多好吃的肉菜，球球都不吃一口。

可是几个星期过去了，球球非但没有瘦下来，反而被医生说营养不良。球球想不明白了，这到底是怎么回事啊？

给男孩的悄悄话

有些男孩因为体型偏胖，想通过素食的减肥；还有些男孩有挑食的坏习惯，不喜欢吃肉食，这让很多家长很担心。那么，对于处于青春期的男孩适合素食吗？答案是否定的。因为，青春期的男孩正是长身体的时候，此时身高和体重都会迅速增加，需要大量的蛋白质、脂肪、糖、维生素、矿物质等营养物质。而蛋白质等营养物质，主要存在于肉类食物中，所以，专家指出，青少年吃素食不利于长身体，良好的营养影响着身心的发展，显得尤为重要。

虽然，男孩在生理课上会学到糖、脂肪和蛋白质三大营养素，可以在体内互相转换，但是通过这种转换远远不能满足青春期男孩身体对蛋白质的需要。而人体必需的8种必需氨基酸，在体内是无法转换的，必须由食物提供。

科学家已发现，蛋白质中的必需氨基酸是参与人体新陈代谢的重要营养物质。摄入此类氨基酸的多少对青春期少年的生长发育影响很大，而此类氨基酸大多存在于肉、蛋、动物的肝脏等食品中。

专家指出，长期吃素，容易缺乏铁、维生素 B_{12} 和蛋白质等机体制造血红蛋白的主要原料。长期素食还会导致低胆固醇血症。胆固醇是人体不可缺少的营养物质，也是人体细胞膜、性激素、皮质醇等的物质基础，对白细胞活动起着重要的作用。

总之，无论从哪个角度来讲人体所需要的各种营养，都要靠膳食来提供。而对于处于青春期的男孩更需荤素搭配，保证营养的全面性，为长身体做好保障。

第二章
成长 & 烦恼——小小少年没有烦恼

来自家庭的烦恼

妈妈的唠叨和爸爸的吼叫

陈才上初一了，学习任务骤然加重，他每天都要做作业到很晚，周末还要上各种各样的补习班。上初中真辛苦啊，还是小学轻松，陈才发现，上了初中后，不只是学习任务加重了，就连爸妈对他的态度也不一样了。

妈妈开始不停地唠叨，他回家晚了，妈妈就要问他干什么去了，跟谁一起玩儿，有时候妈妈还不相信陈才的话，非要打电话求证才行。

如果陈才说谎了，那妈妈就会联合爸爸一起指责他，陈才的爸爸是个退伍军人，嗓门很大，也很严厉。每当陈才犯错误，他就会大声训斥，上了初中后，这种时候变得越来越多，让陈才都不愿意回家了。

这天是周日，陈才本想上完奥数班，和几个同学去踢球，可是妈妈告诉他，晚上给他报了个绘画班，让他去参加。

陈才实在不想去了，就悄悄地翘课了。等他回到家里，爸爸坐在沙发上等着他，"你干吗去了？"

"我上课去了。"陈才胆怯的回答。

"胡说，老师打电话说你根本没去。"爸爸大发雷霆地吼叫起来，妈妈也在一旁责备陈才。陈才捂着脑袋，苦闷地想，为什么父母总是这么不通情达理，妈妈的唠叨什么时候能停止，爸爸怎么才能不责骂自己。

🚢 给男孩的悄悄话

　　青春期的男孩一般正处于中学阶段，此时的学习任务很重，这个阶段不仅是男孩们成长发育的黄金期，也是长智力长知识的黄金时期。所以，家长认为这是塑造男孩的成型期，因此，不管是什么样的家庭，父母都会对男孩在这个时期的各种行为加以干涉，从而保证孩子能够学业有成。可是，在这个时候，男孩心理上也渐渐成熟起来，遇到什么事有了自己的主见，这是很好的，然而，当男孩和父母的观点冲突时，如何对待妈妈的唠叨和爸爸的吼叫也就成了必须面对的事情。

　　不可置疑，每个父母都望子成龙，为此，他们不惜一切。看到青春期的男孩的一些不正常的举动，他们会大惊小怪，妈妈会说东说西，爸爸可能就会更严厉的警告你。妈妈会不厌其烦地向你唠叨，给你讲"一定要考上某某名校""得为自己的未来做好打算"等等，而爸爸则会对你的一些行为怒吼不止，"不许玩游戏""再逃课就打断你的腿"等等。这让每个青春期的男孩都会觉得很讨厌，但是一味地和父母对着做也解决不了问题。

　　此时，正确而客观地对待父母的唠叨和怒吼就显得非常重要了。男孩要学会站在父母的角度上考虑一下，也许他们的方式让我们觉得不舒服，他们的关心可能给我们带来一些压力，但男孩要看到他们的焦急的期盼，而对于他们的一些过于激烈的表现，你可以试着和他们进行沟通，把自己的想法和计划告诉他们，一是为了让他们知道你不是漫无目的地活着，也不是如他们所说的从没考虑过自己的未来。二是在交流的时候，有一些因为年龄和经验少你自己解决不了的问题，可以让父母帮着出出主意，从而使问题得到有效而合理的解决。三是通过交流，你可以减轻精神压力，使自己获得自由的生长环境，因为通过交流，减轻了彼此间的猜测，父母就会给你更大的自由空间。

　　所以，正处于青春期的男孩面对妈妈的唠叨和爸爸的怒吼时，沟通是最好的缓解双方压力的方法，记得去尝试啊。

我被全世界遗忘了

　　刘老师看着从校长室领回来的几个调皮鬼，气得不得了。因为这几个调皮鬼违反校规，八班被学校狠狠地批评了一通，刘老师也为此丢了奖金。几个学生都被记过，让家长带回好好反省去了。为了学习，更是为了学生的安全，学校禁止学生去网吧，尤其是去网吧熬夜，被学校抓到后，会受到严重惩罚。可是这次让刘老师觉得很意外的是，高毅居然也在其中。高毅是个腼腆内向的学生，从来没有做过什么违反纪律的事儿，学习很努力，成绩不好不坏，一直都是中上等。

刘老师怎么也不明白，高毅为什么这么做。他把高毅叫到办公室，想好好问一问。高毅一进办公室，还没开口说话就哭了，"老师，我不是想故意违反纪律的，您别让我叫家长好吗？""那你为什么去网吧呢？你也知道学校对这种事情处罚很严的。""我是觉得老师同学都不喜欢我……"原来，高毅一直觉得自己总是被冷落，同学们从不主动搭讪他，老师也没有主动和他说过话。每天坐在书桌旁，只觉得自己好像被人遗忘了。高毅觉得自己太普通了，成绩不是很好，也没有什么特长，跟同学在一起因为内向也不是很活跃，所以大家都不重视他更谈不上喜欢他，高毅觉得自己很没用。

听了高毅的话，老师语重心长地说："高毅，你怎么会没用呢？你也不普通啊，虽然你的成绩不是很好，可是你的作文很棒呀，老师记得你去年还在作文大赛中得奖了呢。""可是他们说，作文好不算什么。""什么话，作文好也是长处，说明你对文学很敏感，好好努力，将来说不定会成为一个大作家。"高毅听了点点头

三天后，高毅回到了学校。大家还是没太注意他，但是高毅变了，虽然还是那么内向，但是变得自信开朗了，因为他相信自己将来也会有一番成就的。

给男孩的悄悄话

进入初高中以后的男孩子基本上都处于青春期了，随着青春期的到来，男孩子们的身体和心理都发生了很大的变化，智力也是如此。不同的男孩就会表现出不同的特长，有的善于学习，有的善于和同学交往，还有的善于音乐舞蹈等艺术方面。所以，这时候，那些比别的男孩子较晚突出自己特长的男孩就会出现自卑心理。"我被全部世界遗忘了"等类似的想法和念头会常常在他们脑子里盘旋，这是青春期男孩子正常的焦虑，出现这样的焦虑该怎么办呢？

青春期的男孩子的自尊心和好胜心理会明显的增强，他们在很多方面开始学会和其他男孩一比高低，这是男性身心发展的正常现象，才造就男性们成年后的勇猛。但是，这种争强好胜的心理，在青春期里难免会给一部分男孩子带去负面的影响，一旦这些男孩子看到别人比自己强时，就会产生己不如人的心理暗示。

其实，这些男孩子，对自己和他人的估价会存在着不同程度的偏差。比如：在学习上，很多男孩子喜欢数理化，不喜欢记忆性质的东西，他们肯定就会在数学课上花费更多的精力，但是，总会有那么一些男孩子会喜欢文学，喜欢语言类的课程，他们自然就会花费更多的时间学习文学语言等。曾经有这样的流行语，"学会数理化，走遍天下都不怕"，因此这些孩子们在班里往往比较的是谁的数理化擅长，老师和家长

也会更看重数理化的学习，这样一来，那些喜欢和擅长文学语言的男孩子自然就会产生自卑心理，会有不被重视的感觉。

专家提醒，每个人都有他的强项和弱项，每个人的发展空间也都是很大的，俗话说，"三百六十行，行行出状元"，所以，只要我们有自己的长处，就可以立足于生活。不要拿自己的短处和别人的长处比，找好自己的位置，努力去做就是最好的。

当然，在初高中阶段还是不要偏科的好，因为在基础教育阶段所设置的课程都是非常重要的，也许那些具体的知识会被遗忘，但是从中学来的思维却是让人们受用终生。男孩子好胜心强，也不能为了引人注意，拼命学习那些所谓的主要课程，而忽视其他课程的学习。如果你现在觉得自己没有被注视到，也只是时间和心态的问题，没有什么能够阻挡男孩子对未来的向往。记住，只要努力，永远不会太迟。

爸妈总和我的"自由"过不去

这些天陆涛跟妈妈一直闹矛盾，两个人谁也不让步，陆涛觉得很委屈，就去找自己最喜欢的老师诉苦。

原来，陆涛十分喜欢轮滑，自己攒钱偷偷买了一双漂亮的轮滑鞋。陆涛暗里计划着，每天放学后去练一小时轮滑，争取下半年能参加轮滑赛。因为练轮滑，陆涛每次回家都很累，有时满头汗，有时累得都不吃晚饭就睡了。陆涛妈妈很纳闷，就在打扫房间时仔细找了找，结果就把那双陆涛舍不得穿的轮滑鞋翻到了。陆涛妈妈不但没收了鞋，还不准陆涛再去练习轮滑。陆涛为此跟妈妈闹矛盾了。陆涛觉得自己的事情自己可以安排好，自己喜欢做什么怎么做这是自己的自由，妈妈不应该干涉，何况自己做的又不是坏事情。陆涛讲完后，老师想了想说，"陆涛，回家先跟妈妈道歉，不管怎么样跟妈妈闹矛盾是不对的，你这样做也不是解决问题的办法。跟妈妈好好说，争取妈妈的理解，这才是好的办法。"

陆涛回家跟妈妈坐下来好好谈了谈，最终妈妈答应了陆涛，不过每天不能练习太久，怕耽误学习。陆涛又开始了他的轮滑计划，而且还有了妈妈的支持。

🚢 给男孩的悄悄话

也许，有些男孩子没有注意到，不知从什么时候起，自己不再是爸爸妈妈眼里的乖宝宝，开始有自己的想法，并强烈地要求付诸实施。其实，这些是男孩进入青春期后，渐渐出现的叛逆心理。为什么说是男孩子的叛逆心理呢，难道说爸妈就不存在对男孩管制过严的问题吗？当然不是。

让我们先来分析一下青春期的叛逆心理，男孩子们就会发觉自己存在的问题。进入青春期后，男孩子在生理上发生了很大变化，身体渐渐发育成熟，然而近年来，随着物质生活水平的提高，青春期提前来到，然而生理上的成熟并不意味着心理上的成熟，其实很多男孩子的心理并不成熟，于是在青春期期间就出现了叛逆心理。

专家说，青春期的叛逆意识突出表现在他们的独立意识。对于男孩子而言，这种情况更严重。一些男孩子就会希望得到独立、得到认可，在没有完全认识到自己的实力的情况下，总想着一鸣惊人，总想着挣脱父母的束缚，寻找更宽更高的天空。所以，这些男孩子会自发地采取一些接近自己梦想的措施，但是，在父母眼里，男孩子很多做法是好高骛远不切实际的。此时，出于对他们的关心，父母就会出面阻止。这就出现了男孩子们认为的被剥脱自由的现象。

客观地说，父母有父母的想法，男孩子也有男孩子的想法，没有谁对谁错的问题，最主要的是缺乏沟通。如果男孩子把自己的想法告诉爸妈，爸妈也再听听他们的想法。在互相尊重的前提下，真诚的沟通就会少很多抱怨。

"自由"是一个高贵的字眼，但是通往自由的道路不止一条，男孩子们能让爸妈放心自己，自己也舒心地实现自己，才是最好的选择。

大人总是说话不算话

刘奎一直梦想自己能有一辆很酷的山地车，但是爸爸一直不答应。再过些天就要开校运动会了，而且是几所中学联谊举行，刘奎是这次给学校争光的主力。出差在外的爸爸听到这个消息后，一口就答应了给刘奎买山地车的事儿。刘奎兴奋得一夜没睡，最后几天还在拼命地加紧训练。

功夫不负有心人，比赛场上的刘奎像小明星一样吸引着大家的眼光。爸爸回家后看到刘奎的奖杯奖状，乐得合不拢嘴。刘奎也很期待地看着爸爸，"爸，我的山地车什么时候能到？"

爸爸神秘地笑笑，说："三天后就寄过来了，好好期待。"

三天后，刘奎兴冲冲地跑回家。刚进家门，爸爸就说，"在你房间里呢，去看吧。"刘奎连蹦带跳跑进了房间，可是并没看到什么山地车，而是书桌上摆着一台新电脑。刘奎有点失望，兴奋劲儿一下子就没了。爸爸走进来，看到刘奎闷闷不乐地坐在椅子上，一声不响。爸爸说："电脑比山地车更安全，对你也更有价值啊，这样不是很好嘛。"刘奎不高兴地说："说话不算数，你们大人都这样。在我心中，山地车比电脑重要！"刘奎说完走了出去，弄得爸爸无可奈何。

给男孩的悄悄话

青春期的男孩子越来越有自己的想法，并且这些想法千奇百怪无所不有，因为，他们想把自己的想法变成现实，也就会冒出不同的要求。面对男孩子们的要求时，大人们会经常当面随口答应，而后来又不兑现。这是让很多男孩子很苦恼的事情。

"一诺千金"是书本上教给男孩子们的，他们是那么的重视许诺，认为那是千金不换的事情。但是，大人又有着大人的解释。青春期的男孩子，身体发育渐趋成熟，但是，心理上还存在着稚嫩的情况。在大人眼里，这些倔强的有想法的男孩子依然是个长不大的孩子，他们会认为他还没有足够的能力去实现那些特立独行的想法。但是面对他们提出的要求，又不愿意让他们伤心，就会出现随口答应的情况。而这些青春期男孩子的记忆力又非常好，加上自我认可的意识强烈，就会在心里一直记着大人们的许诺。其实，很多时候，大人们早已忘记了那随口的许诺。这样，男孩子们就难免会觉得大人们说话不算话。

究竟为什么会产生这样的误解呢？究其原因，还是青春期的男孩子想法奇特，并且特别的希望得到认可，而大人又认为他们仍是个孩子，还没适应男孩子的成长。要想消除这些误解，男孩子和大人们都要认清男孩子所处的阶段的特殊性。男孩子要知道自己处于青春期，有很多的想法，并且要求大人们帮助实现它们是值得肯定的，但是，也要多反思一下要求的可行性。大人们则要开始认识到男孩子已经慢慢接近成人，要尊重他们的想法，对他们的各种要求要给予重视，能帮助实现的就帮助实现，如果觉得不切实可行，也要给男孩子解释清楚。

只有这样，才能建立起和谐的家庭关系，男孩子不再是不懂事的男孩，大人也不再是不重许诺的大人。

妈妈为什么不相信我

这个学期，卢田在绘画班认识的几个好朋友是一个学校的，大家脾气很投合，天天在一起，关系越来越好。最近几个好朋友商量着，能不能找个时间大家一起骑车去郊外采风。卢田也想去，可是不知道妈妈答应不答应。大家知道卢田家教严，所以最后决定星期天去，那样卢田就有时间跟家里好好沟通下。

吃晚饭的时候，卢田说了去采风的事儿。妈妈一听就急了，"几个小孩子家，骑车去郊外多不安全。毛毛躁躁的，磕着碰着怎么办，不行，不能去！""我们不是小孩子，已经长大了！""不能去就是不能去！吃饭，吃完做作业去。"卢田闷闷不乐地回房间去了。

后来几个好朋友出主意，让王鹏妈妈帮卢田求求情，看卢田妈妈能不能答应。结果，卢田妈妈不但没答应，还说王鹏妈妈不顾虑孩子的安全帮着孩子瞎起哄。弄得卢田很不好意思，不停跟王妈妈道歉。

卢田不好意思再麻烦大家，只好放弃了和大家一起出去。等到星期一上学时，看着大家凑在一起，兴高采烈地说着采风遇到的那些趣事，和那些有趣的战利品。卢田觉得自己落了单，心里很不好受，暗暗地责怪妈妈管得太严，让自己脱离大家脱离现实，这对自己的成长一点都不好。一连几天，卢田都不爱和妈妈说话。卢妈妈也很生气，对卢田爸爸说："这孩子真不懂事儿，我这是为他好呀，不理解不说，还跟我闹脾气！"卢田爸爸笑笑说："孩子大了，应该适度地让他自己安排一些事情了。"

给男孩的悄悄话

随着青春期的到来，男孩子们越来越有自己的主见，他们把自己的想法看成非常神圣的事情，并想通过自己的努力实现它。然而，妈妈们还没有适应男孩们由一个听话的小男孩突然间称自己是个男人了，要做自己想做的事。她们当然无法真正放心地松手让男孩们去将自己的想法付诸实施。

这是让很多青春期的男孩子苦恼的事情，妈妈竟然不相信自己，这有点让他们觉得不可理解。其实人们所说的理解万岁，是很有道理的。男孩子们随着年龄的增长，进入青春期后，身体和心理上的变化一般不会非常明白地告诉妈妈的，此时，妈妈对男孩子们的认识，很大程度上来自揣测。所以，难免会发生理解上的错位。

妈妈的不相信，一般是出于担心。例如，假期来了，很多有探险精神的男孩子，自己组群骑车去一个想去的地方。妈妈看着孩子在自己身边，还会觉得一不小心他们就会出现磕磕碰碰的状况。现在，男孩子要骑车去旅行，妈妈就更不放心了。就会说出些不相信男孩子的话，而男孩子就会想证明妈妈的想法是错误的，证明自己能够独立做一些事情。再三坚持下，妈妈若还不同意，男孩子们就会认为得不到妈妈的相信。

这些都是非常常见的现象，随着年龄的增长，等男孩成为真正的男人了，有了较切实的想法、也有能力为自己的所作所为负责的时候，就能取得妈妈们的信任了。这些暂时的不相信，一般是出于关心，出自不放心。当然，妈妈们也会在看到你的成长后学会相信你，相信你们这些未来的"男人"们。其实，青春期的男孩子们只要学会换位思考，就会明白妈妈会什么不相信自己了。妈妈们的这种不相信是暂时的，它不是不信任，是对处于青春期男孩子的一种呵护。

沟通才是解决矛盾的正道

李进自从上了高中，渐渐发现和父母没有共同话题了。李进的父母只有初中学历，他说："我老爸、老妈连怎么上网都不知道，居然以为电子邮件要到邮局去收。整天只知道叫我多吃点，多穿件衣服，我真遇到什么问题，比方学习上的，却一点都帮不上忙。我真不知要说他们什么好。"

而小壮说起和父母沟通的事情，就觉得很头疼，他一脸埋怨地说："老妈太八卦了，我的什么事都要知道，经常打电话给老师不说，还成天向同学打探我的事，查看家里的电话记录，搞得我一点隐私都没有了。老妈这么有'办法'，还需要我跟她说什么呢？"

随着年龄的增长和自我意识、独立意识的增强，很多孩子与父母之间经常会产生意见不一致的情况，对事物的看法也存在很多明显的分歧，甚至于出现极大的矛盾和隔阂，在不经意间出现抵触和反叛情绪，经常牢骚满腹、怨气冲天。

"我不爱和我爸妈讲话，他们什么也不懂，还整天啰啰唆唆的，真是烦死我了！"

"我和爸妈很难好好沟通，说不到两句话就会吵架！"

"妈妈不说话还好，若她说话我便会觉得很烦！"

给男孩的悄悄话

其实父母是爱护你的，你也是尊敬父母的，可为什么还会出现以上这些情况呢？

如果我们静下心来仔细思考就会发现，问题主要在于男孩和父母之间太缺乏经常而有效的沟通了。人与人相处是需要沟通的，和父母也是一样，每天花一小时时间和他们聊天，足以拉近两代人之间的距离。

如果你能抽出点时间来理解父母，听听他们的想法，将会出现两种难以置信的结果：首先，你会得到父母更多的尊重。其次，你的想法和做法也就更有可能得到他们的理解和同意。因为如果他们认为你理解他们，也更愿意听听你的想法，也会更相信你。

尽管你感到自己长大了，已经有足够的能力自作主张，但实际上还有许多事情是你这个年龄无法把握的。而父母经历过的事情很多，可以给你不少宝贵的人生经验。

你可以尝试站在他们的立场，从他们的观点，而不是自己的观点出发考虑问题。当然，和父母聊天同样也要诚心诚意，投入一定的时间和精力，这也有助于你学会理解、关心别人。理解是双方面的，你既要求父母理解自己：理解你的学习目标，理解你放松一下是为了更轻松地学习，理解友情可以增强快乐，理解一张一弛是文武之道，学习劳逸结合才有效果。同样的，你也应该理解父母：理解父母望子成龙心切，理解他们看到了将来的社会是一个高科技的信息社会，面对强烈的社会竞争他们要你提高竞争力的用心良苦。须知，天下的父母没有一个不巴望自己的儿女好的。所以，你要尽早抽个时间与父母交流，告诉他们你的实际感受，他们也会因此对自己的教育方式进行一些调整，你也不会再喘不过气来。

总之，当你与父母的观点与做法有分歧时，在要求父母理解尊重你时，你也要同父母进行心理换位，理解并尊重他们，这样才能加强两代人之间的沟通和理解，填平两代人之间的代沟。

当你与父母主动进行交流时，高兴的事，烦心的事，老师、同学、校园里的新鲜事都可以和他们说一说，听听他们的意见。

你是否有过这样的心情："父母说的什么呀？"满心的不服气，眼睛里是厌倦的目光。父母批评你的时候，先不要忙着反驳，应试着听听他们的想法，说不定你很快就能体会他们的苦心。

父母一定有错怪你的时候，就像你有时也会误解父母一样。虽然你特别委屈，可争辩也没有多大的用处，多多体谅为上。

遇事多和父母探讨。和父母共同讨论、达成协议，会让许多事情变得简单起来。比如家里买了电脑，父母担心你玩物丧志、影响学习，你却要坚持每天上网。对这样的问题如能加以讨论，就玩电脑的时间和学业的平衡达成协议，问题就会很好解决。

学会控制情绪。避免顶嘴、发脾气，最好的办法是多做几个深呼吸、离开一会儿、用冷水洗洗脸。要知道，在发怒的情况下，任何事情都无法圆满解决。

你现在可能认为自己是个大人了，也开始顾及起自己的面子来。这本没错，但是如果你明知道自己错了还不肯"服软"，这就是错了。所以，如果错了，就不要逃避，更不能对父母"沉默是金"。只要主动道歉，你很快会得到父母的谅解。

正像有人所说："每个人的家对他自己都像是城堡和要塞。"家是一个人在这个世界上感觉最安全的地方，父母也是这个世界上给予你生命，并将所有的爱都给予你的人。天下没有不爱子女的父母。因此，对于生养自己的双亲，处于叛逆期的你依然应该给予足够的理解。当然，遇到不同意见可以沟通、商量，但这都要在互相信任和关爱的基础上进行。也相信日益成长和理智起来的你有能力正确处理好与他们之间的关系。

和父母说说悄悄话

"为什么和女生说话就脸红？"

"我收到一张情人卡，该怎么办？"

"我的梦里竟然出现了性？"

"为什么我不敢正视她的眼睛？"

"我喜欢和她说话，喜欢听她笑，喜欢盯着她看，我是不是喜欢上她了？"

"妈妈一定又偷看了我的日记！"

摆脱了对成年人的"依赖期"，走进了青春期，小东的生命之船仿佛驶向了一段没有航标的激流中，他遇到种种迷茫、困惑、烦恼……各种各样的难题都纠结在远远没有成熟的青涩心灵中。

青春期是成长中最重要的转折点，从一个懵懂无知的顽童成长为一个成熟理性的青年，自然会遇到各种困难，于是一系列的青春期"疑惑"就摆在了小东的面前。偏偏青春期也是成长中的"叛逆期"，青春期的孩子们都有着强烈的反叛情绪，敏感而且执着地守护着自己的"隐私"，童年时对父母的信任和理解渐渐变成了敌对和误解，小东自然不肯与父母老师交流。与同学交流也是很难的，"年相若，道相似"，你不明白的他也将不明白。

所以，有了心事，有了烦恼，有了困惑，即使心中再纠结小东也不会主动与别人交流。心中的悄悄话，只能一个人写进带锁的日记本。

🚢 给男孩的悄悄话

很多青春期男孩像小东这么大的时候，常常能从同学那里听到"知音少，弦断有谁听"的感叹。我们始终相信每一颗处于青春期"焦虑"中的心灵都是渴望倾诉的，也相信每一个孩子都渴望找到一个可以与之沟通交流的对象。

为什么不试试对父母敞开心扉，心平气和地与父母进行沟通呢？要知道，沟通是人与人之间信息交流、解决难题的重要方式，家庭的沟通更是重要而频繁。将心比心，这是人与人之间交流沟通的"捷径"，你与父母的交流也是这样的。试着将心里的悄悄话说出来，试着去理解父母，试着去体谅父母，试着去了解父母的想法，试着和父母交朋友，试着把父母看成是最亲密、最值得信任、最有能力帮助自己解决困惑的好朋友吧。

如果和爸爸妈妈发生了争执，先要心平气和地回想自己在这件事情上有没有不对的地方。如果爸爸妈妈有不对的地方，不要烦躁，发脾气更不是好办法，烦躁不能解决问题。把自己的想法说出来，一般明智的父母都会接受孩子的意见——爸爸和妈妈都还是比较明智的父母。而且爸爸妈妈也希望看到一个成熟的、理性的、具备了解决困难的能力的你。

对于那些"开不了口"的，"不方便说的"悄悄话，可以主动寻找交流的机会，换一种巧妙的交流方式。例如，在吃饭的时间找一些话题和爸妈聊聊，回家后将学校里的新鲜事说说，与爸妈亲近些的身体语言也是很好的沟通方式，信笺、电话、短信，甚至QQ都是很好的交流工具。

把悄悄话说给爸爸妈妈听，常爸爸妈妈谈谈心，不久以后你就会发现，这是一件很有乐趣的事情。

担惊受怕的家长会

这周六，小学六年级要召开一次家长会。消息一公布，班里便炸开了锅，大家纷纷讨论该怎么应对。因为听上一届的同学说，六年级的家长会尤其厉害，因为每次家长会后，总有不少同学需要在家里吃一顿"竹笋烤肉"。于是，成绩一向不太好的王军决定让和蔼慈祥的妈妈来参加家长会，因为他还有另外一层顾虑，几天前他不小心将教室的玻璃打碎了。虽然他用自己积攒的零花钱补偿了一块新玻璃，但是他没有勇气告诉爸妈。

家长会前一天晚上，王军很早就上床了，可他总是在床上辗转反侧，心里老想着第二天家长会上可能发生的事情。"妈妈会不会发现我打碎玻璃的事情？老师会不会向妈妈讲我的坏话？"这样的担心一直持续到很晚。

第二天一早，他是从噩梦中惊醒的。坐在床上，他小心翼翼地清点梦境，在那里，得知消息的爸妈气急败坏，爸爸用鞋底板抽了他好多下……想着想着王军就害怕起来。一上午，待在家里的王军都胆战心惊的。

下午妈妈去开家长会，王军在家里也一反常态，勤快地打扫打扫厨房，拖拖了客厅的地板，他期望着妈妈回来时即使十分气愤，也会看在他表现好的份上原谅了他。

下午五点半，妈妈回来了。王军小心地捕捉着妈妈脸上可能出现的愤怒。奇怪了，妈妈好像并没有生气，反而有一丝微笑在嘴边若隐若现。"难道，妈妈并没有发现那件事情？"可是，王军还是没有勇气问妈妈家长会的进展情况。

晚饭桌上，吃得津津有味的妈妈突然说出这样一句话："小军，我今天真高兴，因为老师说你在班上很有男子汉气概。你自己不小心打破了玻璃，知道主动找老师道歉，并用自己的零花钱买了块新玻璃安上。你怎么都不告诉我一声。今天老师说了我才知道。"一边吃饭的爸爸也用惊奇的眼光看着小军，意思好像是"我儿子很有责任感呢"。一直紧绷神经的王军听到后，哦了一声，总算轻松了下来，"原来老师是这么告诉我妈妈的，看来这家长会好像也不是同学们说的那样恐怖啊。"王军在心里这样对自己说。

王军真是白白地担心了一场。

给男孩的悄悄话

王军，其实家长没有传说中那么可怕。之所以召开家长会，是家长和学校双方就孩子的生活和学习状况进行一下交流，看一下孩子这一段时间在哪些方面有所进步，又有哪些地方需要改进。经过家长与老师的沟通之后，双方能够对孩子的近况有更全面的了解和把握，这样在接下来的日子里也知道在那些方面给孩子提供些有效的帮助。

家长会一般会持续两个小时左右，在这有限的时间内，老师通常不会像很多孩子所想的那样当着家长的面对学生的成绩单，那样会浪费掉很多宝贵的时间。家长会上，老师通常会告诉家长学校最近在促进孩子学习方面采取的新措施，而这些新措施在哪些方面需要家长的配合。而家长之间也有可能利用家长会这样一个难得的平台来互相交流，那么，成绩好的孩子的家教方法就有可能会被父母学来而应用到自己身上，这样一来，受益的一定是自己。

也许你会担心爸爸妈妈在老师面前说你的坏话。其实，这样的担忧也大可不必。只要你在家里表现得好，爸爸妈妈其实是很开心能看到自己孩子的成长和成熟的。试想，哪个父母不喜欢自己的孩子，不希望老师对自己的孩子有好的印象。基于此，家长会上，很少有父母会专门告状的。我们只是特别想知道孩子最近究竟表现如何，有没有如自己期望的那样在不断进步。

也许你会因为成绩没考好而担心爸爸妈妈的批评。其实素质教育推进到现在，已经有很多家长明白，分数并不是孩子优秀与否的唯一标准了。谁没有个失手的时候，一次考试失利并不表示自己的孩子处处不如人。我们虽然会有一点点的担心，但是我们更看重的其实是你对学习的态度，以及偶尔失利后的应对方法：是奋起直追还是气馁颓唐。当然，我们更想看到的是前者。

青春期的男孩接触家长会的机会尤其多，对待家长会，完全没有必要把自己弄得紧张兮兮的，这样可就太对不起自己了。即使近一段时间内自己成绩并不理想，或是自己在学校犯了一些小错，这样都可以坦诚地跟爸爸妈妈讲一下，他们一定会体谅你，因为主动承认错误和承担责任的孩子正是他们所期望看到的。

为什么我总与父母对着干

从小就聪明伶俐的苏平，很听爸妈的话，是一个人见人爱的好孩子。可近来苏平变了，凡事总爱与父母顶嘴，自作主张，有时还偏要同父母"反其道而行之"。

例如，初中毕业后，爸妈为他选择了就近的一所重点高中作为报考志愿，而他偏挑选了一所离家较远的中学，他不是喜欢路远，而是有意同爸妈抬杠；苏平有鼻炎，父母为他买了滴鼻药水，他却有意把它扔了；父母问他考试成绩，他明明及格了，却偏说不及格；有一天气候突然变冷，苏平的母亲特意给他送去衣服，他竟当着同学们的面把衣服扔在寝室的地上；他爸爸平时工作忙，一有机会就想跟他聊聊，他却把他拒之于千里之外。这令苏平的父母十分焦急。

给男孩的悄悄话

苏平的这些表现与逆反心理有关。

逆反心理是指，人们彼此之间为了维护自尊，而对对方的要求采取相反的态度和言行的一种心理状态。青少年常会"不受教""不听话"，常与教育者"顶牛""对着干"。这种以反常的心理状态来显示自己的"高明""非凡"的行为，往往来自"逆反心理"。逆反心理在青少年成长过程的不同阶段都可能发生，且有多种表现。如在一些青少年当中，打架斗殴被看作是有胆量；与老师、领导公开对抗被视为有本事；哥们义气等不良的行为倾向却赢得了很多人的认同，而乐于助人、爱护集体、爱护公物、遵守校规校纪的青少年则被肆意讽刺、挖苦；对正面宣传作不认同、不信任的反向思考；对先进人物、榜样无端怀疑，甚至根本否定；对不良倾向持认同情感，大喝其彩；对思想教育消极抵制、蔑视对抗等等。

一般说来，人们对于越是得不到的东西，越想得到，越是不能接触的东西，越想接触，这就是所谓"禁果逆反"。无论是老师还是家长，都会禁止孩子做某事，却又不说明为什么不能做的理由，结果适得其反，使"不要吸烟""不要早恋"之类禁令达不到应有的预期效果，使被禁止、批判的电影、文学作品、理论文章更引起男孩极大兴趣……"被禁的果子是甜的"，好奇心驱使男孩有时甘冒受惩罚的风险去尝也许并不甜的"禁果"。

由于青少年正处在身心发育成长的不稳定时期，大脑发育成熟并趋于健全，脑机能越来越发达，思维的判断、分析作用越来越明显，思维范围越来越广泛和丰富，特别是思维方式、思维视角已超出童年期简单和单一化的正向思维，向着逆向思维、多向思维和发散思维等方面发展。尤其是在接触社会文化和教育过程中，青少年渐渐学会并掌握了逆向思维等方法。正是青少年思维的发展和逆向思维的形成、掌握，为逆反心理的产生提供了心理基础和可能，因此，逆反心理在成年前呈上升状态。

另外，青少年正处在接受家庭、学校教育阶段，由于阅历和经验的不足，在认知事物和看问题时常出现认识上的片面和较大偏差，因而易与家长、教师、教育者的意向不同。当人们的意向不一致时，彼此之间为了维护自尊，就会对对方的要求采取相反的态度和言行。

逆反的后果是严重的，它会导致青少年出现对人对事多疑、偏执、冷漠、不合群的病态性格，使之信念动摇、理想泯灭、意志衰退、工作消极、学习被动、生活萎靡等。逆反心理的进一步发展还可能向犯罪心理或病态心理转化。

面对心中生成的逆反心理，你可以尝试着用下面的方法去化解：

作为学生、子女，要学着从积极的意义上去理解大人，父母的啰唆、老师的批评都是善意的。老师、父母也是人，也有正常人的喜怒哀乐，也会犯错误，也会误解人，你只要抱着宽容的态度去理解他们，也就不会逆反了。

要经常提醒自己虚心接受老师父母的教育，遇事要尽力克制自己，要知道，退一步海阔天空。另外，还要主动与他们接触，这样，多了一分沟通，也就多了一分理解。

你要提高心理上的适应能力，如多参加课外活动，在活动中发展兴趣，展现自我价值。

你应正确认识自己，努力升华自我。把自己作为教育对象，主动思考自己、设计自己，并自觉能动地以实际行动完善或造就自己。

合理地提出自己对事情的不同看法是孩子的一项权利，但是，由于青少年时期的孩子与父母相比，在社会和生活经验方面确实欠缺很多，这就需要孩子虚心听取家长一些有道理的见解，尝试着用理解的眼光来看身边的事情，这样有助于问题的解决，也有利于父母与子女之间的沟通，有助于和谐的家庭气氛的维持。因此，多一分理解，多一分倾听，叛逆也可以得到合理化解。

让校园生活更愉快

成绩好了人缘坏了

闫朝旭入学时成绩一般，但随着越来越努力的学习，他的成绩逐渐上升到班里的第一名，成了班里的尖子生。可是他的同学关系，却随着成绩的上升而变的越来越糟，现在甚至同宿舍的同学都不太爱和他说话了。闫朝旭不知道为什么，起初觉得可能是平常太努力了，没有时间和大家聚在一起，所以有些疏远。可是每次主动跟别人搭讪时，别人就会走开，甚至还有人酸溜溜地说："唉，人家是尖子，老师眼里的红人，咱们高攀不上。"这让闫朝旭很苦恼，他把这种情况跟老师说了。老师让闫朝旭担任学习委员，想让他通过在学习上帮助同学来改善人际关系。可是结果恰恰相反，同学们不但没找他帮忙，反而更疏远他了。闫朝旭没有办法，只好试着放弃学习的时间去跟大家沟通，结果收效甚微。老师告诉他，"优秀的人难免会被嫉妒，这是人之常情，如果想成功做好事情，应该学会承担这种苦恼。朝旭，你的努力老师看到了，但不能为此而耽误了学习，而是要更加努力，一直优秀下去。"闫朝旭点了点头，虽然难过，但他并没放弃过。

当闫朝旭每次的考试成绩变成全校第一名时，那些曾疏远他的同学反而越来越佩服他了，开始向他问学习经验了。闫朝旭慢慢懂了，成功有时候除了付出努力，难免也会受冷落，但是真金不怕火炼，自己要有勇气做一块真金，才能取得更大的成绩。

🚢 给男孩的悄悄话

进入青春期的男孩子们在个性上会表现出更多的差异性，但是学习仍是他们的重中之重，面对升学的压力，很多老师和家长，还是非常在乎孩子的学习成绩的。这样，学习成绩就成了青春期里小男子汉们之间较量的方面。有较量就有差别，就有高低之分，这样一来，那些成绩太好的学生就会被嫉妒。这是正常的现象，特别是男孩子间争强好胜的心理更明显，成绩优秀的男孩子被人嫉妒也是很正常的。

青春期里男孩子喜欢与他人比较，特别是在学习上，一旦不如别人就会产生一种羡慕、崇拜、奋力追赶的心理，这是上进心的表现。成绩特别好的男孩子，自己成了别人追赶的对象，对于这种同学间的比较应该感到自豪。但是，也有的男孩子，过于在乎比较的结果，嫉妒心理就会明显地表现出来。

黑格尔曾经说过："有嫉妒心理的人，自己不能完成伟大的事业，就尽量低估他人的强大，通过贬低他人而使自己与之相齐。"

这样的嫉妒心理就会对嫉妒者产生消极的影响，但是对于成绩好的男孩子来说，也是无须放在心上的。如果，有可能就去帮助那些成绩差的学生提高学习成绩，但是不能因为怕别人嫉妒，自己就放慢学习的脚步。

成绩太好的男孩子也要认识到，只有永远的努力，才会成为最后的成功者。懈怠会夺去暂时的优秀，为了明天成为一个成功的人，要努力不止，奋斗不息。要知道，当别人嫉妒你时，说明你还没有超过他太多，当你把嫉妒者远远甩在身后时，他们就会羡慕你，崇拜你。

我是差生我怕谁

"李立，到底是怎么回事，你能跟老师讲清楚吗？"

"没什么好说的，要罚就罚。"

"李立，你这样的态度是不对的，难道你没有意识到自己行为的错误性吗？"张老师耐心地说道。

原来事情是这样的：

李立是八年级三班的学生，性格活泼好动，但注意力却不放在学习上，经常上课时大声讲话，引起很多同学的不满，自己却满不在乎。

这天上午上数学课时，数学老师在讲台上讲几何题，大多数同学都在认真听讲，所以整个教室格外安静。李立刚开始也听得挺认真，可听了一会儿后就开始坐不住了。

"喂，张梅！张梅！你看我新买的小乌龟，可好玩了！"

同桌张梅正在做老师刚刚布置的作业，所以没理他。

李立以为张梅没听到，就用力推了推她，"喂，你听到没有？"结果李立这一推使张梅正在写字的笔在作业本上划了一道长长的斜线。张梅很生气地说："你不学习，我还要学习呢，你人怎么这么自私啊！"李立一听火气就上来了，于是二人越吵越凶……

正在上课的老师为不影响其他同学只好将二人叫到办公室询问情况。

"反正我不怕处分，也不稀罕什么优秀学生的称号。我就是个差生，我怕谁啊！"李立一脸不屑地对老师说道。

🚢 给男孩的悄悄话

由于个体存在差异性，在一个班级里面学习的学生在学习成绩、思想品德、身体条件等方面肯定有差别，只有暂时的后进生，没有所谓的差生。"差生"是青少年对自己认识的偏差。只有认识自己的不足，努力发现问题解决问题，后进生才可以转变成优等生。

与其他学生相比，作为后进生的男孩通常存在这种心理：

1.后进生常常对周围的事物充满敌意，不但不接受父母老师的管教，还常常和师长对着干，并以此为乐，对说教严重排斥。

2.自暴自弃，"破罐子破摔"。处于青春期的男孩，如果在学习方面遇到挫折，又没有得到及时有效的心理疏导，很容易就会产生挫折感，觉得自己这也不行，那也不会，慢慢地觉得"反正我就这样了"而不求上进。

3.有强烈的好胜心。积极的好胜心理其实是有利于青少年的进步的，但是后进生表现好胜心的形式较为扭曲。不能忍受在公共场合丢面子，典型的吃软不吃硬。

4.多疑，不信任他人，缺乏安全感。由于在某一方面比其他同学差，自己总是警觉地对待周围的人，常常臆想这个同学们是不是看不起我，是不是说我坏话了，老师肯定不讨厌我。周围的环境能给他们带来巨大压力。

5.很多后进生不满足于停留在"差生"的队列。他们为改变自己而矛盾的挣扎。存有上进心，渴望改变现状，但是很多时候意志薄弱，不能坚持到底。遇到挫折后更悲观消沉。

现在正暂时处在后进生的行列的青少年们，要充分认识自己的缺点和不足，更要发现自身的闪光点，培养自信心，甩掉思想包袱，乐观快乐的学习生活，不被暂时的困难打倒。培养坚强的意志，确定目标后，就要努力去实现，努力才会成功。

如果你的周围有后进生，应用包容的眼光看待他们，友好地和他们相处，在他们在学习生活中遇到困难的时候，能伸出援手。

如果恶意攻击是因为妒忌

田乐的妈妈发现，田乐最近总是心绪不宁的。起初田妈妈以为是田乐学习太累，身体不舒服。可是好一段时间了，田乐还是那样，甚至出现托病不去上学的现象。田妈妈越来越不放心了，就打电话给老师，想知道田乐在学校的表现。老师也说田乐最近也有点反常，上课经常走神，心神不宁的。老师还以为是田乐家里出了什么事情呢。田乐一直是个很乖巧的孩子，学习用功，各方面都很优秀，会有什么事情呢？田妈妈百思不得其解。

田妈妈这天下班早，就顺道想去学校接田乐回家。走到离学校不远的地方，忽然看见几个流里流气的青年把田乐带进了旁边的拐角处。田妈妈心里咯噔一下，赶过去一看，几个人正在翻田乐的书包和衣服口袋。田妈妈气愤地赶过去，几个青年一哄而散。

田妈妈第二天带着田乐去了学校，把昨天见到的事情跟班主任说了一遍，班主任问田乐知不知道那些人是谁。田乐说只知道带头的一个人是刘强的哥哥，刘强的哥哥说田乐总抢刘强的风头，所以要压压他的风头。老师把刘强叫来问是怎么回事儿，刘强说不知道。

最后老师说要报警，刘强才说是因为田乐比自己优秀，每次都和自己抢，气不过，所以才叫哥哥教训教训田乐的。老师严厉批评了刘强，也让田妈妈放心，以后学校一定注意，不再让这种事情发生。田乐也暗暗松了一口气，又恢复了从前的样子。

给男孩的悄悄话

现在在校园里经常会出现恶意攻击的事，很多情况下这种恶意攻击是弱者的行为，他们会用语言或行动来攻击别人的强势。特别是男孩子之间，如果过于优秀，就有可能被恶意攻击。优秀的男孩子要认清这绝对是出于嫉妒心理。男孩不能为了避免恶意攻击，而拒绝优秀。

其实，青春期的男孩子都有很强的好胜心理，都想在老师、家长，包括女孩心里成为优秀者。但是，"尺有所短，寸有所长"，每个人的特长不一样，受关注程度也就不一样。男孩之间的嫉妒也就非常正常了。根据调查，现在中学生存在的打架斗殴现象，很多都是出于嫉妒，比如，某某成绩好，长得又帅，从而得到很多女孩的喜爱，而其他的男孩子就会嫉妒，想出这个男孩子的丑，就会恶意攻击。

但是，当嫉妒心理过于严重时就会表现出过激行为，就会出现恶意攻击。如果，你不是最优秀的那个，那么就努力成为优秀的人，而不要想着用恶意攻击阻止优秀者的步伐，恶意的攻击就会让自己显得狭隘而偏激，反而会阻碍自己告别不优秀；如果，你由于优秀成了被恶意攻击的对象，那么就做一个真正优秀的男孩子，一笑泯恩仇，继续自己的优秀，别让恶意的攻击成为成功的阻力。

不过，如果对方的恶意攻击过激时要就要提防了，因为有的男孩子会出于嫉妒殴打优秀者，那么就要将这种行为扼杀在萌芽状态，这是对自己和他人的负责。

学习不好被人歧视

每当成绩单发下来的时候，王兴都会绕开黑板旁边的公布栏进教室，因为好多被老师重视的同学都会凑在那里谈论成绩的事。等到自习课的时间，那些学生会被老师叫到办公室或者鼓励或者批评。看着那些从办公室回来的同学，或者兴高采烈，或者满不在乎，或者嘟着嘴一脸委屈。那时是王兴心里最不是滋味的时候，他也想被老师叫进办公室，哪怕是被批评也好呀，只是老师们好像忘记了他的存在，从没有理过他。

数学课上，王兴又走神望着窗外。数学老师看到很不满，但没说什么，只是在低头翻教材的时候撇了撇嘴。这个细微的动作被王兴看到了，他觉得数学老师瞧不起他。为什么，那些学习好的同学上课有点小动作，他就会开玩笑似的批评一下，为什么我犯错误的时候就不理只是不屑地撇撇嘴。王兴又生气又委屈，心里难受却又不知道怎么办。第二堂课王兴逃课了，自习课的时候王兴刚回到座位就被班主任叫走了。王兴实在憋不住了，就把自己心里的委屈和想法告诉了老师。老师沉默了好久，说："王兴，你觉得自己笨吗？老师觉得你不笨，是你自己太小看自己了。如果你能端正态度，好好努力，将来一定能有很大成就的。"王兴看看老师，心里一下子很激动，"老师，我现在努力还来得及吗？我落下好多功课了呢。""当然来得及，好好加油，有不会的积极问老师们。"

几天后，老师们在办公室都在谈论王兴的事儿，说王兴一下子变得积极了。甚至有些任课老师还向王兴的班主任夸赞王兴。

🚢 给男孩的悄悄话

青春期的男孩子也是非常敏感的，会很在意周围人对自己的看法。而在学习成绩还是衡量学生的标尺之一时，成绩不好的男孩子，就会产生自卑的心理，认为大家都在歧视他。这种心理是很正常的，但是歧视存在与否是值得商榷的。

差生，为什么会产生这种心理呢？很多是由于青春期的自卑感，进入青春期以后，男孩子们就更关心自我价值，关心别人是否注意到了自己，希望别人对自己刮目相看。学习成绩就会成为得到注视的对象，有的学校还会把成绩贴在教室里面，以促进学生学习，但是，差生就会产生这种自卑心理。

有自卑心理的青少年又会显得更为敏感，他们自尊心很容易受到伤害、自信心也会不足，就会给自己标上差生的称号，而无法心平气和地去学习，显得急躁。所以说，这种自卑感更确切地说其实是一种信心不足。

但是，学习成绩是恒久不变的吗？成绩的好坏和个人的努力有关，要知道，只要努力就可以改变现状的，所以，差生不会是一个摘不掉的帽子。差生应该付出更多的努力，而不能自甘沦为差生，这样才能找回自信心。

此外，要知道，社会对人才的需要不是单靠成绩来确定的，随着社会的多元化，也就需要多方面的人才，升学也并不是唯一的出路。只要实现自己的价值，为社会尽自己的一分力量，就是有意义的人生。

所以，不要以差生自居，不也要揣测别人怎么看自己，要改变现状，成为优秀者；不要把成绩作为衡量人的唯一标准，实现人生理想的路有很多条。但是，无论怎样，都要努力学习该学的知识，成绩不是唯一标准，德行和能力才是最重要的。

同学不喜欢我怎么办

自从转学后，贾谊整天闷闷不乐的，新的学校、新的班级丝毫没有引起他的兴趣，没有任何的新鲜感，原本性格内向的他变得更加沉闷了，在学校几乎不与同学来往。每天放学后，其他同学都三五成群有说有笑、高高兴兴地回家，而他却常常独自一人走在回家的路上。

有一天晚上，他对妈妈说："妈，我不想在这里上学，我能回到原来的学校吗？"妈妈一听，满脸疑惑关心地问："儿子，怎么了？想以前的同学了吗？这可是这里最好的中学了，现在我们一家都在这生活了，不可能再回去了。"

"妈妈，我想我以前的同学了。"

"现在，你不是也有新同学了吗？妈妈相信，你很快就会交到好朋友的。"

"妈，班上的同学一点也不喜欢我，不喜欢和我交朋友。"贾谊伤心地回答道。

"你怎么知道同学们不喜欢你呢？你主动接近同学了吗，主动和同学打招呼了吗？"妈妈关切地问。

"妈，我是新同学啊！我害怕主动接近他们啊！班级的集体活动，他们也没有邀请我参加，放学后没人愿意和我一起回家。"贾谊一脸的委屈。

"儿子啊！你刚到一个新的班集体里，这正是锻炼你胆量的好机会。你要学会主动融入班集体，让更多的同学了解你，知道你的兴趣爱好，这样才能交到朋友，才有同学喜欢你啊！"

贾谊听后，大声说道："妈妈，谢谢您！我会努力的，我会让同学们了解我，喜欢我的。"

妈妈听后，满意地点了点头，高兴地说："儿子，妈妈相信你一定会做到的。"

🚢 给男孩的悄悄话

每个人都有自己的个性，不同个性的人会欣赏不同的人，所以，有的男孩子担心同学们不喜欢自己，如果同学们都不喜欢你的话，说明你的性格里存在着一些不足，那么就要检查自己个性里的不足，来获得同学的喜欢了。

其实，个性没有好与坏之分，但是有些方面会让人不喜欢，比如过于自私等。被同学不喜欢是一件非常痛苦的事，青春期也是学习科学文化知识的关键时期，如果和同学关系不好的话，肯定会影响情绪，会出现消极的心理，孤独感和失落感都会找上门来，长期下去，还会导致抑郁。改变这种现状，要从以下几个方面做起：

1.学会融入同学。要避免过于孤僻，不要一个人躲在角落里，要积极主动地融入同学之间，多参加同学之间的活动，做一个善于协调的人，让同学因你的存在而感到轻松快乐。

2.多向人缘好的同学学习。多和人缘好的同学交往，用心学习他们招人喜欢的长处，并把它运用到自己交往里。从而学会和不同个性的人打交道，并真诚地接纳他们。

3.多参加活动，培养自己的性格。一个人如果性格过激活过于自我的话，就会少朋友的。多参加集体活动，为集体做些有意义的事情，让自己找到自身价值的所在，增加自己的自信，做阳光的青春期男孩，为其他同学带去青春的色彩。

总之，放下担心，努力培养自己的性格，用自己的真诚打动同学，让自己成为同学喜欢的人。

被老师批评不是一件丢人的事

"郑波，郑波，王老师叫你放学后去办公室，她会在那等你的。"班长李铭哲从老师办公室走了出来，来到郑波的座位旁对他说道。

"你快说说，王老师找我到底是什么事啊？"

"我不知道啊！王老师没有对我说，不过看样子她很生气，放学后，你自己去办公室找她吧！"

郑波一听，心头涌上一种不祥的预兆，"天啊！难道老师知道我晚上不上自习，外出上网的事了吗？怎么办才好啊？这次死定了。"郑波心里不由得想到。

最后一节课，郑波一直心不在焉，一心想着这件事。放学后，郑波忐忑不安地走进了王老师的办公室。"王老师，听说，听说，您找我啊！"正在批改作业的王老师听见后，抬起头看了他一眼，继续批改作业。

郑波见王老师阴沉着脸，看上去很生气。他战战兢兢地站在一旁，不敢看王老师一眼。过了一会儿，王老师说道："郑波啊！你看看你的作业，这道题我已经讲过好几遍了，你还是做错了，而且字迹潦草，上课的时候经常开小差，注意力不集中，你说说你最近都干什么了？""王老师，我真的没，没干什么。""没干什么，不要以为我不知道你多次逃课上网的事。"

郑波一听，脸"唰"就变红了，低下了头，不敢正视王老师的眼睛。"郑波啊！你是一个聪明的孩子，学习也很认真。现在正是学习的时候，这是现阶段你们要干的事啊！虽然上网是一件缓解学习压力的方式，但要有节制啊！更不应该逃课上网啊！马上就要升入高三了，现在抓紧时间学习，才是你一门心思要做的事啊！不要给自己留下太多的遗憾！"

"王老师，我知道我错了，我会改正的，今后我会认真学习，不辜负您对我的期望。"郑波抬起头看着老师说道。"知道自己错了，你依然是我心目中的好学生，老师相信你一定能做到的。"王老师亲切地回答。

郑波听后，笑着说道："我一定会改正的，请老师相信我。"王老师点了点头，郑波带着一脸的轻松走出了办公室。

🚢 **给男孩的悄悄话**

老师是我们人生的指路人，是陪我们走过青春的朋友。所以，自古以来"良师益友"的关系被人们推崇。不过，还有"严师出高徒"的说法，所以，严厉的老师对青春期的男孩子管教会更严些，有时怒其不争时还会出现骂人的情况。于是很多男孩子觉得被老师骂很没面子，觉得是一件丢人的事。

青春期的男孩子，随着生理和心理的成熟，自尊心也会很强，会很爱面子，被老师骂觉得丢脸是很正常的。不过，仔细想一想，就会发现，被老师骂其实不是丢人的事，反而是很幸运的。

调查发现，一般老师会竭力帮助每一个学生，看着每一个学生成长，但是，由于精力有限，老师对每个学生的关注程度肯定不一样。只有学习非常好或差的学生，老师才会天天盯着，被老师骂其实就是被老师关注的方式之一。倘若他没犯错的话，老师不会无缘无故地骂一个学生的，更不会骂一个敏感的青春期男孩子。所以，检查一下自己是否真的做错了事，及时改正，这是老师对自己的负责，自己也要对自己负责。不能曲解老师的本意，否则对自己的成长也是有害的。

大家都知道，对某个人听之任之、不管不问的放任，如果老师这样做，肯定是一种不负责任。所以，自己犯错了，被老师骂也是一种恩惠，要珍惜老师给的改正机会，做最好的自己。

为什么每次选班干部都没我的份

王尚一直是个积极的学生，对班里的事情很热心，是老师得力的助手，班里的大小事情都缺不了他。可是每次选班干部，王尚都会落选，最多也就是做个小队长。王尚一直不明白，为什么自己总选不上，是不是因为自己不优秀，还是自己做事不够好，渐渐地王尚就不再像从前那样积极了。老师看到王尚渐渐消沉下去，就派王尚跟班长一起组织最近的篮球比赛。

课间的时候，王尚跟班长还有体委一起讨论这次参加比赛的人员，最后人员都差不多了，就是差一个有力的后卫，体委一筹莫展。王尚一下子想起了高强，说："叫高强上，他控球能力超强，当后卫肯定行。"体委听了一拍大腿说，"对呀，我怎么没想到，还是你小子点子多。"

放学的时候，班长通知那些定下来的同学留下，大家在教室里商量比赛的事儿。可是有几个同学提出不想参加比赛，尤其是王尚举荐的高强。高强说自己那天要跟父母去姥姥家，给姥姥过寿。王尚一听就很生气，这是给班级争荣誉的好机会，晚去姥姥家一会儿又怎么了。再说后卫不好找，就高强最适合，他还推三阻四地推荐别人，拿什么架子。结果王尚和高强争得不欢而散。第二天还是体委和班长耐心地做高强的工作，才说服高强参加比赛。王尚看着班长和体委说服高强时的样子，终于明白了为什么自己一直不能选上班干部的原因。原来除了激情之外，做事情还要学会体谅别人，要有耐心。自己虽然能力也不错，总能解决那些关键难题，但是耐心和宽容却比不上班长和体委。王尚知道了自己的不足，不再消极地对待选班干部这件事了。他还是像以前那样积极帮助老师和同学，而且，在做事情的过程中，克服缺点锻炼自己。老师看着王尚的变化很欣慰也很欣赏，觉得这个孩子是个可塑之才。

🚢 给男孩的悄悄话

学生们都认为在班里做班干部是一件非常光荣的事情，很多孩子都希望自己能成为一名班干部。但是，班干部毕竟是少数，大多数孩子还是和班干部的位置无缘。特别是一些男孩子，怀有一颗为班级做事的心，不免就会抱怨，为什么每次选班干部都没自己的份呢？这一问题有时还会困扰这些男孩子，让他们觉得自己不够优秀。

经过调查，很多班主任都一致认为，选中的班干部一定是优秀的，但是，没选中做班干部的学生也有很多优秀的。也就是说，能否被选上班干部，并不是就表明一个学生能力的高低。特别是一些男孩子，等到进入中学后，就会很有自己的想法，也想为班里做些好事。但是，究竟什么原因，这些同样优秀的男孩子没有被选为班干部呢？

一些老师认为，班干部的分工不同，就要求了不同性格和气质的学生担当，比如：班长就要求具有领导和管理才能；生活委员就要具有亲和力、要体贴；体育班长首先得喜欢运动；学习委员就要学习成绩优秀等等。

在选班干部时，这些因素都要考虑进去，在一群优秀的学生中，还要选择适合做班干部的学生。比如有的男孩子喜欢特立独行，就不太适合做班长。但是特立独行也不是坏事，这样的男孩子就较有个性，就会有创新。所以，能否被选为班干部并不是代表着一个学生是否优秀，努力做最好的自己就行了。

和同学闹矛盾遭报复

"加油，现在离比赛结束还有三分钟，我们还落后三分，这次一定要赢隔壁班，不然我们就太丢脸了，上次他们就赢了我们。大家要防范好对方，特别是对方的5号，他是我们重点防范的对象，大家要注意配合，投篮命中率要高点，剩下的时间不多了。"高二（1）班篮球队队长李玉斌顾不上擦脸上的汗水，大声地对队员说道。说完后，李玉斌和队员们相互拍了拍肩膀，簇拥在一起大声地喊道："加油！加油！"，随后大家精神抖擞的重返了赛场。

"高二（1）班加油，高二（1）班加油！"响亮的呐喊助威声回荡在篮球场上空。

裁判一声令下，精彩激烈的比赛又开始了，李玉斌和队员们全力以赴，争取在紧急关头挽回落后的局面。他们配合得十分默契，传球的速度十分快，特别是队长李玉斌带球过了对方两三个人，一个漂亮的三步跨栏，把球推进了篮筐。"哇！我们班进球了呢。"啦啦队的同学们高兴得跳了起来，李玉斌脸上也露出了灿烂的微笑。啦啦队的同学们冲着他们大声地喊道："加油，我们还落后一分。"此时，离比赛结束还有一分半钟。球赛越来越精彩，气氛也越来越紧张。

对方见他们投进了一球，也变得紧张了起来。此时，由李玉斌他们控球，他把球传给了队友陈亮。正当陈亮带球进攻时，与对方的高个子球员发生了碰撞，陈亮摔倒在地，球到了对方的手里，裁判没有吹哨。对方球员带球过人，轻松地把球投了进去。球落地的一刹那，整场球赛结束的哨声吹响了。

李玉斌与队员认为对方球员是故意那样做的，才导致他们失去了最后一丝希望。如果没有这样的故意行为，他们就有可能赢得此次比赛。李玉斌和队员们越想越不服气，难以咽下这口恶气。

队员张潭气愤地说道："不能就这样便宜了（2）班，是他们故意的。"

放学后，李玉斌带着几名同学堵在校门口，等着（2）班的队员。李玉斌二话没说，冲上去把（2）班篮球队的队长，按倒在地，抡起拳头打了下去。

老师得知后，急忙跑了出去，把他们扯开，带回了办公室。最终在老师的耐心教导下，李玉斌认识到了自己的错误，低头向对方球员道歉。

给男孩的悄悄话

故事里所提的同学之间的矛盾，是从青春期走过的人们都会会心一笑，甚至会觉得那时同学之间的小矛盾都是甜蜜的。因为青春期的男孩子和同学之间闹矛盾是很正常的，那也是"三天恼了两天好了"的青春期小摩擦，但是，有的男孩子反映遭到同学的报复就不正常了。

俗话说"一辈同学三辈亲"，同学之间的友谊是非常珍贵的，它值得每一个青春期的男孩子珍惜。所以，不要轻易因为一些琐事计较，当同学之间有矛盾时也不要记在心里，一笑而过，是一种风度。有的男孩子和同学闹矛盾遭到了报复，就是不可思议了。

一般来说，同学之间也不会有什么深仇大恨。一旦事情已经发展到了这种程度，就要认真思索对策了。遭到报复的男孩子首先要自我反思一下，是不是自己做了伤害同学的事，不能轻易伤害别人的自尊，如果自己做了过分的事情伤了同学，那就要敢做敢当，向同学赔礼道歉，化解彼此的矛盾。

其次，如果自己确实没有做什么对不起同学的事情，彼此之间只是一些小摩擦，却遭到了报复，那么就大度一些，原谅同学。没有不可化解的矛盾，只要有颗真诚的心，同学早晚会理解你的良苦用心的。

冤家宜解不宜结，男孩子素来以宽容自称，一定要有足够的度量来包容同学之间的小矛盾，沉稳地解决问题。多一个朋友多一条路，相信沉稳、宽容的男孩子朋友一定会遍布天下。

需要特别指出的是，如果对方的报复手段太过分，造成人格侮辱或人身伤害，一定要及时向家长和老师反映，避免出现不可挽回的后果。

完了，我被误解了

春天到了，各种植物都开始吐出新芽，大地上也冒出一片一片的嫩绿。王老师决定组织班里同学一起去郊游，让大家自己带吃的和水，多玩一会再回来。不巧的是，马奇这几天正好有一点感冒，可是他又实在不愿意错过这个好机会，不但可以接触大自然，还能跟同学们一起玩。所以他还是决定跟大家一起去，只是在出发之前吃了几片感冒药。

大家到了学校后面的一个山坡上，那里的小草已经长起来了，还有一些小野花，特别好看。大家玩了一会儿有点累，王老师说："大家原地坐下休息一下吧。"同学们三个一组、两个一簇地坐了下来，分别拿出自己包里的零食，互相分着吃。这时候，班里的女生宋小菲突然发现自己早晨走得急，竟然没有拿水壶。这可怎么办？她有一点着急，这时候转身看见身边的马奇拿着一个好大的水壶。她轻轻地对马奇说："我忘了拿水壶，可以喝你的水吗？"

马奇心想，我感冒了，传染给她可不好，再说，她是女孩子，怎么能用我的水壶呢？于是，马奇摇了摇头说："不行。"只见小菲的脸马上红到了脖子根，然后默默地走开了。这时候，马奇忽然觉得自己被误解了，他并不是故意地不给小菲喝水的，可是现在，她肯定以为自己是个吝啬鬼，这可怎么办呢？这下可完了，马奇的心情一下子低落到极点。

给男孩的悄悄话

青春期里的男孩子是最朝气澎湃的一群，是最敢作敢当无畏无惧的一群，也是敏感多思的一群。青春期的男孩子会特别的注意别人对自己的看法，担心自己那点做得不好会被人误解。

误解是指认识与对方的不一致，由于认识上的错误导致意思表示与内心意志不一致。而人们之间的误解是彼此理解的偏差，被误解就是被别人错误的理解，这种错误的理解还有可能导致隔膜。

青春期的男孩子，是非常敏感的，他们渴望被理解，又害怕被误解。而这种误解又常常发生。青春期里的男孩子常见的误解可以分为同性之间的误解和异性之间的误解。一般来说，同性之间的误解比较容易化解，而异性之间的误解则不容易。因为，到了青春期，男孩子和女孩子都敏感得很，一旦误解产生，女孩子又往往拒绝沟通，男孩子会显得手足无措。

在学习和生活中，和同学、老师等打交道时，产生误解是很正常的。如果，青春期的男孩子被误解了，不要因此心事重重，不会出现"完了"的状况，不要置之不理，不要首先抱怨别人，要先反思一下自己哪儿做得不够好，然后再真诚地去向别人解释清楚，或者用自己的实际行动改变自己的形象，让别人了解到真实的自己。

洛克菲勒曾说过："假如人际沟通的能力也是同糖或咖啡一样的商品的话，我愿意付出比太阳之下任何东西更高的代价购买这种能力。"所以，学会和他人沟通是很有必要的，青春期的男孩子一定要学些沟通的技巧，让沟通成为一种享受。

不过，青春期里的男孩子一般不会遇到什么很深的不可化解的误解，在最纯真的青春期里，拿出一颗真心，对待每一个人，也不会有什么不可化解的矛盾。

喜欢炫"帅"的年纪

要不要用文身纪念青春

陆青有个从小一起长大的朋友，那个孩子很早就辍学了，经常和社会上的小混混们在一起厮混，暑假的时候，他来找陆青玩，他的胳膊上文了一条龙，黑色的龙纹在胳膊上盘旋，看起来就像电视里那些跟古惑仔有关的电影。

那个朋友极力地像陆青炫耀自己身上的文身，那是多么的帅呀，这文身就是用来证明自己年轻过，也疯狂过。

陆青家教一直很严，爸爸妈妈对陆青的要求很多也很细，陆青一直是个乖孩子，规规矩矩上学，放学回家，朋友也不多，而且妈妈还禁止过他和这个朋友交往，只不过他们是从幼儿园就认识的小伙伴，妈妈也没有强行反对他们的来往。

看了人家胳膊上的文身，想起电影里那些帅气的打斗镜头，还有那些黑社会电影里一个个疯狂的文身，陆青真心动了。他想着，我长这么大了，怎么也该自己做主了，好歹也给我自己留下点青春的礼物，就当是纪念也好。

他开始询问那个男孩关于文身的事情。那个男孩见他对文身感兴趣，急忙热心地推荐了几个可以文身的店铺。他并且热情地要带陆青立刻过去文身。

但是陆青明白，对于他从小受到的教育来说，文身绝对是不被允许的。他还很犹豫，要考虑一段时间才能决定。所以就让他的朋友先走了，自己一个人开始思考文身的事情。他甚至在晚上查看了大量的文身图片。还有一些关于文身的资料。他的心里蠢蠢欲动，发誓要给自己的青春留下个大大的印记。

陆青怕被父母发现，内心不断挣扎。他思前想后，又觉得自己也不是那种在社会上混的人，好像没必要文身，如果被学校发现了，肯定还得被处分。而且，听说文身就是用针将墨水刺进肉里，很疼很疼。他甚至想要不要用掷硬币的方式来做决定。

给男孩的悄悄话

要文身吗？这不仅是陆青一个人的问题，相信很多男孩子在这个阶段都曾热血沸腾地想要去文身。喜欢看香港警匪片的青少年会发现，片中很多男性身上都有文身，或龙或虎或豹，抑或是某个情人的名字。文身似乎成了某一个特定群体的象征，象征自己的虎胆英雄。而喜欢看明星演唱会的孩子也不难发现，出场的明星也往往是金发闪耀，光彩夺目的。

走出电视，走在真实的生活世界中，你依然能够很轻易地发现身边很多文身的人。文身现在越来越成为一种时尚，一种艺术，一种文化，也渐渐成为新新人类彰显个性的一种方式。在生活里，他们确实看起来很另类，很吸引人眼球，可是你知道吗？在文身的背后，他们也要付出很沉重的代价。

光鲜的表面隐藏的，是你不知道的伤害。关于文身后的遭遇，网上曾经流传这么一个说法："想当兵就不能；想找个好老婆，女孩儿家人不干；走路上说你是小流氓；找工作说你是混混。"这几句话真的说出了那些文身者的内心隐痛。

文身的时候，不仅要忍受皮肤割裂的疼痛，同时，你也没有办法保证文身的工具是否已经经过了严格的消毒。最近常有新闻报道出这类店因为没有经过正规的消毒程序而导致顾客感染上很多传染病的事例，因此，文身的过程其实是存在很大风险的。

同时，一旦在身上纹了图案，那这些图案就会伴随你一生，即使自己后来不喜欢了，但是目前为止也没有什么方法能够完全干净地将这些图案去除。

为什么我不能像偶像明星一样染发

刘立杰升旗之后被教导主任逮到了办公室，跟他一起被逮的还有三四个同学，他们有个共同点，就是头发都不再是黑色的。刘立杰的头发染成了黄色，那几个同学的头发有棕色的，甚至有个火红色的，看起来就像是火鸡的羽毛。大家都低着头，不敢看教导主任的黑脸。

主任开始一个个询问原因。得到的结果基本一致，他们都比较喜欢韩国的那些明星，而那些明星偶像都把头发染成了各色奇特的色彩。现在电视电影上流行的韩国明星深得青少年的喜爱，他们奇异的造型也让学生们以为那就是美，争相模仿起来。教导主任深深叹了一口气。

这帮正值青春期的孩子们盲目地追逐明星服饰打扮的事情，每年都会发生，经常有不穿校服，穿着奇装异服来学校的，以前是女孩子比较明显，现在男生的势头也开始上升。看着这些五颜六色的头发，主任无奈地叫来了被逮孩子们的班主任，让他们一一带回去进行教育和开导。

刘立杰也被自己的班主任老师带回来了。老师没有给他讲大道理，没有讲那些每天都听的耳朵长茧的话，而是告诉他，染发的危害。原来染发剂里有那么多致癌物质。他以前都不知道，只是觉得像韩国明星那样的头发颜色就是比自己的黑头发好看，现在外面也流行染发。就把自己头发染了，没想到还有这么多危害。

而且，老师给他做了思想工作之后，他突然觉得，那些明星们也没有那么好看。老师告诉他，做自己才最重要，模仿别人，永远没有人家本人漂亮。他想着老师说的话，决定回去了就把头发弄回本来面貌，还要告诉自己的同学，染发有很多危害……

🚢 给男孩的悄悄话

随着青春期的到来，男孩子也逐渐注重自己的外表。偶像明星的时尚造型被越来越多男孩模仿。小时候的"和尚头"已经不能满足青春期男孩们的需求，他们喜欢把头发留长，并在发色上做文章。

爱美的男孩在变换头发颜色的时候，必须得考虑健康问题。

目前大多数染发剂中都含有过敏源——对苯二胺。这种物质很容易引起红肿、发痒、湿疹等过敏症状。还有一些染发剂中含有芳香胺类化合物，这是一种致癌物质。另外，燃料经皮肤、毛囊进入人体，然后进入血液，很有可能会破坏血细胞，对身体百害而无一利。

有一对英国夫妇，妻子是金发碧眼，丈夫却有着棕色的头发。丈夫很爱妻子，非常想拥有和妻子一样的金发，于是他总是不断地染发。后来，电视上报道说他常使用的那种染发剂出了问题，严重影响健康，他便说出了这样的话："我喜欢金发，但我不能用健康来换取美丽。不知道之前染发是否已经影响了健康，但今后我是不会再染发了。"

每个人都应该用这样的理智来维护自己的健康。盲目模仿明星染发会严重损害青少年的健康，爱美的男孩还是要三思而后行，因为健康比时尚、潮流更重要。

奇装异服不是帅

上学的路上，几个帅气个性的男孩儿骑着山地车呼啸而过，站在路旁等车的黄文斌看到后，心里羡慕得不得了。"真帅，我要是也能那样子，大家就会更加佩服我了。"黄文斌的成绩在班里很好，大家都知道他脑子学东西快，连老师都说他比别人聪明得多。黄文斌对此也有点洋洋自得。不过黄文斌觉得，成绩好还不算完美，应该在"别的方面"也很突出才对。看到刚刚风驰电掣骑车过去的几个人，黄文斌心里有了主意。

星期天的时候，黄文斌没去上补习班，偷偷溜去了商场。他用自己的零花钱，比着昨天看到的那几个同学的样子，买了一套衣服，又去发廊做了头发，出来后来了个一百八十度的大变样。因为爸爸妈妈出差，只有奶奶跟他做伴，所以回家后除了被奶奶唠叨了几句，就没什么了。

星期一，黄文斌在去学校的路上，总觉得不自在。进学校后，看到进进出出的同学，像平常一样，对他并没有太多关注，黄文斌有点失望。等到走进教室，大家都在低头看书，只有几个同学抬头望了望他显得有点惊讶，黄文斌更觉得不自在了。第一节数学课，黄文斌回答问题后，老师开玩笑地说了句"黄帅哥，请坐"，全班哄堂大笑。黄文斌恨不得马上赶回家把衣服换掉。

星期二，黄文斌的爸爸妈妈都回来了。看到黄文斌像往常一样，就问黄文斌这两天有没有犯错误。一身学生装的黄文斌一边说当然没有，一边向奶奶使眼色。奶奶笑着说，咱们文斌帅了一把，又被同学笑得换回去了。爸爸妈妈听了哈哈大笑，黄文斌又气又羞地回房间了。

🚢 给男孩的悄悄话

受影视和广告的影响，现在个性和帅气为男孩子热衷，都想成为"帅哥"。这本是件无可厚非的事，但是，凡是都有个度，否则会过犹不及。

由于青春萌动，青春期的男孩子具有爱美之心是很正常的，所以，一些男孩子就会模仿影星歌星们做一些酷动作，说一些流行语，最常见的是服装上的追星。看一部电影电视剧或一个广告，觉得演员们穿上帅气了，自己也想模仿，于是，校园里奇装异服就多了起来。

在以前，穿奇装异服是不允许进入学校的，但是，在现在提倡个性的时期，稍微穿得潮流一些是被认可的，还会表现出一个人的审美趣味。但是，很多男孩子穿出了奇装异服，有的是在裤子上挖个洞，有的穿着色彩怪异，有的甚至背个鬼头在后背上等等，这样的例子举不胜举。

奇装异服的屡见不鲜，夺去了人们欣赏纯真的机会。在初高中里，一群青春期的男孩子，是朝气，年轻、生命力的象征，他们的笑容应该是透明的春天的颜色，是欣欣向荣的感觉，而这些奇装异服的泛滥，让青春期的男孩子会过早地失去青春的纯真。特别是那些在膝盖上挖洞的裤子，天凉是很可能会导致关节炎等疾病。

在最美的年龄里，无须修饰就胜过一切的修饰，年轻就是最大的美。所以，青春期的男孩子，请珍惜你最纯真的美，树立自己的审美观，别被外界牵着自己走路，要有健康和谐的审美趣味。要知道，奇装异服不是帅，作为中学生，最大的帅气来自对知识的追求，对美好品质的追求。

嗜酒成癖的坏处

刘铭是高二七班的班长。他为人热情正直，对班级工作积极负责，得到了老师的信任和同学们的喜爱。

有一天刘铭看到同班的张华手上绑着绷带，脸上似乎也有伤痕。刘铭就关心地询问张华，张华吞吞吐吐只说是自己不小心碰伤的。看到张华不愿意说，刘铭也就不好问了，只是在私下里打听。

原来，张华的伤是酒后和别人打架所致。在高一暑假和同学聚会时，张华就学会了喝酒。并且不知什么时候认识了一帮"酒友"。这帮朋友没事就聚在一块喝两杯，刚开始的时候，张华还是应付朋友，可是到后来自己也迷上了喝酒。考试考好了得喝酒庆祝一下，情绪不好了得以酒浇愁。

刘铭觉得问题严重，就直接找到张华。"你是不是喝酒？这违反了学校的纪律。"刘铭顿了一顿，"我们这么大正是长身体的时候，喝酒不利于生长发育的。而且喝酒很容易出事的。你看，你不是都受伤了吗？"张华很厌烦："没事，我有分寸。"刘铭见张华不听劝便把事情报告给了班主任。

班主任很重视，他严厉地批评了张华，讲了酗酒的诸多坏处。可是张华却觉得老师小题大做。他心里嘀咕：都这么大了，喝点酒算什么？

有一天，终于出事了。酒后的张华骑着自行车在马路上飞奔，由于脑子不清醒，竟然撞到路旁的垃圾桶上，结果摔得大腿骨折还伴有脑震荡。现在的张华连生活都不能自理，只能卧床休息。

高中时间那么紧张，自己却只能躺在床上忍受痛苦，一想到这些张华就很后悔：自己不该学着喝酒，不该不听班长和老师的话，不该学着喝酒。张华暗下决心：从今天起再也不沾酒了。

给男孩的悄悄话

古今中外，人们大多都爱酒。无酒不欢，酒虽然是交友叙怀的好东西，可一旦嗜酒成癖，成为陋习，则要坏了大事的。

如今有许多青春期男孩认为饮酒是交友的好办法，而热衷于聚会狂饮，或结交那些酒肉朋友，嗜酒成癖，最后导致是非不分，良莠不辨，惹出祸端。因酒后的一时冲动而犯罪的时见报端。

青少年正值发育的黄金时段，酗酒的危害不可小视：

酗酒伤肝。肝脏是人体最重要的解毒器官，也是合成胆汁、贮存肝糖原的脏器，过量饮酒引起脂肪肝，必然导致消化吸收功能障碍和免疫功能下降，使机体对各种疾病的抵抗能力降低；酗酒可损伤大脑，使记忆力下降，使智商和判断力明显减退；经常醉酒可导致血管痉挛、呼吸肌麻痹；长期酗酒将造成心肌脂肪化，损伤心脏功能，诱发高血压、冠心病。

经常酗酒还会损伤生殖功能。医学研究证实：大量的酒精对精子和胎儿都有致命"打击"和损伤，酒鬼的后代出现的智障者子女和畸形悲剧就是明证。中国历史上著名文学家陶渊明曾以其《桃花源记》这一名作备受世人称颂，但由于一生嗜酒，连生五子非呆即傻。

这里介绍一些戒酒的方法：

可以选择认知疗法。通过影视、广播、图片、实物、讨论等多种传媒方式，让自己端正对酒的态度，正确认识酗酒的危害，从思想上坚决纠正饮酒的成瘾行为。

也可以借助药物戒除酗酒习惯。由于饮酒是一种成瘾行为，需要相当努力才能把这种习惯改正过来。有时候借助药物的帮助也是必要的，这样能够提高戒酒成功率，对于青春期男孩来说，采用这种方法必须事先征求医生和家长的同意。

还有一种厌恶疗法。这是一种行为矫正方法。其目的是在饮酒时不但得不到欣快感觉，相反产生令人痛苦的体验，形成硬性条件反射。想想醉酒后的痛苦感觉和可能引起的不良后果，会起到一定的作用。

亲友治疗也不失为一种好的方法。让家人、朋友帮助自己，树立起戒酒的决心和信心。

酒在日常生活中随处可见，也已经成了大人们交际的重要工具，这便在很大程度上形成了对青少年不良影响氛围。对于步入青春期的男孩来说，一定要在根本上认识到，酗酒并不是成熟的表现，也不是判断自己是否新潮的标准，酗酒对身体百害而无一利。只有这样，才能正确够选择健康的生活方式。

远离赌博，警惕赌性

王锋最近上课注意力总是不集中，还瞌睡连天。

早上九点，语文课上，林老师正在声情并茂地讲述《背影》，讲台下很多同学眼里已经泛起泪光，老师对学习效果很是满意。眼光一瞥，竟然看见王锋趴在桌子上睡着了。"文中一共描写了父亲的几次背影，分别表达了作者的什么感情，王锋同学，你来回答一下！"老师提问道。觉得同桌在晃他，王锋睁开迷蒙的睡眼，看着同桌怔怔地问道："下课了？这么快！"全班哄堂大笑。

课后林老师把王锋叫到办公室严厉地问他："最近怎么回事，上课总是瞌睡，这几天的作业都很潦草，上周的作文都跑题了！出什么事了吗？"王锋嗫嚅道："我……我最近睡得有点晚……上课就犯困。"老师一听觉得有问题，于是接着问："那你晚上都干什么了，为什么不早点睡呢？是作业太多还是看电视看得太晚？""都不是，就是……家里妈妈他们打麻将，有时候人不够……拿我凑数。"王锋小声说。

原来，王锋的妈妈最近迷上了麻将，吃过晚饭后，就在家里摆牌局。写完作业后，王锋偶尔也会过去看看，觉得很新奇。刚开始爸爸妈妈不让他看，怕影响他学习，时间长了没发现什么异常也就不管他了。有时候牌瘾上来，"三缺一"的时候还会拉王锋凑数。王锋玩麻将只赢钱不输钱，因为大人们都不要他的钱，他还用自己"赚"的钱买了心仪已久的飞机模型，为此他很是得意。

慢慢地王锋也渐渐痴迷打麻将了。放学后潦草地把作业写完，就等着妈妈他们打麻将。妈妈他们一般都能玩到凌晨以后，虽然王锋被强制回房睡觉，但是听着外面搓麻将的声音心里就痒痒的，在床上一直翻腾到牌局结束才能入睡。白天上课时，除了打瞌睡就是回想昨天晚上的牌局。

林老师意识到问题很严重，当即教育了王锋并马上找到了王锋的父母。爸爸妈妈没有想到自己的娱乐活动给孩子带来了这么坏的影响，当即保证再也不让王锋接触麻将。

给男孩的悄悄话

俗语说得好："赌博赌博，越赌越薄。"可就是这么一个让人越来越"薄"的"赌"，却使一些孩子走向了歧途。因此，青春期的男孩有必要来认识清楚赌博的危害。

赌博是以扑克、麻将等工具，用财物作赌注争输赢的行为。目前，在青少年之中，这种不良行为具有很高的发生率。大量事例证明，青少年赌博的危害性极大。

青春期男孩赌博往往会导致学习成绩下降，并会诱发失眠、神经衰弱、记忆力下降等症状，造成心理素质、道德品质下降，伴随而来的是社会责任感、耻辱感、自尊心都会受到严重削弱，更严重的是赌博还会导致违法犯罪，现实生活中有许多男孩因为赌博引起暴力犯罪。

麻将桌旁发生的一则则悲喜剧说明对麻将的成瘾完全不亚于吸毒。南方一城市的麻将桌上发生过这样的事：由于两人输了要扳回来，另外两人赢了还想再多赢一些，结果，两夜三天的鏖战使得一人因中风死亡，一人因憋尿而死，还有一人因中风而半身不遂。

既然认识到了赌博的危害性，那么，陷入赌博中的问题孩子该如何与赌博说再见呢？

首先认识到赌博的危害性。寻找丰富的娱乐活动，比如钓鱼、看书、打球等，来代替赌博这种娱乐活动。

　　同时应该认识到十赌九输的特点。不要抱有侥幸心理，输了别想去捞回，赢了不要还想赢。平时生活中避免出席任何赌博场合，培养其他可取代赌博的嗜好，打消赌博的念头。

　　青春期男孩可以选择定时做运动（如缓步跑）及学习松弛的技巧（如冥想或瑜伽），或进行休闲活动（如听音乐、与朋友逛街），借此驱走闷气，舒缓紧张的情绪。赌博是一种习惯性行为，戒除赌博不容易，但如果你拥有坚定的意志，那么你就一定能够克服赌博问题。

　　青春期正是身体和心理成长的关键时期，人生中很多良好的习惯和性格的养成都是在这时候打下基础的。那么，对于这一时期的男孩来说，健康趣味的养成会成为自身一种无形的资本，并会使得自己以后的人生受益无穷。

如何培养自己的男子汉气概

　　四班王老师急匆匆地往校长室赶，因为他班里的学生李耀跟人打架被校长抓了个正着。

　　校长室里，几个男生衣衫不整地站在墙边。王老师看见李耀脸上有伤，赶紧走过去仔细看了看。站在旁边的校医说，"没大碍，只是青了，吃点消炎药就好了。"王老师又气又心疼。挨完校长的批评后，王老师带着李耀回办公室。李耀跟在王老师后面，一边揉疼的地方，一边跟王老师说经过。原来，李耀的好朋友王兴打篮球时和隔壁三班的高强起了冲突。高强个子高是个顽劣的学生，和王兴在操场上吵起来。李耀听到了，觉得王兴和自己那么好，不去帮王兴一把太不仗义了。李耀虽然不喜欢打架，但是看高强那样嚣张，觉得自己要是示弱，就太没男子汉气概了，于是几个人就扯到了一起，正好被从旁经过的校长看到了，就被带到了校长室。

　　王老师听着听着，突然不走了，转过身问了一句"李耀，你知道怎么样才是真正的男子汉？"李耀一下不知道怎么回答了。王老师又说："回教室吧，好好反省下，想想自己有没有做错。也想想老师刚才的问题。"李耀回了教室。王老师摇摇头，看着李耀的小身影说："这些孩子。"

🚢 给男孩的悄悄话

　　自古以来，对男子汉气概的表述不一，但内涵基本上是一致的，那就是指男子汉应当拥有的一种超凡脱俗的气质。在古代，对男子的要求是文武双全、德艺双馨。随着社会的发展，现在对男子武的方面要求降低了些。但是，对于男子来说，一个健康的体魄也是必不可少的。

　　处于青春期的男孩子，正是在培养男子汉气概的途中。男孩子一定要先清楚了男子汉气概的真正含义，再努力做一个真正的男子汉。因为，现在是一个价值观多元的社会，外界的多姿和迷离一定会影响到青春期的男孩子们。关于男子汉气概的理解也就多元化，但是最根本的一点一定要明白，就是男子汉一定有沉稳、内敛、敢作敢当的一种品质，这里的敢作敢当绝不是靠着打架、说脏话表现的，这是一种理想的男子的品格，需要靠修养才能达到。怎样才能培养自己的男子汉气概呢？专家给出以下几点建议：

1.锻炼身体。身体永远是"革命"的本钱，练就一个健康体魄是非常重要的。男孩子不能看起来弱不禁风，在班里，有什么重活，男孩子一定要先行的，所以健康的身体非常重要。

2.加强自己的修养，做个有一个独立思考的人。修养是一个人的立世之本，中华民族是一个重视修养的民族，所以做事之前，先学会做人是非常重要的。做人就要严于律己、宽以待人；要先人后己，要孝敬恭谦良等。

3.多读书、提高自己的文化水平。一个男孩子的魅力，会通过他的知识表现出来。所以，喜欢学习，善于学习，也是培养男子汉气概的必由之路。值得注意的是，学习好课本知识的同时，一定要博览群书，学习各种知识。

青春期的男孩子，就要努力培养自己的男子汉气概，为未来的美好人生铺路。做一个优秀的人，一个真正的男子汉。

我压抑，我叛逆

请不要偷看我的日记

平常吃晚饭的时候，沈骥总会把学校里的趣事讲给爸爸妈妈听，可是最近一段时间，沈骥总是急急忙忙吃完饭就回房间，直到睡觉再也不出来。妈妈很担心，不知道沈骥一个人躲在房间里做什么。有时问沈骥，沈骥也不说，问多了，沈骥会不耐烦地说："什么也没干，做作业呢。"连续好多天都是这样子，沈妈妈就耐不住性子了。

这天，等到沈骥去上学，沈妈妈打开沈骥房间的门看了看，也没发现什么不妥的地方。刚要带上门的时候，沈妈妈迟疑了一下，她想了想就又走进房间，拉开了沈骥床头书桌的抽屉，沈骥的日记本平常都会放在这个抽屉里。沈妈妈从抽屉的底层拿出笔记本，翻了翻，也没看到什么特别的事情。翻到最近的几页时，沈妈妈明白了。原来最近这几天沈骥一直在帮班级设计一个公益网页，他想等设计好以后再告诉爸爸妈妈，给他们一个惊喜。沈妈妈看后终于放了心，高高兴兴地离开了沈骥的房间。

晚饭后，沈骥照常回房间，可是没一会儿，沈骥就气冲冲地拿着日记本出来了，"爸妈，你们翻我东西了，是不是偷看我日记了。"

沈妈妈赶紧说，"没有，我进去打扫房间了。""还没有！我日记里夹的资料都变位置了，还说没有。"

沈爸爸看看沈妈妈，赶紧跟沈骥说，"沈骥，不能跟妈妈那样说话。你最近什么也不跟爸爸妈妈说，吃完饭就回房间，这让爸爸妈妈很担心。你妈妈的做法不对，但也是因为关心你。"沈骥没说什么，气呼呼地回房间了。过了几天，沈骥的网页设计很成功，学校发给沈骥一个证书作为奖励，可是妈妈已经知道这事儿了，沈骥觉得很没意思。回家后，把证书拿给爸爸妈妈看，爸爸妈妈高兴得不得了。沈骥有些不明白，问："你们都已经知道了，还那么高兴。"爸爸说："当然高兴啦，只要是你努力取得的成绩，爸爸妈妈不管提前知不知道都会很高兴。你妈妈看你的日记不是为了知道你在做什么，她只是担心你的安全，想好好保护你，不让你受伤害。不能再生妈妈的气了，知道吗？"沈骥听了点点头："妈妈，对不起，我不应该跟你发脾气。"妈妈听了幸福得一把把沈骥抱进了怀里。

给男孩的悄悄话

青春期是人生中最美好的时期，有人把它比喻为花季。在如花的青春期里，青春期的男孩子就会面对着自己的身体和心理的一些微妙的变化。他们会有自己的心事，会找个倾听的对象，所以，记日记是非常普遍的事情。但是，日记也给他们带去了烦恼，就是那些细密的心事都写了进去，却找不到安全的地方放置它，因为，总有一些好奇心强的同学或父母想窥探他们的小秘密。

每个人都有他的隐私权，但是有时我们的小秘密还是会被窥视。这成了困扰很多青春期男孩子的问题，因为碍于是自己身边的人，又不能轻易破坏彼此之间的感情。有时候，父母也是出于对青春期男孩的关心。

到底该怎样调节这样的关系呢？一些青春期的男孩子发出了"请不要偷看我的日记"的呼声。专家认为之所以出现这种日记被偷看的情况，是人与人之间缺乏沟通的原因。如果，青春期的男孩子把自己的心事告诉了父母和朋友，他们也没有必要翻看男孩子的日记；如果父母和朋友少一些好奇心，多一些对男孩子的尊重，也就不会偷看他们的日记了。总之，人与人之间亲密无间的交流是非常重要的，这样会减少类似的侵犯隐私的事情。

但是处于青春期的男孩子，心事很多，有些又羞于开口，记日记确实是他们倾诉的唯一途径。此时，特别是父母就要学会尊重孩子，不要让男孩子记日记时总担心会不会被偷看、担心日记被偷看后的后果。所以，还是多一份关怀、少一些侵犯，多一些沟通、少一些防备，让男孩的花季真正如花绽放。

我已经长大了，请让我自己做主

期末考试成绩发下来了，大家都用佩服的眼光看向马进，因为这次的第一名又是他。有些同学小声议论着，说马进从上学开始，就一直是第一名。还有的说，他的智商可高了。马进坐在座位上翻着一本名人传记，对大家的注视和议论毫不理会，就像这些都很平常，本来就该这样。

马进很聪明，从初中到高中一直成绩很棒，老师们都很重视他。甚至有些老师对马进特别尽心，想重点培养这个让他们很得意的学生。可是马进对此并不上心，总是按照自己的方式做事情，甚至有时都不听老师的话，惹老师生气。这让同学老师们都觉得马进很高傲，不谦虚。

家长会的时候，班主任表扬了好多进步的同学，一次也没提到马进，这让马进的爸爸很纳闷。家长会快完了的时候，班主任把马进的爸爸和马进带到了自己的办公室。班主任说，马进是很聪明，但是学习态度有些不端正。马进辩驳说，"老师，我没有不端正，只是有自己的想法而已。我在课上看课外书，是想多了解其他的事情，再说老师讲的那些知识我早都会了，再听是浪费时间。我知道您和其他老师对我期望很高，可是我觉得我学习不是为了考个好大学，而是为了创造。有很多杰出的人都没上过大学。"爸爸听完，看了看班主任，他们都明白马进有自己的理想了，这是值得高兴的事情，但是有些地方马进还不成熟，想法太偏激。老师走过去很耐心地说："马进，学习不光在课堂上，成功的人都是善于学习的，即使他们没有上过大学，但他们会利用各种机会学习，并尽量让周围的条件更有利于自己的学习与进步。而你现在是放弃自己的有利条件，让自己处于不利的状态，你明白吗，马进？"马进有种豁然开朗的感觉："老师，我明白了，您说得对。今后我会更努力学习，不再任性好高骛远了。"爸爸和老师都欣慰地笑了："真是孺子可教也。"

🚢 给男孩的悄悄话

有一个热播的电视剧叫作《我的青春谁做主》，引起过很多青春期朋友的共鸣。一些青春期的男孩子也会发出自己的呼声，"我已经长大了，请让我自己做主"。这是青春成长期非常正常的现象，但是，我们得客观地对待这些青春期的心理，才能找到更好的解决方式。

青春期的男孩子为什么会发出这样的呼声呢？一般来说，最直接的原因是来自父母过多的管制。青春期的男孩子已经有主见了，他们要发出自己的声音，告诉周围的人，他也是个独立的人，所以，这些男孩子会想挣破束缚做自己。

但是，父母也有父母的考虑。他们不那么爽快地放手让男孩子自己做主，主要是因为不放心，这种不放心已成了一种习惯，从孩子出生时就开始了。不看到男孩子真正成熟稳重了，父母是不放心的，自然会对他们管制多一些。

一个要自由，一个不放心。到底该怎么处理这种关系呢？专家给出了一些建议：

1.男孩子要真正地培养男子汉气概，要成熟、稳重、要知得失明大局。只有这样，他们做事时才不会好高骛远，不切实际，才能不至于半途而废。当然，真正地做到这些很难，需要一些磨炼才能做到，这就要求青春期的男孩子在做好自己的本职工作——学习后才可以寻找自由，去锻炼自己。虽然说，分数不是衡量人能力的唯一标准，但是中学的基础知识对成长非常重要，还是有必要努力学习的。

2.父母要学会放手。学习放手是放心的有效措施，如果父母永远不放手，男孩子就永远没有独立之日，也永远没法锻炼自己，父母也就永远不放心了。所以根据男孩子的年龄和其他情况，放手让男孩子自己去做事，在必要时给予一些建议和帮助，是非常有必要的。

男孩子呼唤自由是正常的现象，是一种成长的见证，但是，要在自己做好做足了准备的情况下去独立，不然会让父母不放心，也就无法放手给你自由。

为什么我会疯狂迷恋明星

陈跃是个追求时尚的男孩，他的房间里到处都张贴着歌星的海报，这一两年，他迷恋周杰伦，周杰伦的每张新唱片他都第一时间去买下来。

他还把周杰伦的歌词都写在自己的日记本里，没事的时候就哼唱周的歌。家在南方的他，甚至跟爸妈申请参加周杰伦的北京演唱会。爸爸妈妈以路途远、影响学习的理由拒绝了他的要求，他决定偷偷地攒钱去北京看周杰伦的演唱会。他是周杰伦的铁杆粉丝。他要践行自己铁杆粉丝的身份。他觉得能见上周杰伦一面，是自己最大的愿望了。

爸妈也知道儿子喜欢周杰伦，他的歌都会唱，每天都在关注娱乐新闻上周杰伦的动向，开口闭口我的偶像怎么样。他们有些担心儿子会不会因为追星而影响自己的学习，却苦于找不到跟儿子可以协商的点而苦恼。

有一次，老爸问陈跃，你到底喜欢周杰伦什么地方呢？

陈跃边放音乐边跟老爸念叨周杰伦的歌多么优美动人，周杰伦的音乐多么让人有共鸣，周杰伦的一切都那么美好，甚至他的每件衣服都看起来那么好看。

老爸纠正说，那是你喜欢他的歌，但是他这个人呢？要想成为你的偶像，你总得对他的人品有所了解吧。

陈跃这可来了精神，既然老爸要深入了解周杰伦，那么作为一个周杰伦的粉丝，怎么能不表现一下呢？

他开始讲述周杰伦的成长历程和在这几年里取得的成就，以及这些成就背后的付出。

老爸听得也感动了。原来周杰伦也是经历了一番磨难，儿子不是像自己想的那样没头没脑地跟着别人瞎追星。

最后，陈跃还安慰老爸："你放心你儿子啦，我自己有分寸。我就是喜欢周杰伦的歌还有他身上的拼搏精神。要不然怎么歌坛那么多明星，只有他最受欢迎呢？"

老爸点了点头，又摇了摇头，看来儿子追星的事情，不能严令禁止，但是究竟该如何引导呢？这成了陈爸爸的一个大难题，他还要好好考虑。

给男孩的悄悄话

在 20 世纪，人们崇拜的偶像是雷锋、保尔·柯察金。而现在，青少年所崇拜的偶像，则换成了比尔·盖茨、乔丹、刘德华、周杰伦、林俊杰等亿万富翁或体育界或影视界明星。时代的变迁，印证了这种替换。

不管是体育明星还是娱乐明星，这些偶像可给少男少女的精神世界带来极大的向往和幻想，甚至沉湎于对他们的追逐和依恋当中，不能自拔。许多青少年一味关注明星们的帅、酷、炫，八卦或绯闻，名声或金钱，从而导致悲剧、闹剧的发生。

相反，如果人们看到的是明星如何坚忍不拔，如何善于创新，如何吃苦耐劳，如何谦虚谨慎，那么人们就会更多地从他身上吸取自我成长的养分，进而追逐像他那样的事业成功者。由此，盖茨便成为一个超级榜样，他会激发人们自我奋斗的决心。

明星给我们的还是一种成就感，我们也崇拜他们的成功。我们渴望成为这样的辉煌成功者，于是热情地追随眼前的成功者。这没有什么错，可是这些只是表面，揭开这些荣耀的面纱，这些明星成功的背后，表现出的是一种艰辛的努力和伟大的人格。没有这些，他们的成功也是一种无意义的成功，我们的崇拜也就是盲目崇拜。

其实，崇拜明星并不是一件坏事，最重要的是要知道如何崇拜才最正确。我们应该看到明星们最杰出的地方，我们更应该学习明星的精神或优点，使学到的融入自己的生活当中，与我们自己的实际联系，确定我们的奋斗目标。

所以，青少年在追星的时候要有一个理智的态度，把握好分寸。我们所崇拜的应该是真正值得崇拜的。他不是徒有其表，而应该有高尚的人品和超凡的气度；他不仅仅能吸引我们的目光，更应该能震撼我们的心灵。而我们也要从这些优秀的偶像身上吸取积极的人生经验。

最好不要滥花时间和金钱在追星上。要知道，别人的光环不会罩在我们的身上，追星本身并没有什么可以夸耀的，更不应该成为我们生活的全部。

我们还应热爱自己。每个人都是独一无二的，明星自有风采，我们也要保持个性、本色。

最后还有一点，就是要摒弃狭隘心态，我们不能因为别人的偶像与自己的不同，就对他人持排斥甚至敌对的态度。

追星不是不可以，只是不要盲目，不要在追的过程中丢了自己。

"乖乖仔"成了"火炮筒子"

小宇今年 14 岁了，以前的小宇成绩优异，性格活泼，是父母眼中的好孩子，老师眼中的好学生，同学们都愿意和小宇在一块学习，游戏。可是最近小宇变了，变的易怒暴躁，和父母顶嘴，乱摔东西，甚至和同学打架。

"我觉得很难过，现在同学们都不愿意和我一起玩了。"独自站在操场角落的小宇小声地说道。

周一上午几何课后，小宇的同桌林明问小宇："这道几何题怎么证明啊？""上课老师不是讲了吗，看笔记。"小宇不耐烦地答道。"上课走神了，没有听明白，你再给我讲讲吧？"林明不好意思地说道。"这么简单的题目都不会，怎么这么笨，上课时都讲了，自己看。"顺手把自己的笔记扔给林明。林明生气地把笔记拨到一边。

下午上美术课，小宇没带画笔，向同桌林明借，林明头也不抬，装没有听到，小宇觉得尴尬，气愤又困惑，不知道自己究竟哪里得罪了林明，要知道，他们俩可是好朋友啊。

在学校郁闷了一天，晚上回去做数学老师布置的作业，发现只有两道很简单的几何题，就想这么简单的题目我就没有必要做了，这些题目都是给那些学习成绩差的同学布置的。结果第二天因为没有完成作业，被数学老师批评了。小宇很不服气数学老师这样的批评，不就是两道题没做吗，又不是不会。

幸好还有一件令人开心的事，那就是爸爸今天出差回来了，他说过要给小宇买双耐克鞋子的。放学后兴冲冲地跑回家，爸爸果然在家。"宝贝，回来啦，想爸爸了吗？"爸爸高兴地抚摸着小宇的头，兴奋地说："好像又长高了，哈哈，快来看看爸爸给你买了好多书呢。""你给我买耐克鞋了吗？"小宇着急地问。"哎呀，坏了，太匆忙了，忘了！"爸爸歉意地说道："下次记得给你买好不好？""说话不算话，不用你买了。书、书就知道买书，以后买了你自己看吧！"说完小宇飞快地跑到自己的房间，狠狠地把门关上。

小宇现在很烦躁，很恐慌，觉得全世界的人都在和自己作对。面对爸爸妈妈的不理解，老师的批评，同学的孤立，小宇觉得似乎世界上所有的东西都失去了原有的秩序，都不对了。所有人都不喜欢他了，难道以前大家对他的喜爱都是假的吗？现在的小宇很困惑。

给男孩的悄悄话

相信不少男孩都会有这样的体验，进入了青春期就不再是"乖乖仔"。青春期的情绪，有时像一轮冉冉升起的朝阳，总是充满了无限的活力、希望和快乐；有时又像一艘航行在茫茫大海里的难以驾驭的航船，随时都有遭遇风暴袭击的危险。家长们常常会有这样的体会，孩子进入青春期后不仅身体见长，脾气也见长，言语和行为上都有很大的改变，尤其是批评不得，常常是不讲道理地乱发脾气。难以驾驭的情绪变化、冲动易怒的脾气和随之而来的烦闷心情，这不正是处于青春期的男孩们最典型的情绪特征吗？

从生理上来说，据国内外专家的研究，青少年性激素的分泌，比其性发育前增长了 8～16 倍。成长的加速度就是一种"生理能量"，同时有些孩子神经系统本来属于"强型"，例如心理学中所说的"胆汁质"或"多血质"的气质类型，当然就更是"不由自主"地容易冲动了。从心理特征上来看，进入青春期以后，成人感和独立意识渐渐成熟，所以这个时期的孩子们总是想在自己的事情上自己做主，想得到别人的理解和尊重。与此同时，日渐多元的社会文化和时尚观念无时无刻不吸引着成长中的青少年们。男孩渴望参与精彩的社会生活，期望体验各种时髦的东西，常常会与父母老师"对着干"。

一方面，"生理能量"如果没有健康的释放渠道，就可能转化为一种"心理行为能量"，正如平日所说的，"有劲没处使"，这种能力释放的破坏作用是非常危险的。冲动易怒、脾气暴躁是一种极其消极的情绪，这不仅对个人的身体健康、个性培养不利，而且也会对身边的朋友、亲人造成伤害，走向社会后更是影响着人际关系的生成，影响着一个人的进步和成才。

相信青春期的男孩也会有这样的烦恼——"总爱发脾气怎么办？"方法是多种多样的，只要你真的用心去尝试。

首先要勇于承认自己爱发脾气，以求得他人帮助。如果周围人经常提醒、监督你，那么你的目标一定会达到。同时，意识控制就是一种很好的方式。当情绪即将爆发之时，可以进行自我暗示，提醒自己保持理性，暗暗告诉自己"别发脾气，以免伤己伤人"。相信每一个有涵养的人都可以做到。更重要的是，凡事要将心比心、推己及人，如果任何事情你都能够站在对方的立场来想一想，那么你会觉得似乎没有理由再发脾气。另外，宽容永远是一种高贵的美德，当你能够做到"笑口常开""大肚能容"时，冲动易怒的坏毛病也就自然消失了。

青春期的男孩们，试着从现在开始，学会克制、学会宽容、告别冲动易怒的自己吧。要相信，深厚的涵养足以使一个人获得良好的人际关系并赢得众人的尊重，也可以使一个人从此具有一种人格的魅力、一种高贵的光芒。

每个人都渴望独立

妈妈在卧室里哭，不断地有抽泣声传来，可寒在自己的房间里听着断断续续的哭声，生自己的闷气。

妈妈是个过度保护的妈妈，从小没有让可寒摔过一个跟头，把可寒放在手心里怕掉了，含在嘴里怕化了。可是，现在可寒不再是那个经常愿意在妈妈怀里撒娇的三岁小孩了。他已经是个高中生了，是个不折不扣的男子汉了。妈妈却还要像以前照顾小孩子那样照顾他，要求他，控制他所有的饮食起居的细节。这让他很烦，今天因为出门和同学出去玩耍穿哪件衣服的事情，跟妈妈产生了分歧。他愿意穿着夹克出门，但是妈妈觉得那件夹克不如自己喜欢的那件好看，于是俩母子开始争论。最后，妈妈哭着说："我辛辛苦苦地照顾你长这么大，你却这么不听话。"

这句话激起了可寒的愤怒："你是把我养大，但是我是个人，我现在也是个男子汉了，你不要老用自己的要求把我的生活都搞乱好不好。我的事情我可以自己做主了。我喜欢什么样的衣服我知道。"

可寒的话当然也激起了妈妈的愤怒："嗯，是，你长大了，翅膀硬了，就知道和妈妈顶嘴了。你这是什么态度？"

"我就是这态度，你管我管这么严，我一点自由都没有。什么都得按你说的做，我根本没有人格独立！"

"我管你还不是为了你好！"

两人争吵不休，去和同学一起玩的好心情全没了，可寒也不打算出门了。妈妈对他很好，从小就是，从来没有把他一个人放在那不管他的时候。但是，他已经长大了，他想要独立了。为什么妈妈还是不肯给他自由呢。可寒也有了自己的小日记本，本子里写的都是自己的秘密，他不再像以前那样，有什么想法和什么故事都要第一时间和妈妈分享，现在他觉得自己已经长大了，不要妈妈那么密切的关注自己了。他最需要的是独立的空间。没有空间他觉得都要喘不过气来了。

可寒头疼地想着原因和解决方式，他究竟该怎样才能独立？

🚩 **给男孩的悄悄话** ⸺⸺⸺⸺⸺⸺⸺⸺⸺⸺⸺⸺⸺⸺⸺⸺⸺⸺⸺⸺⸺⸺⸺⸺⸺⸺⸺⸺⸺⸺⸺⸺⸺⸺

每个人都渴望独立，独立应该是每一个走过青春期的少年所必须收获的财富。相信每个青春期男孩都有着与可寒同样的烦恼：究竟怎样才能独立呢？

独立不是目中无人的自高自大。试着去回想，你是否有过这样的经历？把父母的悉心劝告当成老掉牙的"旧黄历"而不屑一顾，把老师的谆谆教导当成"过眼烟云"而不加留意，把朋友们的善意帮助当成是一种恶意的嘲讽和鄙视，把自己的心事用一本带锁的日记本密封起来，把自己的房门加一把锁而营造一个属于自己的"独立空间"。这种看起来很"酷"的行为就被青春期的少男少女们当成了一种"独立"。其实，当男孩在所谓的"独立空间"中荒废时光，当男孩因不听父母师长的劝告而犯下错误时，当男孩宁愿承受心事的重重纠结而不愿意倾诉给朋友和家长时，这正在说明男孩还没有长大，还没有成熟，还没有真正"独立"。

怎样才能实现真正的独立，是每一个青春期的少年必须要严肃思考的问题。意志力薄弱、精神脆弱、适应能力差、生存能力差已经成了成长中的青少年们共同的弱点，而这些归结到一点就是独立精神的欠缺。

培养真正的独立能力至关重要，我们可以尝试着从以下几个途径着手。

首先，自觉地创造锻炼的机会。如果你现在生活在父母的溺爱中，除了要感谢他们的良苦用心，更重要的是要给他们提出建议，让他们认识到什么才是真正的"独立"和独立的重要性。

其次，从生活和学习中的点滴小事做起，不仅养成生活中的"独立"能力，更要培养"独立"的学习精神。同时要注意方法、循序渐进。要知道，拥有必要的独立意识，并不是说要不顾自身的实际情况，一味追求偏激的目标，更不能把任性和固执当成是一种"独立"，对父母长辈的关心和指导不仅不能置之不理，而且要耐心听取，把他们的经验和阅历当成自己成长的"养分"。

更重要的一点，学会"独立"的过程不可能是一蹴而就的，要从力所能及的事情做起，遇到力不从心的事情学会寻找帮助，不能盲目逞能。

青春期的男孩要相信自己，只要真的去努力了，就一定能成为一个独立、自信、自强的人。

爸爸妈妈也要学会如何沟通

激烈的争吵后，厉宁从家里跑出来了，跟家里吵架了，因为妈妈看了他的日记本，本子里无非就是记录自己在学校的事情，还有一些跟同学相处的感慨，当然也有那个喜欢的女孩的章节。但是他很烦妈妈像跟踪小偷一样跟踪着他的一切，每次回家都感觉妈妈在窥探他的隐私，这次终于爆发了，他已经忍无可忍了。看别人的日记就是侵犯隐私！

但是，妈妈好像一点都没有觉察到自己的错误，反而认为自己这是在关心孩子，等到厉宁跑出家门以后，妈妈开始坐在客厅里发呆。自己儿子究竟是怎么了？以前儿子有什么小秘密都第一个要跟自己分享，记得他换牙的时候，在幼儿园里掉了牙，下午放学还带回来给自己当礼物，可是现在儿子究竟是怎么回事？

他不愿意再和妈妈分享他的故事和心情了，每天放学回来就钻进自己的屋子里，关着门，也不知道在里面究竟在做什么，叫吃饭的时候才出来，吃完饭就回到自己的卧室里去了。妈妈是担心儿子的状态才偷偷打开儿子的日记本看的。没想到儿子的反应这么大，不仅跟自己吵架了，而且还夺门而出，这是以前从来没有发生过的事情。

妈妈坐在客厅里暗自垂泪了一番，然后开始给厉宁的爸爸打电话。爸爸赶忙从单位里赶了回来。听着妻子说完了今天吵架的经过，爸爸决定跟厉宁和妈妈都谈谈，儿子长大了，要给儿子一个更宽广的空间，让他独立去面对一些事情的时候到了。妻子这么关切儿子的成长也是出于做母亲的心，两方都没有错，只是交流的方式不对。

老爸要出马调节双边关系了！首先，跟自己的妻子诚恳地谈论了儿子的成长，儿子已经开始向成年人的行列迈进了，不能再像以前一样那么密切地保护着他了，他的羽毛也已经开始丰满了，如果总是还把他护在自己的羽翼之下，那么也许未来，等到爸妈放手让他飞翔的时候，他就再也飞不起来了。

然后，老爸找到了厉宁。一番推心置腹的交谈之后，一家三口召开了正式的家庭会议，这个会议或许是这个家庭里一个新阶段的开始……

给男孩的悄悄话

对于正处于青春期的男孩来说，或许父母没有与你平等的交流；或许他们不能理解你成长中的烦恼与痛苦；或许当你出现了叛逆的情绪时他们没有及时放下举起来的手；或许他们没有认真地去发现你身上的优点，甚至从来不表扬你；或许他们给了你太多的，让你成为家中的"小太阳"却从来不给你锻炼自己的机会；或许你一直在为无法与父母沟通交流而痛苦。

的确，在众多家长们的眼中，现在的孩子是只知道索取而不知道付出的一代，而进入青春期的男孩几乎就是一群危险分子。"这些孩子怎么了？"是老师和家长们经常遭遇的困惑。其实，男孩们从来不是生活在真空里的，父母对孩子们成长中的缺憾，尤其是对青春期的孩子们有着不可推卸的责任。

对于这些"落后"的父母，青春期的男孩们可以试着去交流沟通，试着给出建议，试着用自己的智慧和知识巧妙地"拉"他们一把，告诉他们孩子进入青春期的家长应该做些什么。

主动对父母敞开心扉，让你的爸爸妈妈走进你的心灵世界，让他们熟悉你的爱好，了解你的情绪。只有让父母了解了你的所思、所好、所行，他们才能走进你的世界，拥有和你进行交流沟通的共同语言，良好的家庭氛围才能形成。

告诉他们，你渴望长大、渴望成熟、渴望独立，需要他们耐心的指导和帮助。强烈的"家长意识"对孩子的成长并没有帮助作用，相反容易激起青春期孩子的叛逆情绪。青春期的孩子希望父母视他们为大人，希望父母尊重他们的人格与意志，希望父母与他们平等交流。"你必须""你应该""人家的孩子比你强""你不能"……这种命令式的、单向灌输式的谈话是无法引起孩子共鸣的，无法触及他们的心灵的。男孩可以明确地告诉父母，你渴望交流和沟通而不是训斥，你渴望听到"我觉得""你觉得"等词语。

告诉你的爸爸妈妈，父母是孩子最好的镜子，是孩子最好的老师。树立一个健康、积极、乐观、坚强的爸爸形象和妈妈形象，对孩子的成长有着潜移默化的重要作用。以身作则，这是为人父母必须要坚持的准则。当孩子情绪不稳定的时候，当孩子遇到挫折而自暴自弃的时候，父母方寸不乱才能让孩子的情绪走向稳定和理智。当父母遇到了难以招架的"青春期问题"，一定要及时求助于教育和心理咨询机构，不能错过疏导孩子心理行为问题的关键时期。

"摩擦生热"，这是最简单的物理学原理，当家庭"摩擦"发生时也同样适用。告诉你的爸爸妈妈，青春期的孩子有着特殊的"温度"，易冲动、头脑发热、年轻气盛，所以你急需的是冷却剂、降温剂、镇静剂，千万不要"火上浇油"。一旦有"摩擦"发生，建议他们对待青春期的男孩时一定要冷静、耐心、宽容、理解，"冷处理"才是解决问题的最好方式。

不可泄露的秘密日记

小春有写日记的习惯，他把日记本锁在抽屉里，每天都把钥匙随身携带。妈妈几次开玩笑要检查他的日记本，他都拒绝了。

青春期的男孩子很难管，小春的妈妈怕小春早恋，或者是学坏，她决定从日记本下手，看小春平时都想些什么。

可是小春把日记本锁得牢牢的，妈妈根本打不开那个抽屉。无奈之下，妈妈找到一个开锁的人，把小春的抽屉撬开了。

小春的日记很短，每篇都只是几句话。

"今天我发现自己长了胡茬，我已经是个男子汉了，我很高兴。"

"鹏鹏偷偷地抽他爸爸的烟，他还让我抽，我不抽，抽烟就不是好学生了。"

"我今天醒来，发现床单上湿漉漉的一片，我上过生理卫生课，我知道自己遗精了。我没敢告诉妈妈，怕她把我想成坏孩子。"

"妈妈总想偷看我的日记本，我不给她看，她越想看，其实，我这里没写什么，但是，我就是想有自己的一个秘密小天地。"

合上日记本，妈妈让修锁工按照原样把锁按上了，她要给儿子一个秘密的天地，让儿子拥有自己的秘密，健康的成长下去。

给男孩的悄悄话

随着年龄的增长，孩子难免会需要自己的空间去保留不愿说的小秘密。这些秘密，也许只是青春期生理上的变化，只是发生在同学、家人之间的小事，或者是一些想法，一些心情。

对于孩子们来说，自己有意识地去记录生活是件好事，只是家长们往往克制不住好奇心理，虽然出于关心，但忘记了对于孩子来说这反倒会成为伤害。孩子既然不想把心事统统说出来，实际上正是说明他们正在慢慢变成熟。如果对于他们的日记过分好奇，会让孩子觉得父母像是不相信他们。

当发现桌子上多出一本带锁的日记本时，父母们大可不必放在心上，不论孩子写这日记的目的是什么，只要父母对他们表现出信任，他们也会同样地去相信父母。而小秘密，保留又何妨？谁没有点空间呢？只能说，孩子正在慢慢长大。

而男孩子们写日记，首先应该相信父母会对自己表示理解，并且坦诚地告诉他们，自己需要保留些小秘密。相互诚恳、理解，就能够避免发生矛盾或冲突。

打理好我的小金库

树立正确的金钱观

每天上学、放学，李雷都会有专车专人接送。当他从宝马车上走下来的那一刻，班上同学常常流露出羡慕的眼光，"哇！真没想到李雷家这么有钱啊！家里开的竟然是宝马。""你不知道吗？他可是我们学校出了名的'阔少爷'，上下学专人专车接送。"这样的话语早就在同学们间传开了，李雷听后内心得意极了，心里暗自高兴，仗着自己家里有钱，他变得越来越傲慢了。在他的眼里，自己总是高人一等，家境贫寒的同学根本不配做他的朋友。为此，他总是独来独往，几乎没有朋友。

每天上学时，李雷的书包里塞满了好吃的零食，还时常不忘带上爸爸从国外买回来的电动玩具，在同学面前炫耀一番。下课的时候，他独自一人慢慢地品尝着美味，从来不与同学一起分享。有一天下课，旁边的唐浩同学看见他正在玩弄玩具，听说这可是最新上市的一款玩具，他忍不住想伸手摸一摸。李雷见后大声叫喊道："快！住手！你给我放下，万一被你弄坏了，你赔得起吗？就靠你爸收废旧品那点钱，你想都不要想。"唐浩听后涨红了脸，赶紧把手缩了回来，一言不发地坐回到了座位上。

班长听后，忙对李雷说："上次为灾区捐款的事你还记得吗？唐浩没有向父母要过一分钱，为了能多为灾区捐一点钱，他利用放学的时间，到大街小巷拣废旧品、易拉罐和塑料瓶，不怕脏不怕累，把换来的钱全部捐给了灾区。而你却把父母给你的零花钱大手大脚地花在了吃喝玩乐上，在为灾区捐款时，你还支支吾吾，闪烁其词，不太乐意参与到这项活动中来。最后，还是你问父母要钱，向灾区捐的款。""我们应该向唐浩学习，通过自己的辛勤劳动，筹集善款，向灾区表达我们的一份心意。"旁边的同学也你一言我一语地说开了："我们都是好同学好朋友，不要因为同学家境贫寒的原因，而看不起同学，不愿与之做朋友。""用钱买不到同学对你的关心，买不到我们之间的友谊。"

此时，一直站在教室门口关注孩子们的班主任王老师走了进来，她轻轻地拍了拍李雷的肩膀，亲切地对他说："现在你花的钱都是父母的钱，他们赚钱也不容易啊！要养成节俭的好习惯，还有，不要用金钱来衡量同学间的友谊，金钱换不来友情。"李雷听后，若有所思，点了点头，认识到自己错了，决定向唐浩道歉。

"唐浩，对不起，我不应该那样对你说话，希望你能原谅我。"

"没关系，我们一直都是好朋友啊！"唐浩说完，老师和同学们都笑了。

给男孩的悄悄话

现实生活中，许多人或者是因为不满足，或者是因钱而导致朋友的纠纷，感情的背离，或是因为钱已够多而失去了目标。总之，他们对钱又爱又恨，没有钱烦恼，有了钱不一定就会得到快乐。

在如何对待金钱的问题上，经常有两种极端做法。有些人只认钱、不认人，他们的唯一目标就是金钱，金钱成了支配他们生活的最重要的因素。

还有另外一个极端，这是一些在任何情况下都绝不希望成为守财奴的人士。只要可能，他们总是避免和金钱发生关系。他们把其他事物置于铜臭之上，例如人与人之间的关系、家庭、健康、精神生活、温情。反正这种类型的人总是尽量回避"金钱"这个题目，收到的账单不开封，银行账单看也不看，绝对不谈论金钱。

这两种做法都过于极端。我们必须明确，金钱对我们到底有多么重要，我们需要为此付出多少时间。我们必须学会把金钱变成我们生活中的助手。

生活中，不少青少年要么花钱毫无节制，如流水一般；要么小气吝啬，如一只"铁公鸡"。

凡吝啬的人都是金钱的奴隶，而不是主人。对这类人来说，唯有金钱、财物才是最为重要的。为钱而钱，为财而财，敛钱、敛财是这类人的最大嗜好，也是他们人生的最大目的。他们的生活公式是：挣钱、存钱、再挣钱、再存钱……他们的最大乐趣是"数钱"：今天比昨天多了多少，明天比今天还会多多少；他们的哲学是：多了还要多，永远不会有满足的时候。

凡吝啬的人一般都不懂人与人的感情。他们不懂得亲情，不懂得友谊，不懂得人与人之间的感情，若是有的话，也要以金钱的标准去衡量。一般的处世原则是，认钱不认人。即使是家人，亲爱者，也始终毫不含糊，"账"总是算得清清的，为了金钱有的甚至达到了"六亲不认"的程度。

凡吝啬的人一般都是自私的、贪婪的。这类人总是嫌自己发财速度太慢，总想不劳多获。

吝啬贪婪者金钱、财富都不缺，然而其灵魂、其精神却是在日趋贫穷。

吝啬果真能给吝啬者带来愉快吗？不能。其实吝啬者的生活是最不安宁的，他们整天忙着的是挣钱，最担心的是丢钱，唯恐盗贼将他的金钱全部偷走，唯恐一场大火将其财产全部吞噬掉，唯恐自己的亲人将它全部挥霍掉因而整天提心吊胆，坐立不安，永远不会是愉快的。

吝啬者小气、心胸狭窄，在他们身上很少体现亲情二字，所以其内心世界是极其孤独的。尤其是当他们有难的时候，他们才会感到缺少感情支持的悲怆，才会感到因为吝啬而失去的东西实在太多了，才会充分感觉到金钱的真正无能。

对于金钱，青春期男孩应树立正确的观念：

1. 珍惜每一分钱，将它用在点儿上。大手大脚、挥霍浪费只会损害你的将来。

2. 既不回避、鄙夷它，也不贪婪、吝啬，应保持平常之心。

3. 成为罪恶之源，还是人生的好帮手，钱的作用取决于你的驾驭之法。

钱应用在点儿上

韦国浩是一名高中生，爸妈都是生意人，家境比较富裕，再加上自己是独生子女，备受父母的宠爱。每个星期的零花钱不少于三百元，每当要买学习用品时，父母将会另外给他一笔费用。为此，他从小就养成了花钱大手大脚的习惯，从来没有体会到赚钱是多么的不容易。

有一天晚上，爸爸走到他的房间，对他说："儿子，你现在也已经长大了，是应该好好体会一下生活的艰辛了，爸妈赚钱也不容易。我和你妈妈商量了一下，从明天开始，你每个星期的零花钱只有一百块，其中也包括你买文具的钱，缺钱的时候只能自己想办法解决了。"韦国浩一听，这简直就是晴天霹雳嘛，每个星期的零花钱只有一百块，怎么活吗？他知道苦苦哀求不会有任何的作用，爸爸下定决心的事，谁也改变不了，他只能接受这个事实。心想："现在只有一百块，需要省吃俭用了，不能随便乱花钱了！"这区区的一百块，不能再花在吃喝玩乐上了，也不能盲目的与同学攀比了，这钱需要用在点子上。在韦国浩的财政大权被爸妈剥夺以后，他花每一分钱都会精打细算，名牌服装也要跟他说拜拜了，也不能经常与同学去游乐场了，各种最新潮的物品也不能轻易就买了。

刚开始，韦国浩还是难以控制自己花钱大手大脚的坏习惯，刚过完两三天，他就出现"经济危机"了，在捉襟见肘的情况下只能自己想办法解决了。现在他还未成年，做兼职找不到合适的工作。现在他能做的只是放学后，到个街道捡废旧品。这对韦国浩来说，是一件难以接受的事，他怕同学会笑话他。但为了解决今后几天的零花钱，他也只能硬着头皮去做。一连走了好几条街，他把捡来的废旧品卖到了废品收购站，一个傍晚的艰辛，换来的只是区区的两块钱。

这要是以前，二三十块钱他都不会放在眼里，但此刻他觉得这两块钱弥足的珍贵，因为这是他用汗水换来的。通过这几天的劳动，他深深地体会到了爸妈赚钱十分的辛苦，来之不易，不应该大手大脚地花在吃喝玩乐上，钱要用在点子上。

给男孩的悄悄话

如何将钱用在点子上，也需要智慧。花钱不能简单地理解为消费，更不能看成是挥霍，它同时也包含着投资的意思。可以说，从如何花掉一元钱中，都能看出你对金钱的认知态度，反映出你的钱商的一个侧面。

中国人讲"把钱花在刀刃上"，就是如何实现金钱的价值最大化的意思。中国人习惯于勤俭的生活，一向主张勤俭节约，反对奢侈浪费；另一方面又爱面子，讲排场，出手时很大方慷慨；但终其一生也没有积累下什么资产。这是传统小农经济条件下的消费观念。

如今，校园里许多男孩不懂得把钱花在点儿上，跟起了"高消费"的流行风。

1.吃。很多男孩在一日三餐保证丰富之外，又给自己增添了第四餐、第五餐。于是，校园内外的商店里堆满了五花八门、包装精美的小食品，让人看了眼花缭乱。据报载，某校的小卖部门口每到下课就挤满了学生，还有一些校园"款哥、款姐"，吃不惯学校的大锅饭，经常下饭馆吃小灶，一顿花去几十元甚至上百元，可谓是挥金如土。

2.穿。有些同学课下聚在一起，谈论的不是功课，也不是难题，而是一个个脱口而出的名牌：阿迪达斯、彪马、耐克、金利来、鳄鱼、老人头等。上千元一件的皮衣，四五百元一身的套服，两三百元一双的皮鞋，在当今中学生中已不足为怪。

3.玩。如今"圣诞节""愚人节"已经成为我们必过的节日，"生日聚会"的火爆程度更是众人皆知。形式更是多种多样，最常见的是请朋友到餐馆吃一顿，酒足饭饱后，还要请大家一起去娱乐一番，溜冰场、电子游戏厅这时就成了最受欢迎的地方。这样一个生日下来，花去几百元也不足为怪。

4.名目繁多的礼尚往来。我过生日你送我一张音乐卡，你过生日我便不能再送贺卡，转而赠送精美的小礼物。下一轮便须打破上一轮的记录，变成你送我一只三四十元的小狗熊，我送你一个五六十元的大洋娃娃，出手越大方，友谊越牢固，情义无价。

这种现象实在令人担忧。青春期男孩们不了解钱的价值，不懂得工作的辛苦，在大人的宠爱下，养成乱花钱的习惯，这有可能会给他们的将来埋下祸根。

青春期男孩如何把钱用在点儿上呢？

1.无论我们年龄多大，也无论家庭经济条件如何，我们在使用零花钱方面，一定要有所节制，把钱的数额控制在我们有能力支配的范围之内。一般来说，零花钱的数额并没有一个定数，要根据我们的日常消费来预算。这些开支大多包括买零食、午餐费、车费、购买学习用品等费用。

2.尽量不和同学、朋友攀比，我们应坚持自己的个性。

3.不盲目买名牌，跟潮流。真正的品位并非外表华贵。

4.可买可不买的物品，就下定决心不买。

5.学会精打细算、货比三家。

学会勤俭节约

在陈睿的书包里，经常放有一个大的塑料袋。不知道情况的同学一定不知道，这个塑料袋是做什么用的。这个塑料袋是陈睿拿来装废弃的矿泉水瓶、易拉罐、旧报纸等东西。每天放学后，陈睿会把丢弃在校园里或街道上可回收的废弃品，全部装在这个袋子里，把它们积攒在一起，等到足够多的时候再卖掉。

有同学在背后常常议论他，"陈睿，他家是不是经济状况不好啊！不然，他为什么天天放学捡废旧品啊！""可能是吧！换成是我绝不会捡那脏兮兮的废旧品。""不会吧！听说他家境很好，不至于要捡废旧品来过日子吧！"对陈睿的议论纷纷扬扬地传开了。

几个好奇的同学，决定追踪陈睿，想看看究竟。他们几个同学远远地跟在陈睿的后面，陈睿并没有发现他们，依旧像往常一样，在校园里来回地走了一遍，把垃圾桶里可回收的废弃品全部装在了塑料袋里，提着袋子往回家的方向走去。在回家的路上，陈睿不放过任何一个垃圾桶，把每个可回收的废旧品都捡到了塑料袋里。一路上，陈睿捡来的废旧品整整装满了那个塑料袋。他扛着塑料袋向一栋高级住宅楼走去，几个同学在门口等了很久，始终没有看见陈睿出来过。经过这几天的跟踪，同学们看见陈睿常常进入那栋高级住宅楼，很久都没有出来过。"哇！没想到陈睿家就住这啊！这可是我们市里最高级的住宅楼了，没想到陈睿家境这么好，还常常捡废旧品啊！""真是不可思议啊！陈睿还这样勤俭节约啊！太让我们佩服了。"

第二天，全班同学都知道陈睿在家境条件好的情况下，仍然坚持艰苦朴素，勤俭节约的生活习惯，对他更是刮目相看。在班会课上，班主任对陈睿的这一优秀品质进行了表扬。陈睿涨红了脸，吞吞吐吐地说道："其实这没什么，捡可回收的废旧品不仅可以保护我们的环境，也可以养成我们勤俭节约的好习惯。换来的钱，我们可以买书、买文具，也可以捐给那些家境不太好的同学，这样做，一举两得何乐而不为呢？"

大家听后，对陈睿更是称赞尤佳。在他的影响下，班上的同学加入到了捡废旧品的队伍中来，做一名环境的卫士，慢慢地养成勤俭节约的优秀品质。

给男孩的悄悄话

古人曾说："俭，德之共也；侈，恶之大也。"今天，生活水平大大提高，一些男孩子养成了大手大脚的习惯。一听到"勤俭节约"，他们总是一笑：早过时啦！

果真如此吗？

节俭不仅是财富的一块基石，也是许多优秀品质的根本。节俭可以提升个人的品性，节俭对人的其他能力也有很好的助益。我们知道一个节俭的人是不会懒散的，他精力充沛，勤奋刻苦，而且比起那些奢侈浪费的人更加诚实。

节俭是人生的导师。一个节俭的人勤于思考，也善于制订计划。他有自己的人生规划，也具有相当大的独立性。

那么，青春期男孩如何养成勤俭的习惯呢？

1.正确认识金钱的含义。要懂得钱是什么，钱是怎么来的和怎样正确地对待钱财。

2.珍惜物品，不浪费。要懂得所吃、所穿、所用来之不易，随意浪费是不珍惜劳动果实、不尊重劳动的表现。经常参加劳动，体会劳动的艰辛。

3.学会花钱。要学会自己买东西，学会如何用钱、如何选择物有所值的物品。把钱保管好，防止丢失、被窃。养成先认真思考再花钱的习惯，避免盲目消费。可以要求父母让自己"一日当家"、记收支账，这是学会理财、培养节俭品质的好方法。

4.学会积累。手里的零用钱、压岁钱应该计划使用，适当积累。在存钱、用钱的过程中养成节俭的好品质。

5.懂得量入为出。必须明白，花钱必须有经济来源，花钱要看支付能力如何，即使家庭经济富裕，也要坚持前面提到的三条标准。

我的钱都花在哪儿了

下课的时候老师宣布，由于考试需要，学校要给学生们拍免冠照，每人交十元钱，交到班长那里。顾昌听了，把手伸进书包掏自己的零用钱，可是摸了半天也没找到。他又把书包拉出来仔细找了找也是没有，又站起来翻遍了所有衣服口袋还是没有。没办法只好向同学借钱交上，明天再还了。

回到家顾昌跟妈妈说了借钱的事儿，妈妈想了一下说："不对呀，我前天才给你的零花钱，怎么这么快就没了？"

"我也不知道，反正没有了。"

"你是不是买什么东西了？"顾昌想了想，摇摇头，"没有。"

"你没偷偷买漫画什么的？"顾昌摇摇头，"没有。"

妈妈看顾昌不像说谎，但是想想还是觉得顾昌的零花钱没得太快。过了两天，妈妈递给顾昌一个小本子："顾昌，以后零花钱都用在什么地方了记下来，这样你能慢慢学会管理自己的钱财。"顾昌点点头，挺高兴这样做的，他也觉得自己对零花钱没规划，以后有必要学着有计划的用钱。

给男孩的悄悄话

很多男孩子都会发出这样的声音，"我的钱都花在哪儿了"，这是困扰很多男孩子的问题。父母给的钱也不少，明明自己什么东西都没有添置，钱却没了。当然，不是他们没有买任何东西，只是这些青春期的男孩子记不清自己的钱花在哪儿了，或者是说，他们花钱没有花在该花的地方，很多情况下是浪费了。

经过调查发现，很多男孩子的消费包括这几样：吃饭、交通、零食、朋友聚会、买某某明星演唱会的门票等等。仔细观察，会发现，他们几乎没有花在学习上。所以，等到钱花完时，也没发现自己买到了什么使用的东西，就不知道自己的钱花在了哪儿。

其实，很多地方不需要花钱或者是能少花钱的地方，对于他们来说却成了重头戏，比如：朋友聚会、追女孩摆阔。同学之间聚会是很正常的，但是，现在男孩子们聚会的方式有点过去潮流了，他本不属于青春期男孩子的消费范围的，却被拉进了他们的生活，当然钱就会不够花，不知道钱花哪儿了。青春期的男孩子，应该将学业放在首位，保留住一切属于青春的美好，多学知识，提高修养，其实这些根本不会花很多钱的。所以如果你不知道钱花哪儿了，首先检查一下自己的消费观念是很有必要的。毕竟自己还不能挣钱，就要把钱花在有所值的地方。

在外面欠钱怎么办

刘欢的爸爸气冲冲地找到学校，跟刘欢的班主任说，星期天刘欢的几个同学去他家玩，等他们走后，他最近新买的移动硬盘就不见了。班主任听了，知道事情很严重，马上把几个去刘欢家的同学叫来，挨个问，结果谁也不承认。班主任最后很严厉地说，这属于偷窃行为，如果找不到，刘欢爸爸会报案，惩罚会很严重。大家知道了事情的严重性，有的都吓哭了，有两个同学嘟嘟囔囔地说："他家自己的事儿，怎么不去问刘欢，干吗赖在我们身上。"办主任一听，知道事情蹊跷，就让其他同学先回去，留下他们两个单独说。

那两个同学就把刘欢跟他俩还有班上其他同学借钱的事儿一五一十全说了。班主任听后，把刘欢叫来问是怎么回事儿，刘欢一听就哭了，把事情告诉了爸爸和老师。

原来刘欢的爸爸妈妈经常加班，很晚才回家，刘欢总是在外面一个人吃完饭再回家，久了就觉得回家很无聊。有一次，刘欢去了一个小网吧，在那里待到爸爸妈妈快回家时才走。从那以后，只要爸爸妈妈加班，刘欢都会去网吧玩。起初爸妈给的零花钱还够，到后来不够了就向同学借，最后欠了很多钱还不了。有的同学就说要告诉老师，刘欢怕挨批评，就偷偷拿家里的东西卖掉还同学的钱。这次的移动盘就是刘欢拿的，他想把它卖了还一个同学的钱。刘欢爸爸听了，气得举手就要打。班主任赶紧拦住了，说："孩子这样，我们都有责任。我作为班主任没有早点发现这种情况是失职的，你们作为家长没有把孩子管好照顾好也是有责任的。"刘欢爸爸叹了口气，把刘欢接回了家。

🚢 给男孩的悄悄话

有些青春期的男孩子会经常碰到这种情况，就是钱不够花，需要向其他人借钱，因为他们还不能感觉到挣钱的困难，习惯了伸手向父母要，所以花钱时没有计划。

在外面欠钱就成了普遍的现象，但是却会给青春期的他们很大的心理压力。这样会导致他们无法专心于学习，有时候还会因为钱的问题和同学闹矛盾。老师建议，对在外面借钱的同学要分清情况，再给予相应的帮助和处理。

如果在紧急情况出现时，比如突然生病或学校要组织郊游需要自带食品或是自己需要买书时，这时自己带的钱不够的话，是可以向同学借钱的。回到家后就可以向父母说明情况，赶快把钱还给同学。这样的欠债情况，一般不会给青春期的男孩子带去什么心理负担。

还有一种情况是，自己花钱做了不该做的事，比如去上网玩游戏以及和哥们儿去不适合青春期男孩子去的酒吧等类似场合时，如果带的钱不够就需要借钱了，并且这时候需要花费的钱还会多些，但是，回到家后又无法向父母要钱，就出现了在外面欠钱的情况。根据调查发现，他们会从自己其他合理消费里扣钱还给同学，有时还会出现"挖东墙补西墙"的情况，这时会给男孩子带去一定的焦虑。

如果你在外面欠钱了，就要对照一下自己属于哪种情况，然后采取相应的措施，减去心理负担，从而专心学习。第一种情况属于合理消费，可以向父母解释清楚，请求他们的帮助。如果是第二种，就要自我检查一下，要有理财意识，并学习些理财知识，把它用到生活中，让理财成为一种习惯。

早餐钱不能省

吴超，是初中二年级的学生。一年一度的母亲节要到了，吴超有一个甜蜜的小计划正在实施。妈妈整天在家操劳家务，为自己付出了那么多，自己一定要在母亲节那天送妈妈一份礼物，告诉妈妈有多爱她。

送妈妈什么礼物好呢？想来想去，决定送妈妈一个手提包。到商店转了一圈发现一个手提包的价格还不低呢，自己以前攒的零花钱不够买一个手提包，怎么办呢？

为了到时候给妈妈一个惊喜，吴超制定了一个攒钱计划：在母亲节前不吃早餐，就可以省下早餐钱，反正几个小时后就回家吃午饭，应该不会饿太长时间的肚子。吴超为自己的"聪明"沾沾自喜。

他心里暗暗地想：省下的早餐钱再加上以前攒的零用钱才够给妈妈买一个手提包了，时间已经不多了，一定要坚持住。

刚开始不吃早餐的时候，吴超早上九点左右就饿的肚子"咕咕"乱叫，时间一长，肚皮仿佛也适应了不吃早饭，不会再饿得受不了了。但是中午一回到家，吴超就会敞开了肚皮大吃，常常一个人能吃两个人的饭。

妈妈觉得很疑惑就问他："小超，是不是早餐钱不够，吃不饱啊，你看你现在脸色这么难看！"小超赶忙否认。怕儿子吃不饱，就又给小超增加了早餐钱。可是吴超仍旧一回家就喊饿。

一天天下去，小超的钱越攒越多了，身体却越来越不好。尤其是上午上课的时候，总觉得头昏，恶心，上课根本没有办法集中注意力，反应似乎也迟钝了，学习成绩一直不错的吴超竟然对学习有了力不从心的感觉。

有一天正在上课，小超突然胃部疼得难以忍受，老师马上停止上课把他送到附近的医院。经检查是轻度胃炎，了解情况后医生说和长期不吃早饭，午饭又暴饮暴食有关。

闻讯赶来的妈妈又是心疼又是生气："为什么不吃早饭，不知道不吃早饭对身体危害很大吗？每天给你的早餐钱你都干什么了？

"我……是想攒钱给你买个手提包当作母亲节的礼物……"小超低着头小声地说。

妈妈听了感动得热泪盈眶，搂着吴超说："只要你有这个心妈妈就很高兴了。你现在正在长身体，不吃早餐对健康损害太大了，还影响学习，以后千万不能不吃早餐了！"吴超使劲地点点头。

🚢 给男孩的悄悄话

"早吃好，午吃饱，晚吃少"是大家都知道饮食口诀，但是在执行中就会出现偏差，特别是一些男孩子，早餐很随意或干脆不吃早餐，这对身体的损害是很大的。但是这种情况在中学生里是很普遍的。很多男孩子会挪用早餐的钱，去买其他东西或攒着以期待和同学一起吃顿痛快的午餐。

营养专家指出，早晨起床后，人体很长时间没有进食，胃里是空虚状态，血糖处于极度低的状态，无法给新一天的工作和学习提供能量。如果不及时进餐的话，就会出现头晕、疲劳、反应迟钝等状况。青春期的男孩子正是长知识的时期，学习任务重，如果早餐不吃好就会影响学习。

青春期的男孩子也是长身体的最佳时期，个子的高矮和这期间的营养也不无关系。国外的相关试验证明，早餐的营养如果达不到身体需求的话，就很难通过其他方式补充，午餐和晚餐也满足不了身体营养的需要，就会造成营养不良，严重时还会引发相关疾病。所以青春期的男孩子，如果早餐不吃好的话，能量无法按时供给，肯定会影响身体的发育和身高。

此外，专家还指出，青春期里的孩子一定要吃好早餐，因为青春期要适应身体和心理上的一些变化，心里会非常敏感，情绪就会不稳定，如果不吃早餐的话，会加重情绪的不稳定现象。所以青春期的男孩子请不要挪用早餐的钱，身体和智力的发育离不开营养的早餐。

压岁钱怎么花

给孩子压岁钱是我们中国的传统习俗，长辈借此向晚辈表达关爱，现在更成为男孩们过年过节的重要"精神动力"。过年的时候，男孩们最高兴的事情之一就是收到许多压岁钱。兜里装着各种各样的红包，心里甭提多开心了。

亮亮也是这样的。这不，今年亮亮的压岁钱也是"大丰收"，他笑得合不拢嘴。往年的压岁钱都是全部"上交"给妈妈，现在自己已经是初中生了，是不是应该自己保管并支配自己的压岁钱了呢？亮亮决定和妈妈好好"协商"这件事。

亮亮问妈妈："我现在已经14岁了，我可以自己保管压岁钱吗？"

妈妈笑道："嗯，可以的。不过，你打算怎么支配这笔钱呢？"

亮亮从未想过这件事，便摇摇头。

妈妈见他摇头，便拉他坐到自己身边，然后对他说："有钱固然是一件好事，但更重要的是知道怎样花钱。钱一定要花在有用的地方上才会产生价值，否则就是挥霍浪费。"

亮亮想了想回答："我把四分之三的钱存起来，剩下的钱买些书。这样可以吗？"

妈妈欣慰地回答："听起来真不错，就按照你的计划实行吧。以后你的压岁钱也由你自行支配了。"

亮亮兴奋得高呼"万岁"……

给男孩的悄悄话

男孩的想法有很多，当你拿到压岁钱的时候，正是展示自己想法的时候。通过安排压岁钱的花法，你会有很多收获。

有的男孩想去旅游，说明他想换一个环境，对生活充满好奇，有一定的自立能力；有的男孩想买一双名牌的球鞋，可能是家长平时有名牌情结，影响了男孩，或者男孩在学校受到一些影响；有的男孩想报名学绘画，也许他只是想尝试一种新东西。不管怎样的想法，都有它存在的原因。这些想法不能拿成人的标准衡量。每一种想法，都值得男孩自己小心翼翼地对待。最可怕的不是有不好的想法，而是一点想法都没有。如果男孩完全没有支配意愿，这表示他完全不愿意参与打理生活，与逃避有何异？

庆幸的是，绝大部分男孩都有支配欲望，并且坚持压岁钱是属于自己的私人财产，"神圣不可侵犯"。但是，花费这笔钱之前，最好征求下家长的意愿，请爸爸妈妈协助你做一个财务计划表，监督你执行、评价和总结。相信在坦诚的沟通中，你会学会听取家长的意见，也会渐渐懂得花钱的学问。

男孩学会安排压岁钱后，会体会到实现愿望的乐趣，在以后的生活中，会继续追求自己的小梦想，并学着用钱去一步一步实现。

勤工俭学会被同学嘲笑吗

老师在班会的时候宣布了一个通知，内容是学校为同学们提供一个勤工俭学的机会，有愿意参加的在各班班主任那里报名。黄嘉伦听了后很高兴，因为家里经济困难，他一直想帮妈妈做点事儿，好能贴补家用。但是妈妈怕耽误嘉伦的学习，也怕他不安全，一直都不答应。这下好了，勤工俭学既不耽误学习又很安全，还能靠自己的一分力量来解决自己的困难，黄嘉伦兴奋得恨不得马上就能被安排好去做事情。可是班上那些家庭条件好的同学，在听到老师说有关勤工俭学的事情时，有的好奇，有的捂嘴偷笑，有的窃窃私语，"勤工俭学不是那些穷人家的孩子做的事情吗，老师何必通知大家呢，把班里几个家庭条件差的报上去不就得了。"黄嘉伦听了，心里像被针扎了一样，刚要举起的手又放下了。

放学的时候，班长从后面追上来，"哎，嘉伦，勤工俭学的事儿你有兴趣吗？"黄嘉伦看看班长，摇了摇头。

"不感兴趣，你不是一直想找点事情做吗？这次多好啊！有事情做又能锻炼自己。"黄嘉伦还是摇摇头。

班长说："哦，我以为你会报名的，所以还想跟你一起搭个伴呢。既然你不感兴趣，那我找别人了。"

黄嘉伦听了一愣，"班长，你也需要勤工俭学吗？"

"当然啦，这是锻炼自己的好机会呀。"

黄嘉伦听后对班长十分佩服，觉得他跟其他同学就是不一样。黄嘉伦就把自己的担心，以及刚刚在班上听到的那些话告诉了班长。班长听了皱皱眉，说："别管他们，明天我们一起去报名，把这事儿也顺便告诉班主任。"黄嘉伦开心地点点头，和班长一起说说笑笑地回家了。

第二天，班主任专门抽出一点时间，在班里把勤工俭学的真正意义讲给同学们听。那些对勤工俭学交头接耳的同学听后，低下了头。班里的其他几个有些犹豫的学生也积极地报名了。班长扭头看看黄嘉伦，伸出手，黄嘉伦伸手迎了上去，两个人开心地击了一下掌。

给男孩的悄悄话

有一部分青春期的男孩子由于各种原因选择一边学习一边打工，但是心里会担心同学对自己的勤工俭学的态度。青春期的男孩子一定要弄清楚勤工俭学的含义，去除这些不必要的精神负担。所谓勤工俭学是指学生一边求学，一边工作劳动的现象，是学校实施劳动教育活动的形式之一。它与教学活动、科技活动、文体活动和公益劳动一样，都是学校教育活动的一种。所以勤工俭学不但不应该被嘲笑，反而是每个学生都应参与的劳动教育。

有的地方还采取了一系列的措施，颁布相应的规章制度来鼓励和保护学生勤工俭学。《关于加强中小学勤工俭学劳务活动管理的意见》类似文件里一般都会明确指出要提高对中小学勤工俭学劳务活动的重要性的认识，认为勤工俭学是加强中小学生素质教育和道德教育的重要途径，有利于提高学生思想道德品质创新精神和实践能力。

对于青春期的男孩子，正是学习知识的好时期，首先要端正勤工俭学的动机，有的男孩子是为了赚钱减轻家庭负担，有的则是为了锻炼自己的能力，让自己多吃些苦，磨炼自己的意志。这些都是只得肯定的动机，勤工俭学也确实是一个学生实践能力的锻炼，绝对不是什么丢人的事情。

所以勤工俭学的男孩子大可放心地去勤工俭学，不会招来同学的嘲笑的。但是永远不要本末倒置了，书本上的基础知识也是必须学通的，不能急功近利，要把眼光放远点。

第三章
心理 & 秘密——花季雨季自多情

若隐若现的情愫

能和女孩玩吗

翼南是一个初二的男生，到了发育的年纪，身体开始如同抽枝的柳条一般迅速地伸展开来，原本在班级里坐最前排的位置，现在由于身高的原因，被排到了后排的座位。有了新的同桌，翼南也很开心，新同桌是个跟他一样高大的男孩，俩人很快成了形影不离的好朋友。还有一个小女孩也经常出现在他们这里。那个女孩是翼南以前的同桌，而且两家也在一个小区住，每天结伴上学、放学。

新同桌和女孩相处得也很好，课间的时候，那个女孩经常来后排玩，放学的时候也是三个人一起走，三个人成了无话不谈的好朋友。但是，班里的同学开始谈论起他们三个人的关系来，有的人说，女孩和翼南在谈恋爱，不过是拿着新同桌当幌子，好让老师们不怀疑他们，有的人说女孩和翼南的新同桌在谈恋爱，没准还是翼南牵线了呢。各种说法此起彼伏，也不断地传到翼南的耳朵里。本来他觉得三个人在一起很自然，很正常的事情，但是被大家这么一说，他也觉得怪怪的。班里的其他男生确实不太爱跟女同学们说话，他们三个看起来是有那么点张扬。

不能和女孩一起玩了么？已经男女有别了？翼南的心里打起了问号。这样总跟那个女孩在一起玩，难免会产生一些风言风语。其实根本没有的事，让他们这么说来说去也好像成了真的。

翼南决定和女孩保持距离。于是他自动地疏离了和女孩的关系。那个新同桌的男生倒是没心没肺，依然和那个女孩一起玩。

看着两个昔日好友在一起依然那么快乐，翼南更加迷惑了，到底能不能和女孩玩呢？如果这样久了，我会喜欢她么？翼南到底该怎么办？

给男孩的悄悄话

小时候，男孩子女孩子在一起玩，两小无猜。随着年龄的增长，由于性生理的发展和逐渐成熟，男孩性意识开始觉醒。男孩会在心理上强烈地意识到男女有别，意识到男女之间交往与同性之间的交往，无论在交往方式上还是在交往的内容上，都会有许多不同。因而不可避免地产生了对异性的一种朦胧的好奇心，渴望了解异性，不自觉就产生了对异性的一种青涩的爱恋之情。这时青少年开始有意识地修饰自己的仪表，注意自己的谈吐，希望自己能够引起异性的注意，同时也对异性产生好感。我们在异性面前或是表现为热情、兴奋，用种种方式表现自己；或是表现慌乱、羞怯和不知所措，面对这一切，许多青少年表现出极大的不安。科学研究告诉人们，青少年的这种变化都是青春期异性之间相互吸引的表现，是一种正常的心理变化。

到了一定的年龄，每个人都会产生与异性接近的欲望，这是人的一种情感需求，并不是病态，也并不可怕。

心理学家认为异性交往会有如下几点互补性：

1. 个性互补

单一的同性交往，远不如多向的异性交往更能丰富人的个性。

心理学研究表明，社会中的个人，交往范围越广泛，和周围生活的联系越多样，他的各方面社会关系就越深入，精神世界就越丰富，个性发展就越全面。尽管同性间的个性也存在着差异，但如果只和同性人交往，人的个性发展往往很狭隘，因为这种差异远不如异性间的个性差异明显和有意义。

2. 心理互励

心理学家发现，大多数人，尤其是青少年，都有心理上的"异性效应"，往往表现为有异性参加的活动，较之只有同性参加的活动，参加者一般会感到更愉快，干得也更起劲、更出色。这是因为当有异性参加活动时，异性间心理接近的需要得到了满足，从而使人获得程度不同的愉悦感，从而激发出潜在的积极性和巨大的创造性。

3. 情感互慰

人际间的情感是极为丰富的，除了爱情之外，还有亲情、友情、同情、敬爱、恩情等等。男女之间可以有不带爱情色彩的情感交流，它可以使人感受到温暖，达到心理上的平衡。在"异性效应"的作用下，这种情感的交流更为密切，能达到有效的情感互慰。

4. 智力互偿

研究表明，虽然人类智力的高低总体上没有性别差异，但男女之间的智力特质却有区别。以思维能力为例，男性比较擅长离奇、大胆的抽象逻辑思维，善于抽象和概括，更喜欢用综合的方式对待现实；女性则擅长于具体形象思维，比较感性，更适合处理以实践应用和形象思维为支撑的事情。通过异性交往，双方均可从对方那里取长补短，以促进自己的智力水平和学习、工作效率。

但是，青少年毕竟处于一个较为特殊的人生阶段。一个人的价值观、世界观基本上是在这一阶段成熟起来的。在此阶段，人的身心发育还不够完善，情感认识还不够理性，情绪掌控还不够稳定。很容易因为一时冲动而酿下苦果。那么，刚刚步入人生花季的男孩应该怎么做呢？

与异性交往，很重要的一点是互相尊重和理解。男女之间在气质、性格、身体、爱好等方面往往有着较大差异，只有彼此互相尊重和理解，异性友谊才能维持和发展。

同时，不论男女，在交往过程中都不要过于随便。真正的异性朋友，自然可以堂堂正正地来往和接触。但毕竟有性别差异摆在那里，一举一动都要大方得体，不能过于随便，否则可能会伤害彼此和身边的其他人，有损友谊的巩固。

在交往的过程中要注意交往场所的选择。异性朋友单独相处时，要注意选择合适的场所，尽量不要在偏僻、昏暗处长谈。如果在房间里单独谈话，不要紧闭门窗。以免引起不必要的误会。

当然，青少年在与异性交往时，特别重要的一点是要分清友谊与爱情的界限。友谊和爱情之间既有联系又有区别。人们之间的爱情关系和友谊关系都是以彼此之间相互欣赏为基础的。友谊和爱情两者之间有严格的区别：

首先，是内涵不同。友谊是同学或朋友间的一种平等的、诚挚的、亲密的、互相依赖的关系。而爱情则是一对男女之爱，并渴望对方成为自己终身伴侣的关系。

其次，是对象不同。友谊是广泛的交往，而爱情则是在一对男女之间发生的。友谊可以通四海，朋友可以遍天下，人们可以和各种对象发展友谊。而在爱情世界里，却是男女之间的隐私之情，只能是真挚专一、忠贞不贰，如果第三者加入，便产生嫉妒心理和排除异己的行为。

再次，是要求不同。友谊关系中，主要承担道德义务。而爱情关系在双方缔结婚姻关系后，不仅承担道德义务，还要承担法律责任。异性朋友一定要注意，不要模糊两者的界限，否则不但失去友谊，还会失去爱情。

因此，男孩子与异性交往，要学会正确利用奇妙的"异性效应"，学会彼此欣赏和相互学习，同时要尽量把握好交往的尺度，让自己身边多一些朋友。

新来的语文老师好漂亮啊

新来的语文老师姓慕容，第一节课的时候就向同学们做自我介绍："大家好，我就是慕容老师。"思嘉在下面接个下茬："老师你是慕容复的亲戚吗？"大家都看过《天龙八部》电视剧，全笑了。慕容老师也笑了，笑起来格外甜美。

慕容老师很漂亮，这可是全班同学一致公认的：她身材苗条，个子高高的，穿着天蓝色的连衣裙，样子非常清纯。连班上的女生都惊呼："哇噻！美女。"

这位慕容老师脾气非常的温和，站在讲台上，总是向大家微笑，她笑得那么自然、那么亲切，立刻拉近了她与同学之间的距离。

语文课上，她一遍一遍地给大家讲解问题、朗读课文，她柔和的嗓音，实在令人着迷。之前思嘉对语文课从没有兴趣，所以在做练习的时候笨手笨脚的，慕容老师耐心地帮助他纠正错误。

以后的课余时间，这位慕容老师经常成为全班男生的谈论话题："慕容老师的气质，就像是《天龙八部》里的王语嫣。""她也有点像是阿朱。"同学们说什么的都有。

"不过在我的心中，慕容老师就是慕容老师，不论是王语嫣还是阿朱，都比不上我们慕容老师啊！"思嘉认真地说道。

思嘉的伙伴们早就发现思嘉特别喜欢谈论慕容老师，问他："思嘉，你是不是喜欢慕容老师？"

"你们不也很喜欢吗？我只是和你们一样的喜欢而已。"虽然思嘉的口头上没有承认，但是在心里已经肯定了，慕容老师的一切在思嘉的眼里都是那样的完美。只是思嘉不知道慕容老师是否也同样喜欢自己。

给男孩的悄悄话

青春期男孩对年轻、有气质的异性老师产生爱慕之情，这是可以理解的，她也许是第一个闯入你心房的具有很大吸引力的年轻女子，与周围的女同学相比她肯定要出色很多。你对她产生好感，是十分正常的心理现象。

然而坦率地讲，男孩的这种爱慕之情并不一定是真正的爱情，换句话说，这只是一种对异性，尤其是对优秀异性的一种朦胧的好感，在这一个年龄段的青春期男孩，常常表现出既成熟又幼稚，既清醒又迷糊，既狂热又消沉的矛盾心理，并开始把目光更多地集中在异性的身上，憧憬着梦幻般甜美的爱情生活。但是这时候的你对于什么是真正的爱情却知之甚少。

爱情是双向的感情投入，爱情不能仅凭感情，还要有思想、道德、学识、性格、气质、习惯，甚至家庭影响等很多方面的考虑，而且需要处理很复杂的人际关系。作为一个学生，你现在能驾驭这么多吗？

所以最明智的选择是及时控制自己的感情，不妨先将这段美好的感情沉积在心底，等你长大之后，随着你眼界的开阔、知识的增长，你会渐渐走向成熟，你会把这段美好的感情作为人生一段珍贵的回忆。

也许你会感到很难控制你的感情，这是肯定的。建议你从以下几点入手试试：

1. 改变环境

尽量避开与老师单独相处的机会，多参与体育活动，多与同学们在一起，将自己融入集体，就不会更多地沉湎于个人的感情之中了。

2. 转移感情

发展自己的兴趣爱好，课余时间多读课外读物，参加各种体育活动，多做些社会工作，将自己的生活充实起来，你将会发现一个更加广阔的充满生机的天地，自然也易于从缠绵中摆脱出来。可以在周末的时候约上好朋友，投身到山清水秀的大自然中去，让轻轻的风、柔柔的水、波涛汹涌的海和层峦叠嶂的山启示你人生的丰富多彩，帮助你走出迷茫。

我们知道，人生最可贵的就是拥有理智，希望对老师有好感的男孩能够理智地控制自己的感情，收获美好的未来。

把握友情与恋情的尺度

自从和马莎莎相处熟悉之后，最近一段放学回家都是林雨和她一起回家，难怪青峰说："林雨，你这个重色轻友的家伙，把我们都彻底抛弃了。"而她在一旁高兴地笑着。

一天，她跟林雨说："林雨，今天你能够晚点回家吗？我有好多题不会做，你能不能帮我讲讲。"那天晚上，林雨一直给她讲题目讲到了八点多钟。

从那以后，她经常会要求林雨晚一点回家，为她讲两道题目。时间一长，林雨觉得有点恼火了。

林雨心里比较不高兴：为什么自己要凭空为她付出这么多呢？自己有很多的事情要做啊！那些题目她如果上课好好听讲的话一定是可以做出来的，为什么一定要在课下耽误我的时间呢？难道我的时间不宝贵吗？难道她因为是我的好朋友就可以随便耽误我的时间吗？这样一想，林雨心里突然觉得很委屈。

难道她是为了利用我吗？还是她觉得我们是好朋友，就不和我太客气了？总之，林雨的心里很不爽！

那天，她又要让林雨晚点回家，林雨想了一下，告诉她："今天妈妈要我早点回家。"

她听了一愣，然后说道："你家里的事情很重要吗？"

林雨听了这句话开始心里冒火了："难道只有你的事情重要吗？"说完之后，头也不回地走开了。

在回家的路上，林雨郁闷坏了：为了她，自己牺牲了很多自己的时间，却没有换来她的感谢，反而让她觉得自己为她做些事情是天经地义的。为什么我不为自己的利益多考虑考虑呢？

给男孩的悄悄话

在男女交往中要区分开什么是友情，什么是爱情。要把二者的界线明确化，而不能模糊不清，以免造成误会。只有让双方都明确彼此之间是友情而不是爱情，在日常交往中才不会造成误会，才会给彼此留有必要的空间。

从单恋的幻影中走出来

那次和妈妈一起去参加一个夏令营，有一个小姐姐吸引了安可的注意。她在那个夏令营里面做志愿服务生，看上去清秀漂亮，温文尔雅，不知为什么，安可总是把她和小鹿联系在一起。

有一次，安可不经意闯入了这个夏令营的后房，看到她在那里准备中午的饭菜，当时吃了一惊："原来你的工作就是负责日常的伙食啊？"安可很难想象这样一个相貌秀气的女孩为什么愿意把自己放到这样低微的位置上。

她却笑了笑说："我们是来这里参加学习，做什么工作不是利益别人呢？立下心来让自己做最基本的工作，才会真正树立服务社会的精神。"安可听她这样一讲，觉得有道理，心里更加尊敬和佩服她了。

以后，安可总是会抽时间特意跑到那里去看她在做什么，如果是集合的话，他也会努力希望能够从人群中找到她。有时看到她不忙了，他还会找机会和她一起聊聊天。

"我也在这里当志愿者，好不好？"安可问她。

"其实，只要你具有这样的精神，身在哪里都一样，真的。"她一脸真诚地对安可说。

"我很想留下来，能多学一些。"安可任性地对她说。

她看看安可："等等，我找点东西给你。"说着，她去了一间小仓库，不一会又出来，她要送给安可一本书。

"我找了半天，只剩下最后一本了，封皮有点破了，不过还好，里面还是新的，你拿回家去好好学习吧。"她把书递到了安可的手里。

从夏令营回来之后，安可经常会一个人默默地想念她，想起她清瘦的样子，想起她那张秀气的脸和在厨房里工作的辛苦，想起临走时她对自己的鼓励，想起了她的出语不凡……总之，安可总会想起她，总会在晚上睡不着的时候翻开她给自己的那本书。

给男孩的悄悄话

　　我们都会做梦。男孩子小时候也许都梦想自己是一个英俊的王子，历尽千辛万苦，终于找到了自己心目中的公主，她美丽大方、温柔体贴，最喜欢的就是她那双会说话的大眼睛；女孩子小时候也许都梦想自己是一个美丽可爱的公主，等着白马王子来迎接自己，他英俊高大、机智幽默，你最喜欢的就是他深沉且略带忧郁的眼神。

　　之后，男孩和女孩都长大了，并在现实生活中寻找自己的公主和王子。当发现某个人的某种特质与自己梦中的理想对象相符时，就会对对方产生好感，也就是我们说的喜欢。可能你认为这就是爱，而实际上，这两者是有本质区别的。

　　喜欢是尊重对方，认为对方有其优点值得自己去尊重，且有好评，也认为对方的态度与自己相似。这就是喜欢的情感。而爱情则包含亲密的感情，关怀对方，和情绪上的依赖。由此可见许多人的爱情感觉，其实只是有浓烈的喜欢感觉而已。不只是异性同学，甚至是学校老师，荧幕媒体的明星偶像，都是爱慕的对象，这只是个人产生好感，认为对方某些部分与自己相似而喜欢对方而已。但有些人却将这种喜欢当作爱情，认为对方与自己的关系和别人不同，因此有时候会产生认知的偏差，误以为我对你这么好，你怎么可以不理我，怎么可以和别人嘻嘻哈哈，不是认为自己已坠入爱河，就是自己在单恋，或者失恋。一见钟情也就是这种将对方的某些特质与自己梦中情人特质吻合配对的喜欢情感而已，只不过误以为是爱情。这是时下许多青少年的苦恼来源。因为这种感情欠缺相互亲密的成分。

　　心理学家认为爱情应该从情绪、动机和认知3种因素来探讨，真正的爱情不只是比喜欢更浓烈，它需要涵盖3种因素，才是真正的爱情。一是在情绪上有亲密的感受；另一是在动机方面要有激情，包含生理需求及冲动；第三种是在认知上要有承诺。情绪的亲密感受会使个体产生喜欢接近对方、相互联系、彼此相互感到温暖的感觉，而不是只有单方面才有这种感觉，否则只是单恋或暗恋。在动机方面的热情，则表现在异性间的吸引力，这种因为生理冲动与需求会有激情的感觉，很喜欢接近对方、碰触、抚摸。但需要自尊自重、自我控制，有些人往往因为这种冲动而不能自制，而造成进一步性关系，而无法发展更进一步的心理分享，也就容易造成日后的分手。除了亲密与激情外，还要在认知上能理性地承诺，这种承诺是自己在理性选择下所做的决定，愿意为维持双方关系而做的决定。有人提出爱就是付出而非占有，意思指双方要相互尊重对方的决定和意愿，不能勉强。有些人往往自己认为我已经对你付出这么多，你相对的也要对我如何如何，否则的话，我就要对你采取什么动作，这就是一种强求手段。那就是误解了感情的含义。

因此从爱情的因素组成来看，亲密、激情和承诺都没有就是无爱，只有亲密时那只是喜欢，只有激情，称为迷恋，只有承诺就称为空爱；缺乏承诺的爱情是浪漫的爱；缺乏亲密的爱情是愚蠢的爱；缺乏激情的爱是友谊式的爱。只有亲密、激情与承诺都具备才是完全的爱情。

仔细想一想，你对他的感情究竟是喜欢还是爱。要把青春期所自然萌动的对异性的喜欢或好感与爱混为一谈。这是两种绝对不一样的感觉，是很不同的心理状态：喜欢就像一条小溪，清澈见底；爱则是一片汪洋，浩瀚无边。你需要用心去聆听，才能将二者分辨出来。如果不经过理性的思考，只是跟着感觉走，就会混淆二者，导致判断失误，以致自作多情，甚至自寻烦恼，耽误了青春和学业。

也许现在我们还不成熟，考虑问题还不全面，随着日后知识的增长、视野的开阔、心智的成熟，很容易"见异思迁"。其实并不是你"变心"了，而是本来并没有去爱。爱一个人是要求感情专一的，而喜欢则不是，你可以在不同时间喜欢不同的人，甚至可以在同一时间喜欢着不同的人。

所以，青春期的男孩不要轻易说你爱谁。只有弄懂了爱的深层含义，你才有资格说出这个字。爱一个人，是要负责任的，问一问自己，已经做好准备了吗？

怎样和女孩子相处

如何对待善变的女孩子

小雷是个好脾气的男生，班里同学都喜欢找他帮忙，而他也乐意帮助大家。

一天，小雪找到小雷，希望小雷能够帮她完成油画作业，小雷的油画很棒，对于小雪的要求，小雷爽快地答应了下来。

第二天放学，小雪就和小雷在画室里画画，小雪一开始说想画一幅贵妇人的画像，小雷便告诉她应该如何布置景物。

可是就在画到一半的时候，小雪突然改变主意，说要画景物，不画人物了，小雷有些为难："都画了一半了，扔掉怪可惜的，不如你下次的作业交景物的吧。"

小雪坚决不同意，"小雷，你答应了要帮我的，我觉得还是画景物好，画人物万一老师不给我高分，那我妈妈回去会说我的。"

看到小雪的坚持，小雷只得同意，但就在小雷告诉小雪如何画景物的时候，小雪又说想要画别的。

那天，小雪的主意变来变去，小雷实在无法搞清楚，小雪到底想怎么样，最后什么也没画成。

小雪还责怪小雷，让小雷哭笑不得。到底遇到这善变的女孩子该怎么做，才能做到最好呢？

给男孩的悄悄话

我们常说："女孩是感性的，男孩是理性的。"可见男孩跟女孩的差别，不仅在生理上，心理上的差异也不容忽视。毕竟男女相较，女孩通常是弱势群体，所以历来有"绅士风度"的美好品行。但是有时候男孩子也会在处理与女孩的关系时产生迷茫、无奈的心理，认为女孩"任性""刁蛮""毫不讲理"，这样的矛盾应该怎么解决呢？

在处理这类问题时，男孩子应该给予最基本的理解。对于女孩的情绪多变，只有在理解的基础上才能够懂得忍让与宽容。况且面对一个懂得理解和尊重的男孩，女孩怎么会刁难他呢？

情绪多变之外，男孩子们也很容易发现，女孩的体贴和细心。女孩之所以"任性"，多因敏感所致。与男孩相比，女孩天生想得更细节，因此对于外界的活动也就做出更激烈的反应。这样我们就不难想到，如果男孩子可以充分把握女孩子的心理，尽量顺从她们的愿望，就不会引起她们的反感。如果是很难接受的事情，拒绝时婉转加些幽默，女孩也不至于会太小心眼吧。

故事中的小雷，其实做得就很不错，虽然在这件事情中小雪所为确实有失风度，但他还是好脾气地一一帮忙。但是，当要求过分无理，男孩子也有权利拒绝女孩子的要求，不需要不由分说地完全服从。只要随时包容，对她们理解和尊重，善变的女孩也不是那么"可怕"的。

为什么他比我受女同学欢迎

史瑞宁是班里的班委，在学校人缘很好，很多人都很欣赏他。刘泽对此甚是纳闷，史瑞宁长得不怎么样，远没有自己帅气，可大家就是喜欢他。更气愤的是，刘泽喜欢的那个女生也是天天围着他转，对刘泽冷冷的。刘泽四处求问，别人告诉他说：男人的魅力不光是靠外貌。

其实刘泽也是被自己的嫉妒心蒙蔽了。史瑞宁之所以受欢迎，旁观者是一清二楚的。首先，史瑞宁是班干部，这决定了他基本能和班上的所有人有交流，甚至连其他班也会有很多人认识他，这个优势在学生时代是很重要的。

其次，史瑞宁有着一颗善良的心，一个同学这样说："和他相处，很开心！我是被他的人格魅力所吸引的。"而且他性格随和，活泼开朗，喜欢把自己骄傲的东西展示给别人，和朋友在一起的时候，他总是笑得很大声很开心，他很会玩，也很有个性。

再次，史瑞宁是个才子，很有智慧，喜欢写一些文采飞扬而略带感伤的文字；而且成绩很好，比较有思想。史瑞宁是这么说自己的，"有时疯疯癫癫，有时安安静静；有时热情如火，有时冷若冰霜；有时烦躁不安，有时漠不关心……其实我是一个蛮复杂的人！"

给男孩的悄悄话

其实青春期的每个人都有自己的个性，只是史瑞宁的这种个性是如此的善良而又丰富，以至于得到大家的欢迎。史瑞宁的经历让我们知道，外貌固然重要，但是也不是那么重要。也许和一个相处不久的人相处会通过外貌去喜欢他，可是一旦时间久了，同学之间就不会通过外貌去衡量人了，会通过他的性格等等。史瑞宁就是靠自己的性格取胜。

所以每一个人要想成为异性交往中受欢迎的角色，最重要的就是，在与人交往的时候，学会顾及别人的感受，善于为别人着想。同时要把自己锻造成有内涵的自信的人，我们可以变得开朗一些，在学习生活中更加积极主动地与同学发生联系。如果整天都只是闷着头一个人读书，谁也没那个责任去理你。友谊是交流出来的，或是言语上的互相鼓励，或是行动上的互相帮助，都很必要。当然最基本的一些事情还是要注意的，比如说男孩要尽量会一项集体性的体育运动，要学会幽默，有大胆的想法却能够很细心地做事情。

青春期的男孩们都需要注意这个问题，如果想在异性交往中成为受欢迎的人，那就一定要学会用真诚和信任来提升自己的魅力，不仅对异性，而且对同性朋友也要多一些理解和宽容。如果这样做了，你就能发现自己身边的朋友越来越多。

老师干涉我和女孩的友谊

小全是个开朗的男生，班级里无论男生还是女生，都喜欢和他一起玩儿。小全最近迷上了集邮，一到周末就跑去邮票市场，这天又是周末，他一大早就赶去邮票市场，在人头攒动的市场里，小全遇到了同班同学小丽。

原来小丽也是个集邮爱好者，两个人聊邮票，聊得很开心，从那天以后，两个人常相约去邮票市场。课间也相互交换邮票。渐渐的，同学们之间传起了他们之间的绯闻，但小全不在乎，他光明磊落。

可是有一天放学，班主任把小全叫进了办公室，"小全，听说你最近和小丽常在一起玩儿啊？"

小全知道老师的意思,他说:"老师,我知道您什么意思,但我们就真的只是好朋友的关系而已。"

老师拍拍小全的肩膀,"老师没别的意思,就是提醒你,还是学习为重。"

后来小丽也被叫到了办公室,之后,小丽总是有意无意地躲着小全,小全知道,小丽是怕同学们的风言风语,也怕老师说她。

但自己和小丽真的只是好朋友关系,为什么老师就是不肯相信他们,还要从中阻挠,干涉他们之间的友谊呢?

难道男生和女生之间,就不能存在亲密无间的友谊吗?

🚢 给男孩的悄悄话

青春期的男孩女孩,几乎无不面临着"早恋"的问题。这个"早恋",尤其是父母、老师眼中的"早恋",常常引起各种误会和曲解,也给男孩子们带来了不少的困扰。

像故事中所说的那样,青春期的孩子们常常要发问:男女之间就不能存在亲密的友谊吗?

当然,如果同样的情况,发生在其他的年龄段,也就不会存在这样那样的误解了。但是青春期的孩子们首先也应该理解父母、老师的心情。毕竟青春期是一个特殊的时期,男孩女孩们在荷尔蒙的作用下处于情感朦胧的时期,长辈的担心是不可避免的。况且他们大多因担忧孩子的认知不够,担心早恋影响学习生活而进行阻挠,不论如何,初衷都是为了孩子。

但问题在于如何把握一个"度"的问题。当这种长辈的担忧和疑虑变成一种过分敏感的怀疑时,就不可避免地会出现一些凭空出现的"早恋",正常的男女孩友情被无情地阻止且永恒地产生隔阂。这时青春期男孩们就应该知道,在理解老师、家长的基础上,与他们进行说明和沟通也是必要的。当长辈们相信你是真正能够成熟地处理这个问题的时候,这样的事情也就不容易发生了。

得了"异性恐惧症"怎么办

"小明,把你的橡皮借我用一下。"同学涓涓向小明伸出手。

小明从铅笔盒里拿出橡皮,头也不抬地递给涓涓,涓涓用完后,对小明说:"小明,你这块橡皮真好看,借我用几天吧?"

"嗯,你用吧。"小明还是头也不抬,他的脸红得像个大苹果。

小明从小就这样,和女孩子说几句话就会脸红。

走在回家的路上,涓涓从后面跑了过来,"小明,咱们一起回家吧?我家就住在你家附近。"

小明点点头，也不说话，涓涓一路上滔滔不绝地讲着笑话，小明一句话也不说。快到家的时候，涓涓生气地拦住小明，"小明，我是不是得罪你了，你怎么老是不搭理我，我们不是好同学吗？"

小明慌乱地摇头："没有，没有。"

涓涓生气地扭头就走，"你不爱和我玩，我还不和你玩呢，有什么了不起的，哼。"

小明很难过，他不是不爱和涓涓玩，只是他面对女孩子，总是不知道该怎么办才好。小明很苦恼。

给男孩的悄悄话

青春期男孩们容易对异性产生好奇心，常常刻意接近女孩。但是，有的男孩，由于害羞、紧张，会对异性交往产生恐惧心理而引起误会。像故事中的涓涓，就因为小明的态度，而误认为小明对她抱有偏见，不爱搭理她。实际上，小明却是很清楚的。他对于涓涓其实丝毫不反感，只是克服不了自己内心的障碍而不自觉地与她远离。当误会发生的时候，也鼓不起勇气来说明真实情况。

这样的案例其实很常见。几乎每个班里都有几个羞赧的不敢跟女孩说话的男孩，一有女孩靠近就会红起脸来。

这种青春期"异性恐惧症"的产生，可能是因为男孩子与同龄的女孩接触太少，容易觉得不知所措；也可能是因为父母的传统教育，让他们觉得男孩女孩的关系很神秘复杂，冲不开内心的枷锁；更有些是怕出糗、被嘲笑、被无视，因而当他们与女孩相处时，即使不是出于恶意，也总是刻意保持距离。

对于这种状况，其实男孩们只要自然对待就可以了。刚开始可能羞于面对，无法自我克服，但是随着年龄增长，与异性的接触是难免的，慢慢便会愈加坦然地对待它。只要不刻意放大"异性恐惧症"的症状，就必定能够在逐渐的成长中去克服它。

为什么要让着女孩子

"你是男孩子，要让着女孩子。"

"哎呀，你怎么能跟女孩子抢玩具呢？你是男孩子，理应让着女孩子。"

"别欺负女孩子，这怎么能是男孩子做的事情呢？"

军军从小到大，听得最多的就是这样的话，他很不服气，有时候，明明是女孩子欺负他，可是他还要被家长训斥。

军军和好朋友然然诉苦："然然，我昨天又被我老妈批评了，因为我把我表妹的橡皮弄坏了，我妈就说我不让着女孩子。可是，是因为我表妹先把我的铅笔弄折的啊，我妈真是不问清楚就乱责备人。"

然然也诉苦："我还不是一样，我从来不欺负女孩子，都是女孩子欺负我，可是大人们总是不体谅我。"

两个孩子互相诉苦，他们想不通，为什么有时候，明明是女孩子的问题，大人也会让男孩子让着她们。

军军回到家，刚走近院子里，表妹就冲出来，把他撞倒在地，军军从地上爬起来，一把揪住表妹的头发："快向我道歉。"

"我不。"表妹大喊大叫。

这时，军军妈妈从屋里出来："军军，你就不能让让你妹妹吗，她可是女孩子。"又来了，军军沮丧极了。为什么家长总是这样。

🚤 给男孩的悄悄话

男孩子往往在青春期开始出现叛逆心理，同时伴随过度的"自尊"。他们会在与女孩的交往中表现出"为什么非要让着她们"的不满情绪，认为父母、老师，都是向着女孩更多，而同样的年龄和身份，为什么要事事"迁就"呢？

青春期的男孩也早已有分辨是非的能力了。在街头来来往往的人流中，我们一定能够很容易地分别，哪些人是有气度的人，哪些人则庸庸碌碌，所作所为处处体现出斤斤计较的小人作风。尤其是"绅士"与"莽夫"的差别，只需一个动作，几句言辞，就能基本上判断一个人是否可以用"风度翩翩"予以形容。但这种优雅的风度是如何培养的呢？正是从小的教育使然。一个男孩包容、尊重女孩是由小事看出来的，而每一个细节都是从小的教育汇聚而成。

你是想要成为风度翩翩的绅士，还是举止无礼的莽夫呢？

早恋的滋味

炫耀异性的爱慕，会伤害他人

学校的心理咨询室外面有个小小的信箱，有一天心理老师收到了这样的一封求助的信件：

"在学校那个小天地里，我们所有的方面都会拿到竞争的天平上比个你输我赢才肯罢休。男孩子们的虚荣在各个方面都会不断膨胀，我们会在学习成绩上一较高下，也会在运动场上玩命奔跑，只为成为那个最受瞩目的人。

与女生交往，男生会觉得很有面子。而被女生追，对虚荣的男生们而言是一件特别荣耀的事情。

我就是这么一个虚荣的家伙。

我不知道爱情是什么，我也没有真的喜欢过哪个女生。我不能体会那种喜欢一个人的心情。但是班上有个文静的女生，有天突然找到我，说有话跟我说，我被她拉到操场。绕着操场转了一圈又一圈，她都不说话，好久之后，她才吞吞吐吐地告诉我，她喜欢我。她说运动会时候看见我受伤了还坚持，觉得我很坚强，后来就一直关注我。

我忘记了怎样结束了那次谈话，后来她经常用精美的信纸给我写信。信的内容大部分都是柔软的文字，还有来自一个女孩子的关心之类的。我并没有特别的感觉，只是被一个女生这么关注，感觉自然良好。

一次课间，我跟几个哥们吹嘘我如何受欢迎的时候，就说了这个女孩追我的事情，并且添油加醋地说她死缠着我不放。同伴们投来羡慕的目光的时候，她正好经过附近，我抬起头的时候，看到了她泛红的眼睛。

我后悔自己的吹嘘，可是大家都知道了她追我的事情。她再也没理我，在班里也更沉默了，听说班主任还找她谈话了。学期结束后，她就转学走了。我连道歉的机会都没有。

我现在很懊悔！"

给男孩的悄悄话

这位男孩的来信道出了他的苦恼。面对别人的喜欢，我们该怎么做呢？

虚荣心是无法回避的人性的阴暗面，每个人都有虚荣心，我们要时刻保持着警惕，不要让虚荣心轻易地表现出来。

拥有异性的爱慕，是可喜的事，因为这代表你有着某种吸引力，你会因为自己拥有这种魅力变得更加自信。根据一般人的心理，遇到让自己觉得骄傲兴奋的事情就喜欢与人分享，但是感情这种东西是不能分享的——对于爱慕你的人而言，这就是一种炫耀。设身处地地为喜爱你的人想一想：我爱慕你，投入了纯真的情感，这种情感却被你当作炫耀的筹码。试问这对爱慕你的人而言，是不是一种莫大的伤害？炫耀异性的爱慕，是自己不自信或不成熟的标志。把异性的爱慕变成提升自己身份的一个筹码，而不是真心地去对待这份感情，何尝不是一种残忍？

爱情，尤其别人对你的暗恋，应该放在心里，让它自然酝酿，生长，没必要拿出来炫耀。这种炫耀会伤害到对方，也有可能伤害到你自己。

在爱情问题上，人们往往比较敏感。本来在一段没有结果的感情面前，对方的感情已经非常脆弱了，你还要去炫耀，让对方肝肠寸断，遇上情绪容易激动的人，做出袭击、报复等疯狂的事情，后果无法想象。

所以，青春期的男孩子一定要注意，不论是在什么情况下都不能炫耀异性对你的爱慕。请把这份美好的感情深埋在心底，你会保护一颗敏感而温柔的心，从某种程度上讲，也是保护了你自己。

被拒绝的爱一样美丽

付凌霄最近心情极度差，每天精神萎靡的样子，看起来就像是经受了重大打击的小老头，一点精神劲头都没有。最近学校也没有举行什么大的活动，也没有考试，他按说没理由遭受这么大的挫折啊！

好朋友李翔发现了他的异常之处，一天放学的时候，李翔开门见山地问凌霄："咋啦？最近好像是闷闷不乐？"

凌霄支支吾吾半天，也说不出啥原因。

李翔着急了："到底咋回事呀，你看你这郁郁寡欢的，有啥事把你愁成这样？"

凌霄看着搪塞不过去了，只好老实交代："我被拒绝了！"

"啥？怎么被拒绝了，你向哪个女生表白来着？"

凌霄不好意思地点头："是呀，我从来了3班之后，就发现那个叫白合的女生还蛮特别的，我就经常看她，发现她真漂亮，学习也好，人也安静，不像有些女生那么八婆！"说起了白合，凌霄眉飞色舞，精神气十足。

李翔乐了："你怎么跟人家说了？你打算追她？"

"当然了，我喜欢她，她要是能当我女朋友多好。但是没想到，她居然跟我说，我们还小，都不懂爱情，还是以后再说吧。"凌霄叹了口气，"我玉树临风的付大帅哥，就这样表白失败了……"

"现在，你们怎么样了？"

"她倒是没事，见了面跟没事人儿似的，还照样跟我打招呼。但是我觉得特难为情，都不好意思再跟她说话了。"

"人家都没事，你干吗跟自己过不去呀？"李翔实在不想看着哥们儿无精打采的样子，看着就难受。

"是，她是没事，但是我都向她表白了，而且被拒绝了。你说我见了她，心理能好受么？你说，我能不难过吗？"凌霄还喃喃地重复着被拒绝这句话。

怎么才能帮朋友走出这个小阴影呢，李翔一时也没有什么好的办法。

🚢 给男孩的悄悄话

爱情是美好的，如带刺的玫瑰，为了接近它，我们伤痕累累也在所不惜。可是你确信自己真的足够"强壮"，足以抵挡爱情给你带来一切不幸吗？特别是你的爱被对方拒绝的时候，你是否会从此萎靡不振呢？

不要如此，因为被拒绝的爱也是一样美丽。你被拒绝，说明你已经勇敢地去向对方表达你的爱，你已经在按照自己内心的渴望去生活了，你已经尝试了。为什么还要责备一个勇敢的自己呢？

不可能所有的人都喜欢你。这个世界上，如果真是能够碰到一个你喜欢的人，而她也喜欢你，那当然是万幸。但是当别人不喜欢你的时候，你不能因此而对自己失去信心。你需要的是时间，世上真爱你的那个人一定会出现，只要在人生的道路上继续前行，终有一天会与其见面。

当然，无论怎样讲，当爱被拒绝的时候，那种失落感是没法避免的。我们需要一个很好的渠道来发泄自己的郁闷。什么样的方式都可以，比如和最好的朋友聊聊，如果你的父母足够开明，也可以向他们述说。运动也是一个不错的发泄方式，可以去跑跑步、踢踢球。总之发泄一下，比自己一个人闷着头郁闷要好得多。

有些男孩被拒绝了会否定自己，觉得是自己不够优秀，所以才会遭到拒绝。遇到感情问题，内心的强大是最重要的。其实不仅是在感情上，在生活其他的方面，被拒绝是我们必然会经历的，如果我们每被拒绝一次，就否定自己一次，那我们很难找到真正成熟长大的自己。我们被拒绝，固然在某种程度上说明我们不够优秀，可这是一个用来提高自己的好机会。你认识到自己的不足，然后改正，就能变得更加优秀。

就拿被女孩拒绝这件事来说，你被拒绝后，也许需要更加注意自己的言行举止，需要更加努力让自己有某方面的特长。当我们真正从一个很积极的角度去思考问题的时候，就会在一次次被拒绝中变得更加"强大"。只要有自信，对生活、学习不懈怠，愿意同更多的朋友交往，自有人欣赏你。

对于拒绝你的那个人，没必要去回避，更不要因此而恨她。你可以尝试着放开自己的心，让自己接触更多的人，这样她在你心中的分量会变得越来越小，也许你会发现有更好的选择。你还可以尝试着跟对方成为朋友，虽然无法收获爱情之果，但却可以赏到友谊之花。

如何结束一段感情

杨崇山终于下定决心要和女友赵文文"一刀两断"了——不过在下这个决定之前的过程是多么的痛苦，只有杨崇山一个人知道。

杨崇山想，让两个人都来真诚地面对这一切吧。杨崇山把自己的想法，原原本本地讲给赵文文听，相信她是会理解的。此时最好的方法也只有快刀斩乱麻了，长痛不如短痛，就这样吧。

晚上，杨崇山没有一丝睡意，给赵文文写了一封很真诚的信：

赵文文：我很高兴和你一起度过一段快乐难忘的时光，它将成为我一生中最美丽的经历，我会把它珍藏到永久。只是，我们现在还都是学生，老师寄予我们希望，父母也对我们抱有厚望，我不想辜负他们。和你在一起的日子很快乐，但是我却迷失了自己，我很想重新回到以前，专心学习，实现我最后的理想。赵文文，我只是想说，你是一个很好的女孩，我想和你分开并不是你的原因，只是我很难将自己的精力集中，所以请你不要误会。同时也希望你也能好好学习，努力向上，争取好的成绩吧。

放下笔，杨崇山长长地舒了一口气。每个人的一生，都有自己要做的事，自己并不是为了一个赵文文而活，而是要为自己的将来而努力，应该是这样吧。

杨崇山很想好好祝贺一下自己，终于知道什么对自己才是最重要的。

🚢 给男孩的悄悄话

青春期男孩在面对异性时，在面对此种青涩的情怀或是情窦初开的现象，更应该冷静地思考：我真的喜欢她吗？她是我的最爱吗？我了解对方吗？对方了解我吗？她有什么优缺点？我能容忍她的任何缺点吗？我能在学业与交异性朋友之间作妥善的安排吗？

因为交异性朋友就牵涉"作决定"与"负责任"的问题，什么时候作决定较恰当？什么时候作决定较完美？什么时候交异性朋友较理想等都是必须深入去考虑的问题，在身心尚未发展成熟时就交异性朋友不但对自己的成长没有帮助，相对地会影响并阻碍其他各方面的发展。

更重要的是，此时的我们通常无法为自己做的决定负责，必须由父母或他人来承担后果，一时的激情必须以终生的幸福作为赌注。因此，喜欢一个人要等他长大，也要等自己长大，长大以后再说爱。

很多男孩会常把一句话挂在嘴边"只要我喜欢有什么不可以"，我是我自己，父母说左我就要说右！父母说黑我就要说白！父母说我错，我就要错！在此种情怀与逻辑推理中，只要男女相爱，永结同心，海誓山盟，在一起有何不可？殊不知，年轻的心是飞扬的心，同时也是脆弱的心，容易受到伤害，而影响一生的发展。

当你做任何事，做任何决定时除了考虑自己也要顾虑他人，我如此做对自己、对亲人、对他人有无影响？行为的后果如果损己利人或是对大家都有损害等都应该慎重考虑。而当此时，我们更要真的弄清楚：我真的爱她吗？难道不是一时冲动吗？你现在还小，以后会不会出现什么变化？

早晚有一天，你会长大，你会发展，你会走出现在小小的生活圈子，你会遇见更多的人，也许那个最适合你的人仍在远方，需要你长大以后才能与她相识、相恋。

性与生命的故事

生命的孕育真奇特

"今天生理课真的很是别开生面呀！生命的孕育真的是件奇妙的事情。

今天的生理课，我们老师首先问我们，小时候爸爸妈妈是怎么告诉我们自己是从哪来的？好多同学都被告知是从外面捡来的，有的也会被告诉说是从妈妈的肚子里来的，有的甚至会从爸爸妈妈那里知道，自己是一个大鸟送来的。答案千奇百怪。生理老师卖完关子之后，就说，今天我们的课程就是让大家了解大家到底是怎么来的。

大家都挺兴奋的，因为很少有机会这么正面地去看这个事情，在家里爸妈好像都生怕我们知道自己是从哪里来的。

老师用视频短片和幻灯片向我们详细地展示了精子和卵子相遇的过程。听起来就像是一场战斗，而胜者为王的道理也适用于那个世界。原来，竞争从我们还没有出生的时候就开始了。

接下来老师又讲了受精卵不断成熟的过程，重点讲述了妈妈十月怀胎的不同感受和变化。为了让我们更加直观地了解这个过程的艰辛之处，老师甚至准备了沙袋，让同学们绑在肚子上，体验孕妇的生活。

不管男生女生都要去体验。开始还有男生跟老师抗议，我们男孩子也不用生孩子，就不用体验这种生活了，让女生好好学吧。老师严肃地跟他说：'即使男孩子不生孩子，也要去体验母亲的感受。你在妈妈肚子里的时候，你的妈妈也是这样一天天走过来的。她也和女孩的妈妈们一样负重，并且时刻担心着你的安危和健康。所以今天的活动所有的人都要参加。'

男生们都不再叽叽喳喳了，大家开始认真地绑沙袋，体验孕妇的生活了。

我也戴着沙袋走来走去，真的好累呀，绑了一会就很辛苦，而妈妈怀我的时候，竟然要日夜都负担着我的重量。我以后一定要好好对老妈。原来从我还没出生，还未来到这个世界的时候，老妈就开始为我辛劳了……"

诺伊的日记里还记录了许多关于观看人的孕育过程的片段和感受。他今天的收获很多很多。

给男孩的悄悄话

所有男孩恐怕都问过这样一个问题：我的生命来自哪里？但是他们对得到的答案却并不满意。生命真正的来源是奇妙而伟大的。

当一个婴儿用响亮的啼哭来向迎接他的众多人打招呼的时候，你知道吗，他其实已经走过了大约十个月的并不短暂的旅行，而这个旅程，其实也很奇妙，因为它道出了属于生命所独有的传奇。

妈妈怀胎十月后体内的小人就会从母体内出来，来认识外边这个全新的世界。这也就是母亲的分娩。分娩对每一个母亲来说都是一个极为痛苦的过程，当然这痛苦中也包含着无边的喜悦，因为新生命降临也宣告了一个女人到母亲的完美转型。

生命的孕育过程真的很神奇。在不足一年的时间里，从受精卵到胚胎到胎儿，这一过程复现了生物进化的全过程，也预示了生命的繁衍和生生不息。

人常说，孩子是父母身体的延伸，也是父母希望和梦想的再度起飞。在孩子身上，人们能够看到生命的奇迹。

了解了生命孕育和诞生的全过程，作为男孩的你也应该有足够的理由来珍视这来之不易的生命。既然来这世界上走一遭，那就活出精彩来，也不辜负最初精子和卵子的神奇相遇。

不看"口袋书"

小刚的妈妈发现近几年来，小刚的学习成绩一落千丈。但每天都看到儿子在书房认真地看书，并没有出去玩，妈妈越来越困惑。

一个偶然的机会，妈妈找到了原因。一天，在上班的妈妈接到小刚班主任的电话，要求赶快到学校来一趟。赶到学校，老师将从小刚书包里找到的书摆在了妈妈面前，妈妈的脸立刻红了。这些书的封面和扉页中画满了男女赤身裸体的图片，旁边配的文字更是具有挑逗性。还有的杂志中竟教男子如何讨得女人欢心，内容极其下流，文字描写极其露骨。成年人看到也会面红耳赤，可这样的书刊却藏在儿子的书包里，而且班级里传看这些书的不只一两个人。

回到家，妈妈查看了小刚的书桌，发现抽屉里藏着数本色情书刊、杂志，这些黄色书刊上面，盖着小刚的课本。妈妈明白了，原来小刚在"挂羊头，卖狗肉"，每天拿着课本做掩护，实际上是在看色情书，难怪他的成绩下降得这么快。

给男孩的悄悄话

在青少年中间传看的黄色书刊大多比较小，称为"口袋书"，具有携带方便，隐藏性好的特点。难怪小刚公然在家里偷看竟很长时间没有被发现。这些书刊内容粗制滥造、下流无比，对青少年的思想和作为有很强的腐蚀作用。

色情书刊的危害是很大的，它腐蚀人的心灵，导致人们追求低级的感官刺激，诱发犯罪，扰乱社会秩序，败坏社会风气，严重影响国家和民族的兴旺发达。警方在打击黄色流毒，取缔非法出版物时，往往发现青少年过早地涉足娱乐场所，有的还出入色情场所进行违法活动。

性并不是一个禁忌话题。性本来就是人的一项正常的生理需求，处于青春期情感萌动的少男少女对性感到朦胧好奇也是正常现象，但是要了解性，还是地通过正确的、健康的途径。

现在课堂上通常不能将性知识较为全面地传授给青春期男孩们，这就需要男孩自己去学习。可供选择的方式有许多：可以向父母等长辈咨询，可以查找书本知识，可以查找网络资料。

向父母等长辈咨询，要做到诚恳大方，没有什么值得害羞的。有时候，一些你认为很严重、难以解决的问题到了这些"过来人"那里可以给你提供很好的建议。

查找书本和网络资料时要多加小心，不可是书就读，是网站就进。由于各方面的原因，有些书的内容和质量是不保险的。网站更是如此，往往打着"普及性教育知识"的旗号肆无忌惮地宣扬不健康的性消息，其中的色情内容过多，如果长期接触，很容易沉迷其中，从而危害到青少年身心的健康成长。

那么，男孩在选择图书和网站时就要学会鉴别，哪些是可读、可看的？哪些是可以看一点的？哪些是完全不能看的？在自己的心里应该有一个平衡杆。如果平衡杆倾斜了，就说明书或网站中的不安全因素超标了，自己就要避开它，去寻找那些内容安全、可靠的资料。

性不是罪恶的事情

林泽最近总是精神萎靡的样子，每天上课的时候也打不起精神来，下课也很少和同学们一起玩。他一直待在自己的座位上，不言不语，好像遇见了什么烦心事。班主任王老师发现了他最近的变化，主动去叫他来谈心。

林泽依然不说话，坐在王老师对面的椅子上，佝偻着背，就像是一只大虾。见谈话没有什么效果，王老师以为林泽身体不舒服，就打电话询问了林泽的妈妈。

这一问才发现，原来真的有问题了。林泽的妈妈反映，她在给儿子收拾房间的时候，发现床单上有斑斑的污渍。林妈妈说得很隐晦，但是王老师还是明白了，那些污渍应该就是精液。

男孩到了发育的阶段，自然会出现这样那样的生理现象。王老师先安慰了林妈妈一番，让他放心，不要过度担心，这些都是正常的。

和林妈妈通完电话之后，王老师大概明白了林泽的问题。他又把林泽找来。这次不在办公室，他请林泽去学校附近的茶馆了。这茶馆的私密环境要好很多，这样林泽可能不会那么难为情。

在悠扬的音乐里，林泽跟王老师说出了自己的苦恼，最近，他看见漂亮的女生之后，身体的某些部分就会有反应。他越是想控制，就越是没法控制，这让他很苦恼。他都不愿意参加学校的活动了，因为失常的状态让他觉得很丢人。对女生的那些冲动让他觉得自己就是色狼，特别龌龊。

这样的想法让他觉得自己在同学面前没法抬起头，而晚上有时候梦见了一些很禁忌的场面，之后就会发现被子都被弄脏了。他觉得想这些事情很有罪恶感，但又不知道怎么摆脱，非常苦恼。

🚢 给男孩的悄悄话

生活中，由于青少年神经发育相对迟于其他生殖器官和机能的发育，加之阅历浅，思想不成熟，对很多事物缺乏明确的是非观念，理智驾驭不了感情。生理上的发育成熟、性冲动的不断增强和心理上的不成熟，往往对"性"感到迷惑、恐惧、焦虑，甚至有罪恶感。另外，有些青少年对性发育好奇，或盲目追求而沉湎于性烦恼。由于自控能力差，如果受到某些外界因素的刺激，青少年就会发生一些鲁莽、反常和越轨的行为。

生活中，与林泽有着同样苦恼的青春期男孩如何早日走出"性"的误区呢？

首先，要正确对待手淫的问题。

青少年由遗精而尝到快感后，进而玩弄生殖器，养成了手淫的习惯，很多有手淫习惯的青少年由于缺乏正确认识，不知道手淫对身体有无危害，听到了一些有关手淫会影响结婚和生育的传闻，更加惶恐不安，充满道德上的犯罪感。有些青少年，表现沉默寡言，萎靡不振，这都会直接影响学习和工作，造成对身体的损害。其实从医学角度看，手淫的危害程度并不像一些人所说的那么可怕。国外调查资料表明，90％以上的男女青少年都曾经有过手淫的历史。国内的发生率可能会低些。

当然，过度手淫或过分追求性刺激，使生殖器长期处于充血状态，则容易诱发前列腺炎。另外，一些青少年为了寻求刺激，四处收集黄色书刊，沉湎于荒诞而离奇的性幻想中，使自己意志消沉，学习精力分散，甚至走上犯罪之路，这是要不得的。有志青少年应下决心戒除掉这种不良的习惯，把主要精力用于学习和工作，努力进取。

同时，要学会调节、克制异常性冲动。

这就要求青少年生活要有规律，每天按时睡觉，按时起床，不睡懒觉，睡觉前应避免过度兴奋。同时还要注意生殖器的清洁卫生。每天睡觉前应用温水清洗，避免不洁之物刺激生殖器。睡觉的姿势要合适。理想的姿势是侧睡，下肢稍弯曲，各部分肌肉放松，最好多向右侧睡，尽量避免仰睡和俯卧睡，以减轻对外生殖器的摩擦。铺盖的被褥不要过暖、过重，内衣裤要宽松，不要过于紧小，使对生殖器的摩擦尽量减少到最低程度。

还有一点比较重要的是要学习一些有关的性生理和心理知识，正确认识性冲动，使它永远处于自己的理智控制之中，防止因一时冲动而发生悔恨之举。

步入青春期的男孩一定要抵制诱惑，避免各种不良刺激。要警惕色情的书籍刊物、淫秽图片和音像制品的毒害。同时要提高克制力，及时转移注意力，弱化冲动欲念。可改变一下环境，转移一下注意力，如到户外去走走，同朋友玩一玩，参加些文娱体育活动，大脑中枢神经的兴奋转移了，性冲动就会自然消除。

男孩子还有一点需要知道，性和爱情一样，是需要等待的，因为它们都有属于自己的特定绽放时期。过早涉足其中，往往会给自己带来无可挽回的后果。

因此，步入青春期的男孩们，请慎重对待性，慎重对待自己的身体和未来。

爱了，就要担当责任

胡岩现在陷入深深的苦恼之中，他开始后悔自己当初的行为，他也不知道未来怎么办。现在一切都乱入一团麻，他不知道头绪在哪里。这沉重的负担让他喘不上气来。女朋友左叶在他身边低声的哭泣，还在小声地询问胡岩，现在该怎么办。

一对高中生，陷入了一场麻烦之中。他们是早熟的孩子，高一的时候就开始谈恋爱，很快两人就偷尝禁果。但是事情并不像他们道听途说来的那么妙不可言，除了生涩的疼痛之外，两人再没有任何快乐可言。

年轻无知的他们也不懂得采取安全措施，两个人偷尝禁果的两个月后，左叶忧心忡忡地告诉胡岩自己怀孕了。这对一对尚在高中的恋人来说，无疑是晴天霹雳。他们一下子陷入了慌乱中，到底该怎么办？

两人达成一致，不能告诉父母这件事情。这件事情如果让爸妈知道了，非打断他们的腿，但是肚子里的孩子还在一天天长大，左叶的情绪也越来越差，她只是跟家人说自己是学习压力大才这样的，但是跟胡岩在一起的时候，她就会拼命问胡岩，到底该怎么办，到底该怎么办？都是你的错！

女孩的抱怨，让胡岩的心搅成一团，太后悔当初的冲动了，如今这个恶果他自己一个人怎么承担？

左叶后来就开始不断地提醒胡岩，一定要对她负责任，所有的事情都是胡岩应该负责，都是胡岩害了她。

来自事件本身的压力，来自女友的不断施压，胡岩终于忍受不了这么大的心理压力了。他跟爸妈摊牌。事到如此，爸妈没有过多训斥他，直接找到了那个女孩，协商问题的解决方案。

最终，两家大人达成了协议。左叶父母带着女儿去了很远的城市做流产，而胡岩却陷入了深深的抑郁。

他不能原谅自己不能负责，而他也无力承担全部的责任。一直处于巨大的压力状态下的胡岩只好靠着抗抑郁药物来维持自己的正常生活。

犯了错，真的是男孩一个人的错吗？女孩没有责任吗？

🚢 给男孩的悄悄话

有一句话适合送给胡岩和左叶："在爱情里，如果两个人都能对自己负责，对他人负责的目标就也可以间接达到了。"

爱情非常美好，但是不堪一击，因为人们总是喜欢把爱情建立在虚无缥缈的幻想世界里。当我们疯狂地爱上一个人的时候，需要冷静地观察对方是否也愿意为你而真心付出，如果对方不愿意，即使是因为感动而和你在一起，那也是不合适的。因为感动仅仅是一瞬间的事情，在漫长的平淡无奇的生活里面，感动会慢慢地消失。其实大家都很明白，现实与想象中的情节实在太遥远。

于是"责任感"就变得非常重要。

爱情是神圣纯洁和永恒的，而责任是在一定条件下必须履行的义务，是不可推辞和忌言的。

当爱情与责任融为一体的时候，就赋予两者特定的含义。爱情就不仅仅是取悦对方，而是包容对方一切优缺点；责任就不仅仅是暂时的允诺，而是呵护对方一生的幸福。当爱情脱离责任的轨道时，它就是一列货车，伤人伤己；当责任飞离爱情的恒星时，它就是一颗流星，瞬间逝去。只有爱情和责任真正统一于男女之间的时候，爱情与责任才是完美和负责的。但在婚前婚后有所侧重，婚前谈的是感情，婚后担的是责任。只有融贯双方的责任，才是真正的爱情。

正是出于一种责任心，两个人在交往过程中就更加需要互相尊重，担当彼此的重担。你可能会经常看到这样的例子，女孩以为自己"一给了之"，然后把所有的责任推给男孩，结果是这男孩"一走了之"。或是，男孩为了满足自己强烈的青春欲望，不顾女孩的感受，或者可能造成的恶劣后果，而偷吃禁果。这实际上是很不负责任的，因为当一些事情真正发生的时候，你是没有任何能力与经验去处理的。所以，这样做了，就是把自己和对方陷入一种艰难的境地。在爱情里，无论是面对着怎么样的一个问题，男孩女孩都更加需要从责任的角度去思考，互相体谅，互相关心和鼓励。

正如中国当代著名的作家阿来所说的，"自由的第一个意义就是承担自己的责任"。生活就是这样，它来不得半点随意，请不要以自由的名义来逃避责任。每个人在做事情的时候都要想到可能出现的后果。虽然没有人能够保证自己做的事情万无一失，但是人可以用自己的责任来弥补可能出现的失误。

所以，青春期的男孩女孩从小培养责任意识将会受益终生，不要为爱情昏迷了头脑，忘却了责任。

第四章

安全 & 健康——你也可以是"地球超人"

舞好网络这把"双刃剑"

满脑子都是游戏怎么办

18岁的小凯原本应该坐在宽敞明亮的教室和老师同学们一起学习，接受各种新的知识，新的文化。可是现在的小凯却只能在铁窗后面流着悔恨的泪水。

小凯从初中二年级的时候就开始进入网吧玩游戏，平时玩玩虚幻浪漫类的网游。心情不好的时候，还会玩一些恐怖暴力的游戏。觉得在游戏里打人杀人特别刺激，在那一刻仿佛所有的烦恼都消失了，忘了繁重的功课，忘了和父母的隔阂，也忘了和同学的矛盾。取而代之的是一种强烈的快感。

迷上网络游戏的小凯，成绩一塌糊涂自是不必说了。不论课上课下，醒着还是睡着脑子里总是不断地浮现游戏中的画面。"杀死他，抢他的武器。"连睡梦中的呓语都是关于游戏。

有一次，小凯又到网吧玩游戏，在网上与一个人对骂起来，气愤得不得了。后来发现两个人竟同时在同一个网吧里。小凯走上去，揪住那人的衣领就把他摁倒在地。这时候，脑子里一下就浮现出游戏中杀手酷酷的打人杀人的场面。就学着游戏中的样子，拳打脚踢，甚至还摸出了随身携带的匕首，丧失理智的小凯挥出了匕首……

幸亏保安赶到及时制止了他，但是那个人已经被刺成重伤。在游戏中"走火入魔"的小凯就这样走近了监狱。

就是因为沉迷于不健康的网络游戏，小凯慢慢地分不清虚幻和现实。自己原本可以利用那些时间和精力做很多有意义的事情，可是现在只能在监狱里悔恨流泪。

给男孩的悄悄话

网络游戏的虚拟性、隐蔽性和交互性，使青春期男孩在网络游戏中能够随心所欲地宣泄自己的情感，做出现实社会规范所不允许的事情。遇到现实问题首先想到用游戏中的规则来认识和解决，无视社会现实和社会习俗。且其大多以"暴力、凶杀、色情"为主要内容，长期玩飙车、砍杀、爆破、枪战等游戏，火爆刺激的内容使游戏者模糊道德认知，人格异化引发道德沉沦、行为越轨，甚至导致违法犯罪的问题增多。

沉溺于网络游戏，将自己置身于虚拟的环境中，会使自己缺乏人际交往，逃避现实，心理产生自闭倾向和畸化，与社会和现实格格不入，又极大地浪费时间和金钱。

网络游戏会像吸食精神鸦片一样，使你丧失理性，脱离法制约束，丧失了人与人之间的真诚，甚至会使人丧心病狂地抢劫、杀人、谋财害命，最终把自己送上刑场。因此，青少年在思想上首先要筑起牢固的防线，提高明白是非的能力。

想抵制对网络游戏的迷恋，可做以下尝试：

1.游戏无限，时间有限。网络游戏不是人生的理想和目标，而是调节生活的手段和方式，两者不可错位。

2.培养科学、健康的兴趣和爱好，把对电脑的兴趣转移到网页制作、网站建设、动画制作、电脑编程等网络知识方面。学会利用网络获取知识、获取信息、培养创造力，学会利用网络进行科学研究，学会利用网络资源提高学习效率。

3.树立起科学的闲暇意识和闲暇态度，合理地安排自己的闲暇活动。热爱大自然，忘情于阳光、沙滩、海浪、草地、森林之中，在自然中培养情趣、放松身心。

4.善于发现生活中的乐趣，树立比网络游戏更重要的目标，如朋友间的情谊，完成某一项探索活动等。

5.遵守网络公共道德规范，严格自律，杜绝上不健康的网站。遵守未成年人不得进入网吧的规定。

6.如果发现自己过度沉迷或依赖网络游戏，要及时进行心理调适或向心理医生咨询。

避开网络诈骗的陷阱

黎强喜欢上网，不过他和其他喜欢上网的男孩不太一样，他不喜欢玩游戏，也不喜欢泡论坛，他喜欢研究电脑技术。最近，黎强在一个群里认识了一个很厉害的网友。他自称是黑客，还教黎强怎么盗取别人游戏密码等，黎强所以很崇拜他。

忽然有一天，这个自称是黑客的网友让黎强在银行开个户头，往里面存500块钱，说他可以修改银行账户程序，往黎强的户头里面存很多的钱。黎强只是个初中生，零花钱很少，而他有许多想买的东西，最新出的电脑杂志啦，新款的运动鞋啦，还有给自己的电脑换个好配件……不过，黎强突然想到了爸爸常说的一句话：世上没有免费的午餐。他决定跟爸爸说一下这件事。

爸爸看了网友和黎强的聊天记录，告诉儿子："这是一起典型的网络诈骗，如果你真把钱存进去不但不会变多，还会连这500块都消失得无影无踪。"

黎强在爸爸的帮助下，联系了网络警察。

给男孩的悄悄话

网络使人与人的交流变成了人"机"模式，使一些不怀好意的人虚拟的事物更加逼近事实，或者能够更加隐蔽地掩盖事实真相，从而使善良的人们容易上当受骗。网上诈骗的陷阱大部分是以一定虚假的利益为诱饵，以骗取人们的钱财，青春期男孩们在网上浏览、交往时，如果对方要求你汇入一定的款项，允诺会获得巨大利益时，须知道这是个陷阱，切不可贪图蝇头小利，过分相信对方而受害。应养成正直、向上的人格，对"网上掉下来的馅饼"慎之又慎，还可以向公安机关举报此类诈骗事件。

男孩上网需要注意一下问题：

1. 网络拍卖欺诈。以虚拟市场为诱饵，放出大量的拍卖信息。在消费者支付以后，他们得到的往往是价值较低的商品，或者什么也没有。

2. 高价回收骗局。介绍某个项目或产品如何好，有高额利润回报，要求参与者花巨资买回生产资料或生产产品，他们负责回收。但回收时却以质量未达标或交货期延误为由拒绝回收。

3. 利用特殊软件，进入一些网络游戏群发虚假的中奖信息，并声称获此奖项者必须先交纳一定数额的手续费，并让中奖者将手续费汇入他们提供的银行账户上，实际上子虚乌有。

4. 大奖赛诈骗。发电子邮件的形式，告知中大奖了，要求你汇几元钱去确认，或者支付邮资以方便他们邮寄。别小瞧这几元钱，上当的人多了，数额可不得了。

5. 收发电子邮件赚钱。以挣美元为诱饵，但结果是忙活了好一阵子，挣的钱还抵不上网费，白白为人家打工了。

6. 传销综合非法集资。在电子邮件里告诉你在一定时间内把此信息复制多少份发给其他人，并寄去一定的钱款（一般数额不会很大），还列出一个数学计算方法，告诉参与者不久将会获得一笔可观的收入。

7. 点击广告条。要求上网时打开广告商给的一个广告条，在网上浏览时阅读（显示）广告，广告代理商则会根据广告在你电脑上的显示时间或点击次数计算，支付给你一笔报酬，但通常没有下文。

8. "创业机会"。电子邮件宣称，只需很少的资本和时间就可以开创属于自己的事业（当然要与他们合作），但其最终目的只是为了骗钱。

9. "连锁店"。以"如何一月内赚到5万元"的动人口号，诱惑网友往指定的地点寄钱。

10. "家庭代加工"。让网友购买他的原料，并许诺收购网友生产的产品。当然，不管如何努力生产，网友的产品都将是"不合格"的。

11. "免费赠品"。从电话账号到电话卡都有。但如果真想拥有它，得先付一笔会员费，或吸引"下线"入会才行。

12. "内线消息"。向网友兜售所谓股市、汇市的内线消息。试想，如果消息真有效，那些人早就发大财了，何必还靠卖它为生。

13. "修改信用卡记录"。宣称只要肯付钱，他就能帮助网友修改不良的信用卡记录，或是帮助网友申请一张新卡，但是国际信用卡组织可不吃他这一套。

14. "卖假药"。从"减肥灵""伟哥"一直到治疗糖尿病的药都有，标榜独家秘方，其实是江湖郎中的"网络版"。

不要在网上随意交友

常利这几天只要一听见家里的电话响，就心惊胆战的，生怕又是那个讨厌的声音。现在常利真后悔，不应该随便把电话号码告诉别人的。

原来常利被一个名叫"芊草"的女网友给缠住了，几乎天天打电话和常利聊天，约她见面。爸爸妈妈怕影响常利学习，在接电话时告诉女网友，常利还是学生，不要影响他的学习。没有想到，女网友竟然义正词严地对常利的爸爸说："每个人都有交朋友的权利，你没有权力干涉我们！"她的话令常利一家哭笑不得。

这个网友有时半夜会突然打过来电话，家里以为出了什么急事，就慌慌张张地起床接电话，因为这个有一次，妈妈起床接电话时还摔倒了。接起电话一听竟然是那个女网友要常利出去看月亮。这个网友令常利一家头疼不已，常利觉得很抱歉。

事情是这样的，原本不太聊天的常利最近迷上了QQ聊天，在网上碰到了"芊草"。芊草语言幽默，性格豪爽，俩人越聊越投机。常利就告诉了"芊草"学校地址，家庭电话。

常利还和"芊草"见了面，没有想到，"芊草"竟然是一个30多岁的妇女，现实中的谈吐举止和网上差别巨大。见面后常利就把她从好友里删了。没有想到，网上联系不到常利后，她开始天天往他家里打电话，还要去学校找他做朋友。

网友不断骚扰，给一家人带来了很大的困扰，现在爸爸妈妈已经决定报案了。常利现在后悔极了，没有想到自己随便交网友竟然给自己和家人带来了这么大的麻烦，以后一定不敢随便交网友了。

给男孩的悄悄话

青少年正处在青春期，这个时期的他们渴望友谊和交流，网上聊天给了他们倾诉的空间和对象。但是网上也有陷阱，对于天真单纯、涉世不深的青少年，特别是一些爱幻想、充满了好奇心的男孩来说，稍不留神，就会掉进网友设好的陷阱。

可见，结交网友不慎，会对自己的身心健康造成伤害，严重者会招致杀身之祸。虽然网友大部分可以信赖，但毕竟网友是不可预知的陌生人，甚至可能暗藏杀机。青春期男孩缺乏社会经验，对危险估计不足，遇到意外往往会成为受害者。迈脚前当三思：

1.安全问题。盲目地去面见不相识的网友，其实就等于对自己的生命不负责任，也是对亲人的不负责。

2.后果问题。真发生了侵害问题，自己身心受到伤害，家人、老师、同学也会因你受到伤害，甚至会造成幸福家庭的毁灭。

3.影响问题。面见网友，会影响正常的学习，干扰正常的生活，带来严重的负面效果，还会给生活留下隐患。

青春期男孩在网络上交友时，需注意以下几点：

1.时刻保持警惕，不要轻信他人。

2.告诉网上的人关于你自己和家里的事情。网上遇见的人都是陌生人，所以你千万不可以随便把家里的地址、电话、你的学校和班级、家庭经济状况等个人信息告诉你在网上结识的人。

3.密码只属于你一个人。所以不要把自己在网上用的名称、密码告诉网友。

4.不轻易相信网上的人讲的话。任何人在网上都告诉你一个假名字，或改变性别等。你在网上读到的信息都可能不是真的。对于那些不停索取私人通信方式，或主动给你QQ、电话等的人，一定要慎重对待。

5.不邀请网上结识的人来自己家。尤其是当你单独在家时。

6.保持平常心，提醒自己正在做什么。想进一步与对方加深关系之前，回顾一下自己的交友过程，并反思自己想要得到什么。不要强迫自己做使自己或他人不愉快的事情，不要过早过快地投入感情，尤其是在约会前，应慎重考虑。

7.选择公共场所约会，并告知他人，或让亲友陪同。如果对对方有足够信任，且到了可以约会的程度，在约会前要确定一个首要原则：单独去一个陌生、偏僻的场所和陌生人约会是非常危险的。

8.约会时要察言观色。不可能通过网络了解一个人的真实背景或真正性格，所以约会时要随时观察对方，防止发生意外的伤害。在任何情况下都要确信自己的判断，确认他人的行为是否会伤害到自己。

别被网络黄毒毁了

涼涼是个初中生了，一个偶然的机会，他从网上发现了一个黄色网站。网站上都是一些年轻女孩穿着暴露的图片，涼涼出于好奇，就进入了那个网站。除了暴露的贴图以外，还有一些跟帖和留言，那些留言是在评论一些女孩，内容都非常低俗不堪入目。涼涼从来没有接触过这些东西，他在学校跟女生说句话都要脸红半天呢，一些调情的话让涼涼在电脑前都觉得自己的脸是火辣辣的。

他赶紧关掉了那个网站。

但是睡前，涼涼突然又想起了网站里的东西，他又点开了那个网站的主页。这次打开网页前，他先把卧室的门锁了起来。万一爸爸妈妈突然冲过来，他就没法交代了。做完"准备工作"，涼涼在电脑前长出了一口气，才屏住呼吸，打开了一个视频。

自此，他疯狂迷恋这个网站，他专门申请了账号，还故意把自己的年龄写成了30岁，每天放学都沉迷于这个黄色网站。涼涼甚至在这里结交了一些"朋友"，一些年轻的女孩还主动约他见面。每天在网上聊天到深夜，自然白天的学习效率是没法保障的。涼涼的成绩一落千丈，精神也萎靡了。而且他开始频繁的手淫，手淫后又产生深深的罪恶感。

他陷入自己闯入的怪圈里无法自拔。他开始悄悄从家里拿钱，去支付打开特殊视频的费用。

爸爸妈妈终于觉察到了涼涼的变化。开始妈妈和善地跟涼涼探讨最近学习下降的问题，看着他好像精神不太好的样子，妈妈还建议涼涼去医院检查一下。妈妈怀疑是不是学习压力大累坏了宝贝儿子。等爸爸用涼涼的电脑查阅一个文件的时候，才发现了涼涼登录黄色网站的事情。

终于找到了问题的症结，爸爸妈妈商量了很久，决定正面和涼涼谈谈这个事情。儿子长大了，也开始关注男女之事了。单纯制止肯定没法消除他想要了解这方面事情的欲望，那么，就把所有的事情都讲给他听，以免儿子再受那些黄色网站的诱惑，把前程毁掉。

一个小型家庭会议等待着涼涼参加……

🚢 **给男孩的悄悄话** ·····

生活中有形形色色的诱惑，它们是一个个看不见的却足以把青少年推进厄运深渊的隐形恶魔。有时候，某些不怀好意的人，将青少年心里一些原本正当的欲望，如对性的了解欲，或是对不熟悉的事物的求知欲等激活、放大，并扭曲，通过阻碍青少年正常的思考而达到他们不可告人的目的。而在这众多危害中，网络黄毒，正以强大的势头向刚步入青春期的孩子袭来。有许许多多青少年面临着与凉凉同样的问题，一些男孩甚至因为网络黄毒做出了无法挽回的事情。

对于含有如此剧毒的网络黄片，青少年时期的孩子一定要提高警惕，擦亮眼睛，不入圈套。黄色网站里的内容极其下流，诱惑力极强，对学生的身心健康、思想意识、日常学习有极坏的影响，不仅是公安机关严厉打击的对象，也是人们自觉抵制的对象。学生上网查阅资料时，要注意关键词的使用。有些色情网站，为了逃避打击，经常以类似的名称出现在人们面前。浏览时要时刻警惕，一旦无意识地打开了黄色网站，要立刻关闭，不能关闭时，要强行关机。不要有丝毫的好奇心，更不能抱着只看一次，下次不看的念头。在黄色的诱惑面前，有了第一次，就可能有第二次、第三次……

在浏览网页时，一些伪装的黄色网站的页面会不请自到，有时会突然跳出来，骚扰你。无论以什么方式出现，都要立刻关掉它。也可以请网络高手为你的计算机设置反入侵程序，积极阻断"黄客"侵入。

处于青春期的男孩子们，一定要通过正确的途径了解性，要远离网络黄色鸦片，保护自己人生美好的花季中健康成长，不要轻易被网络黄毒所俘虏。

培养多方面的兴趣和爱好

尚杰捧着一个金灿灿的奖杯往家里跑，兴奋的表情挂在脸上，他要赶快回家和爸爸一同分享成功的喜悦。很久没有这么轻松和高兴了。想着这两年来的事情，尚杰心里充满了对老爸的感激。

在尚杰小学的时候，父母就离异了。本来尚杰是跟着妈妈一起生活，但是忙于生意和应酬的妈妈基本上没有时间陪尚杰。每天放学尚杰都是一个人回家，自己做点简单的饭菜填饱肚子，然后就开始写作业。写完作业就看电视，最后一个人睡觉。他很少能等到妈妈回来，早晨起床上学时候，妈妈还没有起床。

尚杰觉得自己一直是一个人在生活。

有一次，尚杰去了网吧，那里到处是刺鼻的烟味，好多跟他差不多大的孩子都在电脑前聚精会神地玩游戏。他们的世界仿佛只有眼前的电脑。尚杰觉得这里比家里感觉热闹多了，就也开始学打游戏。这一打就变得不可收拾，他开始逃学。跟妈妈要钱倒是很方便，所以不用为上网的钱发愁。

他整夜整夜不回家，妈妈偶尔问起来，就说自己在同学家住。妈妈也不再多问。

有一天，班主任打来电话问尚妈妈，尚杰的病好些了没有？尚妈妈开始着急，自己的儿子不是每天都上学吗？怎么生病了。想要找尚杰的时候，才发现四处都没有他的影踪。直到同学们在网吧发现他，他已经在网吧待了一周了。

妈妈哭天抢地，觉得没法养尚杰了。就把他送到了尚杰的爸爸那。

爸爸听了所有的事情，一句也没责怪尚杰。他带着儿子报名参加了登山小组，父子俩一起去爬山。他还帮尚杰报了象棋培训班，之后尚杰在市里的比赛中崭露头角，获得了少年组银奖。爸爸还带着他去参加合唱团、绘画班，尚杰的生活被填的满满当当。每天回来还有老爸丰盛的慰劳大餐。

慢慢地，尚杰又活泼开朗了，也不再去网吧了，成绩也迅速提升。如今，就是要拿着奥数竞赛的奖杯去谢老爸。

给男孩的悄悄话

不少青少年沉迷网络，喜欢在网吧消磨时间，家长、老师进行教育也不见效。往往是批评教育过后没几天，调皮的男孩又偷偷跑去了网吧。其实，很多时候青春期的男孩子喜欢去网吧是由于生活比较空虚，找不到更有趣的事情去做。只要那些沉迷于网吧的青少年从网吧那类封闭、狭小的空间里走出来就会发现，多培养些兴趣和爱好能使自己拥有健康积极的生活。

譬如，一些男孩子喜欢音乐。喜欢音乐的男孩无论练习的是钢琴、古筝、二胡、笛子、葫芦丝、大小提琴、小号等等哪一种乐器，都是在音符的世界里流连，学会每一首曲子后的成功感，获得别人赞赏时的满足感，会让训练时所花费的时间、流下的汗水显示出价值。

喜欢美术的男孩，则可以在水彩画、水粉画、油画、素描等方面各显才华，享受线条和色彩所带给自己的乐趣。

而在各种运动类比赛期间，喜欢运动的孩子则成了主角。自从某代表队在全国性的跳绳大赛中取得优异成绩后，全区的学生们都在老师的鼓励下快乐地跳了起来。他们不仅跳得更快，而且跳得更加多样，单人跳绳的花样有双摇、三摇跳绳法、蹲式跳绳法、金鸡独立跳绳法、踩跷式跳绳法，跳大绳时的花样依难度等级分为十字跳、水字跳、米字跳，还有的学生在跳一根大绳时能同时转动呼啦圈，另外一个学生则能同时做俯卧撑。在其他同学为这些学生敢想能跳而啧啧称赞时，想必这些孩子会比吃了蜜还甜。

传统活动跳出了新花样能吸引别人的眼球，时尚运动则能带来新鲜感和同样的满足感。练习轮滑由于可以提高孩子身体平衡性、协调性、灵活性、体能、耐力以及培养不怕苦不怕累的精神，所以得到很多家长的支持；轮滑与其他体育项目相比具有一定的趣味性、观赏性，每完成一组动作会使孩子产生一种自我满足感，增强信心，孩子更是乐于投身其中。若能在各级各类的轮滑大赛中以轮会友，表演速度过桩、花式饶桩等，甚至能崭露头角时，那种成功的喜悦必将掩盖平时磕磕碰碰所留下的疤痕。

当然，不喜欢运动的男孩，不妨培养别的方面的兴趣爱好。做做手工，学学陶艺，下下棋，甚至做做航模、机器人等，可以让心思更机敏，双手更灵巧……

大自然之所以美丽，是因为有了多种多样的生物；我们的身体之所以健康，是因为汲取了各种各样的营养成分。多样才美丽，多样才健康，多样才精彩。 所以，男孩们，在学习之余、在网吧之外，培养自己多方面的兴趣和爱好吧。你会走进许许多多不同的世界，享受现实生活中许许多多更真切、更精彩的乐趣！

让电脑成为好帮手

小波是初中二年级的学生，性格活泼开朗，为人热情，积极参加学校的各项活动。因此小波特有人缘，到哪都前呼后拥一大堆，俨然一个小领导。小波整天无忧无虑，像个快乐的小天使。只是最近小天使很不开心。

班里新建了一个QQ群，这个群的成员都是同班同学，创建这个群是经过老师同意的。在那里大家可以畅所欲言：大家可以互相交流学习经验；分享快乐，倾诉烦恼；还可以互相推荐图书，电影，美食。总之，都是大家感兴趣的话题。

通过这个群，同学们相互之间更了解，感情更深了。班里大部分同学都加入了这个QQ群，小波当然也要加入，可是爸爸妈妈认为那样影响学习，说什么也不同意小波上网聊天。

"你们能有什么好聊的，还不是一块商量着怎么玩，怎么对付老师家长啊，我才不上当呢！"妈妈坐在电脑前不肯让座，"你们小孩子玩电脑，影响学习！"小波抗议道："不让上网才影响学习呢，上网可以学到很多东西的，可以查资料，还有网上课程。"妈妈坚决地说："不行，网络不安全，很多好孩子接触网络后就变坏了，等你长大后再说吧！"

小波觉得很无奈，为什么一提网络，爸爸妈妈就会联想到一些不健康的信息呢。爸爸不是经常利用电脑查资料，妈妈不也经常网上购物，看韩剧，怎么轮到自己了，网络就"很黄很暴力"了呢？

平时，爸爸妈妈严禁小波上网。只有假期的时候偶尔可以上会儿网，但是上网必须是在爸爸或妈妈的监视之下，不允许看一些无关的网页，不准玩游戏，不准和陌生人聊天，而和同学聊天也只能和同学谈学习。为了防止小波偷偷上网，爸爸竟然给电脑加了密码。

不想被同学们当成笑话，也为了和爸妈"抗争"，小波就经常偷偷地去网吧上网。上网的时候和同学聊天，浏览新闻，当然也偶尔玩游戏。通过网络，小波学到了许多课堂以外的内容，和同学们的关系更加亲密了。

小波多想告诉爸爸妈妈：通过网络，不仅爸爸可以更有效的工作，妈妈能丰富生活。而且我们学生通过网络也可以更好的学习，为什么不相信我呢？

给男孩的悄悄话

购物、加工图文、听音乐、看电影、聊天、上论坛、游戏、资源共享……今天，电脑神通广大的触角几乎抵达了学习、生活、工作的所有领域。

随着科技信息的高速发展，电脑已经进入千家万户，所以青少年一定要学会使用电脑。

有学者指出，多媒体电脑是一种很好的学习和游戏的工具，不仅能促进青少年智力的发展，还能促进青少年非智力因素的发展。美国的一项研究表明：使用电脑的青少年和仅接受传统教育的同龄青少年相比，在学习上进步较快。他们认为，让青少年从小接触电脑，有利于智力开发和增强对新技术的适应性。

男孩们在学电脑时，需注意以下几点：

1.忌好高骛远，要打好基础。对于初学者首先应该掌握基本操作。学电脑的目的在于应用，因此，学会和掌握一种文字处理软件是必要的。

2.忌纸上谈兵，要勤于实践。计算机有很强的操作性，因此对初学者来讲一定要利用好各种时间进行上机训练，将理论转化为实际操作，这样才能真正地消化吸收。不少人认为自己缺乏英语基础，学电脑很困难。其实现在操作系统和很多软件都是汉化版，不懂外语一样能上计算机。

3.忌浅尝辄止，要精益求精。学习电脑知识除了选择好自己适用的教材，还要阅读一些有关的杂志和报纸，拓宽自己的知识面。

4.忌见异思迁，要持之以恒。

如何应对生活中的意外

熄灯了，不要点着蜡烛学习

快要临近考试了，大家都忙着复习，直到考试那天。

那天考场上少了很多人，宋方宇心里很纳闷：奇怪，怎么那么多人没有过来参加考试呢？

原来，有一个宿舍的同学，他们平时不好好学习，临近考试的时候着急了，临阵磨枪。可是宿舍的管理有规定，晚上 11 点准时熄灯。眼看转天就考试了，还有很多没有看完，怎么办？其中一个同学急中生智，他想到了蜡烛，于是开始了"秉烛夜读"。

其他的同学纷纷效法，大家都点起了蜡烛学习，应付转天的考试。其中有一个同学实在是太困了，在看书的过程中没有撑住睡了过去，把蜡烛碰倒了，于是蜡烛把床上的棉被烧了起来……

所以，有很多人没能准时参加考试，宋方宇点点人数，都是那个宿舍的同学。

给男孩的悄悄话

现在使用蜡烛进行照明的人家已经很少了，但是如果遇到了停电或者是其他的特殊活动，还是常常会使用到蜡烛。还有住校的学生，熄灯之后在床上点蜡烛看书的情况也比较多见。日常生活中如果蜡烛使用不当也经常会引发火灾。

使用蜡烛时，应在蜡烛点燃之后牢牢地固定在烛台上，如没有烛台应将其固定在不燃物体上，切不可放置在床头、茶几、纸箱等可燃物体上。

蜡烛要放置得当，且周围没有易燃可燃物品，以防碰倒后引起火灾。点燃的蜡烛必须远离蚊帐、门帘、窗帘、挂历等易于飘动的可燃物，更不能接近摩丝、杀虫剂等易燃的物品，这样做的目的是防止受热后会发生爆炸。

蜡烛用完后应该及时熄灭。临时停电时用蜡烛，在来电后要及时熄灭。在举办活动时点燃的蜡烛，在活动结束应该及时将其熄灭。

炒锅着火怎么办

今天是妈妈的生日，梁华走过来对妈妈说："今天我亲手炒一道菜给妈妈吃，好不好？"妈妈听了之后，很高兴地就答应了。

梁华找来一本菜谱，决定给妈妈做一道炸鸡翅。梁华按照书上介绍的方法来操作：首先把油放在锅里，然后在等待油热的过程中，去找来盘子还有需要用到的调料。

正在梁华忙得不亦乐乎的时候，他听到炉灶那边有一阵噼里啪啦的声响。梁华急忙跑过去看，谁知铁锅居然烧着了。

"妈妈！妈妈！锅烧着了！"梁华不禁惊慌失措，大声喊道。

妈妈听到了梁华的叫声，赶忙从屋里跑了出来，伸手拿过来锅盖扣在锅上，又及时把煤气关掉。这时她看到梁华正在用大盆接水："梁华，你要干吗？"

"用水把火扑灭。"梁华说道。

"千万不可以这样做，那样的话火苗会一下蹿得更高。"妈妈告诉梁华说，"让火苗在锅里隔绝氧气而自动熄灭，是最好的方法。这些都是常识，你一定要记得啊。"

"嗯。"梁华不好意思地点点头,原来做顿饭这么困难。

平时三餐都是妈妈来料理,自己心安理得地享受美味,却从来没有想到过妈妈的辛苦,梁华心中升起了一种难言的滋味。

给男孩的悄悄话

家庭日常食用油,无论是植物油还是动物油,都属于可燃液体,在锅内被加热到450℃时会发生自燃,火焰一下蹿起来很高。根据食油的这种特性,炒菜时要先把菜洗净切好,然后在锅里放上油,看见锅里有热气,再把菜放下去炒,免得时间过长油在锅里起火。现在有不少人为了炒的菜好吃,总要等到锅里的油冒烟才放下菜去炒。这样的做法有两大危险:一是油温过高容易起火,二是油锅里散发出来的气体有害,过多地吸入容易致癌。

当遇到油锅起火时,首先一定要保持沉着冷静,迅速采取补救措施:

1.用锅盖来灭火。用锅盖或能遮住锅的大块湿布、湿麻袋等物,朝前倾斜着遮盖在起火的油锅上,使燃烧着的油火接触不到空气,便会因缺氧而立即熄灭。这种方法相对简便易行,而且还使锅里的油不会被污染,我们也不会被火伤害。

2.将食物倒入锅内。可以拿起旁边要下锅的蔬菜、米面或其他生冷食物,沿着锅的边缘倾倒入锅内,利用蔬菜、食物与着火油品的温度差,使在锅里燃烧着的油温度迅速下降,因为当油品达不到450℃的燃烧点时,火就自动熄灭了。不过在使用这种方法时要防止烫伤或油火溅出。

要提起警惕的是,当油锅着火千万不能用水进行灭火,这种方法极易引发火灾。比如用冷水往油锅里浇,当冷水遇到高温的热油时,就会发生"炸锅"的现象,使油水到处飞溅,这样极容易形成火灾或造成自伤。还有就是如果用双手端起着火的油,再把油锅放到旁边的水池里,不仅会烫到双手,而且更可怕的是油火遇水会反蹿上来,烧伤人的面部。

燃放花炮意外多

金杰爸爸的单位里发了几挂鞭炮,这天吃过晚饭之后,爸爸对金杰说:"金杰,我们下楼把它放了好吗?"

"好。"金杰高兴地和爸爸下楼了。

父子两人来到一片空地,爸爸把鞭炮平放在那里,把引线点燃,然后跑出距离鞭炮5米的地方。金杰就站在爸爸旁边,捂着耳朵,兴奋地看着不远处的火光迸发,听着噼噼啪啪的响声。这时,好像有一个小火点蹦到金杰的鼻子尖上,好烫。

"爸爸,我被鞭炮崩到了。"金杰对爸爸说道。

"哪里？没有啊。"也许是因为户外光线昏暗，爸爸并没有注意到金杰有什么不同。

放完鞭炮之后，金杰跑上楼找妈妈："妈妈，我被鞭炮崩了一下。"

"在哪里？让妈妈看一下。"听到金杰一嚷嚷，妈妈放下了手里的活跑了过来，"可不是吗？你看鼻子上有个小红点。你是不是离鞭炮太近了？"

"没有，我们跑出 5 米之外的距离呢。还好多亏没有蹦到我的眼睛里。"

"是啊，"妈妈说道，"燃放鞭炮，其实是件很危险的事情，所以一定要小心才行。"

给男孩的悄悄话

在喜庆的日子，人们往往燃放烟花爆竹，表达喜悦之情，增添欢乐气氛，但是在燃放烟花爆竹的时候需要特别小心：

要正确选择烟花爆竹的燃放地点，不可以在繁华街道、剧院等公共场所、在有电的设施下以及靠近易燃易炸物品的地方燃放。具体的细则还要遵守当地政府的安全规定。

燃放烟花的时候不可倒置。吐珠类烟花的燃放最好能用物体或器械在地面上进行固定之后燃放，如果确实需要手持燃放时，只能用手指掐住筒体尾端，点火后，要将手臂伸直，烟花火口朝上，尾部朝地，对空发射。禁止在楼群间和阳台上燃放。

在对喷花类、小礼花类、组合类烟花进行燃放时，平放地面将其固牢，燃放中不得出现倒筒现象，点燃引线之后马上离开。

燃放旋转升空及地面旋转烟花的时候，一定要注意周围的环境，将烟花放置于平整地面，点燃引线后，离开观赏，燃放手持或线吊类旋转烟花时，用手提线头或者用小竹竿吊住棉线，点燃后向前伸，身体不要离烟花太近。燃放钉挂旋转类烟花时，一定要先将烟花钉牢在壁或木板上，用手转动烟花，再点燃引线，离开观赏。

手持烟花不应朝地面方向燃放。

爆竹应在屋外空旷处吊挂燃放，点燃后切忌将爆竹放在手中，燃放双响炮应直竖地面，不得横放。

有时在燃放过程中会出些异常情况，比如遇到熄火现象时千万不要再点火，更不许伸头、用眼睛靠近观看，也不要马上靠拢产品，并停止燃放其他产品，要明确熄火的原因，再进行处理，一般是等 15 分钟后再去处理。

男孩也会遭受性侵犯

浩然遇见了一件让他觉得很耻辱但又不知如何是好的事情。作为一个男子汉，他第一次觉得自己这么懦弱和无能，但是他也不知道是不是该求助。他非常害怕别人知道这件事情，他觉得如果别人知道了，他就没脸见人了。

浩然的父母都比较忙，让他寄宿在妈妈的一个亲戚家里。之所以选择这个亲戚，是因为这位亲戚家离学校比较近。浩然爸妈按月付给这家人生活费。

女主人是个 30 来岁的女人，没有工作，在家做全职太太。她老公是个生意人，不常在家，家里常常只有浩然和这个女人。

有一天，浩然在睡午觉，突然觉得自己大腿部分痒痒的。醒来一看，吓了一跳，原来那个阿姨就坐在床边，正在用手摸自己的腿。摸着摸着，她的身体还贴在了浩然的身上。浩然急忙喊了一声阿姨，从床上爬起来匆忙逃开了。

自这以后，那个阿姨经常借着各种借口抚摸浩然，有一次竟然直接从后面抱住了他。浩然虽然是高中生了，但是面对这种事情也不知道如何是好。他跟妈妈说，要回自己家，妈妈问他受委屈了没有，他支支吾吾也说不出口。而那个阿姨跟妈妈打电话，热情的要浩然住到毕业再离开，妈妈还满心欢喜。

他没法跟爸妈说这种龌龊事，如果被朋友知道了，肯定都会笑掉大牙。那个女人却还是不断骚扰他，甚至变本加厉，发展到穿着内衣在他眼前晃来晃去，一点也不顾忌自己的形象。

浩然一肚子苦水都不知道往哪倒。

策划了很久，浩然终于费尽周折跟学校申请了一个教师单身宿舍，搬离了亲戚家。

他终于可以松口气了。但是，那个女人的影子总会时不时地跳出来，让他觉得恶心。后来看书的时候他才知道，这已经算是性骚扰了。都说男人对女人会性骚扰，浩然没想到自己一个男生，也会遭到性骚扰。

给男孩的悄悄话

性侵犯泛指一切与性相关、且违反他人意愿，对他人实施而造成身心侵害的行为，包括强奸、诱奸、性骚扰在内的行为都可算是一种性侵犯，而暴露、窥淫等也可算是性侵犯的一种。不过一般情况下，性侵犯一词较常用来指强奸和猥亵。

过去，性侵犯对象似乎专指女性的专属名词。随着社会的发展，女性社会地位的提升，当女性的性欲无法得到满足时，也会对男性进行性侵害。同时，一些对女性不感兴趣而喜欢同性的男人，也会对男性有猥亵行为。

许多研究表明，遭受性侵犯的青少年在相当长的时间里，会不同程度地表现出一系列心理症状，比如：恐惧、焦虑、抑郁、暴食或厌食、不喜欢自己的身体、对身体有异样感、低自尊、行为退缩、攻击性行为、注意力不集中、药物滥用、自杀或企图自杀。如果没有得到足够的帮助，成年后多会在人际关系方面遇到困难，难以与异性建立亲密关系，有人还会多次受害。由此可见，性侵害对青少年心身健康有长期的影响。

对于性侵犯，我们一定做好预防的准备，最重要的是提高自我的防范意识、学会自我保护。例如，不与异性在过于隐蔽的环境中单独相处、尽可能夜间不要在外逗留时间过长或单独出行，不要轻易接受异性的约会邀请，不与异性到成年人的娱乐场所玩乐。

青春期男孩只有克制住自己的好奇、侥幸心理，提高对行为后果的预知能力，减少冒险的行为，加强自我保护的防范心理，不给他人留下侵犯自己的机会，才能大大降低受到性侵犯的概率。

但是，如果不幸被侵害，那么不管侵害你的人是陌生人还是家里的长辈、老师等熟人，你都要理智地做到以下几点：

1. 尽快告诉自己信任的亲人、老师或学校领导。有些男孩出于羞耻感，或是怕家人或老师批评而不敢告诉自己本应该相信依靠的人，而宁愿自己一个人默默承受这份难当的痛苦。其实被侵害错不在自己，错的是施害者。只有在这些值得你相信的长辈的帮助下，你才能真正走出困境。

2. 要懂得用法律来维护自己的权益。对于那些失去理智、纠缠不清的无赖或违法犯罪分子，千万不要惧怕他们的要挟和讹诈，也不要怕他们打击报复。要大胆揭发其阴谋或罪行，学会依靠组织和运用法律武器保护自己。当施暴者是熟人，也不能沉默，否则性侵害者更加有恃无恐。也千万不能"私了"，"私了"的结果常会使犯罪分子得寸进尺，没完没了，而是应当勇敢地站出来指证，这样不仅可以防止性侵害进一步反复，而且有利于事后公安机关搜集其犯罪证据。

3. 学会保护证据，如不要洗澡，保留对方的毛发、分泌物、血液、抓痕和现场遗留物。如果可能的话，你还应该让别人拍下能证明你所受伤害的照片，同时最好还能找一个证人，把她（他）的证词做好记录。

4. 受到伤害后，应尽快去医院检查，以防止内伤或感染性病等，并及时进行心理咨询、心理治疗，医治精神创伤。

青春期的男孩在平时的生活中一定要掌握一些保护自己的技巧。如果不幸遭遇了性侵犯，也不要乱了分寸，要在第一时间里最大限度地减低自己可能遭受的伤害，然后记得要勇敢地拿起法律武器保护自己。

怎样打求救电话

张振上周末回家，奶奶正好发病。幸亏自己及时拨打了医院急救电话，由于抢救及时，现在奶奶已经没有危险，身体正在好转。

周末，爸爸妈妈出去参加朋友婚礼，家里就只有奶奶，张振和6岁的小堂弟。张振正在屋里写作业，突然听到客厅里堂弟大哭着喊："奶奶，怎么了，快起来，哥哥，快点，奶奶摔倒了！"张振赶紧往外跑，一看奶奶已经从沙发上滑下来了，躺倒在地上。小堂弟在不断地摇晃着奶奶。

张振一看，知道奶奶不是单纯的跌倒，怀疑是奶奶多年的心脑血管病犯了。马上朝弟弟喊道："别动奶奶，会加重病情的。"张振边喊边快速拿起电话，拨打了120。

"这里是和平小区3号楼一单元506室，我奶奶今年75岁，突然跌倒了，可能是心脑血管病犯了，现在手脚抽搐，人已经昏迷了，请快点派救护车过来！"

张振按照电话里医生的吩咐，把奶奶摆成平卧体位，并拉住哭喊的堂弟，不让他去碰奶奶。又迅速给家里人都打了电话。五分钟后，救护车到了。

由于发现抢救及时，奶奶很快就脱离了危险，要是当时张振没有立即拨打急救电话，后果简直不堪设想。

给男孩的悄悄话

张振及时、正确地拨打了求助电话，使奶奶转危为安。如果张振见到奶奶发病因慌乱而忘记拨打求助电话，或者是不知道如何向电话另一端的救助人员倾诉，奶奶的生命堪忧。由此可见，知道如何拨打求助电话对男孩来说是重要的生活常识。

下面，我们就来学习如何拨打紧急求救电话：

1. 紧急报火警。发现大火并确认是火灾时，要立刻拨打"119"电话，不要紧张，准确向对方说明大火的位置，目前的火情，是什么原因引起的，有无人员被围困等等。

2. 紧急报匪警。发现坏人进行违法犯罪活动时，要立刻拨打"110"电话，简单扼要地说明问题。如犯罪人的地点，犯罪人的人数，目前在干什么，有没有凶器，有无交通工具，有无人员伤害，有无爆炸物等等。

3. 紧急报交通警。看见路途上出了交通事故，或者自己家人出了交通事故，要立刻拨打"122"电话，讲清楚交通事故的位置，车辆情况，有无人员伤亡，车辆的牌号等等。

4. 紧急拨打急救中心电话。发现有人突然发病，要立刻拨打"120"电话，准确说清楚病人的地址，是什么病（伤），目前的生命情况，工作单位、性别等等。

被刀割伤怎么办

周六晚上，爸爸在书房电脑前查资料，妈妈在厨房里忙碌着做饭。而薛杰则一个人坐在客厅里看电视，电视里正在播《走进科学》，薛杰一边眼睛紧紧盯着电视，一边手里还在忙碌地削着苹果。

薛杰被栏目的重重悬念吸引住了，到底有没有外星人呢？正在思考，突然"哎哟"一声叫了起来。由于思考得太投入，忘记了自己正在削水果，一不小心割伤了食指。

看着殷红的鲜血不断从伤口处涌出，薛杰倒是没怎么慌张，脑子里还在想着电视栏目的内容，走到厨房开始冲洗伤口流出的鲜血，可是血还是源源不断地流出。

妈妈一转头看见了惊叫道："呀，怎么流这么多血！"薛杰满不在乎地说："削水果的时候没注意，割破了，冲洗一下就好了，就是有点疼。""还在流血呢，止血后再冲洗。"说着，妈妈就找来了纱布，赶紧捂住薛杰的伤口。爸爸也闻讯拿来碘酒，剪刀之类的东西。

薛杰认为一点小伤没有必要这么大惊小怪的。"我都是大男子汉了，这点小伤算什么，再说也不是很疼。"爸爸说："刀伤要是不及时正确的处理很容易感染，要是严重了还得去医院打针，你这个只要止血，消毒包扎起来就没事了。"

用纱布捂住伤口几分钟后，血就止住了，在爸爸妈妈的帮助下，薛杰用肥皂清洗了伤口，又用碘酒消毒，还抹上了药膏以防感染。

最后，用创可贴包扎住伤口。"以后多学点这些急救常识，受了刀伤要记住先止血。"薛杰赶忙点头："下次知道了，放心吧！"

给男孩的悄悄话

日常生活中，人们也都经常会遭遇意各种外刀伤，比如切菜时，削水果皮，削铅笔都有可能被割伤。更应该注意的是，现在校园暴力事件时有发生，如果自己或他人不幸遭遇袭击受刀伤，青少年朋友们应学会急救措施。

1. 止血

通常对于较小的伤口，用纱布、毛巾、手绢或一张创可贴捂住伤口一会就可以止血。

用无菌绷带纱布压住伤口。如果有玻璃或金属嵌入、扎入，不可简单地压住伤口，以免玻璃或金属扎得更深。遇到这种情况，应该及时去医院看急诊。

压住伤口一会儿后，可检查一下伤口是否还在流血。如果流血不止就要继续按紧伤口，直到血不再流出，如果捂住伤口超过5分钟，则应当及时赶往医院接受救治。

如果遭遇严重刀伤，流血过多，则应采用以下方法：

（1）压迫止血法。直接用纱布、绷带或毛巾紧紧按住伤口，再用力把伤口包扎起来。

（2）止血点指压法。生物课上，青少年朋友们应该接触过，沿着动脉靠近骨骼，能摸到脉搏的地方，都可作为止血点。出血过多时可用手指或手掌压在伤口靠近心脏那一端的止血点上以减少出血量。

（3）止血带止血法。严重的血流不止时，用布条、绳子等紧紧绑在止血点上；每隔一段时间都要稍微松以下，以避免组织坏死。这时候应该尽快把伤者送往医院急救。

2. 清洗伤口，涂抹药膏

血止住以后用清水、生理盐水或肥皂水轻柔地清洗伤口，用碘酒消毒。也可用含抗生素的药膏涂在伤口上以防感染。

3. 包扎

对于小的伤口，用碘酒或酒精消毒后，即可用无菌纱布包扎，夏天最好不用创可贴，包扎不宜过紧，尽量保持伤口干燥，通风。而有些大的伤口，则应该去医院进行手术缝合。

遭遇地震不慌乱

由于爸爸的工作调动，晓彤一家由湖南落户到山东。现在晓彤在山东临沂的一所学校读小学六年级。

近几年，世界各地震灾频发，山东临沂正好处在知名的郯庐地震带上。所以当地的人们对地震都很重视。平时家长老师都会给学生灌输防震、地震自救的知识。

晓彤以前没太接触这方面的知识，这不，第一堂课，他就遭到了老师的"刁难"。

"这位新同学，你说一下如果上课时发生了地震，你应该怎么做呢？"晓彤想了想轻松地说："应该快跑啊。"老师接着问道："可是我们的教室在五楼，一地震，就会很拥挤，来不及跑下楼怎么办？"晓彤一下不知道该怎么办了，抬眼看了看走廊勇敢地说："那就……跳楼！"周围一片哗然。

同学们七嘴八舌地说："不能跳楼，那样会被摔死的！""摔不死也会受重伤！"一个同学更是着急地站起来，喊道："得快点找地方躲起来，地震停止后再跑，跑不出去就等人来救！"

老师示意大家安静下来，"这是每个人都应该知道的生活常识，必要的时候运用这些知识可以保护我们的生命安全，所以大家一定要牢记。"老师认真地说："在楼房高层，不到万不得已千万不要跳楼，这样会对身体造成不必要的伤害，最好的办法是……"

老师给晓彤详细讲了地震发生时，应该如何逃生，包括怎么选择路线，逃到什么地方。逃不出去时躲在什么地方最安全，以及被困后怎么保护自己，如何向外求救等。

晓彤认真地听老师讲解完，真诚地对老师同学们说："感谢老师同学们教给我这么重要的一课，这会让我终生受益的！"

给男孩的悄悄话

地震发生且震级较高时，通常会造成房屋倒塌、大堤决口、大地陷裂等危险情况，给人们的生命和财产带来损失。而地震中保护自己的生命安全显得尤为重要。为了在地震发生时保护自己，男孩们应当掌握以下应急的求生方法：

1. 如果地震发生时你正处在平房里，要迅速以比桌、床高度更低的姿势，躲在桌子床铺的旁边，同时用被褥、枕头、脸盆等物护住头部，然后等地震间隙再尽快转移到安全的地方。地震时如果房屋倒塌，则应待在床下或桌下不要移动，要等到地震停止再冲出室外或等待救援。切忌地震时因紧张而在屋内乱跑，因为那样被砸伤的危险性很大。

2.如果你住在楼房中，地震发生时，不要试图跑出楼外，因为时间上来不及。最安全、最有效的办法是及时躲到两个承重墙之间最小的房间，如厕所、厨房等，也可以躲在桌、柜等家具下面或者房间内侧的墙角，并且一定要注意保护好头部。千万不要去阳台和窗下躲避。

3.如果正在上课时发生了地震，切不可惊慌失措，更不能在教室内乱跑或争抢外出。靠近门的青少年可以迅速跑到门外，中间及后排的青少年可以尽快躲到课桌下，用书包护住头部；靠墙的青少年要紧靠墙根，双手护住头部。

4.如果你已经离开房间，记住千万不要在地震一停就立即回屋取东西。因为第一次地震后往往会接着发生多次余震，余震对人的威胁也不容忽视。

5.如果地震发生时你正在公共场所，那么一定不能惊慌乱跑。可以随机应变躲到就近相对比较安全的地方，如桌柜下、舞台下、乐池里，等待地震过去后再离开。

6.如果地震时你正在街上，那么绝对不能跑进建筑物中避险，也不要在高楼下、广告牌下、狭窄的胡同、桥头等危险地方停留。因为地震很可能会将楼上的玻璃或街上的广告牌震掉，而狭窄的胡同不利于你的逃生。

7.如果地震后你不幸被埋在了建筑物中，应先设法清除压在腹部以上的物体；用毛巾、衣服捂住口鼻，防止烟尘窒息；同时要注意保存体力、并设法找到食品和水，创造一切生存条件，等待救援。

溺水如何自救

卫平最近刚刚学会了游泳，一直向爸爸妈妈吹嘘他的游泳技术有多好，扬言要和爸爸比试一下，要知道，卫平的爸爸可是游泳健将呢。

周末，父子俩一起到了游泳馆。在游泳池里，卫平不断地变换游泳姿势，一会蛙泳，一会狗刨，得意地向爸爸展示着自己的学习成果。轮到爸爸了，没想到他蝶泳、仰泳、蛙泳、自由泳样样都会，而且姿势优美，速度还那么快，卫平佩服极了。

卫平想去深水尝试一下，可是爸爸就是不允许。爸爸精湛的游泳技术吸引了很多人围观，纷纷要让他教游泳，他看起来得意极了。趁爸爸不注意，卫平悄悄到了深水区。

来到深水区后，卫平感觉游起来似乎轻松了很多，于是就欢快地游起来。没想到突然小腿抽筋了，眼看周围没什么人，卫平一下子就慌了。他拼命地挣扎想上岸，在挣扎过程中，他连续呛了几口水，抽筋加剧了，并且开始下沉。在这危急关头，救生员发现了卫平的状况，迅速下水施救，慌乱中的卫平紧紧抱着救生员。

爸爸不断责怪自己粗心大意没有照管好儿子，并且责问卫平："你难道只是学习游泳技术，连一点自救知识也没有吗？"卫平听了不服气，委屈地说："我都抽筋呛水了，怎么自救。"

爸爸严肃地说："发生意外情况溺水时，千万不要慌张地挣扎，越挣扎越沉得快，而且会加剧腿部抽筋。要想办法呼救，我都没有听到你的声音！另外，别人施救时，千万不要紧紧抱住施救人员，这样会你们同时陷入危险的。"

"今天出了这样的事，确实有我的责任，但是你的自救知识也太匮乏了。要是在外面游泳，周围又没有人，那就危险了！"爸爸后怕地继续说道："你在学习游泳技术之前应该先学会自救知识，遇到意外时才有可能从容应付。看来现在很有必要给你讲一下自救知识啊！"

于是爸爸就讲解了游泳抽筋时应该怎么处理，溺水时具体应该怎么做。

卫平挺羞愧的，本来是想向爸爸炫耀自己的游泳本领的，没想到居然出了这么大丑。不过现在已经懂了很多溺水自救的知识了，相信以后不会发生这种情况了。

给男孩的悄悄话

男孩子们夏天都喜欢游泳，有些男孩会选择安全较有保障的游泳馆，还有一些顽皮的男孩直接跑到河里、池塘里去游泳。几乎每年都有青少年溺水事件发生。

溺水对生命最大的威胁是水能堵住人的呼吸道，造成窒息缺氧死亡。溺水往往具有发生突然、危险进程快的特点，一般情况下4~6分钟就可能因呼吸和心跳停止而死亡。所以做好预防和抢救工作对保存自己的生命有重要的意义。

男孩们如果不慎落水或在水中发生意外，应采用以下几种方法自救：

1.保持镇静，采取仰面位，即在水中头向后仰，口鼻向上并尽力露出水面。

2.呼吸要注意做到呼气浅而吸气深，并防止发生呛水。

3.不要向上伸手臂进行挣扎，这样只能使人加速下沉。

4.因腿抽筋不能游动导致下沉时，应及时呼救；如附近无人，应保持镇静，设法向浅水或岸边靠近。

异物哽塞喉咙怎么办

下午放学后，李明和刘峰两个人有说有笑地从校园里走出。

刘峰开心地对李明说："我要告诉你一个好消息，你猜是什么？"

"唉，别卖关子了，赶紧说呗！"

"哈哈，这次数学考试我得了满分！好开心啊！哈哈！"刘峰兴奋地说。

"哇！你真棒！你数学成绩一直很好，我就不行了，数学成绩总是那么差。今天下午数学老师说明天要考试，想想就让人心烦。我爸还一直盯着我的数学成绩呢，真让人头疼……"李明愁眉苦脸地说道。

　　李明的苦恼令刘峰很不忍心，于是他转移话题道："走，咱们吃烤地瓜去！"俩人买回地瓜后，刘峰提议道："哈哈，咱们比谁吃得快怎么样？"

　　还没等李明反应过来，刘峰就三五口将一个烤地瓜吃完了。李明正要赞叹却见情况不妙，只见刘峰表情很痛苦，脸色由红变得微紫，两手不住地往喉咙处按，看情形是被噎到了。李明喊道："快咳啊，咳出来就好了。"可是这时候的刘峰哪还能咳得出来。李明见状赶紧拍刘峰的背，拍了一会也不见好转，看刘峰的脸色更难看了，李明赶紧去买了一瓶水，几口水下去之后，刘峰缓过来了。

　　"好危险，差点被几口地瓜憋死，谢谢你的水啊。"刘峰不好意思地说。李明开玩笑地说："记住，以后太兴奋的时候，要是身边没水就不要大口地吃烤地瓜啊！"

给男孩的悄悄话

　　吃东西时突然噎住，在日常生活中是比较常见的，咳一咳，喝点水，一般就能缓解。可是遇到比较严重的情况，这么做明显就不起作用了。这时候我们应该尽快采取措施，帮助被噎住的人脱离危险。

　　男孩们往往因为怕迟到赶时间而在路上大口大口吃东西，或者边和同学打闹边吃，这么做都容易噎住。在平时吃东西时应该注意小口慢吃，在吃东西时不要说笑打闹。尤其是在吃汤圆、蛋黄、蛋糕之类的食物时。

　　如果不慎被食物噎住，你可以这样做：使劲按压横膈膜偏下的地方。利用周围的桌子边缘、椅背，在没有其他东西的时候可以用自己的拳头，用力按压，就可以把异物吐出。

　　要是周围有人不小心噎住，我们应该采用正确的方法予以帮助：

　　1.先看下对方是否还能讲话，如果被噎住的人还可以讲话，一般就可自行将异物吐出，但是如果对方已经被噎住不能说话，说明空气已经不能通过喉咙，这就需要我们在对方的肩胛区间的脊柱上猛拍几下，直到吐出。这时候千万不能大口喝水，因为这样反而会使心脏受到过分挤压，严重的会导致昏厥。

　　2.假如他的嗓子仍然堵住，应迅速采取以下方法：站在他的背后，抱住他的腰，一手握成拳头，拇指一边靠在肋骨和肚脐间的肚皮上；另一只手抓住握拳的手上，快速向上猛压。如此反复多次，直到堵塞物出来为止。

　　3.如果仍未奏效，应及时拨打求救电话，或把患者就近送往医院。

煤气中毒的应急处理方法

　　每年放寒假后，杨超都会去乡下的奶奶家。奶奶住的地方环境清幽，早上可以听鸟叫，晚上可以看星星，空气清新，呼吸都特别畅快。杨超住在奶奶就一个是为了放松身心，再就是给奶奶他们"普及"一些安全知识。

奶奶家什么都好，就是太冷。家里没有空调，也没有暖气，只有一个小煤炉一天到晚地烧着。幸亏房子小，小煤炉把低矮的屋子烧得暖暖的。杨超总觉得不安全。屋子空间本来就小，门窗又都紧闭，一点都不通风。

杨超向奶奶建议："奶奶，开开门通通风吧，总关着门窗烧炉子，容易煤气中毒的。"奶奶答道："哪这么容易就煤气中毒？一开门好不容易烧的热气就都跑了，这样暖和。"见奶奶不相信，也就不再说什么。

一天中午，杨超从外面滑冰回来。推开小屋，见奶奶躺在床上，平时这个时候奶奶都做好饭了啊，难道不舒服？杨超关心地问："奶奶您怎么了，不舒服吗？"奶奶无力地说："有点头晕恶心。唉，老了！"杨超突然闻到一股异味，马上意识到：奶奶煤气中毒了！

杨超赶紧一边开门窗一边喊住在隔壁的叔叔。叔侄俩迅速把奶奶转移到外面，并且给奶奶披上了一床被子。情况不是很严重，但是因为奶奶年纪大了，怕有什么闪失，又和叔叔把奶奶送到了医院。

由于发现及时，处理得当，奶奶身体没受多大影响。

在医院里，奶奶不住地埋怨自己："都怪自己没有听小超的话，我真是老糊涂了。"叔叔也说："小超处理得很及时正确啊，要不然后果不堪设想。"杨超不好意思的挠挠头："这些老师都讲过。"突然想起另外一件事，"对了，叔叔，我看你家的热水器都老化了，最好换新的，这要不然也容易出危险的！"

叔叔爽快地说："行，以后你就是我们的'安全顾问'了，安全方面的问题都听你的。"杨超又不好意思了。

🚢 给男孩的悄悄话

刚刚走入青春期的男孩们一定不要以为待在家里就一定会比在户外安全很多。其实，家庭生活中依然存在很多极容易被忽视的安全隐患，譬如煤气中毒。每年都有不少人因这方面的失误而给自己或家庭造成极大的损害，严重的时候甚至丧失了自己的生命。

煤气中毒常常是在缺乏相关安全知识的情况下发生的，其实只要做到以下几点，煤气中毒就会远离你和你的亲人：

1. 平时不要在密闭或通风不良的居室中使用煤炉取暖、做饭。

2. 使用燃气热水器的，要注意检查热水器是否泄气，热水器使用寿命一般不超过6年，超过6年要及时更换。洗澡时门窗不能紧闭，洗浴时间不要过长，水温不宜过高。

3. 要经常检查煤气管道是否漏气，开关是否拧紧。

4. 当感到呼吸越来越困难，头昏眼花，或是厨房内传出一种臭鸡蛋气味的特殊气体时，便可判定是煤气泄漏。这时应赶紧打开门窗通风。注意不要划火柴和开关电灯以及其他电器。

5.如发现煤气中毒者，应速将中毒者盖好被子，抬到空气流通处，并尽快将其送往医院抢救。

6.煤气中毒者醒后应注意休息，避免活动后加重心肺负担及增加氧的消耗量。

7.对昏迷不醒、皮肤呈青紫色的严重中毒者，应通知急救中心，然后就地进行抢救，及时施以体外心脏按压和人工呼吸。

异物入眼的急救

杨杨有着深度近视，可是他为了爱美，不愿意戴眼镜，央求着妈妈给他配了一副隐形眼镜。每天戴隐形眼镜很麻烦，杨杨为了帅气，每天都要提前起床半个小时来佩戴眼镜，后来时间长了，手法熟练了，才感觉没那么麻烦了。

有一天，杨杨上体育课打篮球，被人撞倒在地，一只隐形眼镜掉在地上，因为下节课是很重要的数学课，杨杨不想看不清黑板而耽误课程，便摸起掉在地上的隐形眼镜，放在水管下冲了冲就放进了眼睛里。

上课的时候，杨杨就觉得眼睛很不舒服，但他没在意，直到下课了，他同桌忽然大叫，"杨杨，你的那只眼睛怎么那么红啊。"

杨杨照镜子才发现，戴着掉到地上的隐形眼镜的那只眼睛，红得吓人，他被同学送到了医院，医生检查后说，没什么大碍，就是有点异物进入了眼睛里。

"你今天眼睛里进了什么东西吗？"医生问。

"没有啊，就是隐形眼镜掉地上了，我又重新把它戴回眼睛里，可是我之前拿水冲洗过了。"

"可能是没冲洗干净，一些异物随着眼镜被你一起带到了眼睛里，这样很危险，搞不好会对视力造成损害，以后一定要注意。"医生叮嘱道。

给男孩的悄悄话

俗话说，"眼睛是心灵的窗户"，能够直接让人们感受到外界五彩缤纷的色彩，在日常生活中，常会发生异物入眼的事故。尤其是活泼好动的男孩子，玩耍时不注意，就可能让异物入眼，可能会引起不同程度的眼内异物感，疼痛，反射性流泪。如果更严重的话，会造成眼球损伤，失明等。因此，预防眼睛受伤和如何处理异物入眼十分重要。

处理入眼异物有以下几个步骤：

1.发生异物入眼后，切勿用手揉擦眼睛，以免异物擦伤角膜。正确的处理方法是，先冷静地闭上眼睛休息片刻（如果是小孩应先将其双手控制住，以免揉擦眼睛）等到眼泪大量分泌，不断夺眶而出时再慢慢睁开眼睛眨几下，多数情况下，大量的泪水会将眼内异物自动地"冲洗"出来。

2.如果泪水不能将异物冲出，可准备一盆清洁干净的水，轻轻闭上双眼，将面部浸入脸盆中，双眼在水中眨几下，这样会把眼内异物冲出。也可请人将患眼撑开，用注射器吸满凉开水或生理盐水冲洗眼睛，或用杯子冲洗眼睛。

3.如果各种冲洗法都不能把异物冲出，可请人或自己翻开眼皮，用棉签或干净的手帕蘸凉开水或生理盐水轻轻将异物擦掉。

4.求助于医生，利用专业工具取出。

触电的应急处理方法

物理课上，赵老师正在讲："我国家庭用电电压是220伏，而人体的安全电压是36伏，所以家里在使用很多家用电器的时候都是存在危险的，大家一定要注意安全。"顿了一下后说，"今天课本上的内容先到这，我们说点题外话。"

这下，无精打采盼着下课的同学都来了精神。"有哪位同学触过电？都有什么感受？"小宝站起来说："有一次我帮妈妈换灯泡时触电了，麻麻的。""我开家里的电灯开关时被电过""我是开电脑的时候触电的"同学们七嘴八舌，这和刚才安静的课堂形成了鲜明对比。

老师继续问道："触电后应该怎么办呢？""很简单啊，把手拿开就好了！"同学们答道。

"通常较严重的触电，想要摆脱带电物体没有那么容易的。首先，要尽快切断电源，这样才能尽快摆脱带电体……"不知不觉，一堂课很快过去了，同学们都听得津津有味。

国梁回到家后，挺着胸脯对爸爸妈妈说："物理老师今天给我们讲了很多触电时的应急处理方法呢，有什么不懂的问题你们可以问我啊！"

爸爸想逗他就问："那假如电线漏电了，我现在触电了，你该怎么办啊？"国梁马上想起老师课上讲的说道："我得快点把家里的开关关掉，切断电源。"抬头看了看开关，貌似太高了："我不能用手拉你，要不然我也触电了。我得找干的东西把电线挑开，你就得救啦。要是你被电晕了，我还要给你做人工呼吸，把你赶快送医院。"国梁头头是道地说。

"好小子，还真懂得了不少呢！"爸爸赞许地点点头，"你们老师可真不错，把课内知识拓展到生活中，生活知识学会了，课内功课怎么样啊？"国梁听了，扮了个鬼脸跑开了。

给男孩的悄悄话

电在现代生活中被广泛应用，为人们的生活增添了无数便利。但是电并不是一种绝对安全的能源，生活中，应对随时可能出现触电现象。青少年需要掌握以下方法应对触电：

首先要帮助触电者脱离电源。若在室内，则应立即切断电源；若在室外，电源无法切断，则应用木棍将电线挑开，或用干的衣服将触电者拉开。

当触电者脱离电源后，应根据其不同情况分别采取不同的紧急救护措施：

若触电者尚未失去知觉，还有呼吸和脉搏（心还在跳），则应立即设法把触电者送往附近医院救治；若触电者已失去知觉，但呼吸、心跳都没有停止，应在通知医院抢救的同时，将触电者放在平坦、空气流通的地方，然后让他嗅氨水（可用尿液代替）；同时可向触电者的身上洒些冷水，再摩擦他的全身，使其发热。

一旦发现触电者呼吸困难，逐渐变弱，或者断断续续有痉挛现象，则应立即为他进行人工呼吸。若触电者呼吸停止，心脏也停止跳动，急救人员要马上为他做人工呼吸；否则，触电者会很快死亡。

男孩们在用电过程中一定要注意保护好自己的生命安全。一旦发现有人触电，切不可慌乱无措，应按照以上步骤对之进行紧急处理，这样能够最大限度地保存他人的生命。

常见食物中毒的急救

王建一回到家就闻道厨房里飘出来的饭香味。可是摸摸已经鼓起的肚皮，还是算了吧。

"小建，今天怎么回来得这么晚？饭都做好了，快点洗手吃饭，今天有你最爱吃的红烧鱼。"妈妈对小建说。小建打着嗝回答："实在吃不下了，刚在外边和同学吃了好多羊肉串，现在还很撑。"妈妈皱起了眉头："又是在外面小摊上吃的？不是告诉过你吗？小摊上的东西太脏，而且那些羊肉都不新鲜，吃了很容易生病的……"小建笑嘻嘻地赶紧打断妈妈的话："不干不净吃了没病，你看我现在不是好好的吗？"

半夜睡梦中的小建突然肚子疼，一趟趟的跑厕所，连续跑了几趟后，王建都觉得自己有点虚脱了，想起卧室还有止泻药，就找出几片吃了。

吃了药的王建症状不但没有减轻，反而更严重了。开始头晕，恶心，还胸闷。实在坚持不住了，王建敲开了爸妈卧室的门："爸妈我难受……"听王建说完症状，妈妈马上反应过来："坏了，小建肯定是吃了不干净的羊肉食物中毒了！"爸爸惊叫道："你还自己吃了止泻药？"顾不上埋怨王建了，爸妈赶忙把王建送到医院。

经过一夜的治疗，现在王建已经好多了。经医生诊断，王建确实是食物中毒。食物中毒后又错误的服用了止泻药，病情才更加重了。所幸送医院还算及时。现在只是身体有些虚弱。"如果继续延误，就该有生命危险了！"医生严肃地说。

🚢 给男孩的悄悄话

食物中毒是指因进食含有毒素的食物所致，以腹痛、呕泻等为主要表现的中毒类疾病。食物中毒在人们日常生活中时有发生，会对人的身体健康造成损害，甚至有时候会威胁生命安全。青春期男孩们应加强防范，如果出现食物中毒症状能及时正确的采取急救。

一旦出现食物中毒症状，首先不要慌乱，应冷静分析中毒的原因，针对引起中毒的食物以及吃下去时间的长短采取三大急救措施：

1.催吐。如果进食的时间不长，在两个小时以内可使用催吐的方法。可以把手伸进喉咙轻轻滑动，这种方法较为简单。也可以把食盐和水按照1∶10的比例混合冷却后喝下，一直到吐出为止。

2.导泻。如果食用有毒食物多于两小时，这个时间食物已经到了大肠小肠。可以采用导泻的办法，促使受污染的食物尽快排出体外。一般是煎大黄服用。

3.解毒。如果是吃了变质的鱼、虾、蟹等引起的食物中毒，可将食用醋按照1∶2的比例倒入水中进行稀释，然后一次服下。

经过急救后如果患者症状仍未缓解，或中毒较重者，应尽快送医院治疗。在治疗过程中应给中毒者补充淡盐开水，并及时给予病人护理，避免其精神过度紧张

病从口入，平时应该注意饮食安全，预防食物中毒。

青少年朋友们应当作到以下几点：

1.养成良好的卫生习惯。饭前便后都要洗手。个人卫生习惯不好，会把细菌带到食物上，细菌跟随食物进入我们的消化系统，破坏我们的健康。

2.选择新鲜和安全卫生的食品。在购买食品时应仔细查看产品出产日期和保质期。

3.生吃的食物在食用前要彻底清洗干净，需要加热后才能食用的，一定要等熟透之后才能食用。

4.少吃剩菜剩饭，发霉变质的更是不能吃。

5.不到没有卫生许可证的小摊贩处购买食物。

6.不喝生水或不洁净的水。

外出游玩怎样保障安全

出门防范"三只手"

今天郑海和李大旭一起出门，经历了惊险的一幕。

他们在公交车上有说有笑，这时郑海发现旁边有一个人把手悄悄地伸进了李大旭的包里，而李大旭却毫无察觉，继续和郑海有说有笑。

郑海很着急，用眼睛向李大旭示意，可是李大旭并没有留心注意，继续讲那个他认为很好笑的故事。

他怎么还没有反应？郑海一着急，拉了他一下："李大旭，我们站这边。"可是李大旭丝毫没有猜到郑海的意思，继续讲他的故事。

"李大旭，你的包……"如果郑海再不说破的话，估计李大旭包里的东西就要被人顺走了，李大旭这才意识到，回过头看了一眼：好家伙，那个人已经翻到了钱包，正在往外拿了。李大旭狠狠地瞪着他："你……"

"看什么看，有什么好看的，哼！"那个人眼看阴谋没有得逞，居然理直气壮地把李大旭训了一通，似乎李大旭是个贼……

给男孩的悄悄话

现在人们的生活条件普遍优越，一个十几岁的学生，往往都会拥有几件比较大件的贵重物品。在携带物品外出的时候，就要防止他人的抢夺或是盗窃。千万不要以为在白天就没事了，那样的想法只能说是侥幸心理在作怪，培养自己的防范意识才是最安全的。

如果是把财物放在包中外出，要尽量做到包不离身，包不离手。最好是把包挎在身上，如果是不能斜挎的侧背包，要用手捂住包或用手臂夹住包。如果是手提包，就要紧紧地抓住包，不要松手，防止歹徒趁人不备把包抢走。

骑自行车外出，如果是把包放在车筐里，要记得把包带缠牢在车把上。假如发现了车轮出现故障转不动，首先要把车筐里的包抓在手上，然后查车轮故障，防止坏人趁机拿走你的包。

贵重物品的最佳保管方法还是锁在抽屉、柜子里，这样可以最大限度地防止顺手牵羊或者是乘虚而入者盗走。如果是长时间离开学校，应该将贵重物品随身带走或者是找个可靠的人保管，最好不要留在寝室。如果是住在学校宿舍一楼，睡前应该将现金及贵重物品锁入抽屉，防止被人从窗外"钓鱼"钩走。寝室的门也最好能换上保险锁，比较容易翻越的窗户应该加护栏，门钥匙不要随便乱放或丢失。在价值较高的贵重物品、衣物上，最好有意识做一些特殊记号，即使被偷走，将来找回的可能性也要更大一些。

现金最好的保管办法还是存入银行。尤其是数额较大的要及时存入，千万不能怕麻烦。不过，我们正处在上学的年龄，完全没有必要带太多的现金，所以用不到的钱还是放在家里或者交给父母最为安全。

选择安全的旅馆投宿

刘兵、胡山源、牛晓峰和顾升四个好朋友结伴去旅行。到了一个海滨城市后，大家为住宿的事情开了一个小型讨论会。

"不行的话，我们住星级酒店吧，安全比较有保障。"刘兵建议大家。

"好贵啊，你要是请客，我们就去。"顾升开玩笑地反驳了刘兵的意见，"我们只要是在市中心去找，应该都不会太危险吧？"

"我想起来一个好方法。"胡山源一拍脑瓜，想出了一个好主意，"我们上网找一找政府信息网，就能找到最安全，且价格最实惠的旅店了。"

"对对，还是胡山源的这个主意好。我们现在就去吧。"顾升对胡山源的意见表示赞同。

大家按照胡山源的想法，到了一家看上去很干净的旅馆，价格稍稍有点贵，不过质量有保证，住得会比较舒心。

"我们4个人，可以开一个包间了。"牛晓峰建议道，"我们4个人分摊费用，也就和白天的打车费差不了多少，呵呵。"

"嗯，对，不能和别人混住一屋，太不安全了。"刘兵说，"我们去看房子。"

就这样，男孩子们顺利地找到了合适的住处。

给男孩的悄悄话

旅社是社会上最为复杂的公共场所之一，不论是好人还是坏人都有可能会在旅社栖息过夜，而更有一些犯罪分子又常常把作案地点选择在旅社。所以我们在投宿旅社的时候要有足够的警惕，要处处注意安全。首先，自己携带的贵重物品，除了洗漱用具和换洗衣服之外，应当全部寄存在旅社的包裹存放处，或者锁在客房内的保险箱里。若与其他旅客同住一室，要防止别人趁你熟睡的时候掏你的口袋，因此最好存放少量现金在内衣口袋，然后穿着内衣入睡。在与同房间的旅客闲聊的时候，不要太热情，更不要轻易暴露自己的家庭住址及家庭成员的详细情况，以防被别有用心的人利用；当对方给你喝饮料、抽香烟或者给你吃糖果时，应该婉言谢绝。

除此之外，在投宿旅社的时候，还有许多需要注意的地方：

1.选择投宿旅馆要谨慎，最好避免选择投宿环境复杂的小旅社。在投宿期间最好是要早出早归，切忌单独外出。

2.要告知家人旅馆的名称、电话及相关的联系方式，如果是团队出游，一定要记下队友的房间电话。

3.入住旅馆之后，应该首先察看安全门和安全通道，最好是试走一次，以备危险时刻得以迅速离开，同时还应该注意周围的安全逃生出口及紧急电话联络系统。

4.留心看一眼旅馆内门窗、锁等设施是否安全，入睡前一定将房内插拴扣好。

5.如果有访客敲门须经再三确认，不可以随便让陌生人进入，如果遇到棘手的事件不好处理，应该打电话请旅馆柜台派人处理。

6.外出时，应将贵重物品应随身携带，千万不要放在房间内。

7.在使用旅馆电梯时，尽量让自己站在控制钮旁，如果遇到问题，可以立即按警报器求救。

8.在入住客房期间，应该由服务人员陪同检查旅馆房内的橱柜、浴室是否有可疑人物。洁身自好，自尊自爱，不要理睬陌生电话骚扰。

9.在休息的时候不能卧床吸烟，另外还应该注意电器的使用安全，有必要阅读旅馆制作的安全宣传手册。

10.一旦发生火情，首先要冷静，不要慌乱，立即拨打火警电话"119"，并马上与服务台、消防控制室联系。

危险游戏谨慎玩

"啊！蹦极！我一直都想玩，就是不敢。你们有人玩过么？掉下去的感觉是什么样的？"杨培武看到了远处的游乐设施，问同来的几个伙伴。

"其实我觉得吧，如果一个人实在是想自杀了，最好就是去蹦极。一来是真的有可能会玩死，二来如果没有死，他也多少会有死而复生的快感，又经历了要死之前的恐怖，说不定就不自杀了。这样说来的话，蹦极还是有积极意义的。"司徒建一本正经地发表他的言论。

"要不，我们去试一试吧。你们都在，我胆子大。"杨培武按捺不住他的好奇心，"我们和那些人商量一下，用绳子把我们四个捆在一起，这样大家一起往下跳，我就不害怕了。你们觉得怎么样？"

"杨培武，难道你就没有一点顾虑吗？如果那根绳子无法负重的话，我们玩的就不是蹦极了。我们玩的是命！"司徒建一脸恐怖地对杨培武说道，"我们还是惜命一点为好。"

韩江和刘楚听了之后，开心地笑了起来。两人笑言，杨培武掉下去之后，肯定免不了阵阵惨叫，那声音，不知会吓死多少人呢！或者让多少人旧病复发也说不定呢！

"哼！有那么严重吗？不玩就不玩。"杨培武气呼呼地甩甩头。

给男孩的悄悄话

如今，在许多的游乐园内都设置了高空游览车、悬升飞机、过山车、碰碰车、滑车、溜冰、水上漂流、高山滑梯、赛车等等娱乐项目。这些游乐活动具有很大的刺激性和吸引力，但是有一定的不安全性，其中不少项目很惊险。

对于惊险刺激的游乐项目，很多男孩具有一种矛盾心理：很想玩但是又害怕玩，不玩吧又不甘心。我们需要注意：参加任何体育活动都必须把人身安全放在第一位，做到量力而行，不勉强，不逞强，并且严格遵守游乐规则。

所谓的量力而行，就是说惊险的项目不是每一个青春期男孩都可以玩的。因为这些游乐项目比较激烈，玩起来让人神情紧张，惊心动魄。所以胆小、体弱、心理承受能力较差和患有心脏病、恐高症、眩晕等疾病的男孩不能去玩这些惊险项目，以免身心健康受到损害，导致休克、晕厥、旧病复发等现象，甚至会威胁生命安全。

确保惊险项目的游乐安全，还有一条非常重要，就是要自觉遵守游乐规则。在游乐园里，每一个惊险项目都会明文规定游乐规则。这些规则，实际上是保护了游客人身安全的有效措施。比如：玩高山滑梯时，严禁身穿背后有拉链的游泳衣裤，防止在滑行的过程中拉链与滑道摩擦，伤害人体；玩碰碰车时，驾车人的双腿不得伸出车外，而且身体与方向盘之间应保持一定距离，以防止两车相碰导致驾车人的腿脚被轧伤、撞伤；玩旋转上升的运动项目，必须系好安全带，人体不得探出运动器外，以免在激烈的游戏过程中发生人身伤亡的事故等等。对于这些游乐项目的规定，在玩之前一定要了解清楚，以免因无知而酿成无法弥补的遗憾。

应对公共场所的拥挤状况

范小北和好伙伴们相约一起去电影院看电影，由于他们去晚了，只好随便找个空位坐下了，大家都散开来坐。

直到影片结束，观众都开始散场的时候，影院中的灯才打开，范小北终于目测到他的好伙伴。

"许楠，我在这里啦。"范小北冲着许楠大喊。

只见许楠逆流而上，往范小北这边跑过来，和往影院出口方向走的观众正好相反。范小北看到他走过来特别吃力，又大声对他喊："许楠，你先出去吧，我们在外面集合。"

好不容易走出了偌大的电影院，终于又重见天日了。范小北看到许楠在那里等自己。

"人太多，太挤了。我实在是过不去。"许楠向范小北解释。

"呵呵，所以我们要到外面集合。"

不一会，刘建和吴伟峰他们也出来了，大家在一起讨论刚才演的那些好玩的片段，说着笑着去找地方吃饭了。

🚢 给男孩的悄悄话

拥挤状况突然发生时，不管是人流同向涌出，还是交汇混杂，都要保持镇定，克服慌张心理。可以躲在障碍物的后面、门背后或贴在墙边，也可以紧紧拉住固定物，防止自己跌倒，被人踩伤。在集体统一通过狭窄的通道时，不要制造恶作剧或开恶意玩笑，以免场面混乱，最好等候人流高峰期过后再行通过。

如果遭遇拥挤现象，自己要学会一些自护措施，采取的任何行动都要以确保自己的生命安全为前提。

出现拥挤时，应伸出双手，随时准备应对紧急情况。不要将双手交叉着放在胸前。最可怕的姿势是双手插在口袋里被挤倒。尽量靠右墙走路。

尽量不要拿过重过沉的东西在楼道中走动，以免遮住自己的视线而不能看见道路和迎面而来的人。

在拥挤的人流中，不要俯身捡拾东西或提鞋、系鞋带等，防止被挤倒在地而被踩伤。在突然被大多数人裹挟向一个方向行动时，不要因为任何原因逆向行动，也许人流前进方向与你要去的目的地背道而驰，也不要做逆流而动的尝试，以免被众人挤伤。

由于拥挤现象并不鲜见，所以，作为正在成长的青少年，更应该掌握一些应对拥挤的方法，这些方法能够使你在突然遭遇拥堵时能够保持镇定自若，及时地帮助自己走出困境。

野外饮用水的寻找、收集与安全处理

学校为了给同学们提供生存教育，举行了一次模拟的野外生存活动。陈佳整好行囊，兴致盎然地随着大部队出发了。

一直生活在舒适环境中的他必然没有体会过野外生活的欢乐。一开始，确实是满脑子的新鲜感，虽然老师家长都给他们普及过野外知识，千叮咛万嘱咐劝诫他们要提高警惕，但面对完全不同的世界，过分乐观的心态还是更胜了一筹。自然，刚上阵的激情可以使任何恶劣环境都能看上去更可爱一些，但没过多久，便出现问题了。

由于各人承重力有限，又在野外远足的过程中要体力消耗非常大，行囊受限，因而自己能够携带的食物、水都是一定量的。当陈佳的水壶见底时，他这才感到，野外生存的考验已经开始了。

任何体力消耗必然不能离开水源。陈佳听老师讲过，脱水过久，身体机能就会开始出现危机。很快他和他的小分队开始野外生存的第一关：寻找水源，收集制作饮用水。

没有头绪的寻找是无意义的。陈佳想到，不如回顾老师上课讲过的知识，定有细节能够应用到实际生存中。他们一边走一边留意路边花草树木的状态，发现不同区域的植物含水性确实有很大的差别。到傍晚时，精疲力竭的小分队，仅在植物表皮刮得一些小水珠，丝毫没有进展。这时，陈佳指着盘旋的鸟群，叫道："跟着它们走！"他领着小分队一路小跑向着鸟群的方向奔去⋯⋯

给男孩的悄悄话

男孩们喜欢冒险，喜欢在大自然的环境中放松自己。但是在野外，危险随时都会出现。比如，自己带的饮用水喝光了或因各种原因不足了，你只能借助野外的自然资源自己收集饮用水。可以根据树木和青草的生长状况来寻找水源。

在山脚下，寻找那些草长得茂盛、葱翠的地方，往下挖，便会有水渗出；另外，还可寻找一些有水"标志"的树木，如三角叶杨、梧桐、柳树、盐香柏等，在这些植物下挖掘，可见到水。也可以利用一些植物来获取水分，如竹子、仙人掌等。将植物的茎、枝砍成一米长短，把一端削尖竖在容器中，这样就可以得到少量的水。

但应注意不能选用冒出乳状液体的植物。

除此之外，还可以根据动物的活动踪迹来寻找水源。鸟群会在水源上空盘旋，在早晨和傍晚，留心它们的叫声，你可确定它们的水源地点。在蚂蚁密集的地点，大多也是可以找到水源的。你还可以根据自然的地形、地貌来寻找水源。干河床在其表面下就可能有水，可选择河道转弯处外侧的最低处寻找，往下挖掘。

取来水后，还要对之进行煮沸消毒。在海平面，至少煮沸一分钟；在海拔较高地区，时间要延长，海拔每增高 1000 米，煮沸时间可增加 3 ~ 4 分钟。

食用野生植物的技巧

远足一日，徐松一行人早已疲惫不堪，食物也只剩下最后一点。看起来在露宿之前食物是个不小的问题。虽说山中有的是"可利用资源"，但不知如何判断，又无奈只得眼巴巴地看着。

在树下休息片刻之后，实在解饿难耐的他们最终还是决定要尝试寻找些可以食用的植物来填填肚子。他们尝试在野外生存手册上学到的方法搭起"烤架"，捡来些嫩草坚果，准备烤食。这时刘东找来一捧蘑菇，惊喜地对小伙伴们招呼道："有蘑菇啊！"兴冲冲跑到烤架边上，欲分享这意外的发现。

徐松一看大惊，立刻对刘东摆手，"蘑菇不能随便吃"，他一脸严肃地说道，"蘑菇很有可能有毒，我们绝对不能随便吃。我不知道怎么判断，但是以防万一，还是注意一些好，否则后果严重。"刘东听了这话，也意识到这件事情的严重性，不敢轻易尝试，便放下蘑菇，和伙伴们一块去找嫩草、树皮那些能够保证安全的植物了。

远足回家后，徐松将寻找食物的事情告诉爸爸妈妈，得到了他们欣慰的肯定，爸爸告诉他："在野外的时候，虽然身边有很多东西可以利用，但一定要在平时多了解常识，知道什么是可能不安全的。如果不能判断，就要尽量挑相对安全的，比如你们利用的嫩草、树皮，大都不会出现重大问题。蘑菇虽然是好东西，但是吃到有毒的话，后果不堪设想。当然，如果能够判断，就另当别论了。其实啊，判断食物有没有毒，也是有学问的……"

给男孩的悄悄话

在野外的时候，男孩一定要注意一个问题：除非是陷入绝境，最好只选择自己所熟悉的植物吃，或选那些与自己所熟悉的植物相似的吃。

以蘑菇来说，没尝过的，最好不吃，以防中毒。青草几乎都可以食用，其种子收集后，经过炒或煮即可食用；叶和茎也可以食用，树皮内层，除了有苦味的以外，其他的几乎都可以食用，有的甚至可以生吃。坚果一般都可以吃，其中有的虽有涩味，但却不会影响健康。

在大量食用自己不熟悉的植物或果子之前，应事先进行试验，方可食用。先选取该植物的一小部分放入口中，细细咀嚼，千万别咽下。然后吐出来，看看你的嘴和舌头是否有病变的感觉。初步尝试之后，如无病变感觉，可吃下一口，不要超过3～5克，这样毒素量小，不致有严重反应。如果食用后1～2小时无中毒症状（腹痛、恶心、呕吐、头晕、胃肠不适、视觉模糊），表示这种食物可以食用。食用不熟悉的果实和块根时，应该煮熟后食用，因为大多数植物中的毒素经加热处理即可以分解（注意，有毒的蘑菇，煮后也不能去掉毒素）。

吃时要在嘴里慢慢嚼一嚼，如果它的味道很难吃，就不要吃了，一般来讲，味道不好并不意味着有毒，但是，对那种烧焦的味、令人恶心的味和苦味要格外小心，因其不一定会引起中毒，但味道不好的食物通常会引起胃肠的不良反应，出现呕吐等症。当然，如果味道可以接受，便可以接着吃下去。

吃完以后，如果6～8小时后仍无病变发生，就不会有事了。如果发现有中毒症状时，应立即采取措施：

1. 催吐：可用手指或其他代用品触及咽喉部，直至吐出清水为止。

2. 导泻：常用的导泻剂有硫酸镁和硫酸钠，用量15～30克，加水200毫升，口服。

3. 洗胃：最方便的可用肥皂或浓茶水洗胃，也可用2％碳酸氢钠洗，同时可除去已到肠内的毒物，起到洗肠的作用。

4. 解毒：在进行上述急救处理后，还应当对症治疗，服用解毒剂。最简便的可吃生鸡蛋清、生牛奶或用大蒜捣汁冲服。

5. 有条件的可服用通用解毒剂，其主要作用是吸附或中和生物碱、重金属和酸类等毒物。

怎样应对野外动物伤害

李晨是个小摄影迷，在摄影比赛中获了各种各样的大奖，是个颇有个性的冒险家。为了拍出特别的照片，他常常往外跑，到各地去采景。最近，他有点想要改变自己的摄影手法和主题，想起要近距离地拍摄动物。这就要求他要更加接近自然地去探险一回了。

李晨常在外跑，也深知不能太过于"英勇"，否则莽撞的后果会不堪设想。但是这一回，为了拍动物，他的确是"豁出去"了一把。可是要知道，毕竟只是一名学生，对于未知的自然认知还太少，哪里知道凶险无处不在。

就当他专注地调着相机取景、锁定目标时，他丝毫没有意识到，在他脚边的不远处，伏着一条虎视眈眈的毒蛇。李晨忽觉小腿一阵疼痛，一甩腿竟甩出蛇来……

一个几乎没有野外生存经历的学生，独自在外地遭遇毒蛇，倘若不知自救，大概后果就可想而知了。幸运的是李晨被咬伤后正巧碰到沿路的村民。有经验的村民一看伤口不对，立即为他进行处理，用鞋带绑扎伤口近心口处，而后带李晨到他们家，为他清洗伤口，处理毒液，总算是不幸中之万幸了。

这件事过去之后李晨便养成了一个习惯，每次外出取景，都必先查查地形和安全注意事项，拍摄动物的时候也做好严格的安全防护措施，再不敢鲁莽行动了。

🚢 给男孩的悄悄话

在野外遇到动物伤害，无法得到及时救治非常危险。喜欢野外冒险的男孩一定要牢记以下一些常见动物伤害的自救方法：

1. 毒蛇

我国的毒蛇种类很多，而且多分布在长江以南的广大省份。毒蛇咬伤多发生于夏、秋两季。如果不幸被蛇咬伤，首先要判断咬伤自己的是否为毒蛇。一般的毒蛇有如下特征：头部呈三角形，身上有彩色花纹，尾短而细。毒蛇咬伤的伤口表层通常会有一对大而深的牙痕，或两列小牙痕上方有一对大牙痕，有的大牙痕里甚至留有断牙。且伤口的颜色会在较短时间内变成深色甚至是乌色。如果一时无法判断是否被毒蛇所伤，为了安全起见，还是要按照毒蛇咬伤进行处理。下面是被毒蛇咬伤后的处理措施：

首先要防止毒液扩散和吸收。被毒蛇咬伤后，一定不要惊慌失措、奔跑走动，这样会促使毒液快速向全身扩散。被毒蛇咬伤者应立即坐下或卧下，自行或呼唤别人来帮助，迅速找来一些鞋带、裤带之类的绳子绑扎伤口的近心端，如果是手指部位被咬伤要绑扎指根；手掌或前臂被咬伤可绑扎肘关节上；脚趾被咬伤可绑扎趾根部；足部或小腿被咬伤可绑扎膝关节下；大腿被咬伤可绑扎大腿根部。绑扎的目的与止血目的不同，仅在于阻断毒液经静脉和淋巴回流入心，而不会妨碍到动脉血的供应。故绑扎无须过紧，它的松紧度掌握在能够使被绑扎的下部肢体动脉搏动稍微减弱为宜。绑扎完成后还需要注意，接下来要每隔30分钟左右松解一次，每次1～2分钟，这样可以避免血液循环造成组织坏死现象的发生。

绑扎完成后要接着接着要迅速排除毒液。这需要立即用凉开水、泉水、肥皂水或

1：5000高锰酸钾溶液冲洗伤口及周围的皮肤，以洗掉伤口外表毒液。如果伤口内有毒牙残留，应迅速用小刀或碎玻璃片等其他尖锐物将之挑出，使用前最好用火烧一下刀片以对之进行消毒。器物准备好以后，以牙痕为中心作十字切开，深至皮下，然后用手从肢体的近心端向伤口方向及伤口周围反复用力挤压，以促使毒液从切开的伤口排出体外，同时要边挤压边用清水冲洗伤口，冲洗挤压排毒需持续20～30分钟。

此后如果随身带有茶杯则可以可对伤口作拔火罐处理。拔火罐时，要先在茶杯内点燃一小团纸，然后迅速将杯口扣在伤口上，使杯口紧贴伤口周围皮肤，利用杯内产生的负压吸出毒液。如无茶杯，也可用嘴吮吸伤口排毒，这种情况下一定要注意，但吮吸者的口腔、嘴唇必须无破损、无龋齿，否则就有中毒的危险。吸出的毒液要随即吐掉，吸后要用清水漱口。排毒完成后，伤口要湿敷，这样有利于毒液的流出。

必须注意，有些蛇毒只需极小量即可致命，所以绝不能因惧怕疼痛而拒绝对伤口切开排毒的处理。去野外旅行的时候，最好随身备一些有蛇药，这样一旦被毒蛇咬伤就可立即口服以解内毒。伤者如出现口渴，可以给足量清水饮用，切忌不可饮酒精类饮料，因为这样可能会加速毒素的扩散。经过切开排毒处理的伤员要尽快用担架、车辆送往医院做进一步的治疗，以免出现在野外无法处理的严重情况。转运途中要安抚伤者的紧张心理，尽量使其保持安静。

在野外，为了避免被蛇咬伤中毒，应做好以下预防工作：

在野外时，尤其在夜间最好穿长裤、蹬长靴或用厚帆布绑腿。持木棍或手杖在前方左右拨草将蛇赶走，夜间行走时要携带照明工具，防止踩踏到蛇体招致咬伤。选择宿营地时，要避开草丛、石缝、树丛、竹林等阴暗潮湿的地方。在野外应常备解蛇毒药品以防不测。

2. 蝎子

蝎子是一种毒虫，通常只有几厘米长，但最长的可达20厘米。它的尾巴像一根粗粗的辫子，尾端有毒腺和毒针，蝎子用尾针蜇伤敌人，同时毒腺分泌毒液。

蝎子蜇伤局部可见大片红肿、剧痛，重者可出现寒战、发热、恶心、呕吐、流涎、头痛、昏睡、盗汗、呼吸增快及脉搏细弱等，儿童被蜇伤后严重者可因呼吸、循环衰竭而死亡。被蝎子蜇伤后，应该迅速把伤口切开，然后用高锰酸钾溶液冲洗。接着要对伤口部位进行冷敷，涂抹皮质激素软膏。如果是被毒性较大的蝎子蜇伤，要立刻送往医院，由医生注射特效抗毒素。

3. 毒蜘蛛

毒蜘蛛大多表面颜色艳丽，所以在野外遇到"漂亮"的蜘蛛最好不要招惹它。若被咬伤，应该先用绳子、手帕、裤带等扎紧伤口上方，同时每隔15分钟放松1分钟。接着用消过毒的大号缝衣针和三棱针刺伤口周围，然后向外挤压伤口，这样可以排毒。再用肥皂水冲洗患处，然后涂上小苏打糊剂。严重者应尽快送医院诊治。

蜘蛛一般没有太大的毒性，但有些蜘蛛如"黑寡妇"，有剧毒。因此，不管是哪种蜘蛛，都不要因为好奇去"逗惹"它。

野外遇险如何发求救信号

终于放暑假了，喜欢户外登山运动的王帅联络了几个有共同兴趣的同学成立了一个"暑假登山队"。

周一天气晴朗，而且气温不高，是自己团队开展活动的好时间。确定好时间，王帅他们几个小伙子开始确定登山路线。几个小伙子为了这次登山做了大量的准备，包括鞋子、服装、背包的选择，还带了足够的水和食物。

爸爸看着王帅兴高采烈地忙碌着，就帮着检查了一下物品。"怎么没有哨子、打火机、手电筒之类的？"爸爸惊奇地问。"您以为我还是小孩，还爱玩哨子呢？"王帅不禁笑起来，"又不是去野炊，不用带打火机。当天就能回来要手电筒就更没有用了！"王帅感到爸爸的话很好笑。

爸爸看着王帅，严肃地说："山上通常会很空旷，又多有茂密的植物，不小心就会迷路和同伴走散。要是迷路了，和同学走散了，你应该怎么办呢？"

王帅一下被爸爸问住了，他还从来没有想到过这种情况呢。想到爸爸说的几样物品，突然明白了："是不是要是迷路了，又没有力气喊，就拼命吹哨子，晚上可以用打火机或手电筒照明，这样就可以让别人发现我们？"

爸爸摇摇头，说道："可以让别人发现你们，但是别人不知道你们需要帮助啊。""这都是有专门的求救信号的，只有正确的使用求救信号，才能及时得到救援。"爸爸接着说。王帅觉得更疑惑了。

看着王帅对这方面的知识一无所知，爸爸决定给儿子好好补补课。于是详细地给王帅讲了求救信号的种类，如烟火信号、声音信号以及色彩信号等，并讲了应该如何正确利用这些信号，在必要的时候帮助自己摆脱困境。

"实在太神奇了！原来有这么多信号，每种信号都这么有讲究！我学到了很多，谢谢老爸！"王帅欢快地对爸爸说。他把这些详细记录下来，并做了整理。他要迫不及待地要把这些知识和他的队友分享。

🚢 给男孩的悄悄话

男孩在野外游玩，很多时候可能会遇到一些连自己和身边的朋友或家人都无法解决的难题。这时候就需要男孩及时对外求救。那么对求救信号的发送，你了解多少呢？

1. 国际通用的山中求救信号是哨声或光照，每分钟6响或闪照6次，间隔一分钟后，重复同样的信号。

2. 如果有火柴和木柴，则可以点起一堆火，烧旺后加些湿枝叶或青草，使之升起大量浓烟。

3. 穿着颜色鲜艳的衣服，帽子也应选择鲜艳的。

4. 用树枝、石块或衣服等物在空地上砌出SOS或其他求救字样，每字最少长6米。如在雪地上，则在雪上踩出这些字。

5. 用颜色最鲜艳、宽大的衣服当旗子，不断挥动。

6. 看见直升机到山上来援救而飞近时，引燃烟幕信号弹（如果有的话），或在附近生一把火，升起浓烟，让救援者知道风向，这样能帮助救援者准确地掌握停靠的位置。

在野外游玩，男孩们欣赏山水美景的同时，还要注意安全，不要因为玩而受到伤害。 以上方法一定要记牢，遇到危险的时候能够起到救助作用。

火眼金睛，识破骗子的诡计

上网需要注意防范哪些陷阱

江宇辰学会用电脑之后，就把查资料、发邮件、聊天、看电视、看电影等所有事情都寄托在这上面了。电脑上网不仅无所不能，而且方便快捷，江宇辰玩得不亦乐乎。

但是有一天，电脑却突然出了问题。江宇辰像平时一样，打开电脑，登录QQ，查看邮件。这时他注意到未读邮件里有一个链接网址，声称下载该软件，"使浏览速度加快一倍"。江宇辰动心了，急忙打开网址去看，网页却久久显示不出来。几分钟后，电脑突然黑屏，不管摁什么键都没有用。无奈之下，江宇辰只得强制关机，然后重新开机。不料重新开机之后电脑就不正常了：屏幕上什么都没有，只有一个任务管理器，显示正常进程……

江宇辰一下子愣住了。刚学会上网不久，他根本不知道如何处理这种状况，只知道电脑功能的强大，竟忘记了网络陷阱是无处不在的，没有防患意识，终究还是遭遇到了。

等到爸爸下班回家，江宇辰把电脑的问题告诉他，并讲述了事情发生的过程。爸爸看了看电脑，叹了口气，"唉，看来要重装系统了"。爸爸告诉宇辰，网络陷阱防不胜防，大多由邮件、网址这些途径传播病毒，一旦没有看清，轻易打开了不正确的地址，就很容易让病毒攻入。更何况，新电脑还没有装上杀毒软件，在这种状态下上网，是很危险的。

这下江宇辰明白了，网络虽然便捷，但要是太麻痹大意，电脑病毒的麻烦也随时会找上门来。

给男孩的悄悄话

互联网在近些年的高速发展，给青少年带来了巨大的便利，但是同时也带来了许多新的烦恼。当你在享受丰富的网络资源的同时，又不得不面对着众多的安全威胁。对于缺乏相关安全知识的青少年来说，怎样才能防止自己在享受网络带来的便利时又保护好自己免受不法分子的侵害呢？下面一些经验和方法希望能给喜欢网络的男孩们提供一些帮助。

当你在上网时，你可以采取如下保护措施：

1.用杀毒软件保护电脑，及时更新软件。杀毒软件可以最大限度地保护电脑免遭病毒侵害。同时病毒的发作就像每年的流感病毒一样，新的病毒和病毒变种不断产生，所以一定要保证有规律地升级杀毒软件，例如一周升级一次。

2.不要打开不明来源的邮件。收到了可疑的邮件，最好的处理办法是直接把整个邮件删除，包括其中的任何附件。即使知道是谁发来的邮件，对看起来有点奇怪的或者是预料之外收到的邮件，也要提高警惕。

3.使用较复杂的密码。在网络世界里，即使不告诉别人自己的密码，"黑客"们也能利用一些手段对密码进行暴力破解，因此把密码尽量设置得复杂一些是绝没有坏处的。

4.定期下载安全更新补丁。有时程序漏洞会成为他人攻击你电脑的切入点，因此经常去一些主流软件公司（如微软）的网站看看有没有发布最新安全更新补丁，也是保护电脑的有力措施之一。

网上购物防诈骗

最近班里掀起阵不小的网上购物潮流。陈聪找同学问了操作步骤之后，回家也开始对着电脑查找自己想要的游戏光盘。"听说××网上能找到那个碟啊，小店里已经卖完了，你去网上找吧。"听着好朋友小天在电话那头说着，陈聪立即开始搜索了。"有了！我把它买下来！"

陈聪按照同学们教他的步骤付了款，填了地址，然后，便就剩眼巴巴等着光盘赶紧寄过来了。

"小聪啊，这个不对啊！你看，不是正版的！花了多少钱啊？"

陈聪一听，猛然意识到这事情不太正常了。他回家打开电脑，翻回到那个购物的网站，仔细看了一下"实物图"。这所谓的"实物图"，其实原来根本就是假的，寄过来的盘，跟网上图片上的完全不一样。可是能怎么办呢，钱也退不回来了，正版碟也没买到……陈聪哭丧着脸，找爸爸抱怨，"什么足不出户啊，都是骗人的！"

"网上购物确实方便，但是也要懂技巧。这次的事情就当是个教训吧，要知道网络资源太杂，骗子也就容易藏身，所以要是在购物的过程中不谨慎小心，就很容易受骗上当的。"

给男孩的悄悄话

而随着网络经济的繁荣，网上购物由于其快捷、便利、价格较低的优点，已经成为许多青春期的男孩的时尚购物方式。尽管这种购物方式使你享受到了足不出户、送货上门的方便，但一些不法分子利用网络购物行骗也经常令购物者防不胜防。

网上购物，你也需要注意以下几点：

1.网托诱惑。一般的消费者看到"卖家好评率"和"卖家信用"时，便会放心地把款汇到对方账户。于是卖家往往会找身边的好朋友来当"托儿"，对自己的网店进行留言，网站则根据这些点评就会生成"卖家的信用等级"。

2.货品标价。在很多网站都会看到一些价格上超乎想象的"宝贝"，进去一看，还确实是好产品，再寻思这个"天上掉馅饼儿"的价格，难免会有消费者动心。但实际上，这类商品往往或者质量有问题，或者是无法保修的"水货"，或者干脆就是商家设下的一个骗局。

3.看图买货。看了图片引起购买欲望的消费者不占少数，但买了之后后悔的也不少。实际上，有的网站对照片没有任何要求，既可以从网上下载，也可以实物拍摄。因此，卖家随意发布产品图片信息，以次充好的事情就总是会出现。

如果选择网上购物，一定要选择那些信誉度比较高的网站，同时，也需要提高自己的鉴别能力，不要在购物的时候让网络骗子得手了。

对于经常遨游在网络世界中的男孩们，一定要学习一些网络安全知识，对于可能出现的各种诈骗方式，自己一定要提高警惕。只有这样才能使自己在享受网络资源便利的同时保护好自己的权益不受侵害。

警惕搭话的陌生人

放学后，欧阳林林走出校门与同学道别不久，一个推着自行车的年轻人迎上前去，对欧阳林林说："你爸爸在外出事了，他让我来接你。"欧阳林林的爸爸是开出租车的司机。一听爸爸"出了事"，欧阳林林头脑里的第一个信号就是"车祸事故"，因为这是他经常担心的事情，所以对这个虽然陌生但热情有余的"大哥哥"的话深信不疑。欧阳林林说了声"谢谢"后，便坐上了陌生人自行车的后座。

陌生人蹬着自行车飞快地向野外奔去，他一边蹬车一边与欧阳林林交谈，打听欧阳林林爸爸妈妈的姓名、职业和家庭住址、电话号码。当他获悉欧阳林林的家庭状况时，心中暗自得意。待到僻静处，残忍的陌生人将毫无提防的欧阳林林掐死，又迫不及待地按欧阳林林提供的电话吩咐欧阳林林父母拿赎金来换人质。欧阳林林爸爸及时报了案，最终将犯罪分子绳之以法。

给男孩的悄悄话

如果有陌生人告诉你，说你家中发生了意外，如家长受伤、急病住院等要带你走时，你千万不可相信。

外出时，遇到素不相识的成年人（包括女性）与你搭讪，最好不要理会，更不要过分热情。如果对方以各种理由提出带你离开时，千万不可轻信；即使你经过盘问考察，自以为对方可以相信，也要告诉熟人、邻居，听取他们的意见，至少让他们知道你的去向，否则是十分危险的。

路遇陌生人突然上来与你搭话，要抱持戒备之心，对其所说的话不可轻信。如对方需要指路或钱财帮助，可以告诉他去找警察帮助，或为他直接拨打"110"求助。

平时不搭乘陌生人的便车，也不要接受陌生人的钱物、玩具、礼物、食品、饮料、香烟。如果陌生人在你放学途中强行接你走或对你纠缠，应立即向附近的巡警、交警报告，或往人多的地方跑，千万不要跟随陌生人到僻静的角落去。

由于这世界上存在很多无法预料的事情，男孩一定要提高自我保护意识，防范可能出现的各种危险。

遇到绑架怎么办

"听说老林家的儿子被绑架了！""是啊，那绑匪也太丧心病狂了，那孩子还这么小，真下得去手！""救出来了吗？""救出来了，听说身上有伤！"最近几天白马小区里都议论纷纷。

被绑架的是10岁的林林，一个可爱的小男孩。林林和刘伟同住在一个单元楼，见面林林总是热情地叫哥哥。慢慢地两个人就熟悉了。林林总是缠着刘伟让他陪自己踢球，给他讲故事。刘伟很喜欢这个热情的小男孩。

这次林林被绑架，对刘伟一家人的震动很大。一直觉得绑架这种事情离自己的生活挺遥远，没有想到这么不可思议的事情竟然会发生在自己身边。

被解救回来的林林，除了身上有很多瘀伤之外，最令人痛心的是，原本活泼开朗的他现在怕见到陌生人，见人就躲。这次绑架给林林幼小的心灵带来了挥之不去的阴影。

据说是因为林林平时总是全身名牌的在小区里进进出出，引起了坏人的注意。有一天，当林林独自在小区广场玩耍时。那个绑匪用一个冰激凌就把林林骗走了。

林林出事之后，爸爸妈妈对刘伟的安全都提高了警惕。他们不断地重复：有陌生人接近你时，一定要保持距离；陌生人给的水、食物都不能碰，礼物坚决不收……

刘伟也觉得自己太缺乏这方面的知识，就在网上搜集了很多警惕预防绑架以及被绑架后如何应对的方法。并且在爸爸的帮助下，把这些知识归纳整理后誊抄在笔记本上。他要把这些知识和同学们一起分享，共同提高警惕，加强自身安全。

给男孩的悄悄话

青少年朋友经验少，对社会认识不足容易轻信他人，因此很容易成为绑匪的目标，那么我们应该怎样预防遭绑架劫持呢？如果不幸遇到，我们又该怎样应对呢？

青少年应该自己提高警惕：

1. 不要独自外出，上下学，要和其他人结伴而行。

2. 出外时将行踪告知父母或老师，并说明返回的时间。

3. 进出家门要养成随手关门的习惯，以防坏人入室。

4. 不接受陌生人赠予的任何东西。

5. 不搭陌生人的顺风车。

6. 如果遇到陌生人驾车问路，应保持一定距离，不可贴近车身。

7. 平日穿戴整洁干净即可，不要盲目追求名牌，过分招摇。

8. 如果遇到紧急状况，约定暗语、代号。

9. 应学会拨打紧急求助电话，及时求助。

另外，学校是青少年活动的主要场所，学校里也应该提高警惕：

1. 有陌生人来学校以任何理由要接走学生时，都应尽快与家长联系并求证。

2. 对于学生及家长的资料，应严格保密，不能外泄。

3. 应密切注意学校内出现的可疑分子，并上前盘问或报警处理。

4. 学生到校时间不宜过早，离校不能太晚，不能单独把学生留在教室或办公室。

5. 教导学生遇到自称是督学、师长或亲友的陌生人时，应及时报告学校，要求查证。

6. 规划好学生上下学的交通路线、家长等候及停车区域。

7. 定期举行安全防暴教育讲座及反绑架教育宣导活动。

万一不幸被绑架，青少年朋友要记住：首先要做到的是保持沉着冷静，这时候一定不要慌张，也不要贸然采取措施。应对方法不同，结局就有可能完全相反，有的被绑架的可以毫发无伤地平安归来，还有一些被残忍伤害，甚至丢失生命。除了一些外部因素，自身的应对措施是使自己平安的关键。

如果真被绑架，应该尽量做到：

1.保持头脑冷静，千万不要惊慌失措。保持头脑清醒，思考对策，并观察周围的环境，看是否有逃脱的可能。如果自己手足无措将使自己处于更不利的环境。

2.要有坚定的求生信念，不论什么时候都不要放弃。被绑架后心情很容易悲观、失望甚至绝望。要坚信自己不是孤立无援的。我们的父母、老师、朋友、警方都在为解救自己而努力。不能在劫持者伤害自己之前先被自己打垮。

3.尽量周旋，稳定绑匪的情绪。可以表面上装出很温顺乖巧的样子，降低绑匪对你的防备，伺机逃跑，但是如果地处偏远，周围没有人烟，一定避免和绑匪搏斗或是盲目的呼救，以免造成不必要的伤害。

4.尽量避免大幅度动作，以免刺激劫持歹徒。做出一些过激行为。

5.当绑匪要你写信或者打电话给家里人时，应当尽可能地透漏自己的行踪，所处位置，在打电话的时候尽量拖延通话时间，便于警方调查追踪。

6.被关押后，应仔细观察环境，如有临街的窗户，可写纸条扔到窗下寻求帮助。也可以利用东西敲击下水道，引起其他人的注意。这些行动都以不惊动绑匪为前提。

7.要设法记住绑匪的外貌、口音或者车牌号，以便日后警方尽快破案。

如果有人跟踪

这天磊磊一个人走在路上，总是觉得后面有人在跟踪自己。磊磊总共回头看到了3次，都是同样一个人。他为什么要跟踪我？难道是个别有企图的人吗？

磊磊想了一下，决定把他甩开。磊磊躲进一家小卖部假装买东西，而那个人偏偏也跟着磊磊进了同样一家小卖部。看到那人进来之后，磊磊就出去了，而他也跟着磊磊出去了。

磊磊心里开始有点着急了，这可怎么办啊？旁边没有熟人可以帮我啊！这时，磊磊看到路边有一个卖瓷器的小摊，有办法了！

他走到那家小摊前，拿起一个大号的瓷罐子，然后故意摔碎，发出了很大的声音。

摊主看到他的商品被磊磊摔碎了，急忙跑了过来："这个小同学，你把我的东西摔坏了，你要照价赔偿。"

"凭什么要我赔偿？我又不是故意要摔你的东西。这种破瓷罐子，能值几个钱。算了，您就认倒霉吧。"

摊主一看磊磊这态度，火了："小同学，你怎么这样不讲道理。明明是你把我家的东西摔坏了，就应该赔。咱找个地方说理去吧。"

"走就走，谁怕谁啊！"磊磊和那人继续吵，而且毫不避讳地嚷嚷要去公安局。

磊磊一边吵，一边观察那个跟踪他的人，发现那人已经走了。磊磊松了口气，对那个摊主说道："真是对不起，我回家的路上发现总有一个人在跟踪我，躲不开，实在没有办法才找茬跟人吵架。现在他人走了，多少钱，我照价赔偿您吧。"

摊主明白了事情的来龙去脉，脸上的怒意化解了："原来是这么回事。孩子，在外面一定要多小心啊。"

就这样，磊磊用智慧成功甩掉了一个心怀鬼胎的家伙。

🚂 给男孩的悄悄话

一般来讲，陌生人的尾随，多数情况下是有预谋的，也有个别情况是因为我们自身存在着某种诱因。一般来说，尾随的目的有两种：一是尾随到僻静的地方，寻机下手，进行抢劫、绑架；另一种是尾随到家，乘开门之机，进入家中进行抢劫等犯罪活动。

所以，一个人在外行走时，须保持警惕，注意观察有没有人总是跟着自己或总是在自己附近时隐时现，要提前做好准备，想好应对措施。在单独回家快要进入单元门口时，先不要急着进去，应该注意观察有无可疑之人尾随。如果发现情况异常，应该迅速向楼外人多的地方走，或者求助邻居。进了单元门后，突然发现走廊有形迹可疑之人，不要开门，要巧妙地走出单元门，告诉小区的值班人员。另外，还应该主动打电话把情况向爸爸、妈妈说清楚，以防不测。

1.发现自己被歹徒盯上，不能惊慌，要保持头脑的清醒、镇定。同时，根据自己的体力和心理状态、周围情况、歹徒的动机等积极寻找智对良策。如果只是被歹徒盯上，应迅速向附近的商店、繁华热闹的地段跑去，那里人来人往，歹徒不敢轻举妄动；还可就近进入居民区求得群众帮助。

2.如果在近家处碰上了尾随者，而且又难以摆脱时，不要急于进家门，要先想好哪个邻居家里经常有人，先到他家去敲门呼喊："大爷，我有事找你！""奶奶！开开门，我是×××，有点事！"爷爷、奶奶们一定会帮助你的。如果邻居家也没人，可以乘机快跑到家，紧锁窗门，然后再打电话设法与外界联系。

3.如果在上学的路上被人跟踪，可马上加快脚步，甩掉那个陌生人，跑到学校报告老师。

4.为了摆脱跟踪，我们可以向路上一些陌生人借机打个招呼，问一些事情或无关紧要的问题，这样能够给尾随者一些心理压力，让他不敢对自己下手。

5.甩掉盯梢人后，应及时打电话报警，将盯梢人的长相、高矮、胖瘦、大约年龄等特征告诉警察，便于他们调查、破案。

怎样应对"碰瓷儿"

放学之后，王小群背着书包独自一人往家走，经过一个自由市场，突然有一个叼着香烟的青年从旁边擦就了过去，重重地碰了他一下，随之听见"咣当"的声响，一个手机摔在了地上。王小群当时并没有在意，而是继续往前走。

这个青年却把王小群拽住了："喂，你把我的手机碰掉了，摔坏了。你要赔偿！"

面对这个青年的威吓，王小群感到奇怪："我并没有碰你啊，是你自己撞上来的。"

"你居然狡辩，这个手机是我自己新买的，花了我 600 元，难道我要自己把它摔坏吗？你赶快把钱给我，否则的话我就和你玩命。"他一边说，还朝王小群瞪圆了眼睛，挥着他的拳头。

看他这副样子，王小群想自己是遇到了"碰瓷儿"的了，这分明就是敲诈啊！怎么办？我要想想办法。

"我身上没有这么多的钱，你让我回家拿给你好吗？"王小群和他商量。

"回家？"这个青年似乎识破了王小群的伎俩，"等你回了家，我上哪里去找你啊？你现在有多少钱就都给我吧，要不然的话，今天就别想回家。"

王小群心里有点着急，这可怎么办呢？这时他想到了要报警。

"我想起来了，我的卡里有钱，你等等我去取好吗？"王小群再和他商量。

青年满意极了："嗯，行啊，我在这里等你。"

王小群趁这个机会赶快跑进了取款机，并请周围的人帮助他报了警。他假装在取钱，然后稳稳当当地走了出来。

"你可真慢，把钱给我就走人吧。"

"真对不起，我卡上没有钱了。我现在钱包里只有 10 块钱，都给你吧。"王小群开始和他周旋。

"嘿！你怎么回事，惹急了我揍不死你！老实点，让我翻翻你的钱包。"他有点急眼了。

"要不这样吧，你看看我的书包吧。"王小群说着，把书包里的书，还有作业本，还有文具袋，一个一个不紧不慢地翻给他看。其实王小群心里可着急呢：警察叔叔，你们快点到啊。

不一会，王小群就听见了警车的声音，大声喊道："在这里，这里。"

青年一看不妙，转身就跑，但最终没有逃过警察叔叔的敏捷身手。

原来，这个青年经常用这种方法来欺诈小同学的金钱，已经有十好几次了。看来，王小群今天不仅成功保护了自己，还立了一个大功呢！

🚢 给男孩的悄悄话

社会上有一些人心术不正、好逸恶劳的人，总是虚张声势，专做讹诈蒙骗的恶事，极尽拙劣表演之能事。路遇讹诈，和他们相比我们一般处于弱势，此时要保持清醒的头脑，分析问题，不要被讹诈者的强横声势吓坏，盲目屈从而被骗钱财。应据理力争，巧妙地向旁人、父母、警察求救。

青春期男孩缺乏社会经验和防备心理，往往容易受到骗子的欺诈而丧失钱财，因而外出时，必须特别小心谨慎。诈骗作案的手法多种多样：有的歹徒以做好事为幌子骗走你的钱财，如利用帮助你购买车（机）船票或者提取行李包裹之机，把你的钱骗去，把包拎走；有的歹徒冒充车站码头工作人员，以查验车票为由，用短途票换走你的长途票；还有的骗子故意在你附近丢下财物，由其同伙捡拾后，强拦住你分钱，然后骗子以失主身份查验你的钱物，乘机偷盗作案。

也许，很多男孩在遭遇了敲诈之后会一时感到茫然不知所措，那么，在此时要切记哪些要点呢？

1.保持镇静，不要害怕，不要脑子发热，更不能鲁莽行事。要在人身安全确实有保证的前提下，采取必要的措施。

2.善于分析问题，镇定自若。遇到突然的情况，不要被骗局所迷惑。善于从不同的角度分析问题，在细微地方发现狐狸尾巴。

3.灵活机动，果断处置。如果当时环境复杂，情况对自己不利，也可以运用缓兵之计，先答应条件，确保安全脱身后，再及时报警。

擦亮眼睛，识破骗局

刘童十一假期和爸爸乘长途汽车从杭州到深圳，下了高速公路之后，一个民工模样的人上车了，提着大包破破烂烂的行李，感觉有点傻头傻脑的，就像《天下无贼》里面的傻根似的。

"傻根"刚上车，就有一个穿戴整齐的人热情地和他说话。"傻根"傻傻的，说话特别逗，刘童被他们的对话吸引了。"兄弟，这是去哪啊？""去深圳打工挣钱，盖房娶媳妇啊！"说着就拿出一瓶不知装着什么饮料的易拉罐。可是他好像不知道怎么打开，一个劲儿地又抓又咬。坐在旁边的人就热心地为他打开易拉罐，"傻根"喝完了刚要扔掉易拉罐，另外有一个乘客说："最近厂家正在搞活动呢，快看看有没有中奖！"并拿过易拉罐帮他检查。

一个小铜牌被拽了出来，那人惊叫道："中奖了，中奖了，5万块啊，发啦！""这个兑奖需要身份证的，你有身份证吗？""傻根"疑惑地摇摇头。

那位乘客就赶忙说："卖给我吧，我把我身上的钱都给你，还有手机。"他说着真把几百块钱还有手机递给"傻根"。这时候后面又有人喊："卖给我，我出的价比他的高！"几个人满车里叫嚷："还有谁出价高？"

刘童兴奋地对爸爸说："五万块啊，爸爸你身上不是有钱吗？快买吧，晚了就来不及了。"爸爸对刘童笑了笑，示意他不要作声。

正当车里乱哄哄的争抢易拉罐时，一个文质彬彬带着金丝眼镜的人开口了："我刚做成一笔生意，箱子里面都是英镑，你们可以鉴定一下。"周围的人围着又看又摸，得出的结论是真钞。于是"傻根"就把小铜牌卖给了金丝眼镜。

过了一会，"傻根"和热情乘客，还有"金丝眼镜"陆陆续续下车了。刘童一直替"傻根"抱不平："那人太傻了，被人骗了都不知道！"爸爸开始哈哈大笑："满车里人就你最傻了，分明是一伙骗子。"

刘童心里想，原来爸爸早就看出来那是骗局了，要是自己还真有可能上当受骗，以后一定得加强警惕。

给男孩的悄悄话

目前，社会上骗局花样繁多。青春期男孩涉世未深，极易因善良、轻信、贪便宜等误入陷阱。下面举出几种骗子常用的诈骗类型，以供识别：

1. 利用贪小便宜心理

过年的时候，因为学习成绩优异，17岁的小林从父母、祖父母那里得到了几笔丰厚的压岁钱。春节过后，小林去商场想买一只手机。途中，一个年轻人拦住他的去路，向他兜售一只款式新颖、小巧玲珑的手机。声称市场价1000元，因有急事要转让。小林看了一眼就十分喜欢，没有多想就付款400元成交。岂料，当他拿了这只手机来到附近的移动通讯公司办理上网手续时，服务员却告诉他，这是塑料制的假手机。小林马上返回原地寻找卖手机的年轻人，结果那人不见踪影。后悔莫及的小林就这样白白地被骗掉400元现金。

2. 装悲惨型

社会上不少骗子利用青少年的善良本性，以残疾、走失、丢失钱包、落难者、灾区群众、失学等名义进行诈骗。尽管青少年应富有同情心，但防范之心绝不可少。

3. 调包

电视节目中曾专门介绍有关调包记的案例，有手机调包的，还有香烟调包的，骗子的施骗伎俩大同小异。比如：骗子谎称自己有急事需要用钱，要马上出手手机等物品，给出一个让人心动的价位，骗子先给你看的是真货，等到你交完钱，在递给你货的时候就已经掉包了，待你发现的时候，骗子已经逃之夭夭。所以当你购物时一定不要给骗子调包的机会，看好的东西不要换手。

4. 中奖型

骗子常用寄信、打电话、发短信或QQ信息等方式通知你"中奖了"，通常是数目极大或礼品丰厚，但必须先付20%的税金或手续费才能领奖，要你汇款或直接到自动取款机去转账。在转账过程中，骗子会一再以操作有误，没收到钱为由，不断要你转账，结果三转两转就把你户头里的钱转光了。

5. 招聘陷阱型

许多骗子公司用虚假广告招聘业务员、公关经理或模特等，让受害者缴付报名费、押金、摄影或训练费用，而后逃之夭夭，有的利用大学生求职心切的心理，使其陷入传销队伍。还有的在谎称提供优惠待遇的同时，要求受害者先到美容院等地进行"修身"，相关费用自己承担，这样往往涉及数千至数万元不等。

6. 手机短信型

最近手机短信骗术又有了新花样，这个新花样还真的很容易上当。比如：你接到一条短信，大体意思是你在某某地方进行了消费，要从你的银行账户上划拨多少多少钱，请你确认，如果有问题请与哪里哪里联系。一般的人遇到这种情况都会吓一大跳，特别是大学生本来不宽裕，一看到自己的钱要没了，就马上打电话，殊不知打电话实际上就是中计谋，骗子就是通过电话一步一步引你上钩，最后套出你的银行卡号和密码，在你到取款机插卡查询时，骗术生效。所以，如果有关于银行卡的问题要直接与银行联系，不要怕麻烦，到柜台前询问，绝不能按照骗子的指点到自动取款机上操作任何事情。

7. 以特殊身份进行诈骗

2006 年 7 月，一名女大学生在火车站等人时，一位自称是韩国某导演的人与她攀谈，表示想为她投资。后来，女孩被骗财骗色。罪犯被抓获后，供认是某地一农民。此类型是以社会上的"名流""能人""大款"的名义投人所好地进行诈骗。

8. 丢包陷阱

一人"无意"丢下一包东西，被丢的包里往往装满假钞、假金首饰，另一人上前装作是与你一起发现的，要求平分拾到的东西，并花言巧语让你得大部分，但要你拿出身上的钱或佩戴的金饰抵押。请不要贪图小利，将拾到的东西送派出所或拨打"110"报警。

9. 假金器、假药诈骗

骗子们往往用假金元宝、假草药和假邮票等冒充贵重物品为诱饵，谎称家里急需用钱，希望低价出售，并安排一些"托儿"假装对货物很感兴趣。请千万不要轻易掏钱购买，并及时报警。

10. 外币兑换人民币诈骗

不要相信骗子的谎言，外币兑换应在指定的银行办理。

11. 吃喝陷阱

不要吃（喝）陌生人的东西，不要被他人的盛情迷惑，要婉言谢绝他人的"好意"。

青春期男孩身处社会，为防止被诈骗、伤害，应做到以下几点：

1.要有反诈骗意识。"害人之心不可有，防人之心不可无"。对于任何人，尤其是陌生人，不可随意轻信和盲目随从，不要因为对方说了好话，许诺了好处就轻信、盲从。

2.切忌贪小便宜。对飞来的"横财"和"好处"，特别是不很熟悉的人所许诺的利益，要深思和调查。天上不会掉馅饼，要克服贪小便宜的心理，保持应有的清醒。

3.不要感情用事。新认识的"朋友""老乡"、遭遇不幸的"落难者"，若提出钱财方面的要求，要学会听其言、观其色、辨其行，要懂得用理智去分析问题，切不可被一些表象所蒙蔽。

4.不要过分崇拜"名流"。不要轻易相信所谓的"名流""能人"，对他们过分的热情和热心的"帮助"，保持足够的警惕。

遇到劫匪怎样保障人身安全

海洋在另外一个城市读高中，放寒假的时候，海洋独自一人背着大包小包往家赶，由于临近过年，坐车的人特别多，路也堵。下车的时候天都黑了，也没有和家里人说好去接。

一下车，看着周围黑乎乎的一片，原本很熟悉的环境突然觉得很陌生了。四处一看只有前面小镇上有灯光，路上一个行人也没有。

海洋感觉有点害怕了，就拿起手机给爸爸打了一个电话，告诉爸爸现在的地址，让爸爸尽快过来接他。刚挂了电话，不知道从哪冒出来一个人，戴着黑色的帽子，黑色的口罩，还有黑色的风衣。海洋脑子里马上闪出一个念头："打劫的！"

不出所料，那个黑衣人果然是打劫的。他从怀里掏出一把明晃晃的匕首，走近海洋恶狠狠地说："别动，把身上值钱的东西都交出来。要是喊，小心捅了你。"海洋想呼救，朝四周看了一下：周围一个人都没有，距小镇还有一段距离，不会有人听见的。

自己曾经练过一段时间的跆拳道，海洋想与劫匪拼一下，又看了一眼他手中的匕首，心里又很没有底。就想尽量拖延时间等爸爸过来，可是爸爸过来至少得半个小时，时间肯定不够。

想了想，还是人身安全要紧，仔细打量了劫匪几眼，就把兜里的钱掏出来给了劫匪，劫匪显然不满足，过去打开海洋的包，把他的钱包，手机等全部拿走了。临走，劫匪又一次威胁道："不许声张！"然后就快速消失在夜色里。

劫匪走后，海洋收拾起包裹，迅速跑到小镇上，马上报警。又给爸爸打了一个电话。爸爸赶到时，已经有警察在调查了。在这次遭劫事件中，海洋丢失了几百元钱现金，手机，还有一些证件，所幸自己没有受伤。

回到家，家里人都长吁短叹，都夸海洋做得好，遇到劫匪时，如果没有条件反击，最重要的就是保护自己的人身安全。

给男孩的悄悄话

生活中可能发生各种意外，劫匪并不是只有在电视剧才会出现，有可能出现在你身边对你伸出黑手。男孩们在遇到劫匪时，要镇定勇敢，与劫匪周旋，保证人身安全。下面就为大家介绍几种应对劫匪的方法：

1.对劫匪高声呵斥，言词要强硬，以泼辣的姿态将其吓退。

2.如果歹徒扑上来，用泥沙、石灰、砖块、背包等身边的物品全力还击。

3.倘若劫匪从背后袭击，脖子被其双臂勒住，可稍微转身，用肘部向后猛击劫匪的腹部或用脚猛踩其脚面和小腿，迫使其松开双臂，得以脱身。

4.如果与劫匪正面遭遇，可以靠近劫匪，抬起膝盖向其胯下猛击。如果劫匪穿着大衣或者比较灵活，建议不用此法。

5.如果手头有伞或者其他带尖手杖等物品，可以用尖头部分狠刺劫匪。还可以两指叉开成"V"字形，攻击劫匪的眼睛。

6.与坏人搏斗时要高声喊叫，尽量向灯光明亮处逃跑，同时打110报警。

7.如果歹徒强悍有力，自己又孤立无援，此时可佯装顺从，尽量拖延时间，并趁其不备全力将他推倒或狠击其致命处，使其丧失攻击力，迅速脱身。

8.记下坏人的相貌特征、声音和穿着打扮，脱险后，马上打电话报警，向警方详细描述匪徒的情况。

提高安全意识，学点自我保护

"当当当——"屋外有人敲门，但却不说话。

"是谁？"白书亮问了一句，当时屋里只有他一个人。外面的人没有回话。

那个神秘的人拧开了白书亮家的防盗门，直接敲他家的木门。糟了，妈妈出去的时候白书亮忘记了锁防盗门。

"当当当——"这声音听起来这样刺耳。可是这个人到底是谁啊？

白书亮躲在屋里，有点害怕了。再次鼓起勇气大喊一声："你到底是谁啊？"可奇怪的是外面的那个人仍然不说话。

让他在外面敲门吧，我不理他就是了。可是，如果他把我家的门撬开了怎么办？白书亮一个人在屋里，越想越害怕。情急之下，他马上拨通了妈妈的电话：

"妈妈……防盗门没有锁……有个人在一直敲门不说话……我害怕……他在撬门。"

"书亮，你冷静一点，我就在楼下，马上回家。"

妈妈恰好在回家的路上，而且确切地说就在楼下，白书亮心里一下踏实了，跑到门口听听一会妈妈会和那个神秘的人说什么。

"请问您找谁？"白书亮听到了外面妈妈的声音。

那个人依旧不说话，不知在外面做什么，然后就走了。妈妈在外面喊："白书亮开门吧。"

"妈妈，刚才外面的那个是个什么人，吓死我了。"

"他是个聋哑人，只是想讨一点钱，没有恶意。"妈妈说道，"不过，白书亮你这样做是对的，对待陌生人一定要多几分防备才行。害人之心不可有，防人之心不可无。"

给男孩的悄悄话

"小弟弟，我是修水表的，你爸妈打电话让我现在过来，给我开门吧。"

"小同学，你看，我手机没电了，我又急着找我儿子，他在上大学，我找他有急事，你手机借我用一下行吗？用完了就还你。"

很多情况下，我们往往是不假思索地就相信了对方，开了门、递给对方手机，而却没有意识到要保护自己，这不能不说明我们自我保护意识太过于薄弱。正是因为一些男孩毫无自我保护意识才给不法分子提供了可乘之机，悲剧也由此展开。这样的事例不在少数，所以我们一定要时刻提高警惕，并增强观察、识别能力，不被坏人的甜言蜜语所迷惑，谨防上当受骗。

不光如此，我们还要学会在适当的时机与歹徒巧妙周旋、斗智斗勇，尽力保护自己，以增强感性认识和自我保护能力。如何帮助自己树立强烈的自我保护意识并尽可能地实行自我保护呢？不妨从以下几个方面做起：

1.遇事要冷静，不要让所谓的哥们义气害了自己，也害了朋友。学会拒绝不正当要求，坚决不与坏人同流合污。

2.不要随意泄露个人及家庭情况，以免不法分子利用。

3.独自在家时，不要给陌生人开门。如有人撬门爬窗，应立即大声呼救或电话报警。

4.平时尽可能多地学一些法律知识，学会用法律武器保护自己的合法权利。

5.遭到严重暴力侵害时如绑架、劫持、伤害等，一般不要与其硬拼，但更不要吓得不知所措，屈服于恶势力。这时要镇静、机智地与之周旋，以寻找机会脱身并报警。

生活有美好、阳光的一面，但生活中也处处存在着危险。青春期男孩正处于成长时期，阅历相对简单，社会经验相对不足，鉴别是非的能力也较弱，所以更应该加强自我保护意识，从而将伤害降低到最小。

面对传染病和突发性疾病不慌乱

宠物病的危害

晨晨过生日的时候，爸爸送给他一条可爱的哈巴狗。这条哈巴狗可爱极了，晨晨每天都要和小狗玩儿一会儿。他给小狗起了个名字叫作"贝贝"。贝贝很听话，尤其是看到晨晨，更是亲热。

晨晨每天和小狗在一起，有时候就和小狗睡在一个被窝里，虽然妈妈总是说不准他这样，可是妈妈扭头一走，晨晨还是把小狗抱到自己的被窝里。

这天，妈妈来叫晨晨起床，却发现晨晨满脸通红，妈妈伸手一摸，晨晨身上滚烫。妈妈吓了一跳，赶紧抱晨晨去了医院。

在医生诊断过后，告诉晨晨妈妈，晨晨这是得了一种感染病，幸亏送来及时，不然可能会有生命危险。

"晨晨一直在家里，在学校也有老师看管，怎么会感染上疾病呢？"妈妈想不通。

医生想到什么似的问："你们家是不是养了什么宠物？"

晨晨妈妈点点头："嗯，养了一条小狗，可是我每天都给小狗洗澡的。"

医生摇摇头。"这和洗澡不洗澡没多大关系，有些宠物身上会携带病菌，以后养宠物，最好先带到宠物医院去给宠物做个体检。"

晨晨妈妈点点头，回家后就把小狗送走了。

🚢 给男孩的悄悄话

青少年难免对可爱的小动物产生兴趣。但是，由于还不懂把握分寸，容易在与小动物相处的过程中对它们过度保护和关爱。这当然是件值得肯定的事情，在家里适当养养宠物能够培养孩子的爱心，但往往这爱心容易过度。比如故事中的晨晨，将小狗抱在被窝里，就是明显过度了。

小动物虽然可爱伶俐，但是生活常识还远远不足的青少年们必须要知道，在这些动物的身上，往往会携带有各种病菌。人类对宠物虽然付出爱心和保护，生活在同一个大自然里，但是毕竟有别。动物身上的病菌到了人类身上，可能会造成无法想象的严重后果，威胁到身体健康，甚至造成生命危险。

因此，在处理与小动物的关系时，必须要把握分寸，既付以真心，又保持距离，才能够与它们和谐相处。

天热防中暑

在军训的时候，小林总会看到有人中暑晕倒，然后就可以不训练了，坐在树荫下面喝水看着大家训练。还记得那个时候大家总是羡慕那些晕倒的同学，而且纳闷为什么自己不晕倒。

不过有这么一次经历让小林不再羡慕中暑的同学了。

那是一个很胖的男孩子，在站军姿的时候没有坚持住，重重地摔在了地上。由于他摔得过快过重，以至于把门牙摔掉了半颗。

摔掉了半颗牙，比较不好看，做烤瓷牙又很麻烦，这位同学着实难看了一阵子。

从那以后，小林再也不盼着中暑了，而且可以想象，中暑的同学一定也很难受吧。

🚢 给男孩的悄悄话

人体长时间在烈日下暴晒或处于高温潮湿的环境中，体内的热量散发不出去，就会引起机体调节和代谢机能的紊乱以及神经功能的损伤。这时人会有自感乏力，头昏眼花，出现大汗、口渴、心悸等不适症状，这就是中暑。中暑后不及时救治会有生命危险。

1. 预防中暑的措施

（1）在夏季高温、高湿的天气里，应避免做剧烈活动和长时间在太阳下暴晒。

（2）要多饮用清凉饮料，如绿豆汤、淡盐水、凉茶等。

（3）注意穿宽松、通风、吸汗的服装。

2. 中暑发生后的自救互救措施

（1）夏季户外活动自身感到不适时，应尽快采取措施，终止活动，适当休息。不要因为其他原因而硬挺着，使不适加重。

（2）发现有人中暑应立即将病人抬到阴凉通风的地点，为其松开衣领、裤带，以便更好地通风降温。

（3）给中暑病人服淡盐水、十滴水、仁丹等，并用清凉油、风油精涂抹太阳穴。

（4）对高温昏迷的病人可用冰块、冷毛巾敷在头部、腋窝、腹股沟等处，进行物理降温。

（5）重度中暑的病人应及时送医院抢救。

关爱生命，远离艾滋病

体检的时候需要抽血，徐尔亮最讨厌挨针扎。等轮到他的时候，他居然这样对大夫讲：

"大夫，我可以拒绝抽血吗？我很担心会传染上艾滋病。"徐尔亮镇定地对大夫说。

面对徐尔亮这一突如其来的提问，大夫顿时愣住了，可能他从来都没有想过这个问题，他对徐尔亮说："同学，你不用怀疑我们的医疗器具，都是经过了严格消毒的。"

"如果万一被传染上怎么办？我害怕……"徐尔亮和大夫东拉西扯起来，以致把班主任老师招了过来。

"徐尔亮，你是不是害怕打针啊？过来过来，我给你治治，不要难为大夫。"老师一针见血地拆穿了徐尔亮的阴谋。

徐尔亮无奈，只好把一只胳膊伸了出来，摆出一副英勇无畏的架势："来吧，你抽我吧。"

其他同学在一旁看到他这个样子，都觉得好玩极了。

就这样，一场闹剧总算是结束了。不过听徐尔亮说过，有一些小医院的确会通过输血等途径将艾滋病毒传播给病人，所以也不能不小心啊。

给男孩的悄悄话

艾滋病是人体免疫系统被 HIV（Human Immunodeficiency Virus 人类免疫缺陷病毒）所破坏而引起的一种严重传染病。当艾滋病病毒感染者的免疫系统受到病毒的严重破坏，以至不能维持最低的抗病能力时，感染者便发展成为艾滋病病人，出现原因不明的长期低热、体重下降、盗汗、慢性腹泻、咳嗽等症状。艾滋病病毒在侵入人体之后会破坏人体的免疫功能，使人体发生多种难以治愈的感染和肿瘤，最终导致死亡。

艾滋病病毒对外界环境的抵抗力较弱，离开人体后，常温下只能生存数小时至数天。高温、干燥以及常用消毒药品都可以杀灭这种病毒。但是目前还没有能够治愈艾滋病的药物，已经研制出的一些药物只能在某种程度上缓解艾滋病病人的症状和延长患者的生命。积极接受医学指导和治疗，可以帮助艾滋病病人缓解症状、改善生活质量。

艾滋病主要通过性接触、血液和母婴 3 种途径传播：

1. 在世界范围内，性接触是艾滋病最主要的传播途径。艾滋病可通过性交的方式在男性之间、男女之间传播。性接触者越多，感染艾滋病的危险越大。

2. 共用注射器吸毒是经血液传播艾滋病的重要危险行为。输入或注射被艾滋病病毒污染的血液或血液制品就会感染艾滋病。使用被艾滋病病毒污染而又未经消毒的注射器、针灸针或其他侵入人体的器械会传播艾滋病。

3. 有三分之一感染了艾滋病病毒的妇女会通过妊娠、分娩和哺乳把艾滋病传染给婴幼儿。大部分感染了艾滋病病毒的婴幼儿会在 3 岁以前死亡。

怀疑自己有可能感染艾滋病病毒的妇女，应在孕前到有条件的医疗机构做艾滋病病毒抗体检查和咨询。怀疑或发现感染艾滋病病毒的孕妇，应到有关医疗机构进行咨询，接受医务人员的指导和治疗。

除此之外，其他的一些行为不会造成艾滋病毒的传染，比如：

1.与艾滋病病人及艾滋病病毒感染者的日常生活和工作接触不会感染艾滋病。

2.在工作和生活中与艾滋病病人或艾滋病病毒感染者的一般接触不会感染艾滋病。

3.艾滋病不会经马桶圈、电话机、餐饮具、卧具、游泳池或公共浴池等公共设施传播。

4.咳嗽和打喷嚏不传播艾滋病。蚊虫叮咬不传播艾滋病。

即便是如此，我们也应该预防艾滋病：

1.洁身自爱，遵守性道德。避免与HIV感染者、艾滋病病人及高危人群发生性接触。

2.在输血、注射、使用血液和血液制品的时候，必须要进行HIV检测。进行穿破皮肤的行为时要确保用具经过了严格的消毒。禁止共用注射器和针头。

3.当献血、献器官的时候要做HIV检测。

得水痘了

晚上的时候，齐强感觉头有点晕晕的，还有点发烧，第二天一起床，脸上身上长满了痘痘，奇痒无比。到学校医务室一检查，原来是长水痘了。

平时惜时如金的班主任这次对齐强格外慷慨："不用担心耽误学习，在家好好治疗休息，养好后再来。"

齐强的妈妈是医生，是个名副其实的"战痘专家"。回到家的齐强被妈妈当成了重病号，这不允许，那不允许，禁忌特别多。

即使是在屋里也要穿得严严实实的，不让他外出，不能开空调。最令齐强不理解的是：平时最爱干净的妈妈竟然不让自己洗澡。"你现在的水痘还没有结痂，最好不要洗澡，要是不小心弄破了，会复制更多的病毒，要是吹了风感冒了，引起其他并发症是很危险的。"妈妈解释说。

身上的水痘越来越痒，齐强总忍不住用手抓，妈妈看到了就批评他，"抓破了是很容易感染的"。

在饮食上，妈妈只给齐强做一些清淡的粥、蔬菜之类的。平时最爱吃的辣椒、鱼之类的美味是被严令禁止食用的。看着爸爸妈妈在吃着美味的水煮鱼，自己只能喝稀粥，齐强抗议道："你们总不能把我当兔子养吧，还把我的碗筷单独消毒，这分明就是嫌弃我嘛！"妈妈笑说："吃清淡些是为了你好。水痘的传染性很强，你总不想我和你爸爸跟你一块长水痘吧！"

在妈妈的悉心照料下，齐强的水痘开始结痂了，过不了多长时间就可以去上学了。

给男孩的悄悄话

　　水痘是由水痘带状疱疹病毒初次感染引起的急性传染病。此病多发生在婴幼儿及青少年时期，传染性很强。尤其是人群密集的学校，更容易传染此病。

　　很多青少年都曾有过得水痘的经历：身上长满红色斑丘疹、疱疹、痂疹，痒痒的，总忍不住伸手去抓，甚至还伴有发烧、头晕的症状。水痘虽然传染性高，一次患病的人数众多，但是没有必要恐慌。只要配合治疗，注意休息，饮食，一般两周左右就可以痊愈。

　　因为水痘病情一般不是特别严重，所以若能确定是水痘，也可在家护理，而不一定要住院治疗。

　　青少年在得水痘后会很痒，这时候一定不要用手去抓，抓破了容易感染的，会加重病情。注意良好的个人卫生习惯，勤剪指甲，勤洗手，勤换洗内衣裤。室内空气要流通，注意避风寒。在患水痘期间，尽量不要洗头，减少洗澡，注意休息。再就是要饮食合理。

　　得水痘期间，饮食应以清淡为主，有些食物是不能食用的：

　　1. 生冷、油腻食物。这时候平时爱吃的冷饮、冰激凌等都要暂时收起来了。

　　2. 发物。如鱼、虾、螃蟹、牛肉、羊肉、香菜等内含丰富蛋白质的食物，这些异体蛋白容易产生过敏原，使机体发生过敏反应，导致病情加重。

　　3. 辛辣刺激性食物。如辣椒、胡椒、姜和蒜，容易引起上火，不利于病情的早日康复。

得流行性腮腺炎怎么办

　　星期二的上午，妈妈正在上班，突然接到小超班主任的电话。班主任在电话里告诉妈妈：现在学校爆发了流行性腮腺炎，小超也被传染了。现在有点发烧，希望小超妈妈尽快将小超接回来，一来可以让小超得到及时有效的治疗，再就是避免传染更多的人。

　　小超妈妈马上放下手头工作把小超送到医院检查。在医院里，小超除了发烧，腮部肿大外，情绪还挺低落。妈妈关心地问："小超是不是很不舒服？"小超委屈地说："没有特别不舒服，就是腮有点疼，还有点困。我病得很严重吗？为什么老师不让我在学校上课？"

　　妈妈安慰说："老师没有不让你上课啊，只不过是你得了流行性腮腺炎，为了让你尽快好起来，老师才让你在家休息。这种病没有什么可怕，只不过传染性很强。你看，你就是因为不注意才被传染的。你要是现在在学校上课，同样会把病传染给其他同学，那大家岂不是都没法上课了吗？"

　　妈妈继续劝导："你只要听医生的话，积极配合治疗，病很快就会好起来的。以前爸爸妈妈小时候都得过腮腺炎，现在不是都好好的吗？"小超终于放下心来。

小超听从医生和妈妈的安排，除了接受药物治疗外，保持良好的卫生习惯，早晚刷牙漱口。饮食上也吃得很清淡，一些辛辣有刺激性的食物都忌吃。一周后，小超就完全康复回到学校继续上课了。

🛥 给男孩的悄悄话

人们通常认为，腮腺炎是很普通的病，可也别小看了这个普通的病，处理不好，它也会危及人的生命。

冬季正是流行性腮腺炎的高发季节，年龄较小的儿童青少年更易罹患此病。而由于生理特点，得流行性腮腺炎的男孩更容易引起一些危险的并发症，因此，男孩子们更应该了解它的基本特点，做好预防工作，得病后不要恐慌，及时治疗，得当护理，很快就能痊愈。

流行性腮腺炎前期症状一般较轻，表现为体温中度增高、头痛、肌肉酸痛等。腮腺肿大是该病的首要症状，持续 7 ~ 10 天。

一旦出现流行性腮腺炎的症状，就要及时做到以下几个方面：

1.隔离。自己一旦患上流行性腮腺炎，首先要主动与其他健康人隔离，因为此病的传染性很强。飞沫吸入是主要传染途径，在此病的高发季节，最好少去人群密集的地方，以减少被传染的机会。要保持室内空气流通，注意不要过于疲劳，好好休息，在腮腺消肿之前不要去学校以免传染其他同学。

2.注意饮食。要管住自己的胃，患病期间忌吃辛辣刺激性的食物，像辣椒、醋之类的都不要碰，以免加重病情。由于腮腺肿大，吞咽困难，要吃一些利于咀嚼消化的流质食物。患病期间要注意多喝水。

3.餐具消毒。得病后要主动把自己的餐具和家人的分开，还要注意煮沸消毒，以防传染家人。

4.对症处理。如果发烧要按时测量体温。如果睾丸疼痛，可以用绷带把阴囊托起，以减轻疼痛。

5.养成良好的卫生习惯。早晚刷牙漱口，减少口腔内的细菌滋生。

6.热敷。得病后，腮部会疼痛难忍，这时候你可以用热水将毛巾打湿在腮部进行热敷，这样可以缓解疼痛。

得病后要积极配合医生的治疗，再加上得当的护理，一般 10 天左右即可痊愈。

莫轻视感冒

"兰景辉，上课不要无精打采，你来说说这道题的解题思路。"老师在课上，看到兰景辉眯在那里有气无力的样子，把他叫了起来。

兰景辉站起来，木木地看着黑板，摇摇头。

"你是不舒服吗？"老师似乎看出来他有点不对劲。

兰景辉轻轻地点点头。

老师走下讲台，摸了摸兰景辉的额头："怎么这么烫！你发烧了，快回家打针吃药吧。"

"嗯，下了课我就走。"兰景辉一直撑到了下课，才收拾书包回家休息。

老师放了学之后去看望兰景辉："你好点了吗？"

"嗯，其实刚开始不难受的，就是到了后来越来越难受，终于发烧了。如果刚开始注意一下呢，也许不会这么糟。"

感冒看似是小病，如果发展成为高烧，那也是很严重的。

给男孩的悄悄话

当人体温度超过39℃，病人面色潮红、皮肤烫手、呼吸及脉搏增快时，要立即采取急救处理。

1.冷敷。用冰袋或冰块外包毛巾敷头部。

2.酒精擦浴。用酒精加冷水（无酒精时可用白酒）擦拭病人头部、颈部、四肢、腋窝和大腿根部。

3.多饮凉开水。

4.口服退热药物。

5.针刺10个指尖出血可泻热降温。

6.出现抽搐，可针刺人中、合穴、涌泉穴。

7.立即送医院就诊。

肝炎的预防

班上新来了一个新同学，性格很内向，和大家都不怎么说话。

下了课，张嘉培跑过来向大家汇报他的小道消息："听说那个男孩小的时候得过乙肝，现在治好了。我们还是尽量少和他说话吧，如果一不小心被传染了怎么办。"

"如果只是说说话，也不至于传染吧。他是新来的同学，如果不理他的话，那样也很不友好。"金文说道。

"张嘉培，如果你不想得乙肝的话，我劝你最好从今天开始少吃那些小摊小贩的食物，那些东西不干净的，最容易传染上乙肝呢。"顾言一下子给张嘉培来了一个劈头盖脸，"你们没有看到吧，那天起了好大的风，我看到张嘉培一个人站在马路边上吃铁板鱿鱼，那简直就是吃铁板加沙子啊。"

张嘉培比较没有面子："我只是好意提醒你们，无所谓啦。我就是喜欢吃铁板鱿鱼，日日如此，而且风雨无阻。"

回到家顾言及时地问了问妈妈："妈妈，我们班上新来的一个同学，听说以前得过乙肝，您说，我们如果和他在一起玩，会不会被传染呢？"

妈妈说："不要和他共用东西，最好也不要在一起吃饭。平时一起说说话，玩一玩，那没有关系啊。"

"哦，"顾言长舒一口气，"那就好，这个张嘉培总是吓唬我。"

"还有，顾言，虽然说我们与他保持一定的距离，但是还是要和他友好地相处。毕竟生病不是他的错，而且我们只要不和他过于亲密接触，是不会被传染的。当他遇到困难的时候，我们也要想尽方法来帮助他，你说是不是呢？"

"嗯，妈妈我知道。"顾言使劲地点点头。

后来，我们才知道，这个男孩还是个小才子呢。他参加全区的演讲比赛，获得了第一名的好成绩。

🚢 给男孩的悄悄话

肝炎是肝脏受到损害，出现肝功能异常的肝脏炎症性疾病的统称。其中以病毒性肝炎最为常见。病毒性肝炎是由肝炎病毒所引起的，具有传染性强、传播途径复杂、流行面广泛、发病率高等特点。

病毒性肝炎的患者主要有食欲减退，乏力，恶心，厌食油腻，肝脏肿大以及肝功能异常等症状。有些人还会出现发热和黄疸等症状，极少数病人表现为重症肝炎。急性肝炎和慢性肝炎是根据黄疸的有无、病情的轻重和病程的长短划分的。

急性肝炎分为甲型和乙型。二者的临床大致相似，早期症状主要为乏力、食欲不振，恶心、腹胀、发热、黄疸以甲型肝炎为多见，乙型肝炎比较少见，另外肝区胀痛也是重要症状。

慢性肝炎又分为慢性迁延性肝炎和慢性活动性肝炎两种，其病程常超过半年，有的长达10年以上，迁延性症状较轻，活动性症状较重，发展较快。

乙型肝炎的传染源主要是急、慢性病人和病毒携带者。传播途径包括：

1.在输血的过程中或者在血制品的使用过程中，使用了污染的注射器或针头。

2.与乙肝病人在生活上的密切接触。

3.母婴垂直传播。

对于乙肝病毒，我们应该在平时就做好积极的预防工作：

1.严格控制传染源。对急性甲型肝炎病人应采取早期隔离措施。

（1）与健康人不可以在一个床上睡眠，健康人的被、褥、衣物要与病人的分开，并进行消毒。

（2）健康人的食具、脸盆、毛巾、便盆等生活日用品也与病人的分开使用。病人吃剩下的食物最好不要给他人吃。我们也不要接受病人赠予的食物。

（3）病人的书报、刊物、玩具等最好不要借给他人传阅、玩耍，如果一定要用的话，一定要经过消毒处理后才能传借别人。

（4）在病人生病和隔离期间，邻居和亲友不要到病人家串门，尤其要看好自己的孩子不要与病人一起玩耍。

（5）在病人的患病期间不要串门，不要带病人到公共场所，更不要和把病人带到饮食部门用餐。

2.想办法切断肝炎病毒的传播途径。

（1）提倡用流动的水洗手，到医院进行注射时要每人一针一管，不可以共用。用后高压或煮沸消毒；不使用他人生活用具，搞好个人卫生。

（2）非必要时不要输血及血制品，输血员要进行筛选。

（3）消毒也是切断传播途径，控制、消灭传染源的另一方法。肝炎病人确诊后，病人家里应及时做一次较彻底的消毒，食具、漱口用具、毛巾等要煮沸30分钟，家具、物体表面、地面要用3％漂白粉液擦拭。

3.通过药物进行预防。可以在医生指导下，选用以下任何一方，水煎服，连服7～10天，有预防乙肝的效果。

（1）茵陈蒿30克，生甘草10克。

（2）决明子15克，贯众15克，生甘草10克。

（3）茵陈蒿30克，凤尾草30克。

（4）茵陈蒿30克，大枣10枚。

第五章
学校 & 学习——你在为自己读书

读书的意义

读书是为了你自己

　　刘晗从小在赞扬声里长大。他的爸爸妈妈都是老师，自然对他的要求也非常严格，从小就给他灌输了一定要好好学习的思想，也一直给他提供学习上的指导。如今的刘晗，是一个人群中的佼佼者，一提到 2 班，一定少不了他的名字。优异的成绩、得体的举止、自如的谈吐……但人们看不到的是他被要求读的书目、做的习题、参加的各种比赛。在这样的家庭教育下，刘晗无形中承受了很大的压力。如今，他回顾以前父母的严格要求，还禁不住要小小地抱怨一番，"我小时候是没有太多的游戏，大多的节假日都与爸爸妈妈一同度过：做做奥数题、看看课外书、听听英语磁带，出去玩也是跟爸爸妈妈一起的，回家后就要写作文……"，他耸耸肩，"也有一段时间，我特别不听话，大概因为太烦躁了吧，就是想玩，想放松，但是爸爸妈妈不允许。"

　　小孩爱玩的天性是抹不掉的，刘晗确实有一段时间沉迷于游戏，偷偷溜出去跟小伙伴玩过，也迷恋过一段时间的游戏，甚至怨恨父母对他太过于严苛。"当时，我彻底厌倦了爸妈对我的种种要求，比如不能在路上吃东西，比如不能在吃饭的时候说话……因为我看到其他的小朋友都可以被允许做这些事情呀，我就觉得我的爸爸妈妈简直像魔鬼一样，哈哈。"如今当成笑谈，但当时的情景完全是不难想象的。"但是现在我是真的很感激我的爸爸妈妈的",刘晗很真诚地说道,"等到尝到成功的喜悦,才由衷地觉得,爸爸妈妈是多么好的父母亲,如果没有他们的严格要求,一定是没有现在的我的。"

给男孩的悄悄话

父母老师经常会对孩子说:读书是为了自己。但是有时,男孩们觉得事实不是这样,成绩并不完全和自己的感受挂钩,成绩好的同学可能并不快乐,成绩不好的同学有时却能开心生活,放松交友,在同学之间很受欢迎。

从目前来讲,我们学习的短期目的似乎只是让大考小考顺利拿高分,满足父母和老师的期待,让他们展露欢颜,当我们的成绩下滑时,最担心的也莫过于无法向他们交代。这让我们的心里产生了一种错觉:好像学习并没有为我们自己带来真正的好处,只是为了父母师长的要求才不得已而学的。毕竟三角函数和细胞结构图对于我们目前的生活和幸福指数之间,找不到任何关联。

但是静下心来想一想,父母师长无疑是非常爱我们的,难道他们会任由我们为了一件毫无意义的事浪费生命吗?绝对不会,他们已经走过了几十年的人生,他们经历过于我们一样迷茫懵懂厌恶学习的时期,也体会过知识储备的不足所导致的惨痛代价,体验过知识为自己带来的喜悦、光荣和成功,走过这段蹒跚的道路,他们经过分析和总结,发现了一个道理:虽然学习知识的过程也许有些累和枯燥,但是它的结果绝对是甜蜜的。他们爱自己的孩子和学生,所以,当他们想把他们的人生经验向世人传播的时候,首先想到了他们最亲近的人。

他们不想让自己的孩子怀着痛苦的心情做枯燥的数学题和物理知识,也不舍得让自己的孩子舍弃一部分休息的时间背诵生涩又难懂的古文,但是他们更深深地知道,没有苦痛和艰难的努力就没有成长,没有日后的成功,如果与让孩子一生目不识丁,在社会上步履维艰来比较,他们宁愿选择让他们选择现在的痛苦。事实上,努力之中也自有快乐,当男孩经历了入门期的枯燥体验,就会发现学习的天地里别有洞天,那里的神奇和奥妙是你原来难以想象的。

所以,我们必须明白,无论一个人是为了祖国而学习,还是为了父母而学习,学习的直接受益者都是自己。

只有学习,我们才能体会到遨游于知识世界的快乐,只有学习,才能体验目标实现的成就感;只有学习,才能在未来社会中立好身,找到自己认为最理想的工作和职业;只有学习,才能让我们成为一个高素质的、有内涵有魅力的人;只有学习,才能让我们有更敏锐的触角去体验生命的喜悦与快乐。

用心读书是人生的责任

张智的家境一般，但是爸妈还是拿了很大一部分来支持他读书和在学校里学习东西，当然也包括那些为了增加知识而必不可少的辅导班的培训费。因为爸妈的工作都不太稳定，所以这些费用对于这个家庭来说，就有些捉襟见肘了。

张智是个懂事的孩子，每天都很认真的学习，他不想辜负爸妈对他的期望，他想通过成绩来为爸妈争气。他一直是这么想的，也是这么做的，他的成绩也很好。但是，看了最近关于大学生的就业问题之后，他突然对自己一贯的想法产生了怀疑。那么多大学生毕业之后也依然找不到工作，自己还是一个高中生，虽然也肯定是要考大学的，那么自己大学毕业之后呢？是否也能找到事适合自己的工作呢？自己的未来究竟在哪里呢？是不是也会像那些哥哥姐姐一样，虽然寒窗苦读十几年，到头来连工作也找不到，还是靠着爸妈养活。

张智一直想着等自己毕业了就不让爸妈这么辛苦赚钱了，他希望能够凭借自己的能力让爸妈都过上幸福的晚年生活，但是现在看起来自己读书的前途那么灰暗，他的思想上产生了动摇，情绪也变得低落。

爸妈觉察出儿子最近闷闷不乐好像是有什么心事，爸爸就问儿子："小智，最近学校遇见什么事了，你好像最近都不太高兴呀！"

张智摇头，他不想告诉爸爸他的真实想法，如果爸爸知道他对读书的事情产生了怀疑，肯定会暴跳如雷的。爸妈的文化都不太高，他们一直希望把张智同学培养成一个有文化，有知识的人。但是张智还是说出来了："爸，你看那些大学生们，找工作都那么难，读书那么多年，有啥前途呀？"

爸爸是个脾气火爆的人，他一听儿子居然有这种想法，当场暴跳如雷，"小兔崽子，你居然敢这么说，我跟你妈这么辛苦供你上学，不就是为了让你有个光明的未来，不像我们这么辛苦吗？你说你，没事想什么不好，非要想着上学没前途这些事来气我。"

老爸发了一顿火走了，剩下张智一个人在客厅里，读书是对自己的未来负责任还是不负责任呢？他需要认真的分析一下形势和自己的未来。

🚢 给男孩的悄悄话

著名哲学家萨特说："从一个人被投进这个世界的那一刻起，就要对自己的一切负责。"这一句话对于所有人来说都是适用的。

列夫·托尔斯泰说："一个人若没有热情，他将一事无成，而热情的基点就是责任心。"社会学家认为，当一个人富有责任心时，他的自我便真正开始形成，同时，这个人也由立志开始，影响力逐渐扩大，义务感逐渐增加，并能最终做出突出的成就。

对于青春期男孩来讲，今天的用心读书，就是对自己的未来负责。

对自己负责是人们安身立命的基础。一个人应该为自己所承担的一切责任感到自豪，想要证明自己，那就对自己负责。

一次，著名教育家茨格拉夫人的儿子从学校回家比平常晚了半小时，她对此表示充分的理解，但是，她也明确地告诉儿子："你玩的时间自然也就少了半个小时，这个时间我们可要遵守。"这样，就让儿子意识到了自己晚回家的后果，他就可能对自己的行为负责。

茨格拉夫人说："有时候，做父母的内心也会在爱与公平之间摇摆犹豫，但是不能因为孩子的借口而一味地迁就他的喜好，让他逃避责任。孩子如果没有按规定整理好他的书柜，那么面对他喜爱的电视节目，我们也只能做出很'遗憾'的决定。"

在人生的道路总会遇到成功、挫折、悲伤、快乐……然而男孩们应该学会承担责任，自己的事情，对自己说："我对自己负责。"

青春期男孩们正处于校园学习阶段。学习，还是我们当前最重要的任务。然而有些男孩却认为，学习是为上大学而准备的，他们不想上大学，就可以不学或者少学。而无论我们身居何处，没有知识是不行的。我们应该本着对自己负责的态度，从现在开始好好学习，亡羊补牢为时不晚。在学习、工作、生活中，我们都应学会负责，对别人负责，对自己负责。

学习拓展生命的宽度

同学聚会上，两年不见的初中同学们多少都有了些变化。袁博的变化不大，依然穿着校服，高高瘦瘦的，戴着黑框的眼镜，唯一的变化也就是初中深蓝色的校服变成了浅蓝色的校服。他是骑单车来的，还是初中上学那个单车，从外部看上去，袁博基本上没有任何变化。

同学们陆续的来了，最引人注意的是樊朝。当年在班里坐在前排的淘气鬼，总是在课堂上给老师起哄，或者搞恶作剧吓唬女同学，班上很多女生都很讨厌他。现在，他居然穿着西装，留着寸头，脖子上还戴着小拇指粗细的金链子，那条肥硕的金色链子在整个包间里闪闪发光，大家都觉得刺眼。

"成功人士"自然少不了一番吹嘘，大家也都恭维了一番。樊朝在整个聚会期间滔滔不绝，讲了不上学之后这两年，跟着爸爸做生意，全国各地的出差，到了哪都是游山玩水，每天杯来盏往，灯红酒绿。一部分男生听了樊朝的话，不但用羡慕的眼神看着他，还央求他没事带着大家去那些娱乐场所玩玩。对于还是学生的他们来说，那些场所是非常烧钱的地方，他们的零用钱对于那里的收费来说不过是杯水车薪。

整个宴会期间，大家都觉得虽然没有继续上学，但是现在自己开着蓝鸟的"坏小子"樊朝是班上最成功的人，他当然成了这次聚会的主角。而宴席结束的时候，他还大手一挥，自己付款结账了。大家都觉得他很是慷慨。

而袁博一直不太说话，他没有觉得大家的那种附庸有错，但是他也不觉得这就是成功，现在看来樊朝的财富要比其他人多，社会经验也很丰富。但是小小年纪的他，过早接触了社会，也过早地沾染了一些坏习惯。虽然现在自己还骑着单车，但是，袁博觉得自己在学校的收获是那些金钱买不来的。

袁博这么想着，他在学习上的成长除了知识的增长，更多的是思考问题的角度的变化，心智的成熟。想了这些，他轻松愉快地回家去了。

🚢 给男孩的悄悄话

每个人对于生命都有自己不同的理解，在现在这个观念多元的社会，已经不是所有人都认为做官、创富是人生的唯一目标了。许多青春期男孩热衷于歌手许巍的歌，就是因为其中有一种"生命在路上"的感觉。是的，生命是一个过程，它的结果没有好坏高下之分，重要的是能充分体验到生命的所有悲喜，经历过一点一滴的成长和成熟。

而心智的成熟，自我的成长，是需要学习来实现的。没有学习的精神，那么生命会陷入停滞的状态，生活在青春期的我们，如果体验不到生命如初生朝阳般冉冉升起，力量逐渐壮大的话，又怎么才能体验到内心的喜悦呢？

所以，不一定要功利主义地为自己设下一个成功的定义，只要有一种坚持"今天一定比昨天更好"的信念和勇气，并为之付诸行动，每天进步一点点，它具有无穷的威力。

学习正是进步过程中必须进行的一种活动，如同呼吸一样，它的真正期限是：终生。呼吸让身体获得氧气和活力，学习则使精神更为充实和健全。

所以，为了生命的充实和喜悦，要求自己每天进步一点点，让自己在漫长人生旅途中，今天要比昨天强，今天的事情今天做，每天都在为成长进步做着永不懈怠的努力！为此，要始终保持一份平静、从容的心态，步履稳健地走好人生的每一步，用"自胜者强"来勉励、监督和强迫自己，克服浮躁，战胜动摇，不是做给别人看，所以不能懈怠，更不能糊弄自己，而是要用严于律己的人生态度和自强不息、每天进步一点点的可贵精神，走一条不断进取的光明大道。

不为文凭读书

温昊然被老师拉到办公室接受教育去了。劳动技术课他又请假了，一学期有 12 次劳动技术课，他请假 10 次，除了第一次去了之外，他再没去过。眼看着就最后两次课了，他居然还请假，老师忍无可忍了，直接从教室里把正在埋头算数学题的昊然拉到办公室了。

温昊然同学是个很多老师眼里的好学生，但是他绝对不是劳动课的老师心里的好学生。他每次都逃课，理由也千奇百怪。虽然劳动课老师也知道，在高中开设这门课程，有些特别在乎学习时间和学习成绩的同学心里会不太喜欢这样所谓的浪费时间的课程。但是他也知道这样的课程是必须开设的，而这门课的开设也得到上面教育局的大力支持和校长们的一致赞同。

在学校，虽然除了温昊然还有很多同学有这样的想法，但是很少有人这么明目张胆地跟老师作对，根本就不去上课。

老师跟温昊然说："你为什么又不来上课，是不是因为觉得这个课程跟你没关系？"

温昊然理直气壮地说："这种课程都没用，又不能给我的高考成绩上加分，学了也没用。"

或许跟他一样想法的同学还很多，他们都觉得学习就是为了成绩，为了获得大学的敲门砖，就是为了一纸文凭而奋斗，至于和这张文凭无关的东西都是不必要学的。

"你学习是为了什么？"老师禁不住问昊然，"难道就是为了那张最后的文凭，最后的证书？"

"是呀，没有文凭现在哪能在社会上吃得开呀？文凭就是敲门砖。"

听他这么说之后，老师想了想，决心扭转这样的学习态度，这样的态度只会让像昊然这样的学生陷入对学习成绩和文凭的追求中，偏废了许多在中学必须掌握的技能。

"这样的学习态度，你会失去很多东西。你是一个人，注定要进入社会，这没错。但是文凭不能代表一切。重要的还是你这个人的能力，而能力除了学习成绩以外，还有你的适应社会的能力，还有你基本的生活能力。如果这些能力你都不具备，即使你获得了高学历，最后不过被别人扣上高分低能的帽子。这样你还怎么要求自己有大的发展呢？"

老师的一席话让昊然如同醍醐灌顶，原来学习不能只为了那个文凭而奋斗，让他错过了很多提升自己的机会。他决定趁最后一次劳动课的机会去上课，虽然机会不多了，但是他要珍惜每一次机会。

给男孩的悄悄话

当代青少年厌恶学习的原因之一就是认为十几载的寒窗苦读只能换来一纸文凭，这样自己的付出和结果不成比例，而且近年来越来越多的事实表明，拥有高学历的人不一定能够在社会上取得绝对优势，有时，研究生和本科生的就业率还没有专科生好，在这种背景下，又很多青少年朋友更加质疑学校教育的意义。

事实上，文凭不等于水平，这已经是众所周知的真理，在钱钟书先生的《围城》里，他用一句名言和众多的事例讽刺了那些购买假文凭，并试图以此来掩饰自己的愚昧无知，并谋取社会利益的人物和行为，小说中的方鸿渐和韩学愈花钱购买"克莱登大学"的博士文凭，并凭此回国内高校任教，结果或被他人戳穿，或为掩饰自己的行为而做出种种令人不齿的行为。韩学愈没有学识，只能靠请学生吃饭和阴谋诡计维持自己的教授身份，方鸿渐为了假文凭更是吃尽了苦头。

文凭当然不能真的遮羞包丑，天长日久，一个人的真实面目总会被人发现，所以，我们一定不能用功利主义的态度对待文凭，更不能把今天在学校中的学习生活单单看成是获得文凭的手段，那样做就大错特错了。

所以，面对"文凭不等于水平"的论断，我们所能做的，不是拒绝现在的学校教育，而是端正学习态度，为了增长知识，提高能力，提升自己的精神面貌而学习，在校园中，重视培养自己这几方面的素质，而不要把分数、名次等等表面的问题看得太重，因为那些东西，只是暂时的荣耀或"耻辱"，不能代表你的未来，只有握在自己手中的本领和才干，才是你今后安身立命的根本，明白了这一点，你就明确了学习的方向，不会再感到迷茫了。

改变对知识的敌视态度

吴锦鹏很讨厌学习，他总是对知识抱有成见。虽然也每天上学，但是他心里觉得自己对知识的敌视态度总是抹不去。他希望自己能够驰骋江湖，他希望自己能够做行侠仗义的大侠，但是他却不愿意学习，不愿意去打开知识的宝库，他讨厌在那么多繁复的理论，还有那些让他晕头转向的知识。

不过锦鹏很喜欢上网，他上网聊天，有时候会加入一些网络的俱乐部还有一些有主题的群。在那些群里有个叫"和知识交朋友"的群，每天都有人在群里发布一些小知识，内容涉及方方面面，他很喜欢那上面分享的一些材料。从那个群组里，他也开始渐渐放弃了自己对知识的敌对态度，他开始喜欢分享那些小故事，那些小常识，还有一些平时里能用到的知识点，有些也很有科学的味道，比如对宇宙的探讨呀，对地质时期的分类呀，那些还是很多有科学意味的。

锦鹏了解了这些之后，他突然发现，在现实生活中，这些知识都可以用到。而且和同学们谈论起这些问题的时候，他发现，很多他看起来司空见惯的事情，好多同学都不知道是什么原理，原来都是这个群组分享的那些知识帮助他开阔了视野。

他开始喜欢科学知识了，他了解到的知识让他在生活中处处得力，而且这些让他可以正确地看待很多事情。他也不再盲目地追星了，开始静下心来去读书。

锦鹏知道，在知识的海洋里，他才能找到属于自己的宝藏。

🚢 给男孩的悄悄话

在学习上，每个人都会遇到一些不如意的事情。也许你花了很大的力气，很努力地学习，成绩却依然上不去。也许你认为老师不重视自己，自己也看不到希望，于是敌视书本和其中的知识。有时甚至想，如果没有那么多的书，日子是否会好过很多？不用天天坐在教室里看课本，不用在考试前后和成绩出来时胆战心惊，不用在请父母参加家长会时忐忑不安。在这些情况下，都是无可奈何被动地听老师讲课，艰难地在熬日子而已，这并不是学习，而只是假装在学习，因为你的心中一直在逃避。

知识，应该是一把帮助你登上高峰的梯子，成为帮助你走上更好的人生道路的良师益友。知识，是课本的内容，其中蕴涵着很多的智慧，那些是知识灵魂的所在。有一些是实用性的，比如教你读书识字，有些是陶冶性情的，使你与众不同。想想看，在学校里陪伴你时间最长的不正是它们吗？把它们当作是一个个有自己思想的人吧，其实它们每天都在和你说心里话，希望你能听懂，和他们认真交谈。

要爱知识，也要爱智慧。知识决定高度。知识不会抛弃任何人，它只是这样静静地等候在那里，等你过去和它交心。请试着把它们当作你的朋友，认真地去倾听它们想要告诉你的东西，并细细领会。和知识交朋友，不是因为老师，也不是因为家长，而是因为你需要它的引导。你人生的方向由你自己掌控，你想不想和知识交朋友呢？你当你能听懂它想要告诉你的东西时，一定会有不小的收获。对于这样无私的朋友，不该心存感激吗？

光有学历，不能在社会畅行无阻

何宇跟表哥去参加了招聘会，招聘会上人山人海的情境让何宇着实吃惊了，这是一场硕博专场的招聘会，表哥今年要从上海的一个大学硕士毕业、回到家里这边找工作。为了让何宇体验生活，姑姑派表哥在参加招聘会的时候带着何宇。

一直以为有了高学历，一切就都尽在把握，但是他没想到的是，拥挤的人群里，到处都是拿着硕士毕业证、博士毕业证的哥哥姐姐，而他们发愁的不是自己的学历高，而是每当投到用人单位的简历接收处的时候，那些用人单位第一句话问的总是，有什么实习经验。

表哥也拿着各种证书来了，何宇还帮表哥拿着那个装着他这些年荣誉的文件袋，但是表哥最先和用人单位沟通的并不是自己是个硕士，而是诚恳地递上简历，然后和用人单位的负责人讲自己在学校里和学校外都做过什么样的实习。

这让何宇太震撼了，一直以为拿着硕士证、博士证就可以在家里高枕无忧，等着用人单位像刘备一样三顾茅庐来求诸葛亮出山。没想到的是，招聘会上，到处都是高学历的人，学历也根本不是通行证，而是一个必备条件，就好像是我们没有这个学历就没法进入这个行业，但是有了这个学历，也不一定进入这个行业。

表哥得到了几个面试通知，但是都不是太理想。回来的路上，何宇问表哥："哥，你们找工作，不看学历，到底看什么？我一直以为有了高学历，就有了通行证呢！"

表哥苦笑着："通行证？哪来的通行证啊？现在看得都是能力，你学历越高，用人单位对你的要求越高，要求你的实践能力要比本科要强，可是我们天天在学校里学习，哪来的实践能力呀，现在就成了这样的状况，用人单位宁肯要本科生，也不愿意要硕士生。"

何宇倒吸一口凉气，一直以为成了硕士或博士，一切地方都可以畅行无阻，现在才发现社会根本不是那么回事。跟着表哥参加这场招聘会，给了他很大的心灵震撼。看来书呆子是没有市场的。

🚢 给男孩的悄悄话

在学习过程中，有些男孩抱有一种错误观念：学习就是为了要一个学历，不过是图一个通行证、敲门砖，将来好找工作。至于上学的时候是否学到了真才实学，大家似乎并不在意。

男孩们，不要把你的学历作为"通行证"。学历并不能代表能力，它只是你曾经学习过的证明。

这个"学习过的证明"与你是否有足够的能力在社会上打拼，并没有实质性的关系。一个人的能力，其实是一种综合素质，包括你的学问学识，更包括如何待人接物、妥善地处理各种事件。

学历只是你学习成绩的见证，并无法准确反映你的综合水平。踏入社会后，一个人的品德、修养、性格对其发挥的作用远远大于学习成绩所发挥的作用。

青春期的男孩子在学校里，不仅仅要为你的"学历"而学习，也要努力增强自身修养，丰富各方面学识，培养自己的综合素质。唯有如此，才能在手执一张"通行证"的时候真正畅行无阻，在社会有一番作为。

成绩好就意味着将来会有成就吗

吴非被班主任张老师叫到了办公室，这让周围的同学很诧异。吴非的成绩一直稳居榜首，这样的学生，按照张老师的一贯原则，肯定不用多操心，也基本不用苦口婆心的教育，张老师更关注那些成绩不稳定的同学还有就是经常闯祸的同学，因此，他们班的学生很少在学校大会被教导主任点名。

这次期中考试的成绩单刚下来不久，吴非还是年级第一呀，虽然自上而下都不让给学生排名了，但是老师们还是想方设法地知道自己的学生在全年级的排名，并且也迅速地假装无意地把这个排名单透露给学生，对于大家来说，考试结束后排名情况，每个人都知道得一清二楚。吴非还是第一。这个大家都知道。

张老师叫他，难道是给他开小灶，让他更上一层楼？还是有其他的原因。

同学们在掂量张老师的用意，吴非心里也盘算着张老师的目的，张老师很信任他的嘛，基本不用特殊关心他呀。

到了办公室，张老师直接问："吴非，你觉得你对自己的评价是什么？"

吴非被问的一头雾水，"我觉得我挺好的。作为一个学生，我成绩稳定。而且热爱集体，团结同学，积极参加班里的活动。"

吴非多少有些沾沾自喜，而这些张老师看在眼里，他今天叫吴非来，就是因为吴非前面的女生今天上午哭着来说吴非总是在他们面前显摆自己的成绩，并且他高人一等的态度，让她很接受不了。

"你的成绩是相当棒，"张老师先肯定了他的优点，"但是成绩不等于成就！我们应该从更长远的角度看问题。"

吴非摸了摸头，不知道张老师究竟要说什么，但是大概也能猜出来，肯定是不要骄傲，看来张老师要着力培养自己呀。

吴非美美地想着。张老师接着说："你们都还是孩子，要有远大的理想，不能只停留在现在的成绩上，这样的成绩在学校里是很好的。但是你能给我个诺言，你未来是个有成就的人吗？"

吴非被张老师的话问呆了，是呀，什么是成就呢？反正不是现在的分数能说明的。他得好好想想。

🚢 给男孩的悄悄话

吴非的苦恼在于，他不明白成绩和成就不一定成正比，不能以学业的成败评估自己未来的成就。

为了发现学生与未来成功相关的因素，哈佛商学院做了大量的调查研究。调查结果显示：一个学生在学校里的成绩与他将来的成就之间并无关系。短期内还有点相关系，而长期内根本没有什么关系。

作为一名学生，必须能够正确认识短期学业上的成败。生活之路是很漫长的，最顶尖和最失败的学生都必须走完剩下那一多半的人生旅程。在学业上跑在前面的人，在长跑中往往会黯然失色，起初落后的人却往往会后来居上。

一项研究表明，在智力水平相当的天才儿童中，成就最高者和成就最低者之间的差距相当大，那些最成功的人士都有两个区别于他人的特征：高度的自信和恒心，或者说充满豪情壮志。

有句古谚说实践出真知，而真正聪明的人也从他人的经验中学习。影响成功的因素有很多：

1. 处理失意的能力

非常成功的人士都能够饱受学习的失意而始终坚持不懈。在你的人生中你将会遭遇一些极为扫兴甚至痛苦的事情。如果有一天你走出校园、走入职场，可能在一个很好的公司里工作，突然公司不需要你了，而你不得不走人。

成功的人总是在生活中勇往直前，富有弹性地面对失意和挫折。有时候许多人由于早年经历了太多成功——小学、中学成绩一路遥遥领先，进入了自己中意的大学，他们不知道该如何摆脱失意或失败的情绪而勇往直前。他们更像一个昂贵的瓷茶杯：高雅、精致、美观——但是逆境袭来时则脆弱不堪。

2. 运气

这里的运气并不是指生于达官显贵之家，或者是中了大奖，如果你遗传了好的基因，接受了良好的教育，拥有关心你并给你提供好建议的人或导师，如果你生于这个世纪而不是中世纪，那么你获得的好运便已多于你应该获得的。幸运并不意味着安逸的生活，而是你的机遇。一个人，即使再有才能，但如果没有机遇，也很难让自己的才能得以发挥。

3. 公正感

你应该对他人公正。走入职场，要获得成功，必须有最优秀的人为你工作。如果你不公正或阴险地对待他人，他们会选择离开。你不得不让二流的人接管他们的工作，而同一群二流员工一起工作是很难取得成功的。

显而易见，这几种能力的高低在学业上很难体现，而这几种能力是成功的必备因素。所以当你在校园里的时候，不要被成绩左右，考试成绩与你未来的成就没有什么必然的联系。

能力重要还是知识重要

究竟是知识重要还是能力重要，嘉义自己在书桌前看着一篇报道发呆，思考着这个问题。他一直是个成绩很好的学生，但是除了成绩好，好像就没有别的什么特殊的爱好和特长了，而在学习方面，也不过是自己的学业成绩很好，也没有参加过什么创新小组之类的活动。

他在创新小组里总是觉得自己像个呆板的傻瓜，没有什么新的想法，所以后来就退出了，也没有什么文体特长的他，在班里被认为是好学生，但是现在学校强调素质教育，这就让他很头疼。知识和成绩只是一个方面，而能力呢？

他反思着自己，我究竟有什么样的能力呀？好像找不到可以称之为能力的东西拿出来安慰自己。老爸经常说学会数理化，走遍天下都不怕。自己虽然现在数理化学的都很好，但是要走天下的话，心里还是充满了恐惧。因为学到的都是课本上的知识，自己从来没想过要把这些知识转化为能力。

既然知识没有转化成能力，那么看看自己的其他方面吧，与人沟通的能力呢？好像也不那么乐观。平日里他是个沉默寡言的孩子，在学校里，同学们爱说爱闹的人那么多，自己就更不怎么表达自己。偶尔和大家聊天，才发现，更多的时候不过是个听众。而大家对自己的话好像也不那么感兴趣。

很多同学暑假的时候都去社会实践或者去兼职打工了，他们把赚来的钱捐给了希望工程，自己呢？每天在家里看书，但是书里的知识就像是存在冰箱里的食物，好像从来都是冷冻状态。

思索半天，嘉义决定发展一下自己的能力，因为他得出的结论是能力比知识更重要。现在是信息时代了，要想获取知识，只要打开网络，就能获得无尽的知识，但是能力只是自己慢慢积攒锻炼才能形成的。没有能力，空有知识，只会变成高分低能的书呆子。下了这个定论之后，他开始制定自己的发展计划……

给男孩的悄悄话

学习的本质就是培养人的思考和创造能力，只有通过学习，掌握了这些能力，才能让我们的生存更加卓越。

有一天，一名大学教授到一个落后乡村游山玩水。

他雇了一艘小船游江，当船开动后教授问船夫："你会数学吗？"

船夫回答："先生，我不会。"

教授又问船夫："你会物理吗？"

船夫回答："物理？我不会。"

教授又问船夫："那你会用计算机吗？"

船夫回答："对不起。我不会。"

教授听后摇摇头说道"你不会数学，人生已失去六分之二；不会物理，人生又失去六分之一；不会用计算机，人生又失去六分之一；你的人生总共失去六分之四……"

说到这儿，天空忽然飘来大片黑云，随后吹来强风，眼看暴风雨就要来到。

船夫问教授："先生，你会游泳吗？"

教授愣一愣答道："不会。没学过。"

船夫摇摇头说道："那你失去了全部人生。"

一个人拥有多少知识，并不能证明拥有多少能力，也就是说，知识与能力并不是成正比的。有渊博的知识固然是件好事，但人生首先最需要的并不是渊博的知识，而是生存的能力。

青少年朋友只有通过学习，掌握一种能力，并让这种能力适应千变万化的社会需求，才能更好地生存和发展。

有人说，真正的"铁饭碗"，不是在一个地方总有饭吃，而是走到哪里都有饭吃，也就是到哪里都有生存的能力。曾经的"高工资、低付出"仅仅是一种生存状态，而技能与技术却是一种生存能力，只有掌握能力的人，才能更好地生存下去。

　　知其然，仅仅是一种状态，知其所以然，就是一种能力。学习成绩只是一种状态，思考与创新却是一种能力。我们学习的目的，正是为了获取这种能力。所以，孔子说："学而不思则罔。"卢梭说："读书不要贪多，而是要多加思索，这样的读书才能受益匪浅。"这些伟人的良言，就是要告诫青少年，要学以致用，不要用书本中的知识来替代自己的思考。只有积极的思考，才能触摸到知识的灵魂，才能将知识转化为生存的精彩，所谓"六经注我"，而不是"我注六经"。

　　有一位伟人说过："学习是学习，学习的学习也是学习，而且是更重要的学习。"青春期男孩尤其要注重"学习的学习"，从各个方面塑造培养自己的综合能力。

　　尽信书则不如无书，书本中的理论只有与实践相结合，才能转化为生存的能力。做到这一点其实很简单，我们只要细心观察生活中的一些现象，并有意识地在自己的头脑中找出理论印证就可以了。比如说，老师在课堂上传授我们作文的方法和要点，读书的时候，就可以用这样的理论衡量一篇文章的结构，从中找出为什么好、为什么不好，这些共性的经验，还可以反过来促进自己的作文水平，培养理论与实际相结合的能力。

　　学习归根究底的目的是为了应用，所以，我们要在日常的生活中，积累一些有用的经验和知识，从"无字句处"读书，这也是我们打造生存能力的一个重要途径。数学运算阻碍物理的研究，牛顿就创造了微积分；工具的简陋影响了手艺的发挥，鲁班就发明了锯。这些都是在学习中创造、学以致用的典范。青春期男孩更要在实践中，突破各种束缚，主动应用新的技能，创造新的观点，这样我们的未来社会生存才能说有所保障。

　　古人说："授我以鱼，只供一饭之需；教我以渔，则终身受用无穷。"在学习中探索生存的技能，在生存中体会学习的真谛，人才会越来越成熟。

怎样提升学习效率

课上紧张，课下才能轻松

　　如果在课堂上实行"打假"活动，一定会有很多收获。只要你留心仔细观察，你会发现每节课都会出现一些"身在课堂心在旁"的同学：有的人撑着下巴，眼皮竭力分开，可最后还是抵挡不了阵阵袭来的困意，于是终于进入了梦境，直到被同桌推醒；有的人一本正经地听课，不时地看看老师，不时地瞄一下课本，原来，这本包了封皮的课本其实是一本小说；还有的人眼睛瞪得圆圆的，耳朵也竖起来，仿佛一幅专心听讲的样子，但其实他的心早就飞到球场上去了，只要一提问，准保是什么都不知道。

卢培一下课就冲到许建的课桌前着急地喊："许建，许建！快把你上课笔记借我抄抄！我上课又走神了！"卢培一边急急忙忙地抄着笔记一边沮丧无比地自言自语："许建！你看怎么办才好啊？我怎么这么多内容没听到啊？这抄了也没用啊，你还是给我讲讲好不？"说到这儿，他停下笔，抬起头，露出一副十分可怜的样子。

"卢培，你怎么回事啊？最近上课怎么总是走神啊？你这样下去可怎么办？"许建一边替卢培暗暗焦急，一边责怪他上课不用心。

"我也不知道怎么回事。"卢培又继续埋头苦抄，"许建，你说是不是人大了心也大了，所以精神就不容易集中了啊？"

"你都想些什么啊？"许建疑惑看着卢培。

"我也不知道自己想些什么，就是无缘无故地听着听着，老师的声音就像催眠曲一样，和我的耳朵就共鸣了，然后我就不知不觉走神了。"卢培无不委屈地说道。

"其实我有时候也走神，但像你这样一走就连笔记都抄漏了的情况还是和在冬天看见荷花开一样，是十分罕见的……"许建说道。

"许建，你就别嘲笑我了，我难过着呢。可能越是这样，我就越着急，越着急，结果就越走神。许建，你说我是不是老了啊？"卢培认真地问道。

"哈哈，你胡说什么啊！还没到20呢，老什么老！"许建半开玩笑地说，还顺便用手拍拍他的肩膀，"我们正是花一样的季节，呵呵。抄完了没？抄完了我们快看看吧。待会儿又要上别的课了！"

"好好好！快讲快讲……"卢培的表情终于是雨过天晴了。

许建一边讲，一边注视着时而皱眉，时而微笑的卢培，心里在想："我一定要帮助卢培分析分析他走神的原因，然后找到解决上课走神的办法。"许建决定回家问问爸爸。

给男孩的悄悄话

男孩们，你可曾注意过，课堂上情景不同，课下同样丰富多彩：有人拼命学习，抓紧每分每秒，可不管是平时的练习还是大小考试，这些貌似认真学习的人都无法取得好成绩；而有的人课下轻轻松松，却毫不费力地取得好成绩，他们的区别就在于课堂上的不同。

事实证明，课上开小差，或不懂得如何运用课堂时间学习的人即使课下付出再多，成绩仍然比不上那些课堂上认真听讲的人。

因为，课堂是知识最集中的场所，每一节课都是经过老师精心准备的，都是精华。如果课堂上你不认真听讲，那就意味着你错过了知识的最精华部分。而课堂也是一个解决问题的场所，在课堂上不通过提问解决，那么问题很可能就一直搁置，最后也得不到解决。

我们都知道课堂学习占据着我们大部分的学习时间，这就更加要求每一个人都要善于抓住课堂上的每分每秒，专心听讲，这样才能确保高效学习，只有笨拙的人才会舍弃课堂，而费劲心力把时间花在课堂之外。

所以要想取得好成绩，充分利用课堂时间就显得十分重要了，那么该如何做呢？你们不妨从以下几个方面着手：

课前准备。课前准备一定要做好，比如课前预习和文具的准备等，课前预习，能够保证对知识脉络的掌握，这样就可以轻松地跟着老师的思维走，另外，预习中产生的疑问会迫使你更加专心听讲，最终使问题得到解决。而文具的准备是为了避免上课分心，以便提高听课效率；专心听讲，听老师讲课、听同学发言，并积极思考，这样可以使自己一直集中注意力。

要善于观察并发现问题。这样有助于集中注意力；大胆提问，增加课堂上的互动，促使自己加深对知识的理解和掌握，其实这也是提高听课效率的一种有效途径；认真做课堂上老师布置的习题，以检测自己对知识的掌握程度；善于记课堂笔记。不能因为要记笔记，就错过了老师的讲解，这样得不偿失，记笔记要记书本上没有的，可以趁老师板书的时候记，听始终是关键！

抓住上课的每一分钟，你将会成为一个高效率的学习者。

造成走神主要有两种原因：第一，对要学习内容的意义认识不足，目的不明确，没有兴趣和责任心；第二，受到外界环境和身体内部很多因素的影响，环境如噪音、突发事件等，身体原因有疲劳、不舒服等。

自己是属于哪一种呢？大多数的人属于第一种。首先，要静下心来想一想：我为什么要学习？我的人生目标是什么？……当你真正明白学习的意义和目的之后，就会建立起学习的责任感，学习不再是别人给你的任务，而是你自己必须要完成的使命。

接下来就要培养自己对学习的兴趣。兴趣包括直接兴趣和间接兴趣。直接兴趣是指对活动的内容和过程感兴趣；而间接兴趣是指对活动过程和内容并不感兴趣，只对活动的目标和结果感兴趣，它与有意注意紧密相关。对于学校的课程来说是则大多数属于间接兴趣。这样你就首先要认真思索学习这些课程的意义，培养出对它们的间接兴趣来。

下面是几种克服"走神"的办法，选择对你有用的彻底克服"走神"。

1. 自我提示法

写几张小卡片，在上面写上"专心听讲""不要走神""少壮不努力，老大徒伤悲"等这样的句子，然后把它们放到平时容易看见的地方，如铅笔盒里，写字台前的墙上，或者夹在课本里。这样，每当你想走神的时候，不管你是在听讲，还是在做作业或者复习，都能及时提醒自己：不要走神！

2. 情景想象法

无论多爱走神的男孩，在考试的时候还是能够以比平常更集中精力，认真作答，以求自己能获得一个好成绩。因此，每次做作业的时候都想象成自己是在参加一次很重要的考试，并要在规定的时间内完成，这样就可以使自己紧张起来，注意力自然就能够集中了。正如著名数学家杨乐所说："平时做作业像考试一样认真，考试就能像做作业一样轻松。"

3. 记录法

给自己准备一个小本，专用来记录走神的内容。比如，今天数学课上想昨天的足球比赛了，那就在本子上记录："数学课——足球赛——约一分钟半"……这样记录几次之后，你认真看一下自己的记录，就会发现自己的胡思乱想是多无聊，浪费了多好宝贵的时光。渐渐地，你会对走神越来越厌恶，记录在本上的内容也会越来越少。相信不用多久，你的记录本上就会出现这样的话："我今天学习得一直很认真，没有走神。"这样，你就是一个专心听讲的好学生了。

4. 自我奖惩法

每次写作业或者复习之前，给自己定个时间表。如果在规定时间内完成了学习任务，并且始终是专心致志的，那么就可以奖励一下自己：看会儿电视或是听会音乐；如果你因为走神而没有完成任务，就惩罚自己，如干家务或者跑楼梯。长此以往，你就会为了得到奖励、避免惩罚而逐渐养成集中注意力的好习惯了。

除此之外，在学习时尽量找安静的地方，使自己不受外界干扰。另外，还要注意劳逸结合，列宁曾说过："不会休息的人就不会工作。"

与同学交流学习经验

常老师是一位有着丰富管理经验的班主任。

新学期开始了，他被任命为高一（三）班的班主任。他时时关注班里的动态，观察着每一个学生的表现，并与学生们讨论制定了各种班规制度。在他的带领下，学生们很快适应了高中阶段紧张的学习生活，班里洋溢着一种积极向上的学习氛围。

期中考试后，常老师发现班里考得最好的两个学生——田志鹏和黄友天，却显得并不愉快。他和这两个学生分别谈心，发现他们都对自己现有的成绩不满意：田志鹏虽然数理化方面很好，但是语文和英语却明显逊于理科，在全年级的排名仅为第9；而黄友天的作文写得极为精彩，英语方面甚至能和外国人进行较为流利的对话，但是物理这门课却从初中开始就学得不太好，他对自己年级第4的排名也不甘心。

如何能让这两个优秀的学生取长补短，在学习上更进一步呢？常老师想到了一个办法。他当着全班学生的面说："同学们，《礼记·学记》里有这样一句话'独学而无友，则孤陋而寡闻'。意思就是说，自己一个人学习而没有朋友交流讨论，就会孤陋寡闻。所以，周六下午，我们要举行名为'分享你的经验'的主题班会，到时我会邀请高二高三的学习尖子也到场，希望我们班同学积极准备，与大家共享你的学习经验，共同提高共同进步。"常老师敏锐地观察到这两个学生都若有所思地点点头。

在周六的班会上，高一（三）班的学生们认真地听着高二高三的学长们的经验。有一位学长讲述的复习物理的方法给黄友天留下了很深的印象。那位学长说，他很重视物理课的复习，认为复习物理时一定要有条理，层次清楚。他自己的具体做法是将本学期所学习的知识画图表示，先把本册书分为几个一级知识点，每个一级知识点底下又包括几个二级知识点，二级知识点下又包括几个三级知识点，每个知识点之间的联系用箭头表示。虽然老师在课堂上会分析本册的知识脉络，但是自己再根据自己的理解整理后并认认真真地写在纸上是不一样的。考试时想一想考的是哪个知识点的内容，回忆一下自己总结的内容，并不忘各种限定条件，就不怕难题了。黄友天对学习物理有信心了。

而黄友天讲述的自己学习语文英语的经验，也使田志鹏深受启发。黄友天说，学习语言是一个长期的积累过程，需要记忆大量的、琐碎的语言点，所以他有一个专门的英语记录本，记下英语课堂上学过的但是掌握得不好的单词、词组等，经常翻看，以加深记忆。学习语文中的基础知识时，他也用类似方法。针对语文学习中的重点和难点即写作，他更是认真，不仅摘抄优美的词句、名人名言，还将自己平时看到的一些很新颖、并且预计会用到的材料分类记下来，这样，写起议论文来，就不会内容空洞，言之无物了。

这次学习经验交流会后，大家都认为自己有收获，并且更加乐于交流。效果怎么样呢？还是看看期末考试后田志鹏和黄友天的感想吧。黄友天考了全年级第3名，不过最使他开心的是物理成绩提高了很多，他相信自己还会有进步。田志鹏虽然名次上没有变化，但依然很高兴，因为他觉得自己已经踏上了学好语文和英语的道路。

给男孩的悄悄话

别人的学习经验启发了田志鹏和黄友天，那么他们的故事是否启发了我们呢？

英国著名作家萧伯纳曾说过这样一段话："两个人在一起交换苹果与两个人在一起交换思想完全不一样。两个人交换了苹果，每个人手里还是只有一个苹果；但是两个人交换了思想，每个人同时有了两个思想。"这段话的确精辟地道出了人与人之间交流思想的重要性、互补性。

培根说：如果把快乐告诉一个朋友，你将得到两个快乐，而如果你把忧愁向一个朋友倾吐，你将被分掉一半忧愁。自私的人心胸狭窄，往往会回收更多的自私，从而消沉郁闷。而与人分享的人却能获得更多的分享，从而更轻松更快乐。

青少年朋友在学习的过程中，要善于和同学老师分享交流经验，不断吸收新的思想，新的知识，开阔自己的眼界。同学之间的分享交流能让彼此的经验更完善，方法更有效，大家共同进步，从而给自己创造更有利于学习的环境。

分享不是给予或转让，而是相互的交流沟通，大方的分享，你会有意想不到的收获。

在学习过程中，如果你把学习经验与同学分享，你将认识自己的缺点与不足，与他人进行交流时去粗取精，从而不断完善原有的学习经验和方法，这无疑会使你进步。如果故步自封，不舍得分享，那么你将失去更多学习进步的机会。交流才会共同提高，分享是不会让我们失去东西的，反而能得到更多。

青少年在平时的学习生活当中，都会有自己的学习经验和方法。可能有的青少年朋友会说："我好不容易总结的学习经验，凭什么要与别人分享，要是学习了我的经验，成绩超过我怎么办？那不是自己给自己设障碍吗？"其实这些担心完全是不必要的，你分享的过程不但得到了更多的宝贵经验而且还收获了快乐。

制定一份学习时间表

大军和小军是孪生兄弟，兄弟俩相貌很像，可是他们的性格却大不相同。

大军性格温顺，特别老实，在家听爸爸妈妈的话，自己的事情自己处理好，在学校虽然学习成绩平平但表现得很认真，倒也让大人省心。可是弟弟小军完全相反，他性格开朗，活泼好动，在家经常翻箱倒柜，上蹿下跳。在学校里虽然参加活动积极，但是他太毛躁，学习成绩也不理想。

为了提高兄弟俩的学习成绩，爸爸妈妈没少费心思：辅导书买了，家教也请了，可是孩子的成绩还是没有起色。

通过观察，爸爸发现，俩孩子都没有好的学习习惯，学习没有计划性。

大军对待作业的态度是：必须在第一时间完成。每天放学后，一放下书包就开始写作业，一直写完才开始看电视，玩游戏。放暑假寒假时，学校都会发一本暑假或者寒假作业本，每次一拿到作业本，大军就开始头也不抬得做题。通常，放假前两天他都会起得很早，晚上会熬到很晚，一门心思写作业。基本第三天整个假期的作业就全部完成了。接下来近两个月的时间里，大军就轻松地玩，再也不用担心作业没做完，也就不再看书了。新学期开始时，上学期所学内容也差不多都忘了。

而弟弟小军则完全不同。小军的作业总是拖到最后一刻才开始做，每天晚上直到快去睡觉的时候，小军才懒洋洋地拿起作业本，每次的作业都做得很潦草。假期中，临开学的前两天基本就是小军的"世界末日"。这两天他会疯狂地赶作业。在这两天里，你经常可以看到小军愁眉苦脸地趴在书桌前，一边啃面包，一边做作业。每当这时小军就想：以后一定要早点写作业，就不会这么着急了。

发现问题后，爸爸征询了老师的意见，已经为两兄弟制定了详细的学习计划表。

🚢 给男孩的悄悄话

做任何事情要想取得成功，都必须在行动前制定一个详尽的计划，学习也不例外。学习计划是实现学习目标的蓝图，制定良好的学习计划，可以帮助我们有效地提高学习的效率。

在学习的过程中，我们时常看到一些同学东走走西逛逛，左看看右翻翻，好像作业完成就没什么事可干了。这实际上是一种没有明确的目标、随遇而安的学习态度，很大程度上是由于没有为自己制定一个详细的学习计划造成的。

计划性强的学生，什么时间做什么事是非常有规律的，他们做完一件事后就会立刻去做另一件事，从来不会有无所事事、毫无目标的情况出现。他们对时间也抓得十分紧，轻易不会把大好时光白白浪费掉。

详细的学习计划使你的各项学习活动目标明确，在你努力争取自己的学习按计划进行时，由于学习生活的千变万化，常会出现一些意想不到的情况，而影响计划的进行，如临时增加集体活动、作业增多、考试临近等，这些往往都会打乱我们的学习计划。遇到这些情况，我们千万不能急躁，或者仍然死板地按计划进行，而是要及时调整自己的学习计划，增强计划的可行性，以适应变化了的学习情况。有时在计划实施的过程中会遇到困难，这时就需要你用坚强的意志努力克服困难，排除诱惑，来实施学习计划。在实施计划时，每克服一个困难，完成一项任务，你就会在享受胜利喜悦的同时增强克服学习中困难的信心和勇气。

如果你长期按计划学习和生活，到时间就起床，到时间就睡觉，该学习时就集中精力学习，该锻炼身体时就锻炼身体，不预习就无法听好下一节课，不复习就不能做作业。这样就会使学习生活很有规律，你也能逐渐养成良好的学习习惯。

这种良好的学习习惯可大大提高你的学习效率和学习质量。

下面是制订学习计划时应注意的一些问题：

1. 计划要全面

计划里除了有学习的时间外，还应当有进行社会工作、为集体服务的时间；有保证睡眠的时间；有娱乐活动的时间。计划里不能只有三件事：吃饭、睡觉和学习。

2. 安排好常规和自由学习时间

常规学习时间就是按学校规定的学习时间，主要用来完成老师当天布置的学习任务，"消化"当天所学的知识。在自由支配的时间内，一般可做两件事：补课和提高。自由学习时间应当成为制订学习计划的重点部分。

3. 长计划和短安排

在一个比较长的时间内，究竟干些什么，应当有个大致计划。例如，一个学期、一个学年应该有个长计划。有长计划，还要有短安排，否则长计划要实现的目标不容易达到。

4. 突出重点，兼顾一般

所谓重点：一是指自己学习中的弱科，二是指知识体系中的重点内容。订计划时，一定要集中时间、集中精力来攻下重点。

5. 不要脱离学习的实际

有些男孩订计划时满腔热情，想得很好，可行动起来，寸步难行，这是目标定得过高，计划订得过死，脱离实际的缘故。

6. 不要太满、太死、太紧

要留出机动时间，使计划有一定的机动性，这样完成计划的可能性就增加了。

7. 脑体结合，文理交替

在安排计划时，不要长时间地从事单一活动，学习和体育活动要交替安排。比如：学习了一下午，就应当去锻炼一会儿，再回来学习。锻炼时运动中枢兴奋，而其他区域的脑细胞就得到了休息。安排科目时，文科、理科要交替安排，相近的学习内容不要集中在一起学习。

8. 提高学习时间的利用率

早晨或晚上，或一天学习的开头和结尾的时间，可以安排着重记忆的科目；心情比较愉快，注意力比较集中，时间较完整时，可以安排比较枯燥，或自己不太喜欢的科目；零星的、注意力不易集中的时间，可以安排做习题和自己最感兴趣的学科。这样就可以提高时间利用率。

不做"学习时间表"的奴隶

今年暑假过后，陈杰已经升入初中三年级了。明年就要参加中考，似乎现在就已经感觉到了中考的压力。要想明年以优异的成绩升入高中，现在必须加倍努力。

陈杰的数学成绩不是很理想，为此，老师着急，爸爸妈妈都很发愁。为此陈杰下定决心，一定要在不到一年的时间内提高数学成绩。为了能更好地敦促自己学习，陈杰制定了一份详细的学习计划表。

制定完计划表之后，陈杰很是得意，感觉成功就在眼前了，可是没有想到计划实行起来却遇到了很多的困难。

陈杰的计划是这样的，每天放学回家后，在7点以前完成老师布置的作业，然后休息20分钟；7：20～8：00拿出40分钟的时间巩固白天上课时老师讲的内容；8：20～9：10这段时间做爸爸买的数学辅导题；9：30准时上床睡觉。

问题就来了，有时候老师布置的题目比较难理解，根本不可能在7：00前完成。这时候陈杰就会想：后面还有好多计划呢，这样下去会耽误后面的计划，于是在没有完成这个任务的情况下就进行下一个计划了。而又有时候，白天课上学习的内容没有什么难理解，复习起来根本用不了40分钟的时间，可是为了保持与时间表一指，陈杰就会无聊地翻着书把时间耗到8：00才进行下一个流程。

有一天晚上，陈杰正在做数学辅导题，这是一天中的最后一项学习任务。实在是又累又困，脑子根本就不转了，陈杰不停地看着表，可是看看时间还有20多分钟才到学习时间表规定的睡觉时间呢。只能硬着头皮继续没有结果的演算。妈妈看不下去了，心疼地说："小杰，快去睡吧，明天早起会再做吧。""那可不行，这样会打乱我的学习计划的，得严格按照时间表来。"陈杰固执地答道。

给男孩的悄悄话

人类定义了时间，设定了时间的年月日、时分秒来度量，却反过来，处在时间的控制之下。你怎么看呢？人类是不是常常为时间所制呢？你在学习中是不是常常划定一段时间来学习呢？

老师们常常在下课前对饥肠辘辘、蠢蠢欲动的学生宣布："过三分钟才开饭呢，急什么！"

就是说，当大家眼巴巴地望着秒针在时钟盘上转两圈以后，才能冲进食堂狼吞虎咽。

的确，有时我们的生活需要时间来做安排。比如，时钟决定校门几时开，几时关；决定课间休息什么时候开始，什么时候结束；决定我们的父母该几点去上班；决定火车几点钟开车；决定动画片什么时候在电视上播出……我们被框在一个个时间的小方格里。

时间让人感到害怕，钟表上的时间好像是我们的无形指挥棒。在日历上，在计划表中，在详细的学年安排中，我们处在这张无边际的时间之网内。

在学校，我们常常等待倒计时牌上的数字消为六个零，之后便松一口气，似乎我们的学习只是为了熬时间。

结果时间白白地过去，却没有任何实际的收获。我们总是胡乱地说要学几个小时，却从不认真想为什么要学、学什么，效果自然不会好。

试着想想下面的情况吧，你就不会如此草率地决定学几个小时来完成任务了。

当老师对我们说还有三分钟才开饭时，我们还可以这样说："如果肚子饿了，就上桌吃饭吧！"这样的想法就是饥饿感在决定，而不是时间。

在学习中，由于听任时间的指挥，我们给自己划定一个个死规定，比如还看几个小时的书啊，还做半小时的作业啊，再读一刻钟啊，这样就成了时间的奴隶……

毕竟，学习不是为了打发时间、完成任务，而是一种乐趣，不是死板地规定学多久的学习，而是在学习中忘了时间流逝的学习。

男孩们可能经常陷入下面的误区：

一个个的学习计划，这门学习几个小时，那门复习几个小时。你放学回家，书包还没丢下，或者还在回家路上呢，你就开始规定今夜学习几个小时，否则不关灯睡觉。这样，你注重的是那几个小时时间，你将这时间看得比学习的成效更重要，不达到终点决不上床睡觉。

何不尝试改变一下呢？你可以不让时间做你的主人，而是以学习中理解和学到的为准，说："能弄清楚了这些答案的原因，再关灯睡觉吧。"

天才们往往没有哪个局限于时间，他们也并不是靠死板地规定学习多久多久，成就他们的伟大的。

曾经有一个年轻人拜访了一位80多岁的老学者。在学者那狭窄的书房里，年轻人向学者倾诉了内心的困惑。学者："你应该抓紧现在和未来的日子。"

年轻人："是的，我在尽力。但是，我已经浪费了十几年。"

学者摇摇头："达尔文说他贪睡，把时间浪费了，却写了《物种起源》；奥本海默说他锄地拔草，把时间浪费了，后来成为'原子弹之父'；海明威说他打猎、钓鱼，把时间浪费了，后来获得了诺贝尔文学奖；居里夫人说她为孩子和家务浪费了时间，然而她不但发现了镭，而且还把孩子教育成了科学家。"

这些大人物都是善于掌控时间的高手，在时间里，没有局限。他们就像一条小鱼，自由自在地游弋在时间的海里。你羡慕他们伟大成就的同时，是否细想过这背后的奥秘呢？

如同在你的学习中一样，你所要的不是严格地强求自己学到几时，不是胡乱地做打算，而是首要看你的学习效果，自己消化了多少，确实弄明白了多少。

学习是一门利用时间和时间赛跑的艺术，若胡乱地给自己限定学习几个小时，那就好比你原来是海里的鱼，现在溯流而上，甚至钻到湖泊池塘了，境界越来越狭窄了。

为什么我写作业写得慢

我们经常听见一些家长这样抱怨男孩写作业时心不在焉的情形：

"我那男孩平时性子挺急的，可一到写作业的时候就拖沓得不行。他坐在那儿一动不动的，好半天才写一个字。明明半小时或一小时能写完的作业，他经常要熬到深夜。他自己受累不说，我和他爸还得陪着他受罪……"

"我家男孩一写作业就犯糊涂，要是让他抄写 50 遍生字，再怎么纠正他都会出 40 遍错误。哪有这么粗心的男孩？唉……"

"要说起来，我儿子学校留的家庭作业真不多，可他几乎没有一个晚上不写三四个小时。他不是不会做，反正就是快不起来，好像一点也不着急。你要是不在他身边盯着，他肯定写到天亮都完不成……"

"他写几个字就开始抠橡皮，咬笔头，抓耳挠腮的，看着让人生气！"

"老师经常说他在课堂上注意力不集中，总开小差……"

从心理发展的角度来看，这类男孩多半有意注意力差，在写作业期间不能精力集中地思考问题，经常做与学习无关的事情，表现得很不专注。写作业时又不善于动脑筋，表现出一种惰性。

牛牛每天在家里做作业都有很多麻烦事相伴。当他拿出作业本，在写字台前坐稳，刚写上几个字，就感到铅笔尖太粗了，于是去找小刀削铅笔；写了一会儿，又喊饿了，去厨房找吃的东西；过了一会儿，又去打开电视机，看一看有没有动画片；做一道算术题，还没有认真思考，就问妈妈，而常常是妈妈还没回答完，他的眼睛又跑到电视上了。

最后虽然在妈妈的再三催促和帮助下作业被完成了，但却拖得很晚，而且字迹潦草，错误百出。

🚢 给男孩的悄悄话

一名高考状元说："一分钟就要有一分钟的效率。"这话说得多好啊！是很值得我们深思的。花出一分钟的时间就要收到一分钟的效率。题海战术、疲劳战术花的时间不少，但效率很低。高考状元们确实有状元的学习效率，他们学得比较活，比较灵，他们不是死读书，读死书，不搞疲劳战术。他们说："我们不打时间战，而是打效率战。"这是什么意思呢？就是强调效率，强调在相同的时间内争取更高的学习效率。

那么具体说来我们怎样才能时间、提高效率呢？

1. 不要爸爸妈妈陪着读书

大多数教育专家都不赞成家长陪男孩读书，因为家长总会情不自禁地敦促男孩不要这样做，而要那样做。这些时断时续的语言刺激，更易于分散孩子们的注意力。同时，也会让孩子们对家长产生强烈的依赖性。

2. 给自己一个明确的完成作业的期限

比如可以这样对自己说：必须在八点钟之前完成作业，否则周末就不能做什么等。培养时间紧迫感，慢慢地让自己形成学习规律。有了明确的任务，孩子们学习时就有了动力，才能保持紧张状态。但是不能要求自己长时间做同一件事。

3. 给自己适当的奖励

比如，可以这样激励自己："每天晚上只需花一个小时就能完成作业，还有时间看动画片。"

找到适合自己的学习方法

学校派来的学习宣讲团的成员一一在讲台上发言，他们都是各个班级里成绩最好的同学。学校组织让他们来是给大家做学习方法的分享，提高大家的学习效率。所有成员讲完之后，大家都觉得那些成绩好的同学的方法听起来就是比自己的方法要好很多。很多人都觉得应该按照那些优秀的学生的方法和策略来学习。黎希也不例外，他也决定借鉴一下先进的学习方法，让自己成绩有突飞猛进的发展。一年以来，大家的成绩多少都有变动，只有他发挥很稳定，一直是个中等生。

黎希决定按照那些先进的方法改造自己的学习了，他有点热血沸腾，想象着自己将要实现的突破，他不自觉地摩拳擦掌了。其实他是一个刻苦程度一般的学生，每天按照老师的要求完成了作业之后，就不再做其他的事情了。每天按照正常的状态的话，就是七点起床，晚上十点肯定睡觉。但是那些学习好的学生既然说每天除了完成课程内部作业以外还要看很多课外辅导书，只能排到晚上看了。

黎希决定尝试。第一天，他到了十点就开始犯困，他让妈妈帮他冲了杯咖啡，继续看书，到了十一点，已经睁不开眼睛了，老妈心疼坏了，赶他睡觉去了。

第二天白天本来还需要继续精神抖擞的上课。但是课堂上，他实在忍不住犯困，结果一上午都昏昏沉沉，不知道老师讲的是什么。等到了晚上，他又要看书，白天犯困。一周下来，他觉得自己精神萎靡，而且白天老师讲课他都不能集中精神了，晚上学了什么，好像也什么没学到。

他只好选择放弃了。放弃的时候还有点不舍，觉得那所谓的先进方法不适合自己，怪可惜的。他又回到了自己的学习轨迹上，有时候他还会慨叹，原来每个人都有自己的学习方法。这种生搬硬套真吃不消。

🚢 给男孩的悄悄话

当前，知识更新速度与日俱增，时代对我们提出越来越严格、越来越多样化的学习要求。单凭"铁杵磨成绣花针""功到自然成"的方式，是无法适应目前的学习的。今日的学习成败，不仅取决于勤奋、刻苦、耐力与花费的时间和精力，更取决于我们的学习方法。

学习成果的好坏，与能否用自己喜欢的方式学习密切相关。哈佛优等生、美国第一位诺贝尔化学奖得主理查兹说过："最有价值的知识，是关于学习方法的知识。"就像有些运动员一样，他们不一定完全按照书里要求的"正确姿势"来做动作，而是利用最适合自己的姿势去锻炼，最后反而获得了冠军。我们的学习也是一样的，如果你只知道循规蹈矩、按部就班地照着那些所谓的"最好的"方法来学习，效果可能会更差。

用自己喜欢的方法学习，是提高学习能力的重要环节。英国有位社会学家曾经调查了几十位哈佛大学毕业的著名人士，发现他们大多认为学习时，最重要的就是用自己最喜欢的方法学习。而法国著名生理学家贝尔纳也深有感触地说："适合我的方法能使我发挥天赋与才能；而不适合我的方法则可能阻碍才能的发挥。"由此可见，用自己最喜欢的学习方法可以使学生在知识的密林中，成为手持猎枪的猎人，获得有效的进攻能力和选择猎物的余地。

当你试图采用自己不喜欢的学习方法学习时，你就好像是在逆风中行走，非常困难。因而，有些男孩就会逃离课堂，还有更多的男孩会感到十分疲倦，还有些男孩甚至觉得自己是个笨拙的学习者。

而当你明确了自己最喜欢的学习方法并运用它时，你学习的过程就像在顺风行走，风速加快了你行走的速度。运用你最喜欢的学习方法学习会提高你的脑力，使学习的过程变得非常轻松，效率也会大幅提高。

我们在实际学习中也有所体验，有些男孩喜欢独自一个人阅读，有些男孩则在群体中会学得更好；有些男孩喜欢坐在椅子上学习，有些男孩则喜欢躺在床上或坐在地板上学习。有些男孩喜欢在比较自由的情形下学习，他们不喜欢墨守成规，需要多一些自由选择的机会，如自己决定学什么、从哪儿开始学等。而另一些男孩则喜欢在按部就班的情形下学习，他们需要老师或家长告诉他们每一步该怎么做。

这些学习方法中，哪一个才是最好的呢？答案不是绝对的，只要是你最喜欢、最适应的，就是最好的。学习是个人行为，必须采取自己最喜欢的方法。

因此，我们在平时的学习中要善于利用自己最喜欢的方法进行学习，如果你喜欢看电影、电视，那就从影像资料中学习；你喜欢看报纸杂志，那就从阅读中学习。但必须牢记有一条：这种办法一定要和自己所学的课程有机地联系起来。

将学到的知识系统化

郭楠觉得自己很刻苦，每天都花很多时间去学习，每天还给自己规定了很多必须完成的作业和题目。但是，自己的成绩在学校里还是只能算是中等水平。他都觉得是不是因为自己比较笨，才成了这样子，苦苦思索也找不到其他的原因。他能保证学习时间，也能保证学习的时候不想别的事情，但是那些学到的知识就像是散在地上的珠子，今天捡了，明天再看的时候又忘记了多半。等半个月不复习，就基本跟新的知识没啥区别了。

郭楠开始寻找原因，还有不到一年就高考了，他希望自己可以做一匹能够在高考中杀出重围的黑马，考上自己心仪的学校。

首先考虑的是时间，每天早晨起来开始一天的学习，不管是什么科目，都有时间照顾到，每天按照自己规定的题目完成那些数学、物理和化学的计算题目，也安排了英语的练习时间。看着满满当当的时间表，郭楠觉得自己还是不错的学生，但是为什么成绩的变化不大呢？

他自己找不到原因，就求助班主任高老师。高老师知道郭楠是个爱学习的男孩，就不在学习时间上给他强调太多，于是师生二人开始研究郭楠的学习方法：原来，郭楠很注重作业的完成量，而不太在乎将学到的知识系统总结，以至于在分单元学习的时候，郭楠都能很快掌握。但是到了后面，很多单元的知识都混合在一起的时候，郭楠的问题就出现了。他不注重总结和复习，单纯的练习不能带来很好的复习效果，他不够注重对知识的系统整理，发现之间的联系和区别。这样在做题的时候就容易混淆概念，很容易出错。

郭楠听了老师的分析，也开始明白了，自己在以后的学习中，要注意系统化。或许这样，成绩就该有突飞猛进的变化了。

给男孩的悄悄话

有人说，智慧不是别的，而是一种组织起来的知识体系。这就是指系统化知识，而形成系统化知识正是复习的中心任务。

只有通过系统复习，才能使这些知识概括化，条理化，真正"串"起来，如同串珍珠般。

要想把学过的知识串成珍珠，必须通过系统的复习来完成，可以通过以下的步骤来完成：

1. 阅读

阅读就是围绕复习的中心课题，认真地看书、看笔记、做试卷等。通过阅读使掌握的知识迅速回到原来曾经达到过的水平，在阅读过程中，如果发现了不懂的问题要及时弄懂，发现没有记住的知识，要想办法记住。

在阅读时，要注意：要以课本为主，在阅读前，尽量采用尝试回忆的办法，先自己考考自己，看看独立掌握知识的情况，如果坚持把回忆和阅读结合起来，并坚持多思考，阅读时就会更加专心。另外，在阅读速度上可根据对知识掌握的实际水平来决定，凡是学得较好的部分，就可以很快地过一下；掌握得不太好的部分，则要多花点时间，并留下记号，以便在以后学习时提醒自己。除此之外，还可以通过记笔记的形式来巩固自己的思考成果，以作为下一步整理复习笔记的原始材料。

2. 整理

整理指整理出系统复习的笔记。

通过艰苦的思考，终于形成了完整而又系统的知识。应当十分珍惜这个学习成果，并及时用复习笔记的形式，把它记录下来，使这些思考的成果，可以长久地保存下来。

有了复习笔记，可以使学习保持连续性。再复习时，就可以迅速回到原来曾经达到过的最高水平，以最高水平为起点，可再进行更深一层地学习。这样，复习笔记变成了学习进程中的"里程碑"，从而保持了学习的连续性，避免学习时一次又一次地简单重复。

有了复习笔记，有助于实现知识由"繁而杂"向"少而精"的转化。不少学生经过一次一次的努力，终于把厚厚的一本书变成了薄薄的几页笔记，把一个复杂的专题变成一张系统表；把容易混淆的概念变成一张比较表；把不易记忆的内容改造为醒目的图示；把复杂的内容变成一张关系图；总之，把书上密密麻麻的文字描述变成各式各样的笔记形式，如果再使用彩色笔就更加醒目了。

有了复习笔记，时常拿出来看看，可以起到提纲挈领，强化记忆的作用、因为一看复习笔记，就能迅速抓住知识的全局。重点、难点以及内在联系，又由于是自己整理的，印象深刻，所以是一份极难得的"备忘录"。

有了整理复习笔记的愿望，复习起来就会更加专心。因为在掌握知识的基础上，还要进一步考虑怎样把已经形成的"知识之网"，用最形象、最简明、最醒目的方式表达出来，这种考虑本身就推动了复习时的思考，没有整理笔记的愿望，系统复习时就容易分心。

3. 练习

阅读和整理主要是为了解决知识的深入领会和巩固的问题，当知识系统化以后还该干什么呢？要做一定数量的习题，通过做习题去发现问题。然后再深入地读书钻研、加深领会，继而再做题，这个过程是可以不断深入进行的。不少男孩自认为复习得挺好，可是一做题，就知道自己的肤浅了，从而促进了对问题的钻研。

在系统复习时，适当做点习题，可以培养运用知识解决综合问题的能力。因此，每做好一道题之后，要注意回味一下，整理出解题的思路，逻辑关系和划分好题目的类型等，以便举一反三，提高解题效率。

当然，在练习后，还要认真地把自己曾做过的与专题有关的全部习题进行分类整理，这项工作在系统复习的后期进行为好，整理后再做有关习题，会感到容易得多。

4. 熟练

熟练指的是记忆，表达和解题要达到熟练的程度。这就需要按照记忆规律反复记忆，认真练习。对基本概念和原理，对典型的习题要力求达到精益求精的地步。

现在的重大考试，题量都比较大，如果知识掌握的不熟练，在考场上就往往完不成任务。因此，对自己要提出更高的要求，知识不仅要弄懂，还要牢记；不仅要牢记，还要会运用；不仅要会运用，还要能熟练地、高效率地解决问题。当然，根据学科的不同特点，对熟练也有不同的要求，不能一律简单地理解为背得熟，解题快。实验学科的动手操作，也要达到熟练的程度。

学会有趣的记忆法

明天就要历史考试了，老师今天才说，而且都不知道是考近现代还是古代史，那么多内容怎么准备啊？王晨看着一堆历史资料发愁，不知道该从哪里看起。

"应该先把朝代顺序理一下，夏、商、西周，然后，然后是……"王晨皱着眉苦思，"西周了应该是春秋战国，再就是秦朝、汉朝……"脑子又短路了，"烦死了，怎么就是记不住呢？"王晨烦躁地把课本扔到一边。

"哈哈，遇到什么麻烦了吗？""历史大王"刘刚看着王晨滑稽的表情忍不住笑着问。王晨抱怨道："明天就要考试了，这么多内容怎么记啊？历史老师也真是的，开始考试了才说！现在一紧张连朝代顺序都记不清了！"

"不就是记不住这些年代顺序吗，这有什么难的，我教你一个简单的办法。"刘刚轻松地说，"夏代商代与西周，春秋战国乱悠悠；秦汉三国晋统一，南朝北朝是对头；隋唐五代又十国，宋元明清帝王休。这样简单的几句话就把所有朝代理顺了，你试试。"

王晨读了一遍高兴地说："一句话押韵又简单，果然不错！还有其他可以用这种方法记忆的知识点吗？"刘刚笑答道："其实很多知识点都可以用这种方法记忆的，学习的时候觉得哪种方法有利于记忆就用哪种，你可以自己编顺口溜、诗歌。就像新文化运动的代表人，你就可以这样记：葫（胡适）芦（鲁迅）里（李大钊）盛（陈独秀）菜（蔡元培）——葫芦里盛菜，这样好玩又好记。"

"怪不得你成绩这么好，原来你有这么多好的学习方法啊，真厉害！"王晨向刘刚竖起了大拇指。

🚢 **给男孩的悄悄话**

很多人一提到背诵就两腿发抖，"记不住"成了男孩们学习时很难跨越的一个障碍。的确，面对着堆积如山的书本练习题就已经头脑发胀了，这时再去背诵和记忆，大概谁都没有心情了吧！何况，枯燥的课文，排着队的公式，那么多怎么记得下来？

想快速有效地记就更难能了！

其实，只要稍稍动动脑筋，这个大难题就可以解决了。比如，地理课就有很多"地理知识记忆法"：

1. 歌谣记忆

如中国沿海的 14 个开放港口城市，从北到南的顺序可记为：

大、秦、天、烟、青；连云、南、上、宁；温、福、广、湛、北。

分别代表大连、秦皇岛、天津、烟台、青岛；连云港、南通、上海、宁波；温州、福州、广州、湛江、北海。

2. 趣味记忆

地理知识都与学生的生活有紧密联系。如把《中国地理》的有关内容与旅游结合起来，有极大的兴趣。在《中国铁路》一节中，可用游戏来完成这一兴趣记忆。把每一组定为一个旅游团，完成一条旅游路线。

甲：我乘火车呼市发，要去北京天安门；

乙：北京站，我上车，去参观济南趵突泉；

丙：济南站，我出发，来到上海外滩上；

丁：上海站，我出发，要到杭州钱塘江；

在游戏中，自己选择去向，后边的同学跟着延续下去，做接力旅游。这种记忆形式我们可在闲暇时间随便玩，是一种良好的记忆方法。

3. 模仿记忆

地理知识中有许多内容要求具有丰富的想象力来认识地理事物的空间、时间。单靠想象理解和记忆较为困难。模仿后再记则容易得多。如《地球的运动》一节中，辅导学生做"三球运动"的演示。你可以与你的好朋友分别充当太阳、地球、月球做旋转运动，其他同学在旁观察、分析各球的运动轨迹与有关现象。在这个模仿中，"地球"要记住自己绕太阳转一圈用了 365 日 5 小时 48 分 46 秒，自己自转一圈即 360°，需时间 2 3 小时 56 分 4 秒，"月球"要记住自己绕地球一圈用 29 天半。这样，较为抽象的概念和枯燥的数字就会被清楚地 记下来。

4. 谐音记忆

将记忆内容编制成另一句与之发音相似的话来帮助记忆，其特点是将枯燥无味的内容变的诙谐幽默，记忆深刻。例如在记美洲的物产时，我们想象："中美洲各国都有咖啡馆，服务员一律是男士，都围着一条沙质地的领带，人们称他们'国、沙、哥'。"其实是记忆取了 3 个咖啡生产国家的名称谐音，即代表危地马拉、萨尔瓦多、哥斯达黎加。这样，就非常容易地记住了，又可以想象：中美洲有一种鸟，红红的嘴，每天吃香蕉，会学说话，像八哥鸟。人称"红、八、哥"。其实是洪都拉斯、巴拿马、哥斯达黎加是产香蕉国。

是不是觉得很有趣？事实证明，这样的记忆轻松而高效，而且不光是地理，其他功课也可以采取这些记忆方法。事实证明，如果能够掌握一套正确的记忆方法，就能够提高记忆力，使你轻轻松松地记住你想要记住的一切知识。所以，不要让记忆继续成为自己的烦恼，与其埋怨自己的记忆力差，不如认真地去总结一套记忆方法。

应对考试的诀窍

考试成绩究竟证明了什么

何东每天认真学习，认真完成作业，积极回答问题，在班里也算是活跃分子了，但是成绩总是排在中游的位置，他也希望自己能成为一个成绩优异的学生，但是每次发成绩单看着自己的排名稳定在中间的位置，何东有些沮丧了。

在初一的时候，自己的英语成绩不好，总成绩总是因为英语成绩而被拉下来，到了初二之后，他特别努力地学英语，就是希望自己的这块短板不要影响自己的成绩，为了学英语，他还让妈妈专门请了一个英语家教，每天补习功课。

英语成绩上来了，和初一入学的时候比起来，总成绩也提高了不少，但是大家都在努力，他的成绩排名依然没有变化，这让何东很苦恼：什么时候才能在成绩上有所突破呢？

他回家了之后和妈妈讨论这个问题，妈妈笑着问何东："儿子，你说考试成绩能证明什么？"

何东被妈妈问住了，考试成绩代表了自己的智商？代表了自己学习努力程度？代表了以后的成就？考试成绩证明了自己所学的知识吗？学到的东西有的是试卷上没有出现的。而有些试卷上出现的题目，他还没有掌握。而且，对于很重视考试成绩的何东来说，一到考试的时候就紧张，严重影响了他的水平发挥。这么说来，成绩中等的他好像也没有自己看起来的那么差。或许他能更优秀。想到这里，他坚定地点了点头。

给男孩的悄悄话

由于升学考试的压力，分数对学生来说，仍然是一道紧箍咒。偶尔的一次考试失误，或许你可以不放在心上，可是如果别人总是通过成绩来判定你的能力，是不是还会让你感到有些不开心呢？

事实上，考试成绩的确也只是在一定程度上证明我们的能力和素质，我们完全不必因为排名不理想而有压力，或过早地为自己下结论。

我们常常看到：一些在学校一直是优秀生的人，考试成绩始终保持在班级的前几名，可是在走上工作岗位以后，他们的表现就不尽如人意了。而许多原来排名靠后的同学却在工作中成长为一匹黑马。

经过统计，大家发现了一个奇怪的"第十名现象"，即长大后，在工作中有出色表现的，往往是那些从小学到中学在班上经常考第八名至第十五名的同学。由于一直处在第十名左右的位置，他们的学习压力相对较小，可以自由自在地、快乐地学习，还有时间参加课外活动。他们的学习更为自主，思维更加活跃。这些都使得他们的学习成为一种探索，变得更有深度和活力，学习力自然也更持久。

我们要相信自己的潜力。一次考得不好，只能说明现阶段的水平，实在不必因此而灰心丧气。在学习的过程中，掌握知识才是根本的、重要的，倘若所有的知识你真的都彻底弄明白了，那么即使没有考第一又有什么关系呢？

同时，如果你总是过分重视考试成绩，一味地把大好的时光放在如何对付考试上，那将来你会为你浪费的时间感到遗憾。如果你的学生时代真打算一直这样度过的话，很显然，每一次考试你的成绩可能都是第一，但你的创造能力无疑让人担忧。在一个仅以考试成绩来评价人的环境中，是难以培养出大师级的人物的。

人的一生虽然漫长，但紧要处常常只有几步。不仅学生时代，长大以后，你会发现，我们的生活中充满了各种各样的考试，不仅上高中、上大学要考试，出国留学要考试，公务员录用、求职应聘都需要考试。考试成绩虽然不是评判人才的唯一标准，但在大规模选拔人才时，却还是能够相对保证竞争的公平。

所以，在明白了考试成绩和能力的关系之后，我们应该努力使自己的成绩与能力之间尽快地画上等于号或是约等于号。

考前压力太大怎么办

任攀是初二（5）班的学习委员，他担任学习委员就是因为成绩好。但是任攀有个很严重的问题，他一到了考试的时候就很紧张。下周就要期末考试了。都说考场如同战场，考场上就是不见血的战争，不是你死就是我活。他总觉得自己复习的不够充分，不足以应对考场上的刀光剑影，每次到了考前都紧张的晚上睡不好，脑子里总是不断闪现那些白天复习的内容，如果哪段突然被卡住，就必须半夜里起来看书，直到记住为止。

这样的考试状态让他每次面对考试的时候都如临大敌，考场上也比别人紧张许多。经常因为考试期间拉肚子而不得不中途去厕所，学校的老师都知道这个情况，一般也会允许他去。考试结束之后，拉肚子的现象又会自动消失。

他为这件事很苦恼，决心在期末考试的时候克服这个习惯，他就主动到了学校的心理咨询室，去寻求心理老师的帮助，打开自己的心结。

心理老师给他讲了考试的作用和意义，并且教给他放松的方法，当老师说考试是为了查漏补缺的时候，他突然觉得这个作用跟自己想的差距很大，他每次都把考试当成一次你死我活的较量，把成绩和分数看得很重。看来，备考真不是备战，输赢也不在分数的高低上。

给男孩的悄悄话

都说迎考就是迎战，就连教室里也贴着"迎战高考"的警语。"考场如战场"本是让我们重视考试，而家长和老师们说者无意，我们却听者有心，在内心里形成了巨大的压力。

俗话说："井无压力不出油，人无压力轻飘飘。"但在考试中，压力过大只会被压倒，从此站不起来。

奇怪的是越是不把考试当一回事的同学，越能考出好成绩；越因为担心考不好寝食难安，到头来也往往就真的吃不到好果子。这到底是什么原因呢？

答案就在于，你是怎么看待考试的，心态决定成败。一场考试又要到来的时候，你是感到紧张、激动，还是像平常写道作业题一样完全不把它放在心上呢？

要是觉得紧张的话，那要想考出好的成绩还真的有点难度呢。你知道当我们面对一场考试时，好的心态是非常重要的。比方说，现在在你的班上有甲和乙两位同学，甲同学平时认真刻苦，考前也做了全面的准备；乙同学刻苦劲头明显不如甲，知识只能算是掌握了个大概，考前就翻翻书看了看重点。试卷发下来，乙同学知道自己学得不是最好，但基本的知识心里有数，于是他认真对待每一道题，完全处于放松的状态，脑子甚至转得比平时还要快，遇到不会的题就先跳过去，合理分配好时间。而甲同学呢，由于太紧张，大概扫一眼认为可能是不会做的题，他就停在了那里，着急得要命，心里又不停地埋怨自己，这样本来能想到的方法这时也想不起来了。考试结果，可想而知。

由此可见，我们在平时就注重做好对知识的掌握和积累的同时，让自己对考试有一个正确的认识真的非常重要，它决定你是轻松应对考试，还是要每天在书包里装一个沉重的十字架。

让我们想想看，学校为什么要组织考试呢？当然不是为了排名次，只不过是为了了解大家对知识的掌握情况，以便老师及时对授课方法和重点做出调整。如果有哪一个环节真的是你的弱项，那早一点让老师发现你的问题，有针对性地来帮助你解决，这不是一件好事吗？

假使尽力了而考得不好，你认为需要为自己感到难为情吗？如果你学习的目的真的是为了掌握知识，而非考一个好分数，相信你也不会有这样的想法。

分数是虚的，能力却是实实在在的，一场场的考试不但帮你检验和巩固了平时学习的成果，对你的心理素质也是一个很好的锤炼。知识点就是那些，老师的考题却可以出得千奇百怪。有时候你常常会觉得自己是白复习了一场，那些知识明明都懂了，怎么考试的时候就是想不到呢！其实问题就出在你的心理素质上。这需要更多场考试来磨炼。不要以为考试就是学生的事，会考试对你一生都有益。你想到那四年一届的奥运盛会吗？一场场的比赛比的不但是运动员的身体素质和动作技术，常常心理素质的优异决定了最后花落谁家。

考试，只是一种教育手段，无所谓好坏，主要看如何运用。考试的目的也很单纯，一是接受检验和自我检验，二是选拔人才的一个途径。

学生应付试卷这种考试，是人生道路上比较简单的一种考试；生活中的考试却要困难得多，也复杂得多。提高学生素质的办法，不能以削弱学生应付考试的能力为代价，更不能把问题归罪于考试。

了解了这些之后，怎么样，感觉轻松点吗？那么就请把考试当作是一个查缺补漏的途径，把那些讨厌的名次都从你的头脑里删除掉吧，那不是你最终的命运！只要你愿意，下一次你就可以做得更好！

轻松应考，掌握答题窍门

考场上只听见笔尖在纸面滑过时产生的"沙沙沙"的声音。所有人都在认真答着题，只不过每个人都不一样。

周思源是个十足的急性子，每次考试，只要卷子一发下来，他就着急地要在最短的时间内做完，然后第一个交试卷。所以他每次都急急忙忙的，像是要和时间赛跑。他的笔快得像要飞起来，他的脸涨得红红的，他的后背也一直挺得直直的，那幅模样像极了一只伸长脖子的大公鸡，仿佛要飞过去和人搏斗。

孙翔又是十足的慢性子。拿到试卷之后，他不慌不忙地将试卷前前后后地看了两遍，然后又慢慢腾腾地拿起笔。往往光是审题就要审上半天，别人都已经下笔了，他还呈思考状。即使遇到很简单的题目，他也要思考良久，像在酝酿什么。"反正时间多着呢，慢慢做。"抱着这样的心理，每次交卷的铃声响起时，大家看到的一定是他惊慌失色的表情，因为他的题目还有很多没做。

裴坤又是一个代表。裴坤的成绩一直很不错，但一到考试的时候他就很容易紧张，他经常攥着笔，一脸严肃，不是担心题目太难，自己做不出来，就是时间不够用，题目做不完，心神不宁的他经常连会做的题目也做错了。

状态最好的要数樊增河了，不管什么时候，大家见到的都是樊增河自信的样子，尤其是考场上。每次考试，不管试卷难易，他总是不慌不忙，一幅胸有成竹的样子。就算题量大些，他也能把时间安排得紧紧有条，最后全部完成。通常是考试结束了，大家长吁短叹地，只有他镇定自若，不时地还回答着同学们的问题，大家都喜欢找他对答案。

这让周思源、孙翔和裴坤都羡慕不已。

三人百思不得其解："为什么樊增河考试的时候能不慌不忙的，而且那么自信呢？"

樊增河知道后，告诉他们："因为答题也有窍门。"

知道后，三人决定像樊增河一样总结出答题窍门，然后四个好朋友一起分享。

给男孩的悄悄话

拿到考卷，并不是一个劲地做最后就可以取得高分，同样是成绩很好的人，但如果没有掌握一定的答题窍门，最后还是无法取得理想的成绩。所以，要想在考场上游刃有余，一定要掌握答题窍门。

1. 熟悉题型

平时可针对考试的题型来练习，不过即使遇到不熟悉的题型，也不要慌张，因为这些题并没有脱离你平常的学习范围，只是形式上发生了一些改变。

2. 心理放松

深呼吸放松自己并对自己说："相信自己一定行！"如果遇到难题也不要紧张，想着别人也可能做不出。

3. 安排好答题的时间和次序

答题时一定要看清题目，审清题意。如果题量较大，时间紧张，可以先答分值多的题目。在完成体题量的三分之一时，看看时间，控制速度。答题顺利的话也不要骄傲，要小心答题。

4. 遇到难题，多读几遍

选择题，如果不知道正确答案，就猜一个，千万不要留空白，填空题尤其如此。但切记考完试一定要弄清楚。

5. 发现明显的错误，就毫不犹豫地改正。

6. 检查时，重点检查开始没有把握的题目。

7. 一定要注意保持卷面的整洁美观。

实力是获取高分的基础，但技巧则是获取高分的关键。如能掌握一些解题的捷径，那么我们也就能轻轻松松考出好成绩。

人们常说"找到窍门"，考试也是如此，如能在考试中抓住答题的各种捷径，那么轻轻松松获得高分并不是一件很难的事。如果两个同学实力相当，那么在考试中某些解题技巧使用的好坏，往往会导致两人最后的成绩有很大的差距。对于一道题往往有许多种不同的解法，聪明人当然用最直接、最简单的一种。因此，我们在基本功扎实的基础上，应多掌握一些针对某些典型题型的特殊解题方法。

1. 选择题

选择题客观性最强，技巧也很多，除了正面进攻的直接选择法以外，还有其他一些事半功倍的方法：

（1）排除法。逆向进行，从选项入手，一边审题一边排除，一个一个地排除掉，直至得到正确选项，看似复杂的问题就会变得很简单。

（2）估值法。运用一些基本定义如定义域、值域或不等式的有关知识来确定一个足够小的范围，使四选项中只有一个在此范围内，那么正确答案就得到了。

（3）赋值法。在一些特殊形式的选择题中，给未知量赋一个适当的便于计算的值，来确定正确答案。

（4）图形法。就题中已知条件画出合适的图形，如数轴、集合、三角函数等图像，通过图像分析得出答案。

（5）归纳推理法。原理类似数学归纳法，但比其简单，依题目已知推理下去，找出规律，归纳出正确答案。

2. 简答题

回答简答题，一定要开门见山不转弯，简明扼要，直接入题。另外还要防止两大不良倾向：一是过于简略而显得不够完整；二是冗长。

3. 问答题

问答题是通过文字表达的形式全面深入地考查学生再认和再现历史知识、材料的处理和文字表达等多方面能力的题型，在这里试分析该题型的结构特点和构思技巧，以期对大家有所帮助。

（1）问答题的结构。一般来说，问答题包含四种构题成分：提示语、答项语、主干语（即指明答项内容对象的成分，它提示答案围绕的中心和落脚点）和限定语（限定解答内容或解答对象的时间、空间、角度、频率等成分）。

（2）问答题的构思技巧。要解答好问答题，必须掌握问答题的解题技巧，一般来说，历史问答题的答题技巧是通过解题过程的"三部曲"来体现的。

第一部：审题定位。审题是答好问答题的重要前提和先决条件。所以，审题定位强调一个"准"字。审准与课本知识的关系，诱发联想，启迪思维。

问答题的内容都依托课文，因此课本上有关的"蛛丝马迹"往往会是解题的重要依据。大家应尽可能地把题目与课本知识对照，找出内在的联系。

第二部：构思拟纲。一个较好的问答题答案，不仅取决于审题，还取决于构纲。因为问答题跨度大，内容多而杂，若只是想到哪儿答到哪儿，往往会造成层次不清，条理不明。构思拟纲虽花时间，但这一环节做好将对下一步的行文作答产生事半功倍的效果。构思拟纲强调一个"精"字，主要体现在：

对答案要精心设计，全面考虑。所需要的知识点和基本观点全部到位。在对答案要点进行精心设计和全盘考虑的同时，拟出提纲。

提纲要精练简洁。由于提纲只供自己答题时参考对照，因此不用写得很详细，只要能体现答案的内容要点和层次结构就可以了，要精练简洁。

第三部：行文作答。再扎实的基本功，再高超的能力，再精妙的构思，也要通过行文才能表现出来。行文作答时要做到语言准确，逻辑严谨。此外，在文字表述的形式上，要做到"三化"，即序号化、要点化、段落化。

对于问答题的解题技巧，需要强调一点的是："问答题的解答，虽有方法，但无定法，贵在得法。"同时，你要坚持具体问题具体分析的原则，对不同类型的问答题，应结合上述解题技巧采取不同的解法。

考试答题顺序不要"按部就班"，应根据自己对考试内容的掌握程度和各试题的配分情况来决定。同时疲劳因素也应考虑进去，譬如要写几篇短文，并要完成一系列多项选择题的情况，那么你至少应该先写一两篇短文，再转向多项选择题部分，然后继续写其他短文。因为适当转换一下节奏能够调整你的思维，更有助于考试的发挥。

另外，答题时应遵循先易后难、先小后大、先熟后生的顺序答题。这样能避免花过多时间在解难题上，到最后反而没时间做有把握的题目。先做有把握的题后，心情就逐渐稳定下来，智力活动也恢复了常态，这时再做难题就容易成功。而且做的小题越多，拿到的分数也就越多，心里就越有底，自信心也就大大增强，更有利于做余下的难题。

不过对于成绩优秀，反应灵敏，但常因粗心犯错的男孩来说，则适宜先做中等难度的题目。

考试容易发挥失常怎么办

还有一个星期就考试了，和其他同学一样，李焕也进入了紧急的复习状态。可是随着日子一天天地逼近，李焕的心里像装了只小耗子，他开始变得心神不安，紧张烦躁。回到家，妈妈只不过问了一句平平常常的问题：今天学习怎么样？也立即惹得他满肚子的不高兴，还朝着妈妈大喊大叫，发完脾气就钻进屋里了，吃饭时间也不出来。坐在书桌前，无论怎么努力，平时很容易记下的内容忽然也像和他玩起了捉迷藏的游戏，怎么记也记不住。第二天，在上学的路上，同学大声地叫他，他半天才反应过来。

临考前两天，李焕甚至做起了噩梦，梦里不是题目一个也不会做，就是题目还没做到一半，时间就到了，有时还会出现老师和同学的嘲笑的面孔，还有爸爸妈妈失望的样子。李焕觉得自己快受不了了，他觉得自己像是发烧了，头晕晕的，走起路来像是踩在棉花上。

还剩最后一天，李焕忽然冒出了一个念头：离家出走！他徘徊在学校的那条路上，如果不是同桌过来拉着他一起进学校，说不定，那天他真要逃学了。

考试的日子终于来了！还没进考场，李焕就浑身冒汗。坐到了座位上，他发现他的手心全是汗。

"这些题不是以前全做过吗？我怎么一下子忘了做法？"拿到试卷后，李焕越来越慌张，他拼命地想让自己镇定下来，可他握着笔的手却越来越抖。看到周围的同学那么认真地做题，李焕的信心一下子全没了。

几门功课终于坚持考下来了，李焕像虚脱了一样。

成绩结果出来了，本来在全班成绩占前十名的李焕这次考试一下次滑倒了二十几名。只有李焕清楚这是为什么。

给男孩的悄悄话

很多人平时成绩很好，可一旦考试成绩出来，却让很多人大跌眼镜，这在很大程度上是因为考试时紧张造成的。考试更需要一个良好的心态，如果能保持一颗平常心，以一种积极、从容、冷静的态度来应考，又何必担心无法获得好成绩呢？因此考前要做到以下几点：

1. 考前放松

考试前一天让自己轻松愉快地休息一天，以缓解因复习而一直紧张的神经，睡个好觉，这样第二天上考场时才能精神饱满、思维敏捷。

2. 考前学会摆脱压力，确立信心

不要总想自己会不会失败，失败后又如何，这样只会越来越担心，不妨想想自己的优势，对自己说："我相信自己！"把自己的身心调整到最佳状态。

3. 对考试保持一颗平常心

告诉自己："要保持正常，正常发挥。"

4. 注重生活的规律性和丰富性

不能因为考试就打乱自己平时的生活，生活仍然要有条有理、有张有弛。让丰富多彩的生活来缓解自己的紧张、焦虑心理。

5.考试间隙应有正确的态度

考完一科后觉得考得好也不要骄傲自满，考得不好也不要悲观泄气，应抓紧时间休息大脑，消除疲劳，做好下一学科的物质和精神准备，使自己始终保持最佳的精神状态。

除此之外，考试前还要学会心理按摩。对于考试来说，成绩的好坏与考试心理有直接的关系，送你一套考试前的心理按摩术，从不同的角度，为你的心理按摩，帮你放松，为你解决好考试心理紧张的各种问题。

1.饮食法

多吃如草莓、洋葱头、柑橘等富含维生素C的食物，有直接减轻心理压力的作用。

2.活动法

适当运动，在学习间隙多做一些活动，通过娱乐的方式来舒缓一下自己紧张的神经。

3.转移法

不要总想考试的事情，可以想一首歌，想念一个远方的亲人，转移一下自己的注意力。

4.睡觉法

充足的睡眠，能保证精力充沛、心理的宁静。可以闭上眼睛，想象有一只可爱的猫咪，在阳光下舒展四肢，懒洋洋地躺在草地上……

5.自信法

鼓励自己，这个阶段确实努力了，考试一定会发挥出"平常功"！每天早上和睡觉前，都对自己微笑。对自己说"我真棒"！

6.深呼吸法

进入考场后，如果觉得紧张，就长长地吸一口气，把肚腹鼓起来，再缓缓地呼出去，你会觉得心跳不那么快了，身体很舒服。

7.听音乐法

听一听平常最喜欢的音乐，告诉自己，这其实和平时没有什么不同的。

不同学科有不同的学习方法

初三新增了化学课，丁宁也像以前一样认真地听课，认真地做笔记，期中考试的时候，丁宁的化学成绩特别不好。他想不明白自己每天很认真地学化学了，为什么成绩却不如那些看起来不如他认真的同学。

他拿着化学试卷去找化学老师分析，化学老师仔细地看了他的试卷，然后问他："你是怎么复习的呀？"

丁宁低着头，以为是老师在训斥他，不好意思地搓着手，但是不说话。

化学老师看出了丁宁的心思："你能主动来找我，说明你很想学好化学，我看着你成绩不太高，就想问问你复习的方式是不是不对。没有别的意思。"

听了老师的劝慰，丁宁说："我就像复习历史、政治一样，每天把化学那些知识点背诵一遍，然后考试的时候发现，我背的那些跟考题都没有多大关系。"

化学老师笑着说："对呀，你已经找到你没考好的原因啦。学化学和学政治、历史的学习方法不一样。考察的内容也不一样，除了记忆，我们要更多地把握和理解所学的内容，还要从练习题里找到需要掌握的知识点，这样化学才能学的好呀。"

告别了化学老师，丁宁明白了，原来不同的学科有不同的考试要求和学习方法，看来自己把那套记忆的本领生搬硬套到所有的科目里去是行不通的。

给男孩的悄悄话

每个科目都有各自不同的特点，在考试时，我们应根据不同的科目，采取不同的答题策略。考试时，要纠正对不同的科目采取千篇一律的答题方式的坏习惯。

要想在考试中取得好成绩，扎实的基础知识、熟练的基本技能和在长年累月的刻苦钻研中培养起来的能力是最基本的要求，同时，临场发挥的好坏也对成绩的高低起着至关重要的作用。每科根据不同的特点都会有一些答题应考的小技巧，有了这些小建议，男孩们就可以临场不慌，并能在紧张的考试中有效提高成绩。

1. 语文——答题技巧主要在作文上

"精彩题目一半文"，标题最重要，起个漂亮的标题，能把阅卷老师吸引，印象分会较高。另外，作文本身要有内涵。

考试作文应该不会脱离人与人、人与自然、人与社会的关系这 3 个大方向，考生写文章时一定要写得贴近生活，凭空想象、脱离实际的作文得不了高分。

2. 数学——计算题、证明题要把步骤写全

计算题、证明题要尽量把步骤写全，这样容易得分。比如，求直线和平面所成的角，一般步骤是先在图上画出这个角，然后证明这是直线和平面所成的角，最后再进行计算，跳过中间任何一步都会扣分。另外，后面的大题一般第一问较简单，应先把第一问做完，如第 2 或第 3 问较难，也不要空白，尽量把可以求到的相关数据写上去，或许可以得分。

3. 英语——改错题中要正确标注符号

改错题中，插入、删除等符号必须按照规范来标注。如插入符号"∧"应该标在

右下角，不能标在右上角。

同时，答案也要书写规范，否则不能给分。书面表达书写要清楚，常用词千万不能写错，语法错误要尽量少出。如果学生基本功较差，尽量用简单句写，用自己最有把握的句子，书写尽量少涂改，有时间最好打草稿。

4. 历史——材料题以材料中的有效信息为主

答题要结合所学知识联系教材，文字要简练完整，回答问题时要看相关材料，看分数回答要点。另外还要注意题目提出的要求，如让你"依据材料"，就是说这个题目答案可从材料中提取，同时要结合课本中的观点或者看法。对于主观题，考生要在落笔前稍做思考，把最重要的写在前面，次要的写在后面，自己都拿不定的放在最后。

5. 政治——答主观题先要进行理论概括

理论概括后要紧扣题意对理论进行阐述，重要理论在前，有关的理论点到为止。试卷所用的原理一般不会重复，有时会有交叉，考生如觉得两个题所用理论相同，应考虑一下自己思路是否正确。有些题目给的材料中有几句话，中间用分号隔开，这可能是一种信号，一句话就可能是一个答题要点。考生答题要简明扼要，语言要有时代气息，如可巧妙运用"执政为民""和谐社会"等词。

6. 生物——填空要看清题目不能答非所问

主观题分填空和简答两部分。填空时要看清题目，如有的学生会把"微生物代谢调节的特点"写成"调节的方法"。另外，概念书写注意准确规范，有的考生多写了反而被扣了分。另外要少写错别字，有学生把显色反映中呈现出的"砖红色"写成"红色"就不能得分；一些化学试剂名称写错也不能得分。简答题要用书面规范的语言。表述现象时候要描述出现象背后的原理，这样更容易得分。

7. 物理——计算题要注重计算过程

选择题少选会给相应分数，但多选不给分，因此考生实在没把握时

对某一选项可干脆放弃，只选能确认的，这样较保险。主观题主要是计算题和实验题。计算题要把原始表达式用准确符号书写出来，要写明代入数据的过程，最好将整个思维过程书写出来。如计算最后答案正确，但没有过程，此题不给分；如有计算过程，答案不正确，也能相应得分。因此做计算题既要注意结果，更要注重计算过程。实验题步骤应该写完整，尽量少涂改。

8. 地理——对地图的考查始终是重点

对地图的考查始终是重点，试卷中读图分析题量重，考生审图后应选中相关内容，结合书本再根据自己理解答题，地理术语要运用准确。考试中要特别注意题目的要求。比如，双选题每题3分，只选一个答案，如正确得1分；选两个答案，若其

中一个错误，该题不得分。

9. 化学——方程式一定要写准确

实验设计方案或设计表述等，要把现象、依据、结论等都写明。有机物结构解释经常容易出错，扣分较多，因此在书写时尤其要注意，如纵向化学键应与相连的碳原子、氧原子对齐；而横向原子团表达也有要求。另外，计算题中书写化学方程式时，应注意化学式下标数字一定要写正确。

在考试过程中，要根据不同的科目，采取不同的策略，相信这样一定会对成绩的提高有很大帮助。

每一次考试结束，你对的成绩的估计会有所偏差吗？如果这次考试失利，你会怎样分析考试中的失误，不要为分数而苦恼，重要的是要学会对症下药。

可以仔细分析一下自己是基础知识上存在巨大的缺陷，还是应试技巧上出现了一定的问题，都不必焦虑，因为对于我们无止境的学习来说，我们也存在无止境的考试。

可以总结一个错题集，考卷中的试题都是高度浓缩的试题。一道试题，可以开发出许许多多的知识点，可以借此机会，重新回归书本，查漏补缺，顺便复习一下整个章节的知识内容。重新整理出一个知识结构，如此一来，你的基础知识网络才会更加详备，不会轻易被攻破了。

其次，如果是你缺乏应试技巧，出现紧张等情况 ，可以在日常生活中，多做几套模拟题，也要模仿考试中的时间、定量、定时完成题目，多检测自己。

每一次检测，如同每一次考试 ，每一次失利，都留给你一次宝贵的经验。不要为成绩难过后，将试卷丢弃，弃之不理，要学会对症下药，再回首一次，就多一次检验，多一次成熟。

将考过的试题辑录成册

考前复习的时候，大家都在拿着课本背知识点的时候，肖明每次都拿着他那个厚厚的本子在看，他复习的时候很少拿着课本或者其他的复习资料或者习题，每次考前都拿着那个本看。每次考试成绩发布，肖明的成绩都是最好的。因此班上的同学都说肖明有魔法笔记。如果看了他的魔法笔记，就能得到好成绩。

有些同学禁不住好奇，去问肖明，那个本子里到底藏着什么样的秘密。肖明大方地和大家分享他的魔法笔记。原来本子上都是密密麻麻的单词，英语的常用句型，还有语文的成语、古诗，数学的公式和题目，还有好多好多题目和解法。大家不知道这个本子上的题目和那些笔记到底是干什么用的。

肖明解释说，这个是错题本，每次我都把做错的题目改正后收集到这个本子里，那些可以做对的题目就没有必要看了，这样每次考前我就把那些我做错了的题目拿出来复习，等到考试的时候就不用害怕再犯同样的错误了。

大家恍然大悟，原来，魔法笔记里都是那些容易犯错的地方，掌握了这些易错的知识点，再加上那些本来就掌握的很牢固的知识，肖明的成绩当然好了。

给男孩的悄悄话

只要把平时的考试卷子汇编成册，平时多加温习。那么，温故而知新，你会收获到想不到的学习效果。

因为考试中出错的题目你当然会留意，可是那些掌握得不是很牢固的知识点，可能考试的时候，也会"蒙混过关"，甚至考试完在总结的时候，那一部分的知识也常常会被你忽略掉，所以有必要把老师精心出的题目汇编成册，有时间就拿到手头常常翻一翻，哪怕针对考试中答对的题目，你也要多加留意，因为很多重要的内容，你掌握的深度往往是不够的，你以为你会了，其实很有可能理解的依然很肤浅。所以我们建议，不要轻视考试中的任何一道题目，常看常思，重在温习，一道题目，可以从不同的角度来思考。

当你把这本智慧小册子研究通透后，可以模仿每一份试题，自己再出一份模拟题，考一考自己，当你自己会出题目考察自己学过的知识是否牢固的时候，相信你已经掌握了战胜考试的武器，可以从容不迫面对下一次的考试了。基本上，你就再也不必担心不了解考试的概念和考试规则，也就避免了在规定的时间里答不完题，或者考试紧张了。

只要一个细心的行为，可以改变你的学习状态和考试成绩，所以一定记得做一本智慧小册子，还要记住多加温习啊。而且，翻一翻你的试卷，你会在不经意中发现自己的成绩越来越好了，高分也越来越多了啊！

应试有技巧

立军学习用功，平时知识掌握得很扎实，奇怪的是考试不出好成绩，每次总因为各种理由发挥失常。

立军学习很用心，他绝不会让自己"在同一个地方摔倒两次"，只要自己做错过的题目，他总能认真思考，请教老师同学直到弄懂为止，并且把错题都记录在"纠错本"上，平时经常翻看。

他还有课前认真预习，课后复习的习惯，这些行为让他的知识掌握的更扎实。临近考试时，复习的力度也加强了，不断地翻看课本，做更多的习题。

尽管立军很努力，可他的成绩总和预期的有差距，考不出理想的分数。

立军知道自己总是发挥失常，一想到考试，心里就很紧张。考试的前夕，为了保证正常发挥，立军会更卖力的学习，晚上开夜车，不断研究自己没有掌握好的知识。考试前一晚经常失眠。

坐在考场里，老担心自己会发挥不好，神情紧张。

为争取时间，立军拿到试卷后，就开始埋头答题。前面答得顺还好，要是遇到自己不确定的，就不停地钻研那道题，心里着急后面的题目又不甘心放弃眼前的难题。常常是前面的题目没有答出来，还影响了后面答题的速度和质量。每次匆匆答完题都来不及检查就交卷。

一次次考试失利，对立军形成不小的打击，他不明白为什么自己这么努力，却没有得到该有的回报。

老师也纳闷，以立军平时对知识的掌握程度看，考试成绩不应该是这样的。于是找立军了解了情况。

"你现在主要的问题就是惧怕考试，一考试就紧张，总担心自己考不好。学会放松心态，以你平时对知识的掌握考试前不需要加班加点，这样只会让你更紧张。"老师耐心的开导立军，"考试发挥失常主要是因为你答题不科学，你只要科学答题，成绩就会上来了，慢慢就不用紧张了。"

"其实，应试是有技巧的，掌握这些技巧会帮助你取得更好成绩……"

现在立军终于知道自己的问题出在哪了。

🚢 给男孩的悄悄话

下面为青春期男孩介绍一些应试技巧，以供参考：

1. 建立"错题记录本"

一些学生失分的关键，往往只是几个类型上的差错。每次将自己做错的题记下来，反复钻研，下一次再犯错的可能性就小了。久而久之，自己的弱项便可以克服了。

2. 多做模拟试题

多做模拟试题的目的意在模拟考试，并通过此种办法提高临考的适应能力。

往往有这种情况，自己感到已掌握的知识，在模拟考试中又出了问题，这反映了所掌握的知识是不扎实的，是经不住略加变化的考验的。所以通过模拟考试，可以发现已认为掌握而实际上还没有完全、扎实地掌握某种知识的缺乏，从而有针对性地予以解决。

每套模拟考题都有一定的难度，往往能大致反映这门考试科目的重点。因此通过模拟考试，可以检验和巩固复习的成果。

由于标准试题的题型都有相对的稳定性，因此可通过模拟考试，熟悉考试的题型。通过把所复习的内容按试题类型归类，以提高复习的针对性和应考的适应能力。

3. 考前复习

下面提供几位北大高分考生的备考经验：

（1）考生甲：考前我给自己考了三轮试，主要按照高考的时间。答得不理想的立即找书看看。睡前还可以看一些散文小品等，帮助找语感写作文。

（2）考生乙：不做难题，主要注意各学科基础知识。但也要保持适当的题量，比如各科每天起码做一套单选题。适当看一些新闻也有助于写作文，比如一个高考作文满分的考生，就因为考试的前一天晚上看了关于"诺曼底登陆"的专题节目，适当运用到作文中。

（3）考生丙：特别注意看基础的东西，包括各科的基本知识点，比如语文的默写等，注意纠正一些错字别字；作文方面就反复看自己之前归纳的例子。

（4）考生丁：在考前就不再做新的，特别是难而偏的题。只找一些简单，自己非常顺手的题来做，这样有利于考试前信心的建立。文科复习方面，应该回到书本中去，复习最基础的知识点，或者只是随意地翻一下书。

4. 心理放松

考前充足的睡眠、愉快的心情是必不可少的。加班加点，强攻难关，往往适得其反。多参加体育活动，多听音乐，多吃蔬菜水果、多与朋友、师长聊开心的话题，都能为自己创造一个宽松的环境。

5. 科学答题

（1）浏览。拿到试卷后，不要急于动手答题，先要浏览一下所有试题，粗略地观察、判断试题的难易程度和分值，大体制定一个答题的"战略战术"。这样有利于合理安排时间，掌握答题难度。

（2）审题。解答每一道题之前都要逐字逐句审清题意，明确要求，不要一看就答，随想随写，随写随改。答题力求简明扼要，条理清楚，答其所问，字迹不要潦草。

（3）草稿。解题需打草稿时，要从左到右、从上到下按照顺序逐题地写在纸上，这样做便于检查，节省时间，草稿切忌东写一下，西画一下，认为无所谓。

（4）搁题。有些题目如果一时做不出来可先搁在一处，要抢时间先做会做的题和得分点高的题，待会做的题和得分点高的题都做完后，再回过头来考虑原来不会做的题。

（5）卷面。有些题目觉得答案字数较多，但试卷上留的答题空地不够用时，应有计划地把字写得小一点、密一点，不要到最后写不完了，在试卷上乱安排，乱勾画，搞得卷面不整洁，从而影响得分。

（6）复查。复查是考试过程中的一个重要环节，有时宁可少做一个没有把握的题，也要挤出时间来把做完的题目再复查一遍。

合理利用时间

做善于利用时间的人

苏豪每天要乘坐14路车去学校，每次他的手里都拿着一本单词书。从家到学校的路上，他总是在学英语，有时候遇见了同学，同学跟他打招呼的时候，他会不好意思地收起自己的单词书。

除了等公交车这段时间，他别的时候也挺注意运用零散的时间，他每天放学会在家里给爸妈做饭，做饭的时候，他就打开电脑，播放英语听力的对话，或者语文的古诗朗诵。他一边做饭，一边跟着录音朗读。每天都跟读那么一段，时间久了无论是他的英语朗诵水平，还是汉语的古诗和散文朗诵，都是别的同学非常羡慕的。

他就是利用这些零散的时间安排自己喜欢的朗诵练习的，学校的课程安排得很紧，在学校根本没有专门的时间去做这些事情，苏豪就会用这些零散的时间来学习自己喜欢的东西。

结果也不难猜，他的成绩很好，最突出的是语文和英语成绩。他用零散的时间学习，日积月累，成绩就比别人好了很多。

每天都是24小时，我们必须吃饭，睡觉，然后剩下的时间里，除了必须做的事情需要占用的时间，我们可以安排的就只有这些零散的时间了，而苏豪很好地利用了这些零散时间。

给男孩的悄悄话

生命是以时间为单位的，时间就是生命。学习是要用时间来完成的，浪费自己的时间等于慢性自杀。只有利用好自己身边的零散时间，才能不断地超越自我，实现学习上的飞跃。

哈佛心理学教授，美国发展心理学家杰罗姆·凯根说过："时间是在分秒之中积成的，善于利用每一分钟的人，才会做出更大的成绩。"

争取时间、善于利用时间才是我们高效学习的保证。所谓零碎时间，主要是说学习的间歇、用餐时间、上学或放学路上的时间等等。在零碎时间里，基本上无法完成什么重要的事情。但我们如果将这些零散时间白白地浪费掉，那将是十分可惜的，而如果我们将零散的时间合理地运用到学习上，就可以节约很多学习的时间。

我们节约了时间，也就是延长了我们学习的生命，也就能掌握更多的知识。

在学习阶段，大部分的时间是在课堂和自习中度过的，能自由支配的时间很少，在这种情况下，更应学会利用零散时间。

比如，从家到学校10分钟的路程，记住一个英语单词绰绰有余。更重要的还不是背会了英语单词，而是养成了节约时间的良好习惯。只有懂得珍惜零散时间的人，才会真正珍惜大段时间。浪费时间跟浪费钱财一样，都是从小数目开始的。

善于利用零散时间的人，可用的时间就比别人多。除了"挤"时间，还要善于节省时间，比如一天当中，一定要办最重要的事情；用大部分时间去处理最难、影响最大的事等等。"挤"时间与省时间的另一个方法是科学利用业余时间。

我们可以将自己每天的活动时间都详细地记录下来，从中发现哪些是被浪费掉的零散时间，然后选择适合的学习活动来配合。假设你每天都要坐半小时的公车去上学，就可以在路上进行英语听力练习，日积月累，英语听力肯定会大有长进。或者，每天在你上学或放学走路的时间里，背两三个英语单词、一首小诗或一个公式，一学期下来，你也会为自己的收获而惊讶。

另外，利用零散时间的时候，要有一种积极的心态，不要心想"只有5分钟，什么也做不成"，而要告诉自己"还有5分钟，要充分利用它"。

不浪费一分一秒

袁弘涛同学是个每一方面都很优秀的同学，他学习成绩名列前茅，他是学校学生会的主席，他是班级合唱的指挥，他参加演讲比赛也有出色的表现，他是学校运动会长跑比赛的第三名。总之，他是个优秀的学生，很多人都希望自己能像袁同学一样优秀。

袁弘涛的秘密在于，他能够合理安排自己的时间。他在每一分钟里都很投入的做事情，而且每一分钟都不肯浪费。

每天上课的时间是固定的，他很认真地听讲，争取当堂消化老师讲授的内容，不在课堂之外消耗太多的复习时间。课余活动的时间也是固定的，在每次课外活动的时候，他都非常认真地参与到活动中去，尽量在有限的时间里掌握更多的内容，这样就不用回家了之后专门练习了。他从小学就坚持跑步，从不间断，虽然有时候看见别人玩，自己也想过放弃，但是到了锻炼的时间段，他还是坚持了下来。这样，课外活动、课堂学习、学校的活动他一项都没有被落下。

袁弘涛同学合理安排了每一分钟，并且积极利用这些时间不断地积累知识，提升能力，这就是他优秀的秘密。

给男孩的悄悄话

学习是一个积累的过程，也是一个利用时间的过程，善于利用身边的每一分钟，我们的学习也会在不知不觉中得到提高。

关于时间，著名作家伏尔泰在其小说中有这样一段经典话语："最长的莫过于时间，因为它无穷无尽；最短的也莫过于时间，因为瞬间即逝；在等待的人看来，时间是最慢的；在玩乐的人看来，时间是最快的；它可以无穷地扩展，也可以无限地分割；当时谁都不加重视，过后都表示惋惜；没有它，什么事都做不成。"

在一次哈佛校友访谈中，北京大学的张俊妮博士、联合国开发计划署的李劲和来自美国、现任职于某国际咨询公司的叶文斌三位哈佛校友，谈到了他们在哈佛大学学习、生活的体验和感受。

在紧张的课业之外，他们的课余生活也相当丰富。张俊妮"把时间分成一段一段的"，学习之外，郊游、滑雪，打保龄球，还组织论坛，跟人聊天，看电影，看话剧，参加"北桥诗社"；李劲则到附近学校去做志愿者，教海地难民的孩子们数学课，留下了"在其他地方难以获得的体验"；叶文斌读本科的时候，一天是"四分之一上课，四分之一自习，四分之一课外活动，四分之一睡觉"，他参加了很多和音乐有关的活动。看来哈佛人全都是合理利用时间的好手。

时间一去不复返，如果想让有限的生命富有意义，那么就充分地利用好每一分钟的时间吧！只要我们善于用脑去想，一切时间都可以利用来学习。利用好我们的每一分钟时间，我们的学习效率将会大为提高，我们也不会再为学习时间不够而苦恼。

为自己做个时间规划

何腾现在在制作自己的时间安排表，他现在感受到了规划时间的益处，他现在经常跟大家说规划时间就能节省时间。

何腾从进入中学以后一直觉得自己不能适应中学的学习节奏。小学里那些知识是非常浅显的，而且科目也不多，每天完成了老师规定的作业之后就剩下大把的时间归自己支配了，每天生活得都很轻松。但是到了中学之后一下子多了很多科目，而且每科都经常搞测验，还有其他大大小小的考试不断。每天都被这些课程和作业弄得焦头烂额，他实在没办法了。就像自己上大学的邻居哥哥请教学习方法。

邻居家的哥哥告诉他，上了中学之后，跟小学不一样，要学会自己规划自己的时间，这样就能自己有主动权，不会被作业和突然的作业或者考试牵着鼻子走。

按照邻居家哥哥指导的方法，何腾先把自己每天必须做的事情列在了一张表格上。每天上课的时间是不能改变的，但是课间的时间，中午的时间，下午放学后的时间都可以自己支配。他就在这些灵活安排的时间段上根据自己的学习特点排上了不同的学习科目，比如中午的时候很容易犯困，就拿些需要边写边看的资料，这样一边思考一边动手效率会很高。晚上坐公交车回家的路上成了他背课文的主要时间段。

经过一番安排和规划，他每天都把自己要做的事情安排好了。

 给男孩的悄悄话

进入中学阶段以后，学习一下子变得繁重起来。

首先是作业变多了，除了各科老师课堂布置的不少作业，还要应付平时大大小小的考试，还有那么多越帮越忙的课辅书，还有家庭教师布置的课外习题等。很多人每天忙得焦头烂额，却还有不少重要的事情被遗漏掉，这都是不懂合理安排时间的缘故。

时间很公平，每天给每个人的都是 24 个小时。但同样是 24 个小时，不同的人会有不同的效率，甚至差别很大。比如有的男孩善于科学安排自己的学习时间，学习、娱乐、休息安排得井井有条不说，学习效果也很好；而有的男孩整天忙作一团，因为学习影响了休息不说，学习效率也不高。

怎么样才能科学合理地安排时间呢？

凡事预则立，不预则废，最重要的一点是首先要给自己定一份时间表，也就是学习计划表，在表上填上那些非花不可的时间，如吃饭、睡觉、上课、娱乐等。安排这些时间之后，选定合适的、固定的时间用于学习，还要留出足够的时间来完成正常的阅读和课后作业。值得注意的是，学习不应该占据作息时间表上全部的空闲时间，而要适当安排一些休息和娱乐，比如收看精彩的电视节目的时间、锻炼身体的时间等。一些心理学家的研究结果表明：智力相同的两个学生有无学习计划，直接影响他们的学习效果。计划性差是学习成绩不理想的主要原因。

时间表的拟定要根据自己的习惯和特点。比如有的男孩习惯早睡早起，早晨背东西记得牢，理解力也好，这样晚上的睡觉时间就要适当提前，以保证充足的休息。反之，则可以适当晚睡晚起。

同时，时间集中使用不如分散使用效果好，尤其是前后内容连贯性不强的功课，如记英语单词，与其花 40 分钟集中强记，不如在睡觉前和起床后各花 20 分钟记，后者效果肯定好于前者。还要考虑内容相近的学科尽可能不要连续学，这样会加速大脑疲劳，影响学习效果。

为了能提高学习效率，一定要注重半小时或一小时就活动一下。要提高单位时间的利用率，有效的办法就是专心致志地学习，三心二意地学半天，还不如集中注意力学习一个小时。学就要认认真真地学，玩就要痛痛快快地玩。劳逸结合，才能学有所得，收到好的效果。有的男孩从清晨学到深夜，连课间也不出教室，埋头苦学，勤奋固然是勤奋，但打的是疲劳战，大脑得不到休息，总是昏昏沉沉，最终是无效劳动，还有可能拖垮自己的身体。

其实，除了这些规规整整坐下来学习的时间之外，我们还有大把的空闲时间可以拿来利用。如上学路上、等车的时候、饭前饭后等，我们不妨用这些点滴的时间记一两个单词，看一段阅读，坚持下来效果也不错。

最忌浪费时间。我们要牢牢记住今天的事今天完成，不要总安慰自己明天一定完成，养成拖拉的习惯。

合理安排好时间，就等于预约到了成功。时间就像海绵里的水，挤挤总会有的，让我们逐步克服浪费时间的坏习惯，科学合理地让一分钟的时间产生出两分钟的效率。

有时候，你会不会有一种无力感，想要做的事又没有完成，许许多多的安排让你手忙脚乱，没有时间去从从容容地做一件事情呢？那时候，你是不是好想当一个时间大富翁，拥有好多好多的时间呢。

想一想，有一天在梦中醒来发现自己拥有了好多好多的时间，真正成为一个时间大富翁呢？

再不用和担心作业做不完，有的安排没有完成了。这样的感觉是不是很棒。如果你想要在生活中，你首先要有的是紧迫感，为了让自己产生紧迫感，你可以把小时感觉成分钟。半小时换成三十分钟，学习起来会有争分夺秒的感觉。

心理学家说，用分钟来计算时间的人比用小时来计算时间的人，时间多出 59 倍。

平常就养成限定时间来学习的习惯，你能赢得比别人多 59 倍的时间，你就是个时间大富翁。

时间对每个人都是平等的，换个时间观念，你就能多做好多事情。养成限时做事的好习惯，你就不会在考试时担心时间不够，做不完题了。

你洗脸、刷牙、吃早饭的时候就可以打开录音机听外语，坐公交车的时候也可以掏出要记忆的材料来背诵，甚至一边做功课一边还可以开洗衣机把自己的衣服洗干净，一边扫地一边就可以活动肩膀和腰腿……

计划一下你要做所有事情的时间顺序和时间长短，列出主次大小、严格按照计划行事，计划一次完成的事情一定要完成，不要拖延。

在时间有限的情况下，记得分清主次，先解决最主要的困难，再完成其他任务，这样时间就可以被最大化地利用。

根据生物钟安排学习计划

班里开了一场主题班会：珍惜时间。开完班会之后，大家纷纷表示自己要珍惜时间。葛龙飞也是这么想的，他觉得自己以前不够珍惜时间。为了有所行动表示，他决定每天提前一小时起床学英语。以前他是 6：50 起床，然后洗漱，吃饭，骑单车到学校刚好赶上上课。现在他下定决心要珍惜时间，要提前一小时起床。

第一天，他 5：50 起来，然后开始朗读英语，一个小时下来，很有成就感，上课的时候虽然有些困，但是他安慰自己是还不适应早起一个小时。

第二天，他照样 5：50 起床，朗读英语。等到上午上课的时候实在有些困，就趴在桌子上小睡了一会。被数学老师发现了，老师点名要他回答问题，他却睡眼惺忪。

第三天，他觉得自己起床也变得很困难，眼皮很重，虽然坚持着起床了，但是一点精神也没有。

坚持了一周，他越来越没精神，他决定还是放弃自己的早起计划。回归到自己正常的生活里去。后来听了老师讲关于生物钟的事情他才明白，原来每个人都有自己的生物钟，自己的早起行为打乱了自己体内的生物钟，这才使得自己不仅没有珍惜时间，而且越来越困倦。

看来，要想珍惜时间也要掌握自己的时间节奏呀。

给男孩的悄悄话

在适当的时机做适合的事情，这就是所谓的"掌握时间节奏"，这也是很多成功人士高效学习和工作的秘密武器。

只要留心，你会发现，在我们日常的工作和生活中，除了每天能力状态的规律性波动之外，还有较长时间段里的生理规律：生理节奏。通过生理节奏管理，我们可以解读体内的"生物钟"，了解其规律，通过主动调整，使自己的能力与其自然波动相适应。

在低点周期和临界日，我们养精蓄锐，放松休息，多做重复性工作，回避不愿见的人和令人头疼的问题。与此相反，在高点周期则要大干一番！这时候适宜做出决定，重新部署工作，贯彻自己的意图。管理好自己的生理节奏，可以让我们更好地掌握自己的时间和身体，享受更轻松、更简单的工作和生活。那么，究竟什么是"生理节奏"呢？下面的小例子会让你明白。

洛克睁开了眼睛，才不过清晨五点钟，他便已精神饱满，充满干劲。另一方面，他的太太却把被子拉高，将面孔埋在枕头底下。

洛克说："过去 15 年来，我们俩几乎没有同时起床过。"

像洛克夫妇这样的情况，并不少见。

事实上，我们的身体像个时钟那样复杂地操作，而且每个人的运转速度也像时钟那样彼此略有不同。洛克是个上午型的人，而他的太太则要到入夜后才精神最好。

很久以来，行为学家一直认为导致这种差别的原因是个人的怪癖或早年养成的习惯。直到 20 世纪 50 年代后期，医生兼生物学家霍尔堡提出了一项称为"时间生物学"的理论，此一见解才受到挑战。霍尔堡医生在哈佛大学实验室中发现某些血细胞的数目并非整天一样，视它们从体内抽出的时间不同而定，但这些变化是可以预测的。细胞的数目会在一天中的某个时间比较高，而在 12 小时之后则比较低。他还发现心脏新陈代谢率和体温等也有同样的规律。

霍尔堡解释说，我们体内的各个系统并非永远稳定而无变化地操作，而是有一个大约周期，有时会加速，有时会减慢。我们每天只有一段有限的时间是处于效率的巅峰状态。霍尔堡把这些身体节奏称为"生理节奏"。

生理节奏和我们生活的方方面面都密切相关：健康、事业、家庭生活、社会活动、闲暇时间和运动等，它的应用可以说是无限的。日本和美国的许多企业利用生理节奏原理，短时间内就把事故率减少了 30%、50%，甚至接近 60%。

根据自身的生理节奏来调节好自己的时间节奏，我们就可以更好掌控和利用自己的时间。

试想一下，如果我们在晚上 10 点睡觉、早上 5 点起床，我们的睡眠时间仍然是 7 个小时；而一般人如果在午夜 12 点入睡，早上 7 点起床，他们的睡眠时间也同样是 7 个小时而已。所以我们在这里提倡早睡早起，只是非常有策略性地将休息和工作的时间对调了一下，将晚上 10 点至午夜 12 点这段本是用来看电视、看报纸、娱乐、应酬的时间用于睡眠，而早上 5 ~ 8 点这段本应用于睡眠的时间，则用来做一些更重要的事情。

目前，生理节奏理论已经成为人们追求简单生活、提高效率的好帮手。我们同样可以利用生理节奏规律来帮助自己更好地规划我们的学习。但在此之前，我们首先需要知道如何去辨认它们。霍尔堡和他的同事们已研究出以下这套方法，可以帮助你测定自己的身体规律：

早上起床之后 1 小时，量一量你的体温，然后每隔 4 小时再量一次，最后一次量度时间尽量安排在靠近上床时间。一天结束时，你应该得到 5 个体温度数。

每个人的变化不同而结果亦异。你的体温在什么时候开始升高？在什么时候到达最高点？什么时候降至最低点？你一旦熟悉了自己的规律，便可以利用时间学的技术来增进健康和提高学习效率。

对于青春期男孩而言，读书和学习最好是在体温正向上升的时候去做。大多数人体温上升时间是在早上8点或9点，相比之下，阅读和思考则在下午2点至4点进行比较适宜，一般人的体温在这段时间会开始下降。

在适宜的时间做适宜的事

智胜杰每天都花很多时间在学习上，但是他觉得自己的学习效率好像并不高。每天都会觉得很疲惫，但是感觉自己收获很少。不像有的同学，看样子好像不像他这样每天都用那么多时间学习，但是成绩也好，而且知识掌握的确实比他牢固。

他在寻找自己的问题。首先，学习方法是没有问题的，他对自己每个科目的学习方法是非常自信的。他唯一困惑的是，自己每次学习都会觉得很累，而且效率很低下。一个偶然的机会，他在一本杂志上看到了一个关于学习时间和人体生物规律的文章，他觉得大受启发。应该在合适的时间安排适合的科目才能收到效果。

于是，他重新安排了自己的学习时间和规划，他在早晨固定的时间朗读英语、背诵课文、单词，也背诵那些语文要求背诵的课文。上午的时候，他觉得自己精神很好，就拿出那些数学和物理的题目演算，比以前在下午昏昏欲睡的时候做题的效率要高很多。等到下午犯困的时候就总结知识点，系统复习。晚上会拿出一部分时间做练习，然后其他时间都用来巩固白天学到的知识。

这样复习下来，成绩提高了很多，他觉得自己也不像以前那么疲惫了。

给男孩的悄悄话

一个人一天究竟在什么时间学习效率最高，这就是我们要掌握的学习时间的最佳点。在学习的过程中，尽量根据个人的生理特点找出可以让自己达到最高效率的最佳学习时间点，这样才能有助于达到最佳的学习效果。

哈佛著名心理学家威廉·詹姆斯的研究认为，如果在某个固定时间内一直坚持进行学习，那么，每当在那段时间进行学习时，大脑的相关部位就会不由自主地兴奋起来，进而取得更好的学习效果。其实大部分人的生活习惯都是相似的，一般是晚上十一二点就寝，早晨六七点起床。然而一天之中，一定会有精神特别好与精神特别差的时段，同样用功一小时，如果精神充足，效果当然好；倘若精神萎靡不振，学习效率自然降低。经常保持旺盛的精力，学习起来当然称心如意，但一天当中最佳的学习时间点因人而异，我们必须依照自己的生物钟，尽量安排最佳的时间、地点来进行学习。

一般人的休息时间约从晚上六七点开始，如果你长久以来都先吃饭、洗澡，然后再开始学习、记忆，结果却一直觉得这段时间的学习效果不好，建议你不妨回家后先睡觉，待到半夜再开始学习。

你可以尽量多方面地尝试，将不同的时段混合运用，如晚饭后把今天学习过的内容趁印象还清晰时回忆一遍，然后在八九点左右上床睡觉，凌晨三四点再起床复习一下。

我们可以在每天早上固定的时间和地点背诵英语词汇，时间一长，次数多了，便可大幅增强我们的记忆效果，学习状态也会自然而然被激发。这就好比每到吃饭时间，人的唾液和胃液会自然而然分泌得多，此刻人们会觉得有些饥饿，有进食的欲望。所以最好每天选择在自己最佳的学习时间点进行学习，并尽量保证准时完成，这样至少可以保持学习的积极性与高效性。

在学习过程中，当你感到疲劳的时候，就是从"学习的最佳点"开始转折的时候，这种信号告诉你应当立即变换花样去做另一件事，使大脑得到休息，使时间利用效率不至于低落。

确定个人学习的最佳时间点，经过长期合理地使用，便可以形成习惯的节奏和规律。一日之中几点钟做什么，接下来做什么，有条不紊，时间长了便自成一种用时规律。在这规律的时间中，头脑最清醒的时间无疑要用来背诵、记忆、创造；其他时间则用来阅读、浏览、整理资料、观察、实验。合理地安排时间，一定会大幅度提高你的学习效率。

生理学家研究认为，一天之内有四个学习的高效期，如果你使用得当，就可以轻松自如地掌握、消化、巩固知识。

清晨起床后，大脑经过一夜的休息，消除了前一天的疲劳，脑神经处于活动状态，没有新的记忆干扰，此刻认知、记忆印象都会很清晰，学习一些难记忆而必须记忆的东西，较为适宜，如语言、定律、事件等的记忆和储存。有时即使强记不住，大声念上几遍，记熟的可能性强于其他时候，这是第一个记忆高潮。

上午八点至十点是第二个学习高效期，体内肾上腺等激素分泌旺盛，精力充沛，大脑具有严谨而周密的思考能力、认知能力和处理能力，此刻是攻克难题的大好时机，应当把握战机，充分利用大脑兴奋来攻关。

第三个学习高效期是下午六点至八点，这是用脑的最佳时刻，不少人利用这段时间来回顾、复习全天学过的东西，加深印象，分门别类，归纳整理。这也是整理笔记的黄金时机。

入睡前一小时是学习与记忆的第四个高潮期，利用这段时间来加深印象，特别对一些难以记忆的东西加以复习，则不易遗忘。

充分利用假期时间

刘驰放假了，他期待了很久的暑假终于到来了。刚放假的头两天，每天中午才起床，起来就看电视，一副无所事事的样子。这样的生活刚刚过了两天，他就有些厌倦了。他觉得自己应该制定一个计划，不能虚度光阴。毕竟开学之后他就该进毕业班了，听说毕业班的复习是很紧张的。他觉得自己也有必要先预习一下课程，然后补习一下自己最弱的英语。

刘驰的暑期计划出炉了。他每天下午都去国画班学画画，这是去年就想好的，他喜欢画画，喜欢在白纸上泼洒墨汁的感觉。他的上午时间分给了学习，学习英语和预习其他课程交替进行。晚上的时间当然是自由安排了。或者陪老妈老爸去散步，或者自己和伙伴们一起玩。

这样一个暑假下来，他的国画水平有了显著的提高，对英语也更自信了，更重要的是熟悉了下一年的课程之后，他觉得自己的学习压力好像没有那么大了。这样的状态他非常喜欢。

等到开学大家互相交流暑假做的事情，他发现大家真的把假期看的比学期还重要，很多同学参加了社会实践，也有人跟他一样参加了兴趣班，培养自己的爱好，更多的人选择了补习自己比较弱势的科目。

🚢 给男孩的悄悄话

假期是一笔可贵的时间财富，如果得以充分利用，这会让我们过得更加充实、更加有意义。要改掉不善于充分利用假期时间，在假期里放任自流的坏习惯。

学生都有寒假、暑假两个假期，时间比较长，因此，安排好假期的学习，是不让自己掉队，让自己升位的最好办法。

由于假期前学生经过紧张的期末复习考试，已经很累了，假期中许多男孩存在着一种自发产生的放松要求，甚至有一定的厌学情绪。考试一结束，就有一种千斤重担一时卸的轻松感觉，不愿再读书，或者有"且待明日"的思想，这是正常的心理反应。但如果让这种思想不断滋长，就会使得整个假期都被浪费掉。

有的男孩说："磨刀不误砍柴工。"假期好好玩，养精蓄锐，待开学再努力吧。这是一种典型的等待思想。我们应坚决予以纠正。

当然，假期的安排也很有讲究。假期的安排不应该像课余或双休日的安排，更不宜把课排得紧紧的，应讲究安排的技巧，它的安排原则是既玩好，也学好。

从内容上，假期不仅要安排教材的学习，还应安排一定的社会实践活动，争取能把"玩"和社会实践结合起来，做到有目的地玩，在玩中了解自然、了解社会，在玩中读好社会这本无字天书。

在时间安排上，一般放假后就可立即进行社会实践的活动，让紧张的头脑松弛一下，做到"一张一弛，文武之道"，这是有必要的。至于到什么地方去实践，则应该根据自己的情况认真考虑。

当然，假期最重要的是自学，为此，要把时间安排好，排个时间安排表，照时间表有计划地学，不要凭兴趣，这本书翻翻，那本书翻翻，结果什么也没学到。

另外，假期间的学习要注意四个问题。

1. 要提高

假期自由时间多了，我们的学习应在原来的基础上有所提高。对那些原来没有学好的或似懂非懂的知识，要专题攻坚，注意那些要跳起来才能摘到的"桃子"，也就是我们通常说的要靠能力才能解决的问题。为此，应该找一本复习资料，学学练练，特别要注意人家解题时的思路，学会思维，这是能力培养的基础。

2. 要把原来学过的知识系统化

一般来说，期末结束前，各科都告一个段落，这就为我们把学过的知识系统化提供了条件。办法是在认真研究教材的基础上，先理出各科各章节的知识点，再找出它们的联系，从而形成一个知识网络图，把这理好的知识网络在我们的头脑中反复思考，斟酌改进，最终成为我们的认知结构。这就使我们在今后的学习中能够比较容易调出需要的知识，不易卡壳，还可使联想通道通畅，便于记忆。

3. 要查缺补漏

利用假期对自己基础薄弱的学科进行"假期恶补"是个好办法。一位安徽省高考文科状元介绍过他的学习经验，他原来数学成绩并不太好，报考了文科。但他知道文科也要考数学，结果利用高二的一个寒假进行了"假期恶补"，一个假期做了六七百道数学题，数学从"最忧"变为不怕，从薄弱变为坚实，最后变为"最优"。结果，高考时数学分上去了，当上了状元。

4. 要预习

假期间，新书未到，不妨向高年级的同学把教材借来先预习。预习时，首先浏览粗读，有个大概了解，然后通过自学先认真学习几章，达到一定水平，通常达到会做教材上的习题即可，那么待新学期开始，你的学习就主动了。

总之，假期时间是宝贵的，我们要根据自己的特点，根据生理、心理的规律，安排好时间，安排好假期，充分利用好假期，不要让假期在我们的放任自流中白白浪费掉。任何计划都是"死"的，是条条框框，在特殊情况下，可以根据实际情况灵活机动地调整，这样既能合理安排假期时间，也能锻炼优良的意志品质。另外，假期计划要制订在经过努力确实可以实现的水平上。因为过高难以实现，便会使自己感到不安，产生自卑感；过低，则阻碍自己正常水平的发挥。

勤思考，让头脑更灵巧

思考让学习其乐无穷

物理课，对于一些同学来说是枯燥的可怕的科目，而对于另一些同学来说却是趣味横生的课程，在这门课上，他们会体验到无穷的乐趣，赵向飞无疑就属于后者。他是个爱思考的孩子，因此一些看似平常的习题和教学内容，都能让向飞挖出新的东西来。物理课就像是一场寻宝活动，每次都带给他和同学们新的惊喜。

我们都习惯了按照老师讲的内容记下那些知识，然后照猫画虎地去做实验，并且理所当然地认为那就是正确的，就是自然而然的。也正因为如此，我们的学习很辛苦，也很无趣，不过是重复的机械记忆，没有什么乐趣和新鲜感可言。但是向飞就不这样，他每次学到新东西时都会问一个为什么，自己去思考这个结论得出的具体情境，有时候还自己制作小实验去验证或者推翻书上的结论。

记得一次实验课，他得出的实验结果和书上的完全相反，于是他就去找物理老师理论，物理老师也被他的探索和思考打动了，两人一起做实验，反复实验，最后发现，书上的结论真是相反的。于是在老师的帮助下，他还给出版社写信，要求更正错误呢，很快便收到出版社的回复，果然是印刷错了。为此，老师表扬他，还给他颁发了奖状。

就是因为思考，向飞才能不被课本上的知识所累，并且在挖掘知识来源的时候体验到了自己的主动性，还开拓了思路。因为思考，他的学习之路趣味横生，他的物理课更像是自己的实验课。这样，他反而从来不做笔记，死记那些条条框框的知识点。

不仅是物理课，向飞在别的课上也注意思考问题，而不是单纯地去背诵，记忆那些知识，历史课上，他就经常提出自己的问题来刁难老师，有时候老师都会被问得哑口无言，但是老师们都在课后表扬这个爱思考的男生，只有这样的学生，才不会觉得学习是负担。

给男孩的悄悄话

美国著名学者彭威廉说："真正的知识更多地来自思考，而不是书本，在学习的过程中应该用'脑'学习，而不是用'眼睛'学习。"用眼睛学习的知识在脑中依然是知识，知识是会过时的、被遗忘的。而用脑学习则通过思索将其化成了方法、智慧，并培养了自己的主见与独立思考能力，成了人生命中的一部分，这是一个人真正的能力。

向飞成绩优异，可以说是因为其善于用脑思考，敢于创造性地学习。

善于用脑思考既是一种能力、品质，又是一种习惯。要具备这种能力，首先要养成良好的思维习惯，进行创造性的学习。而对知识保持旺盛的求知欲又是养成良好的思维习惯、进行创造性学习的前提，没有强烈的求知欲，你自然就不会去开动自己的大脑。同样是一本书、一节课，如果你对它感到厌烦或无所谓，你便会觉得自己的大脑是麻木的、烦躁的，这时就谈不上热情，更谈不上用大脑思考，创造性地学习了。反之，如果你能充分地激起自己的求知欲，觉得里面充满有趣的知识，觉得当你掌握了它们，会高兴、自豪，那你的大脑就会始终处于兴奋而活跃的状态，而不是人们常说的木头疙瘩了。

一个善于用脑思考的人，他的学习绝不会毫无目标、枯燥乏味，因为思考是为了以后更好地学习，为了在下一步学习时，能取得更大的进步。

如果你有幸能走入著名的哈佛大学的课堂，会看到这样一幅场景：有的学生不好好地坐在椅子上，而是躺在地毯上，头枕书包，一边听课，一边喝着饮料，你千万别惊讶，因为其他的学生，甚至教授本人，都没觉得这有什么不妥。这种自由和个性，正是哈佛传统所提倡和维护的。一个让所有学生按一个标准的动作坐着上课的学校，肯定也会让所有的学生按一种标准的方式进行"思考"，这就是哈佛提倡的自由思考。

学会独立思考

新来的班主任总是在班会上要求大家要注意独立思考，以前的老师没怎么强调过这件事情，独立思考是什么呢？同学们都觉得有些迷茫。

但是，李阳很喜欢这个新来的班主任，他认为这样的老师才能培养出真正的好学生，光能记住那些公式、概念，即使考试的时候考出了高的分数，也基本上没有什么用途。我们学习如果只是为了分数，那么生活将多么无聊呀。

李阳能这么想，是因为他在平时的学习中非常注意自己的独立思考，不管是同学的见解，还是老师的看法，甚至教科书上的结论，他都要经过自己的思考才肯去相信。

很小的时候，大人们就夸奖李阳是个聪明、爱动脑筋的孩子，他也以此为荣，很多时候，一些看起来非常司空见惯的小事，即使父母告诉了他正确的答案，他也很注意自己的主动性，注意独立思考事情本身，所以小小年纪的李阳经常会语惊四座。

现在高中的课程也开始普及素质教育，课程的课题并没有固定的答案，很多时候都要通过自己的探索去寻找，而且答案也变得丰富多彩起来，光是靠课堂上记忆那些大家总结出来的结论显然是不够的。一些同学对这么学习方式还无所适从，但李阳已经很好地适应了这种学习方式。

他在学习方面显示出了巨大的优势，有的同学也会问他学习的经验，他一般都会告诉大家，主要是独立思考，不能轻易相信别人给你的现成答案，这样就自然而然找到很多事情的真相。越是独立思考，就越能发现事物的本质，看起来也会变得更加聪明。

原来是这么回事，以后的课堂上，出现了更多的像李阳一样爱独立思考的同学，于是在课堂上看见百家争鸣的繁荣场景，他们班的课堂也比那些老师一提问题学生就都低头的班级活跃得多。这样，同学们在学习中把握了主动性，也就在学习中投入得更多，没有人觉得上学很苦、很累了。

给男孩的悄悄话

"学而不思则罔。"思考是学习的灵魂。李阳的故事让我们看到，在学习中，知识固然重要，但更重要的是驾驭知识的头脑。

你是不是经常听到老师、家长对你说"你要学会独立思考"？他们这么注重独立思考，是因为只有独立思考了，你才会有自己的想法，长大后才能成为一个独立的人，否则你就得一辈子依靠别人，那样的生活你会觉得有意思吗？

开动脑筋，世界会更加精彩。善于独立思考能够帮助我们更好地获取成功。伟大的物理学家爱因斯坦说："学会独立思考和独立判断比获得知识更重要。不下决心培养思考习惯的人，便失去了生活的最大乐趣。"

要知道，思考好比播种，行动好比果实，播种越勤，收获越丰。一个善于独立思考的人，才能品尝到金秋的琼浆玉液，享受丰收的喜悦。

世界首富比尔·盖茨从小显露出的最大特点就是不停地思考。对外界的一切，他常常置若罔闻，甚至整日躲在他的卧室里不出来。当母亲问他在干什么的时候，比尔·盖茨总是说："我正在思考！"有时他还责问家人："难道你们从不思考吗？"比尔·盖茨的头脑似乎时刻都在高速地运转。直到现在，微软公司还流传着这样一种说法："和大多数人谈话就像从喷泉中饮水，而和盖茨谈话却像从救火的水龙头中饮水，让人根本应付不过来，他会提出无穷无尽的问题。"

比尔·盖茨之所以能够取得今天的辉煌成就，与他从小养成的善于独立思考的良好习惯是密不可分的，这种思考习惯使比尔·盖茨大受其益。由此可见，培养独立思考的习惯会使我们受益终身的。

我们在考试时面对试卷中的问题，不可能向任何人请教，只能独立思考。所以要想让自己取得好成绩，就必须在平时培养独立思考问题的习惯。

培养独立思考的习惯，你可以从以下两方面着手：

1.用自己的话讲知识。经常用自己的话，把一段时期学到的知识讲出来，可以讲给父母或小伙伴听，讲得越通俗越简单越好。把课本的话变成自己的话，需要一个独立思考的过程，长期坚持下来，你就会养成独立思考的习惯。

2.经常对各种题型整理归纳。我们可以在做了一定量题目的基础上，对题型分类整理，概括出每种题型的解题技巧和注意事项。通过这种独立的思考，以后再见到类似题型，就能够按部就班得出正确答案。

如果你不善于独立思考，那将对你各方面能力的培养产生极大影响，你就不能有效地运用各方面的能力，去独立地分析解决问题，特别是遇到新问题的时候。说得具体一些，许多男孩在解题时不会独立处理问题，不是由于题目做得少，而是平时缺乏独立思考的能力和习惯。如果你平时对每个问题都能独立地进行分析思考，遇到问题自然会去钻研，并且能把问题处理好。

此外，要培养独立思考的能力，还要给自己一个独立思考的空间。

1. 创造一个思考的氛围

我们应该拥有自己的世界和空间，和同学、朋友们一起开动大脑，共同思考，形成互动，创造共同努力、共同进步的氛围。

2. 学会独立思考

要养成凡事自己思考、自己判断的好习惯，不要一遇到事情就，直接问父母：我该怎么办？我该怎么做？而要学会问自己：我要怎么办？我能怎么做？

3. 学会创造性地思考

要有意识地养成追根究底的习惯，凡事都要问个为什么。同时要自己努力寻找答案，不要光是坐着等待别人来告诉你答案。要学会不断地探索谜底，钻研问题。不会思考的人将一无所获，而善于思考的人才会享受到丰收的喜悦。我们要学会不断地给自己提出问题，认真地思考问题，独立地解决问题，这样我们才能使自己接近成功的殿堂，走向优秀。

在培养独立思考、独立解决问题能力的过程中，你要学会借鉴别人的方法、经验，找出其中的差异点，思考自己的不足。不要盲目照搬别人的经验，要学会质疑，不但要敢问，还要学会怎么问、问什么。

科学用脑效率高

程文京过完暑假就要念高三了，他的数学成绩不够好，为了防止数学成绩成为自己的短板，他开始疯狂地补习数学，每天从早晨到晚上，在数学习题的题海里浸泡着，他希望自己的题海战术能给自己的未来一些帮助，开始的时候还算可以，每天做题，总结，然后觉得蛮有成就感的，但是持续了一个星期之后，他觉得自己的脑子里昏昏沉沉的，满满的都是数学的公式和那些希腊字母，他觉得自己没法看下去了，这样心浮气躁地做题还容易出错，面对着厚厚的参考书，一点思路也没有。

他很沮丧，觉得自己的补习宣告失败，那么剩下的一年究竟该怎么办呀？如果数学成了短板，高考失利就是不言自明的事情。他很苦恼，但是一时也找不到解决的方法，就拿起了本英语字典随手的翻来翻去，也没记住几个单词，但是，做了好几个小时的数学题，这么一看英语，还觉得英语这个科目对自己来说还是挺有新鲜感的，于是开始看英语的课本和资料，这么大概看了一个小时后，他觉得自己不想看书了，就去楼下帮老妈买菜，等去楼下溜达了一圈，觉得自己这么荒废时光还是有些不忍心，就又坐到了书桌前。

奇怪的是，这次看着那些繁乱的数学题目，突然觉得不那么心浮气躁了，仔细去看那些题目的时候，发现解题思路原来就藏在题目隐含的条件里，自己上午一上午费劲半天，居然没有看到。

于是，文京就重新修订了自己的学习计划，每天交替着复习自己要复习的内容，把文科和理科的复习内容交叉开，记忆和运算的内容也交互在一起，这样他的复习效果比先前好了许多，他也不再和自己打时间消耗战，而是学会了合理安排学习时间，每学习一个小单元，就休息十几分钟，这样安排时间后，他自己觉得自己的收获要比先前大了许多，而且这样也比以前轻松了许多。以前每天把自己搞的辛苦不堪而且没有效率。

🚢 给男孩的悄悄话

现代神经科学家认为，人脑潜能很大，一般人只是用了其中的少部分能量，还有相当大的潜能没有被开发利用。因此，只要科学用脑，就能不断开发脑力，充分发挥大脑在学习和实践中的作用，提高效率。科学用脑，就是要按照大脑神经活动的特点和规律办事，对开发智力，对于我们增强记忆力具有重要意义。

脑和人体的其他器官一样，遵循"用进废退"的原则。只要合理使用，不仅不会把大脑用坏，而且会越用越灵活，越用越出智慧。美国科学家富兰克林说："懒惰像锈一样，比操劳更能消耗身体，经常用的钥匙总是闪闪发光的"。英国神经生理学家科斯塞利斯和米勒通过脑电波的研究发现，随着年龄的增长，脑电波的波形会发生变化，会出现老化波型。然而从事非脑力劳动的人比从事脑力劳动的人出现老化波形更早。他们的结论是，人们的大脑受训练越少衰老越快，勤于用脑可以延缓大脑的老化速度。

另外，要准确把握用脑的最佳时间。科学用脑就是要掌握大脑的活动规律，在大脑的最佳活动时间用脑。这样人们的学习和工作效率就会大大提高。所谓用脑的最佳时间，是指一个人精力充沛、脑细胞处于高度兴奋状态的时间段。人们的生理节律不是统一的，各自的最佳用脑时间不尽相同，有的人上午大脑活动特别有效，学习、工作精力充沛，有的人则在其他时间工作效率更高。

注意科学掌握用脑的最佳时间，并不是说只在最佳时间用脑，而是说在组织各种活动时，要不失最佳用脑时机，依据大脑一天记忆的最佳时间合理安排不同类型的活动。比如：在日常学习和工作中，把复杂的脑力劳动如理论学习、高深知识的记忆和创造性活动尽量安排在最佳记忆时间段来进行，而把一般性、重复性或体力劳动安排在大脑的非最佳记忆时间来进行。

心理学家认为，记忆是一个过程，并且当你记忆的时候，实际上就是你把保存在大脑中零零碎碎的信息进行重建。科学家证实，以下几种方法可以帮助你的大脑得到合理的使用：

1. 大脑喜欢色彩，颜色能帮助记忆。

2. 大脑集中精力最多只有25分钟，所以学习20到30分钟后就应该休息10分钟。

3. 大脑需要休息，才能学得快，记得牢。如果你感到很累，就要先休息。

4. 大脑像发动机，它需要燃料。英国一项新研究显示，饮食结构影响你的智商。

5. 大脑需要水。专家建议，日常生活要多喝水，保持身体必需的水分，而且一天最好不要饮用相同的饮料，可以交换着喝矿泉水、果汁和咖啡等。另外，研究资料显示，经常性头痛和脱水有关。

6. 当你在学习或读书过程中提出问题的时候，大脑会自动搜索答案，从而提高你的学习效率。从这个角度说，一个好的问题胜过一个答案。

7. 大脑和身体有它们各自的节奏周期。一天中大脑思维最敏捷的时间有几段，如果你能在大脑功能最活跃的时候学习，就能节省很多时间，会取得很好的学习效果。

8. 如果身体很懒散，大脑就会认为你正在做的事情一点都不重要，大脑也就不会重视你所做的事情。所以在学习的时候，你应该端坐、身体稍微前倾，让大脑保持警觉。

9. 气味影响大脑。香料对保持头脑清醒有一定功效。薄荷、柠檬和桂皮都值得一试。

10. 大脑需要氧气。经常到户外走走，运动运动身体。

11. 尽量在一个宽敞的地方学习，这对你的大脑有好处。

12. 接受了安排外部环境的训练后，大脑学会了组织内部知道的技巧，你的记忆力会更好。

13. 当你受到压力时，体内就会产生皮质醇，它会杀死海马状突起里的脑细胞，而这种大脑侧面脑室壁上的隆起物在处理长期和短期记忆上起主要作用。因此，压力影响记忆。最好的方法就是锻炼。

14. 大脑并不知道你不能做哪些事情，所以需要你告诉它。用自言自语的方式对大脑说话，但是不要提供消极信息，用积极的话代替它。

总之，要提高大脑的活动效率，就要遵循大脑活动规律。既要积极地使用大脑，又要科学地保护大脑，做到事业和大脑的发展相得益彰。

在学习中加点儿创造性

思然是个爱学习的学生，但是他的学习和别人的学习不太一样，他的成绩中等，历史、政治之类的科目经常让他头大，他总是把那些年代和发生的大事乱搭线，为此，在历史课上经常引起同学们的哄堂大笑，但思然也不是一无是处。他的学习很有自己的特点。

遇见了新的问题和新的知识点的时候，思然特别爱比较，也爱总结，数学课经常是他的舞台。学到立体几何那一段的时候，很多学生都在为画辅助线头大，因为面对那一个个奇形怪状的立体状图形，每走一步，都可能影响自己的解题思路，有时候一个辅助线画好了，这道题就是柳暗花明，直接能找到问题的答案，有的辅助线画上了之后，整个图形就会陷入一片混乱，跟着图形混乱的还有解题思路，很可能是繁复的计算过程外加自己都没有勇气再做下去的沮丧和气馁。

思然则很喜欢这样的模棱两可的图形，他每次做几何题目的时候，都要根据自己学到的知识和图形进行对比，将复杂的图形拆分成几个简单图形，这样，经过拆分之后，不仅看起来更加的清晰，而且可以帮助他理清思路，迅速地找到问题的答案，有时候也会遇见难题，那么他就会重新回到原点，再从原点开始寻找解题思路，这样的过程循环往复，久而久之他就学会了这样富有创造性的学习方式，他的数学能力也得到了锻炼和提高。

在学校举办的数学知识大赛中，他结识了很多跟他一样的同学，他们在相互交流的时候发现，他们在学习的时候不仅注重记忆，而更多的是要理解知识，并且去追溯知识的源泉，甚至相似知识点的联系和区别，虽然看起来这样比较辛苦，但是这样进行学习，一旦掌握的知识就会成为牢固的知识基础，有助于新知识的触类旁通。

思然决定，以后在文科知识的学习方面也采用这样富有创造性的学习，只有这样才能达到成功吧。

大赛里，他见识了同学们的本领，当然还包括他们之所以成功的秘诀——创造性学习。

给男孩的悄悄话

创新犹如新鲜的血液，赋予人活力，促使文明不断地进步，几乎每一个科学家的身上都凝聚着创新力，他们故事告诉我们，要不断创新，敢于质疑一切，正是这种创造性学习引导他们一步步攀登科学的高峰。

儿童时代的创造性是自发幼稚的，自发幼稚的创造性是不会长久的。事实上一般人的创造性如电光火石，瞬息即逝。而科学家一旦被激起好奇心理，它所点燃的思维火焰，不到问题彻底解决是不会熄灭的。因此，要想学有成就，仅有创造性还不够，而要不断地追随创造性学习，点燃思维的火焰，把学习引向深邃。

创造性的学习方法有：

1.要激发自己的丰富想象，提高创造力水平。

2.探源索隐。学习中，从事物的联系中思考。追索偶然发现的起因，在掌握知识的同时，探源索隐，追寻前人发现与发明定律、定理和公式的思路。从寻找事物的各种原因中，探索创新思维方式，激发自己提出解决问题的办法。

3.要善于比较，从比较中打开思路。不谋求唯一正确答案，要"逼迫"自己通过不同的思路达到同一目标。从比较中，发现新问题、新情况，发现老问题的不同解决办法，发现已知情况的新变化，使自己的创造欲在执着的追求中受到激发。

4.立体思考。要研究认识对象的一切方面、一切联系和"中介"。纵串横联，立体思考，从事物方方面面的联系上，去发现问题和发现与问题相关的各种关系，从而获得解决问题的方法。

多掌握几种思维方法

浩然参加了班主任组织的一个主题班会活动，这个主题班会的名字就是巧妙思维。他跟同学们一样，都是带着好奇心来听这个班会。

老师一改往日开班会先做演讲的风格，上来就给同学们拿来了一堆乱七八糟的东西，有火柴、小镜子、水杯、牙刷……都是日常生活中的日用品，大家都不知道老师葫芦里卖的什么药。教室里安静极了，只有老师摆放杂物的声音。

第一个环节，老师把全班同学分成了6个小组。看来要小组竞争了，大家的精神立马紧张起来，进入战备状态。

第二个环节，老师要求每个小组尽可能多地列出这些日用品的用途，最后，6个小组要看哪个小组联想到的用途最多。哪个小组就获胜。

大家待老师宣布玩游戏规则之后，便立刻展开了热烈的讨论，最开始的时候，大家的思路都局限于平时的日常用途，实在想不出来，到底还有什么特殊的作用，每个日用品大概也就只能想出那一个或者两个用途来。比如牙刷，也就是用来刷牙的嘛，除了刷牙还有其他的用途么？大家抓耳挠腮地讨论着，试图挖掘出更多的信息和资料。

浩然他们组也紧张而热烈地讨论着，生怕自己的小组落后的同学们拿出了自己的看家本领想象这些日用品的其他用途。

讨论结束，各小组说出了自己的答案，连他们自己都吃惊，这些看起来不起眼的日用品居然有这么多用途，而且很多用途都是他们平日里不常想起却是很有用途的方面。大家都惊叹自己小组智慧的力量。

老师最后笑着总结了发散思维的好处，同学们才恍然大悟，原来我们只要开动脑筋，就会发现这个世界真的很奇妙。

给男孩的悄悄话

谈到思维，简单地说就是思路，就是思考问题的路线、途径。思考问题都要遵循一定的路线途径，也就是都要运用一定的思维方法。碰到困难时，学会用正确的思维方法去思考，往往很轻易就找到了解决的方案。

但是思维方法究竟有哪些，这却是很多人并不熟知的，下面我们就简要地介绍几种常用的思维方法，希望给男孩们能够提供帮助。

1. 平面思维法

"平面"是针对"纵向"而言的，"纵向思维"主要依托逻辑，只是沿着一条固定的思路走下去，而平面则偏向多思路地进行思考。打个比方：在一个地方打井，老打不出水来。按纵向思考的人，只会嫌自己打得不够努力，而增加努力程度。而按平面思维法思考的人，则考虑很可能是选择井的地方不对，或者根本就没有水，或者要挖很深才可以挖到水，所以与其在这样一个地方努力，不如另外寻找一个更容易有水的地方打井。

比较而言，"纵向"总是放弃别的可能性，所以大大局限了创造力。而"平面"则不断探索其他可能性，所以更有创造力。

2. 侧向思维法

假设你是一家电影公司的职员，现在，公司要在另外一个城市开一家新的电影院，于是安排你做一件事情：在1～2天的时间内，帮公司寻找一个最适合开电影院的地方。你该怎么做呢？

电影院生意要兴隆，首先得人气旺。而人气要旺，就必须将位置选择在人流量多、消费能力强的地方。这时，很多人很容易根据常规思维，用测算人流量的方法去解决，其中最直接的方法（正向方法），就是每天派人到各处实地考察，但这样需要耗费大量的时间和精力，短时间内得出结果根本不可能。还有一种办法就是请专门的调查公司去做调查，那花费肯定是不小的。除这两种方法外，有一种方法要巧妙得多：那就是可以到将要开设电影院的城市的所有派出所进行调查。调查的目标十分简单：哪个地方平时丢钱包最多，然后就选择丢钱包最多的地方开电影院。而这样做是因为钱包丢失最多的地方，就是人流量最大、消费活动最旺盛的地方。这个方法就是侧向思维法。它的具体做法是：思考问题时，不从"正面"的角度去考虑，而是通过出人意料的侧面来思考和解决问题。

3. 系统思维法

系统思维是一种逻辑抽象能力，也可以称为整体观、全局观。它的核心，就是从整体性原则出发，考虑问题时坚持立足整体、统筹全局、把握规律。运用系统思维，有利于解决较复杂、较繁多的难题，而收到一举多得、事半功倍的效果。

4. 联想思维法

联想思维是指人们在头脑中将一种事物的形象与另一种事物的形象联系起来，根据它们之间共同或类似的规律，从而解决问题的思维方法。

1944年4月，苏军决定歼灭盘踞在彼列科普的德寇，解放克里木半岛。4月6日，已进入春季的彼列科普突降大雪，放眼望去，大地一片银装素裹。苏联集团军炮兵司令在暖融融的掩体里，注视着刚进来的参谋长，只见他双肩落满了一层薄薄的雪花，其边缘部分在室内的暖气中开始融化，清晰地勾画出肩章的轮廓。司令员突然联想到：天气转暖，敌军掩体内的积雪也将融化，为了避免泥泞，他们肯定要清除掩体内的积雪，暴露其兵力部署。于是，司令员立即命令对德军阵地进行连续侦察和航空摄像。苏军只用了3个多小时，就从敌军前沿阵地积雪出现湿土的情况中，推断出敌人的兵力部署。苏军立即调整了进攻力量，一举突破防线，解放了克里木半岛。

5. 超前思维法

超前思维，是指多角度、全方位地分析事物的历史和现状，从现实出发，认识未来，把握未来的发展趋势，获得常人不能得知的信息，从而提前做出正确判断的思维方式。它一旦被人们所掌握，就会对事业成功起巨大的推动作用。

第二次世界大战后，战胜国决定在美国纽约建立联合国。洛克菲勒家族听后，立即出资买下一块地皮，并将这块地皮无条件赠予了联合国。同时，洛克菲勒家族亦将毗连这块地皮的大面积地皮全部买下。对此，很多人不理解，他们纷纷断言，洛克菲勒家族将破产，但让所有人惊叹的是，联合国办公大楼刚刚建成完工，毗邻它四周的地价便立刻飙升起来，相当于赠款数十倍、近百倍的巨额财富源源不断地涌进了洛克菲勒家族财团。

洛克菲勒家庭的超前思维，真令人拍案叫绝。

6. 发散思维法

发散思维又叫辐散思维、求异思维。根据已有信息，从不同角度不同方向思考，从多方面寻求多样性答案的一种展开性思维方式。

在一次欧洲篮球锦标赛上，保加利亚队与捷克斯洛伐克队相遇。当比赛剩下8秒钟时，保加利亚队以2分优势领先，一般说来，已稳操胜券。但是那次锦标赛采用的是循环制，保加利亚队必须赢球超过5分才能取胜。可是仅用剩下的8秒钟再赢3分，谈何容易。

这时，保加利亚队的教练突然请求暂停。许多人对此举付之一笑，认为保加利亚队大势已去，被淘汰是不可避免的，教练即使有回天之力，也很难力挽狂澜。

暂停结束后，比赛继续进行。这时，球场上出现了众人意想不到的事情，只见保加利亚队员突然运球向自家篮下跑去，并迅速起跳投篮，球应声入网。这时全场观众目瞪口呆，全场比赛时间到。但是当裁判宣布双方打成平局需要加时赛时，大家才恍然大悟。保加利亚队这出人意料之举，为自己创造了一次起死回生的机会。加时赛的结果，保加利亚队赢得了6分，如愿以偿地出线了。

男孩们，多掌握几种思维方法，相信对你的人生和事业将大有裨益。

展开想象的翅膀

于佳南思维活跃，并且语言机智幽默。六年级三班的课堂上只要有他绝对不会冷场。在佳南的带领下，班里的其他孩子也积极思考，踊跃发言。三班的任课老师常常惊异孩子们的奇思妙想。

佳南从小就是一个喜欢动脑筋的孩子，他的脑子里装满了许许多多奇怪的想法，以至于爸爸妈妈怀疑这么小的脑袋怎么可以装下这么多东西呢？

他简直就是十万个为什么，比如看到书中说"太阳公公下山了，月亮姐姐出来了"，他就会问："为什么不是太阳姐姐，月亮公公呢？太阳是男的，月亮是女的吗？"他的很多问题，身为名校高才生的爸爸也常常答不出来。

没有答案，他就会开动脑筋自己想，想起来后就会兴高采烈地向别人宣布他的思考成果："我知道了，太阳是男的胆子大，所以敢在白天出现，月亮是女的，胆子小，只有等到晚上没有人的时候才敢出来！"

老师上课讲道："山顶洞人也是爱美的，他们不仅在脖子上套着一条条五光十色的兽牙和卵石项链，还有更加漂亮的贝壳和鱼骨项链呢。"这时候佳南看着教科书上的图片就会问："既然他们这么爱美，为什么头发这么长了都不去理发呢？"这时候又引起了全班同学的讨论，这个说："他们认为乱糟糟的长头发是美的，就像唐朝以胖为美一样。"那个说："不对，因为那时候没有剪刀。"三班的课程进度总是慢于其他班级，但是学习成绩上却遥遥领先。孩子们开动思维快乐的学习。

于佳南特别喜欢看《名侦探柯南》，他总是跟着剧情的发展不断地推理猜测，案件越是复杂悬疑，他的兴趣就越大。事实证明，佳南的很多推测都是对的，每次猜对，他都会觉得特别有成就感。

他还是一个热爱生活的孩子，在学校里积极参加课外活动，还组织同学们参加一些社会实践活动，到当地的敬老院、福利院献爱心。在家里，帮助爸爸妈妈做家务。通过这些，佳南更加认真地观察了生活，对很多事情都有了更深的了解，这下这个想象力丰富的男孩有更多的事情要发问了。

给男孩的悄悄话

想象力让于佳南的生活有超越常人的精彩，相信他未来的人生之路会如他的想象世界一般五彩斑斓。对于青春期男孩的丰富想象力，有人说它脱离实际、毫无价值。其实这是一种片面的理解。人类离不开想象，它对现实生活有着推动和促进的作用，对科技的发展、文艺的繁荣、社会的进步有着功不可没的价值。

1861年，素有"科幻小说之父"之称的美国著名作家凡尔纳，曾在一部小说里描绘了以下想象：美国的佛罗里达州将设立一个火箭发射站，火箭从这里发射，飞往人们心仪已久的月球，他还具体描述了飞行员在宇宙飞船中失重的情景。

令人感到不可思议的是，刚好过了100年，到1961年，美国真在佛罗里达州发射了人类第一艘载人宇宙飞船。而且，宇航员在太空的许多失重情景，竟和凡尔纳在想象中描写的差不多。

不仅如此，直升机、雷达、导弹、坦克、电视机等，也都在凡尔纳的小说中有了雏形。

第二次世界大战初期，德国人制造的潜水艇，与凡尔纳小说中描绘的相差无几。

第一个把宇宙火箭送上太空的俄国科学家齐奥尔科夫斯基，也是从凡尔纳的小说《从地球到月球》里得到启示的。

可见，想象能打破传统的束缚，创造出辉煌的成就。

爱因斯坦曾说："想象力远比知识更重要。"智慧比知识的水平更高。因为智慧就是创造力。那么，决定创造范围的想象力当然比知识更重要。但我们必须记住，知识是基础，也是绝不容忽视的。

想要拥有丰富的想象力。需要我们不断地进行思考训练，使自己的思想有飞跃的发展。拿破仑说："想象支配人类"。只要我们的想象力不衰竭，我们的创造力就永不会枯竭。如此，人生能够长久地停留在"保鲜期"，保持活跃的思想、敏捷的行动。

青春期男孩在加强想象力的培养方面，应注意以下几点：

1.在看到或听到故事或者任何事件的过程中，也要不断练习猜想的能力，多为下一步、下几步想想，养成预测的习惯，这有益于想象力的开发与培养。

2.凡事都要问个为什么，养成好奇的习惯。这是激发想象的源泉，也是推动想象力发展的动力。

3.想象的材料来源于客观现实，只有对现实认真观察，才能在头脑中留下关于客观事物的感性形象，感性形象太少，想象就难以丰富。

4.比喻和类比是想象力的花朵。一般来说，善于打比方的人想象力都比较活跃，所以平时在讲话和写作中，你不妨多用一些比喻和类比。

不能一味追求唯一答案

5班的课堂上总是吵吵闹闹，这令老师们很头疼，但是这群孩子们的精神也挺让老师们觉得兴奋，在这个班里讲课总是会被争论打断，甚至有的时候一节课就只能讲一道题目，而老师们根据这些孩子的特点不得不修改了自己在5班讲课的讲义。

一个题目有时候会不止一个答案，其他班的孩子们都基本上想要迅速地找到一种解题方式，迅速地解决这个问题就算是圆满完成任务了，但是5班的学生不这样，他们对一道题目，不同的人总能提出不同的解法，而且每种解法都有各自的特点，比如这个可能是运算简单，但是过程比较长，容易出错，那个可能是构思巧妙，但是一般人很难找到突破口，每个孩子都有自己的思维方式特点，寻找解题的方法也就不同，因此他们班的课堂上，总是有不同的声音在维护自己的观点。

每堂课就像是场辩论赛，而课堂的主角很多时候都是一个叫孙超的男生，这个戴眼镜的瘦瘦的男生，脑子里好像蕴藏着无数的想法，任何时候，他脑袋上的小灯泡一亮，就会有新的想法冒出来，有时候老师也会惊叹这个孩子的聪明之处。

不追求唯一答案的5班，同学们为了找到自己独特的见解，每天都对那些要学的内容冥思苦想，早就理解了那些知识点的内涵，所以对于他们来说，考试的时候出现在卷子上的试题不过是小菜一碟。

别的老师经常会向教5班的老师取经，怎样才能把学生教育得这么活跃，并且能够钻到学习中去？

老师们也只能感慨地说，这群学生身上有种不服输的劲头，他们在孙超的带领下，每个人都注重探索问题的答案，不再追求唯一答案，这样的一群孩子，让他们的学习跟别的班级有着很大的差别，也许你会担心他们的课程进度和学习效率，完全不必担心，他们的成绩在年级众多班级里遥遥领先。这样一群孩子，收获到的将不仅仅是标准答案。

🚢 给男孩的悄悄话

在学习中不能一味追求唯一答案，其实真正快乐的学习，往往就在于对答案的探寻中，哪怕你给出的答案有多么的错误。

有位大学教授曾这样说："一个读完大学的普通学生，一共要经历二百六十多次的测验、考试，于是那些'标准答案'的观念在他们心中根深蒂固，所以他们很多人都坚信，一些问题仅有唯一标准的答案，而这种观念也一直在支配着他们的学习。"

学习中，我们往往为了追求这个唯一正确的答案，而局限了自己的思维，并且觉得学习是件辛苦的事情。因为答案是唯一的，稍不留神，便是徒劳无功，若遵循这种想法，便会产生一种内在的压力，学习起来自然容易疲劳。

但事实是，学习中的大部分问题并不是这样的，任何一门学科、公式和定理都是人创造出来的，我们需要做到活学活用，这样，学习才有趣味可言。可是在大多数学校里，教给学生的却是"定理和公式是肯定的、一成不变的"，这是很荒唐的。正确的做法应是让学生明白"定理和公式是可以改变的"。

如果长期受这种"唯一标准答案"的影响，会被它破坏了我们轻松学习的习惯，还会束缚我们的思维。如果说学习的结果只是为了追求唯一正确的答案，那么必将是一件非常可悲的事情，同时我们所积极提倡的一切快乐、轻松的学习也将化为乌有。甚至，我们还会给自己蒙上一层惧怕学习的阴影，因为谁也不能保证，我们的答案恰巧就是正确的。

现在问你这样一道最简单的数学加法题："一加一得出的结果到底是多少？"你应该眼也不眨一下就说："等于二，没错的！"错了！那只能说明你对数学颇有研究，但并不能因此而肯定你会考高分！即使如此简单的试题，也还是有一些数学家对这个结果提出了质疑："一加一确定等于二吗？"也许在数学理论中可以这样认为，但如果拓展到化学、物理，甚至哲学，接着再扩大到宏观的宇宙世界里，很显然，这种说法肯定是站不住脚的！虽然这是世界上最简单的加法运算，但还是有一加一不等于二的例外。所以我们对学习中的问题不要太过武断，更不要去钻牛角尖，不论是答案还是方法都一样。

错误的答案未必就一定不好，至少它让你知道，正确之外还存在一种错误的可能方式，而这就是最大的收获。

"唯一标准"不等于追求完美，所以它不能代表快乐，也不会给我们带来快乐。相信答案不是唯一的，我们才能学得更轻松、更快乐，我们的学习才会卓有成效。

换个角度考虑问题

"老师，不好了，周玲玲的演出裙子在来的车上被弄破了，怎么办呢？"老师和同学们一听心里十分的着急，现在演出马上就要开始了，已经来不及另外再找了，怎么办呢？"周玲玲可是代表学校参加全市中学的文艺表演比赛啊！不能给学校给班级抹黑啊！她付出了很多的心血，才排练好这支独舞啊！"班长李冰着急地说道。"老师，都怪我不注意，不小心，才弄破了这条演出的裙子。"周玲玲低声地说道。

老师安慰道："这事不怪大家，现在还有一点时间我们大家一起想办法解决这个问题。"现在裙子上破了这么大一个洞，已经不适合穿在身上在舞台上进行表演了，也没有足够的时间再去另找一件合适的裙子了。大家正急得团团转的时候，李冰陷入了沉思。他想既然来不及另找，何不利用一下这条裙子，进行简单的加工另做文章呢。他突发奇想，突然脑子一转，他找来一把剪刀，对周玲玲说："快点，脱下这条裙子。""你要干什么？""快啊！没时间了。"

在他的一再催促下，周玲玲疑惑不解地脱下了裙子，递给了他。李冰接过之后，用剪刀干脆再上面剪了许多的洞，还把裙边剪成了一条条的丝带状，美其名曰"凤尾裙"。这让同学们眼前一亮，没想到一条破了的裙子，竟然能变得这么漂亮，不得不称赞李冰的奇思妙想。

周玲玲穿上这件"凤尾裙"，在舞台上伴着音乐翩翩起舞，优美的舞姿再加上那新颖独特的裙子，给评委老师留下了深刻的印象，获得了高度的赞扬。

🚢 给男孩的悄悄话

男孩们，遇到难题时，你会反转自己的大脑吗？

适当运用逆向思维，将会获取出其不意的效果。盲目跟随别人、照搬旧有经验，会束缚手脚和大脑，轻易地败给别人，败给自己。

逆向思维，指不同于习惯和常规的思维，即思考和解决一个问题不是从习惯的正面入手，而是"倒过来想""反其道而行之"，或从某个侧面切入，从而找到新视角、新突破口。对于这种方式，人们已经不陌生了，然而一旦遇到具体的实际问题，人们还是习惯用常规思维，很多本来可以解决的问题，也就被人们看成无法做到、难以解决的问题了。

世间万事万物都是相互联系的，人们掌握的知识也是多门类多学科的，因此，面对一个思维对象，不能更不必仅仅局限于传统习惯，不能更不必死守一个点。学会反转一下大脑，你的未来之路将越走越开阔。

青春期男孩在反转大脑、标新立异时，可借鉴以下几点：

1.鼓励自己怀疑、反驳、否定前人包括自己在内的理论和既定的做法；鼓励自己向专家、学者以及自己提出挑战；鼓励自己敢于突破旧框框，超越一般人。

2.勇敢地发表自己的见解，在科学和真理面前，相信科学，服从真理，与老师与前辈建立民主、平等的学术或工作关系。

3.要大胆地走自己的路，只要认准了，不管别人怎么说，如何嘲笑，都应义无反顾地向前走，去夺取最终成功，而不能半途而废。

抓住灵感的火花

当学校举办"绿色环保，低碳生活"创意服装秀的大赛通知下达到各班级时，高二（1）的教室，顿时像炸开的油锅一样沸腾了起来。身为班长的朱桦，站在讲台上，清了清嗓子，对同学们说道："刚才我念的就是此次创意服装秀的要求，既要提倡绿色环保，又要有所创意，希望我们大家一起出谋划策，设计出新颖独特、绿色环保的服装，争取此次比赛给老师和同学们留下深刻的印象。"

班长话音刚落，同学们就三三两两地说开了："既然是绿色环保，在服装的设计上就应该考虑一下我们身边的废旧品，用废旧品做原料。""仅仅这样也不行，还有要创意，像利用塑料袋、废报纸等设计成服装，这已经没有什么创意了。"团支书刘雨瑶说道："看来这次比赛，想要博得老师和同学们的称赞，还真的有一定的难度。不管怎样，大家一起动动脑筋，想想办法。"

正当大家陷入沉思，教室格外安静的时候，对卡通漫画一直很痴迷的陈俊同学，坐在座位上，看着他从家里带来的一套手机充值卡上的卡通漫画，哈哈大笑了起来"哇！这个卡通形象太可爱了，快！你们来看看。"刘雨瑶听后说道："我们大家都在这样冥思苦想，你还有心思玩，你能不能认真点啊！"此时，班长看着陈俊手中的手机充值卡，若有所思。突然间，他灵机一动大声地说道："有啦！陈俊你可是一大功臣啊！"大家一听，十分的疑惑，忙说道："班长，你开什么玩笑，就陈俊这样还是功臣呢？""是啊！陈俊手中的手机充值卡就是我们这次服装的材料啊！"性子急躁的何冰再也按捺不住了："班长，你快说啊！这小小的充值卡怎么能成为服装的材料呢？"

班长笑着说道："看着陈俊手中的充值卡，我突然想到可以把一张一张的充值卡粘贴起来，设计成古代战士盔甲的形状，向老师和同学们展示一场现代绿色环保的盔甲服装秀。""这个主意不错，废弃的充值卡可以再利用，最主要的是设计出来的盔甲新颖独特。我家有很多用过的充值卡，现在终于派上用场了。"何冰补充道。陈俊抬起头看着大家说道："为了班级利益，我把搜集到的充值卡全部拿出来，发挥它们更大的用处。"大家听后哈哈地笑了起来。

经过全班同学的共同努力，几套风格迥异，新颖独特的盔甲出现在了全校老师和同学们的面前，T台下响起了阵阵掌声。

🚢 给男孩的悄悄话

青春期男孩们，当灵感如闪电、如火花一般在你脑中飞过，你能牢牢地抓住它吗？

灵感，又称顿悟，它是一种高度复杂的思维活动，是人们在实践活动中因思想高度集中而突然表现出来的一种精神现象。在创新性思维酝酿构思阶段，由于某种事物或现象的启发，促使创造者茅塞顿开，一下子突破了思维上的障碍，使思维跃进到明朗阶段，这种突变式的思维形式就称为灵感思维。

有个人叫杰克，繁忙的工作之余最大的爱好便是溜冰。收入微薄的杰克为到溜冰场溜冰花费了不少钱，手头非常拮据。杰克最向往冬天，因为冬天可以到冰天雪地"免费"溜冰。可是春天一来，这些天然溜冰场便消失了。

有什么补救的办法呢？杰克针对"冰天雪地"冥思苦想，除了想到人工制造冰场的方案外，也没有什么好的办法。即使有了人工冰场，皮夹子空空的杰克也只能望场兴叹。

一天，杰克的头脑中突然闪过一个念头：我干吗老在"冰场"上兜圈子呢？溜冰，溜冰不就是一个溜字吗？只要能让人的身体溜来溜去，不就是一种乐趣吗？

于是，杰克开始集中思考怎样让人"溜"起来。他在观察了会溜的玩具汽车后，突然一个灵感涌上来："要是在鞋子底面装上轮子，能不能代替冰鞋？这样的话，一年四季都可以溜冰了。"

经过几个月的努力，杰克终于把这种鞋做出来了。不久，他便与人合作开了一家工厂，专门生产这种被称为旱冰鞋的产品。他做梦也没想到，产品一问世，就成为世界性商品。没几年的工夫，杰克就赚进了100多万美元。

因为一个灵感，杰克发明了旱冰鞋，不仅方便了他人，自己也因此得到了丰厚的回报。青春期男孩活跃、灵感很多，但时常任其白白流逝，可采取以下计划来发掘捕获灵感：

1. 随时记录灵感

由于灵感具有稍纵即逝的特点，如果不及时记录，过后恐怕很难再回忆起来。所以许多杰出人物都非常重视灵感的记录。

托尔斯泰说："身边永远要带着铅笔和笔记本，读书和谈话时想到一些美好的地方、语言都要把它记下来。"

果戈理有一本厚达400多页的"万宝全书"，里面什么内容都有，上至天文地理，下至生活琐事，有时他外出散步，当听到或临时想起什么趣事，就快速跑回家，翻开这本"万宝全书"记下来。

贝多芬有一次散步时忽然来了灵感，便蹲在地上写了起来，行人看见有人挡在路中央自然十分生气，但当大家看清是贝多芬时，便都停止了脚步，一直到贝多芬写完。

2. 多问自己几个"为什么"

如果不通过向自己提问许多"为什么"，历史上那些杰出人物就不会产生创新性的见解。他们总是透过所有的表面现象去寻找真正的问题。他们从来不把任何事情看作理所当然的结果。

那些不明确的，看来似乎是一时冲动之中提出来的问题，往往包含着更多的创新性思维的火花。

3. 经常表达出自己的想法

青少年一旦有了想法，不管是什么样的想法，都要表达出来。如果是独自一人，就对自己表达一番；如果身处群体之中，就告诉其他人共同进行探讨。你想要有创造力，就必须照料好大脑里每一株"杂草"，把它们当作一株株有潜在经济价值的新作物。把你的不寻常的离奇想法说出来，把它们从头脑中解放出来。使你有机会更仔细更充分地去审视、探索和品味，去发现它们真正的实用价值。

4. 永远充满创新的渴望

满足于现状，就不会渴望创造。时时保持创新的激情，灵感才可能出现。

做个小小发明家

在一次青少年科技创新大赛上，全区各地参赛的青少年朋友们把自己发明的项目向大赛组织评委正在做详细的介绍，评委们边看边频频点头称赞。围观的人群也越来越多，把展台围了个水泄不通，都想一睹为快。在这些小发明中，其中程思雨同学发明的盲道控时式振动过街提示器就深受民众的欢迎，为盲人的出行提供了极大的方便。

一天在上学的路上，程思雨看见一位戴着墨镜、拄着拐杖的盲人叔叔独自一人要过十字路口，此时人行道两旁的车辆停了下来，盲人叔叔拄着拐杖缓缓地走了过来。当他还没过完马路时，绿灯已经亮起，两旁的车辆向他驶了过来。盲人叔叔停下了脚步，不敢再往前迈进。一位路人见后，主动地走上前去，带着盲人叔叔安全地走到了马路的对面。程思雨见盲人出行过红绿灯极不方便，存在许多的安全隐患，而安装有盲人过街提示器的路口屈指可数，远远不能满足盲人出行的要求。程思雨把自己的所见所闻告诉给了同学们，他们心中有一个强烈的愿望希望能试着发明一种盲人过街提示器，为盲人提供方便。他们根据盲人的需求以及盲人触觉灵敏的特点，运用所学的知识，借助盲道发明了一种盲人过街提示器。这种提示器会根据路口红绿灯的转换发出不同频率的振动。当绿灯亮时，提示器振动的频率高，当红绿灯转换时，振动的频率也会随之长短不一，当红灯亮起时，振动则会消失。为了延长提示器使用的期限，经过反复的实验，他们决定采用防水的材料，并在底端部位留了两个排水孔，能及时地排水。

程思雨同学进一步向大赛组织评委介绍道："现在路口安装的盲人钟，白天人来车往噪音大，声音不明显；晚上车少人少清静时，产生的噪音又遭到附近居民的投诉，而且造价贵，不便于普及推广。而制造这样的一个提示器，成本只是盲人钟的1/4，极易推广。"此项目之所以深受欢迎，是因为他们经过反复的实验，请盲人进行亲自的体验，积极地采纳各方意见，经过一番努力发明制造出来的盲人过街提示器。

这项发明受到了盲人的好评，不仅为盲人的出行提供了方便，而且改善了公共服务设施存在的不足。程思雨和同学也成了学校有名的小发明家，得到老师和同学们的高度赞扬。

🚢 **给男孩的悄悄话**

生活中，许多青少年朋友爱开动脑筋，搞一些小发明，这项活动有趣而有益。历史上，任何发明都源自爱思考的头脑。

"二战"期间，新式武器的发展使战斗愈加残酷，大批伤兵被运到后方。

一天，法将军亚得里安去医院看望伤兵，一位伤兵向他讲述了受伤的过程。原来，在德国炮击时，这个士兵正在厨房值日，炮弹劈头盖脸地打来，弹片横飞，他在匆忙之中将铁锅举起来扣在头上，结果很多同伴都被炸死了，而他只受了点轻伤。

亚得里安由此联想到如果战场上人人都有一顶铁帽子不就可以减少伤亡了吗？于是他立即指定了一个小组进行研究，制成第一代钢盔，并在当年装备了部队。据统计，在第二次世界大战中，世界各国的军队由于装备了钢盔，使几十万人幸免于难。

由此可见，小发明的作用不小吧！

在我们的身边，有无数发明的机会，这需要我们做有心人。

1948年的一天，瑞典青年马斯楚和朋友兴致勃勃地去登山。登上顶峰后，他们随便坐在草地上吃午餐。这时，马斯楚突然觉得臀部又痛又痒。他知道这又是鬼针草的"恶作剧"，于是坐不住了，不耐烦地把鬼针草一根一根地从裤子上摘下来，但摘不干净。回家后，他把残留在裤子上的鬼针草取下来，想弄清楚它为什么"粘"人，结果发现鬼针草的结构十分特殊，粘在裤子上拍不下来。马斯楚顿生一想："如果模仿它的结构，做一种纽扣或别针，那该多好！"一念之间，一项新发明创造诞生了。马斯楚先生制成了一种合上就不易分开的布，即一块布织成许多钩子，另一块布织成很多圆球，两者合起来，产生拉链的效果。他将其命名为"免扣带"，申请了专利，然后与一家织布公司合作生产。由于"免扣带"的使用范围很广，比如衣服、鞋子、行李、书包、袋子、安全装置等都可利用，马斯楚足足赚了3亿多美元。

在生活中被鬼针草的"恶作剧"伤害的人，几乎天天都有，但能从中引出发明创造思想火花的人，则是爱动脑的青少年。这是一种联想的感悟，是一种创造性思维的魅力，是对生活的一种深刻理解，也是一种稍纵即逝的冲动。感悟是科学发明的"激光"。一旦这种"激光"闪现了，你就要善于运用它去撞击科学发明的大门，敢于去吃第一只"螃蟹"。那些纸上谈兵式的人物，是难于领略创造发明者的喜悦的。

下面提出的几点可以供你参考：

1. 从好奇开始，提出疑问，并阅读大量书籍，从中借鉴吸收、获取创意。

2. 根据生活中的经验，展开想象的翅膀，积极思考，大胆推测。

3. 以认真的态度对待实验，不马虎，严格论证。

4. 积极与他人合作，互相交流经验。

5. 要以诚实的态度看待自己，能改正错误的观念、假设或前提。

第六章
艺术 & 才华——腹有诗书气自华

有内涵的男孩爱读书

知识提升人的气质

石晓阳是个很不起眼的男生，起码在人群里，你不能一眼就找到他。但是如果你遇见他，你会发现他有些不同的地方。是更明亮的眼睛吗？好像不是，他戴着厚厚的眼镜，如果摘了眼镜，他的眼睛看起来像是睁不开的样子。但是他就是有那么点不一样，好像更有文化的样子。

其实，他是因为读书的缘故，才看起来和别人那么不同。他从小就很喜欢读书，每天都花很多时间看书，内容当然也是包罗万象，没有什么特别限制和偏好。不管是天文还是地理，不管是文学还是经济，他都涉猎，虽然有的书内容上他基本都看不太懂，但是也会坚持读下去。

正是因为这样的积累和磨砺，石晓阳同学在班上才显得跟别人有点不同，也许是更有气质了。起码，他在讲台上激扬文字的时候，看着也有那么点霸气存在于他的眉宇之间。

石晓阳参加辩论赛的时候，其他班的参赛队都很害怕他，因为他总是能够根据自己要论述的观点找出很多例证，让对方哑口无言。这样的时候，看着这个平凡的小男生，好像有点那种光芒四射的感觉，虽然他的长相平平，虽然他的个头偏小，但是看着自然就有那么一种气势蕴藏在他瘦小的身体里。

有时候，他又会显得比跟他一样年纪的同学们更加忧郁和深沉，大概这个年纪的男生身上还不具备这么忧郁的气质。这样的忧郁会衬托出他的成熟的感觉。很多时候如果班上的同学，遇到了一些没有接触过的内容，就会去问他。和同学交往的时候，他还是那个热心而且知识渊博的"石博士"。

知识可以改变人的气质吗？温文尔雅，是不是需要通过读书来修炼修炼呢？

给男孩的悄悄话

古人云："腹有诗书气自华。"具有渊博知识的人会散发出一种儒雅的风度。石晓阳身上的魅力，即是这种魅力。一个具有渊博知识的年轻人，远比那些随波逐流、见识肤浅的同龄人更有魅力。

渊博的知识是修养的前提。学识的素养，不是短时期可以装模作样的假象，而是贯穿于生活每个细节中的自然流露、自然表现。黄山谷曾说："三日不读书，面目可憎。"可知读书求知的重要性。这也正是为何有的人面目平常，但谈起话来，使你觉得可爱、如沐春风；有的人为何满面脂粉，姿态万千，但交谈却风韵全无、索然无味的原因。

所以青春期的男孩要多读书，尤其要多读经典名著，从中吸取丰富的营养，使自己美好的青春年华更丰润。戏剧大师莎士比亚说过："书籍是全世界的营养品，生活里没有书籍，就好像没有阳光，智慧里没有书籍，就好像鸟儿没有翅膀。"男孩子们，由此我们可以想到，读书对我们是何等的重要。正像俄国作家普希金所说："书籍是我们的精神食粮。"男孩们，立即行动起来吧，向知识进军，用书籍点燃智慧的明灯。

书是人生最可靠的阶梯

爸爸常常对陈涵说："陈涵啊！有位文学家曾经说过'知识就是力量'这样一句话，力量大了就能解决比较多的问题了。如要想获取更多的知识，就必须不断地学习，去参加社会实践。现在你还缺乏相应的社会实践的能力，对你来说，从书本上获取知识，是最便捷的方式。"刚上六年级的陈涵对爸爸的话似懂非懂，并没有完全理解。

一个星期天的上午，爸爸有事没办法开车送他去少年宫学习书法，妈妈只能带着他乘公车前往，公车上的人很多，陈涵见有老奶奶上车，就主动把位置让给了老奶奶。自己和妈妈扶着座椅站着。突然间一个紧急刹车，车厢里的人全部向前倾倒。陈涵的头撞在了座椅上，额头上青了一块。他十分不解，为什么我的身子会向前倾倒呢，而我的脚却没有向前移动。

对这个问题他一直很困惑，很想知道这究竟是怎么一回事。他把自己的疑惑告诉了爸爸，爸爸并没有直接告诉他为什么，而是把一本《十万个为什么》递给了他，笑着说道："你自己在上面找原因吧！"

陈涵接过了书，回到了自己的房间，认真地翻看了起来。经过一阵查找，他终于懂得了是怎么一回事。他高兴地对爸爸说："我在书上找到原因了，是惯性造成的，看来我的头没有白撞。"爸妈听后，哈哈地大笑了起来。

给男孩的悄悄话

古今中外很多有成绩的人，对书都做出了高度的评价，其中高尔基说"书是人类进步的阶梯"、歌德告诉我们"读一本好书，就是和许多高尚的人谈话"、别林斯基认为"好的书籍是最贵重的珍宝"，由此可见书的重要性。书是我们一生中的良师益友，在书中我们不仅可以获取知识，还可以培养我们的性情，对我们品行的形成起到了重要的作用。

青春期男孩正处于性格形成的重要时期，在此期间通过看书，培养自己的性情显得格外的重要，但并不是所有的书都"开卷有益"，现在社会上由于监管力度不够，许多不健康的书籍出现在各大市场上，常常出现在男孩们的眼前。这就需要男孩们进行辨别，在浩瀚的书籍海洋中，吸取精华，舍弃糟粕。

此外男孩还可以把自己看过的好书推荐给其他同学，共同讨论，品味名著带给我们的精神享受。同时男孩自己也要有自制力，学会约束自己，远离不健康的书籍，避免对我们的成长造成不利的影响。

青春期男孩的心智还没有成熟，对事物还缺乏较强的辨别力，作为老师、家长，我们有义务帮助孩子们选择读后能沁人心脾的好书，为孩子的成长提供一个良好的环境，在书的海洋里畅游。

为自己列一个书单

在覃健的书桌上，有一本十分特别的记事本。上面写上"小说""历史故事""人物传记""漫画书"等字。覃健从小就养成了一个良好的习惯，他不仅爱好看书，他还喜欢把自己看过的每一本书分门别类地记下来，其中包括书名、作者、出版日期、出版社、于哪年哪月看完等。当他读到自己最喜欢的一本书时，他会做上特别的符号，推荐给其他的同学，甚至还会写下自己的读后感，与同学做交流。

此外他也会把同学向他推荐的书名记录下来，等有时间的时候再看，同时也会为自己拟一个看书计划。覃健爱好读书，阅读的书籍涉及范围特别广，古今中外都有所涉及，既有科普知识类、文学类，又有人物传记类、卡通漫画类。

在读小学的时候，覃健并没有为自己列一个书单，阅读的书籍也相对比较少。现如今，已是高中生的覃健，阅读的书籍越来越多。为自己列一个书单，这个书单既是覃健阅读量的直接体现，又是对修养身心过程的一个记载，又增强覃健的自信。

给男孩的悄悄话

一张薄薄的书单是我们青少年的精神财富，它记录的不仅是我们阅读量的多少，更是塑造青少年人生观、价值观、世界观的一种体现。一个人在青少年时期看什么样的书，读书在他的生活中占什么样的地位，往往能决定他今后的精神生活是否丰富多彩，与对生活的感悟和态度、对人生的理解有着密切的联系。

青少年不要把长长的书单看成是向别人炫耀的资本，那不是我们列书单的本意，在每本书名的背后应该是我们阅读后的一些思考和评价，对我们有点心灵上的触动。青少年与作者对话、与书中的人物进行对话，当我们遭到困难和挫折时，还能想到我们曾经读过的书，那张书单就是我们战胜自我的精神动力所在。

青少年们从现在开始，为自己列一个书单吧！写下那些伴你一路成长的好书。让那些影响你一生的好书，留下精彩的一笔吧！在自己的精神世界里，慢慢体会看书学习带来的快乐和富有。

在阅读中把握人生航向

学校开展了"读书月"活动，同学们当然得在这一个月多读几本书了，要不然怎么能叫"读书月"呢。可是读什么书呢？同学们有各自不同的想法。刘冕喜欢科幻小说，于是他决定在这一个月，要读两本科幻小说。马林喜欢在家里摆弄他的电脑，于是他决定这个月要看一些有关计算机软硬件的书。刘建祥喜欢看漫画，这个月他可高兴啦！因为他可以借此看许多漫画书。王飞则比他们深沉多了，他喜欢看世界名著，于是他决定在这个月看完《浮士德》。

一个月之后，学校里进行了一次调查。结果老师发现，刘冕的理想是当一名科幻小说作家，马林想当一名计算机工程师，刘建祥想当一名漫画家，王飞则想当一名文学家。原来在阅读中，他们已经选择好了自己人生的航向。

给男孩的悄悄话

老师们总是这样告诫自己的学生，知识爆炸的年代需要我们每个人学习的东西越来越多，社会知识量的急剧增长也要求我们多读书、多学习，在阅读中把握人生的航向。

读书，可以让我们了解世界，看清自己的未来。通过读书，我们更能正确地把握人生的航向。也许每一个人所需要的书不一样，但人们在阅读中受到的知识的熏陶是一样的。读书不一定能改变人生的长度，但它一定可以改变我们对待生命的态度。

美国著名作家杰克·伦敦在 19 岁以前，还从来没有进过中学。但他非常勤奋，十分热爱读书，最终通过不懈的努力，使自己从一个小混混成为一代文学巨匠。

杰克·伦敦的童年生活充满了贫困与艰难，他整天像发了疯一样跟着一群恶棍在旧金山海湾附近游荡。说起学校，他不屑一顾，并把大部分的时间都花在偷盗等勾当上。不过有一天，他漫不经心地走进一家公共图书馆内开始读起名著《鲁滨孙漂流记》，他看得如痴如醉，并深受感动。在看这本书时饥肠辘辘的他，竟然舍不得中途停下来回家吃饭。这时候他才发现自己原来那么喜欢文学，于是他决心要当一名文学家。

从这以后，一种酷爱读书的情绪便不可抑制地左右了他。一天中，他读书的时间达到了 10 ～ 15 个小时，从荷马到莎士比亚，从赫伯特斯宾基到马克思等人的所有著作，他都如饥似渴地读着。19 岁时，他决定停止以前靠体力劳动吃饭的生涯，改成以脑力谋生。他进入加利福尼亚州的奥克德中学。他不分昼夜地用功，从来就没有好好地睡过一觉。天道酬勤，他也因此有了显著的进步，只用了三个月的时间就把四年的课程念完了，通过考试后，他进入了加州大学。

他一直渴望成为一名伟大的作家，在这一雄心的驱使下，他一遍又一遍地读《金银岛》《双城记》等书，之后就拼命地写作。到 1903 年，他已经有 6 部长篇以及 125 篇短篇小说问世。他成了美国著名作家。

杰克·伦敦的经历表明，正是阅读改变了他的人生航向，让他重新发现了自己的人生追求。

人非生而知之、生而能之，知识都是通过不断学习获得的。就算一个天才，他也要通过不断学习、不断读书来充实自己。

青春期男孩正处在学知识的重要阶段，更是要充分珍惜自己读书的权利，广泛涉猎各方面的知识，这样不仅能开阔自己的视野，也能够为自己的人生导航。

多读书，营造自己的精神家园

阅读成了秦勇最喜欢的一件事情，这也是他最大的爱好。他喜欢独自一人在灯光下，闻着淡淡的墨香味，进入书的海洋，走进书中人物的内心世界，体会他们人生中的悲欢离合。

在《平凡的世界》中，秦勇看见了平凡人过着平凡而不平庸的生活，在他们身上闪烁着人性的光辉，他们那股自强不息的精神，在环境恶劣的情况下仍然对生活充满了希望，这让秦勇深受感动。在《简·爱》中，秦勇看到了一个敢于反抗、敢于争取自由和平等地位的妇女形象，文中主人公的一言一行让秦勇对她充满了敬佩之情。在《茶花女》中，他看见了女主人公在污秽的环境中，敢于追求纯朴、正直的爱情，始终保持独立的人格和尊严，对她的遭遇深表同情，唤起了他那颗怜悯之心。

在这一本本的著作中，经过那无数次的阅读，秦勇仿佛看到了世间无数的悲欢离合，看到了平凡人物身上闪烁着的高贵品质，从中懂得了什么才叫作真善美。

"阅读洗涤人的心灵，让人的精神家园更加的富有。"这句话是秦勇写给自己的人生信条。

给男孩的悄悄话

法国著名作家雨果曾经说过："书籍便是这种改造灵魂的工具。人类所需要的，是富有启发性的养料。而阅读，则正是这种养料。"我国近代著名作家余秋雨也这样说过："只有书籍，能把辽阔的时间浇灌给你，能把一切高贵生命早已飘散的信号传递给你，能把无数的智慧和美好对比着愚昧和丑陋一起呈现给你。区区五尺之躯，短短几十年光阴，居然能驰骋古今，经天纬地，这种奇迹的产生，至少有一半要归功于阅读。"这无疑突出了阅读的重要性。我们可以从书籍和社会实践中获取知识和智慧，但在书籍中只有通过阅读才能实现。

青少年通过阅读，可以对人生、社会、世界有更进一步的认识。通过阅读，我们可以与智人对话，通过阅读，可以启迪我们的智慧，在阅读中感受圣人伟大的人格和思想，让自己站在巨人的肩膀上，让自己的思想凌驾于伟人之上。

通过阅读，来开拓我们的视野，让思维更活跃，在阅读中增加我们生命的宽度和厚度，弥补人生的长度。在阅读中，建设我们美好的精神家园，让我们的精神世界比物质世界更加的富有。

看漫画也能学知识

虽然陈晨已是一名高中生，但他并没有改变爱看漫画书的习惯，仍像一名小学生对漫画书那样如痴如醉，这让爸妈十分难以理解。

爸妈为此伤透了脑筋，现在高中学习那么紧张，哪还有时间看漫画书啊！爸爸越想越不能理解，气急败坏地说："你看看你，都多少岁了？怎么还像个孩子一样，那么喜欢看漫画书，这对你的学习没有好处。"陈晨也急了，立马回答道："谁说对我的学习没有好处，看漫画书不仅是我缓解学习压力的一种方式，更重要的是还可以从中获取知识。漫画中的人物形象，是我画画的素材；人物间风趣幽默的语言，是我写作文时值得借鉴的地方；各类漫画书中讲述的故事是我写作时的材料。漫画中是如何塑造人物性格特征，故事情节又是怎样表现的，人物的表情反映了内心什么样的心理……这些方面都是值得我们学习和探讨的。漫画中体现的真善美是我们中学生永远学习的地方。"

爸爸一听，傻眼了，没想到儿子说得头头是道。听儿子这么一说，觉得喜欢看漫画书未必是一件坏事，漫画书中还有很多值得学习的地方，也能从中学到知识。

给男孩的悄悄话

漫画陪伴着青少年一起成长，已经成了他们忠实的好伙伴，成了他们童年回忆里不可抹去的一道风景。在我们还不认识字时，漫画、小人书成了我们唯一的读物。可爱的卡通形象，常常成为我们笔下的人物，由那一幅幅漫画组成的故事情节，成了我们年少时讲故事的素材。那一本本的漫画、小人书成了我们年少时维持友谊的纽带。它们带给了我们无数的快乐，直到现在我们还会津津乐道的谈起。为此，家长不能因为认为漫画书对孩子的学习没有帮助而禁止青少年看漫画。

漫画中那诙谐幽默的语言、生动形象的人物形象、复杂曲折的情节，常常让我们这些缺乏自制力的青少年们沉迷其中而不能自拔。书桌、床头、书包等地方，经常能看见漫画书的身影，甚至还会有部分男孩在上课的时候忍不住想多看一眼而不认真听讲，这已经影响到我们的学习了，这真是得不偿失啊！漫画书是缓解我们紧张学习压力的一种方式，但我们需要掌握好看漫画书的时间，避免影响到我们正常的学习作息规律。

多读一些经典名著

徐磊语文成绩不好，尤其是作文，经常逻辑混乱，语句不通顺。老师和徐磊家长沟通后，建议徐磊多读一些课外书，并推荐了一些经典名著。

爸爸妈妈连夜列了一个书单，第二天就从书店抱回了一大摞书。什么《钢铁是怎样炼成的》《老人与海》《平凡的世界》《三国演义》……看着这些书名，徐磊的头都大了。无奈地被爸爸摁在椅子里，翻开厚厚的大部头。

每天放学回家后，爸爸妈妈都会监督徐磊读书，徐磊把读课外书当成了一件苦差事。常常坐在那半天翻不了一页，只是在那里装样子。他实在是不爱看那些枯燥的文字，尤其是这些书都不是他喜欢的。

看着徐磊看书时如坐针毡的样子，爸爸妈妈感觉不是办法，总不能"牛不喝水不能强按头"啊。爸爸妈妈一商量，决定不再对书目做限制，让徐磊自己选书阅读。

徐磊一听乐坏了，原来自己还有选择权。于是就去书店买了一套《金庸全集》。由于是自己喜欢的书，读起来津津有味，常常忘了时间。越读越有意思，简直是爱不释手，这下再也不用爸爸妈妈监督了。

一部书看完，回味无穷，徐磊再把自己认为精彩的地方再去仔细读一遍。比如"乔峰大战聚贤庄"一段，徐磊读了又读，只觉得荡气回肠，被乔峰的英雄气概彻底打动了。为此徐磊还写了读后感，和同学们聊天的时候也讨论书里的故事情节。

刚开始，徐磊读书挺慢的，一章往往看很长时间，逐渐读书速度越来越快。很快一套《金庸全集》就读完了。他从中体会到了读书的快乐，一下子就喜欢上了读书。

他接着又看了《水浒传》《三国演义》等书。现在徐磊学会了读书，看书时而快时而慢，根据自己的情况粗细得当。看《水浒传》他重点注意几个主要人物的性格特点，和主要的故事情节。读《三国演义》精读描写几场著名的大战的场面，还留意一些有意思的历史小故事。

现在徐磊和同学的话题不再只是讨论最近哪个游戏好玩。现在他会和同学讨论"宋江接受招安是对是错""为什么曹操赤壁之战会大败"。

通过读这些名著，徐磊开阔了眼界，积累了大量的知识。现在徐磊的语文成绩提高得很快，也不再会为写一篇作文而愁眉不展了。

给男孩的悄悄话

青少年时期是接受人类最优秀的文化遗产和阅读古今中外名著的黄金时期。有选择地阅读一些名著，对提高男孩的思辨能力、社会活动能力、心理体验能力、演讲表达能力大有裨益，终身受益。

一位作家曾把没读过名著的人比喻为"精神上的残疾人"。

所谓名著，都经受了时间的淘漉和历史的筛选，都是历久不衰的畅销书。它们都有极强的思想性和高超的艺术性，对社会各层次的读者都有极大的吸引力。

名著像蕴藏丰富的矿山，每开掘一次都会有新的收获。例如《红楼梦》中涉及社会生活知识异常丰富，政治、经济、军事、文学、哲学、美学、园林建筑、宫室器物、花鸟虫鱼、星象医卜，几乎无所不包，简直是小型"百科全书"。

名著的思想倾向健康，能鼓舞人昂扬奋发、积极向上。名著的大主题，都是在歌颂人性的真善美，鞭挞假恶丑，在探索或表达人类的对真理、正义、爱情、理想的不懈追求。

那么，青春期男孩在阅读经典名著时，应注意哪些方面呢？

不动笔墨不读书。要把自己的读书心得、体会用自己的语言文字表达出来。

随读随记，读写并进，收效才能大。读完一部名著后，要回过头来总结一下，该记的记下来，该写的整理成文章。有计划有目的地阅读，就一定能够不断提高自己的思想修养和艺术修养，一生受用无穷。

古人有很多行之有效的读书方法，如朱熹的"三到"读书法，苏轼的"八面受敌"读书法等，都可以用作参考。要结合自己的阅读情况，根据自己的爱好、涉猎范围，确定适合于自己的读书方法。

读名著要用发展的眼光、开放的头脑进行思考。做到古为今用、洋为中用。我们可以学习鲁迅先生的拿来主义，要善于用批判的头脑进行思考，广取长处，为我所用。

跟名人学做读书笔记

余浩最近在看名人的传记，看到了关于名人如何读书的事情。

很多人读书的时候都爱做笔记，通常一边读，一边研究，一边在旁边写上自己的读书心得，很多人读过的书里都有密密麻麻的笔记，再次翻看的时候，可能又会加上新的感想和认识，这样一而再，再而三，有的人读书积累的读书笔记比书本本身的字数还要多。当然，对书上讲述的内容也就透彻理解了。

余浩也受到了启发，他觉得这样做读书笔记一定比自己只是看书收获要大很多。他也在自己阅读的时候尝试去做读书笔记。

开始的时候没有自己的感想，就在自己认为重要的句子上划标记，等后来也开始把读到的内容和自己以前看到的内容相联系，做出自己的评价和判断，他觉得这样读书不仅收获大，而且不枯燥。

看来读书笔记的学问还真不小，以前的他读书就像走马观花，现在认真做读书笔记以后，他觉得自己在阅读中获得了很多以前没有过的收获。

给男孩的悄悄话

读书笔记是我们在看书时，把自己读书时的一些心得或书中精彩的部分整理出来而做的笔记。俗话说"好记性不如烂笔头"，只有用笔以文字的形式记录下来，才能保存久远。许多名人都有爱做读书笔记的习惯，俄国文学家托尔斯泰就要求自己身边永远带着铅笔和笔记本，读书和谈话的时候碰到一切美妙的地方和话语都把它记下来。

伟人尚能如此，那我们青少年更应该要学会做读书笔记。现在比较多的青少年没有做读书笔记的习惯，看完书的那一刻，顿时产生了许多的思考，深受启发，但很少会记录下来。一段时间过后，自然也就没有什么印象了。对青少年来说，做读书笔记有很大的好处。一来可以记录下文中优美的语句，在我们写作时可以借鉴。二是做读书笔记可以更好地帮助我们深入理解，方便我们记忆。三是可以锻炼我们构思、写作的能力。对我们的学习大有帮助，为此在今后的学习中，我们要有意识地培养自己做读书笔记的习惯。

青少年可以从采用摘要式读书笔记、评注式读书笔记和心得式读书笔记这三个方面锻炼自己。

用琴棋书画丰富生活

熏染国画的人文情致

程波涛跟着爷爷去参观国画展览了，听说这次展览的作品都是国画大师的精品，作为国画爱好者的爷爷就拉着程波涛去看画了。爷爷希望孙子也能看到国画的美，希望孙子也能喜欢中国传统文化的精粹。

波涛随着爷爷来到了展览中心，大厅里到处都是大幅的国画，有的是彩色的，有的是水墨画，都是惟妙惟肖，那些花草、动物看着都活灵活现的样子，波涛被这些画的意境所吸引，驻足在一幅幅国粹面前，陶醉于这薄薄的纸上蕴含的深厚功夫。

他多想自己也能在大大的白纸上肆意挥洒，挥毫泼墨，画出自己心中的美丽世界。很多画作的下面还写着注释，都是对画的一些简单解释，看着那些优美的文字，让人陶醉的国画，波涛觉得自己仿佛来到了另一个世界。

回来之后，爷爷又给他讲了很多关于国画的故事，还有一些国画大师的生平事迹，他在国画的人文熏陶下，也开始慢慢被国粹所吸引，以前总觉得爷爷喜欢的都是老掉牙的东西，真的接触到这些国画作品的时候，才知道这是一个五彩缤纷的世界。

给男孩的悄悄话

中国画历史悠久，它与西方美术作品有所不同。中国的绘画形式用笔墨作画，画作内容十分丰富，如花草虫鱼、山川美景、人物肖像等。在艺术创作上，融汇了中国众多的传统文化，反映出了中华民族的审美情趣，把中国人在哲学、宗教、道德等方面的认识融入其中。中国的画家在创作中对西方画作有着许多的借鉴和学习，如齐白石、徐悲鸿等人。通过他们的努力使得国画散发出新的时代风采，使得中国传统文化与西方文化有了很好的交流与借鉴。

近几年，学校、社会和国家都十分注重对青少年进行传统文化的学习，继承和弘扬中国传统文化，而国画就是其中杰出的代表。在画作中了解国画的特点，认真鉴赏其画的创作手法以及画家在画作中寄托的情感等，这些都是我们青少年们要学习的地方。

也许我们一时无法懂得如何去欣赏，但这不是我们不去了解和学习的托词。青少年要学会主动接受，在强大的好奇心的驱使下，去了解中国的国画，学习国画，实现对传统文化的继承和弘扬。

听，梵·高在说什么

美术课讲到了西方的画作。看着美术课本上梵·高的画大家都感觉非常新鲜。那些线条看着毫无秩序，又组成了一副和谐的画面，很少接触到西方的油画作品的同学们听着老师讲那些他们不曾听说的故事，感受着来自异国他乡的文化。

方明也是其中的一个学生，他喜欢画素描，关于美术的知识知道的比别的同学多些，但是他也没有系统地去领会西洋美术的美好之处。现在在老师的幻灯片里，在自己的课本上，他认真地观看着那些油画作品，他们的画作和中国画有着很大的不同，他们采用的多是浓重的色彩，还有那些粗犷的线条，对细节的描摹也非常突出。这些特点让人仿佛回到了当时的那个情境中去。

方明在这些绚烂的画作中徜徉，想象着作者画这些画的时候可能出现的事件，那些复古的服装，那些优雅的绅士和淑女，那样明澈的蓝天，那样柔软的草地，仿佛把他带入了一个童话世界里，让他流连忘返。

绘画里藏着和真实的世界不一样的世界。在作者笔下的世界融合作者的观察和角度，这些西洋美术给了方明又一个艺术宝库的钥匙。

🚢 给男孩的悄悄话

西洋美术兴起的时间比较长，特别是欧洲文艺复兴时期，出现了众多著名的美术大师，如达·芬奇、米开朗琪罗、拉斐尔等，创作出了《最后的晚餐》《蒙娜丽莎》等传世之作。由于创作的风格个不一样，由此产生了众多的派别，如浪漫派、印象派、抽象派等，这些派别的画作在雕塑、建筑、绘画等美术门类中都有所表现，并获得了世人的好评，至今仍是人类宝贵的精神财富。

西方美术对绝大多数的中国人来说还比较陌生，对较少接触专业美术知识的青少年来说更是知之甚少。在对学生进行"德、智、体、美、劳"全面培养的今天，更是缺少不了对美术的学习。青少年参观西方美术展、了解美术发展史、学习专业的美术知识，对青少年的全面发展具有重要的作用。通过对中西美术画作的对比，不仅能开拓学生的视野，还能激发学生的创作灵感，提高艺术鉴赏能力。

在中西对比中学习，在比较中进步。一副西方名画，不单单是对作画时间、作画地点、作家创作时情景的了解和把握，更是对画家独特的审美能力、审美眼光的学习。青少年们应多关注这些世间杰作，提高自己的审美水平。

从音乐中找寻好心情

音乐就像是心里流淌出的河流，伴随着耳机里那些流淌的音符，贾飞的坏心情也随着那流动的音乐河流流走，他开始沉浸在那些跳动的节奏中，虽然一直在操场的看台上坐着，但是刚刚因为考试失利的那些沮丧情绪仿佛都被有魔力的音乐驱赶走了。

他的好心情也随着音乐跳跃着赶来。听音乐是个调节心情的好方法。贾飞平时就喜欢听音乐，他觉得很多时候音乐能让他焦躁不安的心情平定下来，让他感受到平静的内心世界，不再为生活的困难而沮丧，重新集聚战胜挫折和困难的勇气。

没事的时候，就听音乐，这是贾飞的娱乐方式，也是他的生活态度。从流淌的音乐里寻找自己的内心，寻找在学习疲惫时候的放松，寻找在紧张不安时候的安慰，寻找在沮丧无奈时候的奋进精神。

不同的节奏能带给贾飞不一样的感受，不同的音乐在不同的情绪中播放，总能让他找到自己的好心情。他在音乐中寻找自己，寻找自己的好心情。

 给男孩的悄悄话

现如今越来越多的人喜欢听音乐，人们也常常出入各种演奏会，感受高雅的音乐听觉艺术。像古典音乐、民族音乐、网络流行歌曲、校园民谣等音乐，经常在我们耳边响起传唱。青少年每天能接触到很多的新事物，喜欢追求时尚和赶潮流，对新鲜事物有着很强的接受力。对音乐的热切关注，更是青少年日常生活中不可缺少的一部分。某明星最近出什么新歌了，新歌的曲风怎么样，好不好听成了青少年间经常谈论的话题，因此各种音乐手机和音乐播放器也备受青少年的欢迎。

音乐是我们日常生活中的调味剂，听音乐不仅是一种娱乐和享受，更是一种心灵上的洗涤。在音乐的世界中，我们可以释放我们压抑的情绪，获取身心上的娱乐，为我们的生活增加更多的乐趣。音乐还是一门直通心灵的艺术，风格迥异的曲风、情感真挚的歌词、饱含深情的演唱，常常能让我们与音乐产生共鸣，释放出我们自己的情感，让生命到达另一种境界。在音乐中培养青少年的真性情，感受生命的多姿多彩。

放开歌喉，唱出心声

"骁勇，你等等我，等等我啊！"唐骁勇回头一看，原来是同班同学李宏利，他急匆匆地追了上来。骁勇停了下来，李宏利气喘吁吁地说："你怎么那么快就走了啊！我正想跟你说呢，明天是周末，我们去唱歌吧！去放松一下。"骁勇连忙说道："我不想去，一来我不会唱歌，五音不全。二来还有很多作业要写呢。""去吧！刘军他们几个也会去的，在那里我们好好的娱乐一下，缓解一下我们紧张的学习压力。在那里体验一下当'明星'的感觉，满足一下我们的明星梦吧！"

在李宏利的软磨硬泡下，骁勇最终还是答应了他的邀请。第二天晚上，他们几人如约来到了娱乐城。这里的人真多啊！既有青年学生、高级白领，又有中年人，还有头发苍白的老年人。既有人在这里举办生日聚会，又有人在这里办庆功宴，还有人在这里洽谈生意。在服务员的带领下，他们几人走向了二楼的包厢。在走廊里，可以清晰地听见包厢里唱歌的声音，经典老歌、网络流行歌曲、外文歌曲、戏剧等，随之飘进了耳朵里。

他们一进入包厢，整个人变得十分轻松。李宏利径直走向点歌台，精心筛选大家喜欢唱的歌曲。刘军拿着麦克风，兴高采烈地说："趁着这样的机会，我们一定要好好地放松一下，体验一下当'明星'的风采。骁勇，在这里就放开歌喉地唱，这也是一种宣泄的方式。我们的三大原则就是'大声、大胆、大概'，不追求音质音色，我们要的只是快乐！宏利，你点好歌了没有？快点啊！今天我们要当一回'K歌之王'，把心中的压抑和不快，统统释放出来。"宏利急忙说道："马上就好！"

音乐响起，大家都没有了拘谨。完全沉浸在音乐的世界里，大家拿出了自己的看家本领，其动作和神情都与歌唱明星十分相似，享受到了音乐带来的快乐。大家的烦恼、忧伤全被音乐带走了，放开歌喉，开心地唱了起来。当骁勇演唱《我的未来不是梦》这首歌时，同学们都响起了热烈的掌声。"真没想到，我们班还真是卧虎藏龙啊！骁勇说自己不会唱歌，没想到他的歌声这么动听，真是一个演唱人才啊！""现在才知道，骁勇这么厉害啊！完全可以代表班里参加学校的校园十大歌手比赛了。"

骁勇听到同学们的称赞后，开心地说道："我很少来这里唱歌，今天充分地感受到了音乐带来的快乐，现在感到十分轻松，最重要的是在这样音响设备较好的地方，真的过了一把'明星'瘾，对唱歌有了一点自信。"

"开心就好，适当地放松，也是为了更好地学习。"李宏利接着说道。

给男孩的悄悄话

美丽的人生中，唱歌、跳舞是不可或缺的。自由、陶醉、愉悦，表现一回自己，甚至暂时地发泄不快，尽在其中。过去，找个清静的地方痛快唱歌、伴着曼妙的音乐展露歌喉是奢侈的事情。今天，随着现代影音技术的发展，人人都可以到包房中一亮歌喉，当一次"K歌之王"。

"不需要舞台只要有歌喉，不需要专业只要有快乐"，这是爱唱歌一族的口号。不同于以往的晚会现场清唱表演，包厢里的模拟演出更让人投入感情，达到出神入化的境界。人们的娱乐方式和娱乐生活由此改观。

在娱乐城清洁幽雅的环境里唱唱歌，的确使人放松身心，感觉很闲适。借助

先进的电脑点歌系统和亲友来一段赛歌表演，把音响设备调到模拟状态，然后是模拟、掌声，融洽的气氛扑面而来，这种难得的体验是令人心旷神怡的。

做个聪慧的小棋手

晚饭过后，张琳做完了作业就迫不及待地从房间里拿出跳棋，央求着爸爸与他一起下棋。此时，爸爸正在客厅认真地看着电视，他跑了过去哀求着说道："爸爸，我的作业做完了，你答应过我的，我俩一起下跳棋的。""好，好，爸爸答应过你的事，就一定办到！""太好了，终于可以和爸爸一起下棋了。"

妈妈也凑了过来，笑着说道："父子俩谁输了，谁就帮着我洗碗做家务。"张琳和爸爸满口答应道："没问题。"下棋正式开始了，张琳先行，爸爸跟着张琳下了同一步棋。张琳想着要把最远的那枚棋子最先到达对方的棋盘，这样可以减少很多的压力。为此，张琳的目光死死地盯住了这枚棋子，绞尽了脑汁。而爸爸却不焦急，慢慢地为自己牵线搭桥，构思好每一步棋。张琳费了很大的劲，还让那颗棋子胜利地到达对方的棋盘。正当他得意洋

洋的时候，爸爸的棋子连跳几级，不费吹灰之力就进入了自己的棋盘，张琳看后都傻眼了。张琳似乎从中得到了点启发，决定整体作战，不能单个进行游击战。棋盘上的局势越来越复杂了，张琳举棋不定，思前考后，刚一落棋子，他马上就后悔了，刚才不应该走这步棋的。正当他下手悔棋，爸爸一把抓住了他的手，说："落棋后就不能悔棋了，你应该考虑好了，再走这步棋。""刚才是我没看见啊！"张琳忙说道。"下棋的时候一定要眼观六路，看好棋局，这是对你考虑不周全的小小惩罚，不能悔棋。"张琳一听，只好接受了。

棋局对张琳越来越不利了，他苦苦的哀求道："爸爸，这次你就让让我吧！"爸爸看着他苦苦哀求的样子，满口答应了。尽管爸爸一再让步，张琳最终还是输了。

"儿子，你还要多向爸爸学习啊！现在你的工作，就是帮我洗碗干家务。"妈妈笑呵呵地说道。"是！有了这次的经验教训后，下次我一定要赢，给爸爸一个洗碗的机会。"爸妈听后，高兴地笑了起来。

给男孩的悄悄话

男孩子大都爱玩棋，既娱乐身心，又开发智力。

棋是博弈的一种，它不像拳击、足球等运动项目以拼体力为主，下棋拼的是智慧，比的是谋略，斗的是心计。棋不仅是竞技或娱乐，还是一种文化，与棋有关的一些词语都已渗入生活中，如"星罗棋布""棋逢对手""举棋不定""丢卒保车""丢车保帅"等等。

世事如棋，棋亦如世事。破釜沉舟、步步为营、"一着不慎，满盘皆输"的事在现实中也并不罕见。青少年如果能从棋理中悟出做事之理、做人之理，则不但是棋坛高手，也可算是人生中的智者了。

生活中常见的有中国象棋、国际象棋、围棋、军棋、跳棋以及网上流行的五子棋。至于民间杂棋的种类，则不可胜数。

挥洒翰墨，写意人生

"爸妈，我的书法作品得奖了，还是一等奖呢！"蒋炳璇还没进家门，就在家门口大声叫喊道。院子里的邻居听见后，朝他竖起了大拇指："璇璇，真厉害，功夫不负有心人啊！"刚从学校接女儿回家的王阿姨听说后，忙对女儿说："晓寒，我们要向哥哥学习，认真练字，好不好啊？"晓寒急忙跑了过去，拽着他的裤子说："哥哥，我要向你学习，也要得一个大奖。"院子里的邻居听见后，哈哈地地笑了起来。

蒋炳璇书法作品得奖的事，传遍了整个院子。院子里的叔叔阿姨、爷爷奶奶都称赞他，"蒋妈妈你真是教子有方啊！""小小年纪就能写一手好字，不简单啊！"蒋妈妈听后，心里十分高兴，为儿子感到骄傲。

　　说起练习书法，蒋妈妈知道儿子付出了很多的心血。由于受到爸爸爱好书法的影响，蒋炳璇从小就喜欢练习书法。看了爸爸那苍劲有力，遒美健秀的毛笔字后，他决心要向爸爸学习，练习书法。在爸爸的指导下，他从如何拿笔开始学起，一横一竖都要认真地反复练习。刚开始，他按照爸爸的要求练习最简单的笔画。两三个月过去了，他十分不理解为什么爸爸还是要求他练习横竖这样简单的笔画，完全可以练习其他的笔画了。他决定要跟爸爸好好谈谈，晚上他走到爸爸的书房，看见爸爸正在认真的练习，走进一看爸爸也在练习简单的笔画，这更让他好奇了。爸爸练习了十多年的书法，许多的书法作品还参赛得奖了，为什么还要练习这样简单的笔画呢？

　　爸爸抬起头看着他，笑了笑说道："练习好一横一竖，是我们练习好书法的基础。如果连这样的基础都不具备，又怎能写好毛笔字呢？练习书法，要有一颗持之以恒的决心，没有这样的恒心，不经过长年累月的练习，是不会进步的。练习书法，不仅仅是为了写一手漂亮的毛笔字，更是对我们意志与品质的培养。字如其人，欣赏一幅画作往往能从中看出这位作者的性格品质。爸爸希望你能坚持努力，终有一天会有所收获的。"蒋炳璇听后，羞愧地低下了头。

　　回到房间后，他拿起了毛笔继续开始一横一竖简单笔画的练习……

给男孩的悄悄话

　　书法是我国特有的、形体丰富的传统造型艺术，已有3000多年的发展历史。中国书法一般使用圆锥形的软笔来书写汉字，并要求达到精、神、美的艺术效果。书法主要有行书、楷书、隶书、篆书、草书、魏碑等体。书法最早是指写字记事的技艺，随着书体渐多、技法逐精，书写内容成为表现书者的内在精神因素，以致发展成为一门独特的艺术，形成一整套完整的技法。

　　历史上书法名家众多，钟繇、蔡邕、张芝、王羲之、王献之、颜真卿、柳公权、褚遂良、苏轼、米芾、赵孟頫、董其昌等等。

　　书法是一种构成艺术，它是在洁白的纸上依靠毛笔运动的灵活多变和水墨的丰富性，在纸面上形成有意味的黑白构成。它也是一种表现性的艺术，书写者的笔是他手指的延伸，笔的疾厉、徐缓、飞动、顿挫，都受主观的驱使，成为他情感、情绪的发泄；书法能够通过作品把书家个人的生活感受、学识、修养、个性等悄悄地折射出来，所以通常有"字如其人""书为心画"的说法；它又极具实用性，可以用于题词、书写牌匾。

　　青春期男孩学习书法，益处颇多：

　　1.毛笔字的进步会带动钢笔字的进步。

2.学好书法有利于眼睛、脊椎骨的健康，有益于长寿。

3.有利于培养和形成良好的习惯与意志、品质。

4.有利于综合素质的提高。

青春期男孩怎样才能学好书法呢？有专家指出：

1.要激发兴趣，才会积极学习。

2.根据自身的个性、爱好，选择最喜欢的字体入门。

3.认真读名家法帖，练眼练心，做到胸有成帖，脑有成字。

4.练手，即练指力、练腕力、练手感。要让笔成为手的延伸。

5.要心平气和，善始善终，不可心浮气躁。

6.要有恒心、有毅力，不可轻易变换字体。

7.要学用结合，练写合一。

用画笔激扬青春

像其他的孩子一样，高二学生张海涛在周末的时候常去一个绘画工作室在那跟老师学习画画。对他来说，画画对他有着特殊的意义。

小时候，张海涛患有较为严重的自闭症，无论是在家还是在学校，他都不愿与人交流，常常独自一人发呆，从不开口与人交谈。爸妈十分焦急，想尽了各种办法，仍然不见好转。有一天，爸妈发现六岁的小海涛拿起了笔在一张白纸上，来来回回地画着，虽然画的内容比较简单，只是一棵小树苗，但这让爸妈无比高兴，因为儿子通过手中的笔来表达自己的情感了。从那以后，爸妈十分关注他的一举一动，虽然儿子不开口说话，但外出时儿子看着某一景物出奇地认真仔细，回到家后他把自己关在房间里，根据自己的回忆加上自己的想象把景物画下来。爸妈知道画画成了儿子自己与自己，与他们之间的一种沟通方式。爸妈看着小海涛的画，亲切地问道："海涛，你画的是我们院子里的那棵树吗？""海涛，这张纸上你画的是中心公园里的那座凉亭吗？"刚开始，小海涛只是用点头或摇头的方式，来回答爸妈的问题。这对爸妈来说是一个极大的安慰，儿子现在的举动终于与他们有互动了。

慢慢的，奇迹发生了，小海涛终于开口用简单的语言回答爸妈的问题了。尽管只是"是"或"不是"这样的回答，但这样爸妈高兴极了。爸妈根据海涛喜欢画画这一兴趣，坚持不懈地尝试着与儿子进行沟通。经过一番努力，海涛的自闭症得到了缓解，慢慢地喜欢开口说话了，喜欢与人沟通交流了。

现如今，已是高中生的海涛选择了学习美术。选择之初他对爸妈说："爸妈，我喜欢画画，我会认真学习画画，争取考上美术院校，实现我想当画家的梦想。"爸爸听后高兴地说："画画对我们一家三口有着特殊的意义，爸爸和妈妈永远支持你的选择，认真学习画画，实现自己的梦想。"

有了爸妈的支持后，海涛更是信心十足。周末不是外出写生，就是来到画室跟着老师学习，他从来不觉得辛苦。

给男孩的悄悄话

很多男孩都热爱绘画。小时候，照着课本，男孩子画一个武士、一把宝剑，任梦幻在心底飞翔。长大了，背上画夹，在青山绿水中徜徉、将惊艳永恒地铭记在画纸上，是何等的满足、惬意！

画画的作用包括培养美感、促进认知、发展智力、提高手眼脑的协调性和手的灵活性、促进创造性的艺术想象力和表现力等等。这些作用中最重要的在于它具有培养创造性的功能，这种功能是通过造型活动实现的。

另外，画画能陶冶情操、锻炼身心、开发大脑思维的想象空间。

喜欢画画的人，性格大多乐观、豁达，遇事谨慎有分寸，感情细腻而浪漫。

青少年学画画，可以从素描和色彩开始。

由木炭、铅笔、钢笔等，以线条来画出物象明暗的单色画，称为素描。通常讲的素描多元化指铅笔画和炭笔画。素描是一切绘画的基础。

初学素描常从铅笔开始，主要原因是铅笔在用线造型中可以十分精确而肯定，能较随意地修改，又能较为深入细致地刻画细部，有利于严谨的形体要求和深入反复地研究。同时铅笔的种类较多，有硬有软，有深有浅，可以画出较多的调子。铅笔的色泽又便于表现调子中的许多银灰色层次，对于石膏等基础训练作业效果较好，初学者比较容易把握。

有一定素描基础之后可以开始色彩练习。拿水粉来说，它易改，易画，表现技法相对比较少。

水粉练习初期可以做一张色表。自学画的过程中可以从临摹——写生——临摹的学习方法来练习。

要有"多画、多看、多想"的习惯。画一张画的过程要遵循"理性——感性——理性""整体——局部——整体"的思维观察方法。

至于画的表达技法太多，需自己在练习中琢磨。

多游泳磨炼意志

游泳，是王明智最喜欢的一项兴趣爱好。小时候，他就经常和村上的小伙伴去村前屋后的河流、池塘里游泳。他们在那里打水仗、玩潜水、摸田螺，常常能待上一整天，直到夕阳西下还舍不得回家。他们在没有经过爸妈的同意的情况下私自去游泳，常常免不了一顿打骂，但与游泳时的欢乐相比，这点打骂算不了什么。水中充满了他们童年时代的欢声笑语，也留下了他们成长的足迹。

对他们来说，游泳是一件充满乐趣的事。他与小伙伴常常逆游，而用时最短者常常成为他们中的小英雄。在王明智的眼里，游泳更是对自己的一种考验，是磨炼意志的好方法。记得有一次，他与小伙伴相约来到河边，河流比较湍急，但他们仍然决定逆游，最先到达上游大石头处者为胜。在做好热身准备后，一声令下，他和小伙伴们"噗通"一声钻进了水里，整个身子像一根泥鳅一样，一下子就不见了身影。王明智两手奋力划水，两脚来回不停地交替上下打退，抬起头来一边呼吸，一边朝目标游去。看着目标越来越接近，王志明心里十分的高兴，可这时，他感觉到手脚十分的酸痛，但他仍然不想放弃。"坚持就是胜利"的信念，让他再次鼓起了勇气，敢于征服激流，尝试着超越自我。

小伙伴们纷纷半途放弃了，可王明智凭借着坚强的意志，在小伙伴的鼓舞下，一鼓作气游到了终点。王明智对小伙伴说："以后有机会我们还要进行这样的游泳比赛，在游泳中舒展我们的身心，让身与心都得到锻炼！"回忆起此次游泳，王明智津津乐道地说，"这次游泳让我终生难忘，这个过程不仅让我征服了激流，还磨炼了我的意志。"

给男孩的悄悄话

在碧波中起伏，与浪花共舞，享受水中无穷的乐趣，这就是青少年特别喜爱的游泳。游泳益处多多。首先，游泳可使心肌发达，使心脏的搏出量增加。对从事大运动量的活动者，包括重体力劳动者可提供很大的能量储备。其次，游泳可加强呼吸功能。由于在游泳中换气必须做大的呼吸动作，经过多次的锻炼，可逐步增大肺活量，调整呼吸的节律，有利于人们进行持续性的劳动。此外，游泳还可以增强肌力和体力。由于游泳中肢体要不停地克服水的阻力，使肌纤维得到锻炼而增粗。从中既锤炼了身心，又磨炼了意志。

游泳时要注意的问题

（1）掌握水中呼吸要领：呼气应在水内进行，随着口中喊一声"哇"字，同时将水与气体用力呼出于水中；当抬头高出水面的一刹那，大力用口吸气。

（2）使身体在水中浮起：人在水中浮起，主要依靠人的胸、腹腔。初学者可以立在水池中，屈膝双手环抱于双小腿之上，用力使上体下压，然后慢慢伸展下肢，身体即可在水中漂浮。

（3）防止脚抽筋：在下水之前，最好做一些足部的伸展运动，并对双足实施按摩，这样的准备动作可以帮助肌肉迅速地排除有害物质，减小肌肉痉挛的发生率。

游泳时的卫生

（1）护耳：游泳时耳朵常常进水，容易引起耳疾。最好的办法是游泳前用消毒棉球把耳朵塞起来，游泳后及时排出耳道内的积水。方法是站在原地，头偏向有水的一侧，单脚用力跳几下，然后用棉花拭干耳道。

（2）护眼：游泳后清洗面部，滴几滴眼药水，预防结膜炎。

（3）护齿：游泳后要漱口，最好用牙膏刷牙，预防水池中过多的消毒剂对牙齿的侵蚀。

（4）护发：游泳后要冲洗头发，洗净黏附在头发上的污物，以免头发、头皮受侵蚀。

（5）护肤：游泳后最好用清水淋浴，以保持皮肤清洁，不受病菌感染。

在茶香中沉淀浮躁的心性

"对不起，对不起，我不是故意的。"踩了人的男生连声道歉。"没事儿。"苏青爽朗地笑笑。"苏青你没事儿吧？这几个月不见还真得刮目相看啦？"苏青的好哥们儿吕梁惊叫着。他的反应也不为过，换作是几个月以前的苏青，遇到一群男生疯闹时踩了他的脚那肯定就得骂人，说不定还得动手。但是今天苏青似乎异常的淡定，这其中的玄机自然只有苏青自己最清楚。

苏青一直以来都是个急性子，又有点儿斤斤计较，所以给人留下的印象通常都是嚣张跋扈的小男人。他自己一直觉得没什么，家里人也觉得这就是个人脾气秉性的问题也无可厚非，朋友们相处得久了也就都习惯并接受了这样的他。

但是教师岗位上退休下来的爷爷不这么看，他始终觉得男孩子就应该磊落洒脱，拿得起放得下。家里人都觉得爷爷的说法有理，但实施起来很难，毕竟冰冻三尺非一日之寒。苏青的脾气都已经成型了还能怎么做去改变呢？

要说这姜还是老的辣，爷爷找苏青很认真地谈了一次话，之后爷爷用了几个月的时间就让他有了很大的改观。爷爷的秘籍就是让苏青和他学茶艺。在学习茶艺之前，爷爷和苏青说学习茶艺可以让人修身养性，他一点儿也不相信爷爷的话。但是随着学习的一步步推进，苏青发现自己的心境和以前真的有很大的不同。慢慢地，他不仅学会了如何识别各种茶叶、泡茶的全部细节步骤、茶道中的礼节。更重要的是他渐渐发现自己正在慢慢的淡泊、宁静。现在的苏青，可以耐心地从净手到敬茶一丝不苟地完成，可以静下心来看厚厚的古籍资料，可以像涉世多年的老者一样得之坦然失之泰然的生活。虽然偶尔还是会计较一些小事，但比起以前也是有很大不同的。

所以当一群嬉笑的男生中有人踩到他时，他没有像以往那样骂粗口挥拳头，而是选择了宽容谦让。所以说学习茶艺不仅仅可以识茗品茗，更能修身养性，让人渐渐静下心来过自己的生活。

给男孩的悄悄话

性格暴躁的男孩，可以尝试接触茶道，在清幽的茶香中荡涤心灵，使灵魂沉静。

茶艺，也称茶道，是指茶叶的生产、制作及品茗的技艺。茶文化是中国文化的一个重要组成部分。

饮茶在我国有着悠久的历史，早在西汉时期就开始饮茶了。

到唐宋年间，饮茶广为盛行。唐代陆羽所著的《茶经》一书，是世界上最早最完备的茶学专著。由于该书的传播，与茶相关的茶道也开始形成并流行开来。

清郑板桥诗曰："从来名士能评水，自古高僧爱斗茶。"除了解渴、健身，茶更能令原本烦躁的青春期男孩们变得沉静、从容，让男孩们在喧嚣浮躁的生活中找到一方属于心灵的净土和乐园。

享受钓鱼的惬意

八年级的黄峰，最喜欢周末的时候跟着爷爷去湖边钓鱼。他跟着爷爷学会了许多垂钓的技巧，更体会到了其中的乐趣。

每到天气晴朗的周末，黄峰都会带上鱼饵和钓竿跟着爷爷去湖边钓鱼。他学着爷爷的样子，安放好鱼饵，放下了长线，将鱼饵抛入了水中，然后安静地坐在板凳上，静静地等着鱼儿上钩。十多分钟过去了，浮标一点动静也没有，黄峰忍不住问爷爷："这么久了，怎么还没有鱼儿上钩呢？"爷爷听后，哈哈地笑道："你小子，就耐心地等着吧！早着呢，这么快就有点不耐烦了。"黄峰一听，马上转过头去死死地盯着湖面，生怕错过了鱼儿上钩的时机。突然间，湖面上的浮标轻轻动了一下，这让黄峰惊喜不已，还没等爷爷回过神来，黄峰就迫不及待地把钓竿拉了出来。此时却发现并没有鱼儿上钩，反而鱼饵被鱼吃掉了。这时，黄峰失望极了，他伤心不已，一脸疑惑地望着爷爷。爷爷笑着说道："傻小子，你以为鱼儿会那么傻，能那么轻易地就上钩，那你也就太小看它们了，它们精着呢。""浮标上下动了动，那是鱼儿正在试探，这时你拉回钓竿的话，可想而知是徒劳无获了。这时你更需要耐心的等待鱼儿上钩，方才有收获。"黄峰点了点头。爷爷看了孙子一眼，继续说道："像你这样心急的人，是很难钓到鱼的，钓鱼时要有一种心境，这种心境就是那份安静。只有心静的人才能钓到鱼。这也就是为什么那么多的人钓不上鱼，而经常喜欢钓鱼的原因，因为钓鱼时的那份惬意与宁静，远远超过了钓鱼的乐趣，钓鱼其实就是一种心境。"黄峰吃惊地望着爷爷，说道："没想到，钓鱼还是一门这么大的学问啊！"

"下次钓鱼，我一定要改掉自己心急的坏毛病，耐心地等待着鱼儿上钩。像爷爷那样钓上第一条鱼来。"爷爷哈哈的大笑起来。

踏着余晖，黄峰跟着爷爷兴高采烈地回家了。尽管今天他没有钓上一条鱼来，但他却从爷爷那里学到了钓鱼之外的知识与办事的态度，这是黄峰今天最大的收获，这样的收获远远大于钓上来的鱼儿。

🚢 给男孩的悄悄话

男孩们，你们钓过鱼吗？风和日丽，与二三友人到河边静心执竿，相信那份钓的清闲、惬意要远大于载鱼而归了。

钓鱼的安全措施

（1）远离高压线。

池塘旁、河边若有高压线，垂钓者甩钩时，容易碰上高压线，会造成短路触电，给垂钓者带来危险，所以垂钓者必须远离有高压线的地方。

（2）不宜在污染的水中垂钓。被污染的水中可能含有酚类有机化合物（即芳香生物），这种化合物含有大量毒素和细菌。在这种环境里钓鱼，一是垂钓者长时间在这里呼吸，会染上病菌和有毒物质；二是钓上来受污染的鱼，人吃了也会得病。

（3）下雨打雷时不宜垂钓。在荒郊野外池塘钓鱼，钓鱼竿被雨淋湿变成导体，很容易被雷击中，酿成伤害事故，而且长时间淋雨也容易着凉感冒。

（4）不可到危险的环境中去钓鱼。如海边岩石上、河边高岸上、池边陡壁上或滑溜裂缝上，一不小心都会导致垂钓者失足跌至崖下、坠落水中，造成伤害。

第七章
情绪 & 情商——让冒险的旅途充满阳光

做阳光男孩，享幸福生活

保有乐观的心态

陈沛受伤了，但校级篮球赛对他来说很重要，他本来打算要带着自己的队伍去冲击冠军，没想第二场比赛他就因对方犯规而扭伤了脚踝，躺在了病床上，无法下地，但是他的脸上还挂着笑容。因为他知道，没有他他们的队伍也会取得好成绩，小组赛是积分制。他想着对手的实力，再和他们自己的实力对比着。

敲门声响起来，队友们进来了。大家刚从赛场上奔回来，身上还有些汗水的味道。陈沛问大家："怎么了，这是？一个个这么垂头丧气。"

"队长，没你在我们根本没精神，上来就被人家压着打，一直到结束，连一点反攻的机会也没有。本来很弱的一个队，把我们打得措手不及，毫无招架之力……"

"是呀，队长，你在的时候，无论谁没精神，都会被你逗得开心，然后我们总能力挽狂澜，现在你不在队里，队伍就像个面条。"

"这次输得这么惨，看来咱们是没有机会夺冠了。"

大家你一言我一语地抱怨着，连取胜的信心都被一场失利折损了。陈沛笑着跟大家说："同志们，振作嘛，没我不是还有你们么。这场输了，咱能出线吗？"

"能，咱们输了这场也积够了出线的分。出线没问题。"

"那就好嘛。能出线，小组赛就没白打嘛。出线了，所有队伍成绩清零，我们就又有机会从头开始啦！"陈沛分析了形势，大家的眉头开始舒展，"下次咱们比的时候，我一定去赛场，别都跟霜打的茄子似的。这样不输才怪。"陈沛的话，像是一盏灯点亮了大家的心情。本来大家是想安慰一下陈沛，让他别因为受伤不能参加比赛而难过，没想到一群人最后却被受伤的队长鼓励了半天，大家都有些不好意思。

但是，所有的队员相信，他们一定能赢得下一场比赛，因为队长乐观的心态，就像是黑暗里灯塔，让他们不会在失败面前放弃希望。

给男孩的悄悄话

每个人的内心都有一面魔镜：正面是阳光普照、春暖花开；反面是阴沉愁闷。用哪一面来引领你的人生之路就在于你常常拂拭哪一面明镜。多帮孩子擦擦心中那面光明的镜子，孩子就能看到更多的光明之处。

我们都希望能够一帆风顺地长大成人，但是其实我们都知道，这个世界上每天都在发生美好事情的同时也在发生残酷的事情。如果我们试图生活在一个没有细菌的真空环境中，一旦接触到真实的社会，极有可能力不从心，免疫防线不堪一击。与其花心思让自己逃避生活，不如花心思去培养一颗乐观坚强的心灵。当我们愿意把目光盯向积极的一面时，黑暗就自然地被抛在了身后。

培养乐观心态说起来容易做起来难。从悲观到乐观，你需要一个相信自己的理由，那就是证明自己可以。

世事如庭前花，花开也有花落；世事又如天边云，云舒也有云卷。何必患得患失，终日萦挂于怀呢？生活好比一面镜子，你对它笑，它也对你笑，你对它哭，它也对你哭。快乐的行动决定于快乐的思想，一个乐观的心态，比一百种智慧都更有力量。

正确理解失败

钱巍坐在教室的角落里发呆，还想着自己昨天踢进的乌龙球。最近学校在举行班级间的足球联赛，爱好足球的钱巍自然也是班里的足球队主力。昨天是他们班能否进决赛的一场关键比赛，大家都使出全身力气，争取晋级决赛的名额。钱巍自然也不例外，他也极其希望自己的班级能够夺冠，并贡献自己的一分力量。

对手也是很强的班级，他们队员的体力明显要优于自己，昨天的足球一直在钱巍他们班的半场里盘旋，他们没法对对方展开攻势，钱巍终于在后半场的时候截下了对方脚下的足球，也许是求胜心切，他铆足了劲，想把球开出自己的半场，也不知道是过于紧张，还是真的被昨天的太阳晒昏了头，他一脚开出去的球，既没有飞向队友，也没有向着对方的半场，而是向着自己的球门直奔而去。场上的观众都发出惊呼，守门员根本没有反应过来，球直接落进球网。如果是对方的球门，这是多么漂亮的动作，干净利落。现在也是干净利落，但却是利落的乌龙球。

钱巍沮丧地跪在了地上，对方的球员们欢呼雀跃，自己的队员们无奈地走向了各自的位置。钱巍试图改变这个格局，最终还是无力回天，他们以0：1输给了对方，那一个球还是自己帮对方踢进去的。

他现在沮丧地坐在角落里，昨天他在操场上坐了很久，队员们简单安慰了他几句，但是大家都很沮丧。等队员们和观众都散去了之后，他大哭了一场。就这么输了，他们的冠军梦就被他一脚断送，他难过极了。

他昨天甚至发誓，以后再也不踢足球了，他不希望这样的事情再发生第二次。今天遇见和自己一起踢球的同学，他都觉得不好意思和人家打招呼，面对失败，他变得沮丧，甚至都影响了他的人际关系。他总觉得自己亏欠大家的，亏欠队员们，也亏欠班上的同学。他不知道如何是好，他颓丧地坐在座位上，痛苦地揪着自己的头发……

给男孩的悄悄话

每个男孩都渴望成功，但由于年龄小、能力有限、经历和经验缺乏以及各种因素的影响，难免会遭受失败和挫折。一次小小的失败，对成人来说是微不足道的，对青春期男孩来说却是一个不小的打击。

在我们的生活中，有许多这样的男孩，他们本来拥有聪明的头脑，以前也曾是全班甚至全校的尖子生，但往往因为一次考试不理想或是老师某一句话对他的打击，就变得消沉起来，学习成绩下降、上课精力不集中，甚至是逃学。

在这种心态的影响下，男孩们就可能变得精神萎靡、消沉慵懒、做事没劲头，完全一副颓废的模样。这种心态如果得不到调整，他的一生就只能是碌碌无为，不敢面对一点困难。

很多时候，给男孩带来最大打击的往往不是失败本身，而是他对失败的理解。等待青春期男孩的将是长长的一生，如果眼前一点暂时的小困难都应付不了，今后又如何经得起大风大浪？与其一蹶不振，不如培养自己乐观的心态，给自己面对困难的勇气。只有有了乐观的心态，才能积极认真地面对生活，才能在遇到困难时也不灰心、不气馁，最后顽强地坚持到底！想正确面对失败，可以尝试以下几种做法：

1.要尽早训练自己正确对待失败。要告诉自己失败在人生的道路上很难避免，让自己在思想上有准备，这样，即使遇到失败也容易承受，将失败的损失降到最低程度。鼓励自己勇于承担风险，如果我们总是躲避风险，就会缺乏自信心，因为躲避风险会使我们无法获得真正成功的感觉。那么就鼓励自己去做以前从未做过的事，在成功中寻找自信。

2.防止消极的态度。有的人在失败后，消极、颓废、自卑、沮丧，从此一蹶不振，失去对生活的希望，或引起不恰当的对抗行为等，这是对待失败的消极态度。应告诉自己防止这种消极态度，以积极态度来对抗消极态度。如果你在某一件事上失败了，不能自我苛责，要自我鼓励，激起自己重新奋起的决心和自信心。

3.告诉自己应该变失败为成功。如果能从失败中吸取教训，砥砺人的意志，使人更成熟、坚强，激励人从逆境中奋起，就能使失败变为成功之母。我们勇敢地面对失败，用失败来做成功的基奠。

4.不必太在乎外界评价。即使失败了，也应该告诉自己，谁都不可能总是在比赛上得第一名，也不可能总是得奖章。就是在没有外界奖赏的情况下，也应坚定地走自己的成功之路。

为生活减负，让自己轻松

魏一航是个高二的男生。他现在生活得非常不快乐，虽然他每天都制定了严格的学习计划，但是总是因为各种各样的事情而耽误，最后每项计划的完成情况都没有像预期的那么好。于是他为此很沮丧，觉得自己的高中生活被搞得一团糟，他最害怕的是，正在专心地完成自己的学习计划的时候，某个老师又突然拿来一堆资料，迅速地发给他们，要今天晚自习放学之前交。这样他的计划就不得不再改变，而他原来的计划不能完成，对新的任务就有了很大的抵触情绪。

为此他很苦恼，觉得自己的学习就像是在无边无垠的苦海里，还有两年才高考，现在都开始担心自己坚持不到高考就已经心理崩溃了。又是觉得自己处于慌乱中，他没法让自己安静下来，也没有开心的时候。看着别人高高兴兴的上课、写作业，他心里难过极了。

"别人肯定都比我好，比我优秀，他们才能对这些瞬息万变的事务应对自如。"魏一航就这么劝说自己，而这样的劝说更让他难过。他觉得自己注定是个悲剧。

一次测验结束后，他决定改变自己的悲惨生活，他主动找到了班主任王老师，和王老师探讨这个问题。一航很是沮丧，他找到王老师的第一句话就是："王老师，我觉得自己的生活不如别人幸福！"

王老师被他这突如其来的感慨吓下了一跳，笑着问一航："对你来说，什么是幸福呀？"

一航手指头搅着自己的衣裳角说："对我自己现在来说，幸福就是能够完成我的学习计划，能够过有条理的生活。"

王老师笑了，原来是个因为学习计划总是不能完成而苦恼的孩子。他接着问一航："你觉得咱们班，你最羡慕谁？"

一航想了想，说了个名字。王老师就让他去跟那个同学交流，那个同学在一航看来是个非常自由的同学，好像从来不为计划的事情担心。

交流之后，一航才发现，原来那个同学每次都为自己从来不制订计划，最后影响了完成事情的效率而苦恼呢。

大家都有自己的苦恼，那么看看你的优势，你的苦恼是不是就会变少了呢？

给男孩的悄悄话

要想获取生活中的幸福，应使用一种"负的方法"。所谓"负的方法"，就是为生活减负，不给自己过多的欲望和压力，简简单单、轻轻松松地获取幸福。这种"负的方法"可以说道出了获取幸福的秘诀。从下面的小故事中，我们便可看出它有着多么大的效果。

在古希腊时期，有一个国王闲来无事，便微服走出宫门，走到一个补鞋的小伙子面前，一时兴起就问小伙子："你说在这个国家中谁是最快乐的人？"小伙子答："当然是国王最快乐了。"

国王问道："为什么啊？"

小伙子说："你想，有百官差遣，平民供奉，想要什么就有什么，这还不快乐吗？"

国王答："希望如你所说吧。"接着，国王便请小伙子一起喝酒去了。等小伙子醉得不省人事时，国王便命人把他抬回皇宫中，对王妃说："这个小伙子说，国王是最快乐的，我现在戏弄一下他，给他穿上国王的衣服，让他理理国政，你们大家不要害怕。"王妃答："遵命。"

等到那小伙子醒了，宫女便假装说："大王您喝醉了，现在有很多事情要等您处理。"于是小伙子被拥出临朝，众人都催促他快些处理事情，他却懵懵懂懂，什么也不知道。旁边有史官记其所言所行，大臣公卿们与之商讨议论，一直坐了一整天，弄得小伙子腰酸背痛，疲惫不堪。这样过了几天，小伙子吃不好睡不香，就瘦了下来。

宫女又假装说："大王您这样憔悴，是为什么啊？"

小伙子回答说："我梦见自己是一个补鞋的穷人，辛苦求食，生活很是艰难，好害怕自己会真变成那样，因此就瘦成这样了。"众人私下里偷着笑。小伙子到了晚上，翻来覆去睡不着，道："我是补鞋子的，还是国王呢？若真是国王，皮肤为什么又这样粗糙呢？若是补鞋子的，又为什么会在王宫里呢？唉，我的心很慌，眼睛也花了啊。"他竟真的分不清自己到底是谁了。

王妃说："大王这样不高兴，让歌伎们来给您取乐吧。"于是小伙子喝了葡萄美酒，又醉得不省人事了。后来，宫女们又给小伙子穿上旧衣服，把他送回简陋的床上。小伙子酒醒后，看见自己的破房、粗布衣服，一切都是原来的样子，却浑身酸痛，好像被棍子打过了一样。

过了几天，国王又来到他这里。小伙子对国王说："上次喝酒，是我糊涂无知，现在我才明白过来啊。我梦见自己当了国王，要审核百官，又有史官记对记错，众大臣都来商量讨论国事，心里便总是忧心不安，感觉有着巨大的压力，要处理的事情实在太多太繁杂了，弄得我浑身都痛，好像被鞭子打了一样。在梦里尚且如此，若是真当了国王，还不更痛苦啊？前几天跟你说的话，实在是不对的啊。"

故事中的小伙子刚开始的想法，可能是很多青春期男孩都曾经有过的。我们常常错误地认为那些非常富裕或者有权有势的人才是最快乐最幸福的。于是我们总幻想，自己要是他们那该有多么幸福啊。其实这是最大的误解，因为幸福并不是拥有得越多越幸福，而是使自己简简单单、自由自在些才能获取到幸福，而这正是"负的方法"。

没有太多压力和欲求的人往往更容易获得幸福。一个人不管在学习还是在日常生活中，只要他不受外力的强迫，内心是自由自在的，然后顺应自己的兴趣和爱好，充分地发展自己的兴趣和爱好，他就能获得幸福。而总是勉强自己要像别人一样，将别人的幸福视为自己努力方向的人，不但会失去自己的幸福，而且还会使自己时刻感觉到痛苦，因为在短时间内自己根本无法达到那个心目中幸福的人的地步。

这就好比我们的学习。如果我们认为在班上考第一的人才是快乐的，自己要想获得快乐也必须考第一的话，那么即使我们每次考试都取得了进步，我们也不会因此而开心。因为你会发现就算你进步了，但是总是会和考第一的人有一定的差距，你很难达到你所追求的那种快乐。而如果你运用"负的方法"，发现自己在不断进步，而不只是一味地与他人相比，你便会快乐起来。

催生心中的快乐

海东好像一直处于无忧无虑的状态，虽然年轻人确实没有什么可烦恼的，但是同学们至少也会为过多的作业，还有烦人的考试发愁，但是海东每天都是很快乐的样子，这让很多人都不明白。为什么大家一样在教室里上课，一样去操场上参加锻炼，他的成绩也一般，体育活动的表现也不是最出色的，他反而比那些优秀的学生更轻松呢？

而海东的好朋友刘越却经常为各种事情忧心忡忡。

刘越经常向海东抱怨一些小事情：明天就要考试了，现在还感觉自己像什么都没有记住的样子，该怎么办呀？下周的体能测试又要测 1000 米了，这是很让人发愁的事情呀，到时候不及格了又要做俯卧撑，累死了不说，还丢人。还有那个烦人的兴趣小组，每次都搞到周末举行，不能睡懒觉，还得准备好多材料。

海东其实和刘越参加的活动都一样，他也要参加明天的考试，他也要在下周体能测验，他一向没有刘越跑得快，他也跟刘越在同一个兴趣小组，但是他跟刘越的看法不一样。他是那种能把事情看得很开的人。所以他才看起来比较快乐，至少没有那么多精神负担，没有每天把自己搞得疲惫不堪、紧张不安。

明天有考试，海东尽力地复习了所有要复习的科目，他每天也在努力地去锻炼，坚持跑步，但是他真的没有运动员一样的体质，他只要求自己达标就好，他没有那么高的要求，也没有刘越那么多的精神负担，所以保持着精神的快乐，整个人的状态都和刘越焦虑不安的状态很不一样。

海东希望自己能够获得幸福，但是他的幸福不是事事都追求第一名，都要做到最好，他只求尽自己最大的努力，有些方面真的没有别人做得好，但是他依然快乐，因为他付出了，并且得到自己认为应有的回报。

🚢 给男孩的悄悄话

钱锺书先生在《论快乐》一文曾说："快乐在人生里，好比引诱小孩子吃药的方糖，更像跑狗场里引诱狗赛跑的电兔子。几分钟或者几天的快乐赚我们活了一世，忍受着许多痛苦。"生活中确实存在着这样或那样的挫折和痛苦，但生活中并不缺少快乐，人生的快乐与否，有时完全在于心态和精神思想，人生常常遭遇痛苦，但精神却可以改变它，使人乐观，使人能够苦中作乐。

一个人快乐与否，不在于他拥有什么，而在于他怎样看待自己所拥有的东西。生活是快乐的源泉，有了生活，快乐就不会枯竭。生活中并不缺少快乐，缺少的是发现快乐的眼睛，缺少的是感到快乐的心灵。

一个信徒问禅师："人们都说信佛能够解除人生的痛苦，但我信佛多年，却不觉得快乐，这是怎么一回事？"禅师问他："你现在都忙些什么呢？"信徒说："人总不能活得太平庸了吧，为了让门第显耀，我日夜操劳，心力交瘁。"禅师笑道："怪不得你得不到快乐，你心里装满了苦闷和劳累，哪里还容得下快乐呢？"

这样的人在我们的生活中并不少见，他们常问："究竟快乐是什么？"许多人都在刻意追求所谓的快乐，有的人虽然得到了，但代价却是巨大的。其实，乐由心生，心随情移。快乐是一种心态，它与人的心境、心态密切相关。一个人生活得快乐与否，取决于自己内心的态度而绝非外在表现。在追求快乐的过程中，得之越艰，爱之越深。也许你并不富有，但你有一个健康的身体；也许你没有超人的地位，但你有一个幸福美满的家；也许你并不出名，但你有宁静而不受干扰的生活……快乐的关键是你要用心去感受快乐。

有一个很简单的道理：痛苦是快乐的催生剂，心态能把忍受变为快乐享受。态度就像磁铁，不论我们的思想是正面的还是负面的，我们都受它的牵引。而思想就像轮子一般，使我们朝一个特定的方向前进。虽然我们无法改变人生，但是我们可以改变人生观；虽然我们无法改变环境，但是我们可以改变心境。

所以，青春期的男孩们千万不要轻视每天发生的小事，幸福和快乐往往与此相伴。快乐并非天外来客，生活中常常充满快乐，如果不珍惜每一刻时光，快乐就与你无缘。何必刻意地到处寻找快乐，其实快乐时刻在你身边；何必苦苦地等候快乐，快乐时刻要你去创造、去感受。让自己的精神快乐起来，我们才能怀着一份感激的心情去面对生活，去感谢每一缕阳光、每一棵大树、每一份关爱、每一次收获……让自己的精神快乐起来，我们才能用心灵去触摸快乐，让快乐充满我们的世界。

向昨天挥手作别

姥姥去世了，闫焰一直处于悲痛中，他无心学习，虽然也坚持去上学，但是课堂上很难听进去老师究竟在讲什么内容。

闫焰的父母都上班，自从闫焰满月，就被送到了姥姥家，闫焰一直跟着姥姥长大，是姥姥看着闫焰一天天长大，扶着他学走路，教他学说话，看着他一步一步成长，然后开始每天接送他上小学，在小学里每次闫焰获得老师的表扬或者获奖了，总是迅速地跑回姥姥家，给姥姥报喜。

直到初中，闫焰才回到了爸妈身边，他每天自己上学，放学了不再有人陪着他看电视、写作业了。吃完晚饭，爸妈都忙自己的事情，闫焰也总是在自己的小屋里忙自己的事情，但是周末的时候，还是会去陪姥姥。他时常会想念姥姥，想听姥姥给他讲故事，想吃姥姥做的美味。

可是就在今年，姥姥突然心脏病发作住院了。住院一个月，也不见好转，闫焰每天都去陪姥姥，他希望姥姥能渡过难关，但是姥姥还是走了。他觉得自己的世界都要崩塌，眼前全是小时候和姥姥一起生活的场景。

他根本没法回到现实里，他一直坚信姥姥其实没有去世，只是睡了。虽然他也参加了姥姥的葬礼，但是还是不肯相信这个让他难以承受的事实。他经常梦到和姥姥在一起，每次都是哭着醒来。

他的世界陷入黑暗当中，他完全活在了回忆里，老师得知了闫焰的遭遇，跟他谈心。老师安慰了闫焰，首先表示对他的理解，知道他的悲痛，而且也谈起了自己曾经因为爷爷去世的事情而不吃不喝的经历。但是老师鼓励闫焰说："姥姥已经走了，这是一个事实了。你是一个男子汉，我们都要承认事实，但是你要记得姥姥对你的期望呀，这样你努力学习，去完成她对你的期望，你才能对得起姥姥。若总是活在回忆里，姥姥也不会回来了。不是么？"

闫焰若有所思，但是真正要走出来，对他来说，还需要一个漫长的过程。

给男孩的悄悄话

有人曾说过这样一段话："天下只有两种人。比如一串葡萄到手，一种人挑好的吃，另一种人把最好的留到最后吃。照例第一种人应该乐观，因为他每吃一颗都是吃剩的葡萄里最好的；第二种人应该悲观，因为他每吃一颗都是吃剩的葡萄里最坏的。不过事实却适得其反，缘故是第二种人还有希望，第一种人只有回忆。"

行走在青春期中的男孩，你是属于哪一种呢？是每天都怀有希望，还是时常活在回忆中？我们每个人都应该努力成为那段话中所说的第二种人，心怀希望，积极投入生活，不让回忆羁绊自己的脚步，过分依恋过去是对现实的一种逃避。

许多青少年都有"爱回忆"的怀旧心理，怀旧其实是一种情结，它会让人深刻记住无数次感受过的欢愉，或者是沉溺在过去的苦痛中不能自拔。但是过分感念过去，就会落入一个情感的怪圈，让自己和周围的人承受很多痛苦。治疗怀旧心理最好的方法就是每天播种一个希望，让希望引领你走出过去，迎接每一个崭新的日子。

希望为我们带来美好，美好的希望更是让人激动，让人无限憧憬。社会能进步几乎都是希望的功劳，是它让人们为了美好不断奋斗、拼搏，让社会天天在进步。男孩们，让我们播种希望，采摘幸福的果实吧。拥有希望，我们将活得生机勃勃、激昂澎湃，哪里还有时间去叹息、去悲哀，让时光荒废在回忆过去中呢？生命是有限的，但希望是无限的，只要我们不忘每天给自己一个希望，解开套牢自己的怀旧绳索，告诉自己不能活在回忆当中，我们就一定能够在生活当中得到快乐。

遵循本性生活

按照资质来看，王坤是个智商一般的孩子，他和其他班上的同学没有什么大差别，但是他总是觉得自己聪明绝顶，还认为世界上没有几个人比他更聪明，他甚至认为自己和爱因斯坦、牛顿能够并驾齐驱，在智商方面，在成就方面，至少以后自己也可以有和他们一样卓越的成就。

怀着这样的幻想，他从小学进入了初中。小学的课程和内容很简单，让王坤自信满满，他以为自己掌握所有的东西都是那么顺利，也迅速地验证了自己是个聪明绝顶的孩子的论断。

但是中学的课程和小学有很大的不同，要求和小学阶段的课程也非常不一样。他感觉自己开始有点吃力了，在考试的时候也不能全部找到那些问题的正确答案，于是他陷入了苦恼之中，他苦恼的原因不是因为自己不会那些题目，而是因为自己的高智商受到了学校的束缚。

他向妈妈提出，自己要休学，要在家里自己学习，他认为学校限制了他的本性，使得他卓越的才能不能发挥出来。

妈妈当然不同意他的要求，于是妈妈来到学校和班主任见面。老师和家长见面，了解了王坤更多的生活细节之后，决定认真地和王坤谈谈。

其实王坤是个很自卑的孩子，他觉得自己什么都不如别人，于是在外面就狂妄地说自己是个高智商的孩子，来博得大家的关注。他通过学校限制自己的才能发挥为理由，掩饰自己平平的成绩，这样他才会觉得心里平衡些。

老师找到了王坤，给他拿着一棵植物，老师把所有的枝杈都剪掉，问王坤好看不好看。王坤摇头。老师才说，植物本来的样子，其实是最好看的，如果果把它们原来的本性剪掉，它就会很突兀，而且很难看，也不能很好的生长了。王坤若有所思地点头。

他好像是明白了老师的话，慢慢地开始承认自己身上本来的特质，也不像以前那么狂妄自大了，开始变得温和，脸上也有了和别的孩子一样的明亮笑容。

给男孩的悄悄话

冯友兰先生曾说："幸福是相对的，顺自然之性便能获得幸福。"为解释这句话，他曾说了这样一个小故事。

三伏天，禅院的草地枯黄了一大片。"快撒点草籽吧！好难看哪！"小和尚说。

"等天凉了……"师父挥挥手，"随时！"

中秋，师父买了一包草籽，叫小和尚去播种。秋风起，草籽边撒、边飘。

"不好了！好多种子都被吹跑了。"小和尚喊。

"没关系，吹走的多半是空的，撒下去也发不了芽。"师父说，"随性！"

撒完种子，跟着就飞来几只小鸟啄食。"要命了！种子都被鸟吃了！"小和尚急得跳脚。

"没关系！种子多，吃不完！"师父说，"随遇！"

半夜下了一阵骤雨，小和尚一早冲进禅房："师父！这下真完了！好多种子被雨水冲走了！"

"冲到哪儿，就在哪儿发芽。"师父说，"随缘！"

一个星期过去了，原本光秃秃的地面，居然长出许多青翠的草苗，一些原来没播种的角落，也泛出了绿意。小和尚高兴得直拍手。

师父点头："随喜！"

这个富有禅意的小故事，告诉我们要一切顺其自然，做任何事情都不勉强自己。随不是随便，是顺其自然，不抱怨、不躁进、不过度、不强求；随不是随便，是把握机缘，不悲观、不刻板、不慌乱、不忘形。

生活中有很多事情具有浓厚的哲学意味。我们在生活中，应当遵循自己的自然本性和自身的习惯，做到凡事顺其自然。当你顺其自然地做某件事的时候，就会有些意外而又有趣的事来临，我们经常会从中获得一些有益的经验。

而如果我们在学习生活中，做事情总是勉强自己，比如勉强自己学习优秀的同学或朋友的学习方法和生活习惯，而忽视自己的方法和养成的习惯，你会发现自己不但活得很累，而且出不了好成绩。我们无论做任何事，都不要勉强自己，否则只会增添自身的痛苦。

每天都给自己一段独处的时间，好好问问自己，到底想过什么样的生活？什么是可有可无的？什么是必须去不懈追求的？这样的追问可以一直延续下去，还可以把每天的想法记录下来，这样你会看到，随着生活阅历的增加，思考的深入，你的回答也不断成熟。只要我们不再一味追求外界的认可，疲惫无奈地生活在他人的注视之下，我们就会真诚生活，成为自己命运的主宰者。

在我们的学习和生活中，只要我们坚持反问自己，是不是做事太过于执着和勉强了，然后以一种顺其自然的生活态度来学习和生活，那么我们将不再疲惫。强扭的瓜是不会甜的，顺自然之性才能获得幸福。

快乐在前路等待

以前的时候许尧认为每天可以玩电子游戏就是快乐，但是暑假放假后，他每天都在网上玩游戏，直到眼睛发酸、脖子也变得僵硬才停下来，以前那种快乐的感觉没有了，他觉得自己越玩越没劲。最后干脆放弃了网络游戏。

他躺在客厅的沙发上发呆，希望自己能够找到从前的快乐，以前每次过年都会很快乐，得到大人送的礼物和压岁钱，就会高兴得一蹦三跳。现在也没那种感觉了。这是什么原因呢？他想了很久才发现，原来这些快乐都不能持久。

怎样才能得到持久的快乐？他开始四处寻找答案，问家里的爸妈，问同学，问朋友，他最后在网上找到了一个自己觉得还算满意的答案，这个答案来自一篇博客文章。大概意思讲，拥有未来并且为之奋斗的人才会在奋斗的过程中体验到长久的快乐。

许尧从来没有想过自己长大后将要有个怎样的未来。看了那篇文章之后，他开始考虑自己的未来，自己的永远的快乐。他开始寻找自己未来发展的方向，开始尝试着为了自己的未来学习一些技能和知识，他每一点进步都让自己很高兴，很幸福，他想，这才是真正的快乐。

给男孩的悄悄话

你眼中的快乐是怎样的？

有巧克力糖吃、打电子游戏，还是在新学期给自己更换一身时尚的"行头"？不同的年龄，我们因为不同的事而快乐。

小的时候，快乐是从天而降的。美味的零食、甜蜜的亲吻多得等不及排队就蜂拥而至；慢慢长大以后，快乐和我们玩起捉迷藏的游戏，要仔细寻觅才能将它捕获；而真正成为一个大人，偶尔快乐还会举着降落伞带给我们惊喜，有时它也依然喜欢和我们玩捉迷藏的游戏，但更多的时候，快乐需要我们自己创造。

现在就想一想吧，你要怎样做才能创造出快乐呢？现在的快乐是学有所成，走上社会后的快乐则是学以致用。

现在学来的每一样理论和实际的技能，其实都是在一点一滴地壮大你自己，使你具备今后可以胜任任何工作的基本素质。进入更专业的学习领域之后，你的翅膀就会长得更加丰满茁壮。一旦有一天，你的能力足够你负担自己的生活和选择，你就已经成长为一个独立和自由的人。而这些都要靠今天的学习获得，无尽的游戏只会让你浪费宝贵的时间而变成一个寄生虫。

你愿意依附他人活着，还是做一个自力更生、传播快乐的人呢？能凭借自己的能力为自己的生活负责就是一种快乐。这种快乐要靠今天的学习得来，学习让我们具备生存的能力。

我国著名教育家陶行知先生曾给他的学生写过一首《自立歌》，歌中这样写道："滴自己的汗，吃自己的饭，自己的事情自己干，靠人靠天靠祖宗，不算真好汉！"他告诉我们，自立是每个人在年少时就该具备的一种精神。在美国，即使是富裕人家的孩子，毕业以后父母也要求他们自谋生路，而不是直接进入家族企业，以此来锻炼孩子的自立能力。

读书究竟是苦还是乐呢？亚里士多德说，教育根苦而果甜。我们看到有很多知名人士，他们在艰苦的境况下读书，最终收获了甜蜜的果实。

鲁迅先生从小学习就很认真。少年时，在江南水师学堂读书，第一学期成绩优异，学校奖给他一枚金质奖章。鲁迅立即拿到南京鼓楼街头卖掉，拿卖奖章的钱买了几本书，又买回一串红辣椒。每当晚上寒冷难以坚持读书时，他就摘下一颗辣椒，放到嘴里嚼，直辣得额头冒汗。鲁迅先生用这种办法驱赶寒冷，坚持读书，后来终于成为著名的文学家。

想想长大后的你，要靠什么来把握快乐？今天的嬉戏是否是在吞噬明天的快乐？眼前的快乐如果只是因为无聊的游戏，明天的你会因为这幼稚的行为而感到羞愧。不如趁着青春年少，趁着风和日丽，努力地学习飞翔。现在就开始做准备吧，认真对待每一堂课、每一本书，找到自己的快乐之源！

内心的成熟才是真正的成熟

好胜心要适度

短跑成绩出来了，李厚泽不是第一名，他屈居第二，第一名是他的好友马宁。李厚泽把自己的外套甩在身后，头也不回地离开了运动场，马宁收拾好自己的东西再喊他的时候，他早已经出了操场。

李厚泽很不高兴，因为一般情况下，他都是短跑组的第一名，马宁的素质虽然也不错，但是从来不能超越他。他们一起训练，一起吃饭，一起参加比赛，周末的时候还经常一起出去玩，但是这回他非常地不想理马宁。

李厚泽是个争强好胜的人，这一点短跑组的人都知道，曾经有一个队友一次成绩和他齐平了，他都老把人家当成敌人一样看待，有事没事想挤对人家，很长时间都能看到他有意无意地给那个同学使坏。现在他的好朋友不仅赶上了他，而且超过他，队友们都为马宁捏了把汗。

李厚泽看见马宁就头疼，你比我强，你比我成绩好，我都落败了，我不想跟你一起训练，我不想跟你天天腻在一起，看见你我就难受。李厚泽每天都这样想，也疏远了马宁。马宁每次想主动地接近李厚泽，他都会迅速地逃开，两个好朋友之间的关系一下子变得很冷漠。

李厚泽倒是没有自暴自弃，他每天更刻苦的训练，比以前的训练强度要大很多，训练的时间也比以前长了。

教练把这些都看在眼里，也不说什么。等到第二次全组测验之前，才把他俩都叫到了办公室。教练说："你们俩的成绩最好，关系也最好。现在发生了什么事，我都知道。厚泽想赢没错，马宁超过你了也没错，你们都代表着咱们队最高的水平。竞争是好事，但是为了你高我低，就撕破脸不说话了，值得吗？"

教练严肃地看着李厚泽，他知道这个孩子的身体素质好，也很刻苦，他一心求胜，竞争意识很强，但是他也太争强好胜，这个特点迟早会影响他的训练成绩，所以教练打算借这个机会好好矫正一下他的思想观念……

🚢 给男孩的悄悄话

俗话说："人外有人，山外有山。"一个出色的男孩在一个小环境里非常优秀，但是走出了这个环境，他还是最强的吗？答案毋庸置疑，不一定。人的精力是有限的，虽然男孩子的精力很充沛，但是人无完人，他也不可能处处比他人强。争强好胜的心态是好的，能激励男孩们积极向上，但是这种好胜心过了头就会给男孩的生活带来一定的不便。

处处表现出比别人强的男孩，会遭到别人的厌烦。俗话说："枪打出头鸟"，如果在一个团体活动中，男孩子表现得过于争强好胜，就会把别人的热情给掩埋，一场热烈的团体活动如果只有他一个人在表演，这场"独角戏"是唱不了多久的。这是一个"人捧人"的时代，只有你放低自己，让别人意识到你的长处时，才能共同进步，才能出现一团和气的景象。

所以男孩一定要知道好胜心要有，但是不能过度。如果你一直争强好胜的话，就会养成和其人比的习惯，由于害怕别人超过自己而去努力，生活就会失去很多乐趣，因为一切的付出都是在一种压力的状态下进行的。这样的生活，即便自己成为最好的，甚至是唯一的，又能如何呢？你最终体会到的只是"高处不胜寒"的孤独和无奈。

孔子说："过犹不及"。什么事情都要坚持一个度，因此男孩要控制自己的好胜心，让自己快乐地成长。那么应该如何控制好胜心呢？男孩可以做如下尝试：

1. 不要总是把别人当作参照物

把别人作为自己的奋斗目标是件好事情，但是要注意方法，不要以"一定要超过他"为目标，而应该是以取别人身上的优点来弥补自己的不足为目标。如果慢慢试着这样想，好胜心就会适当地减弱，你会发现在身上的包袱会一天一天变小，做任何事情都会很开心，很满足了。

2. 学会放松，这样才不会有过激的心理暗示

控制"好胜心"的关键就是看你是怎么进行自我心理暗示的，当你知道"好胜心"过强会对自己的成长不利的时候，你就会试着去改变，内心就会产生不因为这种"过激"心态而影响自己的学习和生活。青春期的男孩需要明白，明白每个人都有自己的强项和弱项，不要太刻意地去逼着自己做一些让自己不开心的事情，这样你的好胜心就会控制在一个适度的范围内，就不会影响自己的心情和生活。

3. 学会宽容

世界上最大的宽容，不是宽容别人的错误而是宽容别人的优点，也就是说允许别人比自己优秀。只有这样男孩才能在生活中让自己平衡，才不会因为别人比自己强而心生妒意。争强好胜的心也会在宽容中得到平和。

英雄不只是打打杀杀

白元哲希望自己能够当个大英雄，能够像武侠小说里那样行侠仗义，打抱不平，能够像电视里的那样，铲除贪官污吏，保百姓一方太平。当英雄是小白同学的愿望，为了当英雄，他还不断地锻炼自己，主动报了跆拳道的学习班，希望有一天在见义勇为的时候可以派上用场。

妈妈本来不把他当英雄的事情放在心上，一个中学生，本分上学就好了，那些当英雄的事情离儿子很远呢。他肯定也就是说说算了，难不成还真的想见义勇为，截下凶猛的小偷。

但是妈妈真想错了，白元哲的老师打来电话，说白元哲现在受伤住进了医院，让白妈妈赶往医院。白妈妈一听就慌神了，受伤？儿子上学走的时候还好好的，怎么就受伤了。难道是车祸？不知道儿子的情况严重不严重。如果儿子有个三长两短，她该怎么办呢？

到了医院，除了老师和同学们以外，还有警察，白妈妈一时弄不清情况。她赶忙去找医生了解情况，白元哲没有生命危险，但是他被歹徒刺伤了，现在正在止血处理。白妈妈感觉天旋地转。

警察来向白妈妈说明情况，他们告诉白妈妈，他们在闹市区抓捕歹徒，但是歹徒逃窜了，在逃跑的过程中，刚好遇见了白同学，白同学果断地和歹徒缠斗，但是等警察过来的时候，穷凶极恶的歹徒刺伤白同学企图逃跑，现在歹徒已经被抓获。正是因为白同学的见义勇为，他们才顺利抓获了歹徒。白同学是个小英雄。

英雄？白妈妈愣住了。自己的儿子真当了英雄。警察们给学校写了表扬信，赞扬白同学的英雄行为，并且号召大家在见义勇为的时候注意保护自己，注意采用智慧和匪徒周旋。

白元哲的英雄梦实现了，但是白妈妈却忧心忡忡，她只是希望儿子能平安健康……

🚢 给男孩的悄悄话

男孩具有冒险精神本身是个很不错的品质，但父母在看管和教育起来要付出更多的精力。男孩好像是天生就喜欢冒险，不带有任何理由。

一个刚刚学会走路的男孩，他喜欢从上面的地方往下跳。他喜欢把自己藏起来，让全家人找不到他。他会尝试所有没吃过的东西，不管是否食物，甚至是药片，他都会往嘴里塞。他喜欢玩火，喜欢玩小刀。他会故意惹怒老师，看到老师很生气的样子，他会表现得很开心。

当男孩长大，有了自己的玩伴之后，他还会喜欢上一切富于冒险性的事物，他们喜欢玩滑板，喜欢去郊外的山谷蹦极，喜欢在海上扬帆滑翔，甚至会热衷于飙车。有一位儿童心理学家说的好：任何一个男孩，在他小的时候一定或多或少受过外伤，如果一个男孩在小的时候没有受过伤，那简直是个奇迹。

也许正因为如此，古希腊的哲学家柏拉图早在2300年之前就这么写道："在所有的动物之中，男孩是最难控制对付的。"

男孩的冒险是一种天分，需要家长用几分欣赏的眼光来看待。大多数的男孩为了冒险，甘心被摔跤，被挨打，这样的一种勇敢精神也是值得肯定呢；他们喜欢搞破坏，会把电动汽车拆得乱七八糟，这种创造能力也很值得肯定；他们也许是为了自己的朋友，通过打架的方式来替朋友讨回公道，最后总是伤痕累累，这样的正义感也很值得肯定。既然对男孩的行为感到无可奈何，那就来欣赏他吧。因为男孩除了冒险之外，还有一股英雄情节，这一点让喜好冒险的男孩显得尤为可爱。

男孩的英雄情结，不仅有利于他们男性气质的培养，更有利于他们尽快长成一个真正的男子汉。

在现实的社会中没有一个人会像奥特曼一样具有拯救人类、拯救世界的本领，男孩们心中崇拜的英雄是虚幻的，他们小小的心中并不了解真正的英雄应该具有什么样的气魄。如果家长在此不给予正确的引导，可能孩子还会把暴力倾向误以为是英雄的象征，那就违背了男孩崇拜英雄的初衷。男孩必须明白：英雄不只是打打杀杀。

任性不是个性

梁长旭同学最近总是跟妈妈吵架，因为他要每天花很多时间在服饰打扮上，那些衣服都是老师们和家长看起来是奇装异服的配饰。他认为自己是在追求个性，而且每次妈妈讲什么他都不听，他觉得这才是个性。如果听妈妈的话了，就是没有个性的表现，不是年轻人的风格。

总之现在长旭就是把自己的任性都归结为是个性，每次妈妈想劝他，都被他标榜个性顶撞回来，现在妈妈很无奈，但是也找不到解决的方法。

学校里开始风行赛车，很多同学都开始花费金钱和精力在赛车上，而好的赛车是价钱昂贵，大家一般都玩普通赛车。但是长旭为了追赶潮流，甚至超过同学们，他绝对买最贵的配件，自己组装赛车。自己的钱不够，只好去寻求爸妈的支援，但是动辄上千的配件对于他们这样一个普通的家庭来说，真的是比较艰难的。所以他跟妈妈要钱的时候，妈妈没有给。他跟妈妈争吵起来，认为她根本不注意培养他的个性，就是在扼杀他的天分。

妈妈被他气哭了，他还气鼓鼓地打电话给爸爸，告妈妈的状。爸爸听了他的倾诉之后，明白了事情的原委。回家了以后，老爸把他约出来，在小区附近的茶餐厅和他谈心。

"儿子，你这不是个性了，你这是任性。"

"咱家的情况你是知道的，你的要求已经超出了我和妈妈的能力。更何况，个性不是靠昂贵的金钱代价换来的。个性是你自己有自己的魅力，有自己的优点，有自己的处世风格。而不是那些奇怪的衣服和昂贵的赛车能给你的。个性是你自己的。你这样任性的跟妈妈顶嘴，绝对不是一个有个性的好孩子。"

长旭低下了头。听着爸爸的话，他觉得自己脸上都火辣辣的，真的不好意思再那么张牙舞爪地跟妈妈吵架了。他已经长大了，不能那么任性，老惹妈妈哭了。他开始后悔自己的行为了。

长旭决定自己培养自己的个性，收起了那些奇装异服，开始向新的方向前进。

给男孩的悄悄话

今天，我们生活在一个"个性化"的时代，几乎每一个成长在"个性化"时代中的孩子都会崇尚"个性"，尤其是青春期的男孩们，都以拥有鲜明的"个性"而自豪。的确，没有个性的人生也是乏味而苍白的，没有个性的人往往缺少创造力而难成大事。

"任性"与"个性"只是一字之差，二者的意义却差以千里。任性是一种不健康、不成熟的情绪，直接威胁着青少年成长和进步。然而对于思想和心智都不成熟的青少年来说，"任性"却常常被标榜为"个性"。

如何才能在"个性"和"任性"之间划出一个清晰而准确的界限？怎样才能拥有积极健康的"个性"，并且"戒掉"影响个人进步发展的"任性"呢？

任性往往发生在一个人的孩子时期，而且往往与家长的过分溺爱有关。任性是对自己的个人需求和愿望丝毫不加以克制，放纵不约束自己，听凭秉性行事，而且抗拒、不服从外来的管教。当任性一旦成为一种"习惯"，性格上就会发生变化，很容易变得自以为是、性格孤僻、目中无人，成为一个在家庭、学校以至社会中都不受欢迎的人。要知道，任性是一种不成熟的"伎俩"，一种"小孩子脾气"。当我们离开家庭走向社会，任性不仅不能解决问题，而且会把事情办得越来越复杂。

个性是在人们的成长过程中形成的对外界事物的一种稳定的态度与看法，成长环境、社会阅历和学识的积累都对个性的形成有着重要的影响。个性具有独特性，不因外界的影响而改变，诚实、善良、勇敢、果断、守信、坚定等都可以看作积极的个性。我们常说的"有个性"，是要有自己的主见，遇到问题时坚持自己的正确观点和合理行为，不随波逐流，不违心屈从。自古以来，成大事者大多有着积极健康的个性。

个性与任性之间的一个很重要的区别就在于，一个人的"个性"所包含的是合理的、正确的想法和行为，而任性则恰恰相反。成长中的青少年们缺少全面而理性地看问题的能力，常常会把一些不好的"任性"习惯当成"个性"来标榜。这时，多多听取师长们的意见和劝导是很有必要的。

要知道，真正长大的表现，是能够克制自己的任性情绪，忌讳自己的任性脾气。

任性只能说明自己还不够成熟，还需要不断打磨自己。我们甚至可以说，先天造就了任性，后天的修养形成个性。个性是自我发展的需要，无论在学习中还是在以后的工作中，无论在家庭中还是在社会交往中，都可以尽情地发挥鲜明的个性，健康积极的个性会使增加你的成功概率，会使你的人生更加精彩。要知道，顺利地做成每一件事都是不容易的，千万不能任性地耍脾气，要知时识务地发挥自己的个性，利用自己的特长，发扬自己的长处，为自己的发展创造更广阔的空间。

所以，青春期的男孩们，不要错把任性当个性，要学着成熟，这样才能活出精彩的自己。

男孩胆小怎么办

李哲是个男孩子，但是他非常胆小：都6岁了还不敢一个人睡觉，一定要妈妈陪在身边才能入睡；7岁的时候还不敢坐转椅，也不敢打滑梯，他担心会从上面摔下来；9岁了他还不能主动和别人打招呼，和大人说话的样子总是羞羞答答的。

长大了，李哲的情况要好些。不过，在妈妈眼里看上去他很"窝囊"，他在与人交谈的时候表现的词不达意，而且面红耳赤；碰到老师不愿意打招呼，情愿绕道而行；在公共场合很少发言，即便是碰到了自己了解的话题，也轻易不发表言论；平时学习成绩挺好的，可是一到考试就砸锅……

就是这样的一个看上去很胆小怕事的男孩，后来迷上了玩滑板，他很喜欢在空旷的广场上驰骋的感觉。有一次，妈妈看到李哲站在滑板上飞驰的样子，第一次感觉到儿子居然这样的帅气。妈妈因为惊讶所以惊喜，狠狠地夸奖了儿子。李哲得到了妈妈由衷的赞赏，对自己也燃起了信心，后来也就不再是个"窝囊"儿子了。

给男孩的悄悄话

男孩大多是地地道道的"小冒险王"，他们表现的有英雄情节，并且攻击性强，我们印象中的男孩永远都是在充满热情地去追寻自己想要的东西。

但是生活中并不是所有的男孩都是这样的。也有很多家长抱怨自己的男孩并非如此，他们胆小、冷漠、孤独。李哲似乎比同龄的女孩还要胆小，一个小男孩怎么会那么胆小呢？

其实对于男孩而言，胆小并不是意味着绝对的软弱，男孩会从其他的方面找到自己释放能量的突破口，你不必过多担心自己的胆小。很有可能，男孩看似胆小的原因是没有发现让自己真正感兴趣的事情。事实上，男孩所谓的胆小，是完全可以克服的。

富兰克林·罗斯福在8岁的时候看上去还很胆小，脸上总是露出恐惧的表情。每次上课遇到老师叫他回答问题，他就会双腿发抖，嘴唇颤抖不已。

童年时期的罗斯福极度地自尊和敏感，他回避社交活动，也不敢结交朋友。但是他有一点与众不同的是，他总是强迫自己和嘲笑他的人接触，强迫自己参加一些诸如打猎、赛马等激烈的活动。他试图努力改变自己，他咬紧自己的牙床使嘴唇不再颤抖，他利用假期的时间到非洲追赶狮子，他要让自己变得强壮无比。

凭着这种奋斗的精神，他没有因为自己的缺陷而气馁。后来很少有人知道他曾非常胆小，只知道他是美国历史上一位深得人心的总统。

罗斯福的经历说明：男孩子那些很要命的缺点，是完全可以通过后天的努力来改变的。男孩应该勇于让自己克服胆小的缺点，成为一个有用的人。具体做法如下：

1.多参加一些具有挑战性的运动，把自己置身于充满挑战的环境中，最容易让你学会挑战。

2.做好应对挫折的准备。在遇到困难的时候，尽量自己想办法解决。

3.有吃苦精神。因为物竞天择、适者生存，这是自然存在的规律。如果男孩没有过吃苦的体验，也没有吃苦的精神，将来就很难应付挑战，也难以在激烈的竞争中获得胜利。

4.培养意志力。能够坚持到底，才能获得最终的愉快体验。

5.多玩一玩。不要以为玩会耽误学习，实际上在玩的过程中你可以发挥自己的想象能力，更容易激发你的创造力和学习能力。

6.进行自我保护训练。学习必要的安全知识，以防不时之需。

忍耐，是走入社会的通行证

曹正奇同学是高一的学生，今年暑假他和爸妈商量了之后，决定自己在暑假的时候在小区附近的餐馆打工，勤工俭学，他在暑假赚的钱由自己支配。

以前经常来这个餐馆吃饭，但是当服务生还是第一回，正奇有点期待，也有点兴奋。期待的是跟学校不一样的生活，兴奋的是他可以赚自己人生的第一笔钱了。现在还没开工，就已经开始期待发工资了。

开始的几天，正奇热情高涨，每天热情地招待客人，给客人拿菜单，递茶水，忙得不亦乐乎，快乐的像个旋转的陀螺，每天在餐厅里旋转，几天下来，基本熟悉了当服务生的全部工作。计算着每天的薪水，觉得自己虽然每天都比学校累多了，但是还可以，至少还有钱赚，而且大部分客人对他的服务都很满意，没有刁难过他。

但是今天他一不小心，把茶水倒到了一个客人的衣服上。那个中年女人尖叫着站起来了。大声嚷嚷："你怎么回事，没看见烫了我吗？"

正奇连忙道歉，不停地说着对不起，但是那个女人还不依不饶，拿起了一杯热茶就泼到了正奇的脸上，正奇的脸被茶水烫得火辣辣的疼，他从小都是泡在蜜罐子里长大的，哪有受过这样的委屈，他攥着拳头，怒气随时都会爆发，脸都被憋得通红。

老板赶忙过来调节，拉开了正奇。

正奇跟老板说他不干了，老板也没有生气，拉他坐下："正奇，我知道你受委屈了。但是这事忍一下就过去了，社会不是学校，谁让你受委屈，你可以找老师，老师让你受委屈，你可以找校长。到了社会，受了委屈，要学会忍耐呀！要不没法生存。"

正奇答应老板，自己再回家想想，然后再决定要不要继续做服务生。他受了这么大的委屈，要掂量下自己是不是要继续下去，下次遇到这样的情况要怎么办，发怒能不能解决问题，适应社会真的要这样忍耐吗？

他还有许多问题都没有想明白，他要好好想想。

给男孩的悄悄话

正奇的困惑也许能在一个小故事中找到答案：

一个研究《塔木德》的犹太学者，刚刚结束他的学习生涯，到艾黎扎拉比那里，请求给他写封推荐信。

"我的孩子，"艾黎扎拉比对他说，"你必须面对严酷的现实。如果你想写作充满知识的书，你就必须像小贩那样，带着坛坛罐罐，挨门挨户地兜售，忍饥挨饿直到40岁。"

"那我到40岁以后会怎么样？"年轻的学者满怀希望地问。

艾黎扎拉比鼓励地笑了："到了40岁以后，你就会很习惯这一切了。"

这一则小故事流行于犹太人之间，他们用这样的故事教育后代苦难是不可避免的。苦难教育对一个人的一生影响深远，很多人总是逃避苦难，不愿意去品尝，但要知道，只有经历苦难，才能从苦难中汲取动力和能量，只有真正懂得苦难的含义，才能品出苦难赋予它的甜。

对于苦难，任何人都会有一种不由自主想要逃避的心理，殊不知，经历了苦难之后的生活才能更甜。

男孩子自小应该有意识地接受艰难困苦的磨炼，学会敢于面对挫折，不怕失败，以培养坚忍不拔的意志和毅力。经过在逆境中千锤百炼成长起来的男孩才能更具生存竞争力。

让自己的心理上经得起挫败，关键就是要能"缩小"自己，不要有唯我独尊的意识，在看问题的时候能够从别人的角度来看，那么就不会轻易被一件小事情打败了。

然而现在的很多家庭，家长不舍得孩子吃苦，他们动辄"宝贝宝贝"地叫着，恨不得为孩子做一切。在这样的教育下，男孩们好吃懒做、娇气任性，还缺乏责任心、感恩心。很多事情男孩们都没有经历，不知道生活还有不如意的一面。男孩会以为很多东西从来都是像天上掉下来的一样容易，不需要费一点心力，这个时候，他怎么有机会、有能力去承担生活中的各种考验呢？

现在的男孩，尤其是一些家境优越的男孩，从来没有认真努力过，总认为一切都不用愁，自有父母安排。这样的男孩就是缺乏了危机的意识，相信当真正的困难来临的时候，他们会被彻底打败。在任何情况之下都保持着高度的警惕，才能更好地掌握自己的命运。

成为一个处处受欢迎的人

善于倾听收益多

窦鹏在小组里很少发言，他的笔总是不停地在自己的本子上记录着什么，同学们在争论得不可开交的时候，他总是保持着急速的书写。所以大家都叫他"记录员"。他对这个称号也不抵触，同学们叫他"记录员"的时候，他都应着。

小组讨论结束之后，每个人都要写总结和报告，报告小组讨论的内容，还要在讲台上宣读小组讨论的内容和主要观点，还要面对其他组同学的提问。这是一项艰巨的任务，刚才大家光顾着争论的面红耳赤了，等讨论结束的时候才发现，自己都忘记了别人说的是什么，自己一直在努力推翻别人的论点，而忘记了要记录下不同的观点，并且还要对这些观点进行陈述呢。

很快就要窦鹏的小组发言了，大家你一言我一语地商量谁该出马去讲台上发言，让发言最多的姜同学去？他除了坚持自己的观点以外早忘记了别人说的什么了，更别提让他评论别人的观点了。那别人呢，基本情况都差不多。他们都忘记了别人说了什么。

这个时候，窦鹏小声地说，"那我来吧。"他的声音很小，但是所有的小组成员都像看到了救星。他们点头如捣蒜。

窦鹏拿着那个黑色的笔记本上台去了。其实大家虽然觉得解决了上台出丑的尴尬，但还有点幸灾乐祸，因为他们觉得小组里实力最差的就是不爱说话的窦鹏了。他们不太相信窦鹏能说出什么惊人的观点和论述来。

窦鹏开始陈述小组里讨论到的几个主要观点，并且对每个观点都做了自己的评价，评价都很中肯到位，同学们在台下频频点头。最后窦鹏还总结了自己小组的结论。他没有像别的小组那样，把大家讨论出来的观点罗列在一起，而是找出了那些看似散乱的讨论话题的内在联系，找出了讨论的中心问题。

小组成员们开始对这个沉默的男生刮目相看了，原来多听比多说更能表现自己。

🚢 给男孩的悄悄话

知道人为什么长了一张嘴巴却有两只耳朵吗？那是在告诉人们：要多听听别人在说什么。可青春期的男孩常常忽略这一点，习惯了让对方听自己的滔滔言语，而没有学会倾听。每个人都有一种渴望别人尊重或重视自己的愿望，而受到重视的最基本条件是愿意认真地倾听，所以当你自认为是理解朋友的时候，先得问问自己："我能专心地倾听朋友的话吗？"即使是一些平淡无奇的庸人之语，对说的人来讲，可能也是重要的。

愿意倾听别人，就等于表示自己愿意接纳别人，承认和重视别人。如果你能面带微笑，用一种专注而又迫切的眼光看着他，那会让人感觉你是欣赏他的。在这种氛围里，对方会充分地展现自己。如果你能善于让别人在你面前有一种强烈的表现欲，那你定能主动、积极地做个好朋友，做个好领导。如果一个职员向你这个经理提建议，即使开始还有点紧张，但你的倾听会使他马上感到放松和自信。倾听是一种无言的信任。

善于倾听的人总是善于理解和沟通的。当一个为成功而喜悦的人面对一个微笑着倾听的朋友时，他会感到这位朋友是理解他的，也是为他而高兴的。当一个因失恋而愁眉苦脸的人面对一个表情凝重而专注倾听的朋友时，他会感到自己的痛苦朋友能理解，虽然朋友没能提出如何重获爱情的好建议，但他已感到自己得到了一点心理依靠。

善于倾听的人肯定是其他人成功或失败时首先寻找的对象，他们有话会对你说，有苦会向你诉，他们毫无顾忌地向你敞开心扉。很多人都认为，要想自己变得优秀，就要主动出击去与别人竞争，在竞争中获胜最能证明自己的能力。其实表现优秀的方法还有一个，那就是学会倾听，这就有点以静制动的意味了。

因为倾听，你能够很好地发现自身可能存在的问题和缺陷，有利于自己的及时改正；因为倾听，对方能够看到你的真诚和细心，也会对你更加信任和友爱。

如果想要更好地表现自己，那就不妨静下心来仔细聆听吧，你一定会有意想不到的收获。

学会赞美他人

李彬兴冲冲地跑到小飞跟前说："小飞，你的钢笔字真漂亮。我去交语文作业的时候看见你的字帖了。真好看！"

小飞腼腆地笑了。小飞是从一个农村中学新转来的，对新学校环境的适应不太好。他跟不上这个学校的学习进度，每天都为了学习的事情很自卑，觉得自己是个农村孩子，样样都不如城市孩子优秀。他很少和同学们打交道，每天就是闷在自己的座位上发愁。

李彬是个活泼的男生，平日里喜欢和大家说笑打闹的。他也发现了小飞每天闷闷不乐。小飞的成绩不好，可能是因为刚转学过来，两边学校的进度不一样。小飞也不爱和同学们玩，每天都独来独往的。

李彬去办公室交作业的时候发现了大家的字帖，最上边的是小飞，他的钢笔字刚劲有力，真的很漂亮，不像自己的，歪七扭八，那些字好像都喝醉酒了一样。

所以李彬从办公室跑出来，直接找小飞来了。小飞听着李彬的夸奖很高兴。来了新学校之后，他觉得自己处处不如别人，学习跟不上大家的进度，他比大家晚了半个学期的课程，虽然每天放学了都补课，但是还是没跟上来。体育活动以前在农村中学都是自由活动，哪有那么多足球篮球，现在自己体育也不行，什么都不会。音乐课是让他最头疼的课了，他唱歌就跑调，被同学们笑了好几回了。他觉得自己一无是处。

现在被李彬这么一夸，也觉得自己的钢笔字挺好看的，并且开始有了点信心，毕竟自己也不是一无是处的。

小飞很快和李彬成了好朋友，因为他觉得李彬人很好，能发现他的优点，还经常和他聊天。李彬也发现，虽然现在小飞成绩不好，但他还是很刻苦的，也爱学习，抓住任何机会学新东西，而且也不怕不好意思什么的，遇见不懂的就问，问老师，问同学，每次都很认真，也很谦虚。受到表扬的时候，就会腼腆地笑。

小飞在日记里写下，是李彬的赞美点燃了他对新生活的向往，也点亮了他的希望，从李彬那里，他开始得到认同，他开始学着融入这个班集体。虽然他没有当面感谢李彬，但是在他心里李彬真的是他很重要的好朋友。

🚢 给男孩的悄悄话

男孩们，当你得到父母、老师、朋友的一句赞美或表扬时，心底一定非常舒适、欣慰，浑身似乎积聚了许多力量吧！

有人说："良言一句三冬暖，恶语伤人六月寒。"我们要学会适时地给他人一句赞美。因为赞美的力量无穷。

赞美就像浇在玫瑰上的水。赞美别人并不费力，只要几秒钟，便能满足人们内心的强烈需求。看看我们所遇到的每个人，寻觅他们值得赞美的地方，然后加以赞美，并把赞美他人变成一种习惯吧！

每个人都喜欢听赞美的话，被赞美时心情会自然地轻松起来。如果说得好，会有利于双方的下一步交流。可如果说得不好，则会适得其反。

恰到好处的赞美与违心的拍马屁，往往只有一步之遥，要让赞美话在别人听来不是令人反感的拍马屁。

青春期的男孩在赞美他人时，要注意以下几点：

1. 真诚而得体

对别人的赞美需要真诚，而真诚离不开真实，要恰如其分地赞美对方，必须符合事实。如果要在一些细微的地方赞美的话，更加需要对对方的工作、生活经历做一个大致的了解，以便准确地提出别人没能想到你会提及的细小之处，这样往往能收到"润物细无声"的效果。

2. 赞美用词要得当

赞美的形成，在于一般双方都是面对面的，所以内容上要具体，对象上要分明，有时尽管不直接涉及你所要赞美的客体，但对方早已心照不宣地知道你所指的是什么了。

同样注意观察对方的状态也是很重要的一个过程，如果对方恰逢情绪特别低落，或者有其他不顺心的事情，过分地赞美往往会让对方觉得不真实，所以一定要注重对方的感受。

3. 赞美不可过分夸张

赞美需要修饰，但是过分、太夸张的赞美就会变成阿谀奉承，让人感觉不到真诚，只留下虚浮和矫揉造作。

4. 少说陈词滥调

一些人的赞美言辞中，充满了陈词滥调。如久仰大名、百闻不如一见、生意兴隆、财源茂盛等。一些人在社交场合赞美别人时，只会鹦鹉学舌，说别人说过的话。

5. 在背后赞美

有时你当面称赞一个人时，他极可能认为那是应酬话、恭维话。而在背后说人好话，他会认为那是认真的赞美，毫不虚伪，于是真诚接受，并对你感激不尽。

6. 不可冲撞别人的忌讳

几乎每个人都有自己的忌讳，每个国家和民族都有自己的忌讳。忌讳仿佛是永不结疤的伤痕，每个人都不允许别人侵犯它。赞美别人千万不可触及对方的忌讳，否则极易造成交际的失败，引起他人的反感。

赞美别人是一种境界、一种涵养、一种素质；赞美别人是对别人的一种肯定、一种理解、一种尊重；赞美别人，既是一种给予、一种馨香，又是一种沟通、一种祝福。赞美又是对他人的认同，是对他人成绩的肯定和称赞，容易引起彼此的共鸣。

经常真诚地称赞他人的人，也一定经常得到他人的称赞。如果你想成为一个受欢迎的人，那就不要吝啬自己的称赞，带上自己的真心，收获对方的真诚。

做个幽默的男孩

接待美国中学生交流团的任务结束了，鲁浩南同学作为学生代表，也长出了一口气。由于这次是两个学校的联谊，两个学校为了锻炼学生们的社交能力，决定学生们的工作都交由他们各自负责，包括联系外界，以及各项活动安排都由学生自己完成，老师们除了必要的协助外，基本不插手此项任务。

外语水平较好的鲁浩南接到的是接待任务，作为队长的他，还有 10 个英语口语较好的队员，将负责美国中学生的基本接待和交流，以及美国学生来了之后，各项活动的陪同。浩南虽然英语水平好，但是真的这么正式接待外国学生还是第一次，到目前为止，他还从来没有和外国人说过话呢。

现在是个很好的锻炼机会，当然也面临着巨大的挑战。他们 11 个人开了个小会，会议决定，为了展现中国学生的风采，他们将全力以赴地做好接待工作。

美国学生们来了。浩南带着大家去迎接，安排 30 个学生的住宿，对方的负责人也是一个学生代表，为了来中国，还专门学了几句汉语，和浩南他们见面后，听到了浩南流利的英语，松了口气，也开始用英语进行交流。队员们语言关基本通过，但是还是有些拘谨，不好意思和那些外国学生打招呼，那些美国学生倒是很热情，但是队员们都还处于人家问一句，他们回答一句的紧张状态。

浩南为了鼓励大家，首先带头给其中一个美国同学讲起了自己在准备这次接待活动中的一些趣事，这样逗得那些美国学生哈哈大笑，两方之间的气氛一下子从很严肃变得轻松了许多。那些美国同学也放松了下来，两拨人聊起了各自的学习和生活。在浩南的带动下，其他同学也和那些美国来的同学们打成一片，一群不同肤色，不同面容的孩子们一下子就熟悉起来，很快成了朋友。

后来有个美国同学还写信给浩南，说他是幽默的男孩，跟他聊天轻松又有趣，和他们听说中国学生都很拘谨的印象一点也不一样。

🚢 给男孩的悄悄话

你是一个像浩南那样幽默的男孩吗？

在社会生活中，幽默是无处不在的。幽默是语言的润滑剂，如果你善于灵活运用，必将为你的生活带来无穷的轻松和乐趣。

幽默是人际交往中的磁石，可以将你周围的人吸引到你身边来；幽默也是转换器，可以将痛苦转化为欢乐，将烦闷转化为欢畅。每个人都喜欢与机智幽默的人做朋友，而不情愿与忧郁沉闷、呆板木讷的人交往。

首先，幽默可以缓解冲突。

人际交往中，磕磕碰碰在所难免，遇到棘手的问题或尴尬的场面，恰当地运用幽默，能产生神奇的效果。

青春期男孩在运用幽默口才时应注意以下几个问题：

1.要注意场合。

因在不适当的场合展示所谓的幽默，会造成不良的影响，甚至是严重后果。

2.其次要区别对象。

就像音乐是给会欣赏音乐的人听的，绘画是给会品味绘画的人看的一样，找错了对象的幽默难免会造成双方的难堪。

3.与残疾人开玩笑要注意避讳。

拿他人的缺陷、不足开玩笑，会伤害对方。

4.内容要健康，格调应高雅。

5.态度要友善。冷嘲热讽地开玩笑，别人会产生反感。

6.和异性、不同辈分的人开玩笑要适当，"荤段子"不可说。

7.不可板着脸开玩笑。

8.不要以为捉弄他人也是幽默。别人会误以为你是恶意的而令你祸从口出。

9.不可总大大咧咧地开玩笑，让人觉得你不够成熟、踏实、庄重。

正如拉布所说，"幽默是生活波涛中的救生圈。"幽默能够营造一个轻松、诙谐的谈话和交往氛围，能让人在紧张的环境中得以放松，能愉悦人的心情，也能够抚平生活中出现的波涛和褶皱。既然幽默有这么多的好处，何不学着成为一个能带给身边人快乐的幽默大师呢？

设身处地为他人着想

杨博超是高一（2）班的体育委员，他现在正在苦恼。现在是运动会报名的最后一天，体育老师又催他了。别的班报各项比赛都是异常火爆，只有他们班冷冷清清，没人愿意参加运动会。体育老师把他猛批了一顿，说他的动员工作没有做好。他是哑巴吃黄连，有苦说不出。他们班是实验班，也就是全校成绩最好的同学组成的一个班，虽然现在不过是高一，但是大家都拼命挤时间学习，谁都不愿意参加这种浪费时间的活动。他非常理解，但是运动会还是要有人报名，他磨破了嘴皮子，也劝不动大家。

他只好硬着头皮又站到了讲台上，"同学们，大家稍微给我点时间，容我再唠叨两句。咱们班运动会的名额还有好多，请各位踊跃一些吧，否则咱们班就会被取消参加运动会的资格。"他为难地看着大家，大家依然在埋头演算，没有理他，只有很少的几个人抬起头。

"我知道，大家都是为了珍惜学习时间，不浪费宝贵的时光，才没空参加运动会的。但是运动会可以让其他班的同学看到我们班同学的风采嘛，我知道其实有很多同学都是很有实力的。即使我们不参加项目，开运动会的那几天，大家也都要坐在操场看台上，与其看着别的班的同学在那里拼搏，我们都无聊地坐着，还不如咱们也为自己的同学加油好呢。希望大家能够再考虑考虑。"

这个时候，已经报名的一个男生站起来了："其实博超每天被体育老师批，就因为咱们班不积极。大家就稍微停一下，尊重他一下，为了班里的荣誉，也为了咱们自己锻炼身体，咱们就支持一下他。即使最后咱们班在运动会上拿不到好成绩，至少咱们努力了。"

博超就差眼泪汪汪地感谢他了，大家也被博超和那个同学的话触动了，他们突然发现，讲台上的体育委员，不是在为了显示自己而强迫他们。他也很理解大家抓紧时间学习的心情，他至少看起来也不那么官僚，感动开始班里蔓延。

第二天博超来教室的时候发现了一张张字条，是一个个名字和所报的项目。他感动极了，还有个同学，写了短短的留言："如果我是你，我可能会跟咱们不争气的同学发火，我会暴躁，甚至强行地写上名字，凑够人数。但是你没有，虽然你是学生干部，你没有那么强迫我们做什么。我就尽我微薄的力量吧！为了2班，加油！"

🚢 给男孩的悄悄话

换位思考是人对人的一种心理体验过程。它客观上要求我们将自己的内心世界与对方联系起来，站在对方的立场是体验和思考问题，从而与对方在情感上得到沟通，为增进理解奠定基础。

换位思考的实质是对交往对象的切身关怀，深入对方的内心世界。它是一种理解，也是一种关爱。建立在换位思考基础上的相互理解和关爱能够很好地促进彼此间的团结与合作。

立场不同，所处环境不同的人很难了解对方的感受；因此对别人的失意、挫折、伤痛，不宜幸灾乐祸，而应有关怀、了解的心情。

只有理解他人，才能与人为善。如果我们不懂得欣赏他人，就难以接纳和理解他人，更谈不上奉献爱心。青春期男孩在与人相处时应增加了解，增进理解，少点误解，多点谅解，多一点友善，多一份爱心。

人与人要和谐相处，最重要的是学会相互体谅和适应，每个人都从对方的角度去考虑问题。比如为了让别人听清楚你的声音，不妨提高说话的声调，为了不让对方伤到，递给他剪刀的时候可以把把手那一边冲向他，当对方总是脾气暴躁对人苛刻的时候，想一想是不是他最近工作压力太大……

别人之所以和你观点不同，一定有他的原因。找出那个隐藏着的原因，你就拥有了解释他行为或者个性的钥匙。试试看，真诚地使自己置身于别人的处境里："我要是处在他的情况下会有什么感觉？会有什么反应？"

理解别人，并能够从别人的立场设身处地地去为别人着想，重视不同个体之间的差异，以及不同人眼中看到的不同的世界，这样做的青少年才能真正做到虚怀若谷，避免由于偏颇造成失败。

要想与他人进行团结与合作，也需要自己常"换位思考"。只有彼此之间多了换位后的理解和关爱，才能在彼此的合作中真正地为对方设想，出现问题的时候才能够冷静地可观地兼顾上方，这样的合作才更有更高的效率，也才更稳固。

正像俗语所说的那样，"穿别人的鞋，才知道痛在哪里。"尝试着站在对方的立场上关爱对方，了解他人的真实处境，切身地感受他人的喜怒哀乐，这样才有助于自己成为一个真正受欢迎的朋友与合作伙伴。

各取所长，共同成功

江明辉和郑铮都报名参加了创新大赛。但是他俩擅长的不一样，江明辉同学创意很新，而且有很多奇思妙想，但是他的表达能力不强，遇见跟人说话的时候还经常脸红，稍微紧张了之后就会变得结巴。郑铮的语言表达能力很强，但是他的创意一般，他没有那么多奇思妙想，他能想到的，别人也能想到。

中学生创新大赛是以小组形式报名的，郑铮觉得自己的优势和劣势刚好和江明辉互补，就主动邀请江明辉，想要和他结为一组。但是江明辉不这样想，他觉得自己的创意才是核心，而郑铮虽然有三寸不烂之舌，终究是绣花枕头，草包一个。如果自己跟他一组的话，自己的创意肯定被郑铮拿去说来说去，到最后大家肯定以为那些成果都是郑铮一个人的。到头来自己白辛苦一场，还让他捡便宜。这种傻事他才不干呢。

学校的初赛，江明辉结结巴巴地解释自己的创意，郑铮看着自己苍白的创意内容，纵有千言万语，也描述不出一个花团锦簇来。负责点评的林老师建议他们合成一个小组，这样他们可以充分利用自己的优势，使小组成功的可能性大大提升。

郑铮表示积极赞同，江明辉迫于形势，也只好答应了。

果然江明辉把自己的创意想法告诉了郑铮之后，郑铮都能很好地理解，遇见不太清楚的地方都能很快和江明辉沟通，他们的创意企划书很快成型。

去市区参加创意计划答辩的时候，郑铮在讲台上滔滔不绝，他制作的幻灯片既内容翔实，也很精致漂亮。而他们的创意新颖，也赢得了评委们的青睐。两人以优异的成绩进入复赛。而评委问郑铮，这个创意是怎么想出来的，郑铮直接下台从观众席上请出了江明辉，对着大家说："这都是我们团队的核心成员江明辉同学的功劳，而我不过是负责把他的创意点子展示给大家。"

台下响起了热烈的掌声，江明辉终于发觉，原来合作才能共赢，在合作中发挥各自优势，才能成就事业。

给男孩的悄悄话

江明辉和郑铮的故事告诉我们，在面临困境时，无论你的眼光是短浅还是长远的，往往依靠自己一个人的力量很难能够摆脱困难。只有合作，产生一种"合力"，才能取长补短，进而推动你渡过难关，最后获得成功。

而且合作可以产生双重的奖励。一方面可使青少年朋友获得生活的一切需求享受；另一方面可使你的内心获得平静，这是贪婪者所永远无法得到的。

有时人们总在感叹为什么自己的付出没有得到等量的回报，实际上也并不是你的付出不够多，而是你忽略了与别人的合作。合作往往能产生意想不到的结果，而这一点却总是被人们忽略。

作为社会中的一员，谁也不能总是单独行动，有些事情靠一个人的力量是无法完成的。因为每个人的能力总是有限的。

有些人精力旺盛，认为没有自己做不到的事。其实精力再充沛，个人的能力还是有一个限度的。超过这个限度，就是人所不能及的，也就是你的短处了。每个人都有自己的长处，同时也有自己的不足，这就要与人合作，用他人之长补己之短，养成合作的习惯。

开始走入人际交往的男孩需要明了，合作才能共赢，合作也是通往成功的一条捷径。

乐群，做人之本

多与优秀的人交朋友

雨轩是个爱上网的孩子，他已经初三了，但是每天还是放学之后先打开电脑上网，爸妈自然担心这样下去是不是影响考学，影响孩子未来的前途，于是试探性地问他："雨轩，你最近是不是经常上网呀？"

雨轩边吃水果，边跟爸妈在客厅里聊天。"是呀。"他倒是坦然回答。

妈妈首先皱眉头了，"你这样每天花时间在网上，哪有时间复习功课呀？马上就中考了，中考之后择校都是要看成绩的，你不好好学习，以后怎么办呀？"妈妈的唠叨功夫又见长了。对待儿子的学习问题一向重视的妈妈这次看见雨轩还这么淡定地回答自己的问题，真的开始着急了。

爸爸还好些，不那么着急，他问雨轩，"你在网上都干什么呀？"

"认识了好多朋友，我们很聊得来。"

"朋友？网上的人多不可信！"老妈气呼呼地站起来，准备发飙。

"真的是很多朋友，他们人很好的。"雨轩还是不急不慢地说话。

"什么朋友呀，能跟我们简单说说嘛。"为了防止家庭战争的爆发，老爸从中斡旋。

"真的不像你们想象的那样，他们都是一些大学生，我们在申雪和赵宏博的博客里认识的。我们都是喜欢申雪和赵宏博这对世界冠军的。很多大学生跟我聊天，还让我好好准备考试，别在网上耗费太多时间，有个姐姐还给我讲学习方法。我遇见了难题，他们都会帮我解答，比学校的老师讲解得都详细呢！"

"还有么？"妈妈也来了兴趣，刚才的怒火已经熄灭了。

"还有就是他们在自己的生活里都是很优秀的人，有的人给我讲文学方面的事情，有的能帮我解答我关于科学知识方面的疑惑，还有的人在我跟你们闹了矛盾之后，还教育我，要理解父母呢。我跟着他们学会了很多有益的东西，他们都是很优秀的人。"

雨轩的话让爸爸妈妈放心了。结交优秀的人，让孩子受益匪浅。

给男孩的悄悄话

古人说："近朱者赤，近墨者黑。"如果青少年想成功，那就要少接触平庸之辈，多跟杰出者交往。

多与杰出者、成功者交往，你不仅能在做事、做人方面获得收益，而且在人生的关键路口也会赢取助力。

古人说到立志、立身时无不谈到择友。朋友间的相互影响是无形而巨大的。多与杰出的人交往，不仅对自己心智有益，也会使生活充满乐趣。与杰出者交往也会快速地学到一些方法和经验，快速地成长。而且通过与杰出者的交往，你会快速地结交人脉，这是与一般人交往所得不到的。当然，事情的另一方面是，要与杰出的人在交往中产生精神的共鸣，撞击出心灵的火花，必须有充分的个人修养作为基础，这就要求自身时时修炼、时时完善。

你和什么人在一起，五年以后就会成为什么样的人。要成功必须和成功的人在一起。我们可以参考国际知名演说家博恩·崔西的建议：

不管在你的现实生活或是想象中，你习惯相处的那些人，会对你想成为理想人物的目标有着极大的影响力。

你的目标应该是能够"与鹰共翱翔"。你的目标应该是要和你所知道最好的人为伍。

你要和胜利者在一起，同时要远离那些自暴自弃、没出息的人。由于诸多无法掌控的因素，你身旁约有80％的人都是不甚积极、没有雄心壮志、没有目标、不太成功之辈。他们在生活中并没有很大的成就。他们每天都在浪费时间，牢骚不断，并且一逮到机会就抱怨个没完。假如你和这种人在一起，你就会变得像他们一样。

你一定要谨慎地选择那些你愿意花时间交往的朋友，因为他们对你的思想、人格，以及发生在你身上的任何事情都会有影响。

你的目标就是要成为别人乐意为伍的人。当你变成一个更积极且更有魅力的人物时，你将发现自己会吸引其他积极有吸引力的人与你为友。

与杰出者交往中，青少年应注意以下方面：

1.应保持谦逊、谨慎，自大、骄傲适得其反。

2.多向杰出者请教、询问，用他们的智慧和经验来促进自己的成长。

3.应自尊自爱，不恭维奉承。

4.多了解杰出者的事迹、成就，顺利交往的可能性才更大。

在很多时候，选择对了一个同行伙伴，自己往往也能走得更远。因此，试着与杰出者为伍，你一定能够收获更多。

对手也许是你明天最好的朋友

易晨是实验班的尖子生，但是他总是在发愁，因为第一排那个长得像豆丁一样的小女孩学习也很好，考第一的概率和他平分秋色，作为一个堂堂男子汉，他很不服气。那个小丫头片子怎么回事，老跟自己过不去。

高三的考试又多，每次看排名都能看见那个不想看到的名字，张小小，是挺小的，芝麻大的人，本事倒不小。他总是对她充满了敌意。任何时候都不忘记和她作对。尤其在课堂上，小姑娘回答问题出错的时候，易晨绝对会让小姑娘下不了台。

张小小看起来似乎平静如水，对易晨的挑衅全然不在意的样子。即使有时候被他当众羞辱了，也还是那份一潭死水的表情，不哭，却也不笑。

他以为高三就会跟这个小姑娘一直敌对下去，他把她当作了自己最大的敌人。当然这个优秀的敌人让易晨如芒在背，任何时候都不松懈，时刻地努力着。

直到一个偶然的机会，这对冤家化干戈为玉帛了。

参加物理竞赛，初赛只有他们两个通过了。作为学校的代表去别的城市参加比赛。到达了指定地点，发现来自全国各地的尖子们汇聚在一起还是件很让人兴奋的事情。易晨光顾着兴奋了，却把自己的代表证弄丢了。这可把他急坏了，没有代表证是没法参加竞赛的。正在他满地乱转的时候，张小小来了。弄清了怎么回事，张小小二话没说，埋头就帮他找代表证。

易晨气呼呼地说："你是来看我笑话的吗？我不要你的施舍，我大不了不参加了。"他还在维护着自己的自尊心，小小轻声地说："这次咱们都代表学校，要互相支持！"

找了半天，小小在一个旮旯里摸出那张沾满尘土的证件。望着小小额头的汗水，易晨突然觉得自己以前那么对这个小姑娘是有点过分了，一直是敌人，突然敌人对自己这么好。适应不了。

易晨有些不好意思了，小小却大方地笑了，把证件塞到了易晨手里。也许从这一刻开始，他们能被称作是朋友了。

给男孩的悄悄话

常言道：不打不相识。人与人之间的友谊可能就是因为争斗而发端。而且友谊还会在不断的争斗中得到巩固，不断加深。

《水浒传》中有这样一段故事：宋江被发配到江州，遇到早就想结识他的戴宗，与后到的李逵一起在一家酒店里喝酒。吃喝间，宋江嫌送来的鱼汤不好，于是叫酒保去做几碗新鲜鱼烧的汤来醒酒。正好酒馆里没有新鲜鱼，于是李逵跳起来说："我去渔船上讨两尾来与哥哥吃！"李逵走到江边，对着渔人喝道："你们船上活鱼把两条给我。"一个渔人说："鱼主人不来，我们不敢开舱。"生气的李逵不小心一连放跑了好几条船上的鱼，惹怒了几十个渔夫。后来还与绰号为"浪里白条"的鱼主人张顺打了起来。两人正打得难解难分时，早就认识张顺的戴宗跑来介绍二人认识之后说道："你两个今番却做个至交的弟兄。常言道：不打不成相识。"二人遂成为好友。

双方不打一场不会相识，经过交手而互相了解，更加投合，这种例子不胜枚举。最常见的就是武侠小说中的各路英雄，特别是结拜的兄弟，常常是因为误会而发生争执，但是当真相大白时，彼此又会互相欣赏而成为至交好友。

友谊的形成是一个方面，友谊的持续又是另外一方面。维持友谊往往比友谊的形成更加困难，因为这是一项长期的工程，需要精心的呵护。人与人相处，难免会发生各种各样的摩擦和争斗。因为每个人的性格不同，处世的方法不同，了解的事情也不一样，因而在同一件事的认识上会发生这样或那样的偏差，误会就会随之而产生。但是误会总是会消除的，在一番明争暗斗之后才会发现友谊的可贵，曾经失去才会倍加珍惜。互相包容，互相理解，容忍对方的小毛病，使小的争斗不至于扩大化，不至于动摇友谊的根基。所以争斗其实也会有它积极的一面，条件是争斗之后妥善处理之后的误会，吸取教训，修补裂痕，使友谊更加坚固。从争斗中吸取教训，学会宽容。每个人都会有一些缺点，如果互相抱怨，互相指责，无法忍受对方，友谊就无从谈起了。

另外，在这样一个"物竞天择，适者生存"的社会，彼此之间的竞争无处不在，即使是再好的朋友也可能会发生竞争。而竞争既可能是良性的君子之争，也可能是使用阴谋诡计互相陷害，而我们要做到的就是在竞争的时候始终不要忘了做人的基本原则，不要做出让人心寒的事情。这样才能在争斗过后，还能保持友好的关系。如果使用不正当的手段，就会让对方不齿你的行为，再也不会信任你，而友谊也就会荡然无存。因此保持友谊的争斗应该是良性的竞争。而且在竞争中双方能够互相学习共同促进能力的增长，这样的斗争何乐而不为呢？

所以，青春期的男孩们，学着用宽容的心态来看待朋友间的矛盾，你会发现自己的人脉会越来越宽，越来越广，那应当是一件让人十分羡慕的事情。

别紧张，和老师成为朋友

泽明站在操场上发呆，他最近不是很开心，每天上学都是无精打采的样子，历史老师点名要同学回答问题的时候点到他了，可是他盯着黑板看了半天，也没有给出老师要的答案，老师看着他半天没有说话。只好无奈地让他坐下了。

下课了以后，历史老师叫他，"泽明，跟我到办公室来一趟。"

肯定又是一顿狠批吧，泽明心里想，他没有给出老师要的答案，他上课在走神。他不知道自己怎么了，晚上总是睡不好，白天却又迷迷糊糊。马上就要考试了，自己却怎么也振奋不了精神。反正先做好被老师劈头盖脸狂训的准备。

历史老师手上端着一杯热水，递给他："最近不舒服？"

本来指望被老师一顿暴训的泽明没想到，第一句迎来的居然是老师的关切，还有那杯热水，这是什么待遇，他犯错了，老师还奉送热茶。他有点受宠若惊了："哦，也没什么，就是总没有精神。"

"心里有什么事，可以跟老师聊聊。你现在压力挺大的吧？"老师丝毫不提课堂上的事情。

"恩，有点吧。总是担心考试考不好，晚上做梦都在考试而且不是迟到，就是不能参加考试，很着急，醒来之后很久才发现是梦。"

历史老师点头："别想那么多，你的成绩挺好的，只不过现在状态不好罢了。你没问题。"

泽明很少跟老师打交道，他还不能抹去老师和学生之间的鸿沟，他点头，就不再说话了。

历史老师耐心地给他讲了放松和调节心情的小办法，还分享了自己当年做学生的经历和感受。他竟然说自己因为怕考不好，每次考试都必须吃糖果的糗事。

泽明开心地笑了，觉得历史老师很可爱。一下子，他们仿佛不是师生而是朋友。

以后，泽明遇见了不开心的事情都愿意和历史老师说道说道。他们真的成了很好的朋友，泽明后来才知道，老师并不是那么高不可攀，他们也是很好的知心朋友。

🚢 给男孩的悄悄话

你的老师严肃吗？见到他的时候你是不是很紧张，不敢和老师接近，其实我们在学习过程中很重要的是要和老师做朋友，每天都多注意和老师沟通，把自己的疑惑和老师沟通，甚至其他学习以外的问题都可以和老师沟通，老师就如同你的妈妈，学习上的任何困难她都可以帮你解决，你的学习的每一个进步，老师都会为你感到高兴。

其实我们从小到大，都是老师教给我们知识，给我们讲生动有趣的故事，与我们一起关注学习成绩。老师的严格要求是为了帮助我们更好地学习，提高我们的学习成绩。所以我们有什么问题老师都会帮助我们的，请你与你的老师做朋友吧，把不懂的问题提出来吧，老师绝对不会说你笨的，她会为你的努力学习而感到高兴，也可以把你的思考与老师一起分享，错误的得到更正，正确的你将得到老师的赞赏。长此以往，你会得到不断的进步与提高的。

而且上课回答问题的时候，老师就是你的朋友，面对她你还会紧张吗？而且你放心，老师也不会徒增你的学习压力，她更了解你的学习情况在班级中排到什么样的水平。让老师帮你订一个计划，将更加帮助你循序渐进，一步一步按计划进行，取得成功。

不要仰着头去看自己的老师，把自己和她放在同等的位置上，敞开心扉，做好朋友，你会得到巨大的进步和美妙的体验。

以一颗平常心对待同学间的竞争

金佳拿着地理试卷，怒气冲冲地跑去办公室，他的成绩少加了四分，所以他的排名从年级第一落到了第四，他很不服气，直接拿着地理试卷找老师们去了。

他成绩一向名列前茅，所以老师们都认识他，但是这次不再是去领奖状呀、交作业呀，他是去捍卫自己的荣誉去了。负责核分的老师给他又核对了一次分数，确实少加了四分。他的成绩被修改了过来，但是总成绩排名不再修改，他为此还是耿耿于怀。

班里一直排第二的那个女生的名次也凑巧排到了他前面。那个女生知道了金佳是因为少加了四分才成为第四之后，本来过来想安慰他一下，她轻声地说："你别这么生气了，大家都知道你学习最好了。"

金佳本来正在生气，结果看着一直是自己手下败将的女生居然跑过来挑衅，直接怒发冲冠，张嘴就来："您是站着说话不腰疼呀。得了第一就得了，还在这显摆什么，想看我笑话不是？"

本来出于好心来安慰他的女孩，一下子哑巴了，当场愣在那里，眼泪就掉下来了。女孩掉头就走，以后再也没理过他。

等他气消了之后，反省自己，也觉得自己把成绩看得太重了，为了那个分数和名次，还伤了同学的和气，其实那个女孩也不坏，她人挺热心。只是大家的成绩都差不多，金佳一直把她当作敌人一样看待和提防，所以才对她一直很有敌意。

如今为了这个加错的成绩，得罪一个同学，非常不值得。他开始后悔自己的冲动，其实竞争是很正常的，没有竞争的话，他怎么知道自己的优势和劣势呢，没有竞争或许他也不会这么勤奋了。正是因为这个女孩，他才这么有奋斗精神的。

他想明白了这些，决定和女孩握手言和，他希望以后他们可以在竞争中共同进步，而不是像自己这样伤害别人。

🚢 给男孩的悄悄话

竞争无处不在，我们的学习中也充满了竞争，它就像是把"双刃剑"，用好了利人利己，可以大大促进自己的学习；用不好则会误人误己，不仅会阻碍自己的学习，还会影响到同学之间的感情。因此，对于竞争我们要有一个清醒的认识。

同学之间的良性竞争能激发强烈的成就感和进取心，促使男孩顽强拼搏，同时也会给男孩带来快乐，注入新的活力。这是一种积极的活动，所以不能采取在学习中恶性竞争、破坏同学之间友谊的不良行为。

在一个班级里，学习成绩、文体比赛、劳动竞赛，甚至课余爱好，都会使同学之间产生竞争。但是在学生的心目中，最普通也最"残酷"的还是学习成绩上的竞争，也就是在考试分数上比高下。以正确的心态面对竞争，本来是一件很有益的事，但有些男孩为了实现这一目标，使用的却是消极竞争的策略。比如有的男孩为了麻痹自己的竞争对手，就在班里故意不学习，装出一副很轻松的样子，但是回家后却加班加点"开夜车"；有的男孩把学习上的竞争泛化到与同学的一般交往上，不仅在心理上嫉妒对方，而且还会表现出轻视对方的各种言行，甚至有时会在背后诋毁别人。这种消极竞争的做法，其实是一种心胸狭窄、不会学习的表现，是我们学习路上的"拦路虎"，它不仅使男孩无法获得真正的友谊，而且也无法吸收、借鉴别人的长处，另外它还会影响男孩的身心健康。

积极的竞争应是在一种友好的氛围中进行的，它能够实现自己和同学成绩的共同提高，而不是自己上去了，却把同学踩下来。因此会学习的同学必须彻底抛弃这种狭隘的消极竞争，学会积极竞争。

同学之间的竞争是不可避免的，那么男孩该如何对待才能既收到竞争的良好效果，又避免竞争可能带来的心理伤害呢？

教育专家们告诉我们：对待同学之间的竞争的正确态度应该是既不回避竞争，也不盲目竞争——竞争的目的不是压低别的同学，而是提高你自己，它要求我们必须做到如下几点。

1. 借助竞争激发潜力

在竞争的条件下，人们的自尊需要和自我实现的需要更为强烈，对于竞争活动会产生更加浓厚的兴趣，克服困难的意志更加坚定，争取优胜的信念也更加强烈。我们要从主观上认识到这些，树立起一种积极的心态，为了取得竞赛的优势，全力以赴，充分发挥自己的能量与创造性。

2. 找到适合于自己的目标

竞争的目标应该是有层次性的多样化的，如果只盯住顶尖的位置，或者只在自己不擅长的方面与人争锋，势必经常遭受挫折和失败，易使人产生挫折感、失败感与自卑感。所以我们应根据自己的实际情况，找到适合于自己的目标。这个目标不会唾手可得，需要我们付出努力，但又不是可望而不可即的。

3. 学会与自己竞争

从前的你和现在的你肯定不一样，你的将来也不会和现在一样。因此要学会对自己做纵向比较，看自己哪些方面进步了，还能取得什么进步，这也是一种竞争，而且这种竞争有助于你正确看待同学之间的竞争。

4. 抱着合作的态度参与竞争

这才是真正的明智之举，不仅获得了竞争的动力，而且避免了对同学采取嫉妒、贬低和仇视的态度，有助于维护同学间的友爱关系及集体精神。

5. 适时的心理调整

当竞争过频或过强，就容易产生紧张、忧虑、自卑等消极的情绪体验，不利于自己的身心健康。如果出现这样的情况，可以通过适当降低竞争目标、改变竞争对手、转移竞争取向等措施，及时地加以调整，以消除过分紧张的心理压力。

其实合作与竞争是相辅相成的，只有把两者有机地结合起来，在"比、学、赶、帮、超"的氛围中，竞争双方的学习才能得到最大程度的提高。因此具体到自己的学习中，一方面是努力超过对方，另一方面也要和同学友好相处，你有问题可以诚心地问他，他有问题来问你的时候你也应该认真给予帮助，如果两人都不能解决，可以在一块儿共同研讨。

尽管如此，真正的竞争还是自己与自己的竞争，超越昨天的自己，才是真正的竞争取胜。

总之我们要正确对待同学之间的竞争，既要保持一种锐意进取的精神状态和斗志，又要保持一颗平常心。让竞争朝着积极、良性的方向发展，并以此来激励和促进我们的学习。

竞争与友谊是并行不悖的，它们并没有本质上的冲突。在与同学的竞争中，我们应向竞争对手伸出友谊之手；同学向我们借笔记或请教于我们时，应给予热情帮助。从而做到彼此激励，相互竞争，共同攀登，形成一个和睦、友好、互助的良好氛围，实现学习的共同进步。

放低姿态，多向别人学习

耀祖今年暑假要回姥姥家过。姥姥家不在他们居住的这个城市，而是在一个很偏远很偏远的小山村里。那个村子到现在还没有通公共汽车，也就是前两年刚有了电视。可以想象那个地方和从小耀祖长大的城市环境是多么的不一样。

耀祖的心里不是那么想去，但是妈妈坚持要耀祖回姥姥家陪陪姥姥，他只好同意了。

山村的生活很简单，每天都是日出而作，日落而息，简单而且安详。耀祖没有了小伙伴，没有了电脑，除了照顾姥姥的起居就是坐在院子里发呆。每天早晨都能听见远处传来悠扬的笛声，他决定去看看究竟。

到了山坡上，他看见了吹笛子的老人，那个干瘦的老爷爷，枯瘦如柴，他和那个老爷爷攀谈起来。老爷爷说的是方言，耀祖只有很认真地听，才勉强听明白 80%，但是他觉得老爷爷是个很有意思的人。他的脑子里装了很多很多古老的传说，除了女娲补天是耀祖听过的，其他的都是他之前闻所未闻的传说和故事。

以后每天耀祖安顿好姥姥之后，就去山坡上听老爷爷讲故事。一个暑假过去了，耀祖的小记事本里写满了各种各样的神话和传说。他心满意足地收拾背包回学校了。他要把这些故事都整理出来，让大家知道，原来大山里还藏着那么多美好的传说。

回到家里，妈妈问他最大的收获是什么，耀祖拿出了自己的小本本，谈起了这些故事的来源："我每天在院子里都会听到悠扬的笛声，我就循着笛声找到了吹笛子的老爷爷。我一看到他又老又瘦，干巴巴的一个老头，顿时失去了兴趣。想着这么个乡村的老公公不过也就是从哪学了笛子，天天出来玩。后来交谈的时候才发现他真的很博学，他应该是个博士才对。他知道那么多的神话和传说，还能记得那么清楚。我用笔跟着记都记不了那么全呢！"

看着儿子眉飞色舞的讲述，妈妈会心地笑了。

给男孩的悄悄话

　　每个人的知识体系都不可能非常完备，再优秀的学生也会有许多缺陷，我们要想让自己的知识丰富，学问过人，就必须放低姿态。像耀祖那样做到不耻下问，全面吸纳知识，才能使自己的学问达到一个新的水平。男孩子们要注意纠正自恃才高、不屑于问，或者害怕麻烦别人而不好意思问的坏习惯。

　　任何东西都不是完美无缺的，就算世上最美的玉石也有斑点，我们每个人也同样有这样或那样的缺点。俗话说：尺有所短，寸有所长。我们只有正确认识到自己的缺点，发现别人的优点，才能不断地向别人学习，弥补自己的缺点，发挥自己的长处，取得更大的进步。在学习中，我们越能发现别人的优点，就越能虚心求教，向别人学习。

　　对于学习做学问而言，如果说"学"占了50%的话，那么另外50%就是问。其实在我国几千年的文化发展史中，许多大学问家对于"问"早就给予了足够的重视。孔子的"不耻下问"，大家想必都非常熟悉，后来还有"有疑而不问，非真能好学者也"等都是对"问"的重要意义的论述。

　　那么，我们该怎样去"问"呢？

　　首先我们要通过自我提问把问题找出来，比方问"为什么这么做呢？""还有更好的解法吗？"等等，若自己答不出来，就要把它记录在问题记录本上去找别人解答。"问"的另一层含义是善问，许多男孩对"问"有心理障碍，其实我们完全可以利用上课前、课间休息、骑车回家的时间，一起讨论几道题，这样既能增进交流又可解决问题。别怕提出简单问题，简单的问题要么蕴含深刻的道理，要么反映了你学习上的缺陷，所以"问"时一定要让脸皮"厚"起来。

　　我们还可以在同学之间开展讨论，这种方式对于解疑是十分有用的。可以设想，即使我们每天只解决一个问题，长期坚持下来，获得的新知识也是无法计算的。

　　好问，对于学习是非常重要的。学习中，对于自己的疑问、不会不懂的知识，一定要敢于问、及时问、认真问，发现了问题，通过别人的帮助获得解决，这就是学习上的进步，就是一种有效的提高。

　　我们每个人都有自己独特的学习方法，所以同学之间就会有比较大的差异。你要在了解自己特点的基础上，发挥自己的优势，这样才能最大限度地提高自己的能力，缩小和别人之间的差距。

善待他人的批评、忠告

　　高一（2）的全体同学利用周末的时间，去市里的夕阳红养老院去看望那里的爷爷、奶奶，并帮助那里的工作人员打扫整个养老院的卫生。

全班同学干得热火朝天，不怕苦不怕累，洒水扫地，擦窗户，倒垃圾，忙了一个上午。忙完之后，还给爷爷、奶奶读报和他们聊天，帮他们按摩，梳理头发，大家都很积极认真。可王文却发现人高马大的李琛却从来不动手打扫卫生，看见女生那么吃力地抬着一大筐的垃圾，也不帮帮忙，上午只陪着爷爷在下棋。大家干得那么累，可他却在树荫下乘凉。王文对李琛很有意见，亏他还是班干，怎么能这样呢？

在回来的路上，心直口快的王文再也忍不住了对李琛说："作为一名班干，你今天的表现太让我失望了，在大家那么辛苦劳动的时候，你却拈轻怕重不参加劳动。你说说你今天都干什么啦？看见女生那么辛苦，也不前去帮帮忙，你好意思吗？我都替你脸红。"李琛认真地听着，并没有反驳，当王文数落完后，李琛只是轻声地说道："好的，下次我一定会注意的。"

在一旁的班长吴健听到了他俩的谈话，忙跟王文说："你还不知道吧！昨天傍晚我和李琛几个在打球的时候，李琛不小心摔着了手，我劝他今天不要去养老院了，在家好好休息，可他还是坚持来了，陪爷爷下棋，陪奶奶聊天，给他们带来了很多的欢乐啊！"王文听后，低下了头，不好意思地说道："对不起，我不知道情况，就说你的不是了，希望你能原谅我。"李琛笑着说道："没什么，不要放在心上，今天我也做得不够好。"

王文和李琛会意地笑了笑，高兴地回学校了。

🚢 给男孩的悄悄话

忠言逆耳利于行。对于别人的意见，心胸狭隘的人可能会把它看成是包袱，而心胸宽广的人则把它看作是提高和充实自己的机会。

对于批评，我们还应有一份冷静、一份坦然，不必因为其猛烈、苛刻而终日忧虑不堪。

生活中，青春期男孩面对批评时，可以按下面的原则去处理：

1. 不要跟一个感情冲动的批评者争论，不要去指责对方言语中的失误或失实。因为有时对方前来，只不过是要发泄一下不满情绪——他想提出的要求分明无法做到，也不是你个人的过失，此时你若与之相争，则会使问题变得更糟。

2. 尽量使来者坐下面谈，这样可以大大缓和紧张空气。给对方沏杯茶会更加减少其单纯的不满情绪，也使自己免受刺激。

3. 别表现出强烈的厌烦，更不要愤然拒绝批评而离去，这会显得你没有肚量，即使是"过分"的指责，你也应耐着性子听。

4. 无论如何别打断对方的讲话，相反要鼓励对方把话说完，这可以更有效地使对方变得平静，而你也可以心平气和。

5.绝不要在未听完对方的指责之前就表态，但面对情绪激动的来者一再表示道歉，常可使对方反而语塞。

6.换一句话把对方的意见说出来，表示你不仅认真听了他的指责，而且态度诚恳。如此则不论你是否准备接受对方的批评，都会使之感到满意。

学会接纳不同个性的同学

林飞和肖扬是同桌，又是同宿舍，但两个人的矛盾大家都看得出来。有一段时间，两个人谁都不理谁，连老师都知道了他俩的事情。虽然从没吵过架，但是打心眼里，两个人谁都看不惯谁。

这天下课的时候，高老师叫住了往外走的林飞。"林飞，跟我来一下。"林飞以为高老师有什么事情要他帮忙，就跟着高老师进了办公室。

林飞："高老师，有什么事吗？"

"哦，今天课代表没来，你帮我把这些资料发下去吧。"

"哦，好的。"林飞刚要拿资料，又被高老师叫住了。

"先别忙，林飞。你过来，老师有点事儿问问你。"

林飞纳闷地走过去，看着高老师笑眯眯的眼睛："有什么事儿吗，高老师？"

"你跟肖扬是怎么回事儿呀，上次小组实验，我让你俩一起给我搭把手，你俩谁都不搭理谁，是不是闹矛盾了。"看着林飞低下头，欲言又止的样子，高老师又问："怎么，对肖扬有意见了？来，跟老师说说。"

林飞看着高老师说："也没什么，肖扬就是有时太张扬了，也不顾及别人的感受，他认为好的事情，大家就要一起跟着做，也不问问别人的意见。大家一起的事情，总是他说怎样就怎样。"

高老师听了点点头："肖扬确实很有个性，这是他的缺点也是他的优点，你说是不是林飞。老师知道你是一个宽容温和的好学生，你和肖扬应该互相帮助才对，不应该互不理睬，那样对学习对做人都不好。老师觉得你们两个都很优秀，大家对你们两个也都很信任，你们两个要是能互相学习一起帮助大家多好。"林飞听了点点头："老师我明白了。"

过了两天，高老师在走廊里看到了肖扬："肖扬，林飞说你很能带动大家的积极性，适合当队长组织这次的足球比赛。"肖扬听了纳闷地说："林飞会让我当队长？他对我那么大的意见，还嫌我张扬，会让我当队长？"高老师说："那怎么了，老师怕你忙不过来，派他做副队长，给你帮忙。"肖扬一听撇了撇嘴说："他那样温温吞吞的，对谁都好，连点原则都没有，说话大家都不听，能管好什么呀？"高老师一听就乐了："这就是你对林飞不满的地方？金无足赤，人无完人。你跟林飞通过组织这次比赛，好好磨合磨合吧，也各自好好反省反省。"肖扬听了，挠挠头，不知道高老师葫芦里卖的什么药。

给男孩的悄悄话

现代的社会越来越提倡个性，有个性的人一般很容易抓住他人的眼光。所以在学校里，追求个性的同学也层出不穷。但是这里所说的个性，一般是特立独行，而心理学上的个性是指一个人的个别性，是这个人在思想、性格、品质、意志、情感、态度等方面不同于其他人的特质。这种特质会外化为他的言语方式、行为方式和情感方式等等。心理学上还指出，任何人都有自己的个性，任何人都是一个个性化的存在。

接纳不同个性的同学是一门学问，因为一般人很容易接纳和 自己个性接近的同学，而排斥那些和自己迥异的同学。但是这样会让我们错过很多友谊，会错过很多向别人学习的机会。所以不能拒绝自己不喜欢的同学，只要你用心观察，就会发现"三人行必有我师"，特别是男孩子，只有博学众人之长，才能根深叶茂，为以后的发展打下基础。

此外只有在和不同个性的同学打交道，才能发现自己的不足，弥补自己的不足。人与人的思维方式存在着很大的差异，就在相互交往中差异的碰撞会产生智慧的火花。

其实个性的相同和相异不是绝对的的，强调个性的差异性时，我们也不排除个性的共同性。每个人与他人都或多或少地存在着个性相同的基础，只要愿意真心交流，就不存在没法跨越的鸿沟。一个班里的同学，在相同的学习环境里接受相同的教育，彼此之间个性的差异里存在的共同性就更不可忽视。

学会接纳不同个性的同学，能帮助男孩抓住成长的机会、完善人格，给自己和他人都打开一扇友谊之门。

拥有良好心态

抛开狭隘，心底无私天地宽

邹涛被班主任拎到办公室去了。因为今天政治老师讲课的时候，他睡觉被发现了。政治老师要他认真听讲，并且说为了让他提神，要他站3分钟再坐下。他不服气，直接坐下了，还一副傲慢的样子。坐下之后，爬到桌子上继续睡。

下课，政治老师提醒他以后不要睡觉，他站起来直接跟老师说："你管得着嘛！"

于是，现在他就被班主任拎过来继续接受教育。

"怎么回事，为什么下课的时候，老师提醒你不要上课睡觉，你顶撞老师呀？"

邹涛还不服气，觉得政治老师是给他打小报告了："她讲课讲的没趣，我自然就困，我还得怨她没把课讲好呢。"

班主任知道，邹涛是个爱斤斤计较的男生，他就是嫌政治老师上课让他站着，让他在同学们面前丢面子了，是诚心报复老师。

于是就说："政治老师讲课好不好，不是你说了算的。你作为学生，上课睡觉，自然是不符合作为一名学生的规范的。下课老师劝你，也是为了让你在课堂上收获更多东西，她如果是为了让你出丑，可以直接让你站一节课，还可以当着全班同学的面挖苦你呀。"

邹涛还是把脸扭到一边，显然还是不服气，他觉得他受不了老师这样的批评，单独批评也就算了，还当着全班同学说，即使课下，也伤了他的自尊。"男孩子，已经这么大个子了，还这么小气，让同学知道了才笑话你呢，"班主任打趣他，"心胸开阔点，已经是大人了，还跟个小朋友一样。"

邹涛有些不好意思了，被老师这么一说，好像自己真的有点小家子气。他心想，算了，这样再跟老师置气显得自己好像太计较这些。

班主任看着他不那么倔了，就趁热打铁地说："咱作为一个男子汉，要想不让老师再当着大家说咱，就表现的像个男人。"

邹涛乐了，班主任真有幽默感，"那怎么做才像个男人？"

"不跟女人一般见识，让她看看一个优秀的男人是怎样由上课睡觉，变成最勤奋、最优秀的学生的。"

邹涛知道，班主任又给他下套了。

给男孩的悄悄话

生活中，有些男孩听到师长的几句批评就无法接受，甚至发火、痛哭；只爱交与自己一致的朋友，而容不下比自己优秀或与自己意见有分歧的人；遇到一些得失、委屈，生活、学习上的一点失误，便耿耿于怀，斤斤计较而日夜不安。这都是狭隘的种种表现。

狭隘是心胸狭窄、气量狭小的人格表现缺陷。狭隘也常常表现为吝啬小气，吃不得亏，否则心里就不平衡，就会想方设法弥补"受损"的利益。

青春期男孩应如何应对狭隘呢？

1. 树立正确的人生观

人生匆匆，何必计较太多？抛开"自我中心"，心底无私才会天地宽。

2. 正确处理人际关系

（1）要有大度的气量。与人相处，肯定会发生一些不愉快的事，如果缺乏气量，与之斤斤计较，就无法相处。相反，如果气量大度，胸怀宽阔，就会使那些不愉快的事化为乌有。

（2）要有忍让的精神。忍让，绝不是软弱，而是心胸宽阔、风格高尚的表现，提倡忍让并不意味着放弃原则。心胸狭窄的人极容易错误地估计形势，错误地对待人和事。

3. 开阔视野

狭隘的人不仅生活在一个狭窄的圈子里，而且他知识面也非常狭窄，因此开阔视野很重要。如男孩应多参加一些社会公益活动，参观一些伟人、名人纪念馆，听英雄人物事迹报告会等，这能使我们在亲身经历中顿悟很多人生道理。丰富课余文化生活，组织多种多样的文娱、体育活动，拓宽兴趣范围，使自己时刻感受到生活、学习中的新鲜刺激，感受到生活的美好，陶冶性情，从而在健康向上的氛围中增强精神寄托，消除心理压力。

4. 多与人交往

狭隘的人，其心胸、气量、见识等都局限在一个狭小范围内，不宽广、不宏大。青春期男孩应多与人接触，对不同的人有不同的认识，从而积累经验，从中明白对与错的道理。

学着放松自己

吕明泽满头大汗，但这不是在运动场上，而是在考场上。考试的预备铃声响了，还没有到发卷子的时候，他已经紧张的出虚汗了。考场上的监考老师以为他不舒服，走近他问他需不需要帮助。他被老师这么一问，更加紧张了，连说话都有些结巴了。他摇摇手说没事，老师递给了他几张纸巾。

吕明泽不是学习最差的学生，但是考试的时候，他绝对是最紧张的那种。每次考前都要反复检查准考证、文具，削铅笔都要削好几根备用，总是担心考试的时候铅笔断掉会影响自己的状态。

离高考越近，他的考试紧张就越严重，第一场考试是语文。一场考试结束，他感觉自己都要虚脱了。神经紧绷着，那状态就像是高负荷运转的机器，紧绷的神经随时可能因为压力过大而绷断。

他决心这次考试结束以后一定要调整一下自己的状态，不然他都不敢相信，在高考的考场上他能否控制住颤抖的手。他现在在考试前一天的晚上就已经很难入睡了。

考试结束，他第一时间去了学校的心理咨询室寻求帮助。心理老师看着他苍白的脸，还有因为紧张而冒出的汗珠，判断首先要给这个紧张的孩子放松一下他绷紧的神经。

心理老师首先让泽明放松自己，但是泽明紧绷的身体僵硬地坐在沙发里，根本没法让肌肉放松。老师又尝试让他深呼吸，经过长达十分钟的深呼吸之后，泽明的身体才放松地陷在柔软的沙发里。

平时放松都这么艰难，看来要他在考试的时候轻松对待绝非易事，心理老师开始教他简单的放松训练方法，希望他能慢慢舒缓自己的紧张情绪。

至于对他考试紧张状态的干预，恐怕还需要一个漫长的过程。

🚢 给男孩的悄悄话

生活中，有与吕明泽类似烦恼的男孩很多。有些男孩面对老师、面对爱慕的人、上台演讲前、面试时、比赛前、照相时等，常常感觉紧张、脸红、心跳、发抖，学习或工作中总是惴惴不安，神经绷得如一张满弓，唯恐出了差错……

当今世界是一个竞争激烈、快节奏、高效率的社会，这就不可避免地给人带来许多紧张和压力。精神紧张一般分为弱的、适度的和加强的 3 种。人们需要适度的精神紧张，因为这是人们解决问题的必要条件。但是过度的精神紧张，却不利于问题的解决。从生理心理学的角度来看，人若长期、反复地处于超生理强度的紧张状态中，就容易急躁、激动、恼怒，严重者会导致大脑神经功能紊乱，有损于身心健康。因此青春期男孩要克服紧张的心理，设法把自己从紧张的情绪中解脱出来。

现代医学证明，70％的病人只要消除不良情绪的影响，疾病就会不治而愈。难怪柏拉图曾经说："他们所犯的最大错误是，他们想治疗身体，却不想医治思想。可精神与肉体是一致的，不能分开处置。"

以下的方法有助于青春期男孩消除紧张情绪：

1.全面认识自己，培养自信心，不可太在意他人对你的看法或想法。给自己多打气，从内心确认"我能行"。

2.对自己所面临的事物要有充分的思想准备。心中有数，遇事才能沉着、应付自如。

3.畅所欲言。当有什么事烦恼你的时候，应该说出来，不要藏在心里。把你的烦恼向你值得信赖的、头脑冷静的人倾诉，如你的父亲或母亲、挚友、老师、学校辅导员等等。

4.暂时避开。当事情不顺利时，你暂时避开一下，去看看电影或一本书，或做做游戏，或去随便走走，改变环境，这一切能使你感到松弛。

5.改掉乱发脾气的习惯。当你感到想要骂某个人时，你应该尽量克制一会儿，把它拖到明天，同时用抑制下来的精力去做一些有意义的事情。例如打一场球或散步，以平息自己的怒气。

6.谦让。如果你觉得自己经常与人争吵，就要考虑自己是否过分主观或固执。即使你是绝对正确的，你也可按照自己的方式稍做谦让。

7.对人的批评要从宽。不要去苛求别人的行为，而应发现其优点，并协助把优点发扬。这不仅使你获得满足，而且使你对自己的看法更趋正确。

8.使自己变得"有用"。

9.为他人做些事情。如果你一直感到烦恼，试一试为他人做些事情。你会发觉，这将使人的烦恼转化为精力，而且使你产生一种做了好事的愉快感。

10.一次只做一件事。在紧张状态下的人，连正常的工作量有时都担当不起。最可靠的办法是，先做最迫切的事，把全部精力都投入其中，一次只做一件，把其余的事暂且搁到一边。

11.不必苛求完美，降低对自己的期望。

为什么忧郁笼罩我的生活

张奕男患了严重的抑郁症，整天都感到心烦意乱，无精打采，注意力分散，精力不集中，干什么事情都缺乏兴趣。

那还是在他刚记事的时候，妈妈在一场意外的车祸中不幸死亡，从那时候起张奕男就开始了和爷爷奶奶在一起的生活。每当张奕男看着别的孩子和爸爸妈妈在一起欢乐的样子，他不知道有多么羡慕。然而他逐渐地意识到这一切对他来说，永远是不能实现的。于是他开始有意地封闭自己，到了初中，凡是认识他的人都会说张奕男是个性格内向、文静、不爱交际的孩子。的确，这时候的张奕男已经变得不愿意出头露面、孤僻、倔强。但是在张奕男心中，他的理想不会改变。

马上要升高中了，张奕男满怀希望地准备考重点高中，可是由于考前复习时用脑过度，常有头痛、失眠、恶心、食欲缺乏的感觉，在参加考试时又因心情紧张而出现心慌、脸色苍白、记忆力下降等症状。只进入了一个普通高中，张奕男感到失落、烦闷。看着那么多的同学都步入了理想的高中，他深深地感到自卑、失望，心情极不舒畅。久而久之，他开始有了失眠、健忘、思维能力下降、多梦、腰酸、脖子疼等症状。

🚢 给男孩的悄悄话

根据世界卫生组织等的研究发现，平均每一百人中就有3人罹患忧郁症，其中因为忧郁症所带来的身体疾病，甚至自我毁灭的例子比比皆是。继癌症、艾滋病后，忧郁症已成世纪三大疾病之一。

当青春期男孩在学业上退步，或与朋友吵架、和家人冲突，都很容易有疏离感而导致忧郁。多数忧郁的男孩，或多或少会在言语、行动上流露蛛丝马迹，例如觉得"我觉得没什么未来""生活不可能好起来了"；严重的甚至有"活着不值得""我不会再烦你了""没有我，你们会过得更好""我很希望一觉就不再醒来"。所以当男孩们突然写信、把心爱的东西送走、告诉朋友师长绝望想放弃的感觉、有自伤的行为、对药物或武器的来源突然感兴趣等状况，就有可能走入自我毁灭的歧途。

抑郁症在西方社会被称为"精神上的流行性感冒"，其传播范围之广，受其影响之容易，可以从"流感"二字看出来。在东方社会，抑郁症也并不少见。

青春期男孩们，如果你持续两个星期以上表现出以下5个甚至更多的症状，你就需要就医或拜访心理健康专家：

1.心神不宁或急躁不安。

2.躯体症状持续对治疗没有反应。

3.注意力难以集中，记忆力下降，决策困难。

4.疲劳或精神不振。

5.持续的悲伤、焦虑，或头脑空白。

6.睡眠过多或过少。

7.体重减轻，食欲减退。

8.失去活动的快乐和兴趣。

9.感到内疚、无望或者自身毫无价值。

10.出现自杀或死亡的想法。

忧郁是成功之路上最不受欢迎的敌人，它是悲观的孪生姐妹。一个人整天沉浸在忧郁的阴影中，还有什么乐观、积极向上的心态去追求成功呢？最重要的就是不要去看远方模糊的幻象，而要做手边清楚的事。

忧郁是一道无形的网，它不仅网住你的思想，还网住你的行动。如果你心中梦想的是成功，那么请你尽快地走出忧郁的低谷。

帮助男孩们走出忧郁有这样几种方法：

1.问你自己：可能发生的最坏情况是什么？

如果你必须接受的话，就准备接受它。然后想办法改善它。

2.忧虑的人往往变得邋遢，你应反其道而行之。服装整洁、理理发，洗个澡。

3.多对自己笑一笑。笑是精神的阳光，你笑对生活，生活也会笑对你。

4.反复地说出自己的名字，给自己打气。说："这没有什么了不起！"这是一种积极有效的心理暗示术。

5.改变交往的对象，结识新朋友。

6.做自己感兴趣的事，如跑步、唱歌、听音乐等。

7.帮助别人，做一些公益性的事。你将会找回自我的价值，感受到生活中有比个人的忧愁更为重要的事。

8.还有其他一些方法，比如"让自己忙碌"。卡耐基说，忧虑的人一定要让自己沉浸在自己喜爱的事情、工作里，否则只有在绝望中挣扎。

多一点宽容，忘却仇恨

张磊偷偷地跑到车棚，找到班主任的自行车，趁着车棚里人少，没人注意到他的时候，给班主任的车子放气了。做完这件事，他觉得心里舒坦多了。他这么做就是因为上午他跟别的班的同学在楼道里起了冲突，班主任看见了之后，当着楼道里的很多同学大声训斥了他和那个男生，但是他觉得班主任是偏袒了外班的男生，委屈了他，于是他决定给老师的车子放气，来报复班主任。

完成了他的报复行为之后，张磊回到了教室里，班主任正在给一个同学讲解题目，他看着老师的背影，突然觉得很内疚，他以前因为和校外的小青年产生了冲突被一群人围堵的时候，路过的班主任呵斥走了那群孩子，就骑着他刚才放气的车子把他送回家。现在他却因为老师训斥而想报复老师，这样的想法让他觉得很内疚。

他主动地走到老师跟前，跟老师说了自己的报复行为和悔恨的心理。老师拍拍他的肩膀："都过去了，准备上课吧。"

他欢快地跑到了自己的座位上，那种因为报复产生的愤怒和窃喜还有悔恨，都被老师的一句话化解了。

给男孩的悄悄话

报复指在社会交往中有些人欲以攻击方式对那些曾给自己带来伤害或不愉快的人发泄不满。报复心理、行为不仅会对他人造成威胁和伤害，而且有害自己的身心。一位名人说："为你的仇敌而怒火中烧，烧伤的是你自己。"所以，青少年朋友要学会远离仇恨和报复。

忘记仇恨就是忍耐。同学的批评、朋友的误解、过多的争辩和"反击"实不足取，唯有冷静、忍耐、谅解最重要。"退一步海阔天空"说的就是这个道理。

忘记仇恨就是快乐。人人都有痛苦，都有伤疤，经常去揭，会添新创，学会忘却，生活才有阳光，才有欢乐。如果没有忘却，人不会快乐，只会淹没在对过去的懊悔、痛苦和对未来的恐惧、忧虑与烦恼之中。

忘记仇恨就是潇洒。"处处绿杨堪系马，家家有路到长安。"宽厚待人、忘记仇恨乃事业成功、家庭幸福美满之道。事事斤斤计较、患得患失，活得也累。法国19世纪的文学大师雨果曾说过这样一句话："世界上最宽阔的是海洋，比海洋宽阔的是天空，比天空更宽阔的是人的胸怀。"人难得在世间走一遭，何必寻找那么多的烦恼呢？

实际上，忘记仇恨是爱他人、爱世界的一种方式。在现实生活中，你千万不要拿显微镜看待周围。人人都有不足，事事都有缺憾。但是瑕不掩瑜，只要我们忘记仇恨，不刻意追求完美，我们就会从中发现自己喜欢的方面。

青春期男孩针对自身的报复心理，可采取以下几种方法来调解：

1.学会用动机和效果统一的观点去衡量人的行为，这样可以减少许多不满情绪的产生，为报复心的萌生断了后路。可能他人的动机不坏，而方法有误，给你带来恶果，这时你就应该谅解。

2.心理换位。当你受伤害或不愉快时，不妨进行一下心理换位，将自己置身于对方境遇中，想想自己会怎么办。通过这样的换位，你也许能理解对方的许多苦衷，正确看待他人给自己带来的挫折或不愉快，从而消除报复心理。

3.多考虑报复的危害性。报复毕竟是对他人的一种伤害，每个人在出现报复的念头时务必要多考虑报复的危害性。报复行为会不会受到社会舆论的谴责？会不会触犯纪律或法律？如果你的良心约束不了你，那只有法律来束缚你。

4.有报复心理的人一般心胸狭窄，易受情绪影响，且恶劣心境的作用强烈而漫长。所以要加强自身修养，开阔心胸，提高自制能力，让自己在阳光雨露下生活。

多一点宽容，根除报复心理，我们将赢得更多的朋友。

舍弃虚荣心

齐鸣讨厌开家长会，但是每年都要开家长会，而且一年两次，每次都是要求家长参加。家长会其实就是一个大家互相攀比的平台，每次开家长会，学校外面都停满了车，豪华的，不豪华的。家长们也会衣着光鲜。

齐鸣不想开家长会是因为爸爸是个工人，妈妈以前是，后来下岗了，就在一个菜市场那边卖煎饼。每次开家长会妈妈都是收了煎饼摊之后再来学校。他家没有车，豪华的没有，不豪华的也没有。妈妈也不会衣着光鲜的来，她是褪下套袖和围裙就来了，进了教室，有时候还觉得身上带着煎饼的味道。齐鸣觉得不光彩。

老师会邀请学生家长发言，家长们坐在自己孩子的座位上，孩子们站在教室的后面。齐鸣因为这次考了第一名，齐鸣妈是第一个被邀请发言的家长。

她局促地搓着手："我儿子挺争气的，在家也不用我们管很多。我每天很早就出门卖煎饼了。没空给他做饭，他都是自己照顾自己。我和他爸爸觉得，没有给他像别的孩子一样舒适的生活，我们很对不起他。"妈妈哭了，用冻得通红的手擦着眼泪。她看起来比其他同学的妈妈老了好多岁，皱纹都爬上了她的额头。

齐鸣对自己家没有那么富裕的嫌弃少了些。他觉得自己那么虚荣地跟家境富裕的同学攀比，很对不起爸妈。自己有时候还因为这事跟爸妈生气，他们没有训斥他，只是自己回了卧室之后叹气。

齐鸣突然觉得自己很不懂事，都是他的虚荣心，伤害了爸妈。爸妈经常跟他说，就是砸锅卖铁也要供他读书。他却在为自己的爸妈不能开车来开家长会，不能像别人的爸妈一样珠光宝气地来参加家长会而偷偷记恨爸妈。他深深地为自己的行为和想法而悔恨。

等轮到学生要当着爸妈的面说出自己的愿望的时候，齐鸣当着所有的同学，还有老师，还有同学们的父母，哭着跟妈妈说，要给她们幸福的生活。齐鸣不再和同学们攀比父母了，他知道，爸妈给他的爱一点也不比别人的父母少。

🚢 给男孩的悄悄话

词典上对虚荣心的解释为："表面上的荣耀，虚假的荣誉。"心理学上认为，虚荣心是自尊心的过分表现，是为了取得荣誉和引起普遍注意而表现出来的一种不正常的社会情感。在现实生活中，很多人都具有虚荣心，虚荣心理是指一个人借用外在的、表面的或他人的荣光来弥补自己内在的、实质的不足，以赢得别人和社会的注意与尊重。它是一种很复杂的心理。

今天，随着生活质量的提升，我们的需求也必然越来越高了。当家庭间的发展有差距时，青春期男孩就会产生虚荣、攀比心理，攀比学习用品、衣服鞋袜、电脑，甚至金银首饰，更有的攀比是否有私家车接送。在这样的相互攀比中，家庭条件好的占尽了上风，他们成了许多青少年羡慕的"贵族子弟"，这一倾向反过来又导致这些"贵族子弟"产生高人一等的优越感，更加追求物质享受，贪慕虚荣；一些家庭条件较差的男孩，他们又不知道该如何正确对待，心中自然就会滋生异样感觉——自卑感或虚荣心。就这样，一个人的人格渐渐就被这种消极的、不正常的心理歪曲了，他的价值观和人生观便更为偏颇了。

曾有专家把虚荣心的表现分为如下方面：

1.喜欢谈论有名气的亲戚朋友或以与名人交往为荣。

2.热衷于时髦服装。

3.行事购物喜摆阔。

4.不懂装懂，海阔天空。

5.热衷于追求一鸣惊人的效果。

6.对名著、影片只求一知半解，夸夸其谈。

7.好表现自己，尤其想在大庭广众面前露一手。

8.好掩盖自己。

9.对表扬沾沾自喜。

10. 对批评耿耿于怀。

11. 表面热情，内心冷淡，讨好别人。

12. 讲面子，面子第一。

虚荣心理，其危害是显而易见的。其一是妨碍道德品质的优化，不自觉地会有自私、虚伪、欺骗等不良行为表现。其二是盲目自满、故步自封，缺乏自知之明，阻碍进步成长。其三是导致情感的畸变。由于虚荣给人的沉重的心理负担，需求多且高，自身条件和现实生活都不可能使虚荣心得到满足，因此怨天尤人、愤懑压抑等负向情绪不断滋生、积累，导致情感畸变、人格变态。

虚荣心强的人往往不惜玩弄欺骗、诡诈的手段来炫耀、显示自己，借此博取他人的称赞和羡慕，最大限度地满足自己的虚荣心。但是由于这种人自身素质低、修养差，经常是真善美与假恶丑不分，往往把肉麻当有趣，将粗俗当高雅，打扮不合时宜，矫揉造作，不伦不类，使人感到很不舒服，甚至产生反感。

华丽的外表无法掩饰心灵的空虚。很难想象一个爱慕虚荣的人能有多大的成就，因为他们总是把一些浮在表面上的东西作为提高自己地位的条件，而不是扎实地生活和工作。

由于虚荣心具有许多负面影响，是一种扭曲的心理，它会遭到他人的反感和敌意，甚至批判；因此要尽量克服它。

青春期男孩要克服虚荣心。首先，要树立正确的荣辱观，即对荣誉、地位、得失、面子要持一种正确的认识和态度。不可过分追求荣华富贵、安逸享受，否则就会陷入爱慕虚荣的泥潭。

其次，要进行正确的比较。多比干劲、成绩、知识，多比别人的长处，从而认识到自己的不足；少比金钱、吃穿、职位，否则极易导致心理失衡。

找到浮躁的根源

最近乐安心浮气躁，做什么都毛毛躁躁，总是安定不下来。本来现在学习压力就大，现在他被自己的状态弄得一团糟。他也不知道最近自己是怎么回事。做什么都是三分钟的热情，好多事情都半途而废。不光是学习方面，以前一直坚持的游泳，现在也坚持不下去了。每周去孤儿院做志愿者的事情也被一些琐碎的小事耽误下来。

语文老师每周是要查周记的。看了乐安的周记，语文老师崔老师给他的评语里也写了："最近在周记里表现出了浮躁的情绪，望能克服，迅速回归到正常的状态。"

乐安实在不知道怎么才能回到正常的状态，于是在一个语文自习的时候，把老师请到了外面，跟老师讨论自己的浮躁状态。他先向老师汇报了自己的基本情况，就是考试在即，他担心自己能不能进步，上次考试就不理想的他现在是求胜心切，还有就是爸妈在跟他讨论让他毕业出国的事情，让他的心里很是烦乱。

语文老师大致了解了乐安现在的状况之后说："那么考试在即，你对复习有计划吗？"

乐安摇摇头，他说："我就觉得时间不够用，看会语文，又觉得数学没复习呢，赶紧又去做数学题，等做数学题没几道的时候，又想起来物理作业要交，又甩下数学题去做物理作业，一会又想起来什么，又打断了学习去做别的什么工作。整个人就跟没头苍蝇一样乱转。每天都觉得很疲惫，但是却没有收获。"

老师点点头，表示理解他的境况。他迫切地希望老师能够给他一个明确的解决方法，哀求老师给他提建议。

老师笑着说："这很简单，你把你现在的目标写出来，然后制定一个达到目标的步骤和计划。别这么眉毛胡子一把抓了。再这么浮躁下去，你会更焦急。"

从定下心复习一个科目开始，乐安开始了他的镇静学习之路，改掉自己浮躁的毛病，然后开始认真的，让心沉淀下来，投入到学习中去。

🚢 给男孩的悄悄话

浮躁心理是当前一些男孩子的通病之一，表现为行动盲目，缺乏思考和计划，做事心神不定，缺乏恒心和毅力，见异思迁，急于求成，不能脚踏实地。

生活中有些男孩子，他们看到一部小说在社会上引起强烈反响，就想学习文学创作；看到电脑专业在科研中应用广泛，就想学习电脑技术；看到外语在对外交往中起重要作用，又想学习外语；想当歌星，又想当企业家、老板，今天学电脑，明天学绘画……由于他们对学习的长期性、艰巨性缺乏应有的认识和思想准备，只想"速成"，一旦遇到困难，便失去信心，打退堂鼓，最后哪一种技能也没学成。

浮躁的人自我控制力差，容易发火，不但影响学习和事业，还影响人际关系和身心健康，其害处可谓大矣。

轻浮、急躁，对什么事都深入不下去，只知其一，不究其二，往往会给工作、事业带来损失。不浮躁是要踏实、谦虚，戒躁是要求我们遇事沉着、冷静，多分析多思考，然后再行动，不要这山看着那山高，干什么都干不稳，最后毫无所获。

青春期要想真正地有所作为，浮躁不可不戒。戒除浮躁有以下几个秘诀：

1. 学着知足常乐。比上不足，比下有余，从中获得自足、宁静。

2. 自我暗示。自我暗示是控制情绪的一个简捷而实用的好方法。例如你可这样暗示自己：无论面对怎样的处境，总会有一种最好的选择，我要用理智来控制自己，绝不让情绪来主导我的行动。只要我善于控制自己的情绪，我就是一个战无不胜、快乐的人。

3. 开拓当中要有务实精神，要实事求是，不自以为是，踏踏实实，做好每一件事情。

4. 遇事要善于思考。考虑问题应从现实出发，不能跟着感觉走，命运应掌握在自己手里。道路就在脚下，切实做一个实在的人。

5.多读一些书，找到自己浮躁的根源，让内心趋于平静。

不做孤独的男孩

施皓一直很少和同学们交往，爱好文学的他认为自己是个忧郁的诗人，每天躲在孤独的角落里写那些忧伤的文字才是他的生活写照。有时候，他会因为孤单而觉得自己一个人不够阳光。但是大部分时候，他还是比较享受这样的生活状态，有点阴郁的忧伤。

一件事情改变了施皓的看法，从他开始感觉到集体和朋友的温暖之后，他不再喜欢那种阴郁的状态，他开始喜欢有朋友的温暖阳光照耀的生活。

突发事件是他下楼的时候扭伤了脚踝，没法去学校上课的他，开始抱怨自己的生活，认为自己就是倒霉，这样落下的功课要是回学校再补就要费力多了。正在他抱怨的时候，他家的门被敲开了，是班上的三个同学。

施皓诧异地看着他们，三个同学，施皓只和其中的一个人比较熟悉，就是见了面还可以打个招呼聊聊天的那种，其他两个都是那种只知道大家是一个班，但是还没说过话的那种关系。他们居然来给自己补习功课。

既然人家好心来了，施皓也不好拒绝，而且他正愁着自己去学校了再重新补课很浪费时间。既然人家热心，他就欣然接受大家的好意算了。

以后每天放学，都有同学来他家帮他讲白天上课讲的内容。每天都是不同的同学，结伴而来。施妈妈留他们在家吃饭，他们都婉言拒绝。施皓在家休息了十天，全班同学几乎都来过了。施妈妈看着儿子这么好的人缘，每天心里都乐开花了。

十天的时间，通过每天来给施皓补课，同学都慢慢地和施皓熟悉起来。以前这个忧郁的小诗人现在也开始和大家打成一片，开始真正融入到这个集体。每天和大家一起聊天、讨论问题，和大家一起参加活动，不再躲在角落里一个人体验孤单的生活。

他的小诗集里现在充满了来自友谊的阳光。

给男孩的悄悄话

生活中，许多正处于青春期的男孩性格孤僻、害怕交往，常常觉得自己是茫茫大海上的一叶孤舟，或顾影自怜，或无病呻吟。他们不愿投入火热的生活，却又抱怨别人不理解自己，不接纳自己。心理学家将这种心理状态称为闭锁心理，把因此而生的一种感到与世隔离、孤单寂寞的情绪体验称之为孤独。

孤独产生的原因多而复杂，比如学习上的挫折，缺乏与异性的交往，失去父母的挚爱，周围没有朋友等。此外，孤独的产生也与人的性格有关，比如有的人情绪易变，常常大起大落，容易得罪别人，因而使自己陷入一种孤独的状态；还有的人善于算计，凡事总爱斤斤计较，考虑个人的得失太重，因此造成了人际交往的障碍。

孤独给人们带来的是种种消极的体验，如沮丧、失助、抑郁、烦躁、自卑、绝望等，因此孤独对人体健康有很大的危害。据统计，身体健康但精神孤独的人在十年之中的死亡数量要比那些身体健康而合群的人死亡数多一倍。人的精神孤独所引起的死亡率与吸烟、肥胖症、高血压引起的死亡率一样高。

以下是一些孤独心理的预警级心理活动：

1.即使在欢快的场合，也很难被当时的气氛感染，仍然认为自己很孤单。

2.觉得大多数人很难沟通，认为别人都不理解自己。

3.过于内向，有什么心事没有一个能倾诉的人。

4.认为人们都各怀鬼胎，不值得信任。

5.心里很希望别人来接近你，但是自己却不采取主动。

6.觉得自己是个多余的人。

一般来说，人的天性是不能忍受长期孤独的，但是有的人自己将自己推至了孤独的境地。

其实孤独并不可怕。一生之中，每个人都会或多或少地体验到孤独感。以下是克服孤独感的一些方法：

1.战胜自卑。只有咬破自卑心理织成的茧，你才能冲出黑暗，远离孤独。

2.为他人做点什么，让自己受欢迎。

3.多交一些知心朋友，交流之中，你能够体会到友谊的温暖。

4.多参与外界活动，开阔心胸。

5.培养一些课余爱好，从中获得乐趣。

接受生活中的苦辣酸甜

快乐的人愈快乐

小寒的爷爷每天坐在加油站外面的椅子上，向开车经过镇上的人打招呼。

这天，小寒在他身旁，陪他慢慢地共度光阴。他俩看见一位长得瘦高、背着大包、看来像个游客的男人到处打听，想要找地方住下来。

陌生人走过来说："这是个怎样的城镇？"

老人慢慢抬起头回答道："你来自怎样的城镇？"

游客说："在我原来住的地方，人人都很喜欢批评别人，邻居之间常说别人的闲话，谁也瞧不起谁，总之那地方很不好住。我一点儿也感受不到快乐。"

爷爷对陌生人说："那我得告诉你，其实这里也差不多。"

过了一个小时，一辆载着一家人的大卡车在这里停下来加油。车子慢慢转进加油站，停在老先生和他孙子坐的地方。母亲带着两个小孩子下来问哪里有洗手间，爷爷指着一扇门，上面有根钉子悬着扭歪了的牌子。

这位父亲也下了车，问老人说："住在这市镇不错吧？"

坐在椅子上的爷爷反问道："你们原来住的地方怎么样？"

中年人说："我原来住的城镇每个人都很善良，人人都愿帮助邻居。无论去哪里，总会有人跟你打招呼，我们在那里很快乐！"

爷爷脸上露出和蔼的微笑，回答说："其实这里也差不多。"然后那家人回到车上，说了声谢谢，挥手再见，驱车离开了。

小寒不解地问爷爷："为什么您告诉第一个人这里一点儿也不好，却告诉第二个人这里很好呢？"

爷爷慈祥地看着孙子双眼说："不管你搬到哪里，你都会带着自己的态度；那地方是好是坏，全在于你自己！"

给男孩的悄悄话

悲伤的人总是以悲伤的态度回忆过去，而且越回忆越悲伤，还把这种态度又带到了新的生活中，而快乐的人则总能看到美好的一面，越回忆越快乐，并且把快乐的态度带给了新生活，这是什么原因呢？

要回答这个问题，先要明白心理学上的一种现象：状态依赖记忆。

即你目前处于何种情绪状态，会影响你的记忆内容和方向。因为人在大脑中搜索记忆，必须要依赖一根导火线，以便掀出记忆中相同状态的旧事。人在回忆的时候会产生一种"一致性压力"，驱使人调整记忆方向，与现在的想法、情绪、感受趋于一致。也正是因为这个原因，快乐的人比较容易忘记那些不愉快的事，而回忆曾经那些愉悦的事情。因此快乐的人会越快乐。同理，悲伤的人会越悲伤。

这种心理现象足以来解释为什么有的人总是高高兴兴的，每天都能感受到无尽的乐趣，也总能给大家带来快乐。而有的人则很伤感的样子，总是莫名地皱眉头，性格孤僻，不怎么合群。

没有心事的男孩很少很少，大多男孩还都会遇到各种各样成长的烦恼。青春期男孩应放松心态，多体会生活中的美好。也可以为自己准备一个一个"快乐记事本"。将生活中那些快乐的事情、感动的事情、鼓舞的事情记载这个本子里，很用心地记下美好的回忆。

把握善良的分寸

韩云超现在很苦恼一件事情：他觉得自己太善良了，以至于他的好朋友现在太依赖他了，这样的依赖让他的心理很累，就像是背负了巨大的心里重担。

云超和聪聪是从小一起长大的，而且他们从小学到现在一直都在一个班，他们都认为这段友谊可以天荒地老。云超相对来说比较强壮，比较外向，而聪聪内向、腼腆，这样很多时候都是云超在照顾着聪聪。他们一起来学校报到的那天，都是云超报名交材料，聪聪就跟在他后面。

习惯了照顾聪聪的云超也觉得没有什么大不了的。但是现在他苦恼的是，一旦自己跟别的同学关系好了，或者有事不能帮助聪聪做一些事情的时候。聪聪就对他发火，说他不在乎这段友谊，说他侵害了他们多年的交情。开始的时候云超哭笑不得，现在已经被聪聪折磨久了，也就开始有些厌烦了。云超从小照顾聪聪，但是中学里，很多同学都可以交往，很多事情都需要自己去完成，聪聪一直要他帮忙，云超觉得自己很累。

云超和别的朋友倾诉的时候，朋友告诉他，是因为他的善良过了火，现在才把聪聪惯成这样的，所以现在就不要对他那么好，好像自己是个忠实的仆人。

云超觉得朋友说的也有道理，自己一直就是充当一个保护者的身份，但是他也是一样的学生，他没有那么多超能力完成聪聪的心愿，这也是他们有矛盾的原因。

云超想对朋友好，但是朋友的要求已经超出了他的范围。看来他们需要修正这段友谊的模式了。

给男孩的悄悄话

很多看到这个故事的人，尤其是涉世未深却很讲究"义气"的青春期男孩可能会认为云超是将友谊看成了生命中最重要的东西，他对聪聪够朋友，错过应该全部归结于聪聪。这样说似乎也合情合理。但是回过头来想一想，难道云超就不需要为这样的结局承担责任吗？

如果一个人在考虑任何事情的时候都以自己的利益为出发点，那么也许这个人在别人眼里会有点自私。如果走向另一个极端，考虑任何事情都把自己排除在外，那样的结局也不会都像自己期待的那样美好。

人常说，"爱己才能爱人"。善良不仅可以表现为为对方做好事，而且也应该首先表现为对自己的关爱。不错，善良是一种良好的心态，也是一个人获得他人尊重的前提，但是表达善良也应该存在一个尺度，无限度地盲目地奉献自己，到头来很可能会迷失了自己。

"做人要做善良的人"，这是公理。但是在表达自己的善良时，也要把握一定的分寸。为了做到与人为善，请务必抑制自己过分行善的欲望。

学会承受失败

自从进入这所市重点高中以后，王浩就开始讨厌学习。其实王浩在中学和小学时学习很好，经常在班上名列前茅，可自从进入市重点高中以后，王浩发现，班上的同学个个都很强，开学不久的一次考试将王浩推进了深渊。那次考试，他竟然有两门不及格，就连他最拿手的数学也只考了 70 分，这无疑是给了他当头一棒。

那次考试之后，他曾暗下决心，要努力学习，迎头赶上。但期中考试之后，他彻底绝望了，因为他又有两科不及格，总成绩也不高。班主任为此还专门找他谈了话，将他批评了一顿，班主任认为是他没有用功学习。其实，他已经很努力了，只是不知为什么成绩总上不去。之后他索性破罐子破摔，经常不写作业，上课也不好好听讲……他看不到自己的未来，他不知道自己以后能干什么……

学业上频频失利使他产生了消极的认识，他曾经的"辉煌"都被现在的失利吞噬了。他否定了自己的能力，看不到自己的未来。

🚢 给男孩的悄悄话 ————————————————————

与王浩承受同样痛苦的男孩们，试问一句：人生一世，就无失败？而杰出者与庸人的区别就在于如何直面失败。

生活中，许多人要是没有遇到失败，就不会发现自己真正的才干。他们若不遇到极大的挫折，不遇到对他们生命本质的打击，就不知道怎样发掘自己内部贮藏的力量。

爱默生说："伟大人物最明显的标志，就是坚定的意志，不管环境变化到何种地步，他的初衷与希望，仍然不会有丝毫的改变，而终至克服障碍，以达到所企望的目的。"

卡耐基说："跌倒了再站起来，在失败中求胜利。"这也是历代伟人的成功秘诀。

失败是对一个人人格的考验。在一个人除了自己的生命以外，一切都已丧失的情况下，内在的力量到底还有多少？没有勇气继续奋斗的人，自认失败的人，那么他所有的能力，便会全部消失。而只有毫无畏惧、勇往直前、永不放弃人生责任的人，才会在自己的生命里有伟大的进展。

铁要经过千锤百炼才能成钢，一个普通的人要经过千锤百炼才能成为一个成功者、胜利者。在他奋斗进取的过程中，每一次失败就是一次锤炼。一个普通的人，身上有很多的缺陷、弱点和短处，带着这些毛病，他是不可能成为一个胜利者、成功者的。只有在失败的痛苦磨炼中，人们才肯丢掉这些毛病。

青春期男孩在面对失败、挫折时，要做到以下几点：

1.停止抱怨。不断地抱怨问题，只会让你情绪迅速低落。如果你想找出一个解决问题的办法，谈论你的问题是好的，但是让自己成为一个悲剧的主角只会使你持续抱有消极态度，并且一次又一次地提起它，不堪其扰。上帝对每个人都是公平的，抱怨最终只会让自己更被动。

2.坦然接受事实。千万不要让失败日夜折磨自己的心灵。默默地接受这些事实吧，这会使你的情绪好一些，并且使你对将来抱有积极的态度。

那些错误、背叛你的朋友、你干过的傻事，统统让它们从你的脑海中消失吧！吸取教训并且勇往直前，而不是一直提醒自己这些事情，让它们把你拖垮。你的目标只有一个，就是成功。

3.依然保持乐观积极的面貌，采用自我心理调适法，提高心理承受能力。

一些研究发现，当心情沮丧的时候做一些你喜欢的事情，或者是购物，或者是"虚度光阴"，都有助于提高你的免疫系统的工作效率、释放紧张情绪。偶尔地放纵一下自己，你会更充满力量。

在疲倦和沮丧的时候不要躺下，那只能让你更消沉。站起来意味着你会更警醒、能够更快地思考、更好地解决问题和保持积极。

4.调整思路，降低原先脱离实际的"目标"，及时改变策略。

想开了是天堂，想不开就是地狱

康志学同学觉得自己身处炼狱，虽然这个高中是他拼命学习才拿到敲门砖的省重点，虽然他从初中一开始就立志考上这个中学，为自己的未来铺路。但是现在，他觉得自己虽然不到生不如死的地步，但是也有类似的感受。

康志学一直是个品学兼优的好学生，在初中的时候也算是学校的头号人物，每次成绩独占鳌头不算，还当着班长和学生会主席，到处都有他的身影，老师们都把他当作在校学生的榜样和楷模。当然，他也考上了著名的省重点，传说去了这个高中，一只脚已经踏入了大学的门槛。

中考结束，收到了自己梦寐以求的录取通知书，他还心怀憧憬，希望也能在这个群英荟萃的中学里独占鳌头，再振往日雄风。但是来了一周，这个学校就给他来了个下马威。学校进行摸底考试，成绩出来了，他在班里排36名，在全年级排489名。这对于从来没在年级里拿过第二的他来说简直是致命的打击。

他骄傲的心受到了极大折磨，他的精神一下子颓废了好多，来学校之前那些雄心壮志都烟消云散了。他开始怀疑自己的能力和智商，每天都闷闷不乐。

班主任马老师看多了这样的情况，但是很少有学生像康志学这样，这么长时间还萎靡不振，于是马老师跟他谈话了。

马老师告诉康志学，来这个学校的学生都是各地的尖子生，所以来这之后，跟原来的初中竞争力水平是不一样的。不是他的水平下降了，而是对手们的水平不是一个档次的。如果他想不开的话，就会被大家落的更远。

康志学骄傲的心彻底被老师的话粉碎了，感觉自己以前就像是井底之蛙。现在想想，那些在自己前面的同学，还有后面的同学，在他们自己的初中里也都是出类拔萃的人物，现在来这里，都要重新开始了。

康志学转过弯来了，没有什么想不开的，只要努力就好，哪里都有更好的。我会变得更强大，竞争促进进步，这是他给给自己的礼物。他陡然从炼狱的心境里解放出来，决心开拓新天地。

🚢 给男孩的悄悄话

生活中，不少青春期男孩因考试失利而精神萎靡，因无法适应快节奏的学习而丧失斗志……这些心理多半是他们意志薄弱、心态不成熟的一种表现。而这些异常的心理、悲观的心态往往导致痛苦的人生，往往影响男孩们对环境的正确看法。悲观者实际上是以自己悲观消极的想法看待客观世界，在悲观者心中，现实是或多或少被丑化了的。现在社会上许多人，对未来和生活常常持有一种悲观的迷茫心理。对自己的过去，不管有无成败，不管是否辉煌，都一概加以否定，心理上充满了自责与痛苦，嘴上有说不完的遗憾。对未来缺乏信心，一片迷茫，以为自己一无是处，什么事都干不好，认知上否定自己的优势与能力，无限放大自己的缺陷。

有时候，同一件事，想开了是天堂，想不开就是地狱。

俄国作家契诃夫在文章中说：

"要是火柴在你的衣袋里燃起来了，那你应当高兴，而且感谢上帝：多亏你的衣袋不是火药库。

要是有穷亲戚上别墅来找你，那你不要脸色苍白，而要喜气洋洋地叫道：挺好，幸亏来的不是警察！

如果你的妻子或者小姨子练钢琴，那你不要发脾气，而要感谢这份福气：你是在听音乐，而不是听狼嗥或者猫的音乐会。

你该高兴，因为你不是拉长途马车的马，不是毛毛虫，不是狗，不是驴，不是熊，不是臭虫。

你要高兴，因为眼下你没有坐在被告席上，也没有看见债主在你面前。

如果你不是住在边远的地方，那你一想到命运总算没有把你送到边远的地方去，你岂不觉着幸福？

要是你有一颗牙痛起来，那你就该高兴：幸亏不是满口的牙痛起来。

你该高兴，因为你居然可以不必读《公民报》，不必坐在垃圾车上，不必一下子跟三个人结婚。

要是你给送到警察局去了，那就该乐得跳起来，因为多亏没有把你送到地狱的大火里去。

要是你挨了一顿桦木棍子的打，那就该蹦蹦跳跳，叫道：我多么运气，人家总算没有拿带刺的棒子打我！"

男孩们应该学一学契诃夫这种乐观精神，也许你确有难言的烦恼，以致使你对以后的人生失去多半的兴趣；但是你却可以用另外一把钥匙去打开快乐之门，一改你忧闷不堪的心情。

励志大师卡耐基为我们提供了4个问题以消除生活中的烦恼：

你担忧的是什么？

你能怎么办？

你决定怎么做？

你什么时候开始做？

乐观的人生，带给你的是永远的自信和隐不去的笑容。而自信和微笑带给你的是充满朝气的个人形象与和蔼可亲的交际性格。

乐观是一种美好的品格，青春期男孩应营造追求快乐的环境，培养自己乐观的性格。

1.让自己获得更多的友谊。你要创造条件让自己建立起良好的人际关系，学会怎样进行愉快融洽的人际交往。

2.让自己行使更多的自主权。把握生活中的各种机会，自己决定选择什么不选择什么。

3.调整好心态。当陷入痛苦或忧虑之中时，可以采取听音乐、阅读、骑自行车或与朋友交谈等方法，让自己从失望中振作起来，尽快恢复愉快的心情。

4.控制自己的欲望。欲壑难填，当一个人物质占有欲太强，就极有可能"欲火焚身"，因此应正确对待自己的物质追求，控制自己的物质占有欲。

5.培养广泛的兴趣和爱好。为自己多寻求、开发良好的兴趣和爱好，积极参加各种有益的活动，就能使自己快乐起来。

受伤不可怕，学着修复自己的心

第一次物理考试，康瑞不及格。他的学习一直很好，这次受了打击。康瑞在回家的路上把试卷拿出来，在路边的小花园里哭了。他没有得过不及格，他突然觉得自己的未来很渺茫，一个物理考试都没有及格的人还有什么资格谈论未来呢。

爸妈一直对他的学习要求就很严格，他们很喜欢看他成绩单上的分数，喜欢看他带着奖状回家，这次这个不及格不知道父母会有什么样的反应。他变得沮丧，为了这个失败的分数，为了自己的小小的自尊心。

回到家，他把自己关在自己的屋子里不肯出来，爸妈费了很大的力气才把他从屋里劝出来，关切地问他发生了什么事。他拿出了自己的物理试卷，眼泪也跟着掉下来了。父母一下子明白了事情的原委。原来在学习上一向没受过挫折的孩子现在受了打击。虽然父母也希望儿子一贯优秀，但是他不可能一辈子都不受打击，于是父母鼓励康瑞要正确看待挫折和失败。

听了父母的劝告，他开始重新反思自己的失败。物理考试不及格是事实，他承认自己觉得很伤自尊。但是考试也反映了他学习上的问题，起码要复习的内容他没有掌握好。这样开始总结经验了以后，他心里不再那么难过了。

经过这次，康瑞或许已经知道了如何在受伤之后恢复自己的信心了。

🏯 给男孩的悄悄话

从人类文明产生的时候开始，竞争就如影随形。我们要和别的物种竞争食物，和大自然竞争主动权，和生命竞争时间。每一个人的降生，就是参与竞争的开始，培养自己的竞争意识，须知竞争是生命中的常态，你得懂得胜败都是兵家常事，对得失都有一份平常心。

我们遇到失败是难免的，面对失败，有些家长往往采取掩盖和安慰的方法去让孩子逃避失败。殊不知，他们这种害怕孩子失败的心态，可能会导致孩子一蹶不振，毁了孩子的未来。

人们希望事事成功，然而在现实生活中，常胜将军是没有的，在人生的道路上，失败是难免的。这是因为客观事物是纷繁复杂而又不断地发展变化的，关键问题就是尽量少些失败，多些成功，以及如何勇敢地面对失败。男孩如果没有经受过失败的痛苦，就往往不能以正确的态度对待失败。因此我们应该及早知道如何面对失败：

1. 要认识到失败在人生的道路上很难避免

我们在思想上要有准备，如果准备好，承受失败的打击也就会更小。要鼓励自己勇于接受挑战，品尝到真正的成功。

2. 防止消极态度

如果失败了，不要消极地看待自己，认为"我真笨""我是一个没有用的家伙"，而应该告诉自己"这件事我做错了""今天我不太勤快""这次我表现得不够好"等等。

3. 尝试转变失败为成功

常言道："失败是成功之母。"这是指失败既是坏事，又是好事。我们要正确面对失败，就是要勇敢地面对失败，变失败为成功之母。不要总是自责，认为"我老是写不好字""我真笨""我太丑"，要勇于战胜困难。

4. 不必太在乎外界评价

如果过于在意外界的评价，就会经不起挫折。要从小学会努力，锻炼拼搏精神，这样当你遇到挫折、困难、委屈、痛苦等，就能奋起努力，变失败为成功，也会对你今后的成长大有好处。

第八章
风度 & 品质——你将成为未来的精英

美好德行增进魅力

不说虚伪的客套话

贺炜觉得自己是个聪明人，至少能够圆滑世故。他和同学相处的时候总是很注意夸奖别人，虽然很多时候他想要的效果并没有达到。他喜欢恭维别人，希望别人在恭维里得到满足，这样对他以后也有帮助，但是很多时候他的恭维都会遭到同学的白眼。

昨天就因为下课的时候当着大家说后面那个胖胖的兰兰同学好像是瘦了，而遭到兰兰的白眼，还直接说他虚伪，每次想跟别人借作业本就夸奖人家，等到用不着的时候就不搭理人家。

兰兰其实只是这么感觉贺炜的同学中的一个。贺炜经常拿虚伪的客套话跟同学交往，同学们都觉得他很虚情假意，每次看着好像很热情，但是转眼他就会收回那个热情的笑脸，让人觉得很难看到真实的他。所以很多同学不太喜欢他这样。

贺炜也开始觉察到同学对他的厌烦，他们好像并不喜欢自己的这套圆滑世故，他们更喜欢坦诚的交往，他们更喜欢直接面对真实的评价，互相之间也没有那么多的戒备。

贺炜想要改变自己说客套话的习惯，但是这并不容易，这需要一个过程，不过他已经开始用真诚的态度和同学们交往，这已经是一个巨大的进步了。

给男孩的悄悄话

能真诚对待别人的人，就能使双方的心灵需求得到满足，就是心灵的沟通达到一定的高度，而只有心灵的沟通才能真正产生信任。因此，打动别人最好的方式就是真诚。

如果一个人不用真诚去交朋友，去经营人脉，也许他能够获得一时的成功，但绝不会得到一世的朋友。

有一次一群朋友在一起聚会，吃饭的时候，大家交换名片，其中有一位来自报社，另一位试图对其进行称赞，一看是报社的，便稀里糊涂地说："哇，您是有名的大作家！"人家问："我怎么有名？"他说："我每次都看见你写的文章。"人家说："我的文章都在哪里？"他说："每次都是头版头条啊！"然后人家告诉他："真的吗？我是专门写讣告的。"讣告能在头版头条吗？显然是虚假的赞扬引起了别人的反感。但是这位先生仍然没有意识到自己的错误，看到旁边有一位小姐，聊了没几句，本来这位小姐长得很胖，他说："小姐，您真苗条！"小姐说："什么，说我苗条，我知道你是在骂我。"

虚伪的客套话，给人一种虚情假意的印象，或者会被认为怀有某种不良目的，被赞扬者不但不感谢，反而会讨厌。言过其实的赞扬，不能实事求是，会使受赞扬者感到窘迫，也会降低赞扬者的水准。虚情假意的奉承对人对己都是有害而无利的。

有一句话男孩们要记住：真实的赞扬是拂面清风，凉爽怡人；虚假的赞扬像给人吃大块的肥肉，让人烦腻不堪。

真诚的赞美和虚伪的客套话最大的区别在于是否发自内心。真诚的赞美起源于内心深处的一种"美感"，一种冲动，它反映了一个人对另一个人的认可：外表漂亮，言谈合自己的口味，行动敏捷，品格高尚……即在两个人之中，其中一个人在另一个人身上发现了符合自己理想和价值标准的可贵之处。我们认识这个人、了解这个人的时候，已经有一种无形的力量促使自己要去赞美他的一些优点。

但是虚伪的客套话却不同，它不是发自内心地对另一个人的认可和钦佩，而是基于内心早已存在的一种目的，一种对眼前或日后能够收到"回报"的投资。

一个不以真诚的心对待别人的人，就会失去别人的信任。英国诗人乔叟曾说过："真诚才是人生最高的美德。"很多人总觉得周围的人难以信任，对一切都抱有一颗戒备的心，然后感叹世事难料，人心不古。

真诚是做人的基本品质，是人们相互信赖和友好交往的基石。每个人都喜欢与真诚的人打交道，与真诚的人交往。因为这样可使自己有安全感，不必心存疑虑。

为人真诚表现在与朋友交往中，就是以诚相待，说实话、办实事、做老实人，对朋友不可虚情假意，也不可口是心非，切忌对朋友耍小心眼和小聪明。

因此，青春期男孩应为人真诚，真诚地与别人交往。

热情接待来访者

妈妈的大学同学们要来家里做客。周末早晨，周和妈妈一起准备招待客人的水果和用具，妈妈一边告诉他准备什么东西，一边给他讲她的大学时光和今天要做客的朋友。他觉得妈妈的朋友们都很有趣，所以也消除了最开始妈妈说要他帮忙招待客人的紧张状态。

门铃声响起来，周去开门，几个衣着光鲜的阿姨走进来。他热情地和阿姨们打招呼，妈妈见了她们之后和她们热情地拥抱，周就忙着给阿姨们端茶倒水，妈妈给大家介绍了自己的儿子周，也给周简单介绍了她的几位大学同窗。妈妈和那些阿姨聊天的时候，周就在一边安静地待着，也不插话，有时候给众位阿姨递送水果，等大家问他学习情况的时候，也热情地给妈妈的朋友们介绍当地的特色景点还有一些家里的趣事，妈妈去做饭的时候，他还帮忙在厨房收拾餐具，和阿姨们聊天。大家都夸奖周是个热情周到的孩子。

送走了客人，妈妈满意地夸奖周做得好。周不好意思地挠挠头。热情招待客人是小学生就应做到的文明礼貌，现在他都是中学生了，做好这点小事是应该的。

给男孩的悄悄话

一个人的修养决定他的生存方式。有修养的人，不但能受人尊重，而且还能成大器；没修养的人，不但害人害己，还会不得人心。对于男孩来说，尤其在公共场合，更应重视行为举止。

生活在现代社会的人，必须学会待人接物的方法，善于与人礼貌往来。因为和谐的人际关系无疑已成为当今世界人才的重要素质之一。有些男孩因缺乏待人接物的经验，往往在交际中表现得不尽如人意。

在生活中我们会发现，凡是社交能力比较强的人，往往更容易赢得机遇。而这些文明礼貌的处世本领、交往能力，都需要从小培养。

男孩参加接待客人的活动，有利于培养主人翁精神。在参与接待客人的过程中，体会到主人和客人地位的不同，自然会产生一种自豪感和责任感，会比平时更小心，殷勤百倍。这也有利于培养男孩礼貌待人的好习惯。要接待好客人，让客人满意，就必须在语言、行为上都讲究礼貌，实际上这也是给男孩提供礼貌待人的练习机会。而且能学到一些待人接物的方法。最初男孩是不会接待客人的，这就需要学习和锻炼。

怎样培养接待客人的能力呢？

1. 做好心理准备

在客人尚未到来之前，我们应该了解，客人什么时间来，谁要来。客人与父母、与自己的关系以及该如何称呼。使自己在心理上做好接待客人的准备。

2. 与父母共同做准备工作

男孩可以和父母一起做接待客人的准备工作，如打扫房间、采购糖果等，共同创造一个欢迎客人的气氛。

3. 在父母的帮助下接待客人

例如，客人来了，可以请父母帮助自己招呼每一个人，请客人坐，请客人吃糖果。还可以把自己的玩具拿出来给小客人玩，把自己的相册拿给大家看。

4. 学着与客人交谈

男孩应大方地回答客人的问话，在别人讲话时不随便插嘴。

不要忽视父母的爱

叶添跟母亲吵架了，他一气之下，冲出家门，走进茫茫的夜色中。漫无目的地走了一段路后，他发现走得匆忙，竟然一分钱都没带，连打电话的钱都没有！

夜色渐深，叶添饥肠辘辘的感觉越来越强，忽然一个小小的馄饨摊映入眼帘，一位老婆婆在摊前忙碌着。馄饨的香气扑鼻而来，叶添咽了一下口水，又看了一眼锅中翻滚的馄饨，慢慢转身离去。老婆婆早已注意到徘徊不定的叶添，她热情地问道："小伙子，吃碗馄饨吧！"叶添转过身尴尬地摇摇头，说："我忘记带钱了。"老婆婆笑了笑："没关系，我请你吃！"

片刻之后，老婆婆端来一碗馄饨和一碟小菜。叶添吃了几口，忍不住掉下了眼泪。"小伙子，怎么了？"老婆婆关切地询问。"哦，没事，我只是感激！"叶添拂去脸上的泪花，"您跟我互不认识，只不过偶然在路上看到我，就对我这么好，煮馄饨给我吃！但是……我跟我妈吵架了，她竟然把我赶出来，还说不让我再回去了……您是陌生人都对我这么好，我妈竟然对我这么绝情！"

老婆婆听了，语重心长地劝他："你怎么会这样想呢！我只不过煮了一碗馄饨给你吃，你就这么感激我，而你妈给你煮了十多年的饭，从小到大照顾你，你怎么不感激她呢？为什么还要跟她吵架呢？"叶添听了这话，默默无语，"是啊！一个陌生人为我煮了一碗馄饨，我尚且如此感激，而母亲辛苦把我养大，我为什么心中没有感激之情？为什么还要与母亲争执？"叶添慢慢地吃着馄饨，脑海中显现出许多儿时的画面。馄饨吃完，他谢别了老人，朝家走去。当走到自家胡同口时，叶添看到妈妈疲惫而又熟悉的身影正焦急地左右张望。看到叶添回来，妈妈长舒了口气，说道："叶添啊！你让妈急死了！赶紧回家吧！

饭菜都凉了！"此时，叶添的泪珠再次滑落。

🚢 给男孩的悄悄话

父母的爱是永远不会消逝的。它不会因为时间的推移而有丝毫的改变，也不会因为你的误解而有丝毫的减弱，父母的爱，像一块无瑕的宝石，任凭时光的洗涤，依然晶莹剔透，依然璀璨夺目。但是青春期男孩子，你对父母的爱是怎么样的呢？

在孝顺父母长辈的时候，态度才是最为重要的，也是最难做到好的。比如儿女放学回家的时候，疲惫不堪的父亲吩咐倒杯茶给他喝，做儿女的茶是倒了，但端过去时，沉着脸，将茶杯在桌几上重重一搁，用冷硬的语调说："喝吧！"父亲见到儿女这样的态度时，虽然喝着儿女倒的茶，可是心里又将做何感想呢？

孝顺父母应该发自内心，而且态度一定要非常诚恳，这样父母才能感受到你对他们的爱，才能享受到你带给他们的一点点幸福。

孝敬，要做到发自内心。有一位诗人曾经写过：人类的美是以爱来呈现的。而孝敬感恩的心灵，是人类最美丽的种子，它发芽之后，开出最美的爱之花，结出最美的爱之果。所以，千万不要对父母感到厌烦。

用礼仪获取他人的好感

吴飞从小就受家人溺爱，养成了什么都不顾只顾自己的性格。一天，妈妈带吴飞去参加老同学聚会。用餐时，大人们推杯换盏尽情地聊着，吴飞眉眼不抬，只看眼前的菜盘子。只见他伸着筷子，看哪盘菜好吃就一个劲儿地挑着吃，一副不管不顾的样子。有位阿姨开了个玩笑说："这小伙子真精啊！"妈妈听了简直无地自容。

是呀，在家里吃饭这不算什么事，奶奶每次做了好菜都紧着吴飞吃。像三鲜虾仁这道菜，吴飞就专挑虾仁吃，奶奶还帮着他挑，直到把盘子里的虾仁挑得一个不剩，留下一堆黄瓜片，他才住手。现在虽说到了外边，可习惯已经成自然了，这丢脸的吃相一时哪里改得过来。

妈妈凑近吴飞悄悄耳语几句，想让他收敛一点儿，可是吴飞根本就听不进去。他还很委屈呢：我不就吃个菜吗，哪那么多事，在家里不是天天这样吃啊。果然是习惯成自然，看来妈妈要纠正吴飞的吃相，需要下不少工夫。

🚢 给男孩的悄悄话

吴飞没有礼貌，让妈妈感到惭愧，更给别人留下了不好的印象。古人说："不学礼，无以立。"中国是一个历史悠久的礼仪之邦，讲究文明是人们的处世之本。礼貌待人，反映着一个人的精神面貌和文化素质，是心灵美、语言美和行为美的和谐统一。

而今天，我们经常见到听到一些青少年缺少文明礼貌的行为：脏话连篇，随地吐痰，在一些公共场合旁若无人地大声喧哗，随手乱扔废弃物，买东西交款不排队，上公共汽车乱挤等等。人们瞧见了会说："这孩子缺家教。"

在公共场合，青春期男孩需留心自己的言行举止，不可忽视。男孩们可注意以下几点：

1.公开露面前，须把衣裤整理好。尤其是出洗手间时，最好与进去时保持一样，或更好才行，边走边扣扣子、边拉拉链、擦手或甩水都是失礼的。

2.参加正式活动前，不宜吃带有强烈刺激性气味的食物（如葱蒜、韭菜、洋葱等），以免因口腔异味而引起他人的不悦甚至反感。

3.在公共场所里，高声谈笑、大呼小叫是一种极不文明的行为，应避免。在人群集中的地方特别要求交谈者加倍地低声细语，声音的大小以不引起他人注意为宜。

4.在众人之中，应力求避免从身体内发出的各种异常的声音。咳嗽、打喷嚏、打哈欠等均应侧身掩面再为之。

5.公共场合不得用手抓挠身体的任何部位。文雅起见，最好不当众抓耳搔腮、挖耳鼻、揉眼搓泥垢，也不可随意剔牙、修剪指甲、梳理头发。若身体不适非做不可，则应去洗手间完成。

6.对陌生人不要盯视或评头论足。当他人作私人谈话时，不可接近之。他人需要自己帮助时，要尽力而为。见别人有不幸之事，不可有嘲笑、起哄之举动。自己的行动妨碍了他人应致歉，得到别人的帮助应立即道谢。

7.在人来人往的公共场所最好不要吃东西，更不要出于友好而逼着在场的人非尝一尝你吃的东西不可。爱吃零食者，在公共场所为了维护自己的美好形象，一定要有所克制。

8.在大庭广众之下，不要趴在或坐在桌上，也不要在他人面前躺在沙发里。走路脚步要放轻，不要走得咚咚作响，遇到急事时，不要急不择路，慌张奔跑。

9.感冒或其他传染病患者应避免参加各种公共场所的活动，以免将病毒传染给他人，影响他人的身体健康。

10.对一切公共活动场所的规则都应无条件地遵守与服从，这是最起码的公德观念。不随地吐痰，不随手乱扔烟头及其他废物。非吐非扔不可，必须等找到垃圾桶后再行动。

如何讲话有吸引力

吴亚迪觉得自己的口才非常好，能够滔滔不绝地讲一个小时都没有问题。但是大家想要和他聊天或者交流的愿望好像并不强烈。他觉得是大家不能够理解他的独特思想，其实不是这样的。

吴亚迪是个外向的同学，他也确实口才比较好，经常喜欢跟大家辩论，争个你高我低，但是他很不尊重大家的谈话，经常是另外的两个同学在聊天的时候他会突然插进来，也不管人家是不是在说话，就非常着急地表达自己的观点。大家都会因为他的插话而变得非常不愉快，没法再继续自己的话题。

吴亚迪还没有注意到这个问题，觉得是自己比较能说，别的同学是自叹不如。但是后来他感受到了同学们对自己的疏远，也开始观察别人的聊天，他发现，其实一个人表达观点的时候，其他人是都关注着说话的人，他们不急于说话的。他们更尊重说话的人。他想着自己身上的毛病，谈话的技巧他还没有掌握好……

给男孩的悄悄话

我们天天都要与人交谈，但是不知你发现没有，有些人说话生动有趣，能吸引人注意力，另一些人则说得眉飞色舞，却没有人关注他谈话的内容。可见我们在说话的时候，也是要注意技巧的。下面我们列出几点谈话技巧，供青春期男孩们参考：

1.和别人谈话的时候一定要看着对方的脸。当别人对你说话的时候，一定要专心致志，漫不经心会让人觉得你是有意怠慢，这是一种不可原谅的粗蛮行为，甚至是对他人的一种羞辱，因为别人与你说话，你置之不理，就等于说你对他的话不屑一顾。别人说话的时候，不要总是用"是""不"或是清咳来干扰对方，这一点往往会起到不好的影响。

2.用言语或是动作偶尔表达你的赞同就足够，有时频繁地点头表示赞同也会令人不快。

3.谈话不可长篇大论，次数不可过于频繁，这样才不会让你周围的人离你而去。

4.未经别人允许，不要贸然介入别人的活动或是上去帮忙，这也是十分粗鲁的举动，一定要尽量避免。别人的事情他自己必定有自己的解决办法，事后如果你认为他那样做有所不妥，那么你有足够的时间去帮他纠正或是补充。

5.在别人谈话的时候打断别人也是一种不礼貌的行为。少说自己，多说说自己的朋友。不经过慎重考虑，不要胡乱指责任何人。

总之，对青春期男孩来说，保持良好的文明礼仪，将受益终生，它不仅能增添你的形象魅力，更能令你走上成功的道路。

打造个人风度

用适宜的服饰提升气质

吴毅是个爱美的男生，他希望自己能够打扮得帅气出众。看着电视里明星们穿着破洞的牛仔裤，还有那些露着肚脐的上衣，他觉得那就是时尚。于是把妈妈新买的牛仔裤上剪了几个洞，还专门磨出了毛边，用自己的零用钱买了件非常时尚前卫的 T 恤，这样子看起来或许是更加好看了。

走在大街上，他看到大家频频侧目，但是眼神里根本不是他所期待的惊讶他的帅气的感觉，而是一种带有厌恶的眼神，他非常不明白到底是怎么回事。就到商场里的试衣镜前去照镜子，这一看他才明白，这样的装扮就像是街上的小混混，怪不得大家都一副讨厌的神情。

他脱掉了自己所谓的时尚服装，重新穿回了自己的运动装，把耳朵上那些金属耳钉也收了起来，头发也理短了。这样再站在镜子前，终于看到了朝气蓬勃的自己。现在他的心里舒服多了，原来穿衣打扮一定要适合自己的身份才行。

当然，学校联欢晚会的时候，他还是戴上那些闪闪发光的饰物，穿着那身所谓的时尚装扮去舞台上表演街舞，那个时候，不会有人把他看作不良少年，相反同学们会觉得跳街舞就该这么装扮。

给男孩的悄悄话

俗语说："人靠衣衫马靠鞍。""佛靠金装，人靠衣装。"衣服是人的第二肌肤。男孩们一定有过这样的经历：穿一身漂亮的衣服，心情立即愉快起来，不自觉中，头扬起，胸挺起，脚步轻盈而有力，人也特别有信心。可见，服饰对人的气质起多么大的辅助作用。

服饰是人形体的外延，包括衣、裤、裙、帽、袜、手套及各类服饰。它们起着遮体御寒、美化人类的作用，又是一种无声的语言，它显示着一个人的个性、身份、涵养及其心理状态等多种信息，正如莎士比亚所说："服饰往往可以表现人格。"世界知名的服装心理学家高莱讲："着装是自我的镜子。"一个人穿戴什么样的服饰，直接关系到别人对其个人形象的评价。不是说任何服饰穿戴在任何人身上一定都能产生美感。事实证明，服饰只有与穿戴者的气质、个性、身份、年龄、职业以及穿戴的环境、时间协调一致时，才能真正达到美的境界。古希腊"和谐就是美"的美学观点在服饰美中得到了最充分的体现。

青春期男孩们可以根据爱好、修养、气质、审美特点等，选择充分体现自身个性的服饰，但也要与整体的交际环境、气氛相协调。

下面为青春期男孩们提供几种选择服饰的原则：

1.TPO 原则

当今最流行的 TPO 是现代人较重视的服饰穿戴原则，分别是英文中时间（Time）、地点（Place）、场合（Occasion）三个单词的缩写。此原则要求人们在着装时以时间、地点、场合 3 项因素为准。

（1）时间原则

时间既指每天的早上、中午、晚上 3 个时间段，也包括春夏秋冬的季节更换，以及人生不同年龄阶段的时间原则要求。通常，在家中或进行户外活动时，着装应方便、随意，可以选择运动服、便装、休闲服。

服饰应当随一年四季的变化而更替变换，不宜标新立异，打破常规。

夏季应以凉爽、轻柔、简洁为原则，在使自己舒爽的同时，也让服装色彩与款式给予他人视觉和心理上的良好感受。

冬季应以保暖、轻便着装为原则，避免臃肿不堪，也要避免只要风度不要温度，为形体美观而着装太单薄。应该注意，即使同是裙装，在夏天面料应是轻薄的，冬天要穿面料厚的，春秋两季可选择的范围更大更多些。

（2）地点原则

地点原则要求地方、场所、位置不同，着装应有所区别，特定的环境应配置与之相适应、相协调的服饰，才能获得视觉和心理上的和谐美感。穿着只有在正式场合才适合的正装去娱乐、休闲、购物、观光，或者穿牛仔装、网球裙、运动衣、休闲服进入正式场所，都是与环境不和谐的表现。

（3）场合原则

不同的场合有不同的服饰要求，只有与特定场合的气氛相一致、融洽的服饰，才能产生和谐的审美效果。

在欢度节日或纪念日、结婚典礼、生日纪念、联欢晚会、舞会等喜庆场合，服饰可以鲜艳明快、潇洒时尚一些。一般来说，在正式的喜庆场合，男孩的服装应以深色为主，单色、条纹、小暗格都可以。

在庄重场合，比如参加庄严仪式、正式宴会等隆重庄严的活动，服饰应当力求庄重、典雅。凡是请柬上规定穿礼服的，应按规定着装。庄重场合一般不宜穿夹克、牛仔，更不能穿短裤或背心。

正式场合的衣着应当严格符合穿着规范。男孩子穿西装，一定要系领带。西服应熨平整，裤子要熨出裤线，衣领、袖口要干净。

2.服饰的色彩

色彩因其物理特质，常对人的生理感觉形成刺激，诱发人们的心理定式和联想等心理活动，此外还具有某种社会象征性，许多色彩象征着某种性格、情感、追求等等。

服饰配色包括同类配色和衬托配色。同类配色指相同的颜色进行组合搭配，一般是下浅上深，内浅外深，或者相反。

一般来说，黑、白、灰三色是配色中的最安全色，最容易与其他色彩搭配和谐。

3.服饰与形体、肤色的搭配

人的身材有高矮之分、胖瘦之别，肤色有深浅之差，这是上天赋予的，我们不能选择，但我们可以选择服饰的质地、色彩、图案、造型工艺，达到美化自己的目的。

比如说，胖男孩穿横条衣服更会显得肥胖，而穿紧身衣服可显得清秀。身材矮小的男孩适宜穿造型简洁、色彩明快、图案简单的服装。脖子短的男孩穿低领或无领衣可以使脖子显得稍长。

中国人的肤色大致可分为白净、偏黑、发红、黄绿和苍白等几种，穿着必须与肤色在色彩上相协调。肤色白净者，适合穿各色服装；肤色偏黑或发红者，忌穿深色服装；肤色黄绿或苍白的人，最适合穿浅色服装。

青青春期男孩们着装时，应讲究得体、整洁、典雅、大方、简约，而不能一味地追求新潮、名牌。一般说来，着装有以下忌讳：

1.忌脏。

2.忌乱，不合规范。

3.忌破损。

4.忌过分暴露。

5.忌过于单薄透明。

6.忌过于短小。

7.忌过于紧身。

8.忌过多色彩、过分鲜艳。

9.忌过分怪异奇特。

美好的品德是衬托美好形象的绿叶

秦健同学在学校非常受欢迎，因为他成绩好，又热衷参加学校组织的活动，更因为他很注重自己的形象。虽然大家都穿校服，但是他的校服总是能保持清洁，发型也清爽，白衬衫，深蓝色的中山制式校服，很容易让人联想到偶像剧里充满阳光味道的男主角。

他不是那种清高孤傲的男生，他热心帮助遇到困难的同学。一次下雨的时候，他看见有个同学不小心滑倒在泥地上，他立马跑到雨中去扶那个同学起来，虽然他的衣服上也染了污渍，但是那个时候，他的样子更容易让人想到清爽的阳光。

他因为有美好的形象而代表学校参加了中学生代表大会，出席会议的时候给人留下深刻印象的不仅是他的朝气蓬勃的形象，更让人觉得印象深刻的是他的彬彬有礼、谦虚谨慎、守时观念和美好德行。

秦健之所以这么与众不同，就是因为他能够保持自己的独特个性，既能注意形象和服饰打扮，也能展现自己的美好品行。如果他是个非常不注意个人形象的人，或许也没有那么多人都给予他那么高的评价了。但是，如果单纯的外表美，恐怕也不会得到这么多赞扬，毕竟人们都喜欢美好形象，也更喜欢中学生美好的品德。

🚢 给男孩的悄悄话 ————————————————————————

在日常生活中，青春期男孩们常常听到这样的劝告：不要以貌取人。但是经验告诉我们，人是很难做到不以貌取人的。从人的审美眼光出发，爱美之心人皆有之，人们对美的认识，很多时候是从第一印象中产生的，而人的仪表恰好承载了这一"特殊"的任务。

美国心理学者雷诺·毕克曼做过以下有趣的实验。

在纽约机场和中央火车站的电话亭里，在任何人都可以看到的地方，放 10 美分，等到一有人进入电话亭，约 2 分钟后敲门说："对不起，我在这里放了 10 美分，不知道你有没有看到？"结果退还硬币的比率，询问者服装整齐时占 77%，而询问者衣服较寒酸时则占 38%。

电话亭里的人在被服装整齐的人询问时，可能会察觉此人可能跟自己说了很重要的话；而面对衣着寒酸的人，因为在不想接触的念头下，不想去理会对方的问题，所以根本没有听清楚他说的话，就开口回答"不"，企图赶走对方。

可见，良好的仪表犹如一支美丽的乐曲，它不仅能够给自身提供自信，也能给别人带来审美的愉悦，既符合自己的心意，又能左右他人的感觉，使你办起事来信心十足，一路绿灯。

在竞争日益激烈的今天，仪容对一个人的作用是万万不能忽视的。形象创造价值、形象决定命运的说法绝不是夸大其词。

一个人的外貌对于他本身有影响，穿着得体就会给人以良好的印象，它等于在告诉大家："这是一个重要的人物，聪明、成功、可靠。大家可以尊敬、仰慕、信赖他。他自重，我们也尊重他。"

如果能找对自己的长处，切合自己的特点，改造自身的形象，那每个青春期男孩都会散发出与众不同的迷人光彩！

青春期男孩可以从以下几点来打造自己的形象。

1. 仪表整洁，衣着得体

现代社会中，杰出人士们坚持这样一个人际吸引的原则：一个人风度翩翩、俊逸潇洒，能产生使人乐于交往的魅力。

2. 精神饱满，神情自然

他们在社会交往中始终保持旺盛的精力、饱满的热情、大方自然的神情。与人交往，神采奕奕，精力充沛，显得富有自信，这样就能激发对方的交往热情，活跃交往气氛。

3. 谈吐幽默，言语高雅

谈吐能直接反映出一个人是博学多识还是孤陋寡闻，是接受过良好教育还是浅薄无知。作家丁玲回忆与鲁迅先生谈话时说："鲁迅先生谈吐深刻、严密、有力而又生动活泼，句句吸住我们。渐渐谈下去，愈来愈强烈地发射出真挚的热情，又有一种严峻的强大的威力，从瘦削的脸上透射出来。"使人听得入迷，产生"听君一席话，胜读十年书"之感。

4. 举止大方

杰出人士大都具备朴素大方、温文尔雅的行为习惯，举止稳重，文明得体，坐、立、行的姿态正确雅观，能表现出自己良好的教养，给人留下成熟信赖之感。

找个合理的途径宣泄你的愤怒

王阿姨曾遇到过这样一件有趣的事：一天深夜，她突然接到一个男孩打来的电话，对方的第一句话就是："我烦死他们了！"

"他们是谁？"王阿姨问。

"他们是很多人，我的同学、老师、爸爸妈妈。"

王阿姨感到突然，于是礼貌地告诉他："你打错电话了。"

但是，这个男孩好像没听见似的，继续说个不停："我学习不好，老师非常不喜欢我，同学们也都挺疏远我的，爸爸妈妈听不进去我说的话……"

尽管这中间王阿姨一再打断他的话，告诉他，她并不认识他，但是孩子还是坚持把自己的话说完。最后，他对这位素不相识的王阿姨说："阿姨，您当然不认识我，可是这些话已被我压了多时，现在我终于说了出来，我舒服多了。谢谢您，对不起，打搅您了。"

原来王阿姨充当了一个听筒的角色。

给男孩的悄悄话

故事中的男孩举动看似错乱，实际很正常。它形象地说明了青春期男孩也会有很多烦恼，总要有一个倾诉、宣泄情绪的地方，而且消极情绪往往是蓄之愈久，越沉重压抑。故事中的男孩子其实很聪明，他为自己找了一个看似荒诞、实则有效的发泄途径。

男孩是天真无邪的，他们的喜怒哀乐很真实，也很强烈，这往往直接支配着他们的行为。同成人一样，男孩常常利用多种情绪来表达自己的需要与愿望。烦恼、攻击、挫折、愤怒这些侵犯性情感是点燃攻击性行为的导火线。

很多父母都认为，男孩没有学业负担，不愁衣食，受到的照顾无微不至，他们不会有什么压力。怎么会抑郁呢？其实，现在的男孩在得到铺天盖地的爱的同时，却越来越失去了随心所欲地玩的自由；在得到大量玩具的同时，却失去了与父母拥抱、游戏和谈话的机会；在学校，教师与男孩、男孩与男孩之间有时会有一些矛盾发生，如受到批评、不能与同学友好相处，这些都会使男孩产生压力感。

在男孩的眼里，这是一个陌生的世界，每天都会有很多新的事物发生。男孩正以惊人的速度吸收各类不同的信息，结果他每天都发现很多不可理解的事情。爸爸妈妈可能会离开一段时间，不知去了哪里，还会不会回来？白天在街头看见一只大黑狗，晚上睡觉时就会想，狗会不会趁我睡觉的时候走进我的房间咬我呢？或者会不会有魔鬼躲在我的床底下呢？妈妈送我上幼儿园，爸爸、妈妈都不去，为什么我要去呢？幼儿园是什么地方？这些忧虑使男孩不安和恐慌。

有的男孩小小年纪就遇到了感情上的重大打击，如亲人去世、父母关系紧张或离异、考试失利（特别是未考上理想的学校）等，往往会出现情绪上的强烈反应。此外，学习成绩不好，长相不出众，总认为自己处处不如人，不受老师重视，不引人注目等，也会使男孩产生一种失落感。

成人抑郁，可以向人诉说、排泄，男孩感到压力时，由于语言表达能力有限，往往无法清楚地表达自己的情绪，因此，他们有时无法得到成人及时的帮助，而且他们由于自身的知识以及处世经验缺乏，处理问题的能力差，因而不能自己排解压力。所以，当压力过大或者持续时间过长时，男孩会产生很多生理或心理问题，这些将严重损害男孩的身心健康，这时，男孩就可能出现精神抑郁。

抑郁使青春期男孩们感到孤立、恐惧和不快乐。抑郁的男孩不知道自己哪里不对，只知道自己的感觉糟透了，不像以前的自己。当他感觉越来越糟的时候，会感到自己越来越没有力量，不能控制自己的心情和生活，好像有一种神奇的东西在控制自己。一些中小学生还通过饮酒、上网聊天、吸毒等来排解抑郁，但是这样的结果往往会使他们的抑郁加重，还有一些人试图自杀。

尽管并不是每个男孩都有患抑郁症的可能，但也应该引起父母的特别警惕，当男孩遇到困难，情绪压抑的时候，我们应该及时告诉男孩，不要把烦闷锁在心里，有不开心的事情要说出来。此外，还可以教给他一些宣泄情绪的小窍门，比如让他大哭一场，或者做一件自己喜欢的事情，还可以和好朋友倾诉等。

男孩可以用语言发泄情感，给自己创设悄悄话角，当你感到愤怒时，独自大喊大叫，舞动自己的手臂。你还可以通过运动形式表达情感，设立体育角，当你想打人的时候，就打陀螺，用沙包击靶子，或戴上手套任意打击沙袋，也可任意在垫子上翻滚，这样使自己的情感发泄到一个合适的替代对象上，从而得到心理的满足。

用优雅的风度虏获心灵

韩祥已经 17 岁了，可是和同龄的孩子比起来，他的个头是那么的矮小，黄黄的、稀疏的头发，一张并不英俊的脸上长满了红色的青春痘和褐色的小雀斑。

现在韩祥是学校有名的"才子"，他能写很优美的诗文，很多杂志都有刊载。他还会声情并茂的演讲，在很多演讲比赛中都获得了不错的名次。韩祥潇洒自信、机智幽默，特别受同学们的欢迎。

但是在以前，韩祥完全是另外一副样子。总是一个人精神萎靡地躲在角落里，长吁短叹。感叹命运的不公：世界上有那么多人那么完美，为什么偏偏自己会是一只丑小鸭？

因为对自己的外表很自卑，韩祥不喜欢去公共场所，学校里的活动也是能躲就躲。他总是设法躲避课间操，因为个子矮，每次他都是站在队伍的前面，每当这时候，韩祥就觉得特别丢脸。调座位的时候，他也不愿意和女生坐同桌，因为他总担心脸上的青春痘和雀斑会让爱干净的女生嫌恶。渐渐的，他把自己封闭起来了，做什么都畏首畏尾。

很庆幸，韩祥克服了自己的心理障碍，重新振作起来。在封闭自己的那段时间里，韩祥读了大量的课外书，通过读书他意识到，很多伟人都不是完美的。像拿破仑也是矮个子，却建立了雄霸一方的拿破仑帝国，鲁迅先生个头不高却是文坛巨匠；霍金瘫坐轮椅却成了"宇宙之王"。

一个人是否能赢得尊重和外表没有什么必然联系。意识到这点，韩祥对于脸上的痘痘和雀斑也不介意了。照着镜子端详自己：其实也没有想象中的那么差，长痘痘说明自己年轻，鼻梁上的小雀斑为自己增添了几分可爱。

走出自卑阴影的韩祥，用自己的才华和乐观赢得了同学们的喜爱和尊重。

给男孩的悄悄话

人们常说"他真是风度翩翩""她秀外而慧中"等类似的话，这指的都是一个人的风度。

风度是一个人性格、气质、文化水平、道德修养的外在写真，是人自身所具有的较为稳定的行为习惯的外在表现方式，即一个人在言谈举止中自然表现出的各种独特的语气、语调、手势、动作等。

由于人的性格、气质不同，内在修养不等，行为习惯各异，每个人的风度也就不尽相同。良好的风度是众人所追求的，而它则是以个人良好的文化素养、渊博的学识、精深的思辨能力为内核的。那些胸无点墨、不学无术的人，任凭其仪表怎么美丽，也不可能具有良好的风度。

良好的风度需要较长时间的培养与修养，要加强自身内在的涵养，使自己心灵美，然后这种内在美才可能转化为良好的风度。

没有人愿意和毫无风度、畏畏缩缩、不自信的人交往。如果不懂怎样和人交往，必将是孤立的。可以说，人际关系的好坏是决定人生成败的重要因素。所以我们必须注重自身风度，随时随地给别人留下良好印象：说话有尺度，交往讲分寸，办事重策略，行为有节制。

生活中，一些人能像磁石吸引铁屑一般，自然而然地吸引他周围的人，做事则得心应手、顺心如意，这是因为他们拥有磁铁般富有吸引力的风度、个性。尽管看起来他们似乎没有那些不怎么成功的人努力，但机遇围绕着他们打转，朋友们称他们为"幸运儿"。如果我们进一步分析他们，就会发现他们有着迷人的风度、个性，这就是他们赢得人心的原因所在。

培养受人欢迎的风度是很必要的，它能使成功的机遇倍增，能够发展人际关系，塑造良好形象。

那么，青春期男孩如何打造自己的风度呢？

1.懂得幽默。以轻松的心态处世，人生将充满光明，也会使与你接触的人受到感染。

2.时常微笑。笑容会使你显得和蔼可亲、平易近人。

3.注意你的声音。讲话语调镇定、平稳的人最受人喜爱。

4.刚见面时握手，谈话中找时机轻拍一下对方的肩，都是热情的表现。

5. 不要忽略礼貌，常说"请"和"谢谢"。

6. 善用自嘲，可增强你的魅力。

7. 不要小气。

8. 不过于在意自己的相貌。很少有人能拥有完美的外表，何况美丽的外表不见得比优雅的谈吐、亲切的微笑更让人喜爱。

9. 注意自己的身姿，抬头挺胸，让大家知道你充满自信。

10. 不要吝啬赞美的话，如果你对谁有好感，就该向他（她）说出来。要对别人有兴趣，谁都觉得，只关心自己的人很乏味。

11. 与对方的目光相接，表示你沉稳、自信，同时表示你对对方感兴趣。

12. 多读报纸杂志，及时掌握当前的热门话题，能够变得健谈起来。

13. 不要急于求成。懂得保持一定的距离，懂得怎样适可而止，才更有吸引力。

14. 把自己当主人。因为你觉得害怕，所以才会害羞。但如果你把自己当作主人而非客人，主动招呼、照顾别人，就会使人觉得愉快。

15. 兴趣广泛、关心时事，这样才有丰富的谈话资料。难以想象有谁对每天只知道上班、下班、吃饭、睡觉的人有兴趣。

16. 勇于参加讨论，发表意见。通常人们都很佩服那些勇于站出来发表自己看法的人。另外，被认为很有魅力的人一般都很主动、很活跃，不会当旁观者。

17. 不要动不动就发脾气。常发脾气只能让人对你多加提防。

18. 能相信别人。爱猜疑的人不会给人以温暖和关怀，而温暖和关怀是魅力不可或缺的要素。

19. 不刻意隐瞒自己的情感。对什么事都不动声色，别人会觉得你很冷漠。

20. 学会处理生活上大大小小的事。只会处理、学习办公桌上的事，不会成为很有魅力的人。

21. 要有自己的原则。让人知道你也会生气，也会对某些事看不惯，不是一个"好好先生"。

22. 穿自己喜欢的衣服。选择衣服时要看自己满不满意，不要过于考虑别人喜欢。只有自己满意，你才会觉得愉快、自信，这才是吸引人的地方。

养成讲卫生的好习惯

自从升入高中，在学校住宿之后，张坤就一直觉得很苦恼。原因是他们六个人住一间宿舍，其中一个叫李明的同学特别不讲卫生，整个宿舍都是他"制造"出来的臭烘烘的味道，不到睡觉的时候张坤都不想回去。

张坤的妈妈是医院护士，很早就注意培养他良好的卫生习惯。在家里，自己的东西都分门别类地放好。不论到哪里张坤都穿戴齐整，他觉得干净整齐是待人的基本礼貌。

可是没有想到，上高中后遇到这么一位邋遢室友。自己的被褥不叠，衣服穿脏了也不洗，一个学期都没见他洗过衣服。最令人不能忍受的是，身为篮球队长的李明能几周不洗澡，换下的球衣散发着馊味，就这么随便的扔在别人的床上。李明的这些行为已经超出了张坤忍耐脏乱能力的底线。再一次看到扔在自己床上的脏袜子后，张坤爆发了。

"你换下的袜子就不能马上洗了吗？就算不洗也别到处乱扔，你不觉得脏，大家可都受不了！"张坤生气地喊道。李明也不服气："至于吗，不就是在你床上放一下吗？你要是不乐意放地上好了。""你吃过饭，饭盒都不刷就继续泡面，睡前不洗脚，不刷牙，脏衣服随便丢，把宿舍搞得又脏又乱！就因为你，我们宿舍没得过一次流动红旗！"张坤把对李明的不满一股脑倒出来。"我乐意，管得着吗你？"李明生气地摔门走了。

张坤也很生气，他不明白自己的室友怎么会这么不讲卫生，他难道不知道自己的不讲卫生不仅给别人带来麻烦，同时也不利于自己的健康吗？张坤反思了一下，觉得自己的态度也不对。他决定想办法帮助李明。

首先，张坤联合宿舍里其他四个人，到图书馆查资料，他还专门咨询了妈妈，收集了大量关于不讲卫生的害处的材料，把这些材料整理好打印出来。然后利用李明在操场打球的时间把李明乱扔的衣服，书籍都收拾整理好，甚至把李明换下的球衣给洗了。

等李明回来后，看到自己整齐的被褥、干净的衣服，既感动又尴尬。

"我们大家是一个集体，以后有什么需要帮助的我们可以帮你。""如果收拾干净整齐了，大家在这样的环境里生活不是更舒心吗？""而且卫生习惯不好对身体是很有害的，你看这是我们为你找的材料。"大家七嘴八舌地说道。李明涨红了脸，不好意思地说："对不起，这些我都能做。谢谢大家了，以后看我的行动吧！"

给男孩的悄悄话

生活不卫生，不仅容易引发生多种疾病，人们还会通过这些不卫生的小举动，认识到你的修养和素质，从而对你产生不良印象。

生活卫生的范围极为广泛，包括衣、食、住、行和身体各部位的卫生，青春期男孩在生活中应严格按照卫生的要求去做。

养成讲卫生的习惯，应注意以下几个方面：

1.坚持每天早晚洗脸，洗去附在面部的污垢、汗渍等不洁之物，洗脸时，应注意清洗耳朵和脖子。夏季要及时擦去脸上的汗，不要让其淌在脸上，擦汗时要用纸巾或手帕，不可用衣袖代之。

2.要做到勤洗澡、勤换内衣，身上不留异味。男孩胡须要剃净，鼻毛要剪短；在人面前不应有揪胡须、拔鼻毛、挖鼻孔、掏耳朵等动作。

3.保持口腔清洁。首先要坚持每日早晚刷牙，清除口腔细菌、饭渣，防止牙石沉积。刷牙时间不宜太短，至少应在3分钟以上。另外，不吸烟，不喝浓茶，以防牙齿变黑变黄。如有口臭，应及早医治。如果知道自己要乘飞机、火车或要与人近距离交谈，最好不要吃葱蒜等有强烈刺激性气味的食物，以免影响到别人。

4.不可当众剔牙；餐后要剔牙，应用手或餐巾纸掩盖；进餐时，应闭嘴咀嚼，不能发出咀嚼的声音；与人交谈时，口角不应有白沫，更不能口水四溅；与人交往前不要过量饮酒，酒气熏人会引起他人反感；不能在人前嚼口香糖，特别是与人一边说话、一边嚼糖就更不礼貌。

5.打喷嚏、擤鼻涕、咳嗽、打哈欠时，不要直直地朝着别人的脸。必要的时候，要赶紧把头歪向一边。突然要打喷嚏了，赶快掏出纸巾或手帕把鼻子盖住，同时尽量地压小声音。咳嗽时也是如此，来不及拿纸巾或手帕，也得用手赶快遮住嘴。

6.应该随时清洗自己的手，要注意修剪指甲。大小便后一定要洗手。在任何公众场合都不应修剪指甲，也不能摆弄手指，这些都是失礼的行为。手弄脏了，要及时洗净，不能用脏手将食物往嘴里送。

7.少抠鼻。抠鼻时容易毁坏鼻毛，把鼻黏膜抠破，引起鼻出血。另外，鼻黏膜经常受到手指的刺激，容易变薄，发生萎缩现象，使我们闻不到气味。如果手指上或手指甲缝的细菌进入鼻孔里，还容易引起慢性鼻炎、生疖长疮，使鼻孔有阻塞感，不通气，流鼻涕，鼻孔发红，鼻梁肿胀，长期不愈，甚至发生全身不适，严重时细菌能通过面部血管进入大脑里引发炎症。

8.少挖耳。常用发卡、火柴挖耳朵，容易把外耳道的皮肤划伤，引起外耳道出血。若是感染细菌，往往引起外耳道炎和外耳道疖肿，耳道不断向外流脓或流水。如果挖耳朵时不小心把耳膜捅破，使细菌进入鼓室，就会引起中耳炎，不仅耳朵长期流脓，还有造成耳聋的危险。

9.少揉眼。眼睛是一个很精密的器官，血管非常丰富，用手一揉，由于刺激作用，结膜上的血管变粗，眼睛就发红了。另外，手一天到晚什么都摸，上面往往沾着很多细菌，如果把这些脏东西揉进眼睛里去，就容易引起急性结膜炎和沙眼，造成眼发红，看不清东西，甚至睫毛脱落，眼边发烂。

10.不贪坐。吃饭后就坐在沙发上看书、看电视，不再动一动，长期下去就会使脂肪堆积在臀部、腹部，造成腹部突出，臀部下垂，体态变得臃肿难看。

11.少架腿。"二郎腿"会压迫腿部的血管，使血液回流不畅通，造成小腿疲劳、发麻。架腿破坏躯干的竖直，长期会造成脊椎弯曲。

12.少咬物。啃指甲、咬笔杆、咬下唇、啃开啤酒瓶盖等，这种习惯不仅不卫生，而且还容易使口腔上颌的门牙突出，影响牙齿的整齐和美观，甚至造成危险。咬物时张口呼吸，会使口腔上颌变得又高又窄，有损容貌。

锻炼强壮体格

青春期男孩要早睡早起

清晨6点钟，闹钟的铃声划破了黎明的宁静。睡梦中的明明醒过来，伸手关掉闹钟后，翻个身，继续睡觉。

这时，妈妈尖锐的喊叫声突然响起："明明，赶快起床了！约好今天起要跟着爸爸一起去公园晨练的，不是吗？"

明明翻了个身，继续睡。快要进入梦乡时，妈妈摇醒了他。

明明实在是不愿起来，可是妈妈又猛然地大声喊着："赶快起来啊！"

"再睡5分钟，只要再睡5分钟就好了！"明明像虾米一样把身体缩成一团，拉回被妈妈掀开的被子。

"快点起来！爸爸早就准备好啦！你怎么还继续在睡呢？"

"那让爸爸一个人去不就成了吗！"明明发脾气了。

但妈妈似乎没有要放弃的意思，今天无论如何一定要把明明叫醒。"你昨天已经约了爸爸早上一起去运动的，不可以不守信用！"妈妈说着又把被子掀起来。

明明很无奈地脱掉睡衣，换上妈妈准备好的运动服。

爸爸在门口做着简单的运动操，明明到了门口，打了一个很大的呵欠。

"终于起床啦？"

明明毫无精神地点点头。

"我看你的眼睛，好像还没有完全睡醒。叫你早点睡，偏偏不听，这会儿又困！"爸爸摇摇头说。

于是爸爸走在前面，明明跟随在后，一步一步慢慢地向附近的公园走去。

🚢 **给男孩的悄悄话** ···

你是不是因为学校布置的家庭作业太多，父母又要求学琴、练书法、绘画、写日记、背诵等，熬至深夜？是不是你因为每天晚上看电视，直到"祝您晚安"，第二天成了"熊猫眼"？诸如此类的生活习惯是很不科学的。

中国有句俗话"早睡早起身体好"，但是却很少有人真正地深究过这其中的原因，为什么早睡早起身体就会好呢？医学专家告诉我们，生长激素分泌最盛的是23时至半夜，超过这个时间睡觉，对人的健康影响很大。有医学专家根据医疗实践指出，经常晚睡的人常有过敏性鼻炎和气管不好的毛病。就临床上发现，熬夜工作的人眼睛易疲倦、常脚酸、不爱走路，且有情绪不稳定的倾向。青春期男孩为了自己的健康成长，一定要注意培养早睡的习惯。

英国约克大学的赫伯特博士说，睡多没好处，一个人如果睡得太久，会引起血液循环不良。他说，人在睡眠中，呼吸一般比醒时慢，其间血液里的二氧化碳逐渐增加，会变成体内的麻醉剂，睡得越多，就越想睡。睡懒觉这一陋习对于身体健康极为不利。

现代医学研究证明，人的生命活动都遵循着一定的周期性或节律而展开。例如，人的情绪、体力、智力都有一定的时间规律，人体的许多生理指标如脑电图、体温、血压、呼吸、脉搏以及激素的分泌量等，都是按照季节、昼夜的规律而有节奏地变化着，我们的起居作息也必须要符合这个运转规律。否则就会降低人体对外界环境的适应能力，导致疾病的发生和引起早衰。

在作息习惯方面，则应当建立一套科学、合理的作息制度，这是因为有规律的作息制度，可以在人体中枢神经系统形成一种良性刺激，建立各种各样有节律的条件反射，使各组织器官的生理活动能不知疲倦地长时间地进行下去，使人更好地与外界环境相适应，提高人体的健康水平。这也是强身健体、延年益寿的重要途径。孙思邈将作息时间具体规定为："虽云早起，莫在鸡鸣前；虽言晚起，莫在日出后。"

如果你很难纠正睡懒觉的坏毛病，就需要爸爸妈妈帮忙了，可以请爸爸妈妈早上叫你起床。当然这要在早睡并保证充足睡眠的前提下。或者让闹钟给你提个醒。可以将闹钟设定早一点，给自己一段缓冲的时间，不会觉得起床是一件受罪的事情。在用这个方法的时候，要注意将闹钟放到你够不着的地方，让你不得不下床制止闹钟再响。

减肥：健康第一，时尚第二

许飞从小就是个小胖墩，街坊的叔叔阿姨见到他，都喜欢捏他的脸蛋。长大后，许飞的体重只增不减。许飞的妈妈为此非常头疼，她想让许飞减肥，但又不知道该用什么方法，节食的话，许飞正是长身体的时候，缺乏营养对他将来不利。

运动减肥倒是个好办法，可是许飞太胖了，他稍微动一动就会满头大汗。许飞最不喜欢运动，妈妈怎么说都没有用。

就在妈妈头疼之际，许飞竟然自己主动要求减肥。原来许飞今天去体检，他一上秤，医生就皱起了眉头，拍着他的头说："小胖子，你可得减肥了，这样下去，你长大连路都走不动。"

而当班上另一名男同学体检的时候，医生就夸他身材好，同班的女同学都投去了羡慕的眼神。

许飞看到那名男生穿的淡颜色的牛仔裤、白色的T恤，看起来是很帅。他体检完就去商店，也想照着那位男同学那样给自己买一身，可是他试了很多衣服，都是穿不进去，服务员告诉他，这里没有他的尺码。

许飞下定决心减肥，就是想和那名男同学一样，也被人关注。他每天不吃饭不喝水，就吃点黄瓜和西红柿。不过三四天，人就饿得昏昏沉沉。

妈妈强行把他拉到饭桌上，告诉他："减肥是好事，可是也不能盲目减肥，只有健康的减肥，才能减出好身材。"

许飞下定决心，一定要健康减肥，减出既健康又匀称的好身材。

🚢 给男孩的悄悄话

现在社会的审美观偏于"瘦"，这有一定道理的，和胖相比适当偏瘦一点，对健康更有好处。由此，也给那些偏胖的男孩带来了心理压力，他们会产生自卑的心理。

青春期正是长身体的时候，父母会给孩子提供非常丰富的营养，由于各种原因，现在肥胖的男孩越来越多。从健康的角度考虑，减肥是很有必要的。专家建议，青春期的男孩学习的压力大，身体成长需要的营养更多，所以不能盲目地靠节食减肥，那样会影响男孩的学习和成长。那么处于青春期的男孩该怎么样减肥既有效又健康呢？

1.合理膳食。很多男孩的饮食习惯不很好，他们饮食没有规律，吃饭的时间吃不下，不是吃饭的时间又喜欢吃高能量和油炸的食品，如此暴饮暴食高能量高热量的食物很容易发胖的。食物摄取时达到营养的平衡也很重要，医生根据临床经验告诉大家，有些孩子看着很胖，但是却营养不足。他们摄取的营养过于不均衡，导致身体缺乏某些营养，由此造成胖且不健康。所以要多吃水果、蔬菜，不要一味地吃肉食。值得注意的是，不在睡前吃东西也有助于控制体重。

2.按时休息，心情舒畅。生活具有规律性，有助男孩们控制体重。一般处于青春期的孩子需要的睡眠时间为8个小时，所以在早睡早起的前提下，保证睡眠的时间，即不要太长也不要太短。

3.适量运动。适量的运动对每个年龄阶段的人来说都是非常有必要的，它不但有助于控制体重，还可以提高身体素质，解决很多身体上的问题。但是对于青春期的男孩来说，运动更是不可少的。适量的运动，有助于长个子，有助于排解学习的压力，也有助于减肥。不过如果想通过运动减肥的话，长期的坚持是不可少的。对于青春期的男孩来说，可以选择在学校里方便操作的运动，比如跑步、体操、打球、单杠等。

其实无论胖或瘦，只要不过度，身体健康就行，不能一味地追求骨感。因为减肥主要是为了健康，不是单纯的视觉上好看与否。

制订"删除坏习惯"的计划

最近半个月，一向表现很好的侯阳在上课期间出现了注意力不集中、爱打瞌睡、目光呆滞、脸色苍白的状况，精神状态极度不佳，常拖欠作业，学习成绩也有所下降。班主任王老师观察到后，关心地问道："侯阳，马上就要期末考试了，是不是学习压力太大了，没有休息好啊！看上去你脸色不好，还是去看看医生吧！""没有，不用——不用——真的不用，王老师我没有不舒服，不用去医院。"侯阳吞吞吐吐地回答道。

一个星期过去了，侯阳的精神状态还是没有好转的迹象，学习成绩下滑得比较快。王老师决定去侯阳家进行家访。在家访中，王老师得知侯阳一回到家，就把自己关在房间里，不像往常一样帮妈妈干些力所能及的家务，常常要爸妈敲好几次门才出来吃饭。吃完饭后，放下碗筷又把自己关在房间里。王老师说道："侯阳近来精神状态不太好，现在学习任务比较重，但还是要有充足的睡眠，这样才能开始第二天的学习。"爸妈听后一脸的疑惑，忙说道："侯阳的作息时间一直没有改变，他晚上很早就睡觉了，怎么会精神状态不佳？"这究竟是怎么一回事呢？这样他们疑惑不解。当得知侯阳的学习成绩也有所下降时，他们决定好好地观察一下侯阳。

侯阳像往常一样，很早就上床睡觉了。爸妈也像平常一样，早早地熄了灯，但他们并没有睡，而是躲在门后观察对面房间儿子的一举一动。没多久，儿子房间发出一丝丝微弱的灯光，爸妈轻轻地走了过去，侧着身子静静地在门外听房间里有什么声响。此时，从房间里传出了"噼噼啪啪"的声音，爸妈打开门一看，只见侯阳坐在电脑前正聚精会神地玩着电脑游戏，对于爸妈的突然闯入，侯阳丝毫没有注意到，还沉浸在虚幻的游戏里。爸妈终于找到侯阳精神状态不佳的原因了。

最近一个月以来，侯阳感到学习压力大，想以玩电脑游戏作为一种释放压力的方式。没想到却从此迷恋上了游戏，常常抑制不住，甚至背着爸妈通宵达旦地玩游戏。

学习成绩下滑的事实和爸爸妈妈的劝导，让侯阳下定决心改掉自己迷恋游戏的坏习惯。

傍晚放学回家，他像往日一样帮助妈妈做家务，转移自己对游戏的注意力。晚饭过后，他帮着妈妈收拾碗筷，回到房间做好作业，预习好第二天的功课后，就和爸妈一起散步，一边散步一边谈谈见到的趣事。爸爸常常和他一起下棋，陪着他练习书法，渐渐的侯阳玩电脑游戏的时间越来越短了，对游戏不再像以前那样痴迷了。他发现自己还有那么多的兴趣爱好，在转移自己对游戏的注意力的同时，更是一种修身养性。

给男孩的悄悄话

习惯是人生的主宰，一个好的习惯让人受用一生，许多个好习惯加起来，就可以成就一个人一生的辉煌。性格决定命运，习惯作为思维、心态的反复再现而成了性格的一部分，所以我们说习惯决定命运。从小培养好习惯，改掉坏习惯，青少年的命运也将随之改变。

生活中，青春期男孩如何制订有效的"删除坏习惯"的计划呢？

1.要充分认识好习惯的重要性、坏习惯的危害性，你才能有坚定的决心、坚决的行动去"删除"坏习惯。

2.许多青少年面对自己的"坏习惯"没有足够的自制能力和意志，经受不住"坏习惯"的纠缠。比如无法控制网络、烟酒的诱惑等等。那种凡事都无所谓的想法，使自己偏离了健全的自我意识的轨道。青少年应根据自己的实际情况，为自己制定一个惩罚"坏习惯"的制度，通过自我努力，达到有效控制、克服坏习惯，达到自我完善。

3.按部就班，一步一步做起。一旦决定改变习惯，就拟定当月的目标。目标不可过大，比如有人戒酒时，就采用每天比前一天少喝一点的办法，最后戒掉。

4.古人说，要"齐家治国平天下"须从"修身、养性"开始，即从点滴的习惯开始，行知并重。要想克服拖延的坏习惯，就必须懂得珍惜时间；要想克服懒惰的坏习惯，就必须勤奋；要想克服打架斗殴的恶习，就必须学会宽容。

5.我们常说万事开头难，一个新习惯的诞生，必然会冲击相应的旧习惯，而旧习惯不会轻易退出，它要顽抗，要垂死挣扎。另外，我们的机体、心灵也需要时间从一种状态过渡到另外的状态，需要一个适应过程。从记忆的角度讲，人也需要不断复习新建立的好习惯，以求强化它。所以，前三天要准备吃点苦，要下功夫，要特别认真，过了这一关，坦途就在眼前。

6.为自己找个榜样，看看成功人士是如何改掉坏习惯的。

要改变坏习惯，男孩们还可以尝试以下做法：

1.认识到自己有什么坏习惯必须改掉。例如使你逃避问题的习惯，使家人、朋友或同学厌烦的习惯，你觉得并不能带来愉快但又不能自拔的习惯等等，都是必须改掉的坏习惯。

2.学一点风趣、机智。让别人与你谈话都觉得很愉快，乐意听你说话。

3.学会提问，而且问得恰当。问别人私事要适可而止，切不可追根问底。对别人关切的事能表示关怀，有诚意对他人做进一步的了解。

4.不可装着自己什么都懂。不知道就说不知道，诚恳地问人家，更容易给人亲切感。

5.找一些有利的新朋友。例如你要改掉暴饮暴食的习惯，就和饭量小的人一起吃饭。

6.多参加各种各样的活动。不要把自己的快乐活动限制在你喜欢的那一、两项中。

7.凡事不必看得太严重。从日常平淡的生活中发掘乐趣，与你周围的人共享生活的甜美。

8.把握机会多交朋友。

9.多想别人好的一面，少提缺点。

锤炼一双勤劳的手

"教官要求我们被子叠得像豆腐块一样，我不会叠，教官当着同学们的面批评我了，我还有一大堆脏衣服，怎么办？"大国在电话里哽咽地说道。

妈妈在电话这头干着急：脏衣服可以拿回来洗干净，可是被子怎么办，总不能天天去学校给宝贝儿子叠吧？真不知道送儿子读寄宿学校是对还是错。

从小大国的衣食住行全部由家人打理，这些琐碎事情他哪会干呢？现在妈妈有点后悔没有让大国养成自己的事情自己干的习惯，这不，刚开始军训就遇到麻烦了。

大国家三代单传，全家人对这个独苗爱如珍宝。爷爷奶奶更是溺爱到不行，吃饭热点怕烫着，天气冷点怕冻着，就连多走几步路都怕累坏了宝贝孙子。大国心安理得的享受着各种优待。

说大国过着"小皇帝"般的生活，真是毫不夸张。"衣来伸手，饭来张口"是大国生活的真实写照。在住校之前，大国连牙膏都没有自己挤过，更别说整理床铺，收拾屋子了。

来到学校之后，没想到宿舍卫生要自己打扫，被褥需要自己叠，衣服需要自己洗，还要自己排队打饭……

从来不知道需要自己做的事情有那么多。大国觉得懵了，一下子适应不了这种变化。

挨批评后，大国一直闷闷不乐。看着周围的同学熟练地整理着床铺，大国就觉得很惭愧。同时他也很好奇：为什么大家都会呢？

寝室长看着大国手足无措的样子，知道大国在家肯定养尊处优惯了，就走过去友好的对大国说："没事，我教你，很简单的，习惯就好了。"大国很感激。

在室长的帮助下，大国终于把自己的被子叠得整整齐齐，"没有想象中那么困难。"大国不好意思地对室长说道。虽然这和教官要求的"豆腐块"还有距离，但是他心里美滋滋的：自己已经完成了这么"艰巨"的工程，其他还有什么可怕的呢？

大国暗下决心：这只是一个开始，自己要努力适应环境，自己的事情自己干。

给男孩的悄悄话

像大国这样"衣来伸手，饭来张口"的男孩在生活中并不鲜见。著名哲学家罗素指出："真正的幸福绝不会光顾那些精神麻木、四体不勤的人们，幸福只在辛勤的劳动和晶莹的汗水中。"勤劳，是中华民族引以为荣的传统美德。而如今，"贪图安逸"成为一些青春期男孩生活的主题。殊不知，将来危害的还是自己。

对于任何人而言，懒惰都是一种堕落的、具有毁灭性的东西。懒惰、懈怠从来没有在世界历史上留下好名声，也永远不会留下好名声。懒惰是一种精神腐蚀剂，因为懒惰，人们不愿意爬过一个小山岗；因为懒惰，人们不愿意去战胜那些完全可以战胜的困难。

因此那些生性懒惰的人不可能在社会生活中成为一个成功者，他们永远是失败者。成功只会光顾那些辛勤劳动的人们。懒惰是一种恶劣而卑鄙的精神重负，人们一旦背上了懒惰这个包袱，就只会整天怨天尤人、精神沮丧、无所事事，这种人将成为对社会的无用之人。

许多青春期男孩在安逸的生活中忽略了懒惰的可怕性而变得愚昧无知，他们只会从享受中体味生活，却不懂得如何去营造生活、去创造生活。

勤劳和成功是相辅相成的，有很多人因为勤劳而成功，但却很少有因懒惰而成功的人。虽然勤劳并不一定能获得令人瞩目的巨大成功，但人们如果辛勤工作，却能够获得个人最大限度的成功。

勤劳或懒惰不是天生的，很少有人一生下来就是辛勤的工作者，也很少有人是天生的懒虫，大多数人的勤劳或懒惰都是后天的，是习性所致。此外，孩童时期的家庭环境以及所受的教育，也都有很大的影响。

生活中，青春期男孩要养成勤劳的习惯，可尝试做下列事情：

1. 自己的事自己做，比如洗衣服、刷鞋、收拾房间等。

2. 在学校里，多参加劳动；或走出校园，进行社会实践、公益活动。

3. 假期里打一份工，锻炼自己。

4. 去农村、山区体验生活，认识"勤劳"的价值。

养成良好习惯

每天自省 5 分钟

最近一次英语测验的成绩出来了，徐涛的成绩下降了很多，上次的数学成绩也不理想，身为学习委员的他担心会挨老师的批评。

下课后，老师果然把徐涛"请"进了办公室。老师开门见山地问："这两次测验的成绩怎么这么差？是上课有什么地方听不明白吗？"

徐涛小声地说道："都能听明白……上次测验是因为晚上没有睡好，第二天没有精神。这次是因为听英语听力的时候，耳机有噪音，没有听清楚，也影响了后面题目的发挥。"听了徐涛的话，老师没有多说什么，只是说："马上就要期中考试了，好好准备，别出现不必要地失误。"

能这么轻松自如地"应付"老师，徐涛感到很得意。最近他迷上了网络游戏，整天想着练装备、打怪兽、升级。上课就无心听讲，功课也做得很潦草。一段时间下去，觉得学习有些吃力了，连着两次测验成绩都不好。

不过徐涛倒是不怎么担心，凭自己的聪明，只要自己稍微多花点时间，成绩马上就可以提上去的。要期中考试了得先放一放游戏，准备功课了。可是没有想到自己在这段时间落下的功课太多，尤其是数学，很多知识点都不懂。因为对老师说过都懂，就不好意思去问老师。期中考试，徐涛的成绩更差了。

班主任老师要求徐涛总结原因。徐涛总结道："这次考试，坐在我前面的是隔壁班成绩很差的同学，考试时总回头看我的试卷，我总得提防他抄袭，结果扰乱了思维，没法安心做题。"老师听了，生气地说道："你总是找客观原因，根本就没有认识到自己的问题，回去好好反省一下，写个书面总结给我！"

这次考试失利，又挨了老师批评，徐涛确实很受打击。他决定好好反思最近的行为：的确是因为自己迷恋网络游戏，没有把心思放在学习上。自己还为了掩盖自己的错误做法找了很多借口，甚至自己也被这些借口迷惑了，认为那是造成自己学习退步的原因。

通过反省后，徐涛认识到了自己的错误，深刻总结了成绩下降的原因。"敢于承认错误就是好样的，有反省才能有进步！"老师欣慰地说。

给男孩的悄悄话 ····················

生活中，许多男孩面对问题时，总是说"我不是故意的""这不是我的错""本来不会这样的，都怪……"找借口、指责别人已经成为他们的习惯，反省自己却比登天还难。人人都犯过错误，但很少有人能反省自己。

大多数人就是因为缺乏自省习惯，不晓得自己这些年以来的转变，才会看不清楚自己的本质。而一个不知道自身变化的人，就无法由过去的演变经验来思考自己的未来，当然只能过一天算一天。

一个人如果能随时诘问自己过去的转变，就可以找出以往看待事物的观点是对还是错。若是正确，往后当然可以继续以此眼光去面对这个世界；万一是错的，也可以加以修正。如此就可以帮助你以正确的观点去看待周围的事物。

曾子说："吾日三省吾身。"智者以世人为鉴，时刻反省；愚者只以自己为鉴，永远只能停留在原地。

人生天地间，浮浮沉沉、起起落落是常有的事情，这就要求我们必须随时自我反省，修正自己的错误，扬长补短。

青春期男孩每天可以抽出 5 分钟时间，反省一下自己："与人交往中，我今天有没有做不利于人际关系的事？在与某人的争执中我是否也存在不对的地方？对某人说的那句话是否得体？某人对我不友善是否有什么特殊原因？今天所做的事，处理是否恰当？是否有不妥之处？怎样做才会更好？有没有补救措施？到目前为止，我做了些什么事？有无进步？时间有无浪费？目标完成了多少？"

反省的好处在于可以通过修正言行来使自己进步。每日反省 5 分钟，能纠正你做人处世的方法，让你有更加明确的方向。

告别优柔寡断

一进门李可就把自己摔在床上，一动不动地趴在那儿。这次的特长生申报就这样泡汤了。李可是一名高三的学生，面对高考的压力，学校的特长生申请无疑给他不甚宽广的前途照进了希望的曙光。

半个月以前，李可接到学校的通知这届的高三学生可以申请特长生。李可兴奋了许久，他知道这样的机会无疑使他离考上自己心目中理想大学的目标更近。其实李可是个多才多艺的孩子，他学过一段时间的美术，而在音乐方面的天分也是亲朋好友们公认的。

但现在这样的优越条件竟然成了李可的一块心病，他觉得考美术比较好，但又不想放弃用音乐实现自己梦想的机会。于是整整一星期的时间过去了李可还在犹豫到底应该以音乐的特长申报推荐生还是以美术的特长申报推荐生。如果选音乐作为特长，李可还是有些担心的，因为毕竟申报的人很多，那么把音乐作为特长的自然不在少数。他在音乐这方面最多算是有天分，但和那些受过专业老师指导的比自然还是矮上一截的。但如果选择了以美术作为特长，虽说是自己系统地学习过，但放弃了一个展示音乐才能的机会也很可惜。李可之前听很多同学和长辈们说过，来选拔推荐生的主考都是某一领域里有头有脸的人物，他想要是能申报音乐的特长生说不定他们会看在他的天分上破格录取呢。

就这样，时间在李可不断的纠结中只剩下最后的三天，李可急得像热锅上的蚂蚁。最后只好强迫自己静下心来分析利弊，最后决定稳中求胜申报美术的特长生。但是由于时间紧迫所以剩下的准备时间就很有限，许多申报的同学从一开始就决定了报哪个方面的特长生，所以准备得很充分。李可在决定上浪费了太多时间以至于没有做好充分的准备。所以在最后的推荐生考试中没有被选中。

试想如果在当初的选择上李可没有犹豫不决，那么他成功录取为推荐生的机会是不是会大很多？

给男孩的悄悄话

现实生活中，常听到男孩子们说"我要早下决心，那个机会就是我的了"之类的话。为什么会这样呢？因为他们做事不够果断、总是犹豫不决。

有一位作家说过："世界上最可怜又最可恨的人，莫过于那些总是瞻前顾后、不知取舍的人，莫过于那些不敢承担风险、彷徨犹豫的人，莫过于那些无法忍受压力、犹豫不决的人，莫过于那些容易受他人影响、没有自己主见的人，莫过于那些拈轻怕重、不思进取的人，莫过于那些从未感受到自身伟大内在力量的人。他们总是背信弃义、左右摇摆，最终自己毁坏了自己的名声，最终一事无成。"

凡事都要果断。一切的失败，都可以从拖延、犹豫不决和恐惧中找到一些答案。"果断"二字，看似容易，做起来很难。在没有想好对策之前犹豫不决还可以理解，想清楚了还在犹豫，这就是失败的一大诱因。

犹豫不决，只能使我们的行动受到无限期的拖延，最终使我们什么都做不了，更谈不上成功，结果只能是望洋兴叹。如果你发现了已经来临的机会，那么千万不要犹豫，该出手时就出手，果断出击抓住它，那么收获就会伴随而来。

生活中，青春期男孩怎样告别优柔寡断的坏习惯呢？

1.着重培养自信、自主、自强、自立的勇气和信心，培养性格中意志独立性的良好品质。

2.不要追求尽善尽美。金无足赤，人无完人，只要不违背大原则，就可以决定取舍。

3.有胆有识。心理学认为，人的决策水平与其所具有的知识经验有很大的相关。

一个人的知识经验越丰富，其决策水平就越高；反之则越低。

4.凡事预则立，不预则废。平时经常开动脑筋，勤学多思，是关键时刻有主见的前提和基础。

5.遇事要冷静。排除外界干扰和暗示，稳定情绪，由此及彼、由表及里地仔细分析，有助于培养果断的意志。

做事追求完美，但不苛求

身为班长的沈庆元，对自己的要求十分高，不管做什么事情，都会竭尽全力，对细节部分更是不肯轻易放过，事事都想争取接近完美。在班级工作中，但他并没有受到大家的好评，反而引起了同学们的一些不满。这种不满主要来自班长沈庆元过分追求完美，已经到了苛求的阶段。

下个月，学校要举行一次全校性的红歌合唱比赛活动，各班级接到通知后，纷纷抓紧时间在排练。班长沈庆元负责组织全班同学的排练工作，排练前，沈庆元根据同学们的身高条件，排好了队形。排练的时候，班长就同学们的着装、表情、神态都给出了具体的要求，只要他发现有个同学做得不够好，他都会要求全班同学重新排练。刚开始，大家还能积极配合，次数多了很多的同学产生了厌烦的情绪。正当大家在认真排练，兴致正高的时候，他常常叫大家暂停，说道："刚才又有一个同学做错了，大家要把排练看成是真正的比赛，不能出一点差错，只有这样才能取得好成绩。"大家在排练的时候，十分担心自己会出错，会影响到整个排练的进程，为此注意力常常很难集中在一起，反而经常出错。在音调上，班长对大家的要求更加严格，在一个音节上，经过无数次努力，同学们还是很难达到要求。可班长就是不肯放过，一次又一次，无数遍地进行尝试，同学们的嗓子都哑了，可他仍然在坚持。"希望大家能再坚持一下，我们要一次比一次做得好，争取达到完美。"

同学们听后对他的意见也越来越大，认为他这样做太过苛求了，什么事都想办到最完美。须不知这样一味地追求完美，带给同学们的是身心疲惫。"真不知道，班长这种过度的追求完美，有什么样的意义？""无论我们做得再好，也无法达到完美。"

当同学们产生厌烦情绪时，班长也认识到了自己思想上的错误，凡事可以追求完美，但不能苛刻。

🚢 **给男孩的悄悄话**

有句广告词说："没有最好，只有更好！"作为不甘平庸的青少年，应该不断追求完美。追求完美，就是做任何事情都力求做到最好，至少是自己能力的极限。能够做得更好的事情绝不迁就自己的惰性；明明知道可以做得更好，绝不抱着"差不多就行了"的思想得过且过。

追求完美，是人类自身在渐渐成长过程中的一种心理特点，或者说一种天性。人类正是在这种追求中，不断完善着自己，使得自身脱去了用以遮羞的树叶，衣服变得越来越漂亮，成为这个世界万物之精灵。如果人只满足于现状，而失去了这种追求，那么大概现在还只能在森林中爬行。但是追求完美过了头，就变成了偏执，反而达不到完美了。

青春期男孩们，事事追求完美是一件痛苦的事，它就像是毒害你心灵的药饵。因为这个世界本来就不是完美的，过去不是，现在不是，未来也不会是，人如果事事追求完美，那无疑是自讨苦吃。

青春期男孩们追求完美的初衷总是最美好的，但如果不切实际地一味追下去；一心只想十全十美，最终往往是两手空空。直到有一天你才会明白：为了寻找一片最完美的树叶而失去了许多的森林，是多么得不偿失。世间许多悲剧，正是因为一些人热衷于追求虚无缥缈的完美，而忘却了任何一种正常的选择都可以走向完美。完美不是一种既定的现象，而是一种日臻完善的执着追求过程。

用日记记录心情

今天是潘辰的 13 岁生日，随着爸妈唱起的生日快乐歌，他许下愿望后高兴地吹灭了蛋糕上的蜡烛。妈妈手里拿着一份包装十分精美的礼物，走到潘辰面前说："儿子，今天是你 13 岁的生日，妈妈送你一份特别的生日礼物，希望你喜欢并能好好地保存。"

潘辰高兴地接过了生日礼物，打开一看原来是几本精美的笔记本。笔记本的扉页上写着"宝宝成长日记"。带着好奇，潘辰翻看起了第一本，发现第一页里面竟然粘贴着一张黑白的图片。他认真地看了起来，但还是不知道这是一张什么样的图片，图片中间只是一个小小的圆点。妈妈在一旁笑着说道："儿子，你继续打开，往下看。"潘辰带着一脸的疑惑，继续翻看笔记本。在接下来的几张图片中，可以清楚地看见是一个小人的形状，而且这个婴儿越来越大。潘辰抬头看着妈妈说："这个婴儿是谁啊？"爸妈听后，忍不住笑了起来，说道："傻儿子，这就是你还在妈妈肚子里的样子啊！"潘辰大吃一惊说道："啊！这就是我啊！原来在妈妈的肚子里，我是这个样子的。"

潘辰爱不释手地拿着笔记本，津津有味地看了起来。

笔记本里不仅记录了他什么时候第一次开口喊爸爸、妈妈，什么时候学会走路，更记录了他成长过程中的点点滴滴。在这几本"宝宝成长日记"中，潘辰得知自己是几岁上的幼儿园，第一次犯错是在什么时候，做过的最让爸妈担心的事是什么……看着这几本日记的内容让潘辰的脑海里马上浮现出了小时候顽皮淘气的自己，所有的场景就像放电影一样一幕一幕呈现在眼前。爸妈的思绪也被带到了过去的岁月，回忆起潘辰成长的点点滴滴，屋子里充满了欢声笑语。

妈妈语重心长地对潘辰说:"儿子,在你小的时候,你没有能力记下自己的成长故事和成长的历程,爸妈帮你记下了也已经交给你了,希望你好好的珍藏。现在你已经长大了,爸妈希望你自己能用笔记录下来,用日记记录下你的心情,记录你成长的故事。当你长大成人之后,在来翻看这些伴随自己成长的笔迹,你会像现在这样感到无比的快乐。"

潘辰高兴地说道:"感谢您和爸爸记录下了我童年的足迹。今后我会用笔记录下自己成长的故事,记录每天的心情,日记将是我宝贵的精神财富。"

从此以后,潘辰房间的抽屉里,多了一本精美的日记本,上面记录着他的烦恼、忧伤,也记录着他成长过程中的开心与幸福。

给男孩的悄悄话

青春期男孩们,你喜欢写日记吗?

日记,一个无声的朋友,却忠实地包容我们一切的烦恼、忧愁、悲伤、愤怒,也分享着我们的羞涩、欢乐、甜美、秘密……它是青少年毫无保留地袒露内心的花园,倾诉、宣泄之中,我们可以渐渐地清醒头脑、增强信心,并找回自我。

一方面,它记录我们的成长轨迹,书写我们的灿烂年华;另一方面,它可以帮助我们提高写作水平,积累有价值的素材。

鲁迅说:"我本来每天写日记,是写给自己看的……写的是信札往来,银钱收付,无所谓面目,更无所谓真假……例如,二月二日,得A信,B来。三月三日,雨,收C报薪水X元,复D信。"

他一生坚持写日记,直到逝世前3天,为后人留下了宝贵的遗产。在日记中,有些只不过是一些阴晴圆缺、油盐酱醋、迎来送往的琐屑小事,读来却让人心生亲切踏实之感。雷锋也写下了大量的日记,《雷锋日记选》中就留下了他自己成长的足迹。像他们一样,很多在事业上有所作为的人都有坚持写日记的习惯,这对他们的成功很有帮助。

那么,青春期男孩怎样写好日记呢?

1.形式要活泼,方法不拘一格。

2.要注意材料的选择和剪裁,既要写得简洁,又要写得具体形象,写出新意来。千万不能把日记写成一本流水账。写日记,要写出自己的感受,写出真情实感来。

3.要及时捕捉住生活中的触点,用准确的语言把它们记录下来。

4.要想使自己的日记有内容,一定要热爱生活,积极参加各项活动。

5.持之以恒。写日记,难就难在坚持。鲁迅、巴金等大文学家就坚持写了几十年的日记。青少年应向他们学习,持之以恒地记日记,既是一份好素材,又磨炼意志力。

第九章
目标 & 计划——规划远行的蓝图

把握梦想的罗盘

不要限制你的未来

乐乐是个成绩平平的初中生，每天和大家一起上学，一起放学，一直没有什么特殊的表现。而乐乐的妈妈一直期望自己的儿子是个神童，或者在未来能够有大的作为，儿子的表现让她很失望，她经常抱怨儿子说："你说你什么都不强，以后怎么在这个社会安身立命？"

每次妈妈数落乐乐的时候，他都低头不语，妈妈的期望很高，希望自己像爱因斯坦一样，或者莫扎特也行，起码有一方面是有着卓越的资质的。

乐乐是个温和的孩子，没有跟妈妈因为自己的未来的事情吵架，他总是默默地听着妈妈的数落，有时候自己一个人的时候，也会想，我是不是就这么笨呢？是不是我就是注定一辈子一事无成呢？想着想着，他也就认为妈妈说的话很有道理了。他也开始认为，自己就是个一无是处的孩子，以后也注定是个一无是处的人了。

其实乐乐不是他妈妈想的那样，对任何事情都不感兴趣，在任何方面都不能够有自己的专长的孩子。他是个动手能力很强的孩子，屋子里的那些小玩意很多都是他拆了装，装了又拆的玩具，他喜欢看那些机械装置方面的图书和杂志，在一次学校组织的主题夏令营活动中，他还因为自己制作的遥控小飞机而获奖呢。当校长邀请他发言的时候，他犹豫了："校长，我什么都做不好，我从小就不能做好任何事情。"校长看着这个为难的孩子："傻孩子，你做的小飞机就很好呀！每个人都会在自己热爱的东西里面找到自己合适的位置呢！"

乐乐犹豫再三，终于站到了获奖台上，他说："我一直以为，我的未来就是我什么也做不了。但是我的小飞机给我带来了希望，或许有一天，我也能成为一个能造出航天飞机的科学家。"

受邀请来参加颁奖典礼的妈妈也意识到自己在平时对孩子的要求方面期望太高了，听了儿子的发言，她感到既内疚又高兴。内疚的是，自己的话给儿子的心套上了枷锁，高兴的是，她可以意识到这一点，并且儿子对未来还没有失去希望。

台下想起了热烈的掌声。一个孩子的希望被点燃了。

🚢 给男孩的悄悄话

乐乐妈妈的错误观念差点扼杀了一个未来的航天飞行家的梦想。每个人都是自己人生的设计师，没有人可以保证我们的将来，更没有人能保证我们的生命，所以，我们要像乐乐一样跳出别人的"定论"，勇敢地活出自己的精彩人生。

爱因斯坦4岁才会说话，7岁才会认字。老师给他的评语是："反应迟钝，不合群，满脑袋不切实际的幻想。"他曾遭到退学的命运。法国化学家巴斯德在读大学时表现并不突出，他的化学成绩在22人中排第15名。牛顿在小学的成绩一团糟，曾被老师和同学称为"呆子"。罗丹的父亲曾怨叹自己有个白痴儿子，在众人眼中，他曾是个前途无"亮"的学生，艺术学院考了三次还考不进去。他的叔叔曾对他很绝望。《战争与和平》的作者托尔斯泰读大学时因成绩太差而被劝退。老师认为他"既没读书的头脑，又缺乏学习的兴趣"。

如果这些人不是"走自己的路"，而是被别人的评论所左右，怎么能取得举世瞩目的成绩？

哪怕你现在还不是最优秀的人，但不管在什么情况下，都不要轻言放弃理想。因为生命是神奇的，任何人都没有资格保证我们的人生。

男孩的生命，要靠自己去雕琢。男孩要选择自己的生活道路，确定人生的目标，也就是为自己"人生道路怎么走""朝着什么方向走""最终要达到什么目的"进行设计。被别人"保证"，并且照着别人的"保证"去做的人，他的生命注定只能平淡无奇、碌碌无为。只有对自己的生命充满激情和幻想的人，才会不断地超越自己，达到一个又一个高峰，人生也因此而绚丽多彩，跌宕多姿。

给自己定一个终生目标

成晓从小就有这样的愿望：要学画画，考广告创意设计专业，做优秀的广告创意设计师。这可不是一天两天的兴趣。成晓小时候就表现出画画的天赋，大一些看电视、上网、看报，开始对那些广告小创意表现出极大的兴趣。他第一次告诉爸爸妈妈这个愿望，是上小学五年级的时候，爸爸妈妈都有些震惊，想着小孩子脑子里竟然已经有目标了，虽然不似其他小孩子"科学家""天文学家""考古学家"那么伟大，但有努力的方向，终究是件好事啊。

成晓一直庆幸，他有这样开明的爸爸妈妈，在他的目标上从不过问，也不评价。一直以来他们就告诉成晓：只要一直朝着一个方向走，就会感到每天充满生活的勇气。

在学校里，同学们坐在同一个教室，真正怀着长远理想的能有多少人呢？成晓虽然成绩不很突出，能力不算出众，但他那个成为广告创意设计师的心愿却一直十分坚定。到高中，大家都为着高考埋头苦读时，老师谈起志愿，问了全班同学，唯有成晓充满希望、志气昂扬地说出了自己一直以来的梦想。他知道自己的方向很明确，所以他知道希望不会灭的，走出的每一步都有着它的意义。

🚢 给男孩的悄悄话

放眼古今中外，无数杰出人士都具有远大的终生目标。汉司马迁一生著《史记》，"欲究天人之际，成一家之言"；鲁迅"横眉冷对千夫指，俯首甘为孺子牛"，用一支笔为同胞呐喊终生。

在生命中没有一个目标的人，很容易受到一些微不足道的诸如忧虑、恐惧、烦恼和自怜等情绪的困扰。所有这些情绪都是软弱的表现，都将导致无法回避的过错、失败、不幸和失落。

一个人应该在心中树立一个目标，然后着手去实现它。他应该把这一目标作为自己思想的中心。这一目标可能是一种精神理想，也可能是一种世俗的追求，这当然取决于他此时的本性。但无论是哪一种目标，他都应将自己思想的力量全部集中于他为自己设定的目标上面。他应把自己的目标当作至高无上的任务，应该全身心地为它的实现而奋斗，而不允许他的思想因为一些短暂的幻想、渴望和想象而迷路。

终生目标应该是一个你终生所追求的固定的目标，你生活中其他的一切事情都围绕着它而存在。

为了找到或找回你的人生主要目标，青春期男孩可以问自己几个问题，比如：

我想在我的一生中成就何种事业？

临终之时回顾往事，一生中最让我感到满足的是什么？

在我的日常生活中哪一类的成功最使我产生成就感？

我最热爱的工作是什么？

如果把它作为自己终生的事业，怎样做到在有利于自己的同时，也对别人有帮助？

我有哪些特殊的才能和禀赋？

我周围有些什么资源可以帮助我实现自己的目标？

除此以外，我还需要什么才能实现自己的目标？

有没有什么职业是我内心觉得有一种声音在驱使我去做的，而且它同时也会让我在物质上获得成功？

阻碍我实现自己目标的因素又有哪些？

我为什么没有现在去行动，而是仍然在观望？

要行动，那么第一步该做什么？

男孩们，认真、慎重地思考上述问题，你会发现，它对寻找、定位自己远大目标，将有切实的帮助。

扬长避短，找到自己的"音符"

面对着文理分科这样进退两难的事情，刘昊伤透了脑筋，也做不出个选择。

明天就要上交表格了。一番思来想去之后，他与父母商量这件事情，父母一致意见："学好数理化，走遍天下都不怕。"刘昊知道这俗语其实可有道理了，想想学理科好像是件非常值得自豪的又有前途的事情。唯独不如意的是，真正的兴趣却似乎并不在此。

他回到屋里，仔细想着这些年学习的情况。刘昊并不算是一个偏科的学生，各科成绩都稳定，但物理始终是他的软肋。不是学不好，而是学物理对于刘昊来说似乎是件非常艰难的事情。各种类型的题和巧妙的解法，对于强理科的一些同学好像是非常有意思的事，唯独对刘昊却痛苦万分。除了常规解法，他什么都想不出来。这个问题一度困扰刘昊很久，他也曾经向老师请教，但不论怎么努力，也无法像其他一些同学一样做得又快又好。

但是另一门课历史却是刘昊最得意的学科，由于从小喜爱历史，他读过大量的历史书，历史年限、脉络理得非常清楚，解释头头是道，考试轻而易举。对于刘昊来说，学历史的过程像是不需用力，就能轻易到岸，而且一路愉悦，自得其乐。

这样想，他就不得不自问：到底适合自己的是什么？到底他想要学的是什么？花同样的时间，一门课上爬1米，另一门是3米，那应当如何选择？

长长地吁了口气，刘昊拿起笔坚定地填好了表格，如释重负。

给男孩的悄悄话

许多时候，我们艳羡他人的成功，常认为自己"比别人笨""我哪是成才的料""像他一样出名太难了"。其实，尺有所短，寸有所长，人的兴趣、才能、素质也是不同的。如果你不了解这一点，没能把自己的所长利用起来，你所从事的行业需要的素质和才能正是你所缺乏的，那么你将会自我埋没。反之，如果你有自知之明，善于设计自己，从事你最擅长的工作，你就会获得成功。

一位专家指出，通向成功的道路有许多条，在不同领域不同行业，人们取得成功所需要的才能和智慧是不一样的。几乎每个青少年都有自己擅长的一种或几种才能。

有的青少年很有逻辑、数学天分，他们喜欢并擅长计数、运算，思维很有条理，经常向家长或老师提问题，追问为什么，并愿意通过阅读或动手实验寻找答案。如果他们的好奇心能得以满足，那么他们很可能在理科学习和研究上取得好成绩。

有的青少年很有语言天分，他们说话早，对语音、文字的意思很有兴趣，喜欢听故事、讲故事，喜欢绕口令和猜谜等语言游戏，喜欢读书和听别人读书，他们很可能成为成功的作家。

有的青少年擅长人际交往，他们比较容易理解他人的感受，能够和各类人相处，在各种情况下都能恰当地表达自己，经常充当团体的领袖人物，他们比较容易在政治、教育、管理或社会活动等领域取得成功。

有的青少年表现出空间天分，他们的视觉似乎特别发达，喜欢把事物视觉化，即把文字或语音信息转变为图画或三维形象，可能在绘画、摄影、建筑或服装设计、造型艺术等方面表现出兴趣和特长。

有的青少年表现出音乐天分，他们的听觉特别发达，很小就表现出对音准和声音变化的高度敏感，并能迅速而准确地模仿声调、节奏和旋律。

有的青少年表现出身体运动天分，他们能很好地协调肌肉运动，体态和举止优美而恰当，他们通常在体育运动、机械、戏剧和其他操作工作中有杰出表现，很容易成为优秀的演员、舞蹈家、运动员、机械师和外科医生。

成功学家通过研究发现，人类有400多种优势。这些优势本身的数量并不重要，最重要的是你应该知道自己的优势是什么，短项是什么，之后要做的则是敢于放弃短项，将你的生活、工作和事业发展都转向你的优势，这样你就会容易成功。

尽管其路径各异，但成功者都有一个共同点，就是"扬长避短"。传统上我们强调弥补缺点，纠正不足，并以此来定义"进步"。而事实上，当人们把精力和时间用于弥补短项时，就无暇顾及增强长项发挥优势了；更何况任何人的欠缺都比才干多得多，而且大部分的欠缺是无法弥补的。

所以每一个青少年都应该努力根据自己的特长来设计自己、量力而行。根据自己的环境、条件、才能、素质、兴趣等，确定前进方向。做一个杰出者不仅要善于观察世界，善于观察事物，也要善于观察自己，了解自己。

像凸透镜一样聚焦全部能量

过完一个周末，顾风疲惫不堪，竟然还是觉得收获甚少。他是个认真孩子，用来休息的周末时间，他却给自己列了满满一张计划表，上面详细写着预计要完成的任务。顾风分配好时间，制定了时间表，严格地按照时间分配任务。

但是马上又要迎来一个周一时，他突然意识到，他所期望的远没有达到效果。这是为什么呢？顾风对爸爸愁眉苦脸地说："我觉得我把握好了时间，但为什么我还是觉得效果不好啊……"爸爸仔细看了看儿子的时间表和任务表，马上发现了问题所在。

"你有没有发现，你给自己制定的任务，都是需要深入的，而你给自己设定的时间表，却是分成零散的小块小块的。这样，你45分钟的时间段，去做本应当深入的事情，还未进入状态，脑子里的闹钟就响了，提醒你要挪到下一项了，自然效果是远没能达到的。"

顾风听了爸爸的分析恍然大悟，确实，拥有大块的时间而把时间分割成小块来用，实在是太不明智的行为。一个课题，用四十五分钟来思考和用两个小时来思考，效果自然是远不一样啊。当思维已经开始进入一个深层的状态，甚至可以用更多的时间来研究同一个课题，对一个问题分析的厚度则完全上了一层次了。

给男孩的悄悄话

一个人的精力和时间本来是很有限的，在这种情况下，如果选不准目标，到处乱闯，几年的时间会一晃而过。如果想取得突破性的进展，就该像学打靶一样，迅速瞄准目标；像激光一样，把精力聚于一束。一个人只要"咬定青山不放松"，长期专注于某一事业，他通常就能成为这方面的专家、成功者。

世界上许多伟大事业的成就者都是一些资质平平的人，而不是那些表面看起来出类拔萃、多才多艺的人。为什么会出现这种情况呢？其实在我们的生活中处处见到这种情况，一些年轻人取得了远远超出他们实际能力的成就。很多人对此疑惑不解：为什么那些看上去智力不及我们一半、在学校里排名末尾的学生却获得了巨大的成功，并在人生的旅途中把我们远远地抛在了后面呢？其实那些看起来智力平庸的人，往往能够专注于某一领域、某一事业，并长期耕耘不辍，最终实现了自己的目标；而那些所谓的智力超群、才华横溢的人，总是喜欢毫无目的地四处游荡，等到蓦然回首时，仍旧一无所有。

那么，青春期男孩怎么才能培养专注的习惯，克服"今天想干这个，明天想干那个"的朝三暮四的毛病呢？以下几点建议可供借鉴：

1.找到真正的兴趣所在

兴趣，是推动学习的重要内在动机，往往可以决定一个人的一生道路。有了兴趣，我们就能废寝忘食，全神贯注。

2.不要因一时不出成果而动摇

许多人一心想有所成就，这种心情是可以理解的。但过于急切地盼望成功，则容易走向反面。

3.不要为别人的某些成功所诱惑

干事业，最忌见异思迁，而造成见异思迁的原因有很多，其中一个原因就是为别人的某些成功所动。正确的做法是认准自己的目标，执着地追求。

4.不要怕艰辛，要舍得吃苦

有些人对爱因斯坦在物理学领域的杰出贡献羡慕不已，却很少琢磨他床下几麻袋的演算稿纸。因此千万不要光羡慕别人的成果，要准备下些苦工夫才行。

5.控制自己的情绪、心态

应学会尽量少受外界干扰，即便受了干扰，也要及时"收回脑子"，这也是锻炼专注力的一个重要方面。

享受不断超越的过程

张一凡无疑是这所中学的名人，这里所有的学生和老师都听说过他，都知道高二（9）班有个很傲的男生叫张一凡。一凡在这个学校里一点都不平凡，高一的孩子们刚进这个学校的时候都会听到从高年级的学生那里流传来的关于张一凡的传奇故事。

如果你在学校里遇见张一凡，肯定不会觉得他像你想象的那样璀璨夺目，他只是个平凡的孩子，如同他的名字。他是个体育生，是靠着体育特招来到这所重点高中的。刚来的时候，班上的很多同学都觉得，体育生都是每天去操场跑步，学习成绩很差，上课就睡觉的孩子。但是张一凡的到来，改变了很多人的想法。

他是练长跑的，看着他跑步会觉得他就像是装着永动机的机器，永远不会累。每次学校运动会的时候，都能看见他飘逸的身影，对别人来说比要命都艰难的万米长跑，对他来说，就是一场秀。

跑得快，不足以让一个体育生在这个以学习成绩闻名的重点高中里成为传奇。张一凡的惊人之处在于，他的学习成绩也能在年级两千多人里遥遥领先，让其他同学望尘莫及。

他最富传奇色彩的故事是高二时参加一个锦标赛获得金牌，他同时也获得了来自清华大学的橄榄枝，清华可以破格录取他，他可以从高二年级，直接背上背包，去清华。他拒绝了。清华是无数中学生的梦想，但是，当清华向他抛来橄榄枝的时候，他拒绝了。他依然在这个中学里，每天去训练，每天上课，跟大家一样考试，有时候会出去几天参加各项比赛。生活依旧在继续，他还在迎接他的每个挑战。享受每天的进步，或者是体育训练上有些小的突破，或者是又看了些什么样的书，或者是认识了几个新朋友，都能让他开怀。

张一凡说，我是个平凡的男生，我不要一步登天的感觉，那样会让我飘飘然，我会一步一步跑过来，并且享受每一次挑战。就像是一场场赛跑，我会在每一场挑战里都全情投入，享受这个过程。

🚢 给男孩的悄悄话

张一凡的选择，让人敬佩。他可以选择唾手可得的名校，但是他更着迷的是超越的过程。人生就是一个不断超越的过程，成功的动力源于拥有一个不断超越的进取目标。

一个人在现代社会中生存，知识面越广，得到的信息就越多，人生的视野就越加开阔。一个鼠目寸光的人，很难有所作为。超越不了自己，就谈不上超越别人。这不但不利于自己事业的发展，也很难在竞争激烈的社会上立足，最终只能为时代大潮所抛弃。

追求超越自我的人，每一分每一秒都活得很踏实，他们尽其所能享受、关怀、做事并付出。除了工作和赚钱以外，他们的人生还有其他意义。若非如此，即使居高位，生活富裕也会感到空虚、乏味，不知生活的乐趣究竟在哪里。

人生战场上的真正赢家目标远大而明确，他们追寻生命的真谛和超越自我。他们能够把生活的各个层面融合为一体。为了享受生活的乐趣，他们不仅剖析自我，而且从大处着眼，展望生命的全貌。

进取心始于一份渴望。当你渴望实现梦想时，进取心便油然而生。当你坚信能改善自己的生活状况时，进取心便能滋长茁壮。渴望是原动力，当你想要一样东西、想要做成一件事时，你心中便有一分力量，推动你去获得、去进取、去追求。

进取心是内心的驱动力量，是经由想象而产生的意念。我们可以利用进取心推动我们向目标迈进。有进取心的人会勇往直前，越挫越勇，为实现梦想而努力。

培养独立精神

干家务活，培养自理能力

于远的爸爸妈妈从小就对孩子有一个简单的要求，与学习无关，理论无关——每天做点家务，周末帮妈妈一起收拾、打扫。这个要求在同龄的孩子中算是"稀罕"的了。在于远的班里，几乎所有同学都有着会给他们包办一切事情的家庭，父母都希望孩子能够在有限的时间内学习尽可能多的文化知识，而不被任何事情"分心"。但其实于远的成绩一点儿也不比那些孩子差，还兼有能力和魄力，又关心同学，一直是典范型的学生。

由于于远的优异表现，家长会上，老师让于爸爸于妈妈讲讲培养孩子的心得。

"我们其实没做什么，除了教他学会生活，身为父母，我们并不能决定他的未来。"

"我们一直听孩子说，你们常让孩子做家务。孩子的课业负担那么重，你们怎么能保证他有足够的学习时间呢？"一名家长这样问到。

"学习的时间是他自己的，我们不考虑这个问题。我们必须意识到，以后孩子入社会之后，需要他们处理的杂事会更多，远远多于他现在做的这么一点家务。如果现在不培养，那么即使他们上了好大学，依旧是一个不会生活的人，相当于重新起步。家长要做的是让孩子学会生活，不仅仅是学会学习。"

听了这番话，连老师也忍不住点了点头。"确实，"他说，"于远的生活能力很强，在孩子们中间他可以扮演任何的角色。也正是因为这样的教育，他能够非常妥当地处理学习和生活的关系，在各个方面都能做得有条不紊。"

🚢 给男孩的悄悄话

生活中，一些男孩很少干家务活，甚至连最基本的生活自理能力都没有。他们早起不叠被子，床上、桌上乱七八糟，不会洗衣，不会做饭、烧菜，光是吃现成的，穿现成的，很少主动擦（扫）地、打水、收拾屋子……养成了一种"小皇帝""少爷""小姐"的习气。他们常常理直气壮地说：现在的任务是专心念书，上大学，家务劳动那些生活琐事，干不干无关紧要。

其实正如古人所说："一屋不扫，何以扫天下？"干家务活虽是小事，但做些力所能及的家务活，对青少年的责任感、适应能力、生存能力、良好习惯的培养都起着潜移默化的作用。

青少年多干些家务活，有许多益处：

首先，可以提高自己的独立生活能力。要想获得生活上的自立、自理能力，最好的办法就是和父母分担家务劳动。

其次，可以培养良好的意志品质，培养克服困难的精神。这对于今后的学习和工作都是十分有益的。

再次，可以培养关心他人的品质，促进家庭和睦。

另外，干家务活有利于开发智力，促进智能的提高，有助于创造力和实际操作能力的发展。

生活中，家务活范围很广，包括：扫地、抹桌子、拖地、叠被子、整理房间、做饭、买菜、洗衣服等。青少年怎样才能使自己乐于干家务活呢？

首先，要端正做家务的认识。我们对做家务有几种认识：一种认为做家务是父母的事，我们不必做家务；第二种认为我们的主要任务是学习，做家务会影响学习，所以做家务不是我们的事；第三种认为做家务太平凡，没出息，要做就做大事，不做小事。这几种认识都是错误的，错就错在对做家务的重要意义认识不足。

做家务是对家庭的一种贡献、一种责任。一个人从小就没有这种奉献精神和责任的人，将会对社会和国家做出什么贡献？不愿负责的人，将会对社会和国家做出什么贡献，尽到什么责任？做家务看起来是小事，实际上小事里包含着大事，连一点点小事都不肯去做，怎么可能把大事做好呢？

总之，只有端正对做家务的认识，才有可能愿意去做、乐意去做家务。其次，掌握一些做家务的方法，掌握一些生活小窍门，是大有好处的。

自己做一个决定

三中的竞赛班选拔考又要开始了。数学和物理都很强的黄宇面对的最尴尬的境地，莫过于这两门只能择一门，而且连选拔考试的时间都完全重合。"我两样都喜欢，两样都不愿意放弃"，与爸爸谈心，黄宇满脸愁容，为选拔考的事情伤透了脑筋。

黄宇从小对理科表现出非常强烈的好奇心和求知欲，也一直孜孜不倦地做着竞赛题，既锻炼思维，又严密逻辑，越做越有成就感，更是罢不了手了。尤其是物理和数学，黄宇在这两门课上，几乎从没有失败过，而且立志要进竞赛班，学得更精深。

"两门课都是你的心头爱，两门课你都想学，但是换个角度想想，并不是非要去上竞赛班，才能学得更好啊。所以即使要放弃一门，你也可以继续自己钻研是吧？爸爸妈妈一直帮你规划得太多了，是时候让你自己去做决定了。不要怕后悔，只要你自己选的，就走下去，爸爸妈妈都会支持你。"

🚢 给男孩的悄悄话

生活中，许多男孩从小到大，从日常生活、交友、学习、报考专业、工作，甚至恋爱，都听从父母、老师的意见和安排。他们或者依赖，或者无奈。然而，真正的杰出青少年，应勇敢地自己做一个决定。

打开历史长卷，我们不难发现，杰出者的身上具有许多种优良品质——勇敢、忠诚、创新、进取，当然独立也是这些品格中不可缺少的品质之一。如果一个依赖于他人的人也会获得成功的话，恐怕历史上就不会出现那么多杰出人物了。没有独立做前提，成功也许只是个假设。独立性格是成功者的必备条件，历史既然如此证明，现实生活也是这样。独立习惯的养成,对一个人的事业、未来、人生都有莫大的好处,所以一个青年人若想成就事业,这是必不可少的一个条件。

有一位学术界知名的学者曾告诫青年学生们:

"如果你过分依赖别人,那你便会上当,因为你不能分辨别人的话究竟是对的还是不对的,而你对于别人的动机也就茫然不知。"

如果你要做一个成功的人,那就应该是个品格独立的人,首先你就应该学会对自己负责。在生活中自己做决定,依赖于主观、客观条件,青春期男孩可以从以下几方面能力的训练着手:

1.多进行独立的思考,有想法、有主见。

2.有足够的自信心,坚信自己可以做得很好。

3.提升自身的综合能力。因为,有实力才有发言权。

4.观察力。要善于见微知著,提挈全局,抓住要领。

5.分辨力。要分辨矛盾双方的强弱与均衡,使决断具备清晰的条理。

6.判断力。权衡利弊,在充分掌握全局的基础上,判断你的决定的效应。

切莫跟风盲从

海涛暑假过后已经升入高中三年级了。和其他中学生比起来显然是"大人"了。为了显示自己长大了,高三的男孩子们经常会做一些追逐流行的疯狂事,海涛也不例外。

自从升入高中后,海涛猛然觉得自己长大了,而且有了很强的性别意识:自己已经是了不起的男子汉了,为了表明自己男子汉的身份,海涛不得不随大流地做一些证明自己"身份"的事情。

班里的男同学很大一部分都爱上网打游戏,最近流行玩"穿越火线",可是海涛并不觉得好玩。说老实话,都快要高考了,自己实在没有多余的精力玩游戏,可是如果自己不玩,和其他男孩子就没有可以交流的共同话题。

为了和同学们打成一片,海涛上网也只玩"穿越火线",甚至还和几个男同学翻墙去附近的网吧上网。在网吧里看到很多学生模样的人嘴里都叼着烟,海涛也模仿着兜里揣上烟,他就是从那时候开始学会吸烟的。

随着《一起来看流星雨》的热播,剧中的男女主角一时成为同学们热捧的对象。纷纷模仿剧中男主人公的发型、服饰、行为动作。海涛也被卷进了这股大潮。

他疯狂地喜欢上了男主演,在网上下载他的歌曲,去他的博客留言,迷上娱乐新闻,留意他的一举一动。还用平时攒下的零用钱买他的各种海报,并把卧室里贴得满满的。他还曾冒雨逃课去参加偶像出席的活动。

海涛最近因为偶像和好朋友肖祥闹矛盾了。肖祥喜欢的是剧中的第二男主角,这也就罢了，他还批评说第一男主角没有演技，长得也不如第二男主角。海涛一听就火了，他不允许任何人诋毁他的偶像，两个人在自习课上就吵起来了。

现在游戏、追星占据了海涛日常生活的很大一部分时间，他的学习成绩明显下降了。

给男孩的悄悄话

人若一味盲从跟风，失去自己，是一种不幸；人若失去自主，则是人生最大的缺憾。赤、橙、黄、绿、青、蓝、紫，谁都应该有自己的一片天地和特有的亮丽色彩。你应该果断地、毫不顾忌地向世人宣告并展示你的能力、你的风采、你的气度、你的才智。

"横看成岭侧成峰，远近高低各不同。"凡事绝难有统一定论，谁的"意见"都可以参考，但永不可代替自己的"主见"，不要被他人的论断束缚了自己前进的步伐。追随你的热情、你的心灵，它们将带你实现梦想。

遇事没有主见的人，就像墙头草，没有自己的原则和立场，不知道自己能干什么，会干什么，自然与成功无缘。

其实，除了在日常生活中"随大流"可能没错之外，在其他许多事情上这样做，往往就会葬送了自己。

唯有不盲从，才能为成功者打开一片新的天地。

青春期男孩们，你的一切成功、一切造就，完全决定于你自己。你应该掌握前进的方向，把握住目标，让目标似灯塔般在高远处闪光；你应该独立思考，有自己的主见，懂得自己解决问题。在生活道路上，必须善于做出抉择，不要总是踩着别人的脚步走，不要总是听凭他人摆布，而要勇敢地驾驭自己的命运，调控自己的情感，做自我的主宰，做命运的主人。

生活中，青春期男孩应做到以下几点：

1.看到别人都争相做一件事时，你首先应冷静地思考一下：这值不值得随大流，适不适合自己。

2.多向师长、专家求教，博采众长，方有自己较成熟、全面的想法。

3.过犹不及，拒绝跟风盲从并非代表否定一切，叛逆一切。

对权威和教条说"不"

颜伟刚交了日记本，马上就后悔了。"唉，冲动是魔鬼啊，没好下场了……"他嘟嘟囔囔的样子引起了同桌尚哲的注意。"大伟，你犯了啥'原则性'错误了？自打交完作业你就不正常，莫不成你那日记本有鬼？""有冲动鬼啊……唉……"颜伟不停地叹气，"你记得上次那道例证题么？我不是跟你说，老师那步骤不太对么。后来我去查了，果然验证了我的方法是对的，我就在日记里写了这事。虽说数学老师不一定会知道吧，我就担心这么一不小心，被盯上了……"尚哲一听，反倒乐了，"你傻啊，这不是什么大不了的事情，老师也有错的时候嘛，他应该感谢你给他指正才对！"

几天后日记发下来了，颜伟的日记后面写着一大段评语：

能够对老师的方法有怀疑精神的学生首先是值得表扬的，更何况还是个有疑问愿意去探索的好学生呢！没有任何的言论可以被称之为标准，所以当权威偶尔也不显得正确无误时，就要学会说"不"。你做得非常好！

给男孩的悄悄话

"权威"，是指在某种范围之内有威信、有地位或者具有使人信服力量的人。权威的存在，有时是对探索实践的一种促进，因为"权威认定"毕竟有它的可信价值；而有的时候，权威的存在，则是对探求的阻碍，因为权威毕竟不是真理。

古希腊哲人说："吾爱吾师，吾更爱真理。"杰出人士们在继承前人的基础上，总是抱着怀疑一切的态度，在实践中坚守着正确的事物。

意大利科学家伽利略敢于对权威说"不"，用实验证明了不同重量的铁球能同时着地的正确结论。日本指挥家小泽征尔在大赛中敢于对国际权威们说"不"，指出乐谱有错，一举夺魁。

生活中，当后天教育与青少年的自然天性发生冲突的时候，青少年便会以各种方式加以反抗，但是反抗的结果往往是后者失败，因此便教育了青少年：权威的力量是不可逾越的，作为青少年只能无条件地遵从。

于是人便从不敢反抗到不愿反抗，到最后根本想不起来去反抗……如此久而久之，在青少年的思维模式中，由教育所造成的权威模式便形成了。这个过程也就是青少年的成人化过程和社会化过程，每个人都会经历这种过程，从来没有人例外。

来自教育的权威使人们逐渐习惯以权威的是非为是非，对权威的言论不加思考地盲信盲从，其结果正如我们传统的"听话教育"那样：在家听父母的话，在学校听老师的话，在职场听主管的话——而唯独缺少"自我思考、冲破权威、勇于创新"的能力。

其实，权威之所以成为权威，也是得益于在实践中的不断探索。倘若后来的人们拘泥于前人的成果，实际上也就是否定了权威们寻找真理的方式。杰出人士们所坚持的就是"权威们"曾经使用过的武器。

对大多数青少年来说，接受权威人士所给他们的负面评价是最大的不幸。许多人失败于智商测试、学习能力测试和其他测试，同时这些人又愿意接受命运的安排，所以他们甚至在成人之前就已经投降了。对他们来说，差的等级和其他低分自然而然地转化为后来在人生上的低效率。杰出的人物选择了另一条道路：他们就是不相信那些贬低他们、而且是反复贬低他们的权威人士。他们有远见、有勇气、有胆量地向老师、教授、专家和教育测试中心所给出的评价进行挑战。

青春期的男孩敢于质疑权威、教条，敢于大声说一次"不"，这是自立、创新的第一步，也是迈向成功的基石。

做独一无二的"我"

饭桌上的萧和看着好像有些心事。他突然抬起头，"妈妈，我是个没个性的人么？"这一问惹得萧妈妈扑哧笑了。"怎么这么说呢？哪一个人是没有个性的呀！""可是……"

萧妈妈其实很清楚孩子的想法。萧和是个很好脾气的孩子，没什么架子，俨然是一个"老好人"的形象。因为这样，同学们任何求助他都不会拒绝。可是如今几乎家家都是独生子女，每个孩子都个性鲜明，叛逆的、固执的、易怒的都有，萧和的个性就显得尤其温和。这样一来，逐渐发现问题的萧和自然会自问，是不是自己是个完全没有个性的人。

"妈妈一直以你的个性为荣呢！""为什么？妈妈你不觉得我是个很没有个性的人吗？"

"小和，在这个世界上，没有个性的人是不存在的。因为每个人都有自己的想法和方式呀，要不然他就不能成为'人'了，是不是？'个性'这东西，不仅仅只有叛逆、热情、活泼啊，你所看到的只是别人表现得相对高调的一些个性而已。你沉稳、随和、单纯，这些个性也是很宝贵的。要成为什么样的人，是你自己的事情，只要相信，你就是你自己，就好了。"

🚢 给男孩的悄悄话

个性，是自己独特的思维和行为方式。齐白石曾云："学我者生，似我者死。"一位学者这样说："真正伟大的人，并不是因为他所完成的事业的伟大而促成了他的伟大，而是因为，也只是因为他完全地发挥出了自己强大的个性。"

从中我们可以体会出这样一个道理：杰出人士之所以能让自己从芸芸众生中脱颖而出，一个重要的原因就是他们保持着自己独一无二的个性。

世界上有数十亿个不同的人类个体，他们各自具有不同的优势。杰出人士们在面对自己时，即便清醒地认识到自身有很多的缺点，他们也会坚持：只做我自己。

成功者都是有个性的，没有个性的成功者几乎是没有的。一个人必须保持自己独特的个性，正确地认识自己，扬长避短，这样才会有利于自己事业的发展。

世界著名的喜剧大师卓别林开始拍片时，导演要他模仿当时的著名影星，结果他一事无成。直到他开始形成自己的独特风格，才渐渐走向了成功。鲍勃·霍伯也有类似的经验，他以前有许多年都在唱歌跳舞，直到他发挥自己的才能才真正走红。

所以，青春期男孩要根据自己的个性去思考自己的未来，去设计成功的路线和方法。

人生活于世间，能以本色面世，不费尽心机，不被那些无谓的人情客套、礼节规矩所拘束，能哭能笑，能苦能乐，泰然自在，怡然自得，真实自然，保持自己的个性特征，岂不是一件乐事？

随波逐流，任意浮沉在别人的标准中，过分在意别人的看法，过分小心别人的评价，只会令你的自尊越来越低，而属于你的自我形象、独特个性便永远一片模糊。因此不要因为别人的眼光和做法而委屈自己，强迫自己去做其实并不想做的事情。

一个有独特个性的人才能算是完整的人，才会受到别人的尊重。

打造完美品质

为自己种下诚实的种子

拿到卷子以后，于光激动得很，成绩平平的他总算勉强拿到 90 分了！发完卷子老师开始讲解试题，于光兴致勃勃，很是得意。

"下一题，答案是 C，谁来讲解一下解题步骤……"

"啊？……"

于光的前桌扭过头："怎么了？"

"没，没什么……"于光试卷上大大的 "B" 和老师打的勾让他突然忐忑不安起来。"老师判错卷子，同学也不知道，没关系吧……这可是个难得的 90 分啊……"心理矛盾激烈得很，惹得于光后半堂课什么也没听进去。回家的路上他捏着这试卷挣扎着想着要如何跟爸爸妈妈汇报呢……"这可是个难得的 90 分啊！"他不停地嘀咕着，很明显，难得的 90 分对于光来说实在是不忍心轻易丢掉，何况选择题一道也不过两分……减去两分，88 分，虽说差不了多少，却终究有点失落。

到家门口，他本想 "泰然自若" 地进门与爸妈汇报，不料突然停下来，觉得浑身不自在。他想，这一来，我岂不是跟作弊没什么两样了吗？90 分或者 88 分没什么大不了的啊……唉，下次再努力考 90 不就得了。这要是这么得到 90 分，也太不光明磊落了！

那晚，于光没把卷子交给爸爸妈妈看。第二天他找到老师改了分数，高高兴兴地回了家，一身轻松地汇报了 88 分的测试结果。不就是个 90 分么，有的是机会呢，可是诚实这件事，违背一次就给自己沾上了个污点了。

🚢 给男孩的悄悄话

诚实是衡量人品行是否高尚的一把尺子，这把尺子适用于所有人。诚实不仅是一个人品行的证明，同时它还能使人树立起对家庭、对工作、对朋友、对社会的强烈责任感。因此不管时代怎样发展，不管社会怎样变迁，青少年朋友们都不要忘记：诚实是做人的根本。诚实是一切美德的根本，要获得别人的信任与尊重，你首先应该做到诚实。因为欺骗别人的人，他最终会为人所识破、疏远，甚至遭到鄙弃。

19 世纪英国浪漫主义运动的哲理诗人塞缪尔·科尔里奇曾教导自己的儿子：

"你不要去做那些眼睛所不能看见的任何事情，也就是我和你同在的时候你不愿意去做的那些事情。当你做错什么事情的时候，就应该像个男子汉似的立刻去承认错误。你的抱歉也许体现出你的愚拙，但是别人却能够猜测得到你是一个非常诚实的人。一克诚实，要远比一磅智慧强得多。我们可能因某人的聪明和智慧而羡慕他，但我们更因他所具有的美好品质而尊敬他、爱戴他。坚持真理、襟怀坦荡、以诚待人、朴实无华，是造就美好的基石。"

在任何情形下都有诚实的美誉，这样的人，在学校里会得到师生们的喜爱，在公司里会得到老板的重视，在朋友圈里会获得好人缘，在社会上会成为一个受人尊重的成功人士。

那些不坚持诚实，没有绝对正直品德的人是很危险的。他们在平时也许是愿意站在正直的一方面的，但是一旦关系到自己的利益，比如在金钱面前、在名誉面前、在升职面前……他们就要离开正直，就要不说正直话，不做正直事了。

因此很多人常在事情发生以后才悟到，欺骗的行为是不可靠的，是必定要失败的！

从小就做一个诚实的人，你所收获的将比别人更多。

生活中，青春期男孩应注意以下两点：

1.当向父母、老师、朋友撒谎后，应及时道歉、说明缘由，以求原谅。

2.准备一个"谎言本"，时常记录、翻阅，来警醒自己。

守护你的尊严

黄同光终于还是忍无可忍了。当那个"王子哥"又开始"耀武扬威"时，大家都知道，又一场"心理战"开始了……

"王子哥"是二班有名的"公子"级人物。由于家庭经济特别富裕的原因，"王子哥"每天上下课有专车接送，在家有保姆打理，自然养成了高高在上的优越感。这种优越感在他那个事事惯着他的家里倒是没什么特别，但在学校里，自然引起同学的不满。

这一次，"王子哥"依旧像往常一样，随手拿了后桌黄同光的书就翻起来。翻着翻着一不小心扯下一页来，好学生黄同光保养得干干净净的书就这么生生少了一页。黄同光一看就急了："你就不能小心一点吗？""怒什么，不就是本书么，给你钱。"说着甩出二十块钱来，满脸不屑地看了黄同光一眼。

周围的同学都愣住了。虽说"王子哥"一向高傲，自视清高，"了不起"得很，但甩出钱来"明晃晃"地摆阔还是头一次。这一举动，无疑对黄同光是莫大的侮辱，平日里从不发火的黄终于也忍无可忍，立即从位置上站起来，把钱甩回给"王子哥"，厉声便道："没人要你的钱！钱能买，尊严不能卖。"

给男孩的悄悄话

自尊，也称自尊心，是一种自己尊重自己、爱护自己，并期望受到他人和社会的尊重与爱护的心理。自尊心是人们前进的动力，是一种积极的心理品质。

古人曾说："欲人尊我，必先自尊，欲人重我，必先自重。"古往今来，守护尊严的事例不胜枚举。孟老夫子不满齐宣王的无礼，故意装病不见他；饥民耻于吃嗟来之食；陶渊明不为五斗米折腰……

"人不可有傲气，但不可无傲骨"，至今仍如黄钟大吕，回响在青少年耳边。

一个人，即使是一个弱者，如果能唤醒自己心底的尊严，他将会获得重新积聚力量的机会和重新审视自己的能力。

生活中，许多青春期男孩希望父母不要在客人面前说自己的缺点，反感大人（包括父母、老师）居高临下地训斥自己，希望大人有事与自己商量解决，重视他人对自己的评价，重视自身的穿戴、言行，这都是自尊的表现形式。它有利于优化自己，提升自己。

自尊，是人的一种美德，是无价的，是人最珍贵的、最高尚的东西，因此，我们可以贫穷，但我们不能失去做人的尊严。

一个人如果没有自尊，他就会自卑，就不会爱惜自己，就会自暴自弃，什么也干不成。

一个人如果没有自尊，就不会自重自敬，就会盲目服从，人云亦云，没有自己独立的思想和主见，因此，其骨子里散发的就只有"奴气"。如此的人，怎么让人正视、尊重？"自敬，则人敬之；自慢，则人慢之。"这是一条千古不灭的真理。

当然，自尊不等于唯我独尊，不等于刚愎自用，更不等于自负、自夸、自命清高。一个人若总是过于自爱自贵，最后总会遭受失败。

青春期的男孩们，无论今后是春风得意，还是贫困、潦倒，你都要保持做人的尊严，唯有你自己自爱、自尊、自敬，才会得到他人的尊敬。因为你把自己看成什么样的人，你在别人的眼里就是什么样的人。

理解"责任"的真意

林立是足球队的一员。这一次球队输了，原因是林立与队友张贺闹了矛盾，关键时刻愣是没传球给他。

球队输了，大家都垂头丧气，但没人知道最后那一球的失误是怎么回事，也没人知道那两人在闹矛盾。只顾着唉声叹气，谁也没有注意到，张贺怒目瞪了林立好几眼。林立呢，其实心里可不是滋味了。球队本是个很愉快的群体，大家互相照顾，都是铁哥们儿，跟张贺的矛盾纯属意外，但他心里也清楚，这情绪本就不该带到球场上来。不论怎么给自己找借口，他也没法不自责——这次输球，主要原因就在于自己。

可是如果坦白了这错误，会不会被大家排斥呢？大家这么看重这么努力准备的一场球赛，就因为自己的"私人恩怨"而落败，怎么想自己也是犯了大错。如何能取得原谅呢，唉……

思来想去，林立几晚没睡好，越想越觉得自己没骨气。既然错是自己造成的，为什么不敢承认呢。

他找来队友们："兄弟们，我叫大家来，是想道歉。上回的球赛，都是我的错，若不是跟张贺闹矛盾还记仇，就不会输。这事确实责任在我，我自惭形秽，越想越觉得不该对兄弟们隐瞒，很抱歉！"

"傻小子，我们才不记仇呢，足球是个团队活，你有责任大家也有责任。况且你都这样认错了，我们还能怪罪你不成！大家都是兄弟，要一同努力啊。"

球队依旧每日练习，和张贺的矛盾也烟消云散，林立深深感到，一个人担起自己的责任有多重要。

🚢 给男孩的悄悄话

青春期男孩们，你能真正理解"责任"二字的含义和分量吗？

小时候，我们不小心打坏了东西，就把手背到身后说："不是我！"犯了错误却想逃避惩罚，这是人天生的毛病。长大了，我们甚至将这种毛病"发扬光大"，对自己的行为完全不负责任，经常主动犯错，然后设法逃避惩罚。那些沦为少年犯的人不都是这样的吗？

如果一个人乐意对自己的行为完全负责任，即使蒙受损失也不改变做人风格，那么为了避免损失，他会尽量预防失误，他的失误也因而越来越少，久之必然成为一个出类拔萃的人。所谓名人、权威、专家，不就是失误更少的人吗？无论在任何领域都是如此。

作家米兰·昆德拉说："一个人身上的担子越重，就越能感受到生活的充实和快乐。"每个人生存在这个世界上，都有着自己无法逃避的责任。作为儿女，要孝敬父母；作为职员，要努力工作；作为公民，要履行职责和义务；作为母亲，要养育儿女；作为父亲，要支撑家庭……

有些责任心淡薄的青少年以为一点疏忽、一个失误、一种毛病无关紧要，那么想一想这些小事的后果：

急着下班回家的护士为病人输错了液；一个大大咧咧的工人在易燃品堆放仓库中随手丢下烟头；疲倦的财务人员在汇款时写错了一个账号；水泥厂一批不达标的产品被不负责的建筑公司用作一所学校的建筑材料……

习惯于逃避责任的男孩认为，责任会压得自己失去力气，其实使我们失去力气的不是责任，而是我们对责任的误解。在这种情况下，责任变成负担、生活变成苦役，于是生命的全部意义就是放弃和逃避。而最终，我们没有得到本来可以得到的快乐和幸福，我们的人生失去了应有的价值和意义。

责任使男孩能够时刻谨记生活目标，责任使男孩未来的事业更富于成就、家庭更加美满，责任体现了生命的全部意义。你将来的生活是否幸福，未来的事业是否有成，完全取决于对自己负责的程度。

制订"培养勇敢"计划

"叶文浩，这次演讲比赛你上吧，学得这样好，可不能浪费了才能。"下课后老师叫住叶文浩，跟他"布置"了演讲比赛的任务。

"老师，我……老师我还是不上了吧，我不适合演讲的……"

"别紧张啊，只要像写作文那样就好了，你作文写得这么好，演讲也没问题的。大大方方去说就可以了！就这么定了啊，你晚上写一份演讲稿，话题就在这张纸上，自己挑一个。明天把演讲稿带给我看看吧，我帮你改改就行。"

叶文浩对着这演讲题目瞪口呆。老师的期望着实让他受宠若惊，但对演讲他实在是丝毫没有把握。叶文浩的英语水平在班里也算有名了，每次考试几乎都拿第一，作文也常被当成范文。论口语，其实也不赖，发音算是标准了，只是很少开口说。叶文浩这人就一毛病：怯场得很，不善在公众场合讲话。

老师是打定主意让自己参赛了，怎么办呢？想到台下几千双眼睛会盯着自己，叶文浩觉得浑身不自在。"唉，怎么推脱啊，唉……"他叹了一晚的气，写了篇演讲稿，战战兢兢地去交给老师，又嘟嘟囔囔地推脱了一番。"老师这演讲稿，您让别人去念吧，我……实在不行啊。"

"不试试怎么知道啊，你的口语绝对没有问题啊，只是看能不能克服心理障碍了。你想啊，第一次上台的人，有几个是不紧张的呢？为什么别人有勇气上台，你就没勇气？论实力，你完全不必要担心；论信心，有那么多人都寄希望于你呢！不跨出第一步，就永远不可能跨出去，但要是跨出去了，你会觉得其实一切都简单得很！"

……

当台下掌声雷动的时候，叶文浩明白了，"为什么不能鼓起勇气呢？只要跨出去第一步，一切其实都很简单了！"

🚢 给男孩的悄悄话

许多男孩都爱看海明威的《老人与海》，主人公桑提亚哥独自出海第 85 天，才钓到一条大鱼，并与它较量了 3 天。虽然鲨鱼最终把鱼肉吃掉了，但书中那句"一个人可以被毁灭，但他永远不会被打败"却刻骨铭心，令人难忘。

的确，一个永不丧失勇气的人是永远不会被打败的。就像大诗人弥尔顿说的：

即使土地丧失了，那有什么关系。

即使所有的东西都丧失了，

但不可被征服的志愿和勇气

是永远不会屈服的。

一个勇者，有能压倒一切的信念，相信自己可以面对一切紧急状况，处理一切障碍，并能控制任何局面，敢于穿越重重险阻，历经磨难走向成功。

"我曾经是个战斗者——进行了很多的战斗——成为最好的一个和最后的一个！"勃朗宁说。值得一读的人类历史更是充满了有关勇气、磨难、胆量、坚定和那些大多数人认为不可能克服的困难的故事。这个世界上的大多数杰出者都曾经做过或者正在做着一些在常人看来不能成就的事情。这就是他们会成为真正的杰出者的原因。

畏惧虽然阻碍着人们力量的发挥和生活质量的提高，但它并非不可战胜。只要青少年朋友能够积极地行动起来，有意识地纠正自己的畏惧心理，那它就不会再成为我们的威胁。

勇敢的思想和坚定的信心是治疗畏惧的天然药物，勇敢和信心能够中和畏惧思想，如同化学家通过在酸溶液里加一点碱，就可以降低酸的腐蚀力一样。

西方的一位哲人说："迎头搏击才能前进，勇气减轻了命运的打击。"中国也有一句古话"狭路相逢勇者胜"，人的勇气和胆识是在屡败屡战中锻炼出来的，也是自己给自己灌输的。鼓足勇气，直视困难，你会发掘出抵抗逆境的强大力量。

勇敢的态度，无论是对事还是对人都有一种极强的穿透力，如果你与生俱来就有这种品性，那么很值得恭贺；如果你还没有养成这种性格，那么尽快培养吧，人生很需要它！

以下为青春期男孩提供一个"培养勇敢"计划：

1.不依赖他人，学会独立生活。比如夜间独自上厕所，自己到奶站取牛奶等等。

2.尝试一些需要胆量的事情。比如为同学们唱一首歌，在公众面前来一次演讲，学习游泳，参与"野外生存"活动等。

3.与胆大勇敢的同伴多接触，模仿其言行举止，锻炼自己。

4.多给自己打气。比如告诉自己："我能行！""他能做好，我也可以！"

一步步走向自信

"我常常觉得，我只要被老师叫到名字，就特别紧张，紧张到说不出话来。我也不知道为什么，我看着别的同学能够答得又正确又流利，我总是很羡慕他们。我学的知识还是不够多，我相貌平平，我性格不开朗……我也很想融入课堂，融入集体，可是我总是觉得害怕……"这是刘子成的日记。当老师读完这些充满自卑的文字时，由衷地为这孩子担心。老师明白，这不能"融入"，其根本就在于他强烈的自卑感：羡慕他人，认为身边的人都高高在上，可望而不可即，在公众场合不敢说话，在人群里觉得自己渺小，认为自己的一切都是缺憾……自卑其实每个人都多多少少有一些，可是这极端的不自信，对于一个青春期的孩子，实在是不小的障碍。

老师没有找刘子成谈话，深知所谓的"一对一"交流，会给那敏感的心灵带去更重的负担。他在刘子成的日记后写下了这么段评语：

子成，很难想象，一个男孩子能这样细腻地写出自己内心的感受。想想，这就是你的一个明显的优点。你说你相貌平平，那么你不丑陋；你性格不开朗，那么你不轻浮；你的知识不够多，那你一定不会自视清高。你仔细想想，不是么？当你在为这些不够烦恼的时候，别人正在纠结着"过犹不及"的问题呢。相信我，你的长相很让人喜爱，你的知识已经足够你表达出自己的想法，你的性格内敛单纯。只要你想要，什么事情是百分之一百不可能的呢？

一周后，刘子成举手要求发言了，一个月后，刘子成开始尝试演讲了，一年后，刘子成成了一个成绩优秀的、很受欢迎的男孩子。

给男孩的悄悄话

放眼古今中外，自信是每一个成功人士最为重要的特质之一。信心是我们获得财富、争取自由的出发点。有句谚语说得好："必须具有信心，才能真正拥有。"

自信可以让我们成为自己所希望的那样，自信可以让我们心想事成。

只有先相信自己，别人才会相信你。一个人一旦在自己心中把自己的形象提升之后，其走路的姿势、言谈、举止，无不显示出自信、轻松和愉快，从气势上表现出可以自己做主并且冲劲十足、热情高涨、热心助人。

一个冲劲十足、热情高涨、热心助人的人绝对拥有成功的资本。

"信者"为"储"，不信者即无储，不自信就自卑，自卑就会恐惧……所以缺乏自信带来的后果是非常可怕的。

拥有自信，足以改变一个人不幸的命运。

一个人只有首先相信自己，才能说服别人来相信你；如果连自己都不相信，那么这意味着他已失去在这个世界上最可依靠的力量。

凡是有自信心的人，都可表现为一种强烈的自我意识。这种自我意识使他们充满了激情、意志和战斗力，没有什么困难可以压倒他们，他们的信条就是：我要赢！我会赢！

试看世界上一切事业的失败，大多数并不是由于经济上的损失，而是因为缺乏自信。人生最大的损失，除丧失人格之外，就要算失掉自信心了。当一个人没有自信心时，任何事情都不会做成功，就像没有脊梁骨的人是永远站不起来的一样。

因此，拥有自信，你就可以创造奇迹，失去自信，就只能听任命运摆布。

下面为青春期的男孩介绍几种培养自信习惯的方法：

1. 面带微笑

笑是快乐的表现。笑能使人产生信心和力量；笑能使人心情舒畅，振奋精神；笑能使人忘记忧愁，摆脱烦恼。没有信心的人，经常是愁眉苦脸，无精打采，眼神呆板；雄心勃勃的人，眼睛闪闪发亮，满面春风。

2. 挺胸抬头

人的姿势与人的内心体验是相适应的，姿势的表现可以与内心的体验相互促进。一个人越有信心、越有力量便越昂首挺胸，成功的人、得意的人、获得胜利的人则意气风发。一个人越没有力量、越自卑就越无精打采、垂头丧气。学会自然地昂首挺胸，就会逐步树立信心、增强信心。

3. 默念"我行""我能行"

默念时要果断，要反复念，特别是在遇到困难时更要默念。只要你坚持默念，特别是在早晨起床后反复默念9次，在晚上临睡前默念9次，就会通过自我的积极暗示心理，使你逐渐树立信心，逐渐有了心理力量。

4. 多想开心的事

每个人都有自己开心的事，开心的事就是你做得成功的事，那是你信心的产物、力量的产物。多回忆令自己开心的事，将使你正确估价自己的力量。

5. 主动与人交往

在与人微笑的问候中，双方都会感到人间的温暖、人间的真情，这种温暖与真情就会使人充满力量，就会使人增添信心。

保持谦逊

一个月前，严旭在历史考试中拿了个98分，一个月后，严旭的卷子上写的是一个鲜红的80分。退步的幅度让严旭有些接受不了，他拿着卷子左看右看，最后发现错的题都太不应该。

放假后，严旭战战兢兢地把卷子递给妈妈。"……错了的，其实都会的，太粗心了……""粗心可不是主要原因，"妈妈摇摇头，"记得上回考98分的时候你怎么说的吗？你说，历史多简单啊，根本不需要使劲。这80分就是后果。当你一直给自己暗示说，历史很简单的时候，你就自然忽视了细节了。所谓粗心，本是可以避免的，只是你给自己惰性了。这惰性，其实就是你的骄傲自得啊！你仔细想想，一张98分的卷子，能代表什么呢？一次考试只是你这一阶段还算认真，这次考试还算严肃对待罢了。要说实力，周围考95分、97分的同学，都不输于你啊。"

严旭低下头，不敢吱声了。"我知道……上回考完，太得意忘形了，这个月也没太认真，该记的没好好背……所以……"

"认识错误就好，一个人要是太容易满足现状，就容易下滑。你想啊，一个在攀登的人，如果他总是想着，这个高度就够了，那手一松，不就立刻坠下去了么？而他要是一直告诉自己，'还是不够，还是不够'，那他就能继续奋力，对不对？"

严旭点点头。要想继续往上攀爬，就要知道，学无止境。

🚢 给男孩的悄悄话

古人云："满招损，谦受益。"一个谦逊的人，懂得人生无止境，事业无止境，知识无止境。

为了启发人们谦虚处世，俄国作家列夫·托尔斯泰也打了一个很有意义的比方："一个人就好像是一个分数，他的实际才能好比分子，而他对自己的估价好比分母，分母越大，则分数的值越小。"

一个人不管自己有多丰富的知识，取得多大的成绩，推而广之，或是有了何等显赫的地位，都要谦虚谨慎，不能自视过高。应心胸宽广，博采众长，不断地丰富自己的知识，增强自己的本领，进而创出更大的业绩。如能这样，则于己、于人、于社会都有益处。

由于骄傲，"力拔山兮气盖世"的项羽，最终败在了他所轻视的刘邦手下；由于自大，"过五关斩六将"的关羽败走麦城。

"月盈则亏，水满则溢。"谦逊不是要我们觉得自己渺小，而是为了更好地了解自己，给自己一个准确的定位，并能发挥自己的特长，规避自己的弱点，成就自己的人生。

所以，人立身处世，必须谦虚谨慎，温良恭让，善于隐匿，虚怀若谷，不矜功自伐，不肆意张扬，这样才能很好地保护自己，并受到别人的欢迎和拥戴。

生活中，青春期男孩如何保持谦逊呢？

1.诚恳地对待每一个人。

2.了解别人的优点，同时学会理解别人的不足。

3.建立内在的自我价值，任谁的打击都不要动摇。

4.即使自己的确才学过人，也要顾及他人的自尊。记住：尺有所短，寸有所长，别人未必没有比你强的地方。

加强自制力

13岁的何松，虽然上八年级了，可他却像一个小学四五年级的小学生一样，上课的时候，常常克制不住自己。在课堂上不是与同桌讲话，就是在抽屉里看自己的漫画书，很少能认真地听老师讲课。周边的同学也不断地向老师说："老师，上课的时候何松经常与同桌讲话，而且很大声，已经影响到我们听课。""老师，上课的时候何松经常动我俩的课桌，我和同桌都不好写作业了。"

在老师的眼里，何松是一个十分聪明的孩子，活泼好动，但常常缺乏自制力，上课的时候经常管不住自己，上课前五分钟还能专心致志地听讲，五分钟过后就开始坐不住，管不住自己了。下课的时候，老师把何松叫到了教室的走廊处，对他说："据老师观察，你上课的时候有点开小差哦！上课的时候要认真听讲，影响到其他同学听课就不太好了。""老师，我知道自己这样做不对，可我没有办法约束自己，我该怎么办呢？我很想改掉自己的这一坏毛病。"

老师笑了笑，说："你知道自己缺乏自制力就已经是一个很大的进步了，培养自己的自制力，学会约束自己，确实比较困难，但是只要我们持之以恒，就一定能克服的。"何松点了点头。"那好，现在我们为自己制定一个小目标，每节课坚持10分钟认真听讲，一个星期过后，再坚持15分钟，慢慢地养成认真听课的好习惯，一步一步地学会约束自己，心中无数遍告诉自己，一定能行的。"何松按着老师帮他制订的计划，认真地实施了起来。刚开始，何松觉得很难坚持，但仍没有放松对自己的要求，一个星期过后，何松慢慢地觉得上课真有意思，原来生活中的常见的现象，能在课堂上找到答案，能得到解答。

何松的注意力完全被老师吸引了，课堂上的乐趣远远超过了抽屉里的漫画书。在老师的帮助下，何松不断地激励自己，学会了约束自己，增强了自制力。

给男孩的悄悄话

生活中，青春期男孩情绪丰富不稳，约束自己的能力较差。欲望与理智的矛盾常纠缠在一起，令人烦恼。想整天看电视，想打游戏，想上网，想买美食新衣，想拿别人的好东西……

由于身心的发展还不成熟，青少年容易被传播媒介中的暴力、迷信、色情内容诱惑，出现模仿和盲目崇拜的现象。

作为新时代的青少年，每个人都应随时随地地遵守社会的行为规范，懂得作为社会的一分子，都应约束自己的行为，不给他人造成伤害。唯有如此，我们的每个社会成员才可以享受平等、幸福的生活。

一个人要成就大的事业，不能随心所欲、感情用事，对自己的言行应有所克制，这样才能使较小的错误、缺点得到抑制，不致铸成大错。高尔基说："哪怕是对自己的一点小的克制，也会使人变得强而有力。"德国诗人歌德说："谁若游戏人生，他就一事无成，不能主宰自己，永远是一个奴隶。"要主宰自己，必须对自己有所约束、有所克制。

自制能力是在日常生活中和工作中善于控制自己情绪和约束自己言行的一种能力。一个意志坚强的人是能够自觉控制和调节自己言行的。如果一辆汽车光有发动机而没有方向盘和刹车的调节，汽车就会失去控制，不能避开路上的各种障碍，就有撞车的危险。一个想要有所成就的人如果缺乏自制力，就等于失去了方向盘和刹车，必然会"越轨"或"出格"，甚至"撞车""翻车"。

如果一个人有比较强的自制能力，那么这个人一定能够战胜自我，远离祸害，做到快快乐乐。如果不幸遇到祸害，他一定能够泰然处之，化祸为福。可见，自制对平安快乐的人生是极其重要的。

专家们指出，青春期男孩要成为一个约束自己、自制力坚强的人，需做到以下几点：

1.对自己多分析，找出自己在哪些活动中、何种环境中自制力差，然后拟出培养自制力的目标步骤，有针对性地培养自己的自制力。对自己的欲望进行剖析，扬善去恶，抑制自己的某些不正当的欲望。

2. 提高动机水平。心理学的研究表明，一个人的认识水平和动机水平，会影响一个人的自制力。一个成就动机强烈、人生目标远大的人，会自觉抵制各种诱惑，摆脱消极情绪的影响。无论他考虑任何问题，都着眼于事业的进取和长远的目标，从而获得一种控制自己的动力。

3. 从日常生活小事做起。人的自制力是在学习、生活工作中的千百件小事中培养、锻炼起来的。许多事情虽然微不足道，但却影响到一个人自制力的形成。如早上按时起床、严格遵守各种制度、按时完成学习计划等，都可积小成大，锻炼自己的自制力。

4. 绝不让步迁就。培养自制力，要有毫不含糊的坚定和顽强。不论什么东西和事情，只要意识到它不对或不好，就要坚决克制，绝不让步和迁就。另外，对已经做出的决定，要坚定不移地付诸行动，绝不轻易改变和放弃。如果执行半途而废，就会严重地削弱自己的自制力。

5. 进行自我暗示和激励。自制力在很大程度上就表现在自我暗示和激励等意念控制上。意念控制的方法有：在你从事紧张的活动之前，反复默念一些建立信心、给人以力量的话，或随身携带座右铭，时时提醒、激励自己；在面临困境或诱惑时，利用口头命令，如"要沉着、冷静"，以组织自身的心理活动，获得精神力量。

6. 经常进行自省。如当学习时忍不住想看电视时，马上警告自己管住自己；当遇到困难想退缩时，马上警告自己别懦弱。这样往往会唤起自尊，战胜怯懦，成功地控制自己。

用好口才为自己增值

使用文明优雅的语言

"我晕！和我比试下军棋？看来你是活得不耐烦了。行啊，要是你小子不怕被我灭，就放马过来吧！"小程正在和同学小超兴高采烈地讲电话。妈妈在一旁听着直皱眉。

待小程放下电话，妈妈问道："你现在怎么脏话连篇呢，都是和谁学的？这么说同学多不好啊？"小程觉得莫名其妙："没有啊，我什么时候说脏话了？小超是我的好朋友，我们平时都这么说话的！"

妈妈见小程还没有认识到错误，生气地说道："这难道还不是粗话、脏话吗？这么说话会伤害同学间的感情！"小程看妈妈生气了，也就不再敢说什么。可是他还是不明白：和同学很正常的交流怎么在妈妈那就成"脏话连篇"了呢？

从小程上小学的时候，妈妈就常听到他说一些改编过的儿歌、诗句，如"春眠不觉晓，处处蚊子咬。打上敌敌畏，不知死多少。"以前，妈妈没怎么在意，现在看来，很有必要规范一下小程的文明用语了。

妈妈准备召开一个家庭会议，让小程认识到说脏话的错误。家庭会议上，爸爸妈妈都批评了小程，并给他讲了说脏话的危害。

"说脏话很容易形成习惯，说话时不小心就会带出来，这样是很损坏个人形象的，同时也给他人造成心灵上的伤害。"爸爸语重心长地说，"别以为你没有指着鼻子骂人，说的就不是脏话。脏话可分为粗话、黑话、气话、怪话等，你现在的很多用语都属于脏话。"

妈妈接口说道："同样是说话，为什么不使用文明的语言呢？这会让你变得更有魅力。"

经过爸爸妈妈的"轮番轰炸"，小程也觉得自己说话似乎确实有不妥的地方，看来今后说话得更注意。

🚢 给男孩的悄悄话

时下，新词、流行语漫天飞舞。当中不乏粗俗与低劣者。走在大街上，三三两两的少男少女从你身边经过，或衣饰光鲜，或青春动感，或美貌动人。然而，满口的脏话令人心生厌恶、敬而远之。

自由与个性，并不代表随心所欲、丢弃文明和优雅。语言运用不当，也可能在交际中失败，以致损害了自己的形象。

跟那些具有优雅口才的人交谈，比喝了醇酒更令人兴奋，文明良好的话语可以带给人愉悦和激动，增进人们之间的感情交流与融洽。

在社交场合，青春期男孩们应尽量选择温和、亲切的语调、语气，以显示你的友善。同样的话语，如果使用的语调、语气不同，表达的意思也不同。同样是一句"对不起"，可以表示致歉或友善的情感，也可以表示威胁或讽刺、挖苦。许多男孩对长者不喊"大爷""大妈""先生"，而是叫"老头""老太婆"之类的俗称；对幼者不是用"小朋友""小同学"之类称呼，而是用"小把戏""小东西""小家伙"，这样的俗称有时用在家庭或朋友间倒也未尝不可，但与人接触之初就不行了。

总之，作为有文化、有知识、有教养的现代青少年，在交谈中，一定要使用文明优雅的语言。下述语言，绝对不宜在交谈之中采用：

1.粗话。有人为了显示自己为人粗犷，出言必粗。讲粗话，是很失身份的。

2. 脏话。讲脏话，即口带脏字，讲起话来骂骂咧咧，出口成"脏"。讲脏话的人，非但不文明，而且自我贬低，十分低级无聊。

3. 怪话。有些人说起话来，怪里怪气，或讥讽嘲弄，或怨天尤人，或黑白颠倒，或耸人听闻，成心要以自己的谈吐之"怪"而令人刮目相看，一鸣惊人。这就是所谓说怪话。爱讲怪话的人，难以令人产生好感。

4. 黑话。即流行于黑社会的行话。讲黑话的人，往往自以为见过世面，可以吓唬人，实际上却显得匪气十足，令人反感厌恶，难以与他人进行真正的沟通和交流。

5. 荤话。即说话者时刻把艳事、绯闻、色情、男女关系之事挂在口头。爱说荤话者，只不过证明自己品位不高，而且对交谈对象不尊重。

6. 气话。即说话时闹意气，泄私愤，图报复，大发牢骚、指桑骂槐。在交谈中说气话，不仅无助于沟通，而且还容易伤害人、得罪人。

锻炼当众发言的能力

邵宁站在领奖台上，手里握着金灿灿的奖杯，从容自信地在领奖台上说着他的获奖感言。从台下看上去，他是那么自信。

邵宁以前是个高大而又生性腼腆的大男孩，声若蚊蝇，说不了几句话就面红耳赤的，更别提在公共场合讲话了。

邵宁不爱说话，更害怕在人多的地方讲话。这给他的人际交往带来了很大的困难。周围的人都误以为他为人冷漠，不好接触。其实邵宁很渴望与人交流，只是不知道该怎么表达自己。

邵宁总担心自己说错话，不敢在课堂上表达自己的看法，不敢参加班级竞选，更别说什么演讲比赛或辩论赛了。但是他觉得很压抑，想要找到自己的声音。在一次被同学讥笑"不像男子汉之后"，邵宁决心改变自己。

他把自己的想法告诉了爸爸妈妈，他们很支持。首先从说话开始，爸爸妈妈教他要声音洪亮地讲话，吐字清晰。多看书，从书中汲取营养，注意词汇的积累，学会正确地组织语言。尽量多和周围的人说话，交流。刚开始大声说话的时候，邵宁总觉得很夸张，总是脸红。慢慢习惯了，可以自然地放大声音说话了，和同学们在一起能很好地沟通交流了。

这些都是私底下的交流，下一步就是训练在公众面前发言了。邵宁刻意上课多回答老师的问题，阐述自己的见解，最初总是磕磕巴巴，说话不连贯，紧张到说话忘词。

爸爸分析说："你要是对老师的问题做了充分的准备，阐述的时候就不会语句不连贯，当然这和你情绪紧张也有关系。"邵宁在爸爸妈妈的帮助下不断地发现问题解决问题。很快他就能大方地在课堂上阐述观点了，必要的时候还和老师同学们辩论。

在老师同学的共同推荐下，邵宁代表班级参加了学校的演讲比赛。在比赛前，他查阅了大量的资料，不停地修改自己的演讲稿，最后不负众望地取得了好成绩。

邵宁经历了从不敢开口，到敢大声说话、爱说话的转变。现在的邵宁还经常从书中搜集一些演讲辩论的素材，不断地整理积累。在这个长期的过程中，邵宁逐渐形成了自己的语言风格——犀利幽默。"邵氏语言"深受同学们的喜爱。

给男孩的悄悄话

古人说"一言可以兴邦""三寸之舌，强于百万雄兵；一人之辩，重于九鼎之宝"。有位政界要人曾说过，个性和口才的能力比起外语知识和哈佛大学的文凭更为重要。的确，口才很重要。但有的青少年也许会说："我先天不足怕开口，见生人就脸红，没口才。"没有人是天生的口才家，许多擅长说话的人，最初大都是笨嘴拙舌的人。

先天不足后天补，完全是做得到的。青春期的男孩们要想在公众面前成功地发言，具体可参考如下建议：

1. 要有充分的准备

如果你在讲话时对所要讲的内容没有认真考虑过，你肯定会感到无话可说，即使说起来也不会流畅自如。因此，必须在讲话之前有充分的准备，或者写成提纲，或者默诵、试讲。你对讲话的内容愈熟悉，你就愈能讲得好，愈不会信口开河、无的放矢。另外，要了解听众的职业、文化层次等。

2. 勇于勤讲多练

善于言辞的才能并不是天生的，而是在环境的影响下，通过个人的实际锻炼逐步发展的。因此，我们要克服害羞胆怯的心理，在生人面前或人多的场合，要争取讲话的机会，勇敢地发表自己的意见。虽然开始时不一定会成功，甚至会遭到别人笑话，但不要介意，要认真分析自己讲话失败的原因，勤讲多练，不断改进，这样才能不断提高自己说话的水平。

3. 从书中获取值得借鉴的知识

为了这种目的而读书时，最好多注意文体及文字的使用方法。同时边看边想，琢磨该怎么做才会表现得更好，如果自己也写同样题材的发言稿，有什么地方会不如它？

4. 培养自己独特的风格

无论或长或短，或庄重或轻松的发言，都应该拥有自己的风格，这点很重要。

尽管说话前的准备工作十分重要，但是在无法预做准备的情况下，应在说完话之后，再想想是否有更好的表达方式。做到这一点，也能使你的口才有所进步！

5. 正确地使用语言，清晰地发音

你应该注意过深深吸引我们的演员是怎样说话的吧？只要仔细观察便不难发现，所谓的好演员，都很重视清晰的发音与正确的措辞。语言的目的，在于传达概念。如果采用无法传达概念的说法，或引不起别人兴趣的说话方式，将是最愚蠢不过的事。

你可以请朋友或同学帮忙，每天大声地朗诵书本，并请他注意听。只要换气的方式、强调的方法、朗读速度等一有不适当之处，就请别人叫停，并且为你改正。朗诵时嘴巴要张大，一个字一个字地清楚发音。要是速度太快，或有不认识的字，就马上停止。即使单独练习时，也要用自己的耳朵仔细听，遇到较难发音的字时，就多加练习。

6. 勇于挑战，坚持不懈

青少年在练习时，应有持之以恒、勇于挑战的精神。

男孩们，一切的成功都与勇气与勤奋分不开。只要肯按照上面说的几种方法去努力，大家一定也能如同故事中的邵宁一样，敢于在公众面前发言，甚至站到高高的领奖台上。

多谈让对方感兴趣的话题

郭军今年夏天去舅舅家过暑假。名义上是高中生活太压抑，去郊区散散心，实际上是有任务。

舅舅家有一个表弟文涛。文涛在今年九月份已经升入小学五年级了。平时文涛是个活泼开朗的阳光男孩。见人主动热情打招呼，多大的场合也不怯场。可是据他的班主任反映，文涛在学校里不爱说话，上课安静地坐着，反应不积极。下课也不和同学们一起玩耍，感觉有点畏首畏尾。

爸爸妈妈感觉很纳闷，也问不出来原因。就把郭军搬来当救兵。

表哥的到来，让文涛很高兴，嘴里叽里呱啦地整天说个不停。可是一说到学校里的事情，文涛就闭口不提了，还显得很烦躁。郭军意识到有问题，但是又不能直接问。

通过观察，郭军发现文涛喜欢玩"梦幻西游"，他决定以此为突破口，"撬开"表弟的嘴。

一天晚上，上床准备睡觉时，郭军突然问道："最近发现梦幻西游挺有意思的？你会玩吗？"文涛一听警惕地说："不太会，没怎么玩过。"

没想到这小子还挺滑头，郭军便故作可惜状："唉，好可惜，我刚开始玩，很多东西都不懂，想找个人交流，这下玩不成了！"文涛赶紧问："你哪个地方不懂？"郭军满意地笑了笑。

"第一次玩,从1级升到41级要多久?我这种新手,练哪个职业比较好?"郭军谦虚地问。文涛一听这个来了兴致,打开了话匣子:"1～41级就看你是在新区还是老区……"文涛滔滔不绝地讲起来,讲到兴奋处恨不得马上跑到书房打开电脑演示给郭军看。

文涛慢慢地对郭军放下防备之心,和他越聊越多。还诉说了自己在学校里的苦恼:

原来四年级的时候,文涛迷上了玩游戏,学习就不太放在心上了。有一次班里举行语文考试,文涛怕考不好,爸爸妈妈批评,同学笑话。但是那段时间又确实没有好好学习,于是便做了小抄。考试时,被监考老师看到了,这下全班都知道文涛作弊了。

在小学作弊是大逆不道的事,尽管已经过去很长时间了,可是文涛总担心同学们对他指指点点,在背后说他的坏话,因此他在学校总是小心翼翼,也不敢和同学们玩。

终于弄明白了是怎么回事,郭军准备第二天就和舅舅舅妈商量计策,帮助文涛尽快走出作弊的阴影,重塑自信。

给男孩的悄悄话

就人性的本质来看,我们每个人最为关心的当然是自己。人们喜欢讲述自己的事情,喜欢听到与己有关的东西。你要使人喜欢你,那就要鼓励别人多谈他们自己感兴趣的东西。

著名的励志专家卡耐基回忆说:

最近我应邀参加一场纸牌会。我自己不会打纸牌,另有一位漂亮的女子也不会打。我们正好坐下来聊天。我在去汤姆士从事无线电事业之前,曾一度做过她的私人经理。她了解当时我曾到欧洲各地去旅行,帮助她准备她要用的讲解旅行的资料,因此她说:"卡耐基先生,我想请你告诉我所有你到过的名胜及所见过的奇景。"

在谈话中,她提到她同她的丈夫最近刚从非洲旅行回来。"非洲!"我说,"多么有趣!我总想去看看非洲,但除在爱尔兰停过24小时外,别的地方还没到过。听说你曾游历过野兽出没的乡间,是吗?多么幸运!我羡慕你!告诉我有关非洲的情形吧!"

那次谈话谈了45分钟。她不再问我到过什么地方,看见过什么东西;也不听我谈论我的旅行,她所需要的不过是一个专心地倾听者,使得她能扩大她的自我,而讲述她所到过的地方。

他们愉快地交流,是与卡耐基巧妙切入对方的兴趣点分不开的。

谈论对方感兴趣的话题,是一种深刻了解别人,并与人愉快相处的方式,它与虚伪的恭维是两码事。

有许多人,他们之所以被人认为谈话拙笨,就是因为他们只注意于谈他们自己感觉有趣味的事情。而这些事情，也许别人都感觉非常讨厌。如果你去引导别人开始谈他们所感兴趣的事情，例如关于他的成就、他擅长的运动等，如果对方是一位已有孩子的母亲，你不妨跟她谈谈她的孩子，这就会使人家产生一种亲切的感受。即使你的话不多，你的谈话也将被人认为是成功的。

人们对于自己的小事，比任何重大的事都要关心。他听你谈他的得意事件，比听你谈历史上的一切伟大人物的事迹更为高兴。

所以如果你想别人对你产生兴趣，那就请记住与人沟通的秘诀：谈论别人感兴趣的话题。生活中，青春期男孩要注意：

一般说来，人们感兴趣的事物往往是最好的话题，或者叫最好的信息。这些话题大致包括：与自身利益密切相关的信息；特殊新奇的信息；以肯定形式出现的信息；权威性强的信息；与自己的职业兴趣、经验相关的信息；被社会和他人极力禁锢、保密的信息等等。

谈对方感兴趣的话题，重要的是熟悉和把握交谈对方的具体情况，如地位、阅历、素养、身份、职业、性格、习惯、年龄、爱好等，从而根据不同的人选择不同的令他感兴趣的话题。所以谈对方感兴趣的话题除了注意话题本身以外，还要注意"对方"二字的分量。只有了解了对方，才会了解什么是对方感兴趣的，也才能谈出真正令对方感兴趣的话题。

如何化解尴尬

放寒假了，小雷和同学们早就约定好，假期中大家好好聚聚。好不容易到了聚会的日子，好多同学都来了，一年多不见，同学们都有了很大的变化：男生似乎都长高了，女生也似乎都变漂亮了。大家兴奋地诉说着各自的学习生活。

可是聚会中有名的"大嘴"李良似乎专门和小雷过去不去，说话总是刺激小雷，让他感到很难堪。

一见面，李良就大大咧咧地说："呦，小雷，好久不见了，脸色看起来不错啊，脸上一片欣欣向荣的景象，这些痘痘都可以炒着吃了吧！"小雷知道李良在取笑自己长青春痘，心里很不舒服，可是总不能老同学一见面就发火，而且以李良的个性根本意识不到他的话让小雷难堪了。

小雷忍了忍，笑着说："是啊，等这些痘痘成熟了，搞个项目进行产品开发，先炒给你吃。大家作证，到时候你别不吃啊！"周围的同学听了都笑着拍起手来。聚会气氛一下变得热烈起来。

在吃饭的时候，李良又开始"找茬"了。当小雷正拿起一条鸡腿往嘴里塞的时候，李良又开始说了："看你长得也不高，怎么这么能吃，简直就是一头……"说到这里，李良也觉得有点过，就赶紧住口。

这时候，正在吃饭的同学们都停住了，周围一下安静下来，大家都静静地看着小雷。小雷也真火了，但是一想，要是真翻脸，好好的聚会气氛就会被自己搅了，自己也越没有面子。

想到这里，小雷装作满不在乎，继续啃着鸡腿，笑呵呵地说："可不是吗，俗话说物以类聚，人以群分，要不我能和你坐在一块吃东西吗？"聚会上一下子爆发了哄堂大笑，大家都笑话李良自找苦吃，同时夸赞小雷大度、机智。李良也只能苦笑不已。

小雷用自己的机智幽默化解了自己的尴尬。不仅没有因为发生在自己身上的小插曲破坏聚会的和谐气氛，还保住了自己的面子。

给男孩的悄悄话

生活中，青春期男孩会遇到许多尴尬的情形。自己的一句口误，他人的一个失误，都会令双方窘迫无比。那么，如何化解困境，使气氛热烈如初呢？

1. 自嘲法

适时适度地自嘲，不失为一种良好修养，一种充满魅力的交际技巧。自嘲，能制造宽松和谐的交谈气氛，能使自己活得轻松洒脱，使人感到你的可爱的人情味，有时还能更有效地维护面子，建立起新的心理平衡。

自嘲是那些缺乏自信者根本不敢使用的艺术。因为自嘲需要拿自身的失误、不足甚至生理缺陷来"开涮"，对丑处、羞处不予遮掩、躲避，反而把它放大、夸张、剖析，然后巧妙地引申发挥，自圆其说，取得一笑。没有豁达、乐观、超脱、调侃的心态和胸怀，是无法做到的。可想而知，自以为是、斤斤计较、尖酸刻薄的人是难以运用自嘲艺术的。自嘲谁也不伤害，最为安全，你可用它来活跃谈话气氛，消除紧张；在尴尬中自找台阶，保住面子；在公共场合获得人情味；在特别情况下含沙射影，刺一刺无理取闹的小人，由此可见，能自嘲的人必定是智者中的智者、高手中的高手。

2. 借题发挥法

西晋时，阮籍有一次上早朝，忽然有侍者前来报告："有人杀死了母亲！"

放荡不羁的阮籍不假思索地说："杀父亲也就罢了，怎么能杀母亲呢？"

此言一出，满朝文武大哗，认为他"有悖孝道"。阮籍也意识到自己言语的失误，忙解释说："我的意思是说，禽兽才知其母而不知其父。杀父就如同禽兽一般，杀母呢？就连禽兽也不如了。"一席话，竟使众人无可辩驳，阮籍避免了杀身之祸。

其实，阮籍在失口之后，只是使用了一个比喻，就暗中更换了题旨，然后借题发挥一番，巧妙地平息了众怒。

3. 委婉法

委婉，或称为婉转、婉曲，是一种修辞手法。它是指在讲话时不直陈本意，而用委婉之词加以烘托或暗示，让人思而得之，而且越揣摩，含义越深越多，因而也就越有吸引力和感染力。

轻松、微妙、巧妙、含蓄的俏皮话，说得委婉，将改变你在人们心目中的形象，使听众感到你并不是一个失败者，而是赢者。

4. 环境控制法

出现尴尬局面时，我们应学会控制环境，即随机应变，控制局势，才不致使自己进退两难。

另外，语言失误时，男孩们要有发现及时、改口巧妙的语言技巧，否则要想化解难堪也是困难的。

在实践中，青少年遇到这种情况，有以下两个补救办法可供参考：

1. 引申法，迅速将错误言辞引开，避免在错中纠缠。就是接着那句话之后说："然而正确说法应是……"或者说："我刚才那句话还应做如下补充……"这样就可将错话抹掉。

2. 移植法，就是把错话移植到他人头上。如说："这是某些人的观点，我认为正确的说法应该是……"这就把自己已出口的某句错误纠正过来了。对方虽有某种感觉，但是无法认定是你说错了。

说话要注意对象

小硕和宋阳在同一个班级读小学六年级，两个人是好朋友，经常在一块写作业，下跳棋。由于两个孩子经常在一起，双方的家长也都很熟了。

今天，小硕的妈妈接到宋阳妈妈的电话，说小硕总是笑话宋阳，说他长得胖，还长青春痘。现在宋阳一照镜子就唉声叹气的，也不愿意出门。

小硕妈妈觉得很奇怪，小硕心地善良，在学校也很团结同学，怎么会笑话好朋友呢？妈妈要等小硕放学回家后，好好问问。

"小硕，宋阳最近怎么没来家里玩啊。"小硕一进门妈妈就问道。小硕说："宋阳这几天心情不好，放学后就一个人走，也不理我，等明天我问问是不是出什么事情了。"

"那你有没有说过宋阳很胖，长青春痘之类的话啊？"妈妈小心地问。小硕着急地说："没有啊，宋阳是很胖，也长了很多痘痘，可是我从来没有说过他。"妈妈放下心来："那就奇怪了，宋阳怎么会误会你笑话他呢？"

"啊，不会是我说自己胖了，也开始长痘了，他误会是说他吧？"小硕大喊道。

原来是这样的，周三下午放学的时候，小硕和宋阳走在一起。小硕向好朋友抱怨说自己最近长胖了很多，连肚子都鼓起来了，还抱怨脸上长讨厌的青春痘。

"我现在又胖又丑，怎么办，好烦啊！"小硕叽叽咕咕一路，平时爱说的宋阳却没怎么说话。宋阳是班里公认的小胖子，最近脸上长了很多红色的青春痘。

"你怎么可以在宋阳面前抱怨自己长得胖，还有青春痘呢？这样宋阳心里会很不舒服，觉得你是在嘲笑他。"妈妈明白问题出在哪了，"本来，宋阳就因为自己胖而挺自卑的，现在误会连好朋友都笑话他，更自卑了。以后说话要分对象。"

小硕觉得很惭愧，他没有想到，因为自己说话不得体而给好朋友带来了这么大的伤害，明天上学的时候一定要跟宋阳好好解释。

给男孩的悄悄话

俗话说："到什么山唱什么歌，见什么人说什么话。"青少年在说话时，一定要看清对象。说话不看对象，往往会给他人留下坏印象，甚至伤害他人。

我们说话的对象是社会上的各种人，他们年龄、性别、性格、脾气等各不相同，他们各有不同的思想认识。各人所处的地位不同，对同一事物的理解是有差异的，说话的分寸也就要根据各种人的地位、身份、文化程度、语言习惯来做不同的处理。例如在日常生活中，对同辈人与对长辈（或上级）、对陌生人与对知己、对不同性别的人说话都应讲究分寸，考虑到听者的接受程度。

具体而言，青春期男孩开口说话前应该注意以下几点：

1. 注意对方的身份

说话一定要注意对方的身份，对老师要尊敬，对同学要有礼貌，否则的话，会制造很多不必要的麻烦。

2. 注意对方的特点

鬼谷子曾说，和聪明的人说话，须凭见闻广博；与见闻广博的人说话，须凭辨析能力；与地位高的人说话，态度要轩昂；与有钱的人说话，言辞要豪爽；与穷人说话，要动之以利；与地位低的人说话，要谦逊有礼；与勇敢的人说话不要怯懦；与愚笨的人说话，可以锋芒毕露。

3. 注意年龄

青少年、中年人、老年人经历不同，志趣各异，心态不同。我们与人谈话时，应考虑哪些该谈，哪些不该谈。比如，在老年人面前不宜多提不吉利的话。打听人家的年龄，对老年人不宜说："您几岁了！"最好说："你今年高寿？"或"您今年高龄？"对小孩应说："你今年几岁了？"对与自己年龄相近的异性，特别是未婚的男女，不宜直接问"你今年多大年纪了？"以免引起某些不必要的猜测。射箭要看靶子，弹琴要看听琴人，若说话不看年龄，就难免事与愿违。

4. 注意环境

说话时应看清当时的环境和具体场合使自己的话显得十分得体，而且语言要幽默，又鼓舞人心。

5. 注意文化程度

一个人的文化教养与理解话语的能力密切相关。这就要求说话时要善于根据对方的知识水平而选用合适的话语表达。如果不看对象，随意用词，就不能取得预期的交流效果。

一般来说，对于文化程度低的人所采用的方法应简单明确，多使用一些具体的数字和例子、大白话、家常口语；对于文化程度高的人，则可以多用较典雅的语言，或采取抽象的说理方法。

6. 注意他人的心境

同一个人，心境不同对言语反应也不相同。情绪好的时候，别人即使对他说些不中听、不得体的话，他听了就听了，表现出随和性；情绪不好或心烦时，自己不愿意多说话，更不爱听别人唠唠叨叨，听到一句不顺心的话就会起急，甚至莫名其妙地对人发火。

学会委婉说话

徐森是徐强的堂弟，现在读高一，比徐强低一个年级，两人在同一个学校读书。徐森学习成绩很好，可是就是脾气不太好，不团结同学。最近，徐森竟选班干部失败，很是烦恼。回到家后不断地向堂哥徐强发着牢骚。

"哥哥，你说，我哪一点不配当干部？学习成绩够格了吧？体育成绩达标了吧？卫生我也不差啊？怎么就是选不上班干部呢？我哪点比张明辉差，凭什么他就能当班长？"徐森还在唠唠叨叨。怎么也想不明白，为什么同班的张明辉不论学习还是体育成绩都不如自己，他怎么就能当班长。

徐强知道堂弟脾气暴躁，对同学不友好，得罪了不少同学。看他这么困惑苦恼，想劝他吧，以他的脾气未必肯听，于是决定采用迂回战术。

徐强说："是啊，你看你，学习成绩这么好，体育也很棒，而且你比张明辉帅多了！"徐森点头表示认可。"他有什么啊，听说就是人缘好点罢了，整天就知道给这个补课啊，给那个疏导心理啊，谁有问题了，他跑在前面。听说他还经常帮助同学干值日，你说他傻不傻啊！"

徐森有点尴尬了，徐强继续说："听说你们班现在班风正，同学团结，学习成绩排在年级前列，要是你当班长，在你的带领下你们班肯定更不得了，张明辉能干的，你肯定干得更好！你们同学怎么回事，怎么不会比较优劣呢？"

这时候，徐森脸上红一阵白一阵的："那个……其实，张明辉做得挺好的。我脾气不好，没耐心……"

徐强见目的达到了，装作恍然大悟状："哦，你是说你对同学没有耐心吗？那就对了，我说你这么优秀，同学怎么会不选你呢。其实班干部不是只要学习好就可以的，最重要的是要团结大家，能热心为班级服务，你要是努力和同学搞好关系，相信下次竞选你肯定没有问题。"

徐森现在也不好意思抱怨自己落选了。他觉得是他自己找到了问题的根源，现在正在试着和同学友好相处。

给男孩的悄悄话

生活中，当遇到难以正面说服的人或难以拒绝的人时，应考虑改变一下策略，避开正面，迂回出击。利用迂回战术，常常可以收到意想不到的效果。

1. 委婉暗示法

用含蓄、委婉的语言，巧妙地向对方发出某种信息，以此来使对方不自觉地接受一定的意见、信息或改变自己的行为。

2. 以退为进法

以退为进指避实就虚，闪开对方所期待的进攻路线或目标，从看似无关的话题入手。

以退为进的交谈方式，是一种有效的交谈策略。它表面是退缩，实质是进攻，退是为了更好地进。就像拉弓箭一样，先把弓弦向后拉，目的是为了把箭射出去。

男孩们运用这种方法，要注意三点：要知情，知己知彼，方能百战百胜；要有度，退要适度，进要有力，有如拉弓，过度则弓弦易断，不够则不能把箭射远；要顺应对方的话题和心态，自然而然，顺理成章，才能退得巧妙，进得有力。

3. 先扬后抑法

先指出他人的优点、长处，再画龙点睛、亮出对方的不足之处。两相比较，对方易于接受你的意见。

4. 巧创氛围法

此法指设法创新出合适的气氛、环境，借以说理，使对方信服。

有一位大学校长运用此法做报告，收到了很好的效果。

在一次集会时，校长面容严肃，戴方帽、穿礼服登台，只讲了几句开场白，就从口袋里掏出笔记本写着什么，然后把笔记本丢在地上。又掏出香蕉吃，把皮随手扔掉，接着是嚼糖果、花生，最后竟把泡泡糖也吐在台上，还用脚踩了踩。

在学生们再也看不下去时，校长开口了："各位同学，大家已经看清楚什么是不道德了，从现在起，我们要共同维护校园的整洁，报告完了。"

结果，掌声四起。

善意的谎言是美丽的

在云南一个偏远的农村，有一所简陋的小学。学校里的学生从来都没有走出过大山，也不知道外面有怎样的世界。二娃就是这些学生中的一个。

寂静贫穷的小山村，有一天来了一个漂亮的女老师。女老师懂得好多东西，她告诉学生轰隆的火车是怎样穿过山洞，飞机是怎样穿过云层。她会讲地球上怎么会有山峦起伏，会在夏季的夜空教孩子们辨认"仙后座"。二娃他们都对老师佩服得不得了。

有一天，这位美丽的老师请来了一位客人，据说这位客人有神奇的本领，能预测人的未来。同学们都兴奋极了，团团把这位神通广大的客人围起来，争先恐后地让他帮自己预测未来。二娃也使劲地往前挤了挤。

终于轮到二娃。那个帅帅的神秘人问道："你叫什么名字啊？"二娃响亮地答道："大名叫李成才，小名叫二娃。"那人说道："好名字啊，让我好好想想，成才的未来是怎么样的呢？"想了一会儿后，他说："我看到你的未来了，你未来能成为一个大作家啊！""怎么可能，我上次作文还不及格呢？"二娃开始怀疑他的话了。那人继续说道："真的，我给人预测未来很准的，你具有成为大作家的天赋，所以要好好努力！"

从那以后，二娃确信自己具有成为大作家的天赋，并为成为作家努力着，好好学习课本知识，读写背诵，尽可能多地读课外书。

几年过去了，二娃升入了镇上的初中，又升入省里的重点高中。这么多年以来，他的写作水平越来越高，很多作品都出现在了当地的期刊上，自己成了村里的"金凤凰"。

他很感谢那个神秘的预测人。他明白，所谓的"神秘人"根本不会预测什么未来，那个人只不过是老师的男朋友，是学心理学的。

为了让学生们心怀梦想，老师用心良苦地和男朋友导演了一场戏。正是这个美丽的谎言让很多学生心理埋下了希望的种子，走出大山，走进更广阔的天地。

🚢 给男孩的悄悄话

有人说：善意的谎言是美丽的。当我们为了他人的幸福和希望适度地扯一些小谎的时候，谎言即变为理解、尊重和宽容，具有神奇的力量。

善意的谎言是一种处世的方式，是一种替人着想的品质的体现。一个身患重症的病人，亲友们总是用善意的谎言将他的病情说得很轻，给他信心、希望，鼓励他配合医生治疗，相信人们不会因此而指责他们不诚信。想向一个自尊心极强的失意者、困苦者施以援手，不借助善意的谎言，也许就无法成功；恋人为你买的礼物、做的饭菜，你不太喜欢，但说一句谎言又何妨……

生活中，青春期男孩可以像那位美丽的老师一样，针对具体情形，来编造善意的谎言。

1. 渗透法

有一位老人体弱多病，心脏不好。在外地工作的小儿子是他最宠爱的孩子。过年时，儿子来信说要回来看望老人，老父亲十分高兴，在家里准备了很多好吃的。可是儿子在回家的路上出车祸死了。这个消息如何告诉老人呢？如果直言相告，老人肯定承受不了。于是家人跟老人说："路上车太多，出了车祸，小冲受了伤，正在抢救。"

过了一天，又说："还在抢救，不过情况不太好。"又过了一天，家里人说："我们可能得做最坏的准备了。"最后，告诉他："医生做了最大的努力，但是……没有留住小冲。"

此时，老人已经明白了，却显得不是那么震惊。

生活中，当估计到不幸消息对于当事人可能造成致命打击的时候，就不宜一次性地通知对方，而应采取这种逐渐渗透的办法，一次比一次多地把坏消息透露出来，在这样一个过程中使之增强承受力，当最后把实情说出来时，对方就不感到太突然了，以致承受不住。

2. 温情法

一次，小周与单位的几位同事去北京旅游，观名胜，赏古迹，寻奇涉险，尽情而游，竟把当初答应妻子给她在王府井购物的事忘得干干净净。直到乘车返回家时，才猛然想起。不得已，他只有在本市的一家商场里买了一套裙子。回家以后，对妻子不敢如实相告，而以谎言哄之：

"平日里，你提篮买菜，洗碗刷锅，相夫教子，毫无怨言，真得好好感谢你。这次去北京，为了买这身裙子，我几乎跑遍了各大商场，才选中了它，也不知道你喜欢不喜欢，来，试试看！"

妻子笑逐颜开，欣然试装。

试想，如果小周如实相告，岂不大煞风景，甚至会引起一场小小的"内战"。朋友、恋人、夫妻间理应真诚相待，来不得虚伪和欺骗，但如果每件事都得实言相告，每一句话都不掺半点假，则不仅不能增添欢乐，反而还会使原本和睦的关系出现裂痕。因而，在不涉及大局、无关"宏旨"的琐事上，有时不妨以"谎言"来润润色，营造一种温情脉脉的氛围。

累积人脉财富

说话要顾及他人的颜面

今天下午最后一场考试后，高考就结束了。高三（7）班的同学在考试后还有一个告别班会。开完班会后，同学们就各自有不同的路要走了，升入不同的大学继续学习或者是走上社会参加工作。

班会上大家依依惜别，整个班会被淡淡的离愁别绪笼罩着。老师在班会上讲了大家在三年中成长的点点滴滴，并对大家的未来寄予厚望。大家都敞开心扉，说着各自的心里话。

有的同学在学习生活中产生过矛盾，甚至曾经恶语相向，但现在离别在即，突然发现彼此又那么不舍。大家在一起回忆一同经历过的欢乐与痛苦。

班会越往后进行，就越悲伤。以前大家都只知道忙碌学习，最后聚在一起才发现其实大家有那么多共同的话题可以聊，越聊越是舍不得离开。

班会接近尾声时，班长站出来给大家道别。班长的一席话让班里的很多同学眼睛里泪光闪闪，李忠磊也差点哭出来。班长是自己的好朋友，平时他很木讷没想到今天表现的这么好，看来很在状态。"最后，大家一起唱周华健的《朋友》，不管在哪里，我们永远都是好朋友！"班长激动地说。

大家的情绪也被带起来了，又听班长说道："我领唱，大家一起来！"班里同学全体站起来了。

班长唱道："朋友啊朋友，你可曾……"这时班里出现了很轻微的骚动，但很快就恢复平静了，很显然大家都意识到班长唱的是另外一个歌手的。

看着大家都默不作声，李忠磊想：班长可是我的朋友啊，不提醒唱错了，多丢人啊。于是大声地喊道："唱错了！这不是周华健的！"

班里开始出现更大的骚动，大家都用责怪的眼光看着李忠磊。班长脸越来越红，站在那里手足无措。空气似乎一下子凝结了。

后来还是老师打了圆场。歌还是唱了，但是完全没有那种味道，总觉得挺尴尬。一直到离校，班长都没有再说一句话，也没有和好朋友李忠磊单独告别。

李忠磊开始后悔了，后悔自己不应该直接指出班长的错误，没有给他留面子，使得整个班会没有画上一个圆满的句号，也使得他们的友情蒙上了阴影。

给男孩的悄悄话

一位名人曾教育自己的孩子说："你要给别人一次面子，就可能会增加一个朋友；你每驳一次面子，就可能失去一个朋友。"面子是人们一种表面上的荣耀感，一种自尊心的满足，面子就是尊严。人们对面子有一种本能的保护反应，对于伤害自己面子的人有一种本能的敌意，对于维护自己面子的人有一种本能的好感。

人都有失误之时，及时地给他一个台阶，大家皆大欢喜，他也必定对你心存感激。相反，如果你当仁不让，让对方下不了台，他也许会恨你一辈子。

古人云：以和为贵。人与人之间，没有必要为了不起眼的小事伤了彼此的和气。

生活中，青春期男孩怎样才能做到给别人面子呢？

1. 在关键时刻和重要场合给朋友捧场。

2. 遇到要分输赢的场合，手下留情，不必赢得太多，"得饶人处且饶人"。

3. 真诚地赞美别人。

4. 讲究批评人的方式，给人留住面子。永远不要在公众场合或当着第三者的面批评别人。同时在批评的时候，最好肯定一下别人的优点和长处。

5. 不揭人之短，不笑人之丑。

让步是一种修养

刘杰与朱强是同桌，他们两个人很有共同话题，在一块经常讨论问题，商量题目。可是今天两个人看起来都气呼呼的，彼此不理睬。

原来早上的时候，语文课上学习了《鸿门宴》，两人都是"历史迷"，想象鸿门宴上剑拔弩张的气势，二人都兴奋不已，下课了，两人还在讨论。

刘杰说："刘邦真险啊，幸亏知人善任，而项羽优柔寡断，是有勇无谋的莽夫。"朱强道："怎么能说项羽是莽夫呢？只能说明他大度，有人情味。哪像刘邦这么奸诈狡猾？"

"有人情味？坑杀20万秦兵，残忍地屠杀咸阳城，这样的人你还说他有人情味？你是从哪看出来的？有人情味会输给刘邦？"刘杰一连串地反问道。

朱强不服气了："项羽骁勇善战，和虞姬的爱情感天动地，比起六亲不认的市井小民刘邦来说，项羽才是真正的英雄。"

"真可笑，一个残暴的武夫竟然被你视为英雄，而真正的枭雄却当作市井流氓，你的眼光还真是异于常人啊！"刘杰讥讽地说。朱强真生气了："就你正常，你眼光多好啊！"

两个人都生气了，脸都涨得红红的，声音越来越高。很多同学都开始往这边看。在争执的过程中，两个人都说了很多难听的话。

本来就是单纯的讨论课文，因为对历史人物的评价不同而引发了一点争执，争执到后来竟然变成了人身攻击。

坐在一块，彼此不说话是很别扭的。其实刘杰特别想和朱强和解，高中生活本来就很压抑，要是和同桌都不说话那就更憋闷了。可是每次想和朱强说话，就会想到同桌在争执中说的话很过分，想到这里便打消了和解的念头。

朱强也在想，明明就是在聊天，各自的观点不同罢了，观点本身没有对错。为什么两个人非得争个高低，要是当时两个人各自退一步，就不会有现在这么尴尬的局面了。

🚢 给男孩的悄悄话

生活中，青春期男孩与人发生争执时，要懂得后退一步。所谓"退一步海阔天空"，不无道理。

有争执时，让步是一种修养，让步是一种虚拟的退却。社会中，人与人之间应相互理解、相互尊重，尤其是在与人讨论、交谈时，对于别人的见解，我们不应轻易否定，即使其见解与你相左。如果能够做到理解别人、体贴别人，那么就能少一分盲目。

要善于发现别人见解的正确性，只有这样，才能多角度地看问题，就会发现固守自己的思维定式，有时显得多么的无知和可笑。因此无论何时都要注意，别听到不同的观点就怒不可遏。通过细心观察，你会发觉，也许错误在你这一边，你的观点不一定都与事实相符。人际交往中，让步是一种常用的处理问题的方式，它不是懦弱的表现，而是一种修养。让步其实只是暂时的、虚拟的退却，为进一尺，有时就必须先做出退一寸的忍让。主动让"道"是一种宽容，是在人际交往中有较强的相容度。相容就是宽厚、容忍、心胸宽广、忍耐性强。

曾有一位青年与长辈发生争执，结果不欢而散。后来他说："真希望这件事情从未发生过。假如我稍微有点警觉性，觉察到他对这个话题多么敏感，很可能就会婉转地说：'我们看法不同，那也没什么。'这样就可以避免发生不愉快。"

凡有争论，双方几乎都各有言之成理的论点，因此如果你显然无法令对方改变心意，对方也显然无法说服你，就应该立刻罢手。切记"一言既出，驷马难追"，以免造成无法补救的伤害。

想避免出现僵局，一种有效的办法是说句"我们两人都是对的"，然后再转向比较安全的话题。学会听从不同的意见，控制你的脾气。与人谈话时先听为上，给对方机会，不要急着抗拒、防护或争辩。尽量在交谈中寻找双方的共同点。有错了，就主动承认，并道歉。

不管什么情况，无谓的争执简直就是浪费时间。青春期男孩要注意，在生活中尽量少与人争执。只要能避免徒劳无益的争执，人人都是赢家。

宽容，化敌为友的良方

小可是小学六年级的学生，长得瘦瘦小小的，别看长得小，学习成绩一点都不落后，年年都被评为学习标兵。

自从班里转来了一个新同学，无忧无虑的小可也有了烦恼。刚转来的同学叫龚浩，个子要比小可高一头，身体壮壮的，说起话来瓮声瓮气。刚来班里没有几天就"晋升"为班里的"调皮大王"。

"调皮大王"对人一点都不友好。尤其爱欺负瘦小的小可，他经常在上学的路上煽动其他同学对他高喊"豆芽菜"，每当这时候小可就羞得无地自容。看着龚浩高高大大，每次小可都忍气吞声。

还有一次，放学的时候下雨，龚浩没有带伞，竟然去抢夺小可的伞，还把他推倒在泥水里。小可真是太讨厌龚浩了，他常常想：怎么会有这么坏的学生呢？在学校里小可总是小心翼翼地躲避龚浩。

为了全体同学共同提高，班里实行"对对红"，小可竟然和龚浩是一对，老师让小可帮助龚浩提高学习成绩，而龚浩也可以帮小可加强体育锻炼。小可对龚浩避之唯恐不及，现在却要整天和他在一块学习，他可受不了。

知道自己和龚浩要结成对子的消息后，小可的第一反应就是找老师换"对子"。

在去老师办公室的路上，小可迟疑了：龚浩虽然经常欺负自己，但是听说他也做了很多好事，有一次捡到一大笔钱，就在路边等了很久，才把钱还给失主。或许他并不是真"坏"吧。虽然成绩不好，可是总是能按时完成作业，看来在学习上他确实是需要帮助。

想到这里，小可决定试试。

小可不再计较以前的事，耐心地为他讲解题目，检查作业，真诚地帮助他，在他的努力下，龚浩的成绩提高得很快。通过一段时间的相处，小可发现，龚浩没有想象中的可怕，甚至觉得他很可爱。

现在龚浩不仅不会再欺负小可，还教他踢足球，陪小可锻炼身体。曾经最讨厌的人成了小可最好的朋友，现在俩人整天形影不离。

🚢 给男孩的悄悄话

小可与龚浩的故事，读后让人感慨良多。因为宽容，小可少了一个敌人，多了一个朋友。宽容有着不可估量的作用，它能改写许多人生故事的结尾，能化敌为友。

宽容，是一种美德，一种大爱。宽容对赢得友情、消除仇恨，乃至事业的成功都是必要的。因此在日常生活中，无论对父母、对恋人、对老人、对同学、对领导、对同事、对朋友……青少年都要有一颗宽容的爱心。宽容，它往往折射出待人处世的经验、待人的艺术、良好的涵养。学会宽容，需要自己吸取多方面的"营养"，需要自己时常把视线集中在完善自身的精神结构和心理素质上。

待人宽容，男孩能为将来成就大事奠定良好的基础。一个人以敌视的眼光看人，就会对周围的人戒备森严，心胸窄小，处处提防，就不可能有真正的伙伴和朋友，就会陷入孤独和无助中。宽宏大量、与人为善、宽容待人，能主动替他人着想，关心和帮助别人的人，则讨人喜欢，被人接纳，受人尊重，具有魅力，因而能更多地体验成功的喜悦。

有人说宽容是软弱的象征，其实不然，有软弱之嫌的宽容根本称不上是真正的宽容。宽容是人生难得的佳境——一种需要操练、需要修行才能达到的境界。

当然，宽容绝不是无原则的宽大，而是建立在自信、助人和有益于社会基础上的适度宽大，必须遵循法制和道德规范。对于绝大多数可以教育好的人，宜采取宽恕和约束相结合的方法；而对那些蛮横无理和屡教不改的人，则不应手软。从这一意义上说"大事讲原则，小事讲风格"，乃是应取的态度。

处处宽容别人，绝不是软弱，绝不是面对现实的无可奈何。在短暂的生命历程中，男孩如果能学会宽容，意味着你的人生将更加快乐。

仅有热情无法成为交际高手

姚勇性格很外向，特别爱说话，和谁都有聊不完的话题，见了陌生人都会主动打招呼。可是爱说话姚勇的人缘似乎并不怎么好。

姚勇见了谁都笑盈盈地打招呼，然后"话匣子"一打开就收不住了。每当这时，熟悉他的人都会赶紧打断他，找事情开溜。

姚勇说话的速度很快，和人说话也不是交流，只是自顾自地一个人说，别人都只能是他的听众。而他的话一般也没有什么实际内容，和他说话总让人感觉很乏味。

他还是个"万事通"，不论别人说什么话题他总能成功接上话，貌似什么都懂，想认真听他说，但什么又都不是很明白。很多时候觉得和他说话是在浪费时间。

他是个"热心"的人，总是大包大揽地应承事情，应承之后就又抛到了脑后，因此大家都不太把他说的话当真。

而且他好奇心特别重，很有八卦杂志记者的潜质，总爱打探一些小道消息：什么班里小 A 是不是和小 B 谈恋爱啊，小 C 是不是某个老师的亲戚等等。

🚢 给男孩的悄悄话

我们生活的社会，所有的活动、交易、成就，都要从人与人的接触中产生。别人供给你所需，你肯定也要贡献，甚至你存在的价值，都是建立在他人的认可之上的。

所以，你认识的人越多，交际越广，公共关系越好，你成功的概率就越高。

与人交谈，也是要讲究技巧的，过于沉默或者过于话多都会引起交谈者的不快。不过，交际并没有想象中的那么困难。青春期男孩们，遵循以下原则，你与交际高手的距离就很近了。

1.不要出言不善，不讲信用。在交往中，说能办的事情一定要办到，自己没有把握的事情，即使碍于面子不宜马上拒绝，也要委婉地表明办不到的可能性。约定见面，一定要准时赴约。同时，初访时交谈不可过久。现在大家都很忙，办完事情，尽快告辞。

2.不要打听自己不应该知道的事情。在交谈中，不可多嘴多舌，贸然打听别人的秘密或对方难以启齿的事情，使对方受窘；也忌有意无意地揭穿他人的秘密。

3.不要自以为"万事通"。对不知道的事不说，别人不了解的也不要牵强附会，东拉西扯，让对方反感，否则交往必然失败。

4.不要花言巧语，虚伪客套。在交往中，态度要诚恳，实事求是，讲心里话，不用虚伪的客套话骗人。当然，讲话也要注意分寸。

5.不要分等级待人。对来客一视同仁，不卑不亢，不论对方地位高低，资历深浅，条件优劣，自己都要热情谦虚，既不巴结讨好，也不傲慢自居。

6.不要过分打扮。与人交往时，衣着要与身份相符，整洁大方，当然，也要考虑被交往方面的生活习惯。如不修边幅或过分修饰，难免使对方产生误解或给人一种浮华轻薄、华而不实的感觉。

7.不要论人之是非、发泄牢骚。在交往中，交谈不要议论第三者，不要攻击他人短处，甚至对自己不满的人和事，发泄不满情绪，不然，特别是初交的对方会误解为你有"影射"之意。

8.不要随便误解对方。对别人谈论的事，要正确理解。如果是出于无心，就不要过于认真，想入非非，甚至造成误解，使人感到不雅。

9.不要言谈举止浮泛。与人交往时，语言要文明，举止要礼貌，说话有条理，言简意赅，别人谈话时，要虚心倾听，不打断对方谈话，不做心烦意乱的动作，不搔首、抓腮、挖耳、抠鼻、剪指甲、跷"二郎腿"等，更不要随便翻阅别人的东西。

10.不要显示自己有恩于人。在交往中，不要多谈自己的好处，不要认为自己足够对得起人家，别人太对不起自己了，应该常提受人恩德的事，使对方心中也感到舒服。

如何实现良好沟通效果

志平看起来很孤单，在家里没有兄弟姐妹，在学校也没有什么朋友，几乎不与人交流沟通。每天就奔走在学校和家两点一线间，生活枯燥乏味。

父母开始担心志平不会与人沟通，会对今后的学习生活造成不好的影响。

通过观察，爸爸妈妈发现，志平与人说话的时候总爱若有所思地看向远方，显得心不在焉，说话也没有底气，总感觉蔫蔫的。

可能是学习压力大，志平和人聊天的时候，总爱抱怨，不是说功课太多，习题太难，就是说食堂的饭菜有多么难以下咽。刚开始和他说话的人还能敷衍两句，到后来很显然别人都不愿意听了，志平还在祥林嫂般地重复着那些单调的话。

"为什么没有人听我说话？怎么就都不理解我呢？"困惑了很久后他向妈妈说道。

妈妈问："与人沟通是需要技巧的，你在与人说话交流的时候运用过这些技巧吗？"

"技巧？平常的沟通还需要什么技巧，我又不是做演讲。"志平嘀咕道。

"你好好想想，当别人对你说话的时候，你有没有看着别人的眼睛认真地听？你和说话人之间有眼神的交流吗？你让他感觉到你在认真地听了吗？"妈妈一连串的问题让志平有点招架不住了。

"另外，与别人说话的时候不仅要注意眼神的交流，还要注意语气，声音的大小等。你平时和别人说话的时候，声音总是很小，哼哼唧唧的，一个男子汉怎么可以这样呢？"顿了一下后，妈妈继续说："而且你总是诉说自己的愁苦、失落等一些消极的事情，没有人总愿意听这些的。你要多看些书扩大知识面，这样你就会有很多话题和别人聊了。"

"你以后与人交流的时候要注意认真倾听，不要滔滔不绝。还有就是要心胸开阔，谈一些彼此都喜欢的积极有意义的事情，找到有共同话题，才能愉快的交流沟通。"妈妈建议道。

看来与人沟通确实需要一些技巧，志平觉得应该按照妈妈的方法试试。

🚢 给男孩的悄悄话

生活中，青春期男孩不善于和家人、朋友、同学沟通，为人际关系、事业发展造成了诸多障碍。在很大程度上，一个人沟通的品质决定了他生命的品质。所谓沟通，不仅是以言语，还可以经由动作、姿势、眼神以及接触等方式进行。

沟通良好，意味着经由言语或非言语的方式，明确表达你的意向。更重要的是沟通良好还表示你了解对方想要表达的意思。

沟通有三大要素，据权威机构研究，这三大要素以及它们所占比例是：文字占7%；声音占38%；肢体动作占55%。完美的沟通需要这三个要素的有效搭配。

要拥有良好的沟通品质和沟通效果，青春期的男孩们最好遵循以下几个原则：

1.多谈对方感兴趣的话题。

2. 多谈对方熟悉的事情。

3. 多谈对对方有利有益的事情。

4. 多用推崇、赞美的语言。

5. 多听少说。80％用于听，20％用于说。

6. 多问少说。80％用于问，20％用于说。

7. 多谈轻松的话题。

男孩们，如果你感到自己在沟通中处于被动的地位，不妨问问自己如下几个问题：

对哪些情境的沟通感到愉快？

对哪些情境的沟通感到有心理压力？

最愿意与谁保持沟通？

最不喜欢与谁沟通？

是否经常与多数人保持愉快的沟通？

是否常感到自己的意思没有说清楚？

是否常误解别人，事后才发觉自己错了？

是否与朋友保持经常性联系？

是否经常懒得给人写信或打电话？

通过这样的问题，你一定能够发现自己在哪些方面存在不足，从而确定在哪些方面重点改进。比如沟通范围狭窄，则需要扩大沟通范围；忽略了与友人的联系，则需写信、打电话；沟通主动性不够，则需要积极主动地与人沟通等等。把这些制成一个循序渐进的沟通计划，然后把自己的计划付诸行动，体现在具体的生活和工作小事中。比如觉得自己的沟通范围狭窄，主动性不够，你可以规定自己每周与两个以前并无深交的同学打招呼。

另外男孩还应懂得弱化自己，强化别人。

聪明的人总是先让别人感觉到重要，并最终以此赢得尊重。

《福布斯》杂志上曾登过一篇《良好人际关系的一剂药方》的文章，其中有几点很值得大家借鉴：

语言中最重要的5个字是："我以你为荣！"

语言中最重要的4个字是："您怎么看？"

语言中最重要的3个字是："麻烦您。"

语言中最重要的2个字是："谢谢。"

语言中最重要的1个字是："你。"

那么，语言中最不重要的一个字是什么呢？是"我"。

学会弱化自己，强化别人吧！这样不久你就会发现，喜欢你和帮助你的人会越来越多。

努力适应新环境

刚刚升入初中，学习环境作息时间等都有了很大的变化，从来没有离开过父母的小江现在得住校了，一周才能回一次家。

刚开始的时候不适应，小江的学习，生活好像一下子都没有了秩序，变得混乱不堪。

坐在新的教室里，全部都是新的面孔。学习的科目增加了，每个老师的授课方式也不一样。对于这些变化，小江显得有点慌乱。

原本自己在班里成绩是很优异的，可是和现在班里的同学比起来，自己的成绩是那么不起眼。很多功课都有压力，好像跟不上大家的步伐，又不可能让老师单独辅导。

在学习上，小江开始产生自卑的心理，不懂的问题不好意思问老师和同学，但又不甘心把题目放过去，便只能苦思冥想，浪费了很多时间。

虽然学习环境很不习惯，但是宿舍生活倒是适应得挺快。小江是第一次住校，但是平时在家他也是自己的事情自己做。几个陌生人住在一起，虽然刚开始不习惯，但是很快小江就适应了。打水、买饭、洗衣、叠被都没有什么难的，和宿舍里几个同学也很快就打成一片。对于自己的生活自理能力和交际能力，小江还是挺自信的。

现在唯一担心的就是自己的学习成绩了。他意识到，总这么下去，自己的成绩很快就会下降的。有一天他终于鼓起勇气，问了老师一个自己思考已久的问题，老师很耐心地给他做了讲解。和同学们讨论问题，同学们也都很友好。他明白了，原来自己以前的自卑都是没有必要的，没有人会因为学习有点吃力而看不起自己。明白了这一点之后，小江的心情一下子放松了。现在学习觉得轻松多了。

现在不论是学习还是生活中有什么问题，小江都会及时与老师、家长沟通，听取他们的意见，与同学们的关系也越来越亲密。小江正在一个新的环境里健康成长。

🚢 给男孩的悄悄话

一位教育专家说："五天的学校教育往往抵不过社会两天的熏染。"学校德育侧重于正面教育，灌输的是真、善、美的东西，而青少年在家庭、社会却耳闻目睹了许多光怪陆离、纷繁复杂的社会现象，所以一旦走出校园感受到多姿多彩的社会时，青少年便感到学校老师灌输的思想信念、道德情操显得多么单薄、多么脆弱。

达尔文有一句经典的理论："适者生存。"适者生存也就是随着社会的发展趋势解决遇到的问题。一个人不能左右社会发展的趋势，社会更不能按照一个人的意愿发展。我们每个人，都不能脱离人群，脱离社会而生活，如果不适应社会的变化，就会被社会所遗弃。只有适应别人，适应社会，我们才能长大，变得成熟。

我们可以改变自己的某些观念和做法，以抵御外来的侵袭。当自己改变后，眼中的世界自然也就跟着改变了。如果你希望看到世界改变，那么第一个必须改变的就是自己。适应需要坚强的意志和顽强的耐心。有时就像婴孩从母体里脱离，要适应到外面的世界生存一样，挣扎是痛苦的，但痛苦后的啼哭又是十分幸福的。

适应是对你智慧技能的一种消耗。所以，在适应中我们还需不断加强知识的积累和体能的锻炼，储备良好的智慧、体能等竞技食粮。

学会适应生活适应社会，是一个深思熟虑的过程。切忌在摸清目标背景的实质前盲目行动。适应的过程，是一道精确的算术题，你的内心必须有 2～3 个熟练的解题公式，这样你才会立于不败之地。

生活中，青春期男孩可以尝试以下做法去适应种种变化：

1.加强自我认识能力的培养。青少年要对自己有一个客观的了解，知道自己的优势和不足，有优点不要骄傲，有缺点不必自卑，当遇到困难时才不至于产生心理失衡。

2.训练良好的自控能力。培养自己的自控能力，学会用友好的方式解决问题，当产生矛盾时，避免出现攻击行为。

3.提升自我解压能力。青少年由于生活经验不足，承受能力有限，在遇到困难和矛盾的时候可能不会调整和控制自己的情绪，要让自己学会缓解精神压力，懂得宣泄和放松，这样才能保持心理平衡和良好的心态，才能冷静地处理遇到的困难，并保持愉快的心情。

4.增强有效解决问题的能力。当矛盾和冲突无法回避时，需要学会应对的技巧和方法。青少年此时应该自主寻求解决问题的突破口和方法步骤，学会主动适应环境，从遇到的问题中解脱出来。

遇见未来的自己

成为自己崇拜的人

初三（1）班的同学正在展开一场关于理想的热烈讨论。题目是方飞想出来的"十年后，我能否成为自己崇拜的人"，大家由这个题目展开了讨论。

有的同学崇拜毛泽东，崇拜他能够在民族危难的时候挺身而出，带领人民走向了新生活。有的同学崇拜周恩来，喜欢他为中华崛起而读书的豪迈和后来在外交中表现出的风度和礼仪。有的同学崇拜成龙、姚明……

每个人都有自己崇拜的偶像，当然也不乏科学家、医生、教师等专业的人才，后来讨论到了下一个部分"十年后，我能否成为我自己最崇拜的人"。

每个人都需要列出自己如何成为自己崇拜的人的具体步骤和所需做出的努力。大家突然觉得成为一个优秀的人需要做的事情很多，然后需要掌握的知识也远比我们预期的多。方飞希望自己能够当一个救死扶伤的医生，他知道自己必须从中学开始就要好好学习生物知识，不仅如此，还要学好其他的课程，这样才能为未来做个好医生打下良好的基础。虽然现在他还不用那些跟医生的职业有关的实习，但是他也需要关注这些方面的基础生理知识。这个积累的过程很漫长，他需要坚持下去，才能在十年后成为自己最崇拜的医生。

🚢 给男孩的悄悄话

青春期的男孩，几乎每个人都有自己的偶像。我们惊羡偶像们伟大的成就、精彩的生活、不凡的经历，有时把他们的照片贴满自己的小屋，有时又去购买他们的成长书。

榜样的感召力量是无穷的，崇拜某一个人，说明在内心里我们有成为这样的人的理想和愿望，只是这种愿望常常被我们忽略，有时我们觉得自己还小，未来还很遥远，有时觉得自己太过平凡，可能无法拥有卓越的人生。但是还没有试过、努力过，怎么可以轻率地说不可以，做不到呢？

事实上，春天种下什么，到了秋天就会收获什么。

春天种下一棵苹果树，夏天花开满园，到了秋天，果实成熟，沉甸甸地挂在枝头。我们立即摘下来品尝，或储藏起来制作更美味的果酱，留在冬天回味。

要想成为自己所崇拜的人，我们必须从今天开始就做点什么。

比如有当外科医生的理想，现在就打开你的课程表吧，从里面选出和当外科医生相关的课程重点突破。大部分的医学常识其实中学的生物课程就已经涉及了，如脉搏每分钟正常跳动的范围、细胞的组织结构等，这有助于你准确判断病人的生命体征或成功实施手术。而物理化学知识，会帮助你解决救助过程中出现的各类紧急状况。

或者你是想成为杰出的外交官，那样的话你就一定要熟悉历史，练就一口流利的外语和掌握各种外交辞令。

我们现在所进行的学习，就像种下苹果的种子一样，会让自己在十年后收获一个果实累累的秋天，到那时，你早已经做好了成为一个优秀外科医生的各项准备，然后通过临床的学习和实践，很快你就可以在手术台上"穿针走线"，攻克一个又一个疑难杂症，为患者送去健康。或者你还将走上国际讲坛，用流利的英语讲述中国外科医生的发现和成就。

古今中外很多拥有辉煌人生的人，都是在少年时期就明白了这一点。

当然了，千万不要认为实现理想，只学习一个领域和学科的内容就可以了，因为各个学科之间其实都是相通的。你今天读什么书，决定着明天你会成为怎样的人。每一门学科的学习都会为你打开一扇窗，打开的窗子越多，展现在你眼前的世界也就越广阔。当然不论哪一个清晨，你都需要在出门前确定好目标，并准备好足够多的可能需要的东西，这样你才会走得更远。

总之从今天开始就学着为自己加分吧，使自己从内到外都更接近你想要变成的那个样子，坚持下去，明天的你就会是你想的那样！

用知识敲开未来之门

"每天都在学习，很多时候我都是被父母灌输的思想影响着，今天我才发现，如果我真有自己选择的机会，那么我也会选择珍惜读书的机会。因为没有知识的人，未来的社会很难接纳我。"这是张浩在日记里激励自己好好珍惜读书机会的话，他今天去参加了在市中心的大礼堂举行的读书讲座。这次讲座给张浩留下了深刻的印象，如果不珍惜现在读书的机会，在未来只能被社会抛弃，这是很残酷的事实。

以前都是爸妈要求自己多读书，他们每次都讲没有知识就没有前途，张浩也不把父母的话放在心上，今天听了那个教授的话，才明白爸妈说的都是真的。如果现在不好好读书，以后的生活将是举步维艰。

未来的时代是知识的时代，没人能在没有知识和技能的情况下生活得很好，那么就只有从现在开始加倍努力。那些知识真的能变成财富吗？张浩一直认为书里的那些公式和单词是不能变成财富的，但是听了讲座才知道，知识是给我们一个基础，在这个基础上，我们可以获得一种思考问题的角度和思维方式，有了科学的思维，我们才能创造财富。

无论如何，张浩决定珍惜现在的机会，好好读书。

🚢 给男孩的悄悄话

在科技发达的现代化社会，一个人如果没有知识和技能，就会寸步难行。

达·芬奇曾经善意地提醒年轻人："趁年轻力壮去探求知识吧，你将弥补由于年老而带来的亏损。读书带来的智慧乃是老年的精神养料。年轻时应该努力，这样老时才不至于空虚。"

我们不能做现代文盲，否则不可能有幸福的未来。读书是为了获得科学知识，而科学知识是将来的谋生之本。没有少年时代的刻苦读书，就没有美好、幸福的明天。一个人不管将来想成为什么样的人，从事什么样的职业——开公司、当公务员、参军等，都必须从小努力读书，用知识武装自己的头脑。没有知识的人将会生存困难，因为他们连改变命运的资本都没有。

联合国教科文组织曾经提出："谁掌握了知识和技能，谁就拥有了走向人生的通行证。"人们通过教育得到一定的知识，从而改变其认知、做事、生活以及生存和处世的能力。

在古人看来，读书可以安身立命，可以修身养性，使人成为高尚的人，所以有哲人说："一日不读书便觉满身污垢。"读书可以治国平天下，读书可以足不出户就知道天下事。读书是你走向未来社会的通行证。

现在随着就业压力的加剧，有些男孩可能会说，大学毕业了也找不到好工作，觉得读书没有用处。这是一种误解，实际的情况是，越是在就业形势严峻的时候，知识和能力越是显示出作用，读好书的人才能脱颖而出，在职场上游刃有余；而那些该读书的时候游手好闲，以为拿了毕业证就可以万事无忧的人自然工作难找，因为他们没有学到真知识，没有掌握真本领。在任何情况下都要相信，读书改变人生，知识改变命运。

人生的道路有千万条，无论要走好哪一条，都需要知识作为后盾。我们周围少年天才不少，而他们未来的成功还是要取决于今天的努力。

知识改变命运，让知识带你开启最辉煌的未来之门！

知识是立身之本

李凡如同他的名字一样是个相貌平凡的孩子，但是他有一颗不甘平凡的心。他希望自己有个美丽的未来。他爱读书，从书里看到了那些五彩缤纷的未来。他相信，书中有太多他需要的资源和能量。

他读书涉猎很广，除了学校学习的课本之外，还看关于天文地理、风土人情、文学作品，凡是能提供给他新的知识和思想的书他都读。他有很多的关于未来的愿望，其中的一个愿望是能够真正博览群书，这样他就能从书海中吸收更多的营养，而现实中他确实也在这么做，他坚持每天都用心读书，不管是学校规定的参考书目，还是自己主动涉猎的书籍，他都认真研读。这样的生活让他开始有个对未来的期待，他希望自己的以后能够和书中的人那样，有着丰富的经历和强大的心灵。

李凡想当一名作家，他想把世间百态用自己手中的笔勾勒出来，他知道，如果不读书，他根本无法启动美丽的文学词库，也没法细致地描摹人间的喜怒哀乐，现在他每天都在书海中吸收营养，充实自己，就是为了自己的作家梦在一步步努力。

给男孩的悄悄话

男孩们，你曾经梦想过自己的未来吗？未来的自己该是什么样，未来的生活会很美好吗？

人的一生，除了出生和死亡，中间的部分，完全是由自己规划的！你要给自己规划一个怎样的未来呢？不要常常想，未来还很遥远，时间走得很快，它几乎是呼哧一下就飞过人类的头顶。

今天的妈妈还是一头乌黑的青丝，可不知道从哪一天开始，点点白霜就要给它涂上新的色彩；今天的你，还拥有无限精彩的可能，可不知从哪一天起，你的未来只能局限在某一个点上生根发芽。

这一切是如何发生的呢？就在你嬉戏无度的无数个下午，就在你忙着看漫画的一节节课上，你放弃了时间，于是时间代替你为你的未来做了规划。

春种秋收，有耕耘才会有收获。今天的学习，正是在为明天的美好打基础。所以，不如提早规划一个未来给自己，不要让时间在不知不觉间悄悄溜掉。

今天的你所能做的，就是通过读书学习来使自己掌握更多的知识。在有了一定的知识储备之后，你可以再向着复合型人才的方向发展，使自己多具备几项本领。比如做一个外交官，仅仅只是通熟政治历史知识肯定是不够的，人文、地理、气候甚至是生物常识，趁现在有足够的时间和精力，都可以去了解。多一种知识，在面临突发情况时就能应对自如，知识会随时帮你。还有外语，未来世界，多掌握几门外语对任何工作都十分必要，因为未来世界，各个国家、民族间的交流将会越来越频繁，世界将会越变越小。我们不用出国，就可以在自己生活的城市、居住的大楼中遇到很多"老外"，语言不通的话就可能会带来误会和麻烦。

通过读书，我们让自己预见美丽未来。而不管未来我们从事的是哪一种职业，丰厚的知识都是我们的立身之本，知识会让我们过上更美好的生活！

规划你的远景目标

孙宇从开始上学的时候就被告诉，要好好学习，等到长大了才能考上大学，考上硕士，然后念到博士。这样才能做一个有学问的人。他按照父母的期望这么做，从小学到中学，保持着良好的学习习惯和优异的学习成绩，现在他依然按照父母设定的目标学习着。等到班会上老师让大家写下自己的理想的时候，他写道：我希望当一个博士。

老师让每个同学描述自己的理想。等到孙宇的时候，他说了自己的理想是当个博士的时候，老师问他："你想当个什么方面的博士呢？"孙宇摇了摇头，他对博士的概念仅限于最高的学历，很有学问。至于当博士要研究什么，他也不知道。

老师的话点醒了他，他一直按照父母的期望念书，但是他从来没有想过自己长大了要做什么。别的同学都有自己的理想和愿望，但是自己好像没有。

小时候，他希望自己可以用手中的画笔记录下这个世界的美好，但是爸妈觉得画画不是正道，就收了他的画笔和画纸，让他安心学习。后来他没了爱好，只是每天身陷题海，不知道自己的未来将是怎样的。

🚢 给男孩的悄悄话

在春季或夏季，男孩们一定见过毛毛虫。一队毛毛虫在树上排成长长的队伍前进，有一条带头，其余的依次跟着，食物就在枝头，一旦带头的毛毛虫找到目标，停了下来，他们就开始享受美味。有人对此非常感兴趣，于是做了一个试验，将这一组毛毛虫放在一个大花盆的边上，使它们首尾相接，排成一个圆形，带头的那条毛毛虫也排在队伍中。那些毛毛虫开始移动，它们像一个长长的游行队伍，没有头，也没有尾。观察者在毛毛虫队伍旁边摆放了一些它喜爱吃的食物。但是毛毛虫们想吃到食物就得看它们的目标也就是那只带头的毛毛虫是否停了下来，一旦停了下来它们才会解散队伍不再前进。观察者预料，毛毛虫会很快厌倦这种毫无用处的爬行而转向食物。可是毛毛虫没有这样做。出乎预料，那只带头的毛毛虫一直跟着前面的毛毛虫尾部，它失去了目标。整队毛毛虫沿着花盆边以同样的速度爬了七天七夜，一直到饿死为止。

可怜的毛毛虫给予我们最深刻的启示：没有目标的行动只能走向灭亡。

在平常每一个波澜不惊的日子，我们过着学校家里两点一线的生活，似乎很少有时间去思考目标的问题，我们只是按照社会和家长为我们安排的既定路线茫然地走下去，虽然这条路是长久以来证明最适合于我们的发展的，但是它到底好在哪里，我们并不清楚，它会导向一个什么样的未来，也几乎是未知的。没有了目标的指引和推动，每一天的学习当然会变成一种负担，似乎是在父母家长善意的"逼迫"下才不得不去做的事。

现在反思起来，我们仿佛就像是一只跟着大部队绕圈子的毛毛虫，毛毛虫爬了七天七夜就饿死了，我们呢，这样漫无目的地徜徉下去，青春也会很快消逝的，这样我们不仅不能得到想要的成功，反而让生命中最精彩的岁月中充满烦躁焦灼和不安。

塞涅卡有句名言说："如果一个人活着不知道他要驶向哪个码头，那么任何风都不会是顺风。有人活着没有任何目标，他们在世间行走，就像河中的一棵小草，他们不是行走，而是随波逐流。"

　　人生是受目标驱使的。当我们很小的时候，我们看到别人走路、讲话、读书、骑车等，我们就下定决心也要学会这些本领。虽然我们并不是有意识地这样做，但我们确实是为自己树立了目标。尽管达到这些目标不是件容易的事，但我们还是要努力取得成功。我们喜欢挑战、学习和成功带给我们的刺激。正是这样，我们学会了走路、讲话和其他许多我们现在看来都很简单自然的东西。

　　目标甚至还可以使人们保持青春和幸福。美国一项统计数字表明，男人平均死亡的年龄是退休后两年。这表明如果我们在某一工作岗位上工作了很多年，它就会成为我们生活中重要的组成部分，而如果我们突然间将其从我们的生活里拿走，我们就会觉得自己似乎失去了活着的意义。结果，我们对疾病的抵抗力降低了，身体变弱了。这也许就是对许多有目标追求的人之所以能够长寿的一种解释。

　　有人说，生命就是负重前行，如此才能走得踏实、久远。立下一个宏大的目标吧，现在就开始努力，你能飞多高，答案就在你自己身上。